Tusculum-Bücherei

Herausgeber: Dr. Hans Färber und Dr. Max Faltner

PHILOSTRATOS

DIE BILDER

Griechisch-deutsch

nach Vorarbeiten von Ernst Kalinka

herausgegeben, übersetzt und erläutert

von Otto Schönberger

ERNST HEIMERAN VERLAG · MÜNCHEN

Auf dem Titelblatt: Amphiaraos (?) und sein Wagenlenker
Baton (?). Relief aus Oropos. Abb. nach Bougot, Tafel nach
S. 334 (s. Literaturverzeichnis; vgl. ,,Eikones'' I, 27)

1. Auflage 1968. Nr. 405
Druck: H. Laupp jr. Binden: Heinr. Koch, beide Tübingen

INHALT

ALPHABETISCHES REGISTER DER BILDER

EINFÜHRUNG

1. DIE ZWEITE SOPHISTIK

Unter den „guten" Kaisern des zweiten Jahrhunderts von
Nerva bis Marcus Aurelius (96–180 n. Chr.) erlebte das römische Reich eine Ruhezeit, der auch die hellenische Redekunst
frischen Aufschwung verdankte. Die neue Beredsamkeit be-
mächtigte sich der gesamten literarischen Kunst und trat, wie
einst die alte Sophistik, in den Mittelpunkt des geistigen Lebens (Rohde 312). Auch der Name der neuen Bewegung
knüpfte an die Vorgängerin an; Philostratos, der in seinen
„Sophistenleben" ihre Geschichte schrieb, nannte sie „Zweite
Sophistik".
Heimat der zweiten Sophistik waren die wieder aufstrebenden
Städte Kleinasiens (Ephesos, Miletos, Smyrna); später trat
Athen dazu und „wurde noch einmal der Name, der das Herz
höher schlagen machte" (Norden 345).
Die neuen Sophisten ähnelten weitgehend den Vertretern
der 1. Sophistik. Auch sie führten ein Wanderleben, durch-
zogen die römisch-griechische Welt vom Euphrat bis nach
Gallien und gaben in größeren Städten reich geschmückt ihre
Schauvorstellungen. Ihr Hauptgebiet war die Prunkrede, in
der die Kunst sich fast nur um ihrer selbst willen zeigt und der
Eitelkeit des Redners vollen Spielraum läßt (Arnim, Dio 135).
Es waren Leute, die jeder Ausdrucksform mächtig und jedem
Publikum durch ihre Kunst gewachsen waren; von Volk und
Herrschern gesucht, geliebt und bewundert, durchzogen sie
triumphierend die Welt als Apostel hellenischer Kultur
(Schmid, Atticismus 4f.). Honorare, Gehälter für ihre Lehr-

tätigkeit, Gaben hoher Beamter und des Kaisers bildeten oft die Grundlage hohen Wohlstandes.

Aber nicht nur eigenem Interesse dienten die Sophisten; sie bekleideten öffentliche Ämter in ihren Gemeinden, übernahmen Gesandtschaften und traten als Festredner hervor. In Gallien, Spanien, Afrika, Vorderasien und Hellas bekleideten Sophisten oft die wichtigsten Ämter der Städte.

Der Name „Sophist" erhielt einen alles überstrahlenden Glanz, und Aristeides verkündet: „Der Rhetor (= Redner, Sophist) muß recht gesonnen sein, muß selbst das Rechte tun und die anderen Menschen dazu führen; er muß voll und ganz ein König sein" (45, 128 Dind.).

Das Ideal der zweiten Sophistik war der vollkommene Mann und Redner. Wichtigster Lehrgegenstand ist die schöne Rede, in der man die Vorbereitung für jeden höheren Beruf sah, und Aristeides griff in voller Überzeugung vom Rang der Redekunst Platon in zwei großen Reden an und trat als Anwalt der im „Gorgias" angegriffenen Rhetorik auf. Wirklich griff die zweite Sophistik sogar ins Gebiet der Philosophie hinüber, wobei sie deren Gedanken oft wirksam verbreitete.

In der Rede blieb Hauptziel die Wiedererweckung der althellenischen Beredsamkeit, wie sie schon Dionysios von Halikarnassos angestrebt hatte. Zugleich kehrte man sich aber von der Wirklichkeit des Tages ab und blickte nach rückwärts, indem man die großen Zeiten der Vergangenheit, besonders die Perserkriege und die Kriege gegen Philipp (Graindor 42; Kroll RE Suppl. VII 1106) wieder erweckte. Ein neuer Demosthenes zu werden, ein Thukydides oder Platon, war der Wunsch jedes Sophisten. So ahmte man die Vorbilder der Vergangenheit, wenigstens stilistisch, eifrig nach („Attizismus"). Man versuchte, den Stil einzelner Autoren zu beschreiben, um sie besser nachahmen zu können, und stellte einen Kanon der Musterschriftsteller auf (Kroll, RE Suppl. VII 1105-1108). Freilich endete man oft in hohler Nachtönerei, im Ausgraben altattischen Sprachgutes, in leerem Pathos. So rät der witzige Lukianos einem Redner ironisch: „Vergiß mir nicht das Treffen bei Marathon und den Kynegeiros nicht, ohne die gar nichts zu machen ist; auch muß immer um den Athos herumgefahren und zu Fuß über den Hellespont gegangen, die Sonne muß von den Pfeilen der Perser verfinstert werden, Leonidas der Held des Tages sein usw." (Luk., Rhet. Praec. 18).

Unter den Männern der neuen Richtung ragt Herodes Attikos (101–177) hervor, der sogar 143 n. Chr. das Consulat bekleidete. Er war ein reicher Mann und stattete viele Orte, besonders Athen, mit öffentlichen Bauten aus. Fast alle großen Sophisten der Antoninenzeit waren seine Schüler. Ebenso bedeutend war Ailios Aristeides (117 oder 129–189 n. Chr.), dessen späterer Wohnsitz in Smyrna lag. Als diese Stadt 178 n. Chr. durch ein Erdbeben zerstört wurde, ließen sie Marcus Aurelius und Commodus auf seine Verwendung hin wieder aufbauen. Aristeides fühlte sich in seinen Reden als „schreibender König" und als „erster aller Hellenen". Auch Lukianos und Dion von Prusa waren führende Männer der neuen Bewegung.

Die Kaiser waren der zweiten Sophistik sehr gewogen; Hadrian schuf an dem von ihm gegründeten Athenaeum in Rom eine Staatsprofessur für Rhetorik, Antoninus Pius richtete einen solchen Lehrstuhl in Athen ein und gewährte den Rhetoren in allen Provinzen Ehrensold und Privilegien. Marcus Aurelius förderte besonders die Lehrer in Athen und wurde gewissermaßen der Gründer der dortigen „Universität". Gaston Boissier hat über Einzelheiten dieses Schulbetriebs der Kaiserzeit eine lesenswerte Abhandlung verfaßt (L'institution publique dans l'empire Romain, in: Revue des deux mondes 62, 1884, 316–349). Um einflußreiche Männer für das Imperium zu gewinnen, wurde ihnen häufig das Bürgerrecht verliehen; auch Philostratos besaß es. Verdienten Rhetoren winkte der Ritterrang oder die Aufnahme in den Senat, so daß man mit Recht seit den Flaviern von einer „Hochschulpolitik der römischen Kaiser" gesprochen hat (Herzog, R., Urkunden zur Hochschulpolitik der römischen Kaiser, SB der Berliner Akademie, 1935, 996 ff.). Es ist verfehlt, die Teilnahme der

Kaiser nur aus propagandistischen Gründen abzuleiten (so Hahn 177 und 180); diese Herrscher waren oft von echtem Trieb zur Bildung geleitet: so soll auch Marcus Aurelius von dem Griechen Diognetos das Malen erlernt, soll Alexander Severus selbst vorzüglich gemalt haben.

Freilich gab es in der zweiten Sophistik Stimmen gegen das Imperium; man sprach aus, daß die Vorteile des Kaiserfriedens mit Einbußen auf dem Gebiete der Kultur erkauft waren (Fuchs 16), und Dion von Prusa zog ein langes Wanderleben der Servilität vor.

Der Stil der zweiten Sophistik ist anfänglich von der Wiedererweckung des alten Asianismus mit seiner weichlichen, rhythmischen Komposition, den Antithesen, Reimen und Gleichläufen geprägt, und man hat diese Rhetoren mit ihrem singenden Vortrag sehr hübsch „Konzertredner" genannt. Auch Herodes Attikos war anfangs Asianer, doch führte er, von Kaiser Hadrianus unterstützt, die neue Strömung in die Bahnen des attizistischen Klassizismus hinüber. Freilich endete der Attizismus in einer reinen Buchsprache, die nur das Alte gelten ließ und alles Lebendige ächtete. Die Kunstprosa zog sich – im Gegensatz zur Koine, die allgemein verständlich war – vom Volk zurück und verfiel einer romantisierenden Gelehrsamkeit.

2. DIE PHILOSTRATE

Leider ist es nicht möglich, die unter dem Namen Philostratos erhaltenen Schriften den Mitgliedern dieser Familie zweifelsfrei zuzuweisen. Die Überlieferung der Suda gilt als nicht verläßlich, und Kriterien aus den Schriften selbst führen nicht zu voller Sicherheit. So wird sich Einigkeit in den Zuweisungen nicht erzielen lassen. Auf drei Stellen ist alle Überlegung aufzubauen:

1. Suda („Suidas") s.v. Philostratos

Φιλόστρατος ὁ πρῶτος, Λή- | Philostratos der erste, aus
μνιος, υἱὸς Βήρου, πατὴρ δὲ | Lemnos, Sohn des Verus, Va-

τοῦ δευτέρου Φιλοστράτου, σοφιστὴς καὶ αὐτός, σοφι- στεύσας ἐν ᾿Αθήναις, γεγονὼς ἐπὶ Νέρωνος, ἔγραψεν λόγους πανηγυρικοὺς πλείστους, καὶ λόγους ᾿Ελευσινιακοὺς δ΄, με- λέτας, ζητούμενα παρὰ τοῖς ῥήτορσι, ῥητορικὰς ἀφορμάς, περὶ τοῦ ὀνόματος (ἔστι δὲ πρὸς τὸν σοφιστὴν ᾿Αντίπα- τρον), περὶ τραγῳδίας βιβλία γ΄, γυμναστικόν (ἔστι δὲ περὶ τῶν ἐν ᾿Ολυμπίᾳ ἐπιτελουμέ- νων), λιθογνωμικόν, Πρωτέα, κύνα ἢ σοφιστήν, Νέρωνα, θεατήν, τραγῳδίας μγ΄, μο- νῳδίας ιδ΄, καὶ ἕτερα πλεῖστα καὶ λόγου ἄξια.

Φιλόστρατος Φιλοστράτου τοῦ καὶ Βήρου, Λημνίου σοφι- στοῦ, καὶ αὐτὸς δεύτερος σο- φιστής, σοφιστεύσας ἐν ᾿Αθή- ναις, εἶτα ἐν ῾Ρώμῃ ἐπὶ Σεβή- ρου τοῦ βασιλέως καὶ ἕως Φιλίππου, ἔγραψε μελέτας, ἐπιστολὰς ἐρωτικάς, εἰκόνας ἤτοι ἐκφράσεις ἐν βιβλίοις δ΄, διαλέξεις, αἶγας ἢ περὶ αὐλοῦ, ᾿Απολλωνίου βίον τοῦ Τυα- νέως ἐν βιβλίοις η΄, ἀγοράν, ἡρωϊκόν, βίους σοφιστῶν ἐν βιβλίοις δ΄, ἐπιγράμματα καὶ ἄλλα τινά· πλὴν πρῶτος ὀφείλει κεῖσθαι.

Φιλόστρατος Νερβιανοῦ ἀ- δελφόπαιδος Φιλοστράτου

ter des zweiten Philostratos, auch er ein Sophist. Er lehr- te als Sophist in Athen. Unter der Regierung Neros wurde er geboren. Er schrieb: Sehr viele Festreden; dazu 4 „eleusini- sche Reden"; Übungsreden; über Probleme bei den Red- nern; rhetorische Themen; über den Namen (gegen den Sophisten Antipatros); 3 Bü- cher über die Tragödie (die „tragische Rede"?); einen „Gymnastikos" (über die Wettkämpfe in Olympia); über Steine;„ Proteus";„ Der Hund" oder der Sophist;„Ne- ro"; der Zuschauer; 43 tragi- sche Reden; 14 Klagereden; dazu sehr vieles andere Be- deutende.

Philostratos, der Sohn des Philostratos, Sohnes des Ve- rus, des lemnischen Sophi- sten; auch er, der zweite, ein Sophist, der in Athen lehrte; dann war er in Rom unter dem Kaiser Severus und blieb bis zur Regierung des Kaisers Philippus (Arabs, 244–249). Er schrieb: Übungsreden, eroti- sche Briefe, „Eikones" oder Bildbeschreibungen in 4 Bü- chern; wissenschaftliche Ge- spräche; „Ziegen" oder über die Flöte; eine Biographie des Apollonios von Tyana in 8 Bü- chern; eine „Agora"; einen „Heroikos"; Lebensbeschrei- bungen der Sophisten in 4 Büchern; Epigramme und an- deres. Eigentlich müßte er an erster Stelle stehen.

Philostratos, Sohn des Ner- vianus, des Neffen des zweiten

τοῦ δευτέρου, Λήμνιος, καὶ αὐτὸς σοφιστὴς καὶ παιδεύσας ἐν ᾿Αθήναις, τελευτήσας δὲ καὶ ταφεὶς ἐν Λήμνῳ, ἀκουστής τε καὶ γαμβρὸς γεγονὼς τοῦ δευτέρου Φιλοστράτου, ἔγραψεν εἰκόνας, Παναθηναϊκόν, Τρωϊκόν, παράφρασιν τῆς Ὁμήρου ἀσπίδος, μελέτας ε′, τινὲς δὲ καὶ τοὺς τῶν σοφιστῶν βίους ἐπ᾽ αὐτὸν ἀναφέρουσιν.

Philostratos, aus Lemnos. Auch er war Sophist und lehrte in Athen, starb aber in Lemnos und wurde dort bestattet. Er wurde ein Hörer und Schwiegersohn des zweiten Philostratos. Er schrieb „Eikones"; eine Rede zum Panathenaeenfest; eine „Troische Rede"; eine Paraphrase der homerischen Schildbeschreibung; fünf Übungsreden; manche schreiben ihm auch die „Sophistenleben" zu.

2. Eine Notiz im Codex Vaticanus der Epitome der Sophistenbiographien, abgedruckt in Kaysers Sonderausgabe der Vitae Sophistarum, Heidelberg 1838, XXVIII:

Τούτου τοῦ Φιλοστράτου ἔοικεν εἶναι καὶ τὰ εἰς τὸν Τυανέα ᾿Απολλώνιον· ἐν τούτῳ γὰρ τῷ βιβλίῳ μέμνηται τῶν εἰς τὸν Τυανέα ὁ Φιλόστρατος· τούτου φαίνονται εἶναι καὶ αἱ ἐρωτικαὶ ἐπιστολαί. Τοῦ δὲ Λημνίου Φιλοστράτου, τοῦ τὰς εἰκόνας γράψαντος, μέμνηται οὗτος ἐν τούτῳ τῷ βιβλίῳ ἐπαινῶν τὸν ἄνδρα.

Von diesem Philostratos scheint auch das Werk über Apollonios von Tyana zu stammen; in diesem Buch nämlich gibt Philostratos eine Darstellung des Mannes aus Tyana. Von ihm sind wohl auch die „Erotischen Briefe". Den Philostratos aus Lemnos aber, der die „Eikones" geschrieben hat, erwähnt er in diesem Buch, indem er ihn preist.

3. Die Stelle Menander π. ἐπιδ. p. 389, 32, Rhet. Gr., ed. Sp.: ἀλλ᾽ ὅταν ἁπλουστέρα (ἡ ἐξαγγελία) τυγχάνῃ καὶ ἀφελεστέρα, οἷα ἡ Ξενοφῶντος καὶ Νικοστράτου καὶ Δίωνος τοῦ Χρυσοστόμου καὶ Φιλοστράτου τοῦ τῶν Ἡρωϊκῶν τὴν ἐξήγησιν καὶ τὰς εἰκόνας γράψαντος ...

Wenn aber der Stil einfacher und schlichter ist, wie der des Xenophon, des Nikostratos, des Dion Chrysostomos und des Philostratos, der den „Heroikos" und die „Eikones" geschrieben hat...

Hinzu treten aus den erhaltenen Schriften folgende Tatsachen: a. Der Verfasser der Sophistenbioi verweist (2, 5) auf die Lebensbeschreibung des Apollonios von Tyana als auf sein eigenes Werk. – b. Er erwähnt den Lemnier Philostratos freundschaftlich (2, 33). – c. Der Verfasser der jüngeren Sammlung der Bildbeschreibungen sagt im Vorwort, er wandle mit diesem Werk in den Fußstapfen seines Großvaters mütterlicherseits. Wie weit die Meinungen in der Auswertung dieser Stellen und Fakten auseinandergehen, zeigen etwa die Zuweisungen von Bergk (Fünf Abhandlungen zur Geschichte der griechischen Philosophie usw., Leipz. 1883, 183: Philostratos 1.: Nero; Phil. 2.: Vit. Ap., Vit. Soph., Epist., Gymn.; Phil. 3.: Eikones, Heroikos; Phil. 4.: Jüngere Eikones), seinem Kritiker E. Rohde (Rez. von Bergk, 344: Phil. 1.: Eikones, Nero; Phil. 2.: Vit. Ap., Vit. Soph., Epist.; Phil. 3.: Jüngere Eik., Heroikos, Gymnastikos) und von Münscher (Phil. 1.: Nero; Phil. 2.: Epist., Vit. Ap., Gymn., Vit. Soph.; Phil. 3.: Heroik., Ältere Eikones; Phil. 4.: Jüngere Eikones), wobei zu beachten ist, daß nicht einmal über die Zahl der Personen Einigkeit herrscht, geschweige denn über ihre Verwandtschaftsbeziehungen und Werke[1].

Der 1. Philostratos: Der in der Suda an zweiter Stelle genannte älteste Philostratos, Sohn des Verus und Vater des 2. Philostratos, wird dort in die Zeit Neros gesetzt. Es ist aber „ein schwerwiegender Irrtum, daß der 1. Philostratos, der nach den Schriftenausweisen der fruchtbarste und vielseitigste unter allen Philostraten gewesen sein muß und das Ansehen der Familie begründete, in die Zeit Neros versetzt wird, zugleich aber Vater des zweiten gewesen sein soll, der von Iulia Domna den Auftrag erhielt, das Leben des Apollonios von Tyana zu beschreiben. Das sind unvereinbare Gegensätze, da der zweite erst rund 100 Jahre nach Nero zur Welt gekommen sein kann. Von den beiden Angaben ist wahrscheinlich nicht die zweite

---

[1] Die Verwandtschaftsbeziehungen werden hier nicht diskutiert; dafür vgl. Bergk 183; Rohde, Rez. 342; Schmid, Attic. 6 f.; Fertig 53; Münscher, Philostrate 515 f.; Solmsen, RE 20, 122; Gstader 3.

falsch, sondern die, daß der 1. Philostratos unter Nero lebte. Ich erkläre mir diesen Irrtum damit, daß die Suda ihm auch den Dialog ‚Nero' zuweist" (Kalinka). Sicher ist der Dialog Nero schuld an dem falschen Zeitansatz, und so wird der 1. Philostratos wesentlich später gelebt haben. Daß dieser Schriftsteller bedeutend war, ist als Möglichkeit anzuerkennen (Solmsen, RE 20, 126). Merkwürdig bleibt freilich, daß Philostratos 2. seinen Vater nie erwähnt, was bei seiner Art ganz ungewöhnlich ist. Jedenfalls bleiben seine Schriften für uns verschollen. Weiterhin ist nicht anzunehmen, daß der „Gymnastikos", der in der Suda dem 1. Philostratos zugeschrieben wird, sein Werk ist; diese Schrift ist vielmehr dem Verfasser der älteren Eikones zuzuweisen (Kalinka).

Alle anderen erhaltenen Werke legt die Suda dem 2. Philostratos bei. In der Tat ist bezeugt, daß die Biographie des Apollonios von Tyana und die Sophistenbiographien demselben Philostratos gehören (Vit. Soph. 2, 5), und es hindert uns wenig, der Suda auch sonst zu glauben (so schon Jacobs VI). Weiterhin bezeugt Menandros (π. ἐπιδ. 390, 2 Sp.) übereinstimmend mit der Suda, daß die älteren Eikones und der Heroikos denselben Verfasser haben, und auch stilistische Untersuchungen machen dies wahrscheinlich (vgl. Fertig 17; Schmid, Attic. 4, 4; Aly 375; Einwände Steinmann 15f.). Und wenn die Suda bei den Eikones von 4 Büchern spricht, ist zu beachten, daß diese Beschreibungen auch in 4 Büchern überliefert sind. Weiterhin bestehen innere Übereinstimmungen zwischen den einzelnen Werken. So stellte Jüthner in seiner Abhandlung „Der Verfasser des Gymnastikos" eine Anzahl sachlicher Übereinstimmungen zwischen Gymnastikos, Vit. Ap., Vit. Soph., Heroikos und Eikones zusammen, die beweisen sollten, daß all diese Schriften nur einen Verfasser haben (Zustimmung bei Schmid, Bursian 129, 257). So sind Eikones und Gymnastikos durch lebhafte Beschreibungen athletischer Übungen und praktische oder theoretische Vertrautheit mit der Gymnastik eng verschwistert (Jüthner, Verf. 231). Schmid (Burs. 129, 257) vermehrte Jüthners Parallelen

(Einwände aber bei Steinmann 19f.) und konnte so die Zu-
sammengehörigkeit der genannten Werke wahrscheinlich
machen.
Weitere „Querverbindungen" fand man auch darin, daß der
2. Philostratos in Vit. Ap. und im Heroikos das gleiche Interesse an Kunstwerken zeige und sie ähnlich beschreibe und
theoretisch einordne wie in den Eikones (weitgehend überzeugend Meyer 379 und Birmelin) und in Vit. Ap. wie im
Heroikos die physische Erscheinung von Heroen ähnlich beschreibe (vgl. Solmsen, RE 20, 133). Weiterhin suchte Schmid
nachzuweisen, daß Eikones, Vit. Ap., Vit. Soph., Heroikos
und Dialexeis alle „genau denselben Stilcharakter" zeigen
(Attic. 4, 3); auch vermutete man, dem 2. Philostratos sei auch
der Dialog Nero zu geben (Solmsen, RE 20, 132).
So neigt man heute dazu, dem 2. Philostratos folgende Werke
zuzuschreiben: Vit. Ap., Vit. Soph., Heroikos, Nero, Gymnastikos, ältere Eikones (Solmsen, RE 20, 134; Lesky, Lit.-
Gesch. 892: „hoher Grad von Wahrscheinlichkeit, aber auch
nicht mehr"). Über einige kleinere Stücke (Briefe, Dialexeis)
besteht wenig Sicherheit.
Freilich gibt es auch gewichtige Gegenstimmen. So weist
Münscher (Philostrate 495; vgl. Fertig 49) Heroikos und Eikones dem 3. Philostratos zu, und Kalinka sagt: „Ich halte es
fast für sicher, daß die älteren Eikones und der Heroikos Werke seines Schwiegersohnes (= des 3. Philostratos) sind." Kalinka verweist dafür auch auf die Suda, welche die Eikones
(an erster Stelle) und den Heroikos, der dort fälschlich als
Troikos erscheine, unter den Werken des 3. Philostratos aufzähle, und stützt sich zudem auf die Arbeit von Fertig. Dort
werde gezeigt, daß ἦν häufig in Vit. Ap., in Vit. Soph., Gymnastikos, niemals aber in Eikones und Heroikos, καθιστάναι
und καθίστασθαι εἰς, δηλώσω und δεδήλωκα sehr häufig in
Vit. Ap., auch in Vit. Soph., niemals aber in den Eikones und
im Heroikos gebraucht seien. Dagegen ist zu sagen, daß den
Beobachtungen Fertigs eine große Zahl stilistischer Argumente entgegensteht. Schmid (Rez. 518) weist auf die genaue

stilistische Übereinstimmung von Vit. Ap., Vit. Soph., Heroikos, Eikones hin und betont, hier gebe es nichts, was Identität des Verfassers ausschließe. Es sei „ein Grad von Stilgleichheit, wie er durch keine Nachahmung erreichbar ist".

Der 3. Philostratos (geb. um 190 n. Chr.), Sohn des Nervianus (eines Neffen des 1. Philostratos), Schüler seines Schwiegervaters Philostratos 2., hat den Beinamen „der Lemnier". Er trat 213 in Olympia und später vor Caracalla auf, der ihm dafür Befreiung von allen Abgaben gewährte. Er lehrte in Athen, weilte auch wohl öfters in Rom. Begraben ist er in Lemnos. Er ist Verfasser der sog. 1. Dialexis (Über den Briefstil, II 257 Kayser; s. Schmid, Burs. 108, 262). Die Sophistenviten und den Heroikos (als den „Troikos" der Suda) ihm zu geben, liegt kein Grund vor. Die Suda hat also nur den Fehler gemacht, ihm die jüngeren Eikones zuzuschreiben (Schmid-Stähl. 775).

Ein vierter, in der Suda nicht erwähnter Philostratos, dessen Großvater mütterlicherseits der 2. Philostratos war, und der etwa in der 2. Hälfte des 3. Jahrhunderts lebte, verfaßte die jüngeren Eikones nach dem Muster der älteren, wie er selbst in der Einleitung sagt. Möglicherweise war er der attische Archon des Jahres 262/63 L. Flavius Philostratos (Ausgabe der jüngeren Eikones von Schenkl-Reisch, Leipzig 1902; 17 Bilder. Das Werk ist unvollständig, vgl. Archiv für Papyrusforschung 14, 1941, 1 ff.).

In Deutschland ist der im Griechischen nicht sehr häufige Name Philostratos aus Schillers „Bürgschaft" in Erinnerung. Die Überlieferungen über Anschläge gegen den jüngeren Dionysios von Syrakus (Tyrann von 367–356) berichten, daß Platons Freund Dion mit zwei Athenern, Kalippos und Philostratos, von Athen nach Syrakus fuhr, um Dionysios zu stürzen. Die beiden Athener brachten aber nicht den Tyrannen um, sondern Dion. Nicht geklärt ist die Verschiebung in Schillers „Bürgschaft" vom Tyrannenmörder zu „Philostratos, des Hauses redlichem Hüter, der erkennt entsetzt den Gebieter" (zum Historischen vgl. Fiehn, RE 20, 123, Nr. 4).

3. Der zweite Philostratos

Der zweite Philostratos (von nun an nur noch Philostratos genannt) war auf Lemnos geboren[1], doch nennt er sich stolz
einen Athener, weil er dort seine Lehrtätigkeit ausübte und
wohl auch in einen attischen Demos (Steiria) eingeschrieben
war. Seine Frau hieß Aurelia Melitine; ein Sohn von ihm,
Flavius Capitolinus, der mindestens noch einen Bruder und
einen Neffen hatte, besaß Senatorenrang und wurde vom Rat
von Erythrai ausgezeichnet.

Philostratos studierte um das Jahr 190 in Athen und hörte die
besten Lehrer seiner Zeit. Zu diesen gehörten Proklos von
Naukratis (ca. 140 – nach 230), Verfasser einer Schmähschrift
auf die Sophisten von Athen, der reiche Sophist Hippodro-
mos, der vier Jahre lang Inhaber des kaiserlichen Lehrstuhles
für Sophistik war (über ihn vgl. RE 8, 1745), weiter Antipatros von Hierapolis (ca. 114-212), der eine Geschichte des
Kaisers Septimius Severus schrieb und von ihm etwa zwischen 195-206 zum Erzieher der Prinzen Geta und Caracalla
und später zum Statthalter von Bithynien ernannt wurde (RE
1, 2517 Nr. 29). Ein Lehrer des Philostratos war auch Damia-
nos von Ephesos; von ihm hörte er viel über die Rhetoren
früherer Zeit, was den späteren Sophistenbiographien zugute
kam.

Nach dem Ende seiner rhetorischen Studien mag Philostratos
selbst als Sophist aufgetreten sein, zunächst in Athen. Dann
werden ihn aber, wie es üblich war, Vortragsreisen weit umher
geführt haben. Wie lange vor dem Tode des Septimius Severus
er nach Rom kam, ist unsicher (nach 202?); am Kaiserhof
wurde er wohl durch Antipatros eingeführt und gehörte zum
Kreise der Iulia Domna, der Mutter des Caracalla. An sie
richtete er den 73. Brief mit einer Verteidigung der Sophistik.

Die irrige Meinung von W. Weinberger, Zur Philostrat-Frage, Philologus
57, 1898, 335-337, Philostratos sei nicht aus Lemnos gebürtig, ist wider-
legt von W. Schmid, Die Heimat des 2. Philostratos, Philologus 57, 1898,
503-504.

Philostratos wird Iulia Domna und Septimius Severus bzw. später Caracalla auf Reisen und Feldzügen begleitet und so seine Kenntnis der damaligen Welt erweitert haben. Iulia Domna gab ihm den Auftrag, das Leben des Apollonios von Tyana zu beschreiben. Als sich nach dem Tode Caracallas und seiner Mutter (217) der Kreis auflöste, nahm Philostratos wohl seine Lehrtätigkeit in Athen wieder auf, mag auch Ehren und Ämter erhalten haben. Wir besitzen noch die Inschrift eines Standbildes, das man ihm in Olympia errichtete (Dittenberger, Syll., 3. A., 878): Ἀγαθῇ τύχῃ· Δόγματι τῆς Ὀλυμπικῆς βουλῆς Φλ(άβιον) Φιλόστρατον Ἀθηναῖον τὸν σοφιστὴν ἡ λαμπροτάτη πατρίς (Zu gutem Glück. Auf Beschluß des Rates von Olympia ehrt den Sophisten Flavios Philostratos aus Athen seine angesehene Vaterstadt). Gestorben ist Philostratos unter Philippus Arabs (244–249).

Die Werke: Erhalten sind 73 Briefe, davon 64 Liebesbriefe an Knaben und Mädchen; sie zeigen kunstvollen Stil und sind keineswegs nur Nachbildungen von Epigrammen und Elegien. Vielleicht stehen diese Briefe am Anfang von Philostrats Schriftstellerei.

Der Gymnastikos enthält eine historische Skizze der Entstehung verschiedener Sportarten, eine Sammlung von Vorschriften und Grundsätzen für Trainer und Athleten und Polemik gegen zeitgenössische Übungsmethoden. Die Reformbestrebungen der zweiten Sophistik wollten auch die altgriechische Athletik wiederbeleben; so wird auch gesagt, Barbaren und Römer (!) verhielten sich gegen die Gymnastik ablehnend. Geschrieben ist das Werk nach 219, da der Sieg des Athleten Helix in ihm noch erwähnt wird.

Der Heroikos schildert die Unterhaltung eines phoinikischen Schiffers, der von widrigen Winden an der Südspitze des thrakischen Chersones festgehalten wird, mit einem Weinbauern. Den Kern der Erzählung bilden die Mitteilungen des Heros Protesilaos über den wahren Verlauf des troischen Krieges. Hier will Philostratos aus dem Volksglauben neue religiöse Kräfte wecken und eine altgriechische Form des Kultes, die

Heroenverehrung, erneuern. Veranlaßt wurde die Schrift wohl durch die Reise des Kaisers Caracalla über den Hellespont nach Pergamon (214/15) und die Achillesverehrung dieses Kaisers nach dem Muster seines Vorbildes Alexander. Entweder hatte Philostratos damals schon Verbindung zum Hof, oder er suchte sie durch sein Werk (einen genaueren Zeitansatz für die Schrift strebt an Muth, Robert, Forum Suarium, in: Museum Helveticum 2, 1945, 227-236).

Die Biographie (8 Bücher) des Apollonios von Tyana (in der Mitte Kleinasiens), eines Wundertäters und Philosophen, hat weitgehend die Form eines Reiseromanes, und Philostratos schildert lebhaft und oft spannend die Taten und Wunder dieses bedeutenden Mannes pythagoreischer Prägung. Den Auftrag zu diesem Werk erhielt er von Iulia Domna und steht damit im Dienst der westöstlichen Ausgleichspolitik, die von den Severern betrieben wurde. Das Buch wurde erst nach dem Tode der Kaiserin (217) vollendet.

Die Lebensbeschreibungen von Sophisten in 2 Büchern (auch in 4 Büchern überliefert; vgl. die Eikones) geben in biographischer Form eine Übersicht über die gesamte sophistische Bewegung. Die Hälfte des ersten Buches ist der älteren Sophistik bis Aischines gewidmet. Dann beginnt – aber erst in neronischer Zeit – mit Niketes die Reihe der Männer, an deren Schluß Philostratos selbst steht. Besonders ausführlich wird Herodes Attikos behandelt. Das Buch ist dem Proconsul der Provinz Africa, M. Antonius Gordianus (229–238), dem späteren Kaiser, gewidmet, muß also vor dem Jahr 238 vollendet sein.

Die älteren Eikones in 2 (4) Büchern (von nun an nur noch Eikones genannt), 65 Bildbeschreibungen. Ihre Abfassungszeit ist nicht festzulegen, doch zeigt das Prooimion, daß hier das Werk eines Mannes auf der Höhe seines Ruhmes vorliegt. So mag es nach jener Zeit längeren Verweilens in Rom anzusetzen sein; vermutlich ist es in Hellas vollendet, denn in Griechenland und für Hellas schreibt Philostratos wohl, wenn er im Eingang sagt ἡ δὲ πόλις ἐν ᾿Ιταλίᾳ ᾤκισται γένος

Ἕλληνες καὶ ἀστικοί (so Münscher, Philostrate 513 nach Kayser, Praef. zu den Eikones, Große Ausgabe V, und schon früher, Kayser, Pin. 7). Vorgetragen und erstmals niedergeschrieben sind die Eikones aber in Neapel; dafür spricht die Stelle 2, 17, 5 ἐν Ἰταλίᾳ ταύτῃ (vgl. Prooim. 4 παρὰ τοῖς Νεαπολίταις ἀγών).

Zweifelhaft ist die Zugehörigkeit des Dialoges „Nero", der unter den Schriften Lukians mitüberliefert ist. Hier werden die Schändlichkeit des Tyrannen, der seine Mutter ermordete, und seine Eitelkeit angeprangert. Den Schluß bildet die Ankunft eines Schiffes, das die frohe Nachricht von seinem Tode bringt. – Hinzu kommen zwei Dialexeis, von denen die zweite unserem Philostrat gehören wird; es wird darin das alte Problem von „Satzung"(Nomos) und „Natur"(Physis) behandelt.

4. Zur Beschreibung von Kunstwerken im Altertum

Wir besitzen mehrere Skizzen der Geschichte antiker Kunstbeschreibung, so von Bertrand (25 f.), Matz (I, 5 f.) und besonders von P. Friedländer, der dieses Genos erst zugänglich gemacht und aufgegliedert hat, und dem dieser Überblick folgt. Freilich ist die Arbeit einer ausführlichen Geschichte dieser „Gattung" noch zu leisten. Friedländer (brieflich): „Beschreibung" müßte jetzt nicht nur Werke der bildenden Kunst umfassen, wie Philostratos das tut, sondern von Kunst im weitesten Sinne, Architektur, Gartenlandschaft und von Natur."

Am Anfang steht Homer, der gelegentlich Elemente von Beschreibungen bietet, so in Epitheta und bei der Darstellung eines Rüstungsstückes oder Hauses. Erstes Beispiel ausführlicher Beschreibung bildet der „Schild des Achilleus", freilich keine Beschreibung in modernem Sinn, da Homer das Bildgeschehen als Vorgang schildert, das ruhende Bild in Handlung auflöst und den Gestalten Empfinden und Handeln leiht ohne Rücksicht auf das, was körperliche Darstellung zu zeigen vermag (Friedl. 2). Sicher steht hinter Homers Beschreibung „zumindest die Erinnerung an tatsächlich Geschautes" (Lesky, Bi. 49) – wir begegnen schon hier einem Kardinalproblem auch der Eikones –, doch genügt Homer reine Beschreibung nicht; er gibt Deutung, Leben und Handlung. Diese „belebte Beschreibung", die seit Homer stets neben der reinen Schilderung steht, entspringt dem freien „Spiel des Logos mit dem Kunstwerk", der „Einbeziehung alles Geformten in den Kreis des Lebendigen" (Lesky, Bi. 53), und auch die Eikones des Philostratos sind auf dem Boden dieser typisch griechischen Sehweise entstanden, die Logos und Kunstwerk in frei spielende Beziehung setzt und durch die ganze griechische Literatur zu verfolgen ist (Lesky, Bi. 48 f.; grundsätzlich so schon Jacobs XVI).

Neben der belebten Beschreibung kennt auch Homer Schilderungen in unserem Sinne, doch ist der erste größere Beleg dafür erst die Schilderung Hesiods vom Schild des Herakles. Er führt, was bei Homer noch Folge (Succession) war, in die Ruhelage über (Friedl. 8), scheidet alles nicht Darstellbare aus, besonders körperliche und seelische Bewegungen zusammengesetzter Art. Dazu tritt die Vereinfachung des Bildes und die schärfere Ordnung der Teile im Raum. Der Gegensatz des Bildes zur Wirklichkeit des Lebens wird stark empfunden (Friedl. 10). Daneben findet sich auch gelegentlich die homerische Art der belebten Beschreibung, so, wenn man das Krachen der wettfahrenden Wagen „hört". Eine im ganzen so strenge Schilderung aber, wie sie Hesiodos leistet, gibt es im Epos erst wieder bei Apollonios von Rhodos (Mantel des Iason 1, 721 f.).

Sonst finden sich im antiken Epos meist Formen, die mehr oder weniger der belebten Beschreibung zuneigen. Selbst Vergil, der die Bilder auf dem Schild des Aeneas als ruhend beschreibt, läßt gelegentlich die Schilderung in Erzählung übergehen, indem er Homers Art weiterbildet (Friedl. 20; klar, wie immer, Heinze, R., Virgils epische Technik, Leipzig 1914,

401; der Symbolwert der Bilder Vergils ist hier nicht zu betrachten). Das eindrucksvollste Beispiel der „belebten Beschreibung" bietet aber Catullus in seiner Darstellung des Tuches über dem Brautbett des Peleus. Hier ist alles Bewegung, das ganze Bild ist fast völlig in Erzählung umgesetzt (Friedl. 17; Lesky, Bi. 52). Auch Petron setzt das Gemälde der Zerstörung Troias (89) fast durchweg in Erzählung um (ein besonders schönes Gedicht dieser Art ist Calpurnius Siculus, Ecl. 3). Erbe der hellenistischen Epik war der Roman, und auch die Romanschriftsteller flechten Schilderungen von Gemälden in ihre Werke ein[1].

Zu der Spielart der belebten Beschreibung neigen die hellenistischen Epigramme auf Kunstwerke. Halten die epischen Beschreibungen noch konkrete Züge des Kunstwerkes fest, so verflüchtigt sich dies beinahe ganz im Epigramm. Vom Inhalt des Bildwerkes hört man meist nur so viel, daß man sich den Vorgang vorstellen kann (Friedl. 57). Das Kunstwerk wird oft nur Ausgangspunkt und Anlaß für einen witzigen Gedanken, ein Gefühl, eine überraschende „epigrammatische" Wendung, ein Spiel mit dem Gesehenen. Diesem Zweck dient besonders die Betonung des „Lebendigen" am Kunstwerk, und aus der inneren Bewegung des Gesehenen ersteht der Grundgedanke des Epigramms, sein Logos, der Schlüssel zur inneren Gestalt des Kunstwerkes. Diese Belebung des Statischen „ist die Form, unter der sich die volks- und urtümliche, nicht selten in Dämonismus umschlagende Anschauung am frühesten und leichtesten des stets enigmatischen Kunstwerks bemächtigt" (Schlosser 13).

Reine Zustandsschilderungen verdanken wir der griechischen Prosa. So zeigt Friedländer (32), daß bereits Herodotos (2, 106) solche Schilderung beherrschte. Von hier geht die exakte Schilderung der geschichtlichen und kunstgeschichtlichen Literatur späterer Zeiten aus. Daneben kennt Herodotos aller-

---

[1] Die schwierige Frage der Bildbeschreibungen in den Romanen kann hier nur gestreift werden; vgl. Friedl. 50; Bertrand 315; Schissel von Fleschenberg, O., Die Technik des Bildeinsatzes, Philologus 72, 1913, 83–114.

dings auch die Beschreibung, in der Succession statt des Nebeneinander vorherrscht (z.B. bei der Beschreibung der Pyramiden). Seit Herodotos kennt auch die historische Literatur Beschreibung und Schilderung. Besonders der Seitenzweig der Schriften über einzelne Städte und Länder (in eingeengter Form auch über einzelne Gebäude), die geographisch-periegetische Literatur, ist hier zu nennen (Beispiele Friedl. 44f.), von der übrigens Beziehungen zu den griechischen Romanen führen. Wichtigster Vertreter der Periegese war Polemon, (3./2. Jhdt. v. Chr.), der z.B. über die Kunstwerke der Akropolis und die Bilder in den Propyläen schrieb. Wir besitzen noch ein Fragment der klaren Schilderung eines Kunstwerkes von ihm (frg. 60; vgl. Friedl. 45). Wieviel bei Pausanias, dem erhaltenen Vertreter des Genos, auf Polemon und seine Zeit zurückgeht, ist schwer zu sagen. Jedenfalls fehlt es Pausanias in seinen großen Bildbeschreibungen oft an der Fähigkeit klaren Schilderns (Friedl. 45; vgl. auch Rumpf 93).

Fast unabhängig von den bisher besprochenen Arten ist die Literatur über die Künstler, in der wohl neben biographisch-anekdotischem Detail die Betrachtung einzelner Kunstwerke nicht ganz fehlte.

Neben der kunstgeschichlichen Schilderung gab es im Hellenismus noch eine wirklich literarische Kunstbeschreibung. So setzt die Beschreibung, die Kleanthes seinen Schülern vom Gemälde der „Lust" gab (Cic., fin., 2, 69), eine solche Art voraus (Friedl. 76), und für uns ist ein Beleg dafür die Beschreibung der „Verleumdung" des Apelles, die Lukianos zu Beginn seiner moralischen Abhandlung „Man soll Verleumdungen nicht leichthin trauen" gibt. Diese Beschreibung Lukians steht vielleicht den Eikones des Philostratos nahe; freilich, eine Sammlung von Beschreibungen, ein Buch, ist es nicht und schon gleich kein Lehrbuch. Das Epos seit Homer also, die Epigramme auf Bilder und Statuen, besonders seit dem Hellenismus, die beschreibenden Einlagen bei den Historikern, die Periegese, die kunsthistorische Literatur und Ansätze zu beinahe selbständiger Bildbeschreibung sind die Vorstufen,

die zu der neuen und eigenen Weise der philostratischen Eikones hinführen. Nur eine Stufe fehlt noch, der rhetorische
Prunkvortrag, die Melete. „Mit der Melete ersteigt die Kunst
wenigstens in spätantikem Sinn ihre Höhe. Losgelöst von
allem äußeren Anlaß und jeder realen Verknüpfung lebt sie
nur um ihrer selbst willen und empfängt allein aus sich die
Gesetze ihres Wesens. Mit solchem Schaustück rednerischer
Technik tritt der Redelehrer von Zeit zu Zeit vor seinen Schülern auf und der herumreisende Sophist vor fremdem Publikum, das ihm huldigt wie die Menschen von heute einem Mu-
sikvirtuosen oder einem berühmten Vorleser. Die älteste ist die
Rede Lukians „Über das Haus", und hier meint man geradezu in die Genesis einer Gattung hineinzublicken, die sich
zwar weit nach unten verfolgen läßt, aber mit irgendwelcher
Gewähr über Lukian nicht zurückgeschoben werden kann"
(Friedl. 86). Natürlich ist die Beschreibung eines Gebäudes
mit dem Schmuck seiner Gemälde nicht etwas Neues. Das
hatte es in den oben genannten Schriften auch gegeben, doch
tritt bei Lukianos die Beschreibung in viel größerer Selbständigkeit auf. Daneben bietet Lukianos die Vollendung antiker
Beschreibung überhaupt. Er gibt eine klare, zusammenhän-
gende Vorstellung von seinem Bild, reiht auch nicht einfach
Figuren aneinander ohne Rücksicht auf den Leser, dem sich
sonst kein Ganzes erschlösse, noch gefährdet er das Gesamtbild wie Philostratos, indem er seine eigenen Gedanken und
Gefühle vordrängt. Übrigens ähnelt die Einleitung der Schrift
vom Hause dem Eingang der Eikones des Philostratos stark:
Der Sophist kam in eine fremde Stadt, und ein reicher Mann
bot ihm sein Haus zum Aufenthalt an. Hier versammeln sich
alle, die den berühmten Mann hören wollen; Lukianos sieht
ein prächtig ausgestattetes Haus, die Schönheit erfreut ihn,
und er kleidet sein Gefühl sogleich in Worte, indem er eine
Epideixis (Prunkvortrag) gibt, die zur rühmenden Beschreibung dessen wird, was Redner und Hörer vor Augen haben.
Dennoch bestehen Unterschiede. Philostratos reiht Einzel-
stücke aneinander, während Lukianos ein zusammenhängen-

des Ganzes gibt. Zudem sind die Zwecke verschieden. Philostratos tritt als Lehrer auf, der vor jugendlichen Hörern eine Art von Lehrvortrag hält, um Musterstücke zu bieten, die nachzuahmen sind.

Die erste völlig erhaltene Sammlung solcher lehrhafter Bildbeschreibungen stammt für uns von Philostratos. Sein Vorgänger in der Edition einer solchen Sammlung war vielleicht Nikostratos aus Makedonien, den die Suda als Zeitgenossen des Dio und Aristeides unter Kaiser Marcus ansetzt.

Philostratos hat selbstverständlich von allen Vorgängern gelernt, ob es nun Epiker oder Prosaschriftsteller waren (Lesky, Bi. 52 zeigt z.B. Bindeglieder zwischen Homer und Philostratos), und wenn das gelegentlich von ihm überlieferte Epigramm (Anthol. Planud. 110) auf ein Bild des verwundeten Telephos sein Werk ist, hat man einen Beleg für die Verbindung zwischen Philostratos und der Epigrammatik.

Ἐπίγραμμα ἐς εἰκόνα Τηλέφου τετρωμένου.

Οὗτος ὁ Τευθρανίας πρόμος ἄσχετος, οὗτος ὁ τὸ πρὶν
   Τήλεφος αἱμάξας φρικτὸν Ἄρη Δαναῶν,
Μυσὸν ὅτε πλήθοντα φόνῳ ἐκέρασσε Κάυκον,
   οὗτος ὁ Πηλιακοῦ δούρατος ἀντίπαλος·
νῦν ὁλοὸν μηρῷ κεύθων βάρος οἷα λιπόπνους
   τήκεται ἐμψύχῳ σαρκὶ συνελκόμενος.
οὗ καὶ τειρομένοιο περιπτώσσοντες Ἀχαιοὶ
   φύρδην Τευθρανίας νεῦνται ἀπ' ἠιόνος.

Epigramm auf ein Bild des verwundeten Telephos.
„Dies war Telephos einst, Teuthranias stürmischer Führer,
   der dem Danaervolk blutige Wunden versetzt,
der die Flut des Kaykos in Mysien mit Leichen gefüllt hat
   und dem pelischen Speer kämpfend entgegen sich warf.
Heute birgt er im Schenkel die tödliche Wunde, er schmachtet
   fast ohne Atem und schleppt lebend dem Tode sich zu.
Noch aber bangen vor ihm, dem Verletzten, die Griechen und
                      eilen
in verwirrtem Gewühl fort vom teuthranischen Strand."

(Übersetzung von Hermann Beckby, Anthologia Graeca, München, Heimeran-Verlag, 1958; Band 4, Seite 361)

Den irreführenden Begriff der Ekphrasis haben wir bisher ver-
mieden. Man kann die Eikones nicht als Produkte einer rhetorischen Gattung „Ekphrasis" ansprechen; die Antike selbst
leitete die Beschreibung mit Recht von Poesie und Historie
ab (Friedl. 83), und die Progymnasmatiker Theon und Her-
mogenes erwähnen bei der Behandlung der Ekphrasis die Beschreibung von Bildern oder Statuen mit keinem Wort. Auch
hat sich die rhetorische Gattung der Beschreibung als selb-
ständiges Genos erst spät aus den sonstigen Übungsstoffen
(Fabel, Erzählung usw.) losgelöst. Ekphrasis ist auch keine geschlossene Kunstform, und noch der Rhetor Nikolaos, der
– erst im 5. Jahrhundert n. Chr. – genauere Anweisungen für
die Ekphrasis von Kunstwerken und Statuen gibt (Spengel 3,
491), sagt, in der Regel sei Ekphrasis nur als Teil eines größeren Zusammenhanges verwendbar. Immerhin bietet er in seinen Musterprogymnasmata im 12. Kapitel (Walz 1, 394–414)
unter 11 Ekphrasen 10 Beschreibungen von Kunstwerken. Die
Praxis freilich war der Theorie vorausgeeilt; denn eine Übung
des Beschreibens hat es immer gegeben, und man hat dabei
wohl auch Kunstwerke beschrieben, und unter den Progym-
nasmata, die unter dem Namen des Libanios gehen, ist auch
eine Ekphrasis von zwei Gemälden (Friedl. 85). Eigentlich literarische Arbeiten (wie Philostrats Eikones) sind aber diese
Beschreibungen noch nicht. Ein Vergleich der Beschreibungen
bei Libanios oder Nikolaos zeigt, daß Philostrats Bilder völlig
anderen Wesens sind.

5. Zum Problem der Existenz der Bilder

Das erste, was ins Bewußtsein tritt, wenn man von den Eiko-
nes hört, ist die Frage der Existenz der Bilder, die oft den
Blick für andere, ebenso wichtige Probleme verstellt hat.
Zwar wurde der erste Verdacht gegen die Eikones nicht in
Deutschland vorgebracht, doch wurde besonders in Deutsch-
land um eine Lösung dieses Problems gerungen. Freilich legte

man dabei nicht selten unpassende Maßstäbe an die Eikones, so, wenn Kunsthistoriker enttäuscht nach genauen Beschreibungen suchten und in Philostratos den unfähigen antiken Kollegen sahen oder Lessings Erkenntnisse bei ihm nicht bestätigt fanden und nun in den Eikones Fälschungen erblickten (vgl. Bertrands Kritik an der deutschen Wissenschaft 67f., 81). Wichtig genug ist das Problem, denn die Eikones füllen eine Lücke in unserer Kenntnis spätantiker Malerei, und Overbecks Verzicht auf diese Quelle ist gar zu schmerzlich (Die antiken Schriftquellen zur Geschichte der bildenden Künste bei den Griechen, Nachdruck Hildesheim 1959, VIII). Eine überzeugende Lösung ist schwer zu finden, und es kommt hier auf die Grundhaltung an: „Einzelheiten" beweisen nicht allzuviel, sind auch oft mehrdeutig. Doch glaubt man heute wohl mehr an die Existenz der Bilder; ich selbst bin von ihrem einstigen Dasein überzeugt (eine Geschichte der Kontroverse geben Nemitz 1f., bis 1875 und Fertig 8f., bis 1894); vgl. auch Prof. Schefold, brieflich: „Als Erfindung gehören die Bilder offenbar in die Alexanderzeit".

Antike und Renaissance nahmen die Bilder für echt; auch Winckelmann, Lessing und Visconti äußerten keinen Verdacht gegen sie. Die ersten Einwände erhoben der Übersetzer der Bilder B. de Vigenère (Bertrand 80) und besonders der berühmte Graf Caylus in einer Vorlesung in der Pariser Akademie (am 2.9.1760; abgedruckt in: Histoire de l'Academie Royale des inscriptions et belles – lettres 29, Paris 1764, 149–160, bes. 156). Caylus brachte schon die wichtigsten Einwände: 1. Mehreren Bildern fehle die Einheit. 2. Die Bilder seien erfunden und aus Dichtungen herausgesponnen. Caylus schlossen sich die Deutschen Chr. Adolf Klotz (in seinem Vorwort zur deutschen Übersetzung der kunsthistorischen Schriften von Caylus durch Meusel) und Chr. Ludwig Hagedorn an (in: Betrachtungen über die Malerei, 1, 174; Zitat nach Baden 31). Gegengründe wurden in der tüchtigen Arbeit über die Kunst des Philostratos von Torkil Baden (Kopenhagen 1792) angeführt. Er verteidigt die Art des Sophisten, gelegentlich die Vor-

und Nachgeschichte in die Beschreibung einzuschalten, und betont auch, nicht jedes Bild müsse eine Handlungseinheit darstellen. Die Bilder hätten existiert und seien recht sorgsam wiedergegeben, nur müsse man den beschreibenden Teil von den Excursen trennen (34). Geradezu modern mutet das Verfahren von Baden an, bei 1, 1 zu zeigen, daß der Maler hier Homer selbständig gegenüberstand.

Den Vorwurf mangelnder Einheit erhob 1800 P.J.Refues (35, 1) gegen 1, 9 ohne rechtes Argument. Der Philologe Heyne zog 1802 nach langer Beschäftigung mit den Eikones den Schluß, sicher bildeten wirkliche Gemälde ihr Fundament, doch liege nicht selten rednerische Zutat vor, die zu sondern sei. Zudem wolle Philostratos ja nicht im modernen Sinn beschreiben. Goethe schloß sich diesem Urteil an und zweifelte nie an der „Grundwahrhaftigkeit jener rhetorischen Beschreibungen", die er durch antike Wandgemälde und Mosaiken zu beweisen suchte.

Einen schweren Angriff führte Passow (1843); er wirft dem Sophisten vor, er habe sich nicht um Zeichnung, Farbe und Komposition gekümmert, verletze die Einheit von Zeit und Ort, gebe z.T. Phantasien, die auch aus Dichterworten zusammengestellt seien usw. und sagt (231), Philostratos sei „völlig unfähig gewesen, als würdiger Beschreiber eines Kunstwerkes aufzutreten" (nicht zugänglich war: Thiersch, Friedrich, Wert der Philostratischen Schilderungen von wirklichen Gemälden, Tübinger Kunstblatt, Beil. zum Morgenblatt für gebildete Stände, 1828, 65f.).

Und dabei konnte Passow es besser wissen, denn 1825 war die hervorragende Edition der Eikones von Jacobs und Welcker erschienen, in der Jacobs schon dargelegt hatte, daß Philostratos keine eigentlichen Beschreibungen geben wollte (XVI), und daß der Sophist nur den Schmuck seiner Rede vom Dichter entlehnt habe, nicht die Gegenstände (XIX). Welcker schloß sich an: Die Bilder seien echt (LV), und wenn man die Manier des Sophisten abziehe, finde sich kein sicheres rhetorisches „Additament" im ganzen Buch (LXVI). Welcker zeigte auch, daß Philostratos gelegentlich abgrenzt, was auf einem Bild sichtbar ist, und was er selbst dazu sagt (361, z. B. 2, 13, 2). Später wurde Welcker unsicher; die Personifikation der „Höhen" und „Wiesen" (in 2, 4, 3) schien ihm nun „offenbar Zutat und Erfindung des Rhetor" (Kleine Schriften, 5, 217 ff.), übrigens zu Unrecht, wie spätere Forschung zeigte (vgl. z. B. Mayer, Maxim., Ein antikes Wandbild in einem Codex von 1467. Mit Bemerkungen über Orts- Personifikationen als Zuschauer, Archaeol. Anz., 34, 1919, 118–127). Immerhin war die Ausgabe von Jacobs – Welcker ein großer Schritt zum Nachweis der einstigen Existenz der Bilder hin.

Auch Kayser neigte in seiner Schrift über die Galerie in Neapel zu der Meinung, die Eikones fußten auf wirklichen Bildern (Pin. 7), und im Vorwort zu den Eikones in seiner Ausgabe (VI) wies er darauf hin, man dürfe hier nicht exakte Beschreibungen verlangen, um die es dem Sophisten nicht ging.

Den schwersten Angriff trug 1860 Friederichs vor (F I). Er meinte, der Rhetor wollte Bilder fingieren (F I 199), deren Stoff und Einzelheiten er von Dichtern bezog (F I 5), und gebe nur „roh zusammengestoppelte Notizen" (60). „Die Bilder weichen nicht ab von der Dichtung, wo sie abweichen mußten, sie weichen umgekehrt ab, wo sie nicht abweichen mußten" (11). Aus Eitelkeit habe der Sophist keine echten Bilder angesehen (200) und nenne auch keine Künstlernamen wie Kallistratos (6). Weiterhin zerfielen manche Bilder in mehrere Szenen, was verdächtig, ja unmöglich sei (102). Hier sprach ein Kenner Lessings, der freilich nicht wissen wollte, daß viele Epochen Bilder kennen, die mehrere Stufen einer Handlung zugleich enthalten. Drittens seien manche Bilder von Philostratos erfunden (1). – Zu bewundern waren die kritische Wachheit und Gründlichkeit von Friederichs, zu bedauern sein fehlendes Verständnis für den Rhetor. Manche Argumente sind lächerlich, so (59) zu 2, 19: „Warum tötet nicht Apollo, der ja der Riemen nicht bedarf, den Phorbas sofort ohne Vorbereitung?" So ist ihm Philostratos ein „Mensch von der größten Borniertheit" (124), bringt „widerwärtige

Phrasen" (124), sei gedankenlos (157), absurd (176) und stumpfsinnig (195). Resultat (201): „Aus der Reihe der Kunstschriftsteller also ist Philostratos zu streichen."

1860 ergriff auch ein bildender Künstler das Wort. Ruhl meinte, unstreitig hätten bei einigen Bildern wirklich angeschaute Kunstwerke zu Grunde gelegen (93), bei anderen seien die ursprünglichen Kunstmotive durch Einschiebungen undeutlich geworden. Manche Bilder, z.B. 1, 6, seien so überladen, daß es künstlerische Darstellung ausschließe.

In einer glänzenden Arbeit verteidigte Brunn 1861 die Eikones (B I). Er entkräftete die Vorwürfe von Friederichs, betonte, es sei von vorneherein schwer, ein Kunstwerk zu beschreiben, ohne ins Erzählen zu kommen (228), und so sei „unter alle dem rhetorischen Flimmer, der den Leser bei flüchtiger Betrachtung so leicht verwirrt..., ein bedeutender Kern positiver Angaben versteckt..., Angaben, die häufig genug sich deutlich als aus unmittelbarer Anschauung der Kunstwerke herübergenommen zu erkennen geben" (200). Der gegen Philostratos gerichtete Vorwurf sei auch an sich ungerecht: denn weit entfernt über Attribute und äußere Zeichen der Darstellung zu schweigen, gebe er vielmehr sorgfältige Rechenschaft davon, wo er es für notwendig oder nützlich erachte (196). Brunns Verteidigung war kenntnisreich und vielfach überzeugend. Friederichs antwortete 1864 nur noch mit einem Argument, das er vielfach wiederholte: Der Sophist habe die Dichter ausgeschrieben (F II 136). Immerhin gab er zu, Philostratos habe Motive aus gesehenen Kunstwerken eingearbeitet (F II 179).

Eine Mittelstellung nahm 1867 Matz ein. Für ihn schrieb Philostratos vielfach auf Grund wirklicher Anschauung, doch sei dieser positive Kern durch rhetorische Zutaten bis zur Unkenntlichkeit überwuchert, auch seien nicht alle Bilder in der Galerie von Neapel gewesen. So gäben die Bilder für die Kunstgeschichte nichts her (M I 137), und man könne dem Ganzen nicht trauen (M I 131).

In seiner neuerlichen Verteidigung (1871) zeigte Brunn (B II

4), daß Philostratos Beschreibungen im strengen Sinne nicht geben wollte, und hob hervor, daß die Übereinstimmung der Worte zwischen Rhetor und Dichter keine sachliche Abhängigkeit bedeute (B II 103). Er glaubte, immer klarer den positiven Kern in den Schilderungen und zugleich die Möglichkeit erkannt zu haben, diesen überall aus seiner rhetorischen Umhüllung herauszuschälen (B II 104). Wiederum steuerte Brunn wichtige Beobachtungen bei, so die Feststellung, daß der Rhetor mehrfach Dinge im Plural aufzähle, ohne daß im Bilde mehrfache Wiederholung der Situation anzunehmen sei (B II 9). Auch die öfters als unmöglich angesehenen Personifikationen wies er in Denkmälern nach (B II 22), zeigte, daß Philostratos nicht selten vom angeblich nachgeahmten Dichter abweiche (B II 83; 98) usw.

Matz modifizierte in seiner zweiten Arbeit (1872; M II) seinen Standpunkt in Einzelheiten, erkannte einen „tüchtigen positiven Kern" an (M II 587), wandte sich aber gegen Brunns von Welcker überkommene Idee, es lägen wohl Bilder großer alter Meister zugrunde (596), und vertrat weiterhin die Möglichkeit von Fiktionen (601), einzelner Zierate, hinzugefügter Szenen (608), gelegentlicher Abhängigkeit von Dichtern (614) wenn auch dabei keine systematische Fälschung vorliege (627).

Nemitz (1875) steht auf seiten des Rhetors; die Galerie zu Neapel habe existiert (16), die Komposition u. ä. habe Philostratos nicht berücksichtigt, weil der zuhörende Knabe die Bilder vor Augen hatte (12). Freilich kam es dem Sophisten auf genaue Beschreibung nicht an (29), und wenn die Eikones an Dichter erinnern, so auch deshalb, weil die Bilder nicht selten nach Dichtern gemalt waren (29). Auch zeige der Autor sehr oft, wo die Beschreibung (neben den Excursen usw.) beginnt und endet (19); an einigen Beispielen wird vorgeführt, wo Philostratos vom angeblich vorliegenden Dichter abweicht (23; 29).

Woermann bekannte sich (1876) zur Existenz der Bilder, doch konnten auch die Skeptiker neue Truppen sammeln, zu denen sich große Gelehrte gesellten: Blümner (Lessings Laokoon,

her. und erläutert von Hugo Blümner, Berlin 1876, 180),
Wentzel (Gg., Ein Pindar-Scholion und ein Philostratisches
Gemälde, in: Aus der Anomia, Berlin 1890, 147), Robert
(Robert, Carl, Studien zur Ilias, Berlin 1901; 15, 2) und
Wilamowitz (in: Lesefrüchte 117–122, Hermes 40, 1905, 171ff.;
auch: Kleine Schriften 4, Berlin 1962, 218f.).
Auch Kalkmann (1882) hielt die Eikones für reines Spiel, Er-
findung, meist Umsetzung literarischer Motive. Nicht nur
Dichter habe Philostratos nachgeahmt, sondern auch gelehrte
Literatur (Ekphrasis 398). Freilich lag ihm die Absicht der
Täuschung ganz fern; das sei eben sophistischer Brauch gewesen.
Leider beachtete man nicht genügend das Werk des Franzosen
Bougot, der in seiner Ausgabe möglichst viele Monumente
beibrachte, um dem Leser die Vorstellung der Bilder zu er-
leichtern. Mit Recht sagte er, die Eikones hätten in Stoff und
Aufbau Analogien in den Resten antiker Kunst, besonders den
kampanischen Gemälden. Der zeitliche Abstand genüge, um
die bestehenden Unterschiede zu erklären (193). Die Bilder
hätten existiert (anerkannt von Iulius, L., in der Besprechung
von Bougots Werk, in: Philologische Wochenschrift 2, 1882,
135f.). Auch Bertrand (1882) verteidigte in seiner ausgezeich-
neten Arbeit Philostratos, bot fast alle Gesichtspunkte, unter
denen später noch die Eikones betrachtet wurden, und ordnete Philostratos stilistisch ein: Die Mischung von Lebendigkeit, Wahrheit und Dichtung in den Beschreibungen habe
schon viele getäuscht und an der Einheitlichkeit vieler Bilder
zweifeln lassen (142). Man solle sich nicht so sehr um das beschriebene Kunstwerk kümmern, sondern die Art des Kriti-
kers Philostratos interpretieren. Dann verschwinde sofort ein
Angriffspunkt gegen den Sophisten, von dem man nur trocke-
ne Beschreibungen archaeologischer Art verlangt habe, die er
gar nicht geben wollte (79). Auch dürfe man es Philostratos
nicht zum Vorwurf machen, daß er seine Dichter kannte und
seine Beschreibungen damit schmückte (79). Selbstverständlich habe es die Bilder gegeben (199).

Nun war der Höhepunkt des Streites überschritten, ein größerer Angriff erfolgte nicht mehr. Die Wiener Herausgeber der Eikones (1893) bekannten sich zur Existenz der Bilder (XXV f.), und Wickhoff wies in seiner Ausgabe der „Wiener Genesis" (1895) nach, daß mehrere von Philostratos beschriebene Bilder an den von ihm erforschten „kontinuierenden Stil" anzuschließen seien; gerade die von Friederichs beanstandeten „Doppelbilder" mit der Beschreibung mehrer zeitlich nacheinander liegender Vorgänge wurden nun zum Beweis der Echtheit und Zeugen für ein charakteristisches Prinzip spätantiker Kunst. Wickhoff führte dieses Prinzip weit in die Geschichte der Kunst zurück (80). Zudem entwarf er selbst die Beschreibung eines erhaltenen Denkmales dieses Stils („Die Fischhalter" aus San Giovanni in Laterano, 86 ff.) in philostratischer Manier und zeigte, wie gut diese zu solchem Stil paßte. Außerdem bewies er (82 f.), daß Licht-, Beleuchtungs- und Dunkelheitseffekte, wie sie Philostratos (z. B. 1, 7, 3; 2, 10, 2) beschreibt und bewundert, sich in der Tat zwischen der späten pompeianischen Malerei und der Wiener Genesis beobachten lassen.

Förster veröffentlichte (1903) die von M. von Schwind nach den Eikones gemalten Bilder und widerlegte so die Behauptung, die philostratischen Gemälde könnten nicht gemalt werden (Förster, Schwind 9). – Skeptisch blieb Münzer (Phil. 515), der Reminiscenzen an vorhandene Kunstwerke zugab, die Einkleidung des Buches aber als fiktiv ansah und glaubte, die Bilder seien nach dichterischen Vorlagen gestaltet (1907). Erst Friedländer (1912) ordnete in Deutschland die Eikones richtig ein und zeigte, daß Philostratos keine Beschreibungen um des Kunstwerks willen gebe (89), keine Analysen (46), und daß er oft um rhetorischer Reize willen einer sachlichen Konstruktion des Bildes ausweicht (89). Philostratos schafft rhetorische Kunstwerke von eigener Natur und will nach seiner Absicht beurteilt werden (90). Höchstens kleinere Stücke seien fiktiv (so später Friedländer, Gaza 101).

In einer bedeutenden Arbeit würdigte Steinmann (1914) die

Art des Künstlers, der als Rhetor zu beurteilen sei (63). Die Dichterzitate seien nur natürlich, schon um dem zuhörenden Knaben Anknüpfungspunkte zu geben, weshalb auch Homer und Euripides so häufig zitiert seien (124). In allen Fällen der „Übereinstimmung" mit Dichtern ließen sich auch namhafte Unterschiede feststellen (126), und wenn der Sophist oft die Herkunft seiner Zitate angebe, so bedeute dies, daß er nicht fürchte, „entlarvt" zu werden (88). Auch beweise die Ähnlichkeit mancher Bilder (z.B. 1, 17 und 1, 30) gerade die Wirklichkeit der Galerie, während sie bei einer Fiktion als lästig erschienen wäre (65 f.). Gelegentlich sei Philostratos sich seiner Deutung nicht sicher (daher nicht selten sein „mein' ich"), und auch dies deute auf konkrete Vorbilder (100). Zudem gab Steinmann Parallelen zu den „Doppelbildern" (131) und belegte den oft getadelten Figurenreichtum der Bilder aus der Kunst jener Zeit (117 Vergleich mit dem Titusbogen). Mit Recht sagt Lesky (Bildw., 38), diese Arbeit hätte den Streit entscheiden müssen, doch der Rezensent, Weinberger (Berliner Philol. Wochenschrift 35, 1915, 1139–40), blieb ungläubig. Auch Pfuhl (Malerei und Zeichnung der Griechen, 1923; 1, 9; 23; 2, 884 f.) erkannte Philostratos keinen Quellenwert zu (vgl. dagegen Lamer RE 10, 1514; s.v. Kairos).

Camaggio (1930) betonte wieder die Echtheit; Philostratos beziehe sich auf Bilder, die er gesehen und liebevoll studiert habe (506). Die Galerie habe bestanden.

Der letzte Herausgeber der Bilder, Fairbanks (1931), führte die Anforderungen, die man an Philostratos stellen dürfe, auf ein richtiges Maß zurück (XXII) und bekräftigte den Quellenwert der Eikones (XXVI). Die Ähnlichkeit mit Dichterstellen gehe darauf zurück, daß die Maler selbst Dichtern folgten (XVII und XIX).

Lesky (Bildwerke; 1940) behauptete entschieden die Existenz der Bilder (45; vgl. Lesky, Thalatta 266) und zeigte, daß die Eikones zwei Schichten haben, die eine in der Schilderung von Dargestelltem, die andere in seiner Deutung und Ausschmückung (Bildw. 41). Es soll nicht die bildhafte Anschau-

ung von Gemälden vermittelt werden; das Bild ist lediglich
der Stoff, an dem Philostratos seine Gelehrsamkeit, seinen
Einfallsreichtum, kurz seine Sophia zeigt (39). Das Ausspin-
nen von Bildern zu Erzählung und Vorgang finde sich öfters
in antiker Literatur (52; vgl. ebenso Gstader 28, 57).

Der entscheidende Nachweis der Existenz der Bilder gelang
Lehmann – Hartleben (1941). Er erklärte die vielfach bean-
standete „Unordnung" in den Eikones überzeugend damit,
daß Philostratos wirkliche Bilder in einer wirklichen Galerie
sah (20), und zeigte, daß man genau sagen könne, wie die Bilder an den einzelnen Wänden angeordnet waren, welches Format sie hatten usw. (20). Seine Feststellungen sind: 1. Die
Bilder existierten. 2. Sie waren in übereinander liegenden Reihen angebracht; jede Reihe ist eine dekorative oder motivische
Einheit. 3. Die Reihen waren jeweils in einem Raum oder
einer Halle so angebracht, daß der Beschauer am Ende zu seinem Ausgangspunkt zurückkam (21). Daß die Namen der
Künstler nicht genannt wurden, sei ganz natürlich, Philostratos beschreibe ja nicht einzelne, berühmte alte Bilder, sondern
Teile von mehr oder weniger zeitgenössischen Zyklen (41).
Auch solle man nicht von „Rhetorik" reden; es sei kein Wort-
Feuerwerk, sondern ein ernster Versuch, die poetische Kraft
der Malerei in Worte zu fassen (41). Der Rhetor wünschte,
daß das Bild „sprechen" solle (41). Gerade, weil Philostratos
die Grundidee der Zyklen nicht verstand, ist damit bewiesen,
daß er diese Bilder sah (41). So besitzen die Eikones einen
eminenten Quellenwert (42). Schefold (Orient, Hellas und
Rom in der archaeologischen Forschung seit 1939; Bern 1949,
184) machte sich dieses Ergebnis zu eigen, schloß die darge-
legte innere Verbindung der Bilder an die allegorische Sprache
der Sarkophage an und verband sie mit der theologisch-dog-
matischen Denkweise der Spätantike.

Die Skizze der Controverse hat wohl gezeigt, wie schwach oft
die Stellung der Angreifer war: es gibt eine Kritik, die ebenso
gefährlich ist wie die Leichtgläubigkeit. Andererseits hat ein
Kenner wie Kalinka bei aller Befürwortung der Existenz der

Bilder eine letzte Reserve nie aufgegeben. Enden würde der Zweifel ohnehin erst, wenn die ganze Galerie gefunden ist. Jedenfalls war es falsch, von Philostratos zu verlangen, was er nicht geben wollte: Kunstgeschichte oder Periegese. Es ist eine nicht angebrachte Frage, ob die Bilder existierten oder nicht; Philostratos will Leben, Eindruck, Ereignis im Wort mächtig werden lassen, will „ergreifen". Daher tritt das Faktische zurück. Und wenn Format und Maßstab der Gemälde nicht erwähnt sind, auch nicht die Größe der Figuren, nicht das Zeitalter, die Schule, die Meister, so erfüllen auch Lukianos und Pausanias diese Forderung nicht immer. Wenn die Eikones fingiert wären, hätte der Rhetor darauf hingewiesen, damit man seine Kunst der Illusion bewundere. Gerade die Plumpheit der angeblichen Fiktion spricht für Philostratos: so primitiv lügt er nicht.

Übrigens trennt der Sophist nicht genau die literarischen und künstlerischen Bestandteile einer Darstellung, so schon im letzten Satz des ersten Bildes. Wenn häufig Dichter zitiert sind, ist das oft nur sophistischer Zitatenprunk: zudem entnahmen die Künstler ihre Stoffe vielfach dem Mythos, der ja von Dichtern gestaltet war. Konnte man Absicht und Auffassung des Künstlers besser erfassen und wiedergeben als mit Hilfe der Worte des Dichters, der den Stoff gestaltet hatte, und dessen Wort nun wieder dem Bild ein Leben in Begriff und Sprache leihen sollte? Zudem trennt Philostratos vielfach seine Zutat vom „realen" Teil, z.B. 1, 25, 3 A: „Was man aber auf dem Bilde sieht, ist folgendes" und zitiert noch zum Überfluß Euripides, wenn er ihn verwendet (z.B. 2, 23, 1 E), was doch wieder nicht zu einer Fiktion paßt. Die beanstandeten Personifikationen von Landschaften hat man längst nachgewiesen (z.B. Rumpf 161 f.), die Stoffe einzelner Bilder sind anderweitig überliefert (2, 13 vgl. Plin., nat. 35, 60; 2, 27 vgl. Strabon 8, 3, 12), und die Landschaften mit Staffage-Figuren (z.B. 1, 12. 13; 2, 17) hat man an den Ludius-Maler angeschlossen (Plin., nat. 35, 116; Dawson 200). Und wenn man mit großer Wahrscheinlichkeit nachwies, Philostratos beschreibe gelegentlich Bilder, die er nicht voll verstehe (z.B. 1, 2; 2, 17), ist wohl jeder vernünftige Zweifel ausgeschaltet.

6. „CONTINUIERENDER STIL" IN DEN EIKONES

Eines der stärksten Argumente gegen die Existenz der beschriebenen Bilder war der Vorwurf, Philostratos bringe mehrere Handlungen oder Handlungsphasen auf einer Bildebene. Solange man keine Beispiele aus der bildlichen Tradition kannte, wog dieser Vorwurf schwer. Heute verfolgt man diesen „continuierenden Stil" vom ägyptischen Totenbuch (Bethe, E., Buch und Bild im Altertum, Leipzig 1945, 137) über die homerischen Becher (Bethe 79), etruskische Monumente (Bethe 137, 22), Bilderbuchrollen (Bethe 83; vgl. a. Bertrand 172, o) usw. bis zur großen Historienmalerei. So zeigte die „Schlacht bei Marathon" des Polygnotos drei Phasen (Pausan. 1, 15, 4), und römische Historienbilder kennen diese Art auch, z.B. im Denkmal des Aemilius Paulus in Delphi mit der Schlacht bei Pydna (Taf. 39 bei Kähler, Rom und seine Welt, München 1958; Erläuterung Bd. 2, 71 f.). Es gibt auch in einem Grab vom Esquilin ein historisches Wandgemälde aus dem Ende des 3. Jahrhunderts v. Chr. (Rom und seine Welt, Taf. 38; vgl. 2, 70). Auf den vier Streifen des Bildes wird eine fortlaufende Erzählung gegeben. M. Fanius (Fannius) ist auf jedem der vier Streifen (auch auf dem obersten) deutlich zu erkennen (vgl. Ducati, Pericle, Die etruskische, italo-hellenistische und römische Malerei, Wien 1941, XII). Auch die Odyssee-Bilder vom Esquilin kennen den „continuierenden Stil" (Pfuhl, Malerei 2, 891), und Petron 89 schildert – übrigens in Anlehnung an Vergil – ein Gemälde, das wohl ähnliche Züge aufweist. Auch die campanische Malerei kennt solche Gestaltung (z.B. Helbig, Wandgem. 252), die man wieder mit den Eikones verknüpft (Dawson 200) und über die ausgehende Antike, das Mittelalter, die Renaissance (z.B. Altdorfer, Susanna im Bade) bis zur Gegenwart verfolgen kann (z.B. O. Kokoschka, Thermopylae, Hamburg 1954).

Bei Philostratos ist es oft schwer zu sagen, wieviel Szenen oder Handlungsphasen ein Bild bietet. So ist für 1, 26 nach meiner Überzeugung nur ein Bild und eine Szene anzunehmen; die „Doxographie" zu dem Problem sieht aber so aus: Baden: 1 Szene; Heyne: 3 Szenen; Goethe: 3; Welcker: 1; Friederichs: 6 oder 7; Brunn: 3; Matz: evtl. 3; Nemitz: 1; Bertrand: 3; Steinmann 3; Gstader: 3; Kalinka 3.

Mit Sicherheit kann man nur zwei Bilder dem continuierenden Stil zuweisen, 1, 18 und 2, 2. Hier liegen unbestreitbar jeweils zwei Szenen der Beschreibung zugrunde, und hier hat man die Möglichkeit, die Eikones in die Kunst ihrer Zeit einzuordnen.

Folgende Bilder weisen, entgegen der Meinung einiger Erklärer, keine Szenendoppelung o. ä. auf: 1, 4. 7. 28; 2, 19. 21. 22. – Wieder anders steht es mit 2, 27; hier lagen vermutlich auf einem Bild zwei „Stockwerke" vor, doch hingen diese wenigstens zeitlich zusammen. Noch ein anderer Fall ist 1, 20. 21; hier hängen zwei Bilder inhaltlich eng zusammen, waren aber wohl auf zwei Einzelbildern (eng zusammengehängt) gemalt, weshalb Philostratos auch zwei Einzelbeschreibungen gibt. – Vgl. noch Bielefeld, E., Zum Problem der kontinuierenden Darstellungsweise, Jahrbuch des dt. archaeol. Instituts. Archaeol. Anzeiger 71, 1956, 29–34.

7. Die Galerie in Neapel

Man hat das Vorhandensein der Neapler Galerie bestritten. Aber es ist nichts natürlicher als die Reise des Philostratos, seine Einkehr und zum Dank der Preis der Galerie, zumal ein musischer Agon in Neapel tatsächlich alle vier Jahre an den Augustalien stattfand (vgl. Vollmer zu Stat., Silv. 2, 2, 6) und Philostratos an ihm teilnahm (Pr. 4). Weiterhin wissen wir von solchen Galerien aus dem Altertum, so von der Königshalle in Athen, vom Heratempel in Samos, von der Lesche in Delphi, und zur Zeit Ciceros hatten seine reichen Nachbarn in

Tusculum private Bildersammlungen, zu denen sie Schaulustigen Zugang gewährten (Bertrand 41; über private Pinakotheken vgl. a. Schefold, Pompeianische Malerei 32 und bes. A. W. van Buren, Pinacothecae, Memoirs of the American Academy at Rome 15, 1938, 70 ff.). Vitruv (1, 2, 7) beschreibt die Anlage solcher Pinakotheken, wir wissen aus Lukianos „Über das Haus", wie eine solche private Galerie aussah, und Petron (83) schildert eine Pinakothek ausgerechnet bei Neapel (Ignarra meinte, es sei die des Philostratos); die Bilder 1, 20–24 des Philostratos besitzen sogar eine gewisse Ähnlichkeit mit dem dort beschriebenen Zyklus (Van Buren 77).

Die Geschosse der Galerie lagen in Terrassenform gegen Westen hin, wohl wegen der milderen Lüfte und des milderen Lichtes. Vermutlich hatten sie die Form der „Porticus" (Säulenhalle), doch lagen sicher hinter der Säulenreihe geschlossene Räume. Lehmann-Hartleben (40) zeigte, daß seine Rekonstruktion der Räume (1–5) eine überraschende Wiederholung eines Raumtyps mit zwei Seiteneingängen ergab. Das sei der übliche Typ solcher Terrassen-Architektur; nur die Fensteranordnung sei nicht immer gleich, doch passe auch dies zur römischen Villa, und wenn man Anstoß daran nahm, daß der Autor von „vier oder fünf Geschossen" spreche, so gebe es dafür die Erklärung, daß Philostratos sich absichtlich ungenau ausdrückte (vgl. Lehm.–Hart. 40).

Wie die Bilder äußerlich beschaffen waren, ist schwer zu sagen. Man wird kaum zwischen Tafelgemälden, die eingelassen waren, und Wandgemälden, die in Pompeii gleichfalls manchmal mit Holzrahmen eingelassen waren, prinzipiell unterscheiden (Maxim. Mayer, Arch. Anz. 34, 1919, 124). Auch über ihren Schutz (Klapptüren? Vorhänge? vgl. Pfuhl, Malerei 2, 617) wissen wir nichts (Nicht eingegangen ist auf Philostratos bei Ehlich, Werner, Bild und Rahmen im Altertum, Leipzig 1954). Genau wissen wir aber, daß es verschiedene Meister waren, deren Werke hier hingen (Pr. 4 E), und Kalinka hat wahrscheinlich zu machen versucht, daß den meisten Bildern auch eine Aufschrift („Titel") beigefügt war, die Philostratos in sein Werk übernahm. Er sagt: „Der Hauptgegenstand des Bildes ist im Titel meist zutreffend angegeben, und schon deshalb wird man geneigt sein zu glauben, daß Philostratos selbst die Titel an die Spitze jedes Bildes gesetzt hat. Eine Bestätigung liefert der Titel Θεῶν πομπή in dem noch aus dem 4. Jahrhundert stammenden Berliner Papyrus der jüngeren Eikones, während in der Bilderbeschreibung Lukians die Titel fehlen. Nicht immer aber deckt sich der Titel mit der Darstellung. Mitunter erfährt man aus dem Bilde selbst gar nicht, was gemeint ist, sondern erst aus dem Titel oder den Ausführungen des Philostratos. So geschieht es 2, 12, wo nicht zu erraten ist, daß es sich um die Dichterweihe Pindars handelt. Ebenso verhält es sich mit 2, 32, wo aus der männlich gebauten Jungfrau niemand auf Palaistra schließen würde, oder mit 2, 34, wo die Tänzerinnen keineswegs als Horen gekennzeichnet sind. Auch 1, 8 macht Mühe, wo zwar ein Liebesabenteuer Poseidons unverkennbar ist, nicht aber die Titelfigur Amymone. In 2, 8 verraten die Einleitungsworte, daß der Gedanke an Enipeus und Tyro am nächsten liegt. Auch der Liebestod der Euadne ist in 2, 30 aus dem Scheiterhaufen allein nicht zu vermuten, während in 2, 5 und 9 das Beiwerk höchstens einen auserlesen Kundigen auf Rhodogune und Pantheia geführt hätte. In 2, 6 konnte der im Tode siegende Wettkämpfer nur der allen Griechen bekannte Arrhichion sein, während in 2, 31 der Grieche am Perserhof für jeden Betrachter als Themistokles zu erkennen war, wenngleich Philostratos so tat, als ob die Lösung des Rätsels allein seinem Scharfsinn vorbehalten geblieben sei (vgl. 2, 14, 1 A). Selbst der belesene und mit den Kunstdenkmälern vertraute Philostratos hätte vor diesen und anderen Bildern ratlos gestanden oder wäre in die Irre gegangen, wenn ihn nicht eine Aufschrift der Bilder auf die richtige Spur geleitet hätte.“

Freilich ist noch die Frage zu klären, wie Philostratos gelegentlich etwas beschreiben kann, was er nicht erkennt, wie z. B. 2, 17.

Besondere Schwierigkeiten bietet die Anordnung der Eikones,

die schon von Goethe beklagte „Verworrenheit", in der die
Bilder aufgeführt werden. Manche Forscher erkannten aber
bereits Gruppierungen (z.B. Steinmann 65), und Kalinka
wollte – wohl ohne Kenntnis der Arbeit von Lehmann-Hartleben – die Gruppierung der Bilder auf die Anordnung der
Galerie oder eine Zusamenstellung der Bilder nach Malern
zurückführen.
Eine bahnbrechende Entdeckung gelang 1941 Lehmann-Hartleben. Er erklärte die „Unordnung" der Eikones überzeugend
damit, daß Philostratos die Gemälde in der Reihenfolge beschreibe, die sich ihm beim Durchschreiten der Galerie dar-
bot. Nach Lehmann-Hartleben (41) waren die Bilder unabhängig gemalt und wurden in Wände eingelassen (Pr. 4). Die
größeren, beherrschenden Bilder waren in den einzelnen Räumen an tieferen Stellen der Wände angeordnet; gelegentlich
liefen darüber Friese, hingen wohl auch andere (kleinere) Bilder, eine Anordnung, die von der traditionellen Organisation
pompeianischer Wände abhängt (L.-H. 42). Auch später
findet sich solche Art: bei den Bildern, die Prokopios von
Gaza beschreibt, mit ihrem Arrangement an Wänden mit
einer tiefer hängenden monumentalen Malerei, einer Serie
von Friesmalereien und additionellen Elementen am oberen
Teil (L.-H. 42, 75). So gibt es Ähnlichkeiten zwischen der Anordnung dieses spätantiken Gemäldezyklus in Gaza mit den
Friesmalereien im Dionysos-Raum bei Philostratos (L.-H.
42, 75). Auch der ideologische Charakter der einzelnen Räume bei Philostratos läßt sich in die Tradition einordnen. Seit
dem Hellenismus gab es drei Arten von Bilderzyklen: 1. Die
Biographie eines Gottes oder Heros (vgl. Herakles oder Dionysos bei Philostratos). 2. Die Illustration von Dichtungen.
3. Die moralisierende Zusammenstellung mythologischer
Szenen (vgl. den Aphroditezyklus bei Philostratos). So hat
der Dionysos-Raum bei Philostratos einen Vorgänger in
Pompeii in einem Triclinium im Hause des M. Lucretius
(Herrmann-Bruckmann, Denkmäler der Malerei 75f.; L.-H.
43; zum Allgemeinen Schefold, Pomp. Malerei 30f.). Neu

sind bei Philostratos die Zyklen der Flüsse und der primitiven
Welt, die in kosmische, philosophische und theologische Spe-
kulation gebettet sind und vermuten lassen, daß der ganzen
Bilderreihe eine neupythagoreische Grundkonzeption zu-
grundeliegt (L.-H. 43).
Saal 1 scheint den Flüssen gewidmet (L.-H. 36; Bild 1,1–13).
Er zeigt drei Reihen: die erste mit Flüssen selbst: 1, 1 Skamandros; 1, 5 Nil; 1, 8 Amymone beim Inachos; 1, 11 Phaeton
beim Eridanos. Zugleich sind die vier Weltteile einbezogen:
Asien, Afrika, Griechenland, der Westen. Weiterhin erkennt
man eine Wechselwirkung von Elementen: 1, 1 Kampf von
Wasser und Feuer; 1, 5 Der Fluß befruchtet die Erde; 1, 8 (?);
1, 11: Kampf von Feuer und Wasser. – Die zweite Reihe,
wohl quadratisch oder in länglichem Viereck gehalten, umfaßt 1, 4 Tod des Menoikeus bei Theben; 1, 7 Tod des Memnon; 1, 10 Amphion gründet Theben. Bei diesen Bildern, die
thematisch mit dem Sterben von Helden und mit der Stadt
Theben verbunden sind, ist jedesmal ein Hintergrund beschrieben. – Friese waren vielleicht 1, 2 Komos (der „noch
nicht erwachsen", also fast noch Kind ist); 1, 3 Aisopos; 1, 6
Eroten (Kinder!); 1, 9 Eroten (Kinder!); 1, 12. 13 Bosporos.
Vermutlich war der Saal in folgender Weise angeordnet (L.-H.
38):

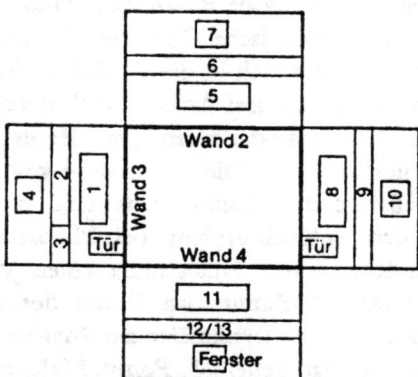

1, 8 bringt den Beginn des Zyklus der Flüsse. Ihm folgte das Bild der beständigen Erneuerung und Fruchtbarkeit durch das Wasser, gezeigt am Nil (1, 5). Dann der Kampf zwischen Wasser und Feuer (1, 1) und der Sieg des feuchten Elements (1, 11).

Der zweite Raum gehört Dionysos. Der Zyklus beginnt mit Geburt und Heirat des Gottes (1, 14. 15); er geht weiter mit der Strafe für Pentheus (1, 18) und die Piraten (1, 19) und findet seinen Höhepunkt in der Schöpfung der Weinquelle (1, 25). Er hängt mit den dionysischen Mysterien zusammen. Wer an den Gott glaubt und von der heiligen Quelle des Weines trinkt, wird gesund und stark sein und herrlich heranwachsen (1, 25, 2). Der schöne junge Jäger (1, 28) zeigt vielleicht solche Existenz und könnte mit dem Jäger Zagreus, dem jungen Dionysos, verwandt sein (L.-H. 34). Auch 1, 20–24 scheinen Bezug zum dionysischen Kreis zu haben. Narziß (1, 23) und Hyakinthos (1, 24) symbolisieren in ihrem Tod und in der Metamorphose in Blüten die Regeneration des Lebens in der Natur. Freilich muß das Vermutung bleiben. – Große Bilder waren wohl 1, 14. 15. 18. 19. 25; sie waren wohl auch weiter unten an den Wänden angebracht, meist wohl auch in quadratischer Form. Die anderen Bilder hingen höher, 1, 17. 16 über 1, 14. 15 (Wand 1); 1, 29. 30 über 1, 28 (Wand 4); 1, 26. 27 über 1, 25 (Wand 3); 1, 20–24 über 1, 18. 19 (Wand 2). 1, 20. 22. 24 waren wohl eher breit, 1, 21. 23 eher rechteckig und ergaben also eine Folge ababa in den Formaten (1, 20. 21. 22. 23. 24). Friesartig waren wohl 1, 24. 26. 30. – Die hier gezeigte Anordnung macht auch den Seitenblick 1, 17, 3 auf 1, 30 verständlich, der früher Anstoß erregte. – Hier läßt sich auch verfolgen, wie die „Unordnung" bei Philostratos zustandekommt; er bespricht zuerst Oinomaos und Pelops (1, 17); später beschreibt er Pelops, wie er die siegbringenden Pferde empfängt (1, 30), geht also in einem Raum umher und begegnet am Ende einem Bild, das nahe bei seinem Ausgangspunkt lag (L.-H. 21).

Als dritter folgt der Aphrodite-Saal (2, 1–12). Er beginnt an

Wand 1 mit dem tiefer hängenden größeren Fries der Prozession zu Aphrodite (2, 1). Es folgen an Wand 2 zwei berühmte junge Menschen, die sich der Liebe nicht beugen, ein Mann (2, 4) und eine Frau (2, 5); die zwei folgenden Szenen (Wand 3) zeigen das tragische Ende eines liebenden Weibes und Treue über das Grab hinaus (2, 9), dazu Kassandra, die eine Übergangsstellung zwischen Nicht-Liebenden und Liebenden einnimmt (2, 10). Am Schluß steht das glückliche Ende: Kritheis und Meles, deren Vereinigung den Ursprung der Poesie, Homer, hervorbringen wird (2, 8). Hier sind die Musen anwesend, und das leitet zum Preis der Liebe im Gesang zurück (2, 1). Die Bilder der Wand 2 (2, 4. 5) und 3 (2, 8. 9. 10) waren wieder eher rechteckig. Wo Philostratos den Zyklus (2, 1. 4. 5. 8. 9. 10) unterbricht, wandte er sich wohl gleich zum oberen Teil der Wand, wo er zuvor das Hauptbild (oder die Hauptbilder) besprochen hatte. Die Bilder 2, 2. 3. 6. 7. 11. 12 waren wohl schmalere Friese, besonders 2, 7. Näher zusammen gehören wieder 2, 2. 3 (Kentauren) und 2, 11. 12 (Pan und Nymphen); 2, 7 stellt sich zu 2, 2; 2, 6 (Arrhichion) gehört in die Nähe Pindars (2, 12), der solche Siege besang. Übrigens verbinden sich die Bilder 2, 5. 8. 9. 10 noch anders: alle Heroinen darin stammen aus Kleinasien.

Über Bild 2, 1 waren wohl 2, 2. 3 angebracht (Wand 1); über 2, 4. 5 befanden sich wohl 2, 6. 7 (Wand 2); über 2, 8. 9. 10 waren wohl 2, 11, 12 (Wand 3).

Der vierte Raum gehört der Darstellung der Urwelt (L.-H. 25) und zeigt das Entstehen der Landschaftsformen. Wand 4 war wohl von nur einem Bild ausgefüllt, dem großen Fries der Inseln (2, 17), die einen ganzen Kosmos zeigen, so einen Vulkan, gegen den Zeus Blitze schleudert (vgl. Thessalien 2, 14; Isthmos 2, 16; Gyren 2, 13), die Entstehung von Religion und Kult (Zeus als erster Gott; Dionysos: daher die goldene Schlange; Prophezeihungen), und das Kind, von dem die Rede ist, mag dem Knaben der vierten Ecloge Vergils vergleichbar sein (so L.-H. 29). Auch die weiteren Bilder sind mit urweltlichem Geschehen verbunden: 2, 13 Poseidon und die

Gyren; 2, 14 Poseidon öffnet Thessalien; 2, 16 Poseidon er-
schafft die Häfen am Isthmos; 2, 15 unterbricht die Reihe etwas; immerhin fuhr das Schiff Argo, das darin von Bedeutung ist, von Thessalien nach der großen Flut (2, 14!) aus. –
Auch gehören 2, 15 (Glaukos) und 2, 16 (Palaimon – Kult)
enger zusammen: beide haben Bezug zur Mantik. – Das folgende Bild (2, 18 Polyphem und Galateia) paßt zu den anderen Darstellungen wegen seines maritimen Charakters, und
das anschließende Gemälde 2, 19 (Phorbas) fügt sich wegen
der primitiven Lebensform gut zu dem Polyphem – Bild. So
ergeben sich kleine Zyklen: 2, 13. 14. 16. 17 zeigen Urgestal-
ten der Erde, und 2, 15. 17. 18. 19 erhellen das primitive Ur-
leben.
Die Anordnung: Wand 4: nur 2, 17; Wand 3: 2, 15. 16;
Wand 2: 2, 13. 14; Wand 1: 2, 18. 19.
Der 5. Raum ist Herakles gewidmet (2, 20–25). Hier beginnt
Philostratos mit Herakles und Atlas (2, 20); das Bild gehört
zum Ende des Dodekathlos. Die letzte Szene, die Rosse des
Diomedes (2, 25), ist das einzige weitere Bild aus dem Dodekathlos; die restlichen vier Bilder gehören nicht zu diesem.
Natürlich sollte 2, 25 vor 2, 20 kommen. Philostratos begann
und endete bei diesem Zyklus also nicht dort, wo der Künstler
dessen Anfang und Ende intendierte (L.-H. 21). 2, 20. 21. 22
sind am rechten Platz, sie zeigen alle afrikanische Abenteuer;
2, 23 schließt sich an. So sind 2, 20–23 eine Folge: sie beginnen am Ende des Dodekathlos, zeigen den Rückweg des
Herakles in zwei Bildern und am Ende die Heimkehr selbst.
Philostratos beschreibt also einen Zyklus, der mit 2, 24 begann und mit 2, 23 endete; das muß davon kommen, daß die
Bilder in einem Raum hingen, dessen Tür den Zyklus zwischen
2, 23 und 2, 24 unterbrach. Die Anordnung: Wand 1: 2, 24. 25;
Wand 2: 2, 20; Wand 3: 2, 21. 22; Wand 4: 2, 23.
Eigentümlich ist die Motivauswahl bei den Herakles-Bildern
(L.-H. 24); vielleicht ist sie aber durch moralisierende Philo-
sophie veranlaßt. – Über Bilderzyklen in Pompeii vgl. beson-
ders Schefold, Karl, Vergessenes Pompeii, Bern 1962, 73 f.

Die beiden Stilleben 1, 31; 2, 26 scheinen die beiden Bücher jeweils abzuschließen. 2, 27–34 sind vielleicht spätere Beifügungen; jedenfalls bilden sie keine Zyklen (vielleicht gehören 2, 27. 28, wenn Arachne damit zu verbinden ist, näher zusammen, ebenso 2, 29. 30). Daß Philostratos sein Buch mit 2, 34 schließen wollte, zeigt der Schluß dieses Bildes mit den programmatischen Worten „man muß mit Anmut malen."

8. DIE BILDER

Welcher Art waren die von Philostratos beschriebenen Bilder? Es wäre wichtig, wenigstens die Zeit zu kennen, aus der sie stammen. So betont Kayser (Große Ausgabe, Praefatio zu den Eikones III), daß sie eine Anzahl von Gegenständen mit klassischen Bildern gemeinsam haben, und daß es ein Gewinn wäre, diese Bilder wenigstens durch die Brechung der Eikones kennenzulernen [1]. Nun ist aus allgemeinen Gründen unwahrscheinlich, daß es sich so verhält, und es fand sich auch in der ganzen campanischen Malerei nur eine Kopie eines berühmten Gemäldes, die Medeia des Timomachos (Steinmann 6). Zudem wissen wir nicht, wann die Bilder des Philostratos gemalt wurden. Es ist aber anzunehmen, daß sie kaum aus früherer Zeit stammen als aus dem späteren 2. Jahrhundert n. Chr. Freilich, selbst wenn sich nachweisen ließe, die Bilder seien alle im 2. Jahrhundert n. Chr. gemalt, gäbe es immer noch die Möglichkeit, in ihnen Spuren alter, klassischer Kunst zu finden: auch in Pompeii finden sich Gemälde, in denen einzelne Figuren nach alten Bildern gestaltet sind.

Immerhin läßt sich sagen, daß sich die Eikones in Stoff und Behandlung zumeist an die jüngsten uns erhaltenen Kunstwerke anschließen (Steinmann 142; vgl. aber Lesky, Thalatta

---

[1] Es sind zu vergleichen 1, 14 zu Apelles (Plin., nat. 35, 96); 1, 15 zu Aristeides (Plin. 35, 99); 1, 24 zu Nikias (Plin. 35, 131); 2, 4 zu Antiphilos (Plin. 35, 114); 2, 13 zu Apollodoros (Plin. 35, 60); 2, 21 zu Polyklet (Plin. 34, 55? Text!); 2, 17 zu Kleanthes (Strabon 8, 3, 12).

266). Auch finden sich in früheren Perioden nicht solche Sujets wie Skamander (1, 1), die Sängerinnen (2, 1), Poseidon und Thessalien (2, 14), Theiodamas (2, 24) und die Inseln (2, 17; Lehmann-Hartl. 42). Vielleicht spricht auch die Auswahl der rührenden und ernsten Stoffe für die Zeit des Philostratos (Bougot 39). Auffällig ist die Verwendung von grausigen und entsetzlichen Stoffen, z. B. 2, 25 der halbzerfressene Körper des Abderos; 2, 4 die Verstümmelung des Hippolytos; 1, 18 der zerrissene Leib des Pentheus; 2, 9 der zerhauene Leichnam auf dem Bilde der Pantheia; 2, 19 die Totenschädel auf dem Bilde des Phorbas (vgl. F I 65). Diese Gegenstände hat man schon als Kriterien gegen die Existenz der Bilder verwandt (Zitat bei Nemitz 2), aber in Wirklichkeit kommen Darstellungen verstümmelter Körper gerade seit römischer Zeit auf (vgl. die Traianssäule, die nicht selten abgehauene Häupter zeigt; vgl. a. Nemitz 11 über antike Künstler, die Schreckliches darstellten).

Auch die Landschaftsbilder lassen Schlüsse auf eine spätere Epoche zu. Die landschaftlichen Gründe und die selbständigen Landschaften spielen eine größere Rolle als in der klassischen griechischen Malerei (Woermann, Geschichte 68). Philostratos schildert alle Elemente der Landschaft, die Plinius dem Ludius zuschreibt (Nat. 35, 116–117), und wenn die Landschaften 1, 9. 12 von einem hohen Standpunkt aus gesehen sind, ist auch auf den campanischen Wandbildern stets ein verhältnismäßig hoher Standpunkt vorausgesetzt (Helbig, Wandmalerei 359). Vielleicht fügt sich dazu die Feststellung, daß eine Reihe philostratischer Bilder alexandrinischen Einfluß zeigt. „Wir finden bei den Ägyptern überhaupt eine große Vorliebe für Landschafts-, Jagd-, Tierbilder und Stilleben, Schlachtszenen mit großem Figurenreichtum, auch Belagerungen" (Steinmann 42).

Auch die Gattung der Nachtstücke (vgl. 2, 29) ist zumindest nach der Alexanderzeit entstanden und wird ebenfalls in zeitlicher Nähe zu Philostratos stehen.

Ein letztes Indiz ergibt vielleicht die Barttracht. Zwar gibt es in den Eikones keine Porträts, doch tragen sehr viele der dargestellten Personen Bart; das paßt in die Zeit nach Hadrian, seit dessen Regierung die Bartmode wieder aufkam, nachdem man sich lange Zeit den Bart geschoren hatte.

9. DIE DEUTUNG DER BILDER DURCH PHILOSTRATOS

Philostratos beschreibt die Bilder nicht so sehr als er sie deutet. Das Bild gibt ihm Gelegenheit, seine Sprachkunst zu entfalten, sichtbare Bilder vor das geistige Auge des Hörers zu zaubern und so im Wort mit der Kunst des Malers zu wetteifern. Dabei tritt für ihn die Forderung nach strenger Konstruktion des Einzelbildes zurück (Friedländer 90), und wenn er sein Können, seine Sophia, zeigen kann, werden ihm die Bilder manchmal fast nur zum Rohstoff für die Schöpfungen des eigenen Witzes (Lesky, Bildwerk 48), die Ekphrasis wird zur Epideixis. Immerhin darf man nicht sagen, er vergesse die Bilder, nennt er es doch seine Aufgabe, die Bilder zu „loben" (Pr. 5).

Zugeben muß man freilich, daß oft die Struktur der Bilder durch sprunghafte Behandlung gestört ist (Friedländer 90), und daß sich Philostratos vom visuellen Eindruck oft zu rasch zur geistreichen Pointe und zur Erzählung wendet (vielleicht in fortschreitend stärkerem Maße; so Steinmann 122). Hier steht Philostratos aber in der antiken Tradition der belebenden Beschreibung, die stets zu einer Verwischung der „Grenzen von Malerei und Poesie" neigte. Zudem sprach der Sophist ursprünglich vor den Bildern selbst, und man tut gut, auch bei ihm nach der „Uraufführung" zu fragen (Friedländer, Gaza 25, 3). Außerdem paßt Philostratos seine Darstellung jeweils dem Thema an, so daß sich Annäherung an das Dargestellte und Entfernung von ihm in reichem Wechsel finden (Lesky, Bildw. 39). Er unterscheidet auch wichtige und weniger wichtige Personen durch die verschiedene Breite der

Beschreibung, und die wichtigste Gestalt ist oft mit letzter Sorgfalt beschrieben (Bertrand 184).

Das Hauptinteresse gilt den Emotionen und psychologischen Vorgängen (Lehmann-Hartleben 41), die er an den dargestellten Personen erkennt, und O. Külpe hat seiner ästhetischen Empfänglichkeit und Fähigkeit der psychologischen Reflexion hohes Lob gespendet. Er rühmt Philostrats Fähigkeit zur „inneren Nachahmung" der Bilder (121): „Sie (= die innere Nachahmung) trägt der ergänzenden Tätigkeit des betrachtenden Subjekts volle Rechnung. Mag sie dadurch an objektivem Gehalt, an historischer Treue und Zuverlässigkeit einbüßen, in aesthetischer Beziehung bietet sie das Bild eines sehr eindrucksfähigen Zuschauers. In dieser Hinsicht sind nicht sowohl die Hinweise auf den Ausdruck der dargestellten Figuren von besonderer Bedeutung als vielmehr die Fortspinnung des gemalten Moments in seine Vorgeschichte und seine Folgen und die Hinzufügungen sinnlicher Qualitäten, die nicht gesehen werden können" (Külpe 121).

Es wäre aber kaum sinnvoll, wollte man darauf verzichten, den objektiven Gehalt der Eikones festzustellen; nicht ohne Grund sagt der Rhetor oft sehr deutlich, wo - nach irgendwelchen Excursen - die eigentliche Beschreibung beginnt (Belege Nemitz 19). Kalinka betont auch, daß Philostratos in der guten Absicht, das wirklich im Bilde Geschaute abzusondern, ein Dutzendmal „Sieh!", viel öfter noch andere Formen von „Sehen", über 50 mal „Es ist gemalt" und ähnliche Wendungen gebraucht, mit sichtlicher Vorliebe ferner das deiktische Iota, das auf die Malerei hinweist (vgl. Friedländer, Gaza 25, 3). Auch auf die Perspektive achtet Philostratos oft genau und hält sich in seiner Beschreibung an Vorder-, Mittel- und Hintergrund usw. Auch zeigt er ohne Scheu an, wenn er sich einer Deutung oder Beobachtung nicht sicher ist; der Ausdruck „Meine ich" (οἶμαι) ist ein nicht selten auftretender Beleg dafür (Stellen bei Gstader 87 und im Index der Wiener Ausgabe; bes. deutlich ist 1, 6, 3 M).

Freilich, wichtiger ist ihm das Leben, das aus einem Bilde

ausstrahlt, und um den Hörer in den Bannkreis eines Bildes zu ziehen, verwendet er jedes Mittel. Er appelliert an die Sinne des Betrachters, an Gehör, Geruch und Tastsinn (Belege Gstader 39), hört Stimmen und Töne, riecht den Duft von Äpfeln und will strömendes Blut mit dem Gewand auffangen. Auch mit diesem Anspruch an die Sinne steht er nicht allein: so ist überliefert, Aristeides habe einen Flehenden gemalt, dessen Stimme man zu hören meinte (Plin., nat. 35, 99).

Ein besonderes Mittel, den Zuhörer zu ergreifen, ist bei Philostratos die Belebung eines Bildes oder einer Gestalt. Dem Betrachter soll die Illusion vermittelt werden, das Dargestellte geschehe wirklich. So löst der Rhetor das räumliche Nebeneinander der Bilder in ein zeitliches Nacheinander, in fortschreitende Bewegung und Erzählung auf, betont die Natürlichkeit und Lebendigkeit des Dargestellten (Belege bei Gstader 53), läßt sogar die Gestalten der Bilder sprechen und hören (Gstader 101 f.) und widmet ihnen Anrede und Zuruf; 1, 21, 1 f. führt er sogar eine Art Zwiegespräch mit Olympos.

Zu dieser Art gehört die Aufforderung an den Hörer, sich diese oder jene Einzelheit genauer anzusehen (z. B. 1, 9, 2 A), oder der glänzende Einfall, eine Reihe von Inseln so zu beschreiben, als führe er auf einer Barke an ihnen vorbei. Die stärkste Belebung bildet die schon erwähnte Aufhebung der Grenze zwischen Bild und Realität, indem Philostratos etwa sagt „Wir wollen das Blut auffangen" (1, 4, 4A) oder „Wir wollen jenen Hasen mit den Eroten fangen" (1, 6, 5A).

Mit dieser Belebung des Dargestellten steht Philostratos in naher Verwandtschaft zu den griechischen Epigrammatikern, bei denen Statuen zu leben beginnen (z. B. Anth. Gr. 16, 54. 55. 58. 59; s. a. Gstader 54. 143), und überhaupt zu griechischem Erleben künstlerischer Gestaltung. So erzählte man, das Pferd Alexanders sei von Apelles so lebendig gemalt worden, daß alle Pferde ihm zuwieherten (Plin., nat. 35, 95), und ein griechischer Maler stellte einst einen Trompeter hinter das Bild eines anstürmenden Hopliten und ließ ihn ein Signal blasen.

So läßt Philostratos sich selbst, den Knaben und den Hörer von Pathos und Ethos der Bilder ergreifen, läßt die Seelen mitschwingen in den Gefühlen der Dargestellten und erzeugt so eine lebendige Gemeinschaft zwischen den gemalten Gestalten und ihren Betrachtern. Von hier aus wird man die angebliche Freude des Rhetors an Blut und Greueln besser verstehen als ein starkes Interesse an der höchsten Steigerung des Gefühls, den Aufschwüngen und Abstürzen der Seele vor Blut, Tod und Grauen. In weniger scharfer Ausprägung zeigt sich solche Teilnahme auch, wenn der Künstler von Cheiron sagt (2, 2, 4 M), sein Auge sei milde, weil er ein gerechter Mann sei (Bougot 165 f.).

Die Beschreibungen selbst verlaufen sehr häufig in bestimmten Schemata. Das häufigste Schema hat bereits Brunn (I 239; übernommen von Gstader 144 f.) festgestellt: Zuerst wirft der Rhetor einen allgemeinen Blick auf das Gemälde und hebt entweder das Lokal und die Szenerie oder den Gesamtcharakter der Figuren oder auch einige besonders in die Augen fallenden Eigentümlichkeiten an den Hauptfiguren hervor. Hieran knüpft er in der Regel die Erzählung des Mythos, um den es sich in der Darstellung handelt; erst dann wendet er sich bestimmter zum Bild selbst; aber auch hier beschreibt er häufig in erster Linie die Figuren nach ihren Attributen, ihrer körperlichen Erscheinung, oder ihren allgemeinen (typischen) Charakter, bis er zuletzt die Handlung selbst, die Bewegungen der Handelnden und den dadurch bedingten geistigen Ausdruck schildert. Zum Schluß gibt er häufig eine Hindeutung auf die Folgen der Handlung. Diesem ersten Schema lassen sich – wenn auch nicht immer ohne Abweichung und Variation – recht viele Bilder zuweisen oder stark annähern (1, 1. 3. 6. 7. 13. 16. 19. 22. 23. 24. 25. 26. 27. 29. 30; 2, 5. 10. 13. 15. 16. 19. 21. 24. 29. 30). Eine Abart dieses Schemas besteht darin, daß anfangs nicht ein allgemeiner Blick auf das Gemälde geworfen wird, sondern besonders in die Augen fallende Eigentümlichkeiten der Hauptfiguren besprochen werden (Gstader 157). Zu dieser Art lassen sich folgende Bilder – mit mehr oder weniger deutlicher Ausprägung – rechnen: 1, 11. 14; 2, 2. 4. 23. Eine weitere Art des Aufbaues ähnelt diesen beiden Gruppen in ihrem zweiten Teil, doch fehlt im Eingang die Erzählung des Mythos, der so bekannt ist, daß er nicht erzählt zu werden braucht, oder der Inhalt bedarf keiner mythologischen oder sonstigen Erklärung (Gstader 160). Dieses Schema weist also nur noch zwei Grundbestandteile auf: 1. Allgemeine Züge des Bildes, Local, Szenerie. 2. Genaue Beschreibung des Dargestellten (1, 2. 4. 5. 9. 12. 17. 18. 20. 21. 31; 2, 1. 6. 11. 12. 14. 17. 25. 26. 27. 31. 32. 33).

Eine letzte Art beginnt nicht mit einem allgemeinen Hinweis, sondern es steht eine Mythenerzählung am Anfang der Beschreibung. So wird anfangs die Voraussetzung zum Verständnis des Dargestellten geschaffen (Gstader 161; 1, 8. 10. 15. 28; 2, 3. 7. 8. 9. 18. 20. 22. 28. 34). Freilich ist zu betonen, daß diese Schemata nur grobe Anordnungen ergeben und keinesfalls den lebendigen Strom der Rede des Künstlers stören.

Die Beschreibungen weisen durch den Wunsch nach Belebung und durch das Umsetzen der Bilder in Handlung (oft mit Vor- und Nachgeschichte) häufig Erweiterungen in Form von Bericht und Erzählung auf, und es ist von großer Wichtigkeit, hier jeweils zwischen dem Dargestellten und dem nur Erzählten zu scheiden (Beispiele Gstader 74). Besonders die Schlüsse der Bilder, die bei Philostratos möglichst wirkungsvoll gestaltet sind, weisen solche Fortführung der beschriebenen Handlung über das Bild hinaus auf, stellen die Folgen einer Handlung dar oder bringen wenigstens einen Hinweis auf die Zukunft (Belege B I 246f.; gelegentlich führten diese Hinweise zur Annahme eines weiteren Bildbestandteiles, so bei 1, 22).

Neben der Fortführung der Handlung am Schluß kennt Philostratos weitere Schlußeffekte, die eine letzte Steigerung erzielen sollen. Die glänzende rhetorische Wendung (so 1, 18, 4 E) oder die zierliche Ausdeutung eines nebensächlichen Zuges der Darstellung (1, 23, 5 E) usw. sind weitere solche Mittel (vgl. Gstader 171). Auch aitiologische Bemerkungen am Schluß der Bilder ergeben einen eigentümlichen Reiz (so 1, 11, 5; 2, 19, 4 E; 2, 24, 4).

Eine systematische Beschreibung der Farben, die so erwünscht wäre, findet sich bei Philostratos nicht. Immerhin hebt der Rhetor häufig den Farbenkontrast schwarz-weiß an Gegenständen, Tieren und Menschen hervor (Steinmann 115). Sonst werden oft die goldene und weiße Farbe genannt (Belege Gstader 135), was die Vorliebe des Sophisten für Pracht und Glanz zeigt. Sonst sind genaue Angaben von Farben selten (z. B. 2, 3, 3; Belege bei Bertrand 221). Häufig dagegen ist auf Licht- und Farbeneffekte hingewiesen, namentlich bei der Beschreibung von Kleidern (z. B. 1, 6, 2 M; 1, 28, 4 M).

Viel genauer als die Farbe ist die äußere Gestalt der Menschen beschrieben. Philostratos hat einen hochentwickelten Sinn für körperliche Erscheinung, und seine Kenntnis der Gymnastik befähigt ihn zu plastischer Beschreibung besonders jugendlich schöner Körper (nicht selten auch unter dem Gesichtspunkt der Eignung zu bestimmter Sportart). Er geht auch auf das Alter der Dargestellten ein, bespricht ihre Größe, die Gewandtheit, den Haarwuchs (Gstader 117ff.), auch die Form der Wangen, der Hände, Füße usw. Mit auffallender Vorliebe geschildert werden Auge und Blick und ihr seelischer Ausdruck (Gstader 129), die in der griechischen Kunst immer wichtig waren und in der campanischen Wandmalerei häufig auffallen.

Beiseite bleibt die Erwähnung der Technik der Bilder, ihrer Zeit, der Maler, der Form und Dimension der Bilder, der Position an der Wand usw. Sicher unterbleibt dies aus Stilgründen; solche Angaben passen nicht zum hohen Stil des Rhetors. Auch die Fehler der Bilder, die sie doch auch hatten, und die ein Kenner wie Philostratos sehen mußte, werden verschwiegen. Bertrand (120) erklärt dies schön mit dem Satz: „La critique ancienne ne juge pas." Solche Kritik paßt auch nicht zu den Gattungen, die Philostratos pflegt, der Epideixis und dem Lehrvortrag.

Philostratos will lehren, sich schöner Dinge mit schönen Worten zu bemächtigen; daher auch der häufige Rückgriff auf die Worte der Dichter, die oft schon den besten Ausdruck für die Dinge boten. Es ist bildungsgeschichtlich von hohem Interesse, was ein Knabe damals wußte, gelesen hatte oder lesen sollte. Selbst wenn wir für die antike Malerei bei Philostratos nichts lernten, über das gebildete Publikum lernen wir sicher etwas. – Aus der lehrhaften Absicht des Rhetors erklären sich auch die vielen Einzelheiten, die nicht unmittelbar zum Bild gehören, die kleinen naturhistorischen Lektionen, die geographischen, mythologischen und moralischen Einzelbemerkungen (Bertrand 122). Aus der gleichen Haltung erklären sich die häufigen Fragen des Meisters, die den Dialog zwischen Lehrer und Schüler wiederspiegeln sollen.

10. Zur Kunsttheorie des Philostratos

Philostratos geht in seiner Abhandlung im Leben des Apollonios von Tyana (2, 20) und an mehreren Stellen der Eikones (Nachweise Gstader 83 ff.) von der These aus, alle Kunst sei Nachahmung, Mimesis, und steht somit in der Tradition, die von der aristotelischen Poetik ausging (4. 1448 b, 4 f.; Birmelin 168 f.). Die Nachahmung ist dem Menschen angeboren, nur handelt es sich beim Empfangenden und Genießenden um einen geringeren Grad des „Nachahmens" als beim bildenden Künstler selbst (zum Gedanken der inneren Nachahmung beim genießenden Subjekt seit Platon vgl. Külpe 122; wichtig für Philostratos zwei antike Stellen: Plut., Symp. probl. 5, 1, 1. 2; und Ael., var. hist. 14, 37; zur Nachahmung vgl. Schefold, Bildn. antiker Dichter, Redner u. Denker, 30 f.). So ist jeder Mensch bis zu einem bestimmten Grad Künstler, und der Beschauer, der aus einem Bild die innere Anschauung des Gegenstandes gewinnt oder sie, wenn er den Gegenstand schon kennt, bestätigt findet, übt das Vermögen des Nachahmens in derselben Weise wie der Schöpfer des Kunstwerkes (Birmelin 165). So brauchen auch die Betrachter der Malerei die Kunst der Nachahmung, weil niemand ein gemaltes Pferd oder einen Stier gut finden kann, der sich das Tier, dem es nachgebildet ist, nicht in Gedanken vorstellt.

Die Mimesis ist aber kein bloßes Nachahmen, sondern ein geistiges Formen und Gestalten. Nachahmen ist eine Tätigkeit des Geistes (Nus), ein Bilden mit dem Geist. Daraus ergibt sich die philostratische Mimesis als eine Form des Denkens, aber nicht eines Denkens in Begriffen, sondern in Anschauung (Birmelin 161).

Der Künstler muß die Mimesis in höherem Maße als der Betrachter besitzen, muß sie durch Phantasie erhöhen und durch technische Ausübung verwirklichen. Die Malerei, die mit Geist und Hand nachahmt, ist nur eine vollständigere Mimesis. Sie besitzt eben das handwerkliche Können, die im Geist gestaltete Anschauung auch mit sinnfälligen Mitteln darzustellen.

Natürlich erstreckt sich die mimetische Phantasie des Künstlers nicht auf bloßes Nachahmen von Vorgegebenem, auf reine Copie. Diese bleibt ja stets hinter der Natur zurück; nur die schöpferische Selbständigkeit des Meisters läßt eine der Natur gleichwertige Kunst entstehen. Die künstlerisch-mimetische Phantasie erstreckt sich also auch auf solche Dinge, die nach Analogie von Wirklichkeiten vorgestellt sind. Wenn man sich nun die Gestalt des Zeus denkt, muß man ihn sehen mit Himmel und Jahreszeiten und Sternen, wie es Pheidias getan hat. So ist die Auswahl und Verdichtung der charakteristischen Momente Aufgabe der Phantasie. Andererseits ist die gestaltende Tätigkeit der Phantasie nicht willkürlich, sondern hat die Aufgabe, dem Bild innere Wahrheit zu verleihen. Rein schöpferisch kann aber auch die produktive Phantasie nicht sein, sie ist gebunden an vorhandene Motive der Wirklichkeit, auf deren Synthese das Schöpferische ihrer Tätigkeit beruht.

Die Erhöhung der bloßen Nachahmung zur künstlerischproduktiven Mimesis als Leistung des Geistes nennt Philostratos auch Sophia („Weisheit"). Sie ist mehr als Nachahmung, ist im Verein mit dem Kairos (dem Gehörigen, Passenden) das Beste an der Kunst (vgl. 1, 9, 5 E), ist aber nicht Erfindung im eigentlichen Sinne, sondern auch schon Beachtung der inneren Wahrheit, die auf Grund geistiger Nachahmung erfolgt (vgl. 1, 9, 6; 26, 5; 2, 29, 3 mit 1, 30, 3 und 2, 20, 2; Külpe 120; zum Kairos vgl. 2, 1, 3; 1, 2, 1. 15, 2). In diesem Sinne ist auch der Anfang der Vorrede zu verstehen: Wer die Malerei nicht liebt, verstößt gegen die Wahrheit, gegen die Sophia und die Symmetrie. Die Wahrheit, die hier von Sophia gesondert wird, ist das Ideal der eigentlichen Nachahmung, während in der Sophia stets eine stärkere geistige Selbständigkeit des Künstlers wirksam ist. Und wenn Wahrheit und Symmetrie zur Malerei gehören, versteht man auch den Satz des Rhetors (2, 1, 3 M), daß Maler, welche die Harmonie verfehlen, auch die Wahrheit nicht treffen, und den Zusammenhang von Wahrheit, Sophia und Symmetrie mit Logos und Geist beweist das Prooimion (1). Durch den Logos ist die Kunst auch mit dem Göttlichen verbunden; „ein Maler ist Gott", heißt es Vit. Ap. 2, 22.

Allerdings fehlt bei Philostratos eine Bestimmung der Beziehung zwischen der inneren Nachahmung und dem Gefallen oder Mißfallen des Betrachters. Er findet zwar die Kunstwerke löblich, in denen die Weisheit des Künstlers, seine freie Anordnung und Fügung der Gegenstände sich bestätigt hat, ob und wie aber der ästhetische Genuß dabei von der inneren Nachahmung des Zuschauers abhängt, gibt er nicht an (Külpe 123). Wenn übrigens Philostratos in seinen Beschreibungen besonders die Handlungen und das Ethos betrachtet, erscheint er als Kenner einer Kunsttheorie, die auf Aristoteles zurückgeht, der Kunst- und Dichtwerke unter diesen Gesichtspunkten beurteilt (Poet. 1448 a 1ff.; 1459 a 16ff.; vgl. Birmelin 157).

11. Zum Stil des Philostratos

Philostratos bemüht sich um Leichtigkeit, Anmut, Buntheit und Süßigkeit der Sprache, und es ist ihm weitgehend gelungen, diese Stileigenschaften zu verwirklichen. Zugleich hält Philostratos jegliche grammatische und syntaktische Einförmigkeit fern, überrascht den Hörer immer wieder durch neue Fügungen und Wendungen, ohne dabei gezwungen oder gesucht zu wirken. Er hat die Süße verwirklicht, die der Ekphrasis wesenhaft zugehört, und die antike Stilkritik hat ihm dies rühmend bestätigt. So lobt sein Enkel in der Einleitung seiner Beschreibungen die attische Schönheit und Kraft seiner Sprache (Prooim. 2), und auch der Patriarch Photios spricht einmal von der schwellenden Süße des Sophisten (cod. 44; allerdings in Zusammenhang mit der Vita des Apollonios) und gibt eine sehr treffende Darstellung des Stils unseres Rhetors (cod. 241; p. 231 ed. B.; p. 540 ed. Hoesch).

Οὗτος ὁ Φιλόστρατος ἀπαγγελίᾳ μὲν κέχρηται γλυκείᾳ καὶ ποικιλωτάτῃ καὶ λέξεσιν ἐμπρεπούσαις φράσει τοιαύτῃ, συντάξεσι τοιαύταις, οἵαις οὐκ ἄν τις ἄλλος, ἐς τὸ συγγράφειν τεταγμένος. Δοκοῦσι γάρ πως ἀσυνταξίαις μᾶλλον ἐοικέναι ἢ συντάξεως ὁτιοῦν μετέχειν. Οὗτος δ' ἴσμεν ὁ ἀνὴρ ὡς πολυμαθέστατος ὤν, οὐκ ἄν διαμαρτίᾳ τοῦ ὀρθοῦ ἐς ταύτην ἐξηνέχθη τὴν ἰδιότροπον τῶν συντάξεων καινοτομίαν, ἀλλ' ἄτισι τῶν ἀρχαιοτέρων σπανιάκις εἴρηται, τούτοις οὗτος ἐς κόρον ἀπεχρήσατο, πεπαρρησιασμένην αὐτῶν τὴν χρῆσιν ἐπιδεικνύμενος καὶ οὐδὲ εἰς μάτην, ἀλλὰ τοῦ ἡδέος χάριν. ῎Ε-

Dieser Philostratos hat einen süßen, sehr farbenreichen Stil und Worte, die zu solcher Sprache passen, dazu eine Kunst der Fügung, wie nicht so leicht ein Schriftsteller. Diese Fügung scheint nämlich eher einer gewissen Unordnung zu gleichen als ein Element kunstvollen Satzbaues zu besitzen. Wir wissen aber, daß dieser hochgebildete Mann nicht etwa das Rechte verfehlte und sich zu dieser ganz persönlichen neuartigen Fügung hinreißen ließ; nein, er verwandte Stilmittel, die man bei einigen der älteren Schriftsteller nur selten findet, in Fülle und führte ihren Gebrauch frei und mutig vor, und zwar nicht ohne Sinn und Zweck, sondern um

57

χουσι γὰρ τὰ τοιαῦτα τῶν   der Süße seiner Sprache wil-
λόγων τὸ ἐπαγωγὸν καὶ   len. Solche Werke nämlich
ἐπαφρόδιτον.   besitzen Reiz und Anmut.

Philostratos folgt der Strömung des Atticismus, versucht, die
Sprache der goldenen Zeit der griechischen Literatur nachzubilden, und sobald er sieht, daß ein Gegenstand schon von
einem großen und bedeutenden Schriftsteller behandelt ist,
ahmt er dessen Worte nach. Niemals aber verfällt er sklavischer
Nachahmung, wie er auch in der Syntax sich vor der Künst-
lichkeit anderer Attizisten hütet.
Freilich putzte auch er seinen Stil mit Mitteln auf, die der
lebendigen Sprache schon fremd waren. So verwendet er häufig den alten Dual (Atticismus nach Ps.-Plut., vit. Hom. 2,12)
und den Optativ, der seit dem 2. Jahrhundert n. Chr. aus der
Volkssprache verschwunden war, strebt nach dem Schmuck
seltener und poetischer Wörter und läßt Ionismen zu (z. B.
1, 2, 2 δειρή). Natürlich ahmt er die großen Prosaiker nach,
und Menander stellt ihn in eine Reihe mit Xenophon (Rhet.
Gr. 389, 30 Sp.); auch an Herodotos lehnt sich der Rhetor
an, besonders in der häufigen Einschaltung von Parenthesen
oder der nachträglichen Beifügung kurzer, syntaktisch selbständiger Erklärungen (Schmid, Attic. 4, 544f.), und an Thukydides erinnert die nicht seltene Substantivierung der Adjektive im Neutrum (so 1, 2, 4, τὸ χαῦνον τοῦ στεφάνου).
Besonders viele Vorbilder stammen von Homer; aus ihm werden mehr als hundertmal Anleihen entnommen. Euripides
steuert etwa 40 Stellen bei, Pindar etwa 25. Aber auch andere Schriftsteller werden ausgewertet, so Aischylos, Sopho-
kles, Kallimachos, Theokrit usw.
Philostratos war aber auch als Wortschöpfer bedeutend. Eine
Reihe von griechischen Wörtern tritt für uns zuerst bei ihm
auf. Wir notieren jeweils in den Anmerkungen solche Neu-
schöpfungen. Dabei bedienen wir uns mit Dankbarkeit des
reichen Materials, das W. Schmid in seinem großen Werk über
den Atticismus bereitgestellt hat. Etwa 10 Wörter erscheinen

für uns allein in den Bildern des Philostratos, sind also sogenannte ἅπαξ λεγόμενα, so weit sich das zuverlässig sagen läßt.

Sehr viele (weit über 30) Wörter erscheinen für uns in den Eikones zum ersten Mal; auch diese Wörter werden in den Anmerkungen bezeichnet. Besonders aber zeichnet sich Philostratos durch seine Kunst aus, einem Wort eine neue, vom Geläufigen abweichende Bedeutung zu geben und dadurch den Leser zu verblüffen. Das Wort προσγράφειν bedeutet sonst „etwas einer Sache beimessen, zuschreiben"; Philostratos gibt ihm (1, 5, 2) den Sinn „hinzunehmen"; eine ähnliche Verschiebung findet sich bei dem Wort προβολή „Vorwurf des Gemäldes" (2, 14, 1; festgestellt von Kalinka), bei σπαθᾶν „zerkleinern" (2, 17, 10 ME), μηλάνθη (1, 28, 1) „Apfelblüte" und bei vielen anderen Wörtern.

Auch Verschiebungen in den Genera Verbi nimmt Philostratos vor; so ist z. B. 1, 19, 1 A κατηχεῖν nicht transitiv wie sonst gebraucht, ebenso 1, 19, 4 ME μεταυγάζειν.

In der syntaktischen Gestaltung sucht Philostratos im Streben nach „Süße" besonders die Schlichtheit der Rede zu verwirklichen. Dabei ging er noch weiter als seine attischen Vorbilder, indem er weder den Hiat mied noch rhetorische Satzschlüsse anstrebte (Kalinka). So galt er der Nachwelt als Muster der schlichten Rede, des einfachen Stiles, der ἀφέλεια (ἐξαγγελία ἁπλουστέρα, ἀφελεστέρα, ἐρριμένη, ἀκατάσκευος, Men. π. ἐπιδ. 389, 32 Sp.). Mit dieser Schlichtheit verbindet er die sorgsame Ausfeilung seines Stiles. Seine Einfachheit ist Erzeugnis höchster Kunst und Bewußtheit, und so hat Menander ihm auch (χάρις) ἀπὸ λέξεως ἐπιτηδευμένης καὶ κεκαλλωπισμένης (Anmut durch seinen ausgefeilten und geschmückten Stil) zugeschrieben (411, 30f.) und ihn in dieser Beziehung neben Platon, Xenophon, Dion Chrysostomos gestellt. Die gesuchte Schlichtheit fällt besonders in kürzeren Beschreibungen auf (so 2, 11. 14. 22); gelegentlich artet sie in beabsichtigte Nachlässigkeit und erkünstelten Mangel an Symmetrie aus. Dadurch soll, trotz aller Sorgfalt der Stilisierung, der Schein der Stegreifrede und zugleich der Bezug auf jugendliche Zuhörer gewahrt werden. Die Improvisation galt dem Rhetor offenbar für die höchste Leistung sophistischer Kunst, und so strebte er in seinem Stil nach dem Eindruck des Mühelosen, fast Lässigen. Das so häufig eingestreute „Meine ich" (οῖμαι) soll (neben anderen Funktionen) diesen Eindruck wohl verstärken.

Lebendigkeit der Rede wird auch durch häufige Verwendung des historischen Praesens in der Erzählung angestrebt, durch die Wiederholung der Partikel ἤδη, die besonders den Eindruck fortschreitender Handlung erweckt (Gstader 56, 0), gelegentlich durch unvermittelten Einsatz der Rede am Beginn einer Beschreibung.

Neben der Süße, Einfachheit und Lebendigkeit der Sprache stehen aber auch manchmal Dunkelheit (vgl. Jacobs LIV, 41) und Affektion (Norden 389). Auch paradoxe Ausdrucksweise, verschraubter Satzbau, gezierte Wortstellung sind in den Eikones manchmal zu finden. So war Philostratos bekannt für seine syntaktischen Freiheiten, wie schon das Urteil des Photios zeigt. Er verwendet häufig die sog. Konstruktion nach dem Sinn, Ellipsen, die als Zeichen attischer Eleganz galten (Schmid, Att. 4, 106), koordiniert nicht selten syntaktisch verschiedenwertige Bestimmungen (Schmid, Att., 4, 115), stellt Substantive, substantivierte Adjektive, Infinitive, Abstracta und Concreta, Plural- und Singularformen zusammen, verändert Konstruktionen, die bestehen bleiben könnten, in der Abfolge koordinierter Satzglieder usw. (Schmid, Att. 4, 524). Kalinka sagt: „Ausnahmeerscheinungen übersteigen das übliche Maß völlig, als Nominativ mit und ohne Partizip, Anakoluthe, Vorliebe für Perfekt, Häufung von finalem und consecutivem Infinitiv, besonders οἶος (ὅσος) mit Infinitiv, freier Genitiv, praedikative Stellung des Attributs, Parenthesen, Ellipsen" usw. Besonders der Nominativus absolutus ist ein Kennzeichen philostratischer Rede und vertritt etwa den partitiven Genitiv (1, 27,1 M ἑπτὰ οὗτοι ... οὐδείς) oder einen Kurzsatz (1, 7, 3 A αἱ δὲ μετέωροι δαίμονες).

Häufig verwendet Philostratos die Personifikation des Unpersönlichen, indem er etwa zu unpersönlichen Nomina Praedikate fügt, die nur von Persönlichem ausgesagt werden können (Schmid, Atticismus 4, 475). So sagt er statt „Fünf fanden in Theben den Tod" lieber „Fünf behielt die Kadmeia" (1, 27, 1 ME). Auch neigt Philostratos zu breiter Umschreibung, z. B. 2, 5, 4 E bei der Darstellung eines Menschen mit zusammengewachsenen Augenbrauen („Rätzel"). Besondere Vorliebe hat er für Wortspiele, auf die Kalinka und Gstader (105) aufmerksam machen. Kalinka führt an:

1, 3, 1, λόγου τοῖς θηρίοις μεταδέδωκε λόγου ἕνεκεν – 1, 4, 3 E κόμης ὅσον μὴ κομᾶν – 1, 6, 6 A περὶ μὲν τοῦ θήλεος θηλάζειν – 2, 5, 4 A ἐρᾶν τοῦ ἐρᾶσθαι – 2, 34, 3 E Ὧραι – σὺν ὥρᾳ. – Gelegentlich ist ein solches Wortspiel für Verständnis und Wortlaut wichtig: 2, 20, 2 ἐρᾷ τοῦ ἄθλου ... αἱ χεῖρες ἀπαιτοῦσαι τὸν ἄθλον ... οὔπω θαυμάζειν ἄξιον, εἰ ἔρρωνται τοῦ ἄθλου.

Auch sonst verwendet Philostratos viele Mittel rhetorischer Kunstprosa in erheblichem Umfang, die Aposiopese, rhetorische Fragen, die Häufung aufgezählter Einzelheiten (Congeries, z. B. 2, 9, 2 A), den Euphemismus (1, 20, 1 A μετὰ τὴν ἔριν statt δεδαρμένος Schmid, Attic. 4, 531), die Form der Correctio (Selbstberichtigung, z. B. 1, 15, 3 M) usw. Andererseits weist Kalinka darauf hin, daß Philostratos auch eintönig sein kann, bei der Schilderung des menschlichen Körpers wenig Abwechslung kennt und mehr schematisch verfährt.

12. ZUM „NACHLEBEN" DER EIKONES

Die Bilder des Philostratos hatten bedeutenden Erfolg; dafür spricht schon die große Zahl der erhaltenen Handschriften, und vielleicht fand das Werk auch in die Schulen Eingang (Schmid, Attic. 2, 1). Nachgeahmt wurden die Eikones vom jüngeren Philostratos (wohl nach 274 n. Chr.; Münscher, Phil. 496), doch besaß dieser Rhetor bei weitem nicht das Können

seines Großvaters, und die „Echtheitsfrage" dieser Bildbeschreibungen ist sehr viel schwieriger zu beantworten als beim
älteren Philostratos. Die jüngeren Bilder sind nur in zwei- dazu
voneinander abhängigen – Handschriften überliefert und verdanken ihre Erhaltung wohl nur dem Ruhm ihres Vorbildes.
Den Bildern der Philostrate sind in den Ausgaben wegen des
verwandten Inhaltes sehr oft die 14 Eikones des Kallistratos
angehängt. Kallistratos gehört wohl in das 4. Jahrhundert
nach Chr.; großer Quellenwert kommt diesen Beschreibungen
von Steinen und Statuen in der Nachfolge Philostrats aber
kaum zu.

Ein bedeutender Ekphrast war der christliche Rhetor Prokopios von Gaza (etwa 465–528), dessen Beschreibung eines
spät-antiken Gemäldezyklus uns erhalten ist (herausgegeben
von Friedländer). Sein ekphrastischer Stil ist ohne das Vorbild
des Philostratos nicht denkbar, wenn er auch im Gegensatz zu
diesem nicht die Form des Dargestellten durch die Form der
Darstellung aufgelöst hat. Auch sein Schüler und Nachfolger
Chorikios von Gaza ahmt gelegentlich in Beschreibungen
Philostratos nach (Belege bei Bertrand 273. 280), wie auch die
Beschreibung eines „Weltbildes" in Gaza, das damals ein
wichtiger kultureller Mittelpunkt war, durch Johannes von
Gaza (in 2 hexametrischen Büchern) in der Tradition der spät-
antiken Gemäldebeschreibung steht (auch von Konstantinos
Manasses beschrieben).

Am Ende des 4. Jahrhunderts lebte auch der Bischof Asterios
von Amaseia (Migne PG 40, 334f.), der in der Kirche der
heiligen Euphemia („von der Lektüre des Demosthenes ermüdet"; vgl. Schlosser 18) Szenen aus der Passion dieser Heiligen beschreibt, wobei er mit großem Selbstgefühl sagt, er habe
„nicht mindere Farben zu Gebote als der Maler selbst" (Schlosser 18 über christliche Beschreibungen; vgl. noch Bertrand
270; zu Christodoros und Arabius Scholasticus vgl. Bertrand
243 ff. und RE 3, 2450).

Mit der glanzvollen Bautätigkeit des Kaisers Iustinianus
sind zwei wichtige Ekphrasen verbunden: die Beschreibung

der Sophienkirche durch Paulos Silentiarios, die zum öffentlichen Vortrag bei der Einweihung der Hagia Sophia bestimmt war (herausgegeben von Friedländer), und das Werk des Historikers Prokopios von Caesarea über Iustinians Bauten (nach 558; περὶ κτισμάτων), ein rhetorisches Parade- und Prunkstück. Es ist schwer zu sagen, wie weit bei diesen Autoren Bindung an Philostratos vorliegt. Gekannt werden sie ihn alle haben (zu Libanios vgl. RE 12, 2521, zu Chorikios RE 3, 2424).

Für das „Nachleben" der Eikones in der Übernahme einzelner Motive und Ausdrücke gibt Kayser in seiner großen Ausgabe, Einleitung zu den Eikones (V f.), Belege. Er nennt als Nachahmer u. a. Aristainetos, Heliodor, Isidor von Pelusium, Marcus Eugenicus, Libanios und Himerios.

Aus der späten Antike gehen die Kunstbeschreibungen als Prunkstücke in den byzantinischen Roman hinüber, so in den Roman des Eusthatios (Belege Schlosser 20). Die Eikones des Philostratos wurden als Musterstücke auch von Byzantinern viel gelesen, wie dies die große Zahl der Handschriften aus dem 13.–16. Jahrhundert zeigt. Sie waren auch ein Lieblingsbuch des Michael Psellos (de oper. Daem. 48 Boiss.; über byzantinische Ekphrasen vgl. noch Schlosser 20ff.; dort 17f. und 27f. über christliche Beschreibungen und den „Titulus" zu Gemälden), und in wie späte Zeiten die literarische Wirkung Philostrats reicht, beweist eine im Stil der Eikones verfaßte Beschreibung, die Kaiser Manuel 2. von einem zu Paris 1399 gesehenen französisch-flandrischen Teppich gab, und besonders die Ekphrasen, die noch im 15. Jahrhundert Johannes Eugenikos aus Trapezunt nach Philostratos schrieb.

Auch Gelehrte, Grammatiker und Scholiasten zitieren die Eikones nicht selten, so Eusthatios (in den Odysseescholien), die Scholiasten zu Euripides, Theokritos, Lukianos, Aristeides.

So ist zu verstehen, daß byzantinische Gelehrsamkeit sich den Bildern intensiv zuwandte. Wir besitzen zwei späte Sammlungen von Scholien oder Technologien zu den Bildern, von denen Technologia 1 mit τὸ ἀσπάζεσθαι beginnt, Technologia 2 mit ὅστις μὴ ἀσπάζεται. Im Gegensatz zur ersten Technologie ist die Technologia 2 zum großen Teil ein grammatischer Kommentar zum Texte (Lindstam 179); vermutlich stammt diese Technologie von Planudes (Lindstam 183); zumindest bilden die von Lindstam (Eranos 19, 65–76) edierten Planudesepimerismen zu den Eikones 1, 27–31 die Fortsetzung der Technologia 2, die bis 1, 26 reicht (Lindstam 183; die Handschriften sind Vat. Gr. 97 und 100)[1].

Weil die Eikones wegen der Reinheit und Anmut ihrer Sprache vorbildlich waren, versuchte man bald, die attischen Wörter aus ihnen auszuziehen, und so entnahm man den genannten Technologien eine Sammlung attischer Ausdrücke. Diese Sylloga übernahm das Material z.T. unverändert, z.T. mit Zusätzen oder Veränderungen und brachte es in alphabetische Anordnung, wobei Technologia 2 eine bei weitem ergiebigere Quelle bildete als Technologia 1. Freilich sind auch nicht wenige Epimerismen der ersten Technologie unverändert oder nur leicht verändert in die Sylloga übergegangen. Diese Sammlung war sehr verbreitet und hieß Τῶν ὀνομάτων Ἀττικῶν ξυλλογὴ ἐκλογεῖσα ἀπὸ τῆς τεχνολογίας τῶν εἰκόνων τοῦ Φιλοστράτου, ἣν ἐξέδοτο ὁ σοφώτατος κύριος Μανουὴλ ὁ Μοσχόπουλος, καὶ ἀπὸ τῶν βιβλίων τῶν ποιητῶν („Sammlung der Attischen Worte, gesammelt aus der Technologie der Eikones des Philostratos, die der hochgelehrte Herr Manuel Moschopulos herausgab, und aus den Büchern der Dichter". Erstdruck Venedig 1524). Es ist zu beachten, daß es hier nicht heißt, Moschopulos habe die Sylloga geschrieben, wie man schon meinte und sogar aus der Sylloga einfach ein „Lexikon Moschopuli in Philostrati imagines" gemacht hat.

Im Westen wurden die Eikones im 15. Jahrhundert bekannt. So hatte sich schon Ambrogio Traversari eine Handschrift davon verschafft und schickte sie einem Schüler (um 1432). Natürlich war eine Handschrift der Bilder auch schon unter

---

[1] Die von Jacobs abgedruckten Interlinearglossen aus Guelpherb. 25 und 82 sind ganz trivialer Art; vgl. noch Münscher, Philostrate 482, 29; zu den sog. Tzetzes – Scholien vgl. den Aufsatz von Browning.

Papst Nicolaus 5. (1447–55), dem Begründer der Vaticana, in der vaticanischen Bibliothek, zwei weitere kamen unter Sixtus 4. (1471–1484) hinzu, und am Ende des 15. Jahrhunderts werden die Eikones in keiner mit griechischen Handschriften einigermaßen versehenen Bibliothek Italiens gefehlt haben. 1503 erfolgte der erste Druck (Aldina), 1517 der zweite (Iuntina). Eine lateinische Übersetzung der Bilder war schon vorher erfolgt; A. Bonfinius hatte sie erstellt und König Matthias Corvinus im Jahre 1487 gewidmet. Freilich wurde diese Übersetzung nie veröffentlicht. Nach 1515 übersetzte Stefano Negri die Bilder ins Lateinische (gedruckt 1532), und so waren die Eikones seit Anfang des 16. Jahrhunderts allgemein bekannt. Man möchte auch gerne wissen, woher schon Boccaccio den Namen Filostrato in seinem Decamerone hatte.

Sonst hat die frühe Renaissance Philostratos nicht benützt, und auch Raffaels „Galatea" geht nicht auf Philostratos zurück, wie man schon meinte (vgl. Förster, R., Noch einmal Raffaels Galatea, Repertorium für Kunstwissenschaft 23, 1900, 7; vielleicht hat aber 1, 6 auf Handzeichnungen Raffaels gewirkt). Wirklichen Nachbildungen der Gemälde begegnen wir um 1515–1520 (Förster, Ren. 17); das ist wohl die erste Einwirkung der Eikones auf die bildende Kunst, denn daß die Bilder auf die Kunst ihrer eigenen Zeit irgendwelchen Einfluß gehabt hätten, ist ganz unbeweisbar.

Der erste Künstler, der sicher die Eikones kannte, ist wohl Mantegna (Komposition des Dio Como, wohl nach 1, 2; Förster Ren. 17). Auch mag das Erotenfest des Tizian auf Philostratos (1, 6) zurückgehen; Tizian hat wohl auch in seinem „Bacchanal" (Madrid) die Bilder 1, 25 und 1, 15 zusammengefaßt (Förster, Ren. 41 f.). Sicher liegt eine Wirkung der Eikones vor in mehreren Bildern des Giulio Romano. So hat dieser Maler 1, 16 (Pasiphaë) und 1, 9 (Sümpfe) in Villa Madama nachgebildet, ebenso 1, 6, als er zwischen 1521 und 1524 die Kreuzkappe der Westhalle in Villa Madama mit einem Ausschnitt aus dem Erotenfest schmückte (Förster, Ren. 33). Auch wirkte 1, 13 auf zwei Rundbilder von G. Romano, „Jagd auf Wasservögel" und „Delphinenfang", in einem Zimmer des Palazzo del Te in Mantua, und 1, 14 (Semele) ist in einer Handzeichnung Romanos (in der Albertina) wiedergegeben (Förster, Ren. 44).

Das Bild 2, 22 (Herakles unter den Pygmaeen) hat den Maler Dosso Dossi zu einem Bild angeregt, auf dem er Herakles freilich nicht schlafen, sondern erwachen läßt. Wie weit die Kenntnis der Eikones bei Lucas Cranach dem Jüngeren geht, der ebenfalls ein Bild „Herakles unter den Pygmaeen" malte, ist schwer zu sagen; nicht anders steht es auch bei Goya, der dieses Thema zum Gegenstand einer Zeichnung machte.

Später hat Nicolaus Poussin das Erotenfest (1, 6) in einer Handzeichnung (in der Albertina) dargestellt, auch er vielleicht von Philostratos ausgehend (Förster, Ren. 35). Aber die Blütezeit der Eikones war nur kurz. Schon Poussin und der jüngere Cranach sind vereinzelte Nachzügler. Die Gemälde wurden später wieder ein Buch der Kunstgelehrten wie Lomazzo, Franciscus Iunius, Ridolfi (Förster, Ren. 47). – Ob „La Galeria" von Marino (1620), eine Sammlung von bildbeschreibenden Gedichten, aus Philostratos schöpft, ist schwer zu sagen. Proben daraus und Literatur zu versifizierten Bildbeschreibungen gibt Friedrich, Hugo, Epochen der italienischen Lyrik, Frankfurt 1964, 702f., 727f.

Wirkliche Bedeutung erhielten Philostrats Gemälde erst wieder durch Goethes Arbeiten; er verstand die Eikones in wahrhaft congenialer Art (Belege bei Grumach, Goethe und die Antike, Berlin 1949). Goethe las schon 1774 den Apollonios von Tyana; zum 31.12.1796 vermerkt dann das Tagebuch: „Las ... die Gemälde des Philostratus". Eingehender beschäftigte sich Goethe mit den Eikones in den Jahren 1804 und 1805, als für die 7. Weimarische Kunstausstellung „Die Arbeiten des Hercules" als Aufgabe gestellt waren; 1804 kündete Goethe (in „Polygnots Gemälde") auch bereits an, er „werde die Philostrate bearbeiten und so die Künstler zu fördern suchen". Die nächste Spur der Beschäftigung Goethes mit den Philostraten findet sich 1812 in dem Aufsatz „Der Tänzerin Grab":

„Jener lemurische Scherz will mir nicht echt griechisch vorkommen; vielmehr möchte ich ihn in die Zeiten setzen, aus
welchen die Philostrate ihre Halb- und Ganzfabeln, dichterische und rednerische Beschreibungen hergenommen." Dabei ist bedeutsam die Annäherung der Philostrate an die Kate-
gorie „nicht echt griechisch", d. h. wohl „nicht klassisch", und
die Bezeichnung „Halb- und Ganzfabeln, dichterische und
rednerische Beschreibungen"; später hat Goethe anders ge-
urteilt.

Im Jahre 1813 erneuerte sich Goethes Interesse an den Bildern; er studierte Heynes Arbeiten und arbeitete den Text
mit Hilfe der Philologen Riemer und Hand durch. Es ist
wahrscheinlich, daß der Grundstock der späteren Abhandlung in jene Zeit fällt[1]. Neben Heynes Abhandlungen las
Goethe die Eikones in der Ausgabe von Olearius, in der fran-
zösischen Übersetzung von Vigenère (Paris 1597) und in der
deutschen Übersetzung von D. Chr. Seybold (Lemgo 1776/
77) und verglich seine „Redaction" mit dem Griechischen.
Das Jahr 1818 brachte die endgültige Abfassung des Aufsatzes
über Philostrats Gemälde. Die Notizen der Tagebücher (9. 3.
1818 – 23. 4.; 17.–19, 25.–27. 5. 1818) spiegeln die Sorgfalt, die
Goethe auf dieses Werk verwandte. Die Abhandlung (oder,
genauer gesagt, der erste Teil) erschien unter dem Titel „Philostrats Gemählde" in der Zeitschrift „Über Kunst und Altertum" (2. Bd., 1. Heft, 1818, 27 ff.; 145 ff.).
Der Aufsatz bewies, daß hier ein anderes Verständnis am
Werke war als bisher. So hatte sich vor Goethe kaum jemand
so entschieden mit dem Problem der Anordnung der Bilder
befaßt. Zugleich suchte sich Goethe das Beschriebene sinnen-
haft vor Augen zu stellen und mit erhaltenen Denkmälern zu
belegen. Dabei benützt er ein damals sehr bedeutendes Werk:

---

[1] Ein starkes Indiz dafür, daß der Wortlaut des Aufsatzes „Philostrats Gemälde" wohl schon 1804 im großen und ganzen festlag, bietet Goethes
Briefwechsel mit Zelter. Am 24. 11. 1804 sendet Goethe an Zelter die
Übersetzung von „Meles und Kritheis" als Beilage zu einem Brief. Der
Text ist weitgehend identisch mit der späteren Publikation; nur stilistische Korrekturen sind dort noch angebracht. Grumachs Sammlung
bietet die Stelle nicht.

Le antichità di Ercolano ... Abbildungen der Gemälde und Altertümer, welche seit 1738 sowohl in der verschütteten Stadt Herculanum, als auch den umliegenden Gegenden an das Licht gebracht worden, nebst ihrer Erklärung von Christoph Gottlieb von Murr ... usw., Augsburg 1777. Auch anderer Werke entsann sich Goethe, so etwa des Nil-Mosaiks von Palaestrina, als er an das Bild des Nils (1, 5) kam. In der Tat steht dieses Werk den Gemälden näher als die campanische Malerei. Es spricht auch für Goethes Verständnis kunsthistorischer Belange, daß er damals die Absicht hatte, eine mit Kupfern illustrierte Ausgabe der Eikones zu unternehmen, ein Vorhaben, das in vollem Umfang weder er noch sonst jemand bis heute verwirklicht hat.

Auch Gemälde neuerer Künstler zog Goethe zum Vergleich heran, so die Bilder von Giulio Romano, Raffael und den Carrache. Er fühlte sich auch in seinem Bemühen bestätigt, als er im Jahre 1820 eine Nachwirkung Philostrats bei Tizian feststellte. In diesem Jahre erwarb er drei Blätter von Podestà nach Tizian und erkannte in den Kompositionen des Erotenfestes und der Bacchus-Ariadne-Darstellung sogleich den antiken Zusammenhang (nach Chr. Beutler 1177ff.).

Auch den Problemen der Eikones stellte sich Goethe. So erkannte er die Schwierigkeit, „zu sondern, was jene heitere Gesellschaft wirklich angeschaut und was wohl rednerische Zutat sein möchte." Er bekannte sich zur Existenz der Gemälde: „Zuerst also wird vorausgesezt, daß die Gemäldegalerie wirklich existiert habe." Aufgeschlossen zeigte sich Goethe auch gegenüber den pädagogischen Absichten des Philostratos. Man müsse den Rhetor loben wegen des Gedankens, die Bilder in Gegenwart von Jünglingen und Knaben auszulegen und zugleich einen angenehmen und nützlichen Unterricht zu erteilen.

Dem Text stand Goethe frei gegenüber. Ihm kam es nicht auf philologische Genauigkeit an in Übersetzung und Auslegung, vielmehr behandelte er den Stoff mit Zusätzen, Auslassungen, Umstellungen durchaus frei; er wollte vor allem zeigen, wie antike Künstler antike Stoffe gestaltet hatten. Bedeutsam sind auch die Kategorien, die Goethe an die Themen herantrug; es sind geradezu Urformen von Leben und Kunst, die er in den Bildern dargestellt findet. Die Antike sollte in ihrer Vorbildlichkeit Stoff und Stil für neue Schöpfungen der Kunst liefern und so befruchtend auf seine Zeit wirken.

Die Wirkung von Goethes Aufsatz war gering. Die gelehrte Welt nahm wenig Anteil, weil keine wissenschaftliche Arbeit vorlag, die Kunst wandte sich dem angebotenen Stoffe nicht zu. Um so dankbarer nahm Goethe den Beifall von S. Boisserée entgegen (an S. Boiss., 7. 8. 1819): „Der Beifall, den Sie den philostratischen Bildern geben, erfreut mich gar sehr, indem ich so eben die andere Hälfte jener Galerie zu bearbeiten gedenke. Es ist ein wundersam erfreuliches Leben in diesen Bildern." 1820 erschien noch „Nachträgliches zu Philostrats Gemälden" in „Kunst und Altertum" (2, 3) mit einigen Nachträgen zu den ersten vier und geringen Ergänzungen zur 7. und 8. der von Goethe gebildeten Klassen der Bilder.

Damit endet Goethes produktive Beschäftigung mit den Philostraten. Er selbst hatte viel Nutzen aus seiner Arbeit gezogen und fand in den „Tag- und Jahresheften" zu 1818 abschließend die schönen Worte: „Was kann erwünschter sein als entschiedenes Andenken des Höchsten aus einer Zeit, die nicht wieder kommt? Eben dieser Sinn ließ mich auch Philostrats Gemälde wieder aufnehmen, mit dem Vorsatz, das trümmerhaft Vergangene durch einen Sinn, der sich ihm gleichzubilden trachtet, wieder zu beleben."

Wieweit literarische Nachwirkung Philostrats in Goethes „Faust" vorliegt, besonders in dem Gesang der Geister, unter dem Faust in Schlaf fällt (1447 ff.; auch 1470–1505), in der Gestalt Helenas und Cheirons, wie Szanto und Wickhoff meinten, bleibt noch zu erörtern (Szanto, Emil, Archaeologisches zu Goethes Faust, Jahreshefte des österreichischen archaeologischen Instituts, 1, 1898, 93–105; mit einer Anmerkung von Wickhoff).

Leider nicht mehr zu ermitteln ist ein Bild „Perseus und

Andromeda", das 1828 in Rom der Maler August von Kloeber „nach der Beschreibung des Philostratos" malte (Förster, Ren. 48). Dafür besitzen wir noch die Bilder, die Moritz von Schwind zur Ausschmückung der Kunsthalle in Karlsruhe nach Philostratos malte (herausg. von Förster). Schwind begann 1842 mit der Arbeit und schmückte den 1. Saal im Erdgeschoß der Kunsthalle mit Motiven aus den Eikones. Der Gedanke dazu wird von ihm selbst, einem Verehrer Goethes, stammen.

Sinn der Bilderzyklen sollte es sein, ein Bild menschlichen Lebens von der Entstehung bis zur Starre des Todes zu geben. Schwind begann in dem Saal, der rechteckig war und sechs flache Kuppelwölbungen aufwies, mit der Geburt der Liebesgöttin und schloß die Geburt der Athene an; die Höhe des Lebens verkörperten Herakles, Artemis, Aktaion, Dionysos; den Rest des Raumes füllen Bilder des Todes, so der Tod des Arrhichion und der Leichnam des Antilochos, den Achilleus beweint. Schwind wollte dabei keine eigentliche Rekonstruktion der philostratischen Gemälde geben, sondern Schmuck für den Raum schaffen[1].

Er trat den Eikones sehr frei gegenüber, fügte auch Figuren bei oder ließ weg, gab z.T. auch nur Ausschnitte der Bilder. 1843 war die Arbeit beendet; Schwind aber fand nicht den gewünschten Beifall bei seinen Auftraggebern und schrieb am 20.8.1843 an Bauernfeld: „Se. Hoheit sind sehr unzufrieden mit mir... Dir zum Trost erwähne ich, daß sämtliche Künstlerschaft mir alle Komplimente macht und meine Arbeit über den grünen Klee lobt."

Seit dem Versuche Schwinds haben die Eikones wohl keine Wirkung mehr auf die bildende Kunst entfaltet, und es wird auch kaum in nächster Zeit Aussicht auf solche Wirkung bestehen.

---

[1] Schwind hat ganz oder teilweise nach Philostratos dem älteren oder Goethes Auszügen daraus gemalt: 1, 15; 2, 8; 1, 29; 2, 27; 1, 26; 2, 22; 2, 20 (stark verändert); 1, 23; 1, 19; 1, 25; 2, 33 (stark abweichend); 2, 11 (ebenso); 2, 12 (ebenso); 2, 6 (ebenso); 2, 7. – Auf Rekonstruktionen laufen mehr oder weniger hinaus: Arrhichion; Antilochos; Meles und Kritheis; Perseus und Andromeda; Pindaros; Iason und Medea; Herakles und Antaios.

Die erste Ausgabe des griechischen Textes der Bilder des älteren und jüngeren Philostratos wurde gemeinsam mit den Werken des Lukianos im Hause Aldus zu Venedig im Jahre 1503 veröffentlicht. Die Anführung einer Erstausgabe der Bilder, Florenz 1496, beruht auf Irrtum (Jacobs XXIf.). Eine zweite Auflage der Aldina erfolgte im Jahre 1522. Vorher aber, 1517, war in Florenz bei den Giunti eine Ausgabe der Bilder der beiden Philostrate, des Heroikos, der Beschreibungen des Kallistratos und der Sophistenleben erschienen, in der die älteren Eikones auf der Aldina beruhten. Diese Juntina erlebte ihre zweite Auflage 1535. Zwischen 1535 und 1550 erschien in Venedig noch eine Ausgabe der Bilder des Philostratos (mit Heroikos, Sophistenviten, jüngeren Eikones, Kallistratos), die wahrscheinlich der Aldina nachgedruckt war. Inwiefern diese Ausgabe identisch ist mit der Ausgabe des Antonio di Nicolini (Editio Nicoliniana bei Kayser; 1550), die Morelli benutzt haben will, konnte ich nicht klären. F. Morelli gab die Werke des älteren und die Bilder des jüngeren Philostratos und die Ekphrasen des Kallistratos 1608 zu Paris heraus. Diese Edition war unkritisch, stellte aber dem griechischen Text eine lateinische Übersetzung gegenüber.

Erst nach mehr als 100 Jahren erfolgte wieder eine Edition des Philostratos, die des Gottfried Olearius, Leipzig 1709, nachdem vor diesem mehrere Pläne zu solcher Ausgabe gescheitert waren. So wollte der berühmte Richard Bentley Philostratos edieren, und es soll 1691 schon ein Blatt dieser Ausgabe zu Leipzig gedruckt zu sehen gewesen sein (Olearius XXV); auch G. Jungermann und G. Graevius hatten den Plan zu Ausgaben gefaßt. Die Edition des Olearius stellte dem griechischen Text eine lateinische Version gegenüber und bot einen knappen Kommentar. Ein guter Textkritiker war Olearius nicht, doch gab seine Erläuterung manchen Aufschluß zu einzelnen Stellen.

Eine Epoche für Text und Erklärung der Eikones bildete die

Ausgabe von F. Jacobs und F. G. Welcker (Leipzig 1825). Hier arbeiteten ein Meister der Philologie und der Archaeologie zusammen, um die Bilder im Geiste Goethes vor unverdienter Verachtung zu schützen. Text und Bilder waren sorgsam und mit viel Geschmack erläutert.

A. Westermann edierte dann, Paris 1849, den Text des Philostratos mit lateinischer Übersetzung, und 1844 (Zürich 1844 u. ö.) folgte die große Gesamtausgabe des Philostratos von C. L. Kayser, der zum ersten Mal eine breite handschriftliche Grundlage beschaffte (kleine Ausgabe Leipzig 1870–71 u. ö.). Kaysers Ausgabe des Gesamtwerkes ist bis heute nicht überholt, wenn man auch manche Schwächen in Betracht ziehen muß (scharfes Urteil bei Schanz, M., Rhein. Mus. 38, 1883, 305 f.). Bougot versuchte in seiner Ausgabe (Paris 1881) mit französischer Übersetzung und Kommentar die Art von Jacobs und Welcker neu zu beleben, doch schadete er seinem Werk durch ermüdende Weitschweifigkeit.

Die beste Recension des Textes der Eikones bietet bis zum heutigen Tag die auf weitgreifender Erforschung der Handschriften basierende „Wiener" Edition von O. Benndorf und C. Schenkl (Leipzig 1893), der sich würdig die Ausgabe der jüngeren Eikones und des Kallistratos von Schenkl und Reisch (Leipzig 1902) anschloß. Andere Ausgaben der Eikones, etwa die von Fairbanks (London 1931), beruhen nicht auf neuem Studium der Handschriften.

Übersetzt wurden die Eikones bald. So versah schon einer der nach Italien geflüchteten Griechen die Handschrift, die später in die Heidelberger Bibliothek kam (Cod. Pal. 341), mit einer lateinischen Interlinearversion (Jacobs XXXIII ff.). Auch die nächste Übersetzung wurde nicht gedruckt. Zu Beginn des Jahres 1487 übersetzte Antonio Bonfini(us) von Ascoli im Feldlager des Königs Matthias Corvinus (1457–1490) im Laufe von drei Monaten die Hauptwerke des Philostratos (darunter auch die Eikones) ins Lateinische, und der König ließ diese Übersetzung von einem Kalligraphen abschreiben und von einem bedeutenden Miniaturmaler mit Initialen reich verzieren. Das Original dieser Übersetzung, ehemals Cod. Vindob. 25, befindet sich heute in der ungarischen Nationalbibliothek in Budapest (Clmae 417). Wegen der Bedeutung dieses Werkes seien hier die Übersetzung der Vorrede und des ersten Bildes zum ersten Mal im Druck wiedergegeben (fol. 62 r–63 v; orthographische Einzelheiten sind stillschweigend berichtigt; ich gebe meine Übersetzung des Urtextes bei; der Vergleich damit wird am leichtesten Leistung und Grenzen des lateinischen Übersetzers Bonfinius zeigen).

Philostrati Flavii Lemnii Sophistae Iconum Liber Primus Incipit. Prohemium. Helladia. Quicumque picturam non diligit, veritatem iniuria nimirum afficit; quin etiam, quaecumque ad poetas refertur, sapientiam laedit. Nam ex heroum simulacris et gestis par utrimque provenit emolumentum. Symmetriam is profecto non laudat, per quam ars ipsa rationem attingit. Sed quicumque per species rerum in terris apparentium, quibus horae prata depingunt, et per ea, quae in caelo renitent, deorum inventum scire contendit, et qui artis originem diligenter examinat, uterque profecto id vetustissimam atque naturae cognatissimam esse imitationem inveniet. Haec a sapientibus plane comperta in picturam statuariamve dividitur. Statuariae multa sunt genera: nam aut in aere quid fingimus et imitamur, aut in Lygdio

Das erste Buch der Eikones des Philostratos, des Lemnischen Sophisten, beginnt. Prooimion Helladia. Wer die Malerei nicht schätzt, verschmäht die Wahrheit und versündigt sich auch am Kunstverständnis, das die Dichtung angeht; denn beide Künste wenden sich den Taten und Gestalten der Heroen zu; er hat auch kein Gefallen am Ebenmaß, durch das die Kunst auch am Logos teilhat. Und für den, der tiefer eindringen mag, ist die Malerei eine Erfindung der Götter, so wegen der Farbenpracht auf Erden, womit die Göttinnen der Jahreszeit die Auen schmücken, wie wegen der Erscheinungen am Himmel; wer aber die Entstehung der Kunst erforscht, für den ist Nachahmung die älteste und naturgemäßeste Erfindung; es erfanden sie aber weise Männer und nannten sie teils Malerei, teils Plastik. Die Bildhauerei nun hat viele Arten: so das Bilden selbst wie das Nachbilden in Erz und das Behauen des weißen oder des

73

Parioque lapide vel ebore quid excidimus. Statuariae quoque sculptura subiicitur. Pictura vero ex coloribus ipsa constat. Neque hoc solum fingit, sed ab uno et eodem genere plura quoque contemplatur et ab aliis ars alia nascitur. Umbram enim ostendit, blemmata noscit: quando alius irati, alius dolentis gaudentisve fit aspectus. Et oculorum pro dignitate splendor, quod statuaria non cogitur operari. Gratos namque oculos vel glaucos vel nigros pictura novit. Item comam flavam, ignitam ac sole gratiorem. Praeterea colorem vestis et armorum, thalamos, domos, montes, fontes et aethera et quaecumque in eo similia. Quicumque igitur vim scientiae coluerunt, et quae civitates et reges huiusce artis amore capti sunt, et ab aliis et ab Aristodemo Cario dictum est. Quocum quattuor annos in picturae hospitio versatus sum. Et ipse quoque multa ex Eumeli sapientia ad istius artis gratiam adiecit. Contra vero nunc mihi non de pictoribus neque de ipsorum historia scribendum est, sed quae in colloquii speciem adolescentibus composuimus, nunc picturae simulacra referemus, et ea praecipue, quae et interpretatione et approbatione

Parischen Marmors, auch das Schnitzen in Elfenbein und wahrlich auch die Kunst, Gemmen zu schneiden. Die Malerei aber arbeitet mit Farben, doch nicht nur dies ist ihr Werk, sondern sie weiß auch aus diesem einzigen Mittel mehr zu machen als eine andere Kunst aus ihren vielen; denn sie zeigt Licht und Schatten und kennt den Blick, der beim Rasenden anders ist als beim Leidenden oder Frohen. Auch den jeweils verschiedenen Glanz der Augen kann ein Bildhauer nicht wiedergeben, die Malkunst jedoch kennt ein feuriges, ein helles und ein schwarzes Auge, kennt auch blondes Haar und feuerfarbenes und sonnenhelles, dazu die Farbe von Kleid und Gewaffen, auch Kammern und Häuser, Haine, Berge und Quellen und die Himmelsluft, in der dies alles west. Welche nun diese Kunst zur Meisterschaft gebracht, und alle Städte und Könige, die Liebe zu ihr faßten, über diese hat neben anderen Aristodemos aus Karien gehandelt, mit dem ich vier Jahre lang um der Malerei willen Gastfreundschaft pflegte; er malte in der Manier des Eumelos, doch wußte er ihr viel Reiz und Anmut zu verleihen. Jetzt aber will ich nicht von den Malern oder ihrer Geschichte reden, sondern berichte für die Jugend in Form von Vorträgen über Werke der Malerei, damit sie daraus Bilder zu deuten und nach gutem

digna sunt. At huiusce laboris hinc mihi datur occasio. Apud Neapolitanos enim agon erat. Haec urbs in Italia sita est, Graeca quidem genere et perquam urbana. Quare hi cives verborum studio Graeci sunt. Cum igitur non publice declamationes agitare vellem, adolescentes, qui ad hospitis aedes confluebant, me assiduo vexabant. Extra moenia in suburbio diversabar, quod est iuxta mare. Ubi quaedam porticus ad zephyrum conversa ad quartam, ut arbitror, quintamve contignationem erigebatur et ad Tyrrhenum mare spectabat. Lapidibus namque delectissimis corruscabat tabularumque picturis sibi admodum addecentium. Quas meo iudicio quidam non citra cordis affectum plane collegit non sine maxima amoenitate florere videbatur. In his complurium sane pictorum sapientia relucebat. Neque ego per me ipse picturarum laudem aggrederer. Sed hospitis aderat filius nimis adhuc puer, decimum fere nactus annum, qui et libenter audiret et disciplina laetaretur. Hic me picturas adeuntem vehementer observabat et interpretationem meam postulabat. Quam ob rem ne me imperitum reputaret, „Haec", inquam, „omnia, cum

Ausdruck streben lerne. Den Anlaß zu diesen Vorträgen gab mir folgendes: Es wurden die Spiele in Neapel gefeiert – die Stadt liegt in Italien, ihre Einwohner sind griechischer Herkunft und fein gebildet, und so sind sie auch in ihrem Eifer für Reden echte Hellenen – und weil ich meine Vorträge nicht öffentlich halten wollte, kamen die jungen Leute öfters zum Hause meines Gastfreundes und fielen mir zur Last. Ich wohnte aber vor der Stadtmauer draußen in einer zum Meer hin gelegenen Vorstadt, wo nach Westen hin eine Säulenhalle in etwa vier oder sogar fünf Geschossen mit der Aussicht zum Tyrrhenischen Meer gebaut war; sie glänzte zwar auch von all den Steinen, die dem Luxus behagen, ihre vornehmste Zierde aber waren Bilder auf eingelassenen Tafeln, die mir mit feinem Gefühl gesammelt schienen, weil sich darin die Kunst nicht weniger Maler offenbarte. Ich hatte selbst schon gedacht, diese Bilder rühmend zu beschreiben; mein Gastfreund hatte aber einen noch ganz jungen Sohn, der etwa zehn Jahre alt war, schon gerne Reden hörte und lernbegierig war; er sah mir nun oft zu, wie ich von Bild zu Bild ging, und lag mir an, sie zu erklären. Damit er mich also nicht für ungefällig hielte, sagte ich: „Ja, ich will, und wir wollen daraus eine Prunkvorführung der Redekunst machen, wenn die

ceti adulescentes accesserint, tibi manifesta faciemus." Qui cum advenissent, „Hic igitur", inquam, „proponatur, et huic studium sermonis incumbat. Vos autem sequimini non solum compositi, sed siquid obscurius fortasse dixerim, interrogate!""

jungen Leute da sind." Als sie nun da waren, sagte ich: „Der Junge soll vor euch stehen, und ihm soll die Mühe meines Vortrages gelten; ihr aber begleitet uns, indem ihr nicht nur aufmerkt, sondern auch Fragen stellt, wenn ich einmal nicht ganz deutlich bin!""

SCAMANDER

SKAMANDROS

(N)ostin puer haec, quae Homeri sunt, vel numquam fortasse noveris. Nimirum hoc tu miraculum reputaveris, quod ignis quandoque in aqua vivat. Te igitur novisse reputemus. Respicito ergo haec, quantum videri queunt, ex quibus pictura constat. Scisne ubi apud Iliada sit illa sententia, cum Homerus Patrocli gratia suscitat Achillem? In communem quoque pugnam Dii commoventur. De his igitur, quae circa deos, est pictura, cetera non nosti. Vulcanum vero nimium et incontinentem in Scamandrum incidisse dicit. Rursus hinc omnia respice. Sublimis haec urbs est. Haec autem Ilii moenia. Haec est camporum amplitudo usque adeo lata, ubi Asia cum Europa congredi possit. Ignis iste multus campos inundat. Multus quoque adversus amnis ripas serpit, tanquam nondum sibi sint arbores. Vulcanum

Hast du erkannt, liebes Kind, daß dies nach Homer gemalt ist? Oder hast du es noch nicht bemerkt, weil du dich offenbar staunend fragst, wie nur das Feuer nicht im Wasser erlosch? Überlegen wir also, was es bedeutet; du aber sieh jetzt weg davon, um das zu sehen, worauf das Bild beruht! Du kennst wohl die Erzählung der Ilias, wo Homer den Achilleus sich als Rächer des Patroklos erheben läßt, und die Götter zum Kampf unter sich erregt werden. Von dieser Götterfehde nun übergeht das Gemälde die übrigen Umstände und zeigt nur, wie Hephaistos mit aller Macht und Glut über Skamandros herfällt. (2) Und nun sieh wieder hin! Alles stammt aus jener Stelle. Hochragend hier die Stadt und dort der Mauerkranz von Ilion, hier die mächtige Ebene, weit genug, um Asien gegen Europa ins Feld zu stellen; dort strömt das Feuer breit übers Feld und frißt sich machtvoll die Uferhöhen des Stromes entlang, so daß er keine Bäume mehr hat.

circum ignis in undas exube-
rat. Fluvius alget, Vulcano
supplicat. Sed neque fluvius
pingitur combustione nutriri
neque Vulcanus cursu clau-
dicare. Color ignis neque fla-
vus neque aliquid usitati
aspectus, sed auro solique
persimilis. Haec igitur non
adhuc Homeri.

Das Feuer, das Hephaistos
umloht, strömt über das Wasser hin, und der Flußgott selbst
leidet und fleht bei Hephaistos
um Gnade. Doch weder ist der
Flußgott mit wallendem Haar
gemalt, weil er ringsum versengt ist, noch Hephaistos
hinkend, weil er einherstürmt.
Auch ist der Glanz des Feuers
nicht gelbrot oder vom üblichen Aussehen, sondern gleicht
dem Gold und der Sonne.
Dies allerdings steht nicht mehr
bei Homer.

Nach 1515 übersetzte Stefano Negri von Cremona, ein Schüler des Demetrios Chalkondyles und Lehrer des Griechischen
in Mailand, die Gemälde ins Lateinische (Gedruckt in: Stephani Nigri ... monimenta, Basel 1532; 1–115). Diese Übersetzung übernahm später Morelli in seine oben erwähnte
griechisch-lateinische Ausgabe (nicht klar ist die Nachricht
von einer Übersetzung des Celio Calcagnini, 1479–1541, bei
Förster, Ren. 16, 6 und 20, 7).
Im Jahre 1578 gab Blaise de Vigenère zu Paris eine französi-
sche Übersetzung der Eikones heraus, versehen mit „Argu-
menten" der einzelnen Bilder und mit gelehrten Anmerkungen. Die zweite Ausgabe (1597) fügte noch den Heroikos und
die Statuen des Kallistratos bei. Der dritten Auflage wollte
der Verleger besonderen Schmuck verleihen, und zwar nicht
bloß durch die Epigramme, die Artus Thomas Sieur d'Embry
auf die einzelnen Gemälde verfaßte, sondern auch durch Bei-
gabe von Rekonstruktionen der Gemälde. Er gewann dafür
den Meister von Fontainebleau, Antoine Caron, doch starb
dieser bald (1599), und so übertrug der Verleger die Vollendung dem Stecher Jaspar Isaac. Dieser ist auch auf dem Titel
der illustrierten Ausgabe genannt, die – auch in größerem
Format als früher – zuerst in Paris 1615, dann noch zweimal,
1630 und 1637, erschien (Jaspar Isaac incidit). Sämliche Ei-

kones sind in Stichen reproduziert. Die Mehrzahl stammt von Isaac, der 21mal genannt ist. Caron findet sich auf 10 Kompositionen als Meister (inv. oder inventor) genannt. Von diesen sind fünf, darunter das Erotenfest, mit der Jahreszahl 1609, von Léonard Gaultier, 5 von Thomas de Leu, dem Schwiegersohn Carons, gestochen (dieser Abschnitt ist weitgehend nach Förster, Ren., gestaltet). Ihre letzte Auflage erlebte diese Übersetzung im Jahre 1637. Goethe war übrigens über die Illustrationen wenig erfreut. Er klagte, daß durch die Bilder die Einbildungskraft „widerwärtig ergriffen und weit von dem Ufer antiker Einfalt, Reinheit und Eigentümlichkeit verschlagen" werde (Angriffe auch bei Jacobs XLIX, 30).

Leider nur durch zwei Zitate wissen wir von einer Übersetzung der Eikones in lateinische Hexameter durch den Philologen Iulius Caesar Scaliger. Eine Ausgabe der Historia animalium des Aristoteles mit lateinischer Übersetzung und Kommentar war von diesem Gelehrten vorbereitet, jedoch nicht mehr von ihm selbst ediert worden. Die Vollendung der Ausgabe übernahm sein Sohn Phil. Iacobus Maussacus (Toulouse 1619); dieser schreibt in den Animadversiones zum Werk seines Vaters über die Arten antiker Malerei und sagt dabei, er wolle dazu eine Stelle aus den Eikones in einer lateinischen Übersetzung, die sein Vater schon längst vollendet habe, anführen, und zitiert (S. 1241) aus der übersetzten Vorrede folgende Verse:

Haec autem prima repetenti ab origine, priscum Inventum, et sollers imitatio noscitur ipsis Proxima naturae cunis, quam scilicet olim Excoluere viri sapientes, dicere partim Fictricem soliti, picturam dicere partim.	Diese (die Kunst) aber ist, wenn man ihrem Ursprung nachgeht, eine alte Erfindung, und man erkennt eine geschickte Nachahmung, die der Natur sehr nahe steht; weise Männer bildeten sie einst aus und pflegten sie teils Bildekunst (Plastik), teils Malerei zu nennen.

An einer zweiten Stelle (1247f.) vergleicht Maussacus die Ansichten über die Fruchtbarkeit der Hasen bei Aristoteles und Philostratos (1, 6, 6) und führt wieder Verse seines Vaters aus jener Übersetzung an (diesmal übrigens in elegischem Maß):

nam femina foetus Dum teneres etiam lacte recente fovet, Conceptus alios repetit, rursusque sub ipso Lacte coit, nusquam ventre soluta gravi.	Denn während das Weibchen die zarten Jungen noch mit frischer Milch nährt, geht es auf neue Empfängnis aus; mitten in der Säugezeit läßt es sich wieder begatten und ist niemals frei von Schwangerschaft.

Die erste deutsche Übersetzung der Eikones stammt von D. Chr. Seybold (Die Werke der Philostrate, übersetzt von D. Chr. Seyb., 2. Band, 2. Abt., Lemgo 1777). Diese Übersetzung war ungenau und gelegentlich fehlerhaft, doch war sie höchst lebendig und temperamentvoll. Die erste italienische Übersetzung erschien 1828 aus der Feder des Filippo Mercuri.

1832 folgte die tüchtige Arbeit von A. F. Lindau (Philostratus des Ältern und des Jüngern Gemälde. Kallistratus Standbilder, übersetzt von A. F. Lindau, Stuttgart 1832); Lindau übersetzt genau und erläutert sorgsam; der federnden Sprachkraft des Sophisten ist er freilich nicht gewachsen.

1849 gab A. Westermann zu Paris die Werke der Philostrate und des Kallistratos mit lateinischer Parallelversion heraus. Paris 1881 folgte Bougots Edition mit französischer Übersetzung. Eine ungarische Übersetzung von Philostrats Eikones von S. Mezey, Programm Mezőtur 1910. 1911, führt Münscher (Burs. 170, 136) an. Die erste englische Übersetzung stammt aus dem Jahr 1931, Philostratus, Imagines, Callistratus descriptions, with an English Translation by A. Fairbanks, London 1931. Fairbanks übersetzt genau und sauber.

Die Überlieferung der Eikones wurde von den Wiener Herausgebern im großen und ganzen geklärt. Der Archetypus unserer Handschriften – so vermuten die Wiener Herausgeber (XX f.) – mag aus dem Exemplar stammen, das Philostratos zu seinem Vortrag benützte. Dies schließen sie jedenfalls aus 2, 17, 1 M, wo es heißt ἰδού ἐμβεβλήκαμεν· ξυγχωρεῖς γάρ που; καὶ ὑπὲρ τοῦ παιδὸς ἀποκρίνεσθαι· ξυγχωρῶ καὶ πλέωμεν. Die Worte καὶ ὑπὲρ τοῦ παιδὸς ἀποκρίνεσθαι – „Sieh, schon haben wir uns in die Riemen gelegt! Es ist dir doch recht?" (Antwort für das Kind:) „Gewiß, laß uns fahren." – sollen eine Randnotiz des Philostratos sein, die ihn erinnern sollte, in seinem Vortrag mit etwas veränderter Stimme den Knaben antworten zu lassen ξυγχωρῶ καὶ πλέωμεν. Zwar bietet diese These nicht mehr als eine entfernte Möglichkeit, den Text zu verstehen (eine bessere ist freilich nicht gefunden), doch folge ich ihr in der Übersetzung. Daß man weitere Schlüsse für die Textgeschichte darauf bauen soll, glaube ich nicht.

Bis zum Ende des Altertums war sicher eine große Zahl von Handschriften im Umlauf; dies lehren die vielen Benützer und Nachahmer (Kalinka). Über die Völkerwanderung haben sich freilich nur wenige Manuskripte gerettet. Sicher war schon der Archetypus unserer Handschriften voll von Fehlern aus älterer und jüngerer Zeit, wozu die schwere Verständlichkeit der Sprache der Eikones sicherlich beigetragen hat (Kalinka). Auch wies unser Archetypus bereits Lücken auf (Nachweis in der Wiener Ausgabe XXI). Im Archetypus für beide Handschriftengruppen waren wohl gelegentlich auch zu weniger gebräuchlichen Wörtern Glossen geschrieben. Es findet sich nämlich (2, 17, 11 A) in allen Handschriften nach den Worten ἡ δ' ἀπορρώξ die Glosse καὶ (aus ἤ!) ἡ ἀπορραγεῖσα πέτρα (die dann auch in P von zweiter Hand getilgt wird; s. Wiener Ausg. XXI). Ein zweites Beispiel für Glossen im Archetypus findet sich 2, 26, 3, wo τῆς τῶν ἰσχάδων συνθήκης über παλάθης stand (vgl. Hesych παλάθη· ἡ τῶν σύκων ἐπάλληλος θέσις). Die Wiener Herausgeber (XXII) behaupten auch, daß im Archetypus bereits eine gewisse Unordnung in der Reihenfolge der Bilder herrschte. Denn 1, 30 soll einst vor 1, 17 gestanden sein. Das werde dadurch bewiesen, daß Philostratos 1, 17, 3 Pelops so erwähnt: ἡλικίαν τε καὶ ὥραν ἄγων, ἣν καὶ μικρῷ πρόσθεν εἶδες, ὅτε τοὺς ἵππους τὸν Ποσειδῶνα ἐξῄτει, was sich auf 1, 30 beziehe. Diese Beziehung ist aber vage, und nach der Rekonstruktion von Lehmann-Hartleben wird man bedenklich sein, auf diese Stelle irgendwelche Schlüsse aufzubauen. Ich bin überzeugt, daß die vorliegende Anordnung der Bilder ursprünglich ist und daß für 1, 17, 3 die Erklärung von Lehmann-Hartleben (s. o. S. 37) genügt.

Unsere Handschriften zerfallen in zwei große Gruppen. Im 6. Jahrhundert n. Chr. und vielleicht schon vorher muß es zwei Arten von Handschriften gegeben haben, die eine mit einer Einteilung in zwei Bücher; dieser Strang der Überlieferung war recht zuverlässig und wies nur geringe Lücken, Korruptelen oder Interpolationen auf. Bester Textzeuge dieses Stranges ist die Handschrift F, die aber nicht überbewertet werden darf. Die zweite Gruppe teilte den Text in 4 Bücher auf; ihre Handschriften waren stark interpoliert, lückenhaft und mit Varianten, Interlinear- und Marginalglossen byzantinischen Ursprungs durchsetzt. Dafür weist diese Gruppe einige Lücken der ersten Gruppe nicht auf (die Wiener Ausgabe führt, VII, 1, die Handschriften auf, die eine Einteilung in 4 Bücher haben; dort auch, XVI, Handschriften, in denen die Anordnung der Bilder gestört ist, usw.; so geben nicht alle Handschriften alle Bilder, mehrere nur ein Buch oder Teile davon). Später wurden übrigens Zeugen der beiden Gruppen durch Grammatiker miteinander verglichen und „Ausgaben" erstellt.

Die Einteilung in 4 Bücher hat folgende Gestalt: I; II 1–10; II 11–26; II 27–Ende. Das entspricht der Überlieferung der Suda, die 4 Bücher erwähnt. Nun ist aber die Einteilung in 2 Bücher sicher die ursprüngliche; beide Bücher besitzen ziemlich gleichen Umfang (31 und 34 Bilder), und zudem beweist der Parallelismus der beiden abschließenden Stil-Leben (1, 31; 2, 26), daß ursprünglich nur 2 Bücher intendiert waren, wie sie auch die meisten Handschriften bieten. Es könnte nun sein, daß der Schreiber von P (wichtigster Zeuge der 4-Bücher-Klasse) auf Grund der (falschen) Nachricht der Suda die Bilder in 4 Bücher einteilte. Das könnte dadurch bewiesen werden, daß F und P sonst vom gleichen Archetypus abhängen (Lehmann-Hartl. 40, o).

Die Wiener Ausgabe führt (XVII ff.) alle bis 1893 vorhandenen und einsehbaren Handschriften der Eikones an. Einen Nachtrag dazu gab W. Weinberger, Addenda ad imaginum Philostratearum editionem Vindobonensem, Wiener Studien 15, 1893, 308–309). – Die Herstellung des Textes der vorliegenden Ausgabe stützt sich besonders auf 4 Handschriften, F, P, V, V_2 ; weitere Handschriften werden bei Bedarf beigezogen und benannt. Keine der Handschriften besitzt hervorstechenden Rang, so daß man im ganzen eklektisch verfahren wird.

F = Laurentianus LXIX 30, stammt aus dem 13. Jahrhundert. Die Handschrift ist von der ersten Hand an sehr wenigen, von der zweiten Hand an nicht sehr vielen Stellen korrigiert. Gelegentlich hat sie Lücken, die auf Irrtümer des Schreibers zurückgehen. Interpolationen finden sich nicht.

P = Parisiensis gr. 1696; die Handschrift stammt aus dem 14. Jahrhundert; sie weist keine Interpolationen auf und hat etwa dieselben Lücken wie F. Korrigiert ist sie an sehr vielen Stellen von einer zweiten Hand, weist auch Varianten am Rande auf. P ist aber nicht aus F abgeschrieben; einige Lücken von F finden sich in P nicht. Außerdem teilt P die Bilder in 4 Bücher ein. Die Korrekturen rühren vielleicht davon her, daß es neben dem guten Codex, aus dem F und P stammen, auch einst einen zweiten gab, der von byzantinischen Grammatikern korrigiert und mit Coniecturen zwischen den Zeilen oder am Rande versehen war (Wiener Ausg. VIIII). Mögen auch F und P oft den besten Text bieten, ist ihre Lesart doch nicht selten sichtlich falsch, so daß sie kein Anrecht auf das große Vertrauen besitzen, das ihnen Jacobs und die Wiener Herausgeber zollen (Kalinka).

V = Vaticanus 98 aus dem 13. Jahrhundert. Die Handschrift endet 1, 26, 5 im Wort ἡδονῆς; ihr Text ist vielfach verderbt, doch hat ein Corrector aus einer Handschrift, die mit FP eng verwandt ist, Lesungen eingetragen, die zur Ergänzung von FP dienen.

V_2 = Vaticanus 1898, geschrieben im 13. Jahrhundert; diese Handschrift endet 1, 28, 3 mit ἐγχεῖν τῷ χαλκῷ. V_2 stimmt zumeist mit FP überein, ist aber nicht so bedeutend wie diese Handschriften (über den Vaticanus 1898 vgl. Hercher, R., Zu griechischen Prosaikern, Hermes 5, 1871, 290).

ABKÜRZUNGEN

F	Laurentianus LXIX 30	saec. XIII
P	Parisiensis gr. 1696	saec. XIV
V	Vaticanus 98	saec. XIII
V_2	Vaticanus 1898	saec. XIII
ω	(fast) alle Handschriften	
X	Mehrzahl der Handschriften außer FP	
m	Lesart am Rand	
c	Korrektur (über der Zeile)	
+	Zufügung	
>	Auslassung	
~	Umstellung	
[...]	Tilgung	
⟨...⟩	Ergänzung	
***	Lücke	

ΦΙΛΟΣΤΡΑΤΟΥ

ΕΙΚΟΝΕΣ

Βιβλίον Πρῶτον

294 κ.　(1) Ὅστις μὴ ἀσπάζεται τὴν ζωγραφίαν, ἀδικεῖ τὴν ἀλήθειαν,
ἀδικεῖ καὶ σοφίαν, ὁπόση ἐς ποιητὰς ἥκει, φορὰ γὰρ ἴση
ἀμφοῖν ἐς τὰ τῶν ἡρώων ἔργα καὶ εἴδη· ξυμμετρίαν τε οὐκ　5
5　ἐπαινεῖ, δι' ἥν καὶ λόγου ἡ τέχνη ἅπτεται. καὶ βουλομένῳ μὲν
σοφίζεσθαι θεῶν τὸ εὕρημα διά τε τὰ ἐν γῇ εἴδη, ὁπόσα τοὺς
λειμῶνας αἱ Ὥραι γράφουσι, διά τε τὰ ἐν οὐρανῷ φαινόμενα,
βασανίζοντι δὲ τὴν γένεσιν τῆς τέχνης μίμησις μὲν εὕρημα
10　πρεσβύτατον καὶ ξυγγενέστατον τῇ φύσει· εὗρον δὲ αὐτὴν　10
σοφοὶ ἄνδρες τὸ μὲν ζωγραφίαν, τὸ δὲ πλαστικὴν φήσαντες.

(2) Πλαστικῆς μὲν οὖν πολλὰ εἴδη· καὶ γὰρ αὐτὸ τὸ πλάττειν καὶ ἡ ἐν τῷ χαλκῷ μίμησις καὶ οἱ ξέοντες τὴν λυγδίνην ἢ
15　τὴν Παρίαν λίθον καὶ ὁ ἐλέφας καὶ νὴ Δία ἡ γλυφικὴ πλαστι-
κή, ζωγραφία δὲ ξυμβέβληται μὲν ἐκ χρωμάτων, πράττει δὲ　15
οὐ τοῦτο μόνον, ἀλλὰ καὶ πλείω σοφίζεται ἀπὸ τούτου [τοῦ]
ἑνὸς ὄντος ἢ ἀπὸ τῶν πολλῶν ἑτέρα τέχνη· σκιάν τε γὰρ
20　ἀποφαίνει καὶ βλέμμα γινώσκει ἄλλο μὲν τοῦ μεμηνότος, ἄλλο
δὲ τοῦ ἀλγοῦντος ἢ χαίροντος. καὶ αὐγὰς ὀμμάτων ὁποῖαί
εἰσιν ὁ πλαστικὸς μέν τις ἥκιστα ἐργάζεται, χαροπὸν δὲ ὄμμα　20
καὶ γλαυκὸν καὶ μέλαν γραφικὴ οἶδε, καὶ ξανθὴν κόμην οἶδε

---

1 Εἰκόνες Φιλοστράτου F　2 βιβλίον πρῶτον F　προοίμιον
ἑλλαδία PX　16 τούτου τοῦ F　τούτου γε PX

84

PHILOSTRATOS

GEMÄLDE

Erstes Buch

(1) Wer die Malerei nicht schätzt, verschmäht die Wahrheit und versündigt sich auch am Kunstverständnis, das die Dichtung angeht; denn beide Künste wenden sich den Taten und Gestalten der Heroen zu; er hat auch kein Gefallen am Ebenmaß, durch das die Kunst auch am Logos teilhat. Und für den, der tiefer eindringen mag, ist die Malerei eine Erfindung der Götter, sowohl wegen der Farbenpracht auf Erden, womit die Göttinnen der Jahreszeit die Auen schmücken, wie wegen der Erscheinungen am Himmel; wer aber die Entstehung der Kunst erforscht, für den ist Nachahmung die älteste und naturgemäßeste Erfindung; es erfanden sie aber weise Männer und nannten sie teils Malerei, teils Plastik.

(2) Die Bildhauerei nun hat viele Arten: so das Bilden selbst wie das Nachbilden in Erz und das Behauen des weißen oder des Parischen Marmors, auch das Schnitzen in Elfenbein und wahrlich auch die Kunst, Gemmen zu schneiden. Die Malerei aber arbeitet mit Farben, doch nicht nur dies ist ihr Werk, sondern sie weiß auch aus diesem einzigen Mittel mehr zu machen als eine andere Kunst aus ihren vielen; denn sie zeigt Licht und Schatten und kennt den Blick, der beim Rasenden anders ist als beim Leidenden oder Frohen. Auch den jeweils verschiedenen Glanz der Augen kann ein Bildhauer kaum wiedergeben, die Malkunst jedoch kennt ein feuriges, ein helles und ein schwarzes Auge, kennt auch blondes Haar und feuer-

295 κ. καὶ πυρσὴν καὶ ἡλιῶσαν καὶ ἐσθῆτος χρῶμα καὶ ὅπλων
        θαλάμους τε καὶ οἰκίας καὶ ἄλση καὶ ὄρη καὶ πηγὰς καὶ τὸν
        αἰθέρα, ἐν ᾧ ταῦτα.
        (3) Ὅσοι μὲν οὖν κράτος ἤραντο τῆς ἐπιστήμης καὶ ὅσαι
     5 πόλεις καὶ ὅσοι βασιλεῖς ἔρωτι ἐς αὐτὴν ἐχρήσαντο, ἄλλοις   5
        τε εἴρηται καὶ Ἀριστοδήμῳ τῷ ἐκ Καρίας, ὃν ἐγὼ ἐπὶ ζωγρα-
        φίᾳ ξένον ἐποιησάμην ἐτῶν τεσσάρων· ἔγραφε δὲ κατὰ τὴν
        Εὐμήλου σοφίαν πολὺ τὸ ἐπίχαρι ἐς αὐτὴν φέρων. ὁ λόγος
    10 δὲ οὐ περὶ ζωγράφων οὐδ᾽ ἱστορίας αὐτῶν νῦν, ἀλλ᾽ εἴδη
        ζωγραφίας ἀπαγγέλλομεν ὁμιλίας αὐτὰ τοῖς νέοις ξυντι-   10
        θέντες, ἀφ᾽ ὧν ἑρμηνεύσουσί τε καὶ τοῦ δοκίμου ἐπιμελήσονται.

        (4) Ἀφορμαὶ δέ μοι τουτωνὶ τῶν λόγων αἵδε ἐγένοντο· ἦν
    15 μὲν ὁ παρὰ τοῖς Νεαπολίταις ἀγών – ἡ δὲ πόλις ἐν Ἰταλίᾳ
        ᾤκισται, γένος Ἕλληνες καὶ ἀστικοί, ὅθεν καὶ τὰς σπουδὰς
        τῶν λόγων Ἑλληνικοί εἰσι – βουλομένῳ δέ μοι τὰς μελέτας   15
        μὴ ἐν τῷ φανερῷ ποιεῖσθαι παρεῖχεν ὄχλον τὰ μειράκια
        φοιτῶντα ἐπὶ τὴν οἰκίαν τοῦ ξένου. κατέλυον δὲ ἔξω τοῦ
    20 τείχους ἐν προαστείῳ τετραμμένῳ ἐς θάλασσαν, ἐν ᾧ στοά
        τις ἐξῳκοδόμητο κατὰ ζέφυρον ἄνεμον ἐπὶ τεττάρων οἶμαι ἢ
        καὶ πέντε ὀρόφων ἀφορῶσα ἐς τὸ Τυρρηνικὸν πέλαγος.   20
        ἤστραπτε μὲν οὖν καὶ λίθοις, ὁπόσους ἐπαινεῖ τρυφή, μάλιστα
    25 δὲ ἤνθει γραφαῖς ἐνηρμοσμένων αὐτῇ πινάκων, οὓς ἐμοὶ δοκεῖν
        οὐκ ἀπαθῶς τις συνελέξατο· σοφία γὰρ ἐν αὐτοῖς ἐδηλοῦτο
        πλειόνων ζωγράφων. (5) Ἐγὼ μὲν ἀπ᾽ ἐμαυτοῦ ᾤμην ἐπαι-
        νεῖν τὰς γραφάς· ἦν δὲ ἄρα υἱὸς τῷ ξένῳ κομιδῇ νέος, εἰς ἔτος   25
    30 δέκατον, ἤδη φιλήκοος καὶ χαίρων τῷ μανθάνειν, ὃς ἐπεφύ-
        λαττέ με ἐπιόντα αὐτὰς καὶ ἐδεῖτό μου ἑρμηνεύειν τὰς γραφάς.
        ἵν᾽ οὖν μὴ σκαιόν με ἡγοῖτο, ,,ἔσται ταῦτα" ἔφην ,,καὶ ἐπίδει-
296 κ. ξιν αὐτὰ ποιησόμεθα, ἐπειδὰν ἥκῃ τὰ μειράκια." ἀφικομένων
        οὖν ,,ὁ μὲν παῖς" ἔφην ,,προβεβλήσθω καὶ ἀνακείσθω τούτῳ   30

        14 ἀττικοί FP   24 μὲν + οὖν   καί X   27 τὰς γραφάς F)ω

86

farbenes und sonnenhelles, dazu die Farbe von Kleid und Gewaffen, auch Kammern und Häuser, Haine, Berge und Quellen und die Himmelsluft, in der dies alles west.

(3) Welche nun diese Kunst zur Meisterschaft gebracht, und
alle Städte und Könige, die Liebe zu ihr faßten, über diese hat
neben anderen Aristodemos aus Karien gehandelt, mit dem
ich vier Jahre lang um der Malerei willen Gastfreundschaft
pflegte; er malte in der Manier des Eumelos, doch wußte er
ihr viel Reiz und Anmut zu verleihen. Jetzt aber will ich nicht
von den Malern oder ihrer Geschichte reden, sondern berichte
für die Jugend in Form von Vorträgen über Werke der Malerei,
damit sie daraus Bilder zu deuten und nach gutem Ausdruck
zu streben lerne.

(4) Den Anlaß zu diesen Vorträgen gab mir folgendes: Es wurden die Spiele in Neapel gefeiert – die Stadt liegt in Italien,
ihre Einwohner sind griechischer Herkunft und fein gebildet,
und so sind sie auch in ihrem Eifer für Reden echte Hellenen –,
und weil ich meine Vorträge nicht öffentlich halten wollte,
kamen die jungen Leute öfters zum Hause meines Gastfreundes und fielen mir zur Last. Ich wohnte aber vor der Stadtmauer draußen in einer zum Meer hin gelegenen Vorstadt, wo
nach Westen hin eine Säulenhalle in etwa vier oder sogar fünf
Geschossen mit der Aussicht zum Tyrrhenischen Meer gebaut
war; sie glänzte zwar auch von all den Steinen, die dem Luxus behagen, ihre vornehmste Zierde aber waren Bilder auf
eingelassenen Tafeln, die mir mit feinem Gefühl gesammelt
schienen, weil sich darin die Kunst nicht weniger Maler offenbarte. (5) Ich hatte selbst schon gedacht, diese Bilder rühmend
zu beschreiben; mein Gastfreund hatte aber einen noch ganz
jungen Sohn, der etwa zehn Jahre alt war, schon gerne Reden
hörte und lernbegierig war; er sah mir nun oft zu, wie ich von
Bild zu Bild ging, und lag mir an, sie zu erklären. Damit er
mich also nicht für ungefällig hielte, sagte ich: „Also gut,
und wir wollen daraus eine Prunkvorführung der Redekunst
machen, wenn die jungen Leute da sind." Als sie nun da waren, sagte ich: „Der Junge soll vor euch stehen, und ihm soll

ἡ σπουδὴ τοῦ λόγου, ὑμεῖς δὲ ἕπεσθε μὴ ξυντιθέμενοι μόνον,
5 ἀλλὰ καὶ ἐρωτῶντες, εἴ τι μὴ σαφῶς φράζοιμι."

ι. Σκάμανδρος

(1) Ἔγνως, ὦ παῖ, ταῦτα Ὁμήρου ὄντα; ἢ οὐ πώποτε
ἔγνωκας δηλαδὴ θαῦμα ἡγούμενος, ὅπως δήποτε ἔζη τὸ πῦρ 5
ἐν τῷ ὕδατι; συμβάλωμεν οὖν ὅ τι νοεῖ, σὺ δὲ ἀπόβλεψον
10 αὐτῶν, ὅσον ἐκεῖνα ἰδεῖν, ἀφ' ὧν ἡ γραφή. οἶσθά που τῆς
Ἰλιάδος τὴν γνώμην, ἐν οἷς Ὅμηρος ἀνίστησι μὲν τὸν Ἀχιλλέα ἐπὶ τῷ Πατρόκλῳ, κινοῦνται δὲ οἱ θεοὶ πολεμεῖν ἀλλήλοις.
τούτων οὖν τῶν περὶ τοὺς θεοὺς ἡ γραφὴ τὰ μὲν ἄλλα οὐκ 10
15 οἶδε, τὸν δὲ Ἥφαιστον ἐμπεσεῖν φησι τῷ Σκαμάνδρῳ πολὺν
καὶ ἄκρατον. (2) Ὅρα δὴ πάλιν· πάντα ἐκεῖθεν. ὑψηλὴ μὲν
αὕτη ἡ πόλις καὶ ταυτὶ τὰ κρήδεμνα τοῦ Ἰλίου, πεδίον δὲ
τουτὶ μέγα καὶ ἀποχρῶν τὴν Ἀσίαν πρὸς τὴν Εὐρώπην
ἀντιτάξαι· πῦρ δὲ τοῦτο πολὺ μὲν πλημμυρεῖ κατὰ τοῦ 15
20 πεδίου, πολὺ δὲ περὶ τὰς ὄχθας ἕρπει τοῦ ποταμοῦ, ὡς
μηκέτι αὐτῷ δένδρα εἶναι. τὸ δὲ ἀμφὶ τὸν Ἥφαιστον πῦρ
ἐπιρρεῖ τῷ ὕδατι, καὶ ὁ ποταμὸς ἀλγεῖ καὶ ἱκετεύει τὸν
Ἥφαιστον αὐτός. ἀλλ' οὔτε ὁ ποταμὸς γέγραπται κομῶν
25 ὑπὸ τοῦ περικεκαῦσθαι οὔτε χωλεύων ὁ Ἥφαιστος ὑπὸ 20
τοῦ τρέχειν· καὶ τὸ ἄνθος τοῦ πυρὸς οὐ ξανθὸν οὐδὲ τῇ
εἰθισμένῃ ὄψει, ἀλλὰ χρυσοειδὲς καὶ ἡλιῶδες. ταῦτα οὐκέτι
Ὁμήρου.

2. Κῶμος

(1) Ὁ δαίμων ὁ Κῶμος, παρ' οὗ τοῖς ἀνθρώποις τὸ κωμάζειν, 25
ἐφέστηκεν ἐν θαλάμου θύραις χρυσαῖς οἶμαι, βραδεῖα δὲ ἡ

die Mühe meines Vortrages gelten; ihr aber begleitet uns, indem ihr nicht nur aufmerkt, sondern auch Fragen stellt, wenn ich einmal nicht ganz deutlich bin!"

1. Skamandros

(1) Hast du erkannt, liebes Kind, daß dies nach Homer gemalt ist? Oder hast du es noch nicht bemerkt, weil du dich offenbar staunend fragst, wie nur das Feuer nicht im Wasser erlosch? Überlegen wir also, was es bedeutet; du aber sieh jetzt weg davon, um das zu sehen, worauf das Bild beruht! Du kennst wohl die Erzählung der Ilias, wo Homer den Achilleus sich als Rächer des Patroklos erheben läßt und die Götter zum Kampf unter sich erregt werden. Von dieser Götterfehde nun übergeht das Gemälde die übrigen Umstände und zeigt nur, wie Hephaistos mit aller Macht und Glut über Skamandros herfällt. (2) Und nun sieh wieder hin! Alles stammt aus jener Stelle. Hochragend hier die Stadt und dort der Mauerkranz von Ilion, hier die mächtige Ebene, weit genug, um Asien gegen Europa ins Feld zu stellen; dort strömt das Feuer breit übers Feld und frißt sich machtvoll die Uferhöhen des Stromes entlang, so daß er keine Bäume mehr hat. Das Feuer, das Hephaistos umloht, strömt über das Wasser hin, und der Flußgott selbst leidet und fleht bei Hephaistos um Gnade. Doch weder ist der Flußgott mit wallendem Haar gemalt, weil er ringsum versengt ist, noch Hephaistos hinkend, weil er einherstürmt. Auch ist der Glanz des Feuers nicht gelbrot oder vom üblichen Aussehen, sondern gleicht dem Gold und der Sonne. Dies allerdings steht nicht mehr bei Homer.

2. Komos

(1) Der Schwarmgeist, von dem der Menschheit das Schwärmen verliehen ist, steht in der Tür eines Gemaches, die wohl

κατάληψις αὐτῶν ὑπὸ τοῦ ὡς ἐν νυκτὶ εἶναι. γέγραπται δὲ ἡ
5 νὺξ οὐκ ἀπὸ τοῦ σώματος, ἀλλ' ἀπὸ καιροῦ, δηλοῖ δὲ τὰ
προπύλαια νυμφίους μάλα ὀλβίους ἐν εὐνῇ κεῖσθαι. (2) Καὶ
ὁ Κῶμος ἥκει νέος παρὰ νέους ἁπαλὸς καὶ οὔπω ἔφηβος,
ἐρυθρὸς ὑπὸ οἴνου καὶ καθεύδων ὀρθὸς ὑπὸ τοῦ μεθύειν. 5
10 καθεύδει δὲ τὸ μὲν πρόσωπον ἐπὶ τὰ στέρνα ῥίψας καὶ τῆς
δειρῆς ἐκφαίνων οὐδέν, τὴν δὲ ἀριστερὰν προβολίῳ ἐπέχων·
εἰλῆφθαι δὲ ἡ χεὶρ δοκοῦσα λύεται καὶ ἀμελεῖ, τὸ εἰωθὸς ἐν
ἀρχῇ τοῦ καθεύδειν, ὅταν σαίνοντος ἡμᾶς ὕπνου μετέρχηται
15 ὁ λογισμὸς εἰς λήθην ὧν συνέχει, ὅθεν καὶ τὸ ἐν τῇ δεξιᾷ 10
λαμπάδιον ἔοικε διαφεύγειν τὴν χεῖρα καταρραθυμοῦντος
αὐτὴν τοῦ ὕπνου. δεδιὼς δὲ ὁ Κῶμος προσβάλλον τὸ πῦρ τῷ
σκέλει παραφέρει τὴν μὲν κνήμην τὴν ἀριστερὰν ἐπὶ τὰ δεξιά,
20 τὸ δὲ λαμπάδιον ἐν ἀριστερᾷ, ἵν' ἐκκλίνοι τὸν ἀτμὸν τοῦ πυρὸς ἐκκειμένῳ τῷ γόνατι ἀφιστὰς τὴν χεῖρα. 15

(3) Πρόσωπα δὲ ὀφείλεται μὲν παρὰ τῶν ζωγράφων τοῖς ἐν
ὥρᾳ καὶ τυφλώττουσί γε ἄνευ τούτων αἱ γραφαί, τῷ δὲ
Κώμῳ σμικρὰ δεῖ τοῦ προσώπου νενευκότι καὶ ἕλκοντι τὴν
25 ἀπὸ τῆς κεφαλῆς σκιάν· κελεύει δὲ οἶμαι μὴ ἀπαρακαλύπτους
κωμάζειν τοὺς ἐν ἡλικίᾳ τούτου. τὰ δὲ λοιπὰ τοῦ σώματος 20
διηκρίβωται πάντα περιλάμποντος αὐτὰ τοῦ λαμπαδίου
καὶ εἰς φῶς ἄγοντος. (4) Ὁ στέφανος δὲ τῶν ῥόδων ἐπαινείσθω μέν, ἀλλὰ μὴ ἀπὸ τοῦ εἴδους· ξανθοῖς γὰρ καὶ κυανοῖς,
30 εἰ τύχοι, χρώμασιν ἀπομιμεῖσθαι τὰς τῶν ἀνθέων εἰκόνας οὐ
298 κ. μέγας ὁ ἆθλος. ἀλλ' ἐπαινεῖν χρὴ τὸ χαῦνον τοῦ στεφάνου 25
καὶ ἁπαλόν· ἐπαινῶ καὶ τὸ ἔνδροσον τῶν ῥόδων καὶ φημὶ
γεγράφθαι αὐτὰ μετὰ τῆς ὀσμῆς.

5 (5) Τί λοιπὸν τοῦ κώμου; τί δ' ἄλλο γε ἢ οἱ κωμάζοντες; ἢ
οὐ προσβάλλει σε κρόταλα καὶ θροῦς ἔναυλος καὶ ᾠδὴ ἀτακ-

_____
29 ᾠδὴ F βοὴ ω

90

vergoldet ist; doch kann man diese nur undeutlich erkennen, weil alles wie in Nacht gehüllt ist. Die Nacht ist aber nicht körperlich dargestellt, sondern ist nur aus dem, was geschieht, zu erkennen; die schöne Vorhalle aber läßt ein sehr reiches Brautpaar sehen, das auf einem Lager ruht. (2) Und Komos ist als Jüngling zu jungen Menschen gekommen, zart und noch nicht erwachsen; er ist vom Trunke gerötet und schlummert, des Weines voll, im Stehen. Im Schlaf aber hat er sein Gesicht tief auf die Brust gesenkt und läßt von seinem Halse nichts sehen; die Linke hält einen Speer. Die Hand aber, die scheinbar zupackte, löst sich und gibt nach, wie es immer beim Einschlafen geht, wenn unter dem Schmeicheln des Schlummers unserem Geist allmählich entschwindet, womit er sich beschäftigt; daher scheint auch die kleine Fackel, die seine Rechte hält, der Hand zu entgleiten, die der Schlaf löst. Weil der Schwarmgeist aber die Flamme fürchtet, die zum Schenkel hinzüngelt, schlägt er das linke Bein nach rechts; die Fackel aber hält er nach links hinaus, indem er seine Rechte durch das vorragende Knie wegschiebt, um dem heißen Hauch der Flamme zu entgehen.

(3) Freilich müssen die Maler auch das Antlitz jugendlich blühender Menschen zeigen, und ohne ein schönes Gesicht ist das Gemälde tot; doch Komos braucht kaum ein Gesicht, da er sein Haupt senkt und sein Gesicht dadurch vom Kopfe verschattet wird; das mag wohl besagen, daß junge Leute in seinem Alter nicht unbedeckt schwärmen sollen. Sein übriger Leib aber ist in allem genau ausgeführt, da ihn die Fackel beleuchtet und ins Licht setzt. (4) Der Kranz von Rosen sei zwar gelobt, doch nicht wegen seines Aussehens; denn etwa mit rotgelber oder dunkelblauer Farbe die Gestalt der Blumen wiederzugeben, das ist keine große Kunst. Rühmen aber muß man das Lockere und Zarte an dem Kranz; ich lobe auch die tauige Frische der Rosen und sage kühnlich, sie seien samt ihrem Dufte gemalt.

(5) Was fehlt nun noch vom Schwarm? Was anders als die Schwärmer? Oder trifft nicht dein Ohr der Schall der Klap-

τος; λαμπάδιά τε ὑπεκφαίνεται, παρ' ὧν ἔστι τοῖς κωμάζουσι
καὶ τὰ ἐν ποσὶν ὁρᾶν καὶ ἡμῖν μὴ ὁρᾶσθαι. συνεξαίρεται δὲ καὶ
10 πολὺς γέλως καὶ γύναια μετ' ἀνδρῶν ἵεται καὶ + ὑπόδημα καὶ
ζώννυται παρὰ τὸ οἰκεῖον· συγχωρεῖ δὲ ὁ κῶμος καὶ γυναικὶ
ἀνδρίζεσθαι καὶ ἀνδρὶ θῆλυν ἐνδῦναι στολὴν καὶ θῆλυ 5
βαίνειν. καὶ οἱ στέφανοι οὐκ ἄνθηροὶ ἔτι, ἀλλ' ἀφῄρηται
αὐτοῖς τὸ ἱλαρὸν ὑπὸ τοῦ ταῖς κεφαλαῖς ἐφαρμόττεσθαι διὰ
15 τὸ ἀτακτεῖν ἐν τῷ δρόμῳ· ἡ γὰρ τῶν ἀνθέων ἐλευθερία
παραιτεῖται τὴν χεῖρα ὡς μαραίνουσαν αὐτὰ πρὸ τοῦ χρόνου.
μιμεῖταί τινα ἡ γραφὴ καὶ κρότον, οὗ μάλιστα δεῖται ὁ κῶμος, 10
καὶ ἡ δεξιὰ τοῖς δακτύλοις ὑπεσταλμένοις ὑποκειμένην τὴν
20 ἀριστερὰν πλήττει ἐς τὸ κοῖλον, ἵν' ὦσιν αἱ χεῖρες ξύμφωνοι
πληττόμεναι τρόπῳ κυμβάλων.

3. Μῦθοι

(1) Φοιτῶσιν οἱ Μῦθοι παρὰ τὸν Αἴσωπον ἀγαπῶντες 15
αὐτόν, ὅτι αὐτῶν ἐπιμελεῖται. ἐμέλησε μὲν γὰρ καὶ Ὁμήρῳ
25 μύθου καὶ Ἡσιόδῳ, ἔτι δὲ καὶ Ἀρχιλόχῳ πρὸς Λυκάμβην,
ἀλλ' Αἰσώπῳ πάντα τὰ τῶν ἀνθρώπων ἐκμεμύθωται, καὶ
λόγου τοῖς θηρίοις μεταδέδωκε λόγου ἕνεκεν. πλεονεξίαν τε
γὰρ ἐπικόπτει καὶ ὕβριν ἐλαύνει καὶ ἀπάτην· καὶ ταῦτα λέων 20
τις αὐτῷ ὑποκρίνεται καὶ ἀλώπηξ καὶ ἵππος νὴ Δία,
299 κ. καὶ οὐδὲ ἡ χελώνη ἄφωνος, ὑφ' ὧν τὰ παιδία μαθηταὶ
γίνονται τῶν τοῦ βίου πραγμάτων. (2) Εὐδοκιμοῦντες οὖν
οἱ Μῦθοι διὰ τὸν Αἴσωπον φοιτῶσιν ἐπὶ τὰς θύρας τοῦ
5 σοφοῦ ταινίαις αὐτὸν ἀναδήσοντες καὶ στεφανώσοντες αὐτὸν 25
θαλλοῦ στεφάνῳ. ὁ δὲ οἶμαί τινα ὑφαίνει μῦθον· τὸ γὰρ
μειδίαμα τοῦ Αἰσώπου καὶ οἱ ὀφθαλμοὶ κατὰ γῆς ἑστῶτες
τοῦτο δηλοῦσιν. οἶδεν ὁ ζωγράφος, ὅτι αἱ τῶν μύθων φρον-
10 τίδες ἀνειμένης τῆς ψυχῆς δέονται. φιλοσοφεῖ δὲ ἡ γραφὴ καὶ

---

3 ὑπόδημα κοινὸν ἔχουσι Bruxell. 11182   ὑποδοῦνται V,
ὑποδ⟨εῖται ἀνδρεῖον ὑπόδ⟩ημα Kalinka

pern, schriller Flötenton und ungeordneter Gesang? Und Fackeln werfen unsicheres Licht, bei dem die Schwärmer zwar sehen können, was vor ihren Füßen ist, uns aber nicht erkennen. Auch lautes Gelächter erhebt sich, und Frauen ziehen mit Männern einher, haben Männersandalen an und gürten sich ganz anders als sonst; das Schwärmen erlaubt es nämlich dem Weibe, als Mann zu gehen, und dem Manne, sich Weiberkleider anzuziehn und nach Frauenart zu tänzeln. Ihre Blumenkränze sind schon welk; die Frische ist ihnen geraubt, weil sie beim wilden Laufe fest auf den Kopf gedrückt wurden. Denn der freie Wuchs der Blumen leidet nicht den Druck der Hand, der sie vor der Zeit welken macht. Das Bild gibt sogar gewissermaßen das Händeklatschen wieder, das beim Schwärmen ja nicht fehlen darf; die Rechte schlägt mit angezogenen Fingern auf die hohle Linke unter ihr, damit die Hände, wie Zimbeln geschlagen, im Takte zusammenklingen.

3. Die Fabeln

(1) Es besuchen die Fabeln den Aisopos, denn sie haben ihn lieb, weil er sich ihrer annimmt. Freilich pflegten auch Homeros und Hesiodos die Fabel, ebenso Archilochos gegen Lykambes, Aisopos aber hat das ganze Menschenleben in die Fabel hineingenommen und die Tiere mit Rede begabt, um eine Moral vorzuführen. Denn er schlägt den Geiz und verfolgt Unrecht und Betrug; und dafür ist ein Löwe sein Sprecher oder ein Fuchs oder, bei Zeus, ein Pferd, ja, nicht einmal die Schildkröte ist stumm, und von ihnen lernen die Kinder, wie es im Leben zugeht. (2) Die Fabeln also, durch Aisopos berühmt geworden, kommen zur Türe des Weltweisen und wollen ihn mit Bändern schmücken und mit einem Kranz aus frischem Gezweige zieren. Aisopos aber sinnt wohl eine Fabel aus, denn sein Lächeln und sein Blick, der auf der Erde ruht, deuten dies an. Der Maler wußte, daß man, um Fabeln zu ersinnen, innerlich gelöst sein muß. Das Bild stellt aber auch die

τὰ τῶν Μύθων σώματα. θηρία γὰρ συμβάλλουσα ἀνθρώποις περιίστησι χορὸν τῷ Αἰσώπῳ ἀπὸ τῆς ἐκείνου σκηνῆς συμπλάσασα. κορυφαία δὲ τοῦ χοροῦ ἡ ἀλώπηξ γέγραπται· χρῆται γὰρ αὐτῇ ὁ Αἴσωπος διακόνῳ τῶν πλείστων ὑποθέσεων, ὥσπερ ἡ κωμῳδία τῷ Δάῳ.   5

4. Μενοικεύς

(1) Θηβῶν μὲν ἡ πολιορκία, τὸ γὰρ τεῖχος ἑπτάπυλον· ἡ στρατιὰ δὲ Πολυνείκης ὁ τοῦ Οἰδίποδος, οἱ γὰρ λόχοι ἑπτά. πελάζει αὐτοῖς Ἀμφιάρεως ἀθύμῳ εἴδει καὶ ξυνιέντι ἃ πείσονται. καὶ οἱ μὲν ἄλλοι λοχαγοὶ δεδίασι – ταῦτα καὶ τὰς χεῖρας   10 ἐς τὸν Δία αἴρουσι – Καπανεὺς δὲ τὰ τείχη βλέπει περιφρονῶν τὰς ἐπάλξεις ὡς κλίμακι ἁλωτάς. οὐ μὴν βάλλεταί πω ἀπὸ τῶν ἐπάλξεων ὀκνοῦντές που οἱ Θηβαῖοι ἄρξαι μάχης.

(2) Ἡδὺ τὸ σόφισμα τοῦ ζωγράφου. περιβάλλων τοῖς τείχεσιν ἄνδρας ὡπλισμένους τοὺς μὲν ἀρτίους παρέχει ὁρᾶν,   15 τοὺς δὲ ἀσαφεῖς τὰ σκέλη, τοὺς δὲ ἡμίσεας καὶ στέρνα ἐνίων καὶ κεφαλὰς μόνας καὶ κόρυθας μόνας, εἶτα αἰχμάς. ἀναλογία ταῦτα, ὦ παῖ· δεῖ γὰρ κλέπτεσθαι τοὺς ὀφθαλμοὺς τοῖς ἐπιτηδείοις κύκλοις συναπιόντας.

(3) Οὐδὲ αἱ Θῆβαι ἀμάντευτοι· λόγιον γάρ τι ὁ Τειρεσίας   20 λέγει τεῖνον ἐς Μενοικέα τὸν τοῦ Κρέοντος, ὡς ἀποθανών, ἔνθα ἡ χειὰ τοῦ δράκοντος, ἐλευθέρα ἡ πόλις ἐκ τούτου εἴη. ὁ δὲ ἀποθνήσκει λαθὼν τὸν πατέρα ἐλεεινὸς μὲν τῆς ἡλικίας, εὐδαίμων δὲ τοῦ θάρσους. ὅρα γὰρ τὰ τοῦ ζωγράφου. γράφει μειράκιον οὐ λευκὸν οὐδ' ἐκ τρυφῆς, ἀλλ' εὔψυχον καὶ παλαί-   25 στρας πνέον, οἷον τὸ τῶν μελιχρόων ἄνθος, οὓς ἐπαινεῖ ὁ τοῦ Ἀρίστωνος, διαφράττει δὲ αὐτὸ στέρνοις εὐβαφέσι καὶ

---

11 ἐς τὸν οὐρανὸν X

Gestalt der Fabeln geschickt dar. Indem es nämlich Tier und Mensch zusammenfügt, stellt es einen Chor um Aisopos, den es aus dessen eigenen Darstellern gebildet hat. Als Chorführer ist der Fuchs gemalt, weil Aisopos durch ihn die meisten Gedanken ausführt, so, wie die Komödie ihren Daos verwendet.

4. Menoikeus

(1) Theben gilt die Belagerung, denn siebentorig ist die Mauer, und dies ist das Heer des Polyneikes, Sohnes des Oidipus, denn es sind sieben Heerhaufen. Ihnen naht Amphiaraos mit traurigem Antlitz, in dem das Wissen um künftiges Leiden steht. Auch die anderen Heerführer haben Angst und strecken daher die Hände zu Zeus empor, Kapaneus aber mißt die Mauern mit dem Blick und verachtet die Zinnen, die man ja mit Leitern nehmen könne. Freilich wird von den Zinnen noch nicht geschossen, weil die Thebaner wohl zögern, den Kampf zu beginnen.

(2) Der Maler ordnet sein Bild sehr geschickt an. Rings um die Mauern stellt er Bewaffnete und läßt die einen in voller Größe sehen, die folgenden nur bis zum Knie, die nächsten mit halbem Leib, von einigen nur die Brust, dann Köpfe allein, Helme allein und schließlich nur noch Lanzen. Das ist Perspektive, lieber Junge; man muß nämlich das Auge täuschen, das mit den jeweiligen Bildebenen weiterrückt.

(3) Auch Theben ist nicht ohne Seher; Teiresias nämlich kündet einen Spruch, der auf Menoikeus zielt, Kreons Sohn; die Stadt werde sogleich frei sein, wenn er sterbe, wo die Höhle des Drachen sei. Er aber stirbt ohne Wissen seines Vaters, bejammernswert wegen seiner Jugend, glücklich aber wegen seines Mutes. Sieh nur das Werk des Malers! Er malt einen Jüngling, nicht blaß oder verweichlicht, sondern kühn und den Geist der Ringschule atmend wie die erlesensten der „Honigfarbenen", die der Sohn des Ariston rühmt; und der Künstler stattet ihn mit gebräunter Brust und Hüfte aus, dazu

πλευραῖς καὶ γλουτῷ συμμέτρῳ καὶ μηρῷ. ἔρρωται καὶ
ὤμων ἐπαγγελίᾳ καὶ οὐκ ἀτρέπτῳ τένοντι, μετέχει δὲ καὶ
κόμης, ὅσον μὴ κομᾶν. (4) Ἐφέστηκε δὲ τῇ χειᾷ τοῦ δράκοντος
15 ἕλκον τὸ ξίφος ἐνδεδυκὸς ἤδη τῇ πλευρᾷ. καὶ δεξώμεθα, ὦ παῖ,
τὸ αἷμα κόλπον αὐτῷ ὑποσχόντες· ἐκχεῖται γάρ, καὶ ἡ ψυχὴ 5
ἤδη ἄπεισι, μικρὸν δὲ ὕστερον καὶ τετριγυίας αὐτῆς ἀκούσῃ·
ἔρωτα γὰρ τῶν καλῶν σωμάτων καὶ αἱ ψυχαὶ ἴσχουσιν, ὅθεν
20 ἄκουσαι αὐτῶν ἀπαλλάττονται. ὑπεξιόντος δὲ αὐτῷ τοῦ
αἵματος ὀκλάζει καὶ ἀσπάζεται τὸν θάνατον καλῷ καὶ ἡδεῖ
τῷ ὄμματι καὶ οἷον ὕπνον ἕλκοντι.   10

5. Πήχεις

(1) Περὶ τὸν Νεῖλον οἱ Πήχεις ἀθύρουσι παιδία ξύμμετρα
25 τῷ ὀνόματι, καὶ ὁ Νεῖλος αὐτοῖς ὑπεργάνυται τά τε ἄλλα
καὶ ὅτι κηρύττουσιν αὐτόν, ὅσος Αἰγυπτίοις προεχύθη.
προσάγεται γοῦν καὶ οἷον ἔρχεται αὐτῷ ἐκ τοῦ ὕδατος 15
βρέφη ἀπαλὰ καὶ μειδιῶντα, μετέχειν δὲ οἶμαί τι αὐτὰ καὶ
τοῦ λάλου. καὶ οἱ μὲν τοῖς ὤμοις αὐτοῦ ἐφιζάνουσιν, οἱ δὲ
301 κ. τῶν πλοκάμων ἐκκρέμανται, οἱ δ' ἐ⟨ν⟩ τῇ ἀγκάλῃ καθεύδουσιν, οἱ δὲ κωμάζουσιν ἐπὶ τοῦ στέρνου. ὁ δὲ ἀναδίδωσιν
αὐτοῖς ἄνθη τὰ μὲν ἀπὸ τοῦ κόλπου, τὰ δὲ ἀπὸ τῆς ἀγκάλης, 20
5 ὡς στεφάνους τε ἀπ' αὐτῶν διαπλέκοιεν καὶ καθεύδοιεν ἐπὶ
τῶν ἀνθέων ἱεροὶ καὶ εὐώδεις. καὶ ἐπαναβαίνουσιν ἄλλο ἄλλῳ
τὰ παιδία σείστροις ἅμα· ταυτὶ γὰρ ἔναυλα ἐκείνῳ τῷ ὕδατι.
(2) Κροκόδειλοι μὲν οὖν καὶ οἱ ποτάμιοι τῶν ἵππων, οὓς τῷ
10 Νείλῳ τινὲς προσγράφουσιν, ἀπόκεινται νῦν ἐν βαθείᾳ τῇ 25
δίνῃ, μὴ δέος τοῖς παιδίοις ἐμπέσοι. γεωργίας δὲ καὶ ναυτιλίας
σύμβολα δηλοῖ τὸν Νεῖλον ἐκ τοιοῦδε, ὦ παῖ, λόγου· Νεῖλος
Αἴγυπτον πλωτὴν ἐργασάμενος εὐκάρπῳ τῇ γῇ χρῆσθαι
15 δίδωσιν ὑπὸ τῶν πεδίων ἐκποθείς. ἐν Αἰθιοπίᾳ δέ, ὅθεν

---

15 αὐτῷ Bruxell. 11182; Par. 1761 αὐτοῖς ω   18 δ' ἐ⟨ν⟩
Kalinka

mit Gesäß und Schenkeln, die ebenmäßig sind. Er ist kraftvoll, und seine Schultern verheißen viel Stärke, ebenso sein
geschmeidiger Nacken; er hat auch volles Haar, doch wallt es
nicht herab. (4) Dort steht er bei der Höhle des Drachen und
zieht das Schwert heraus, das schon in seine Seite getaucht ist.
So laß uns das Blut auffangen, mein Lieber, indem wir den
Gewandbausch darunterhalten! Denn es strömt hervor, schon
entweicht die Seele, und bald, bald wirst du sie sogar leise
klagen hören; denn auch die Seelen lieben schöne Leiber, und
so trennen sie sich nur mit Schmerzen von ihnen. Während
nun sein Blut langsam hervorpulst, bricht er in die Knie und
begrüßt den Tod mit schönem, holdem Auge, das gleichsam
den Schlaf herbeilockt.

5. Die Ellen

(1) Rings um den Nilgott spielen die Ellen, Bübchen, so groß,
wie ihr Name sagt, und der Nil hat ausnehmende Freude an
ihnen, besonders, weil sie die Macht kundgeben, mit der er
sich über Ägypten ergoß. Jedenfalls nahen sie ihm und kommen
sozusagen aus dem Wasser auf ihn zu, zarte, lächelnde Kinder,
und ich glaube, sie können sogar schon ein wenig plappern.
Und die einen setzen sich auf seine Schultern, andere hängen
an seinen Locken, wieder andere schlafen in seinem Arm oder
balgen sich auf seiner Brust. Er aber läßt ihnen Blumen aufsprießen, teils aus seinem Schoß, teils aus der Armbeuge, damit sie daraus Kränze flechten und auf den Blumen schlafen,
selig und wohlduftend. Die Kinder klettern auch aufeinander,
und zwar mit ihren Sistren (Klappern), die ja an diesem Wasser heimisch sind. (2) Krokodile nun und die Flußpferde, die
manche Maler dem Nil beigeben, liegen jetzt fern im tiefen
Wasser, damit die Kleinen nicht Furcht befalle. Sinnbilder des
Ackerbaus und der Schiffahrt kennzeichnen, mein Kind, den
Nil aus folgendem Grund: wenn der Nil Ägypten schiffbar gemacht hat, macht er seinen Boden fruchtbar, wenn die Fluren
seine Wasser getrunken haben. In Äthiopien aber, wo er seinen

ἄρχεται, ταμίας αὐτῷ δαίμων ἐφέστηκεν, ὑφ' οὗ πέμπεται
ταῖς ὥραις σύμμετρος· γέγραπται δὲ οὐρανομήκης ἐπινοῆσαι
καὶ τὸν πόδα ⟨ἐπ⟩έχει ταῖς πηγαῖς οἷον Ποσειδῶν προσ-
νεύων. εἰς τοῦτον ὁ ποταμὸς βλέπει καὶ αἰτεῖ τὰ βρέφη αὐτῷ
20 πολλὰ εἶναι.   5

6. Ἔρωτες

(1) Μῆλα Ἔρωτες ἰδοὺ τρυγῶσιν· εἰ δὲ πλῆθος αὐτῶν, μὴ
θαυμάσῃς· Νυμφῶν γὰρ δὴ παῖδες οὗτοι γίνονται, τὸ θνητὸν
ἅπαν διακυβερνῶντες, πολλοὶ διὰ πολλά, ὧν ἐρῶσιν ἄνθ-
25 ρωποι, τὸν δὲ οὐράνιόν φασιν ἐν τῷ οὐρανῷ πράττειν τὰ   10
θεῖα. μῶν ἐπῄσθου τι τῆς ἀνὰ τὸν κῆπον εὐωδίας ἢ βραδύνει
σοι τοῦτο; ἀλλὰ προθύμως ἄκουε· προσβαλεῖ γάρ σε μετὰ
τοῦ λόγου καὶ τὰ μῆλα.

(2) Ὄρχοι μὲν οὗτοι φυτῶν ὀρθοὶ πορεύονται, τοῦ μέσου δὲ
302 κ. αὐτῶν ἐλευθερία βαδίζειν, πόα δὲ ἁπαλὴ κατέχει τοὺς   15
δρόμους οἷα καὶ κατακλιθέντι στρωμνὴ εἶναι. ἀπ' ἄκρων δὲ
τῶν ὄζων μῆλα χρυσᾶ καὶ πυρσὰ καὶ ἡλιώδη προσάγονται
5 τὸν ἑσμὸν ὅλον τῶν Ἐρώτων γεωργεῖν αὐτά. φαρέτραι μὲν
οὖν χρυσόπαστοι καὶ χρυσᾶ καὶ τὰ ἐν αὐταῖς βέλη· γυμνὴ
τούτων ἡ ἀγέλη πᾶσα καὶ κοῦφοι διαπέτονται περιαρτήσαν-   20
τες αὐτὰ ταῖς μηλέαις, αἱ δὲ ἐφεστρίδες αἱ ποικίλαι κεῖνται μὲν
10 ἐν τῇ πόᾳ, μυρία δέ αὐτῶν τὰ ἄνθη. οὐδὲ ἐστεφάνωνται τὰς
κεφαλὰς ὡς ἀποχρώσης αὐτοῖς τῆς κόμης. πτερὰ δὲ κυάνεα
καὶ φοινικᾶ καὶ χρυσᾶ ἐνίοις μόνον οὐ καὐτὸν πλήττει τὸν
ἀέρα ξὺν ἁρμονίᾳ μουσικῇ. φεῦ τῶν ταλάρων, εἰς οὓς ἀποτί-   25
θενται τὰ μῆλα, ὡς πολλὴ μὲν περὶ αὐτοὺς ἡ σαρδώ, πολλὴ
15 δὲ ἡ σμάραγδος, ἀληθὴς δ' ἡ μάργηλις, ἡ συνθήκη δὲ αὐτῶν
Ἡφαίστου νοείσθω. οὐ δὲ κλιμάκων δέονται πρὸς τὰ δένδρα
παρ' αὐτοῦ· ὑψοῦ γὰρ καὶ ἐς αὐτὰ πέτονται τὰ μῆλα.

(3) Καὶ ἵνα μὴ τοὺς χορεύοντας λέγωμεν ἢ τοὺς διαθέοντας   30

_____
8 ἐπέχει Jacobs ἔχει FP ἔχει πρὸς X   19 χρυσᾶ Olearius
χρυσαῖ ω   30 χορεύοντας V₂ Voss. gr. 18 χορευτὰς ω

Ursprung hat, steht über ihm eine Gottheit als sein Verwalter, von dem er den Jahreszeiten entsprechend ausgesandt wird. Gemalt ist dieser so, daß er himmelhoch aufzuragen scheint, und seinen Fuß stellt er über die Quellen; er neigt sich hin wie Poseidon. Zu ihm blickt der Flußgott empor und bittet um recht viele Kinder.

6. Liebesgötter

(1) Sieh nur, Liebesgötter lesen Äpfel! Wenn es aber viele sind, wundere dich nicht, denn sie sind Nymphenkinder, die alle Menschen beherrschen, viele um des vielen willen, wonach der Menschen Sinn steht; der himmlische Eros aber soll im Olymp über dem Leben der Götter walten. Hast du nichts von dem Wohlgeruch verspürt, der den Garten erfüllt, oder riechst du noch nichts? Höre nur gut zu! Mit meinen Worten nämlich wird auch der Duft der Äpfel zu dir kommen.

(2) Baumreihen laufen hier gerade hin; man kann sich frei zwischen ihnen ergehen, und zartes Gras bedeckt die Gänge, so weich, daß man wie auf einem Lager auf ihm ruhen mag. An den Spitzen der Zweige locken Äpfel, goldene, rotbäckige und sonnenfarbige, dem ganzen Schwarm der Eroten zur Ernte. Ihre Köcher nun sind mit Gold verziert, golden auch in ihnen die Pfeile; alle aber haben die Waffen abgenommen und rings an die Apfelbäume gehängt, und nun fliegen sie unbeschwert dahin; die bunten Röckchen mit ihren tausend Farben liegen im Grase. Auch Kränze tragen sie nicht auf dem Kopf, denn ihr Haar genügt ihnen. Ihre Flügel, dunkelblau, purpurn, auch golden bei einigen, schlagen beinahe wirklich die Luft in melodischem Klang. Und erst die Körbchen, worin sie die Äpfel sammeln! Wie reich sind sie mit Sardonyx eingefaßt, wie reich mit Smaragd! Und echte Perlen! Ihre Ordnung und Fassung muß als Werk des Hephaistos gelten. Leitern für die Bäume aber brauchen sie nicht von ihm, denn sie fliegen hoch bis zu den Äpfeln selbst hinauf.

(3) Und um nicht von den tanzenden zu reden oder von den

20 ἢ τοὺς καθεύδοντας ἢ ὡς γάνυνται τῶν μήλων ἐμφαγόντες,
ἴδωμεν ὅ τι ποτὲ οὗτοι νοοῦσιν. οἱ γὰρ κάλλιστοι τῶν
'Ερώτων ἰδοὺ τέτταρες ὑπεξελθόντες τῶν ἄλλων δύο μὲν
αὐτῶν ἀντιπέμπουσι μῆλον ἀλλήλοις, ἡ δὲ ἑτέρα δυὰς ὁ μὲν
25 τοξεύει τὸν ἕτερον, ὁ δὲ ἀντιτοξεύει καὶ οὐδὲ ἀπειλὴ τοῖς 5
προσώποις ἔπεστιν, ἀλλὰ καὶ στέρνα παρέχουσιν ἀλλήλοις,
ἵν' ἐκεῖ που τὰ βέλη περάσῃ. καλὸν τὸ αἴνιγμα· σκόπει γάρ,
εἴ που ξυνίημι τοῦ ζωγράφου. φιλία ταῦτα, ὦ παῖ, καὶ
ἀλλήλων ἵμερος. οἱ μὲν γὰρ διὰ τοῦ μήλου παίζοντες πόθου
30 ἄρχονται, ὅθεν ὁ μὲν ἀφίησι φιλήσας τὸ μῆλον, ὁ δὲ ὑπτίαις 10
αὐτὸ ὑποδέχεται ταῖς χερσὶ δῆλον ὡς ἀντιφιλήσων, εἰ λάβοι,
303 κ. καὶ ἀντιπέμψων αὐτό· τὸ δὲ τῶν τοξοτῶν ζεῦγος ἐμπε-
δοῦσιν ἔρωτα ἤδη φθάνοντα. καὶ φημὶ τοὺς μὲν παίζειν ἐπὶ
τῷ ἄρξασθαι τοῦ ἐρᾶν, τοὺς δὲ τοξεύειν ἐπὶ τῷ μὴ λῆξαι τοῦ
πόθου. 15

(4) 'Εκεῖνοι μὲν οὖν, περὶ οὓς οἱ πολλοὶ θεαταί, θυμῷ συμπε-
5 πτώκασι καὶ ἔχει τις αὐτοὺς πάλη. λέξω καὶ τὴν πάλην· καὶ
γὰρ τοῦτο ἐκλιπαρεῖς. ὁ μὲν ᾕρηκε τὸν ἀντίπαλον περιπτὰς
αὐτῷ κατὰ τῶν νώτων καὶ εἰς πνῖγμα ἀπολαμβάνει καὶ
καταδεῖ τοῖς σκέλεσιν· ὁ δὲ οὔτε ἀπαγορεύει καὶ ὀρθὸς 20
10 ὑπανίσταται καὶ διαλύει τὴν χεῖρα, ὑφ' ἧς ἄγχεται, στρεβλώσας ἕνα τῶν δακτύλων, μεθ' ὃν οὐκέτι οἱ λοιποὶ ἔχουσιν
οὐδέ εἰσιν ἐν τῷ ἀπρίξ, ἀλγεῖ δὲ στρεβλούμενος καὶ κατεσθίει
τοῦ παλαιστοῦ τὸ οὖς. ὅθεν δυσχεραίνουσιν οἱ θεώμενοι
15 τῶν 'Ερώτων ὡς ἀδικοῦντι καὶ ἐκπαλαίοντι καὶ μήλοις 25
αὐτὸν καταλιθοῦσι.

(5) Μηδὲ ὁ λαγὼς ἡμᾶς ἐκεῖνος διαφυγέτω, συνθηράσωμεν
δὲ αὐτὸν τοῖς 'Έρωσι. τοῦτο τὸ θηρίον ὑποκαθήμενον ταῖς
μηλέαις καὶ σιτούμενον τὰ πίπτοντα εἰς γῆν μῆλα, πολλὰ δὲ
20 καὶ ἡμίβρωτα καταλεῖπον διαθηρῶσιν οὗτοι καὶ καταράσ- 30

7 περάσῃ Hercher πετάσῃ F πελάσῃ ω   8 εἴ που Schenkl
ὅπου F εἴ τι ω   30 καταράσσουσιν F ταράσσουσιν ω

umherlaufenden oder den Schläfern oder davon, wie es ihnen beim Hineinbeißen in die Äpfel schmeckt, wollen wir sehen, was diese hier eigentlich bedeuten! Denn schau nur, die vier schönsten Liebesgötter haben sich leise von den anderen fortgemacht, und zwei davon werfen einander einen Apfel zu; vom zweiten Paar aber schießt der eine mit dem Bogen nach dem andern, der aber schießt zurück, und doch liegt in ihren Mienen keine Drohung, vielmehr bieten sie einander sogar die Brust, damit hier die Pfeile irgendwo eindringen. Ein hübsches Rätsel! Sieh nur, ob ich den Maler wohl recht verstehe! Das bedeutet Liebe, mein Junge, und Verlangen nacheinander. Die einen nämlich, die mit dem Apfel spielen, beginnen sich zu verlieben, weshalb der eine den Apfel küßt, bevor er wirft, und der andere ihn mit offenen Händen auffängt, natürlich um ihn selbst zu küssen, falls er ihn hascht, und dann zurückzuwerfen. Die zwei Bogenschützen aber festigen die schon erwachte Liebe. Und so, meine ich, spielen die einen, um die Liebe zu wecken, die anderen aber schießen, um nicht vom Lieben abzulassen.

(4) Jene nun im Kreis der vielen Zuschauer sind hitzig aneinander geraten, und eine Art Ringkampf nimmt sie gefangen. Ich will auch das Ringen beschreiben, denn auch darum bittest du sehr. Der eine hat seinen Gegner gefaßt, nachdem er ihn von hinten angeflogen hat, packt ihn mit würgendem Griff und umschließt ihn mit den Schenkeln; der aber gibt nicht auf, sondern stemmt sich ein, steht aufrecht und sucht den Würgegriff zu lösen, indem er e i n e n Finger verdreht, worauf die übrigen aufgehen und ihren Griff lösen müssen. Dem Gepeinigten tut es weh, und er beißt seinen Gegner ins Ohr. Darüber sind die Eroten, die zusehen, empört, weil er unfair kämpft und die Regeln verletzt, und sie werfen ihn zur Strafe mit Äpfeln.

(5) Auch der Hase dort soll uns nicht entwischen: wir wollen ihn mit den Eroten jagen. Dieses Tier, das sich unter die Apfelbäume duckt und die zu Boden gefallenen Äpfel schmaust, viele auch angeknabbert liegen läßt, jagen sie kreuz und quer

σουσιν ὁ μὲν κρότῳ χειρῶν, ὁ δὲ κεκραγώς, ὁ δὲ ἀνασείων τὴν
χλαμύδα, καὶ οἱ μὲν ὑπερπέτονται τοῦ θηρίου καταβοῶντες,
οἱ δὲ μεθέπουσιν αὐτὸ πεζοὶ κατ' ἴχνος· ὁ δ' ὡς ἐπιρρίψων
25 ἑαυτὸν ὥρμησε καὶ τὸ θηρίον ἄλλην ἐτράπετο, ὁ δὲ ἐπιβου-
λεύει τῷ σκέλει τοῦ λαγώ, τὸν δὲ καὶ διωλίσθησεν ᾐρηκότα. 5
γελῶσιν οὖν καὶ καταπεπτώκασιν ὁ μὲν ἐς πλευράν, ὁ δὲ
πρηνής, οἱ δὲ ὕπτιοι, πάντες δὲ ἐν τοῖς τῆς διαμαρτίας
σχήμασι. τοξεύει δὲ οὐδείς, ἀλλὰ πειρῶνται αὐτὸν ἑλεῖν
30 ζῶντα ἱερεῖον τῇ Ἀφροδίτῃ ἥδιστον. (6) Οἶσθα γάρ που τὸ
περὶ τοῦ λαγὼ λεγόμενον, ὡς πολὺ τῆς Ἀφροδίτης μέτεστιν 10
304 κ. αὐτῷ. λέγεται οὖν περὶ μὲν τοῦ θήλεος θηλάζειν τε αὐτὸ ἃ
ἔτεκε καὶ ἀποτίκτειν πάλιν ἐπὶ ταὐτῷ γάλακτι· καὶ ἐπικυΐσκει δὲ καὶ οὐδὲ εἷς χρόνος αὐτῷ τοῦ τοκετοῦ κενός· τὸ δὲ
ἄρρεν σπείρει τε, ὡς φύσις ἀρρένων, καὶ ἀποκυΐσκει παρ' ὃ
5 πέφυκεν. οἱ δὲ ἄτοποι τῶν ἐραστῶν καὶ πειθώ τινα ἐρωτικὴν 15
ἐν αὐτῷ κατέγνωσαν βιαίῳ τέχνῃ τὰ παιδικὰ θηρώμενοι.

(7) Ταῦτα μὲν οὖν καταλίπωμεν ἀνθρώποις ἀδίκοις καὶ
ἀναξίοις τοῦ ἀντερᾶσθαι, σὺ δέ μοι τὴν Ἀφροδίτην βλέπε.
10 ποῦ δὴ καὶ κατὰ τί τῶν μηλεῶν ἐκείνη; ὁρᾷς τὴν ὕπαντρον
πέτραν, ἧς νᾶμα κυανώτατον ὑπεκτρέχει χλωρόν τε καὶ 20
πότιμον, ὃ δὴ καὶ διοχετεύεται ποτὸν εἶναι ταῖς μηλέαις;
ἐνταῦθά μοι τὴν Ἀφροδίτην νόει Νυμφῶν οἶμαι αὐτὴν
ἱδρυμένων, ὅτι αὐτὰς ἐποίησεν Ἐρώτων μητέρας καὶ διὰ
15 τοῦτο εὐπαίδας. καὶ κάτοπτρον δὲ τὸ ἀργυροῦν καὶ τὸ
ὑπόχρυσον ἐκεῖνο σανδάλιον καὶ αἱ περόναι αἱ χρυσαῖ, ταῦτα 25
πάντα οὐκ ἀργῶς ἀνῆπται, λέγει δὲ Ἀφροδίτης εἶναι
καὶ γέγραπται τοῦτο καὶ Νυμφῶν δῶρα εἶναι λέγεται. καὶ
20 οἱ Ἔρωτες δὲ ἀπάρχονται τῶν μήλων καὶ περιεστῶτες
εὔχονται καλὸν αὐτοῖς εἶναι τὸν κῆπον.

---

11 αὐτὸ Laur. LVIII 32; Guelferb. αὐτὸν ω   19 μηλεῶν
Jacobs μήλων ω

und scheuchen es, einer durch Händeklatschen, der andere durch lauten Schrei, ein dritter, indem er seinen Mantel schwenkt, und die einen fliegen schreiend über das Tierchen hin, andere folgen seiner Spur zu Fuß; der da nahm einen Anlauf, um sich darauf zu werfen, das Tier aber schlug einen Haken; der da ist hinter dem Lauf des Hasen her, und einem anderen, der ihn schon gepackt hatte, ist er wieder entschlüpft. Da lachen sie nun und sind hingepurzelt, der eine auf die Seite, der andere auf die Nase, die dort rücklings, und alle zusammen wie man eben fällt, wenn man fehlgreift. Keiner aber schießt mit dem Pfeil, sondern sie suchen ihn lebend zu fangen, als liebstes Opfer für Aphrodite. (6) Du weißt ja wohl, daß man vom Hasen sagt, er habe viel von Aphrodite. Von der Häsin also heißt es, sie setze, noch während sie ihren Wurf säugt, wieder Junge, so daß alle die gleiche Milch trinken; dann werde sie gleich wieder trächtig, und so gebe es bei ihr keine Zeit ohne Gebären. Der Hase aber bespringt sie, wie es die Natur der Rammler will, und zeugt so neue Junge zu den vorhandenen. Abwegige Liebhaber, die ihren Lieblingen mit zwingendem Zauber nachstellen, entdeckten im Hasen geheimnisvolle Verführungsmacht.

(7) Doch wollen wir dies schlechten und der Gegenliebe nicht würdigen Leuten überlassen. Du aber sieh nur dort Aphrodite an! Wo ist sie und an welchem Ort unter den Apfelbäumen? Siehst du die Grotte unterm Fels, aus der tiefblaues Wasser, frisch und süß, hervorrieselt und sogar durch Rinnen zur Bewässerung der Apfelbäume geführt wird? Dort denke dir Aphrodite; die Nymphen haben wohl ihr Bild aufgestellt, weil sie aus ihnen Mütter von Eroten und also stolze Mütter schöner Kinder gemacht hat. Aber auch der Silberspiegel, die vergoldete Sandale dort und die goldenen Spangen, all dies hängt nicht sinnlos da, sondern spricht sich als Aphrodites Eigen aus, und das ist auch beigeschrieben und gesagt, es seien Geschenke der Nymphen. Aber auch die Liebesgötter bringen Erstlinge der Äpfel dar, und im Kreise stehend beten sie, ihr Garten möge schön bleiben.

7. Μέμνων

(1) Ἡ μὲν στρατιὰ Μέμνονος, τὰ ὅπλα δὲ αὐτοῖς ἀπόκειται
καὶ προτίθενται τὸν μέγιστον αὐτῶν ἐπὶ θρήνῳ, βέβληται
25 δὲ κατὰ τὸ στέρνον ἐμοὶ δοκεῖν ὑπὸ τῆς μελίας. εὑρὼν γὰρ
πεδίον εὐρὺ καὶ σκηνὰς καὶ τεῖχος ἐν στρατοπέδῳ καὶ πόλιν 5
συμπεφραγμένην τείχεσιν οὐκ οἶδ' ὅπως οὐκ Αἰθίοπες οὗτοι
καὶ Τροία ταῦτα, θρηνεῖται δὲ Μέμνων ὁ τῆς Ἠοῦς. τοῦτον
305 κ. ἀφικόμενον ἀμῦναι τῇ Τροίᾳ κτείνει, φασίν, ὁ τοῦ Πηλέως
μέγαν ἥκοντα καὶ οὐδὲν ἂν αὐτοῦ μείω. (2) Σκόπει γάρ, ὅσος
μὲν κεῖται κατὰ τῆς γῆς, ὅσος δὲ ὁ τῶν βοστρύχων ἄσταχυς, 10
οὓς οἶμαι Νείλῳ ἔτρεφε· Νείλου γὰρ Αἰγύπτιοι μὲν ἔχουσι
5 τὰς ἐκβολάς, Αἰθίοπες δὲ τὰς πηγάς. ὅρα τὸ εἶδος, ὡς ἔρρωται
καὶ τῶν ὀφθαλμῶν ἀπολωλότων, ὅρα τὸν ἴουλον ὡς καθ'
ἡλικίαν τῷ κτείναντι. οὐδ' ἂν μέλανα φαίης τὸν Μέμνονα· τὸ
γὰρ ἀκράτως ἐν αὐτῷ μέλαν ὑποφαίνει τι ἄνθους. 15

10 (3) Αἱ δὲ μετέωροι δαίμονες Ἠὼς ἐπὶ τῷ παιδὶ πενθοῦσα κατ-
ηφῆ ποιεῖ τὸν Ἥλιον καὶ δεῖται τῆς Νυκτὸς ἀφικέσθαι πρὸ
καιροῦ καὶ τὸ στρατόπεδον ἐπισχεῖν, ἵνα ἐγγένηταί οἱ κλέψαι
τὸν υἱόν, Διός που ταῦτα νεύσαντος.
Καὶ ἰδοὺ ἐκκέκλεπται καὶ ἔστιν ἐπὶ τέρμασι τῆς γραφῆς. ποῦ 20
15 δὴ καὶ κατὰ τί τῆς γῆς; τάφος οὐδαμοῦ Μέμνονος, ὁ δὲ
Μέμνων ἐν Αἰθιοπίᾳ μεταβεβληκὼς εἰς λίθον μέλανα καὶ τὸ
σχῆμα μὲν καθημένου, τὸ δὲ εἶδος ἐκεῖνο οἶμαι, καὶ προσβάλλει
τῷ ἀγάλματι ἡ ἀκτὶς τοῦ Ἡλίου. δοκεῖ γὰρ ὁ Ἥλιος οἱονεὶ
20 πλῆκτρον κατὰ στόμα ἐμπίπτων τῷ Μέμνονι ἐκκαλεῖσθαι 25
φωνὴν ἐκεῖθεν καὶ λαλοῦντι σοφίσματι παραμυθεῖσθαι τὴν
Ἡμέραν.

---

15 αὐτῇ FP   20 f. ποῦ δὴ Jacobs σπουδὴ ω   23 μὲν Χ(Pᶜ)
⟩ FP

7. Memnon

(1) Memnons Heer: die Waffen aber haben sie abgelegt und
bahren ihren Größten zur Totenklage auf; mir scheint, er ist
von der berühmten Eschenlanze in die Brust getroffen; denn
da ich ein weites Blachfeld vorfinde, auch Zelte, einen Lagerwall und eine mit Mauern befestigte Stadt, so ist kein Zweifel:
dies sind Aithiopen, und hier ist Troja; beweint aber wird
Memnon, Sohn der Eos. Ihn, der kam, um Troja zu schir-
men, entleibt, wie es heißt, der Pelide, ihn, der doch als ein
Großer kam und jenem wohl nichts nachgab. (2) Sieh nur,
wie mächtig er am Boden liegt, wie voll der Ährenbusch seiner
Locken ist, den er wohl dem Nil zum Geschenk wachsen ließ;
denn die Ägypter besitzen zwar die Mündungen des Nils, die
Aithiopen aber seine Quellen. Schau sein Aussehen, wie es
Kraft spüren läßt, selbst wenn die Augen erloschen sind!
Sieh den Bartflaum, wie ganz an Jugend dem gleich, der ihn
getötet! Nicht einmal schwarz sei Memnon, möchte man
sagen; denn das tiefe Schwarz an ihm läßt einen rosigen
Schimmer durchleuchten.

(3) Dann die Gottheiten am Himmel: Eos beklagt ihr Kind,
verdüstert auch Helios und bittet die Nacht, sie möge vor der
Zeit kommen und sich aufs Lager senken, damit sie den Sohn
entführen könne, denn dies hat wohl Zeus erlaubt.
Und sieh, wirklich ist er entführt und ist am Rande des Bildes.
Wo aber und in welchem Erdteil? Nirgends ist Memnons
Grab, doch ist Memnon in Aithiopien, verwandelt in schwar-
zen Stein. Und seine Haltung ist die eines Sitzenden, das Aus-
sehen aber, meine ich, wie ich es beschrieb; auch trifft der
Strahl der Sonne auf das Bild. Denn die Sonne, die wie ein
Plektron Memnons Mund berührt, scheint eine Stimme dar-
aus hervorzulocken und durch den Zauber solcher Rede des
Tages Göttin zu trösten.

8. Ἀμυμώνη

(1) Πεζεύοντι τὴν θάλασσαν τῷ Ποσειδῶνι ἐντετύχηκας
25 οἶμαι παρ' Ὁμήρῳ, ὅτε κατὰ τοὺς Ἀχαιοὺς ἀπὸ Αἰγῶν
στέλλεται, καὶ ἡ θάλασσα γαλήνην ἄγει παραπέμπουσα
αὐτὸν αὐτοῖς ἵπποις καὶ αὐτοῖς κήτεσι· καὶ γὰρ ἐκεῖνα ἕπεται 5
καὶ σαίνει τὸν Ποσειδῶνα ὡς ἐνταῦθα. ἐκεῖ μὲν οὖν ἠπειρωτῶν
οἶμαι τῶν ἵππων αἰσθάνῃ – χαλκόποδάς τε γὰρ αὐτοὺς
30 ἀξιοῖ εἶναι καὶ ὠκυπέτας καὶ μάστιγι πλήττεσθαι – ἐνταῦθα
306 κ. δὲ ἱππόκαμποι τὸ ἅρμα, ὕφυδροι τὰς ὁπλὰς καὶ νευστικοὶ
καὶ γλαυκοὶ καὶ νὴ Δία ὅσα δελφῖνες. κἀκεῖ μὲν δυσχεραίνειν 10
5 ὁ Ποσειδῶν ἔοικε καὶ νεμεσᾶν τῷ Διὶ κλίνοντι τὸ Ἑλληνικὸν
καὶ βραβεύοντι αὐτοῖς ἀπὸ τοῦ χείρονος, ἐνταῦθα δὲ φαιδρὸς
γέγραπται καὶ ἱλαρὸν βλέπει καὶ σεσόβηται μάλα ἐρωτικῶς.
(2) Ἀμυμώνη γὰρ ἡ Δαναοῦ θαμίζουσα ἐπὶ τὸ τοῦ Ἰνάχου
ὕδωρ κεκράτηκε τοῦ θεοῦ καὶ στέλλεται θηρεύσων αὐτὴν 15
10 οὔπω ξυνιεῖσαν, ὅτι ἐρᾶται. τὸ γοῦν περίφοβον τῆς κόρης
καὶ τὸ πάλλεσθαι καὶ ἡ κάλπις ἡ χρυσῆ διαφεύγουσα τὰς χεῖρας δηλοῖ τὴν Ἀμυμώνην ἐκπεπλῆχθαι καὶ ἀπορεῖν, τί
βουλόμενος ὁ Ποσειδῶν ἐκλείπει πανσυδὶ τὴν θάλασσαν,
15 λευκάν τε ὑπὸ φύσεως οὖσαν ὁ χρυσὸς περιστίλβει κεράσας 20
τὴν αὐγὴν τῷ ὕδατι. ὑπεκστῶμεν, ὦ παῖ, τῇ νύμφῃ· καὶ γὰρ
κῦμα ἤδη κυρτοῦται ἐς τὸν γάμον, γλαυκὸν ἔτι καὶ τοῦ χαροποῦ τρόπου, πορφυροῦν δὲ αὐτὸ ὁ Ποσειδῶν γράψει.

9. Ἕλος

20 (1) Ὕπομβρος μὲν ἡ γῆ, φέρει δὲ κάλαμον καὶ φλοιόν, ἃ δὴ 25
ἄσπαρτα καὶ ἀνήροτα δίδωσιν ἡ τῶν ἑλῶν εὐφυΐα, καὶ μυρίκη
γέγραπται καὶ κύπειρον· καὶ γὰρ ταῦτά ἐστι τῶν ἑλῶν. ὄρη
δὲ οὐρανομήκη περιβέβληται φύσεως οὐ μιᾶς· τὰ μὲν γὰρ τὴν
25 πίτυν παρεχόμενα λεπτόγεως τιθεῖ, τὰ δὲ κυπαρίττῳ κο-

---

9 ὕφυδροι Lesky   ὕφεδροι FP   ἔφυδροι X   23 γράψει Jacobs
γράφει ω

8. Amymone

(1) Du bist wohl schon in deinem Homer Poseidon begegnet, wie er über die See wie über festes Land fährt, wenn er gegen die Achaier von Aigai aufbricht, und das Meer ist still und geleitet ihn mit seinen Rossen und Ungeheuern. Denn auch diese begleiten Poseidon und umspielen ihn wie hier. Dort nun denkst du wohl an Landrosse, denn Homer sagt, sie seien erzhufig und schnell dahinfliegend und würden mit der Geißel getrieben. Hier aber sind Seepferde das Gespann, die Hufe im Wasser, schwimmtüchtig, meergrün schimmernd und, bei Zeus, ganz wie Delphine. Dort aber scheint Poseidon zu zürnen und Zeus zu grollen, weil er das Heer der Griechen fliehen macht und ihre Waagschale sinken läßt. Hier aber ist er heiter gemalt, mit freudigem Blick und von heftiger Liebe erfaßt. (2) Denn Amymone, des Danaos Tochter, die oft zum Wasser des Inachos kommt, bezwang den Sinn des Gottes, und er schickt sich an, sie zu haschen; sie aber ahnt noch nicht, daß er sie liebt. Die Angst des Mädchens wenigstens, ihr Beben und der goldene Krug, der ihrer Hand entfällt, zeigen, daß Amymone erschreckt ist und nicht weiß, weshalb Poseidon so ungestüm der See entsteigt; und der Goldglanz des Kruges, den das Wasser wiederspiegelt, umstrahlt die natürliche Weiße des Mädchens. Laß uns der Braut den Weg freigeben, mein Kind! Denn schon wölbt sich die Woge für die Hochzeit, jetzt noch bläulich und hell; bald aber wird Poseidon sie purpurn färben.

9. Sumpflandschaft

(1) Der Grund ist feucht und trägt Rohr und Schilf, wie sie der fruchtbare Sumpfboden ohne Saat und Bestellung aufgehen läßt; auch Tamariske und Cypergras sind dargestellt, denn auch diese wachsen im Sumpf. Himmelhohe Berge erheben sich ringsum, doch nicht von einer Art; die einen nämlich, die Föhren tragen, deuten auf leichten Boden, die an-

μῶντα τῆς ἀργιλώδους λέγει, ἐλάται δὲ ἐκεῖναι τί ἄλλο γε ἢ
δυσχείμερον καὶ τραχὺ τὸ ὄρος; οὐ γὰρ ἀσπάζονται βῶλον
οὐδὲ ἀγαπῶσι θάλπεσθαι· ταῦτά τοι καὶ ἀποικοῦσι τῶν
πεδίων ὡς ἐν τοῖς ὄρεσι ῥᾷον αὐξόμεναι τῷ ἄνω. πηγαὶ δὲ
ἀποβλύζουσι τῶν ὁρῶν, αἳ δὴ ῥέουσαι κάτω καὶ κοινούμεναι   5
τὸ ὕδωρ, ἕλος ὑπ' αὐτῶν τὸ πεδίον, οὐ μὴν ἄτακτόν γε οὐδὲ
οἷον πεφύρθαι· διῆκται δὲ αὐτοῦ τὸ νᾶμα ὑπὸ τῆς γραφῆς,
ὡς ἂν καὶ ἡ φύσις αὐτὸ διήγαγεν ἡ σοφὴ πάντων, μαιάνδρους
δὲ πολλοὺς ἑλίττει σελίνου βρύοντας ἀγαθοὺς ναυτίλλεσθαι
τοῖς ὄρνισι τοῖς ὑγροῖς. (2) Ὁρᾷς γάρ που τὰς νήττας, ὡς   10
ἔφυδροι διολισθαίνουσιν ἀναφυσῶσαί τινας οἷον αὐλοὺς τοῦ
ὕδατος. τί δὴ τὸ τῶν χηνῶν ἔθνος; καὶ γὰρ δὴ κἀκεῖνοι
γεγράφαται κατὰ τὴν ἑαυτῶν φύσιν ἐπιπόλαιοί τε καὶ
πλωτῆρες. τοὺς δὲ ἐπὶ μακροῖν τοῖν σκελοῖν, τοὺς περιττοὺς
τὸ ῥάμφος ξένους οἶμαι αἰσθάνῃ καὶ ἁβροὺς ἄλλον ἄλλου   15
πτεροῦ. καὶ τὰ σχήματα δὲ αὐτῶν ποικίλα· ὁ μὲν γὰρ ἐπὶ
πέτρας ἀναπαύει τὼ πόδε κατὰ ἕνα, ὁ δὲ ψύχει τὸ πτερόν,
ὁ δὲ ἐκκαθαίρει, ὁ δὲ ᾑρηκέ τι ἐκ τοῦ ὕδατος, ὁ δὲ εἰς τὴν γῆν
ἀπονένευκεν ἐπισιτίσασθαί τι ἐκεῖθεν.

(3) Ἡνιοχεῖσθαι δὲ τοὺς κύκνους ὑπὸ τῶν Ἐρώτων θαῦμα   20
οὐδέν· ἀγέρωχοι γὰρ οἱ θεοὶ καὶ δεινοὶ παίζειν ἐς τοὺς ὄρνιθας,
ὅθεν μηδὲ τὴν ἡνιόχησιν ἀργῶς παρέλθωμεν μηδὲ αὐτὸ τὸ
ὕδωρ, ἐν ᾧ ταῦτα. τὸ μὲν γὰρ δὴ ὕδωρ τοῦτο κάλλιστον τοῦ
ἕλους πηγῆς αὐτὸ διδούσης αὐτόθεν, συνίσταται δὲ εἰς κο-
λυμβήθραν παγκάλην. διὰ μέσου γὰρ τοῦ ὕδατος ἀμάραντα   25
νεύει τὰ μὲν ἔνθεν, τὰ δὲ ἐκεῖθεν, ἡδεῖς ἀστάχυες καὶ βάλλοντες
ἄνθει τὸ ὕδωρ. περὶ τούτους ἡνιοχοῦσιν Ἔρωτες ἱεροὺς καὶ
χρυσοχαλίνους ὄρνις ὁ μὲν πᾶσαν ἡνίαν ἐνδιδούς, ὁ δὲ ἀνα-
κόπτων, ὁ δὲ ἐπιστρέφων, ὁ δὲ περὶ τὴν νύσσαν ἐλαύνων —
καὶ παρακελευομένων τοῖς κύκνοις ἀκούειν δόκει καὶ ἀπειλούν-   30

---

4 τοῦ ἄνω ω τῷ ἀνέμῳ Jacobs   11 ἄνω φυσῶσαι FP

deren, reich an Kypressen, zeugen von tonigem Erdreich, und die Tannen dort, was anderes sagen sie, als daß der Berg vom Sturm gepeitscht und rauh ist? Denn weder wollen sie fetten Boden, noch mögen sie die Wärme; daher sind sie auch ferne von den Ebenen heimisch, weil sie im Gebirge durch den hohen Standort leichter gedeihen. Von den Bergen sprudeln Quellen, die beim Herabfließen ihr Wasser vereinen: die Ebene wird durch sie zum Sumpf, nicht aber zum ungegliederten, breiigen Morast, nein, der Maler hat das Wasser so durch ihn geleitet, wie es auch die allweise Natur getan hätte; es schlängelt sich in vielen mit Eppich überwucherten Mäandern, in denen die Wasservögel gut schwimmen können. (2) Du siehst wohl die Enten, wie sie auf der Wasserfläche gleiten und gleichsam Wasserbahnen aufwühlen. Und wie steht's mit dem Gänsevolk? Natürlich sind auch sie ganz nach der Natur gemalt, wie sie auf der Wasserfläche dahinschwimmen. Die langbeinigen Tiere dort mit ihren überlangen Schnäbeln erkennst du gewiß als Fremdlinge an ihren zarten Farben; jeder hat anderes Gefieder; auch ihre Stellungen sind verschieden: der eine nämlich, auf einem Felsen, läßt erst einen, dann den anderen Fuß ausruhen, ein anderer lüftet sein Gefieder, der dritte putzt es, der da hat etwas aus dem Wasser gefischt, der wieder hat sich zur Erde geneigt, um dort etwas aufzupicken. (3) Daß aber die Schwäne von den Eroten geritten werden, ist kein Wunder; denn diese Götter sind mutwillig und spielen schrecklich gerne mit den Vögeln; daher dürfen wir weder an diesem „Rennen" achtlos vorbeigehen, noch am Wasser selbst, worauf es stattfindet. Denn dies Wasser ist das Schönste an dem Sumpf, weil es unmittelbar aus einer Quelle kommt und sich zu einem wunderschönen Schwimmbecken sammelt. Denn mitten im Wasser schwanken Amarantenbüschel hin und her, liebliche Blütenähren, die ihre Blättchen auf das Wasser streuen. Um sie herum lenken Liebesgötter die heiligen Vögel an goldenem Zügel; der eine läßt den Zügel völlig schießen, der andere zieht ihn straff, der hier kehrt um, und jener lenkt schon um das Ziel, und du kannst dir einbilden zu

των ἀλλήλοις καὶ τωθαζόντων· ταῦτα γὰρ τοῖς προσώποις
ἔπεστιν – ὁ δὲ καταβάλλει τὸν πέλας, ὁ δὲ καταβέβληκεν,
ὁ δὲ ἠγάπησεν ἐκπεσεῖν τοῦ ὄρνιθος, ὡς λούσαιτο ἐν τῷ
ἱπποδρόμῳ. (4) Κύκλῳ δὲ ταῖς ὄχθαις ἐφεστᾶσιν οἱ μουσι-
κώτεροι τῶν κύκνων ἐπάδοντες οἶμαι τὸν ὄρθιον ὡς πρὸς   5
5   τρόπου τοῖς ἀμιλλωμένοις. σημεῖον τῆς ᾠδῆς ὁρᾷς τὸ πτηνὸν
μειράκιον· ἄνεμος τοῦτο Ζέφυρος τὴν ᾠδὴν τοῖς κύκνοις
ἐνδιδούς. γέγραπται δὲ ἁπαλὸν καὶ χαρίεν εἰς αἴνιγμα τοῦ
πνεύματος, καὶ αἱ πτέρυγες ἥπλωνται τοῖς κύκνοις πρὸς τὸ
πλήττεσθαι ὑπὸ τοῦ ἀνέμου.   10

10   (5) Ἰδοὺ καὶ ποταμὸς ὑπεξέρχεται τοῦ ἕλους εὐρὺς καὶ ὑποκυ-
μαίνων, διαβαίνουσι δ' αὐτὸν αἰπόλοι καὶ νομεῖς ἐπὶ ζεύγματος. εἰ δὲ τῶν αἰγῶν ἐπαινοίης τὸν ζωγράφον, ὅτι αὐτὰς
ὑποσκιρτώσας καὶ ἀγερώχους γέγραφεν, ἢ τῶν προβάτων,
15   ὅτι σχολαῖον αὐτοῖς τὸ βάδισμα καὶ οἷον ἄχθος οἱ μαλλοί,   15
τάς τε σύριγγας εἰ διεξίοιμεν ἢ τοὺς χρωμένους αὐταῖς, ὡς
ὑπεσταλμένῳ τῷ στόματι αὐλοῦσι, σμικρὸν ἐπαινεσόμεθα
τῆς γραφῆς καὶ ὅσον εἰς μίμησιν ἥκει, σοφίαν δὲ οὐκ ἐπαινε-
20   σόμεθα οὐδὲ καιρόν, ἃ δὴ κράτιστα δοκεῖ τῆς τέχνης. (6) Τίς
οὖν ἡ σοφία; ζεῦγμα φοινίκων ἐπιβέβληκε τῷ ποταμῷ καὶ   20
μάλα ἡδὺν ἐπ' αὐτῷ λόγον· εἰδὼς γὰρ τὸ περὶ τῶν φοινίκων
λεγόμενον, ὅτι αὐτῶν ὁ μὲν ἄρσην τις, ἡ δὲ θήλεια, καὶ περὶ
25   τοῦ γάμου σφῶν διακηκοώς, ὅτι ἄγονται τὰς θηλείας περι-
βάλλοντες αὐτὰς τοῖς κλάδοις καὶ ἐπιτείνοντες αὐτοὺς ἐπ'
αὐτάς, ἀφ' ἑκατέρου τοῦ γένους ἕνα κατὰ μίαν ὄχθην   25
γέγραφεν· εἶτα ὁ μὲν ἐρᾷ καὶ ἐπικλίνεται καὶ ὑπεράλλεται
30   τοῦ ποταμοῦ, τῆς δὲ θηλείας ἔτι ἀφεστώσης οὐκ ἔχων ἐπιλα-
βέσθαι κεῖται καὶ δουλεύει ζεύξας τὸ ὕδωρ, καὶ ἔστι τοῖς
διαβαίνουσιν ἀσφαλὴς ὑπὸ τῆς τοῦ φλοιοῦ τραχύτητος.

---

15 οἱ μαλλοί Jacobs   ἢ μᾶλλον ω

hören, wie sie die Schwäne antreiben, einander drohen und
sich necken; denn das liest man aus ihren Mienen. Da will
einer seinen Nachbarn herabstoßen, ein anderer hat ihn schon
hinabgeschubst, und der dort ließ sich mit Absicht von seinem
Vogel fallen, um sich in dieser Rennbahn zu baden. (4) Rings
an den Ufern stehen die musikalischeren Schwäne und stoßen
wohl, wie es zum Wettkampf paßt, hellen Singruf für die Wettkämpfer aus. Als Beweis, daß sie singen, siehst du dort den geflügelten Knaben; es ist Zephyros, der den Schwänen den Ton
für ihr Lied angibt; er ist zart und anmutig gemalt, um den
leichten Hauch erraten zu lassen, und die Schwäne haben
ihre Flügel entfaltet, um den Wind aufzufangen.
(5) Schau! Sogar ein Fluß strömt still aus dem Sumpf, breit
und mit leichtem Wellenschlag; Ziegen- und Schafhirten
überschreiten ihn auf einem Steg. Wenn du den Maler für die
Ziegen lobst, weil er sie lustig springend malte, oder für die
Schafe, weil ihr Gang schwerfällig ist, als sei ihnen das Vließ
zur Last, oder wenn wir die Hirtenflöten oder ihre Bläser beschreiben wollten, wie sie mit zusammengepreßten Lippen
blasen, so rühmten wir nur einen kleinen Vorzug des Bildes
und nur, was zur Nachahmung gehört, lobten aber nicht den
tieferen Sinn und den glücklichen Griff, und die sind doch das
Entscheidende in der Kunst. (6) Worin liegt nun der Sinn?
Der Künstler hat einen Palmensteg über den Fluß gelegt und
verbindet damit einen sehr schönen Gedanken. Weil er nämlich wußte, was man von den Palmen sagt: daß die eine von
ihnen männlich, die andere weiblich sei, und weil er von ihrer
Vermählung hörte: daß die männlichen Bäume sich die weiblichen vermählen, indem sie diese mit ihrem Gezweig umarmen und sich über sie hinneigen, malte er von jedem Geschlecht einen Baum auf jedes Ufer; da neigt sich nun der
männliche Baum liebend hin und wirft sich über den Fluß;
weil er aber den weiblichen, der noch zu weit absteht, nicht
erreichen kann, liegt er nun da und tut Knechtsdienste als
Steg über das Wasser und bietet den Hinübergehenden Sicherheit, weil seine Rinde rauh ist.

(1) Τῆς λύρας τὸ σόφισμα πρῶτος Ἑρμῆς πῆξασθαι λέγεται
κεράτοιν δυοῖν καὶ ζυγοῦ καὶ χέλυος καὶ δοῦναι μετὰ τὸν
Ἀπόλλω καὶ τὰς Μούσας Ἀμφίονι τῷ Θηβαίῳ τὸ δῶρον, ὁ
5 δὲ οἰκῶν τὰς Θήβας οὔπω τετειχισμένας ἀφῆκε κατὰ τῶν   5
λίθων μέλη καὶ ἀκούοντες οἱ λίθοι συνθέουσι· ταῦτα γὰρ τὰ
ἐν τῇ γραφῇ. (2) Πρώτην οὖν διαθεῶ μὲν τὴν λύραν, εἰ καθ'
αὑτὴν γέγραπται. τὸ μὲν γὰρ κέρας αἰγὸς Ἰξάλου ποιηταί
10 φασι, χρῆται δὲ αὐτῷ ὁ μὲν μουσικὸς ἐς τὴν λύραν, ὁ δὲ τοξό-
της ἐς τὰ οἰκεῖα. μέλανα καὶ πριονωτὰ ὁρᾷς τὰ κέρατα καὶ   10
δεινὰ ἐναράξαι, ξύλα δέ, ὅσα δεῖ τῇ λύρᾳ, πύξου πάντα
στρυφνοῦ καὶ λείου τὸν ὄζον· ἐλέφας οὐδαμοῦ τῆς λύρας
οὔπω οἱ ἄνθρωποι εἰδότες οὔτε αὐτὸ τὸ θηρίον οὔτε ὅ τι
15 τοῖς κέρασιν αὐτοῦ χρήσονται· καὶ ἡ χέλυς μέλαινα μέν,
διηκρίβωται δὲ κατὰ τὴν φύσιν καὶ λαγαροὺς περιβέβληται   15
κύκλους ἄλλον ξυνάπτοντας ἄλλῳ ξανθοῖς τοῖς ὀφθαλμοῖς·
νευραὶ δὲ τὰ μὲν ὑπὸ τῇ μαγάδι πρόσκεινται καὶ τοῖς ὀμφαλοῖς
20 ἀπαντῶσι, τὰ δὲ ὑπὸ τῷ ζυγῷ κοῖλαι δοκοῦσι, σχῆμά που
τοῦτο αὐτῶν ἀναλογώτατον ἀνακεκλίσθαι σφᾶς ὀρθὰς ἐν τῇ
λύρᾳ.   20

(3) Ὁ δὲ Ἀμφίων τί φησι; τί ἄλλο γε ἢ ψάλλει καὶ [ἡ ἑτέρα
25 χεὶρ] τείνει τὸν νοῦν ἐς τὴν πηκτίδα καὶ παραφαίνει τῶν
ὀδόντων ὅσον ἀπόχρη τῷ ᾄδοντι; ᾄδει δὲ οἶμαι τὴν γῆν, ὅτι
πάντων γενέτειρα καὶ μήτηρ οὖσα καὶ αὐτόματα ἤδη τὰ τείχη
δίδωσιν. ἡ κόμη δὲ ἡδεῖα μὲν καὶ καθ' ἑαυτὴν ἐναλύουσα μὲν 25
30 τῷ μετώπῳ, συγκατιοῦσα δὲ τῷ ἰούλῳ παρὰ τὸ οὖς καὶ
810 K. χρυσοῦ τι ἐπιφαίνουσα, ἡδίων δὲ μετὰ τῆς μίτρας, ἣν φασιν
οἱ τῶν ἀποθέτων ποιηταὶ Χάριτας καμεῖν, ἄγαλμα
ἥδιστον καὶ προσεχέστατον τῇ λύρᾳ. δοκῶ μοι τὸν Ἑρμῆν
ἔρωτι κατειλημμένον δοῦναι τῷ Ἀμφίονι ἄμφω τὰ δῶρα. καὶ 30

7 διαθεῶ μὲν Kalinka διαθῶμεν FP διαθεῶ X   16 ὀφθαλμοῖς Vᶜ Marc. 514 ὀμφαλοῖς ω   18 κοῖλαι Jacobs κοῖλα ω
19 ὀρθούς FP   21 [ἡ –χεὶρ] Jacobs   28 καμεῖν FV₂Vᶜ κοσμεῖν ω
29 προσεχέστατον V₂Vᶜ προσέσχατον ω

10. Amphion

(1) Den kunstvollen Bau der Lyra, sagt man, hat als erster Hermes aus zwei Hörnern, Steg und Schildkrötenschale gefügt und als Geschenk nach Apollon und den Musen dem Thebaner Amphion gegeben. Da dieser in Theben wohnte, als es noch ohne Mauer war, sandte er Lieder über die Steine hin, und wie sie es hören, eilen die Steine zusammen: dies nämlich stellt das Gemälde dar. (2) Zuerst nun betrachte dir die Lyra gut, ob sie richtig gemalt ist! Das Horn nämlich, sagen die Dichter, stammt von der stößigen Ziege; der Musiker verwendet es für die Lyra, der Bogenschütze zu seinem Zweck. Schwarz und gezackt siehst du die Hörner und schrecklich im Stoß; die Holzteile aber, die man zur Lyra braucht, sind alle aus festem Buchsholz ohne Astknoten; Elfenbein ist nirgends an der Lyra, weil die Menschen damals weder das Tier selbst (den Elefanten) schon kannten noch wußten, wozu ihnen seine Stoßzähne dienen sollten. Die Schildkrötenschale ist schwarz, vollkommen naturgetreu gemalt und rings mit unregelmäßigen, aneinander stoßenden Kreisen mit gelben Augen bedeckt; die Saiten liegen mit ihrem einen Ende unterhalb des Steges auf und sind an den Wirbeln befestigt, am andern Ende sind sie unterhalb des Querjochs freischwebend gespannt. Diese Anordnung mag die geeignetste sein, um sie an der Lyra straff zu halten.

(3) Was aber tut Amphion? Er spielt eben, richtet seinen Sinn gespannt auf die Harfe und zeigt seine Zähne so viel, als für einen Sänger genügt. Er besingt wohl die Erde, weil sie, die Schöpferin und Mutter aller Dinge, auch die Mauern sich schon von selbst erheben läßt. Sein Haar ist an sich schon lieblich und natürlich gemalt, wie es locker auf die Stirne herabfällt, in den Flaum neben dem Ohr übergeht und dabei golden schimmert, noch anmutiger aber mit dem Stirnband, das, wie die Dichter der geheimen Lieder singen, die Chariten schufen als die schönste und zur Leier passendste Zier. Ich glaube, daß Hermes, von Liebe ergriffen, Amphion beide Gaben schenkte.

ἡ χλαμύς, ἣν φορεῖ, κἀκείνη παρὰ τοῦ Ἑρμοῦ τάχα· οὐ γὰρ
5 ἐφ' ἑνὸς μένει χρώματος, ἀλλὰ τρέπεται καὶ κατὰ τὴν Ἶριν
μεταν9εῖ. (4) Κά9ηται δὲ ἐπὶ κολωνοῦ τῷ μὲν ποδὶ κρούων
συμμελές, τῇ δεξιᾷ δὲ παραπλήττων τὰς νευράς· ψάλλει καὶ ἡ
ἑτέρα χεὶρ ὀρ9αῖς ταῖς τῶν δακτύλων προβολαῖς, ὅπερ ᾤμην 5
10 πλαστικὴν ἀπαυ9αδιεῖσ9αι μόνην. εἶεν. (5) Τὰ δὲ τῶν λί9ων
πῶς ἔχει; πάντες ἐπὶ τὴν ᾠδὴν συν9έουσι καὶ ἀκούουσι καὶ
γίνεται τεῖχος, καὶ τὸ μὲν ἐξῳκοδόμηται, τὸ δὲ ἀναβαίνει, τὸ
δὲ ἄρτι κατελάβοντο· φιλότιμοι καὶ ἡδεῖς οἱ λί9οι καὶ 9ητεύον-
15 τες μουσικῇ, τὸ δὲ τεῖχος ἑπτάπυλον, ὅσοι τῆς λύρας οἱ 10
τόνοι.

11. Φαέ9ων

(1) Χρυσᾶ τῶν Ἡλιάδων τὰ δάκρυα. Φαέ9οντι λόγος αὐτὰ
ῥεῖν· τοῦτον γὰρ παῖδα Ἡλίου γενόμενον ἐπιτολμῆσαι τῷ
πατρῴῳ δίφρῳ κατὰ ἔρωτα ἡνιοχήσεως καὶ μὴ κατασχόντα 15
20 τὴν ἡνίαν σφαλῆναι καὶ ἐν τῷ Ἠριδανῷ πεσεῖν. ταῦτα τοῖς
μὲν σοφοῖς πλεονεξία τις εἶναι δοκεῖ τοῦ πυρώδους, ποιηταῖς
δὲ καὶ ζωγράφοις ἵπποι καὶ ἅρμα. (2) Καὶ συγχεῖται τὰ
οὐράνια. σκόπει γάρ· νὺξ μὲν ἐκ μεσημβρίας ἐλαύνει τὴν
25 ἡμέραν, ὁ δὲ ἡλίου κύκλος εἰς γῆν ῥέων ἕλκει τοὺς ἀστέρας. 20
αἱ δὲ Ὧραι τὰς πύλας ἐκλιποῦσαι φεύγουσιν εἰς τὴν ἀπαν-
τῶσαν αὐταῖς ἀχλύν, καὶ οἱ ἵπποι τῆς ζεύγλης ἐκπεσόντες
οἴστρῳ φέρονται. ἀπαγορεύει δὲ ἡ Γῆ καὶ χεῖρας αἴρει ἄνω
30 ῥαγδαίου τοῦ πυρὸς ἐς αὐτὴν ἰόντος. ἐκπίπτει δὲ τὸ μειρά-
811 κ. κιον καὶ καταφέρεται – τήν τε γὰρ κόμην ἐμπέπρησται καὶ τὰ 25
στέρνα ὑποτύφεται – ποταμῷ τε Ἠριδανῷ ἐμπεσεῖται καὶ
παρέξει μῦ9όν τινα τῷ ὕδατι. (3) Κύκνοι γὰρ δὴ ἀναφυσῶντες ἡδύ τι ⟨ἔν9εν καὶ⟩ ἔν9εν καὶ ποιήσονται ᾠδὴν τὸ

---

1 τάχα PV₂ ταῦτα FPᶜ καὶ αὕτη X(V₂ᶜ) 2 μένει V₂ᶜ φέρει
ω(V₂) 5 ἐν ὀρ9αῖς X 5 ᾤμην Jacobs οἶμαι ω 9 κατελά-
βοντο FPV2Vᶜ κατέλαβεν X 28 ⟨ἔν9εν καὶ⟩ ἔν9εν Jacobs
τὸ ἔν9εν καὶ ω

Auch der Mantel, den er trägt, ist vielleicht von Hermes; denn er behält nicht einen Farbton, sondern spielt in Farben und schillert bunt wie der Regenbogen. (4) Er sitzt aber auf einem Hügel, schlägt mit dem Fuß den Takt und rührt dazu mit seiner Rechten die Saiten. Auch die andere Hand spielt mit gerade gestreckten Fingern, ein Motiv, von dem ich früher meinte, nur die Plastik wage es darzustellen. Nun gut! (5) Was aber ist mit den Steinen? Alle kommen zum Klang des Liedes zusammen; sie lauschen, und die Mauer steigt empor, und ein Teil von ihr ist schon vollendet, ein anderer wächst hinauf, und einen dritten haben sie erst eingenommen. Voll Eifer und guten Willens sind die Steine und dienen der Musik, die Mauer aber bekommt sieben Tore, so viele, wie Saiten an der Lyra sind.

11. Phaethon

(1) Golden strömen die Tränen der Heliaden; für Phaethon, kündet die Sage, fließen sie. Dieser nämlich, Sohn des Helios, habe sich aus Begier, die Rosse zu lenken, auf das Gefährt des Vaters gewagt, doch habe er die Zügel nicht zu halten vermocht, sei zu Fall gekommen und in den Eridanos gestürzt. Den Gelehrten scheint hier ein Übermaß des Feuerstoffes vorzuliegen; Dichter und Maler aber sehen nur Pferde und Wagen. (2) Am Himmel gerät alles in Aufruhr. Sieh nur! Nacht verjagt den Tag vom Mittagshimmel, die Sonnenscheibe sinkt zur Erde und reißt die Gestirne mit sich. Die Horen aber verlassen die Himmelstore und fliehen in das Dunkel, das vor ihnen aufsteigt, die Rosse sind dem Joch entstürzt und stürmen rasend einher. Die Erde aber reckt verzweifelt ihre Hände empor, weil der Feuerregen auf sie niederprasselt. Der Jüngling aber fällt aus dem Wagen und stürzt herab – sein Haar steht in Flammen, seine Brust raucht –, und er wird in den Eridanos fallen und so dem Strom einen Mythos schenken. (3) Denn Schwäne, die hier und dort eine süße Weise tönen, werden sogar den Fall des Knaben besingen, und Schwärme

5 μειράκιον, ἀγέλαι τε αὐτῶν ἀφθεῖσαι Καΰστρῳ ταῦτα κσὶ
"Ιστρῳ ᾄσονται, καὶ οὐδὲν ἀνήκοον ἔσται τοῦ τοιούτου
λόγου, Ζεφύρῳ τε χρήσονται πρὸς τὴν ᾠδὴν ἐλαφρῷ καὶ
ἐνοδίῳ· λέγεται γὰρ συναυλίαν τοῦ θρήνου τοῖς κύκνοις
10 ὁμολογῆσαι. ταῦτά τοι καὶ πάρεστι τοῖς ὄρνισιν, ὥστε ὅρα   5
καὶ ψάλλειν αὐτοὺς οἷον ὄργανα.

(4) Τὰ δὲ ἐπὶ τῇ ὄχθῃ γύναια, αἱ οὔπω δένδρα, φασὶ τὰς
῾Ηλιάδας ἐπὶ τῷ ἀδελφῷ μεταφῦναι καὶ εἰς δένδρα λῆξαι δά-
κρυά τε ἀφιέναι. καὶ ἡ γραφὴ ταῦτα οἶδε· ῥίζας γὰρ βαλλομένη
15 ταῖς κορυφαῖς τὰ μὲν εἰς ὀμφαλὸν δένδρα αὗται, τὰς δὲ χεῖρας   10
ὄζοι φθάνουσι. φεῦ τῆς κόμης, ὡς αἰγείρου πάντα, φεῦ τῶν
δακρύων, ὡς χρυσᾶ, καὶ τὸ μὲν πλημμῦρον ἐν τῇ τῶν
ὀφθαλμῶν ἕδρᾳ χαροπαῖς ἐπαυγάζει ταῖς κόραις καὶ οἷον
20 ἀκτῖνα ἕλκει, τὸ δὲ ταῖς παρειαῖς ἐντυγχάνον μαρμαίρει περὶ
τὸ ἐκείνῃ ἔρευθος, τὰ δὲ στάζοντα κατὰ τοῦ στέρνου χρυσὸς   15
ἤδη. (5) Θρηνεῖ καὶ ὁ ποταμὸς ἀνέχων τῆς δίνης καὶ τῷ μὲν
Φαέθοντι κόλπον ὑπέχει – τὸ γὰρ σχῆμα δεξαμένου – τὰς δὲ
῾Ηλιάδας γεωργήσει αὐτίκα· αὔραις γὰρ καὶ κρυμοῖς, οὓς
25 ἀναδίδωσι, λιθουργήσει καὶ πεσόντα ὑποδέξεται καὶ διὰ
φαιδροῦ τοῦ ὕδατος ἀπάξει τοῖς ἐν Ὠκεανῷ βαρβάροις τὰ   20
τῶν αἰγείρων ψήγματα.

12. 13. ⟨Βόσπορος⟩

(1) [τὰ δὲ ἐπὶ τῇ ὄχθῃ γύναια] παραβοῶσι, παρακαλεῖν δὲ
30 καὶ τοὺς ἵππους ἐοίκασι μὴ ῥῖψαι τὰ παιδία μηδὲ ἀποπτύσαι
812 κ. τὸν χαλινόν, ἑλεῖν δὲ καὶ συμπατῆσαι τὰ θηρία, οἱ δὲ ἀκούου-   25
σιν οἶμαι καὶ ποιοῦσι ταῦτα.

Θηράσαντας δὲ αὐτοὺς καὶ δαῖτα ᾑρηκότας διαπορθμεύει
ναῦς ἀπὸ τῆς Εὐρώπης ἐς τὴν ᾿Ασίαν σταδίους μάλιστά που

---

5 ὅρα Welcker ὥρα ω   17 σχῆμα Fᶜ χρῶμα Fω   22 ⟨Βό-
σπορος⟩ Pᶜ   23 [τὰ δὲ – γύναια] Kayser (aus I, 11, 4A)

von ihnen werden aufsteigen und dies dem Kaystros und Istros künden, und kein Teil solcher Kunde wird ungehört verhallen, und sie werden ihr Lied vom West begleiten lassen, der flink ist und ein Wege-Gott; denn er soll den Schwänen seine Hilfe beim Klagelied zugesagt haben. Deshalb ist er auch bei den Vögeln, schau nur hin, und spielt auf ihnen wie auf Instrumenten.

(4) Die jungen Frauen aber am Ufer, die noch nicht ganz Bäume geworden sind, die Heliaden, sollen sich um ihres Bruders willen verwandelt haben, seien Bäume geworden und vergossen Tränen. Auch das Bild weiß davon: es läßt ja ihre Zehen Wurzeln schlagen, und so sind sie bis zum Nabel hinauf Bäume, während ihre Hände schon in Zweige auslaufen. Ach, und das Haar! Wie ganz Pappellaub! Ach, ihre Tränen! Wie ganz aus Gold, und die Flut in den Augen wirft ihren Glanz auf die strahlenden Augensterne und zieht gleichsam einen Lichtstrahl auf sich; was über die Wangen rinnt, leuchtet in ihrem Rot, was aber auf den Busen tropft, ist schon Gold. (5) Auch der Flußgott klagt, taucht aus der wirbelnden Flut empor und bietet Phaethon Brust und Arme dar, denn seine Haltung zeigt, daß er ihn auffangen will. Die Tränen der Sonnentöchter aber wird er gar bald ernten; denn durch Lufthauch und eisige Kälte, die er aufsteigen läßt, wird er die Tränen der Pappeln versteinern und, wenn sie fallen, auffangen und durch seine schimmernden Wellen zu den Barbaren am Okeanos tragen.

12. 13. Der Bosporos

(1) ... rufen sie zu; aber auch die Rosse scheinen sie zu mahnen, ihre jugendlichen Reiter nicht abzuwerfen oder den Zaum abzuschütteln, sondern das Wild zu erjagen und niederzustampfen; und die Tiere, meine ich, hören darauf und tun es.

Nach der Jagd und dem Fang eines Bratens setzt sie ein Schiff von Europa nach Asien über, etwa vier Stadien weit, denn so

5 τέτταρας – τουτὶ γάρ τὸ ἐν μέσῳ τοῖν ἐθνοῖν – καὶ αὐτερέται
πλέουσιν. (2) Ἰδοὺ καὶ πεῖσμα βάλλονται. δέχεται δὲ αὐτοὺς
οἰκία μάλα ἡδεῖα θαλάμους ὑποφαίνουσα καὶ ἀνδρῶνας καὶ
θυρίδων ἴχνη, καὶ τεῖχος δὲ περιβέβληται καὶ ἐπάλξεις ἔχει. τὸ
10 δὲ κάλλιστον αὐτῆς, ἡμίκυκλος περιέστηκε στοὰ τῇ θαλάσσῃ 5
κιρροειδὴς ὑπὸ τοῦ ἐν αὐτῇ λίθου. γένεσις ἐκ πηγῶν τῷ λίθῳ·
θερμὸν γὰρ νᾶμα ὑπεκρέον τὰ τῆς κάτω Φρυγίας ὄρη καὶ
τὸ ῥεῦμα εἰς τὰς λιθοτομίας ἐσάγον ὑπόμβρους ἐργάζεται
15 τῶν πετρῶν ἐνίας καὶ ὑδατώδη ποιεῖ τὴν ἔκφυσιν τῶν λίθων,
ὅθεν αὐτῶν καὶ πολλὰ τὰ χρώματα. θολερὸν μὲν γὰρ ἔνθα 10
λιμνάζει κιρροειδὲς δίδωσι, καθαρὸν δὲ ὅπου κρυσταλλοειδὲς
ἐκεῖθεν, καὶ ποικίλλει τὰς πέτρας ἐν πολλαῖς διαπινόμενον
ταῖς τροπαῖς.

20 (3) Ἡ ἀκτὴ δὲ ὑψηλὴ καὶ τοιοῦδε μύθου φέρει σύμβολα. κόρη
καὶ παῖς ἄμφω καλὼ καὶ φοιτῶντε ταὐτῷ διδασκάλῳ 15
προσεκαύθησαν ἀλλήλοις καὶ περιβάλλειν οὐκ οὔσης ἀδείας
ὥρμησαν ἀποθανεῖν ἀπὸ ταυτησὶ τῆς πέτρας κἀντεῦθεν
ἤρθησαν εἰς τὴν θάλασσαν ἐν ὑστάταις καὶ πρώταις περι-
25 βολαῖς. καὶ ὁ Ἔρως ἐπὶ τῇ πέτρᾳ τείνει τὴν χεῖρα ἐς τὴν
θάλατταν, ὑποσημαίνων τὸν μῦθον ὁ ζωγράφος. 20

(4) Ἡ δὲ ἐφεξῆς οἰκία, χηρεύει τι γύναιον ἐξεληλυθὸς τοῦ
ἄστεος δι' ὄχλον νέων· ἁρπάσεσθαι γὰρ αὐτὸ ἔφασαν καὶ
30 ἀφειδῶς ἐκώμαζον καὶ δώροις ἐπείρων. ἡ δ' οἶμαι κομψόν τι
ἐς αὐτοὺς ἔχουσα κνίζει τὰ μειράκια καὶ δεῦρο ὑπεξελθοῦσα
οἰκεῖ τὴν ἐχυρὰν ταύτην οἰκίαν. σκέψαι γὰρ ὡς ὠχύρωται· 25
813 κ. κρημνὸς τῇ θαλάττῃ ἐφέστηκε τὰ μὲν κλυζόμενα ὑπωλισθη-
κώς, τὰ δὲ ἄνω προεκκείμενος ἔφαλόν τινα ταύτην ἀνέχων
οἰκίαν, ὑφ' ἧς καὶ ἡ θάλαττα κυανωτέρα φαίνεται καθιε-
5 μένων ἐς αὐτὴν τῶν ὀφθαλμῶν καὶ ἡ γῆ παρέχεται τὰ νεὼς
πάντα πλὴν τοῦ κινεῖσθαι. ἐς τοῦτο ἤκουσαν τὸ φρούριον 30

---

13 τροπαῖς FP τοπαῖς V₂ ὁπαῖς X   27 ὑπερκείμενος F

118

viel liegt zwischen den zwei Erdteilen, und sie rudern selbst. (2) Sieh' nur! Auch ein Ankertau werfen sie aus, und ein sehr hübsches Haus nimmt sie auf, das Gemächer zeigt, Männersäle und Andeutungen von Fenstern; auch läuft eine Mauer mit Zinnen herum. Was aber das Schönste daran ist, um die Meeresbucht schwingt sich im Halbkreis eine Halle, die durch ihre Bausteine gelblich schimmert. Ursprung solchen Gesteines sind Quellen; warmes Wasser nämlich, das am Fuß der niederphrygischen Berge hervorquillt und seinen Lauf zu den Steinbrüchen nimmt, rinnt über einige Felsen und läßt die obere Schicht der Steine sich voll Wasser ziehen; daher auch die Vielfalt ihrer Farben. Wo sich nämlich das Wasser staut, wird es trübe und ruft die gelbe Farbe hervor, wo es aber rein ist, entsteht kristallen klares Gestein; so färbt es die Felsen bunt, in deren vielfache Windungen es eindringt.

(3) Das Steilufer ragt hoch und erinnert an folgende Sage: Ein Mädchen und ein Jüngling, beide schön und beim gleichen Lehrer in der Schule, liebten einander heiß, doch weil es ihnen verwehrt blieb, sich zu umarmen, beschlossen sie, durch den Sprung von diesem Felsen hier den Tod zu suchen, und schwangen sich von hier in der letzten Umarmung, die ihre erste war, ins Meer. Und der Liebesgott auf dem Felsen streckt seine Hand zur Flut hinaus: so deutet der Maler die Sage an.

(4) Nun das Haus daneben: hier wohnt eine Witwe, die aus der Stadt herauszog, weil ihre jungen Verehrer so zudringlich waren; die nämlich drohten, sie zu entführen, brachten ihr Ständchen im Übermaß und wollten sie durch Geschenke verführen. Sie aber ziert sich wohl gegen sie und reizt damit die Burschen desto mehr; so ist sie auch heimlich hierher gezogen und bewohnt dieses feste Haus. Denn sieh', wie befestigt es ist! Ein schroffer Fels steigt aus der See, sein Fuß schiebt sich unter die Brandung, sein Kamm springt darüber hervor und trägt dieses Haus am Meer, unter dem die Flut dunkler scheint, wenn sich die Augen darauf senken, und dem auch das Land ganz als ein Schiff dient, nur daß es sich nicht bewegt. Ob-

οὐδὲ ὡς ἀπολελοίπασιν αὐτὴν οἱ ἐρῶντες, ἀλλ᾽ ὁ μὲν κυα-
νόπρῳρον, ὁ δὲ χρυσόπρῳρον, ὁ δὲ ἄλλος ἄλλο τι τῶν ποι-
10 κίλων ἀκατίων ἐμβεβηκὼς πλεῖ· κῶμος αὐτῇ, καλοί τε καὶ
ἐστεφανωμένοι, καὶ ὁ μὲν αὐλεῖ, ὁ δὲ κροτεῖν φησιν, ὁ δὲ ᾄδει
οἶμαι, στεφάνους δὲ ἀναρριπτοῦσι καὶ φιλήματα. καὶ οὐδὲ   5
ἐρέττουσιν, ἀλλ᾽ ἐπέχουσι τὴν εἰρεσίαν καὶ ἐφορμίζονται τῷ
15 κρημνῷ. τὸ δὲ γύναιον ἀπὸ τῆς οἰκίας οἷον ἐκ περιωπῆς
ὁρᾷ ταῦτα καὶ γελᾷ κατὰ τοῦ κώμου, χλιδῶσα εἰς τοὺς
ἐρῶντας ὡς οὐ πλεῖν μόνον, ἀλλὰ καὶ νεῖν ἀναγκάζουσα.

(5) Καὶ ποίμναις ἐντεύξῃ προχωρῶν καὶ μυκωμένων ἀκούσῃ   10
βοῶν καὶ συρίγγων βοὴ περιηχήσει σε καὶ κυνηγέταις ἐν-
20 τεύξῃ καὶ γεωργοῖς καὶ ποταμοῖς καὶ λίμναις καὶ πηγαῖς –
ἐκμέμακται γὰρ ἡ γραφὴ καὶ τὰ ὄντα καὶ τὰ γινόμενα καὶ ὡς
ἂν γένοιτο ἔνια, οὐ διὰ πλῆθος αὐτῶν ῥᾳδιουργοῦσα τὴν
ἀλήθειαν, ἀλλ᾽ ἐπιτελοῦσα τὸ ἑκάστου οἰκεῖον, ὡς ἂν εἰ [κἂν   15
25 εἰ] ἕν τι ἔγραφεν – ἔστ᾽ ἂν ἐφ᾽ ἱερὸν ἀφικώμεθα. καὶ τὸν ἐκεῖ
νεὼν οἶμαι ὁρᾷς καὶ στήλας, αἳ περιίδρυνται αὐτῷ, καὶ τὸν
ἐπὶ τῷ στόματι πυρσόν, ὃς ἤρτηται ἐς φρυκτωρίαν τῶν νεῶν,
αἳ πλέουσιν ἐκ τοῦ Πόντου.

30 [13]. (6) ,,Τί οὖν οὐκ ἐπ᾽ ἄλλο ἄγεις; ἱκανῶς γάρ μοι τὰ τοῦ   20
Βοσπόρου διανενόηται." τί φήσεις; λέλοιπέ με τὸ τῶν ἁλιέων,
ὃ κατ᾽ ἀρχὰς ἐπηγγειλάμην. ἵν᾽ οὖν μὴ περὶ σμικρῶν διεξίοι-
314 κ. μεν, ἀλλὰ περὶ ὧν λέγειν ἄξιον, τοὺς μὲν καλάμῳ θηρῶντας ἢ
κύρτῳ τεχνάζοντας ἢ εἴ τις ἀνιμᾷ δίκτυον ἢ ἐναράττει
τρίαιναν ἀφέλωμεν τοῦ λόγου· σμικρὸν γὰρ ἀκούσει περὶ   25
αὐτῶν καὶ φανεῖταί σοι μᾶλλον ἡδύσματα τῆς γραφῆς.
5 τοὺς δὲ ἐπιχειροῦντας τοῖς θύννοις ἴδωμεν· ἄξιοι γὰρ οὗτοι

3 πλεῖ καὶ X πλεῖ καὶ ὁ Bruxell. 11182   3 αὐτῇ FP αὐτός X
4 κροτεῖν Olearius κροτεῖ ω   6 ἐφορμίζονται FP ὑφ- PᶜX
10 προχωρῶν FP (προσ-) V₂ (getilgt V₂ᶜ)   15f. [κἂν εἰ] Hamaker, Lect. Philostr. 1816, 65   20 ὁ παῖς τί οὖν PᶜX
25 σμικρὸν F σμικρά ω

gleich die Frau in dieses feste Haus zog, haben sie ihre Anbeter auch so nicht in Ruhe gelassen, sondern der eine hat eine Barke mit dunkelblauem, der andere eine mit goldenem Bug bestiegen, andere wieder einen andern der bunten Nachen, und so fahren sie heran und bringen ihr ein Ständchen, hübsche Burschen und mit Kränzen geschmückt. Der eine nun bläst die Flöte, ein anderer ist gemalt, wie er in die Hände klatscht, ein dritter scheint zu singen, und Kränze werfen sie hinauf und Küsse. Sie rudern auch nicht, sondern haben die Riemen eingezogen und lassen sich gegen den Steilhang antreiben. Die Frau aber sieht all dem von ihrem Hause wie von einer Warte aus zu, lacht auf den Schwarm hinab und macht sich über ihre Verehrer lustig, weil sie diese nicht nur zu rudern, sondern auch zu schwimmen nötige.

(5) Im Weitergehen wirst du auf Schafherden stoßen und Rinder brüllen hören, der Schall von Hirtenflöten wird dich umtönen, du wirst Jäger treffen, Landleute, Flüsse, Teiche und Quellen – denn das Bild stellt dar, was ist, wie auch das, was wird, und einiges, wie es geschehen könnte, doch behandelt es trotz der Vielzahl der Dinge die Wirklichkeit nicht oberflächlich, sondern führt das Charakteristische von jedem sorgsam aus, als ob es immer nur dies eine malte –, bis wir zum Heiligtum kommen. Den Tempel dort siehst du wohl, auch die Säulen, die ihn umgeben, und den Feuerbrand oben an der Stirn des Tempels, der für die Schiffe, die aus dem Pontos fahren, als Leuchtfeuer angebracht ist.

(6) „Warum führst du mich jetzt nicht zum nächsten Gemälde? Das Bild des Bosporos habe ich ja nun lang genug studiert." Was sagst du? Es bleibt mir noch das Tun der Fischer zu schildern, wie ich anfangs versprach. Um uns aber nicht mit Kleinigkeiten zu befassen, sondern nur mit Wesentlichem, wollen wir die Fischer übersehen, die mit der Rute angeln oder mit der Reuse arbeiten, oder wenn einer das Netz einholt oder die Harpune schleudert; du wirst wenig über sie hören, und sie werden dir mehr als schmückendes Beiwerk zum Bilde erscheinen. Aber die laß uns ansehen, die den Thunfisch an-

λόγου διὰ μέγεθος τῆς θήρας. (7) Φοιτῶσιν οἱ θύννοι τῇ ἔξω
θαλάττῃ παρὰ τοῦ Πόντου γένεσιν ἐν αὐτῷ σχόντες καὶ
νομὰς τὰς μὲν ἰχθύων, τὰς δὲ ἰλύων καὶ χυμῶν ἑτέρων, οὓς
10 Ἴστρος ἐς αὐτὸν φέρει καὶ Μαιῶτις, ὑφ᾿ ὧν γλυκύτερος καὶ
ποτιμώτερος ἄλλης θαλάττης ὁ Πόντος. νέουσι δὲ οἷον στρα-   5
τιωτῶν φάλαγξ ἐπὶ ὀκτὼ καὶ ἐφ᾿ ἑκκαίδεκα καὶ δὶς τόσοι
καὶ ὑποκυματίζουσιν ἀλλήλοις, ἄλλος ἄλλῳ ἐπινέοντες,
15 τοσοῦτον βάθος ὅσον αὐτῶν τὸ εὖρος. (8) Ἰδέαι μὲν οὖν,
καθ᾿ ἃς ἁλίσκονται, μυρίαι· καὶ γὰρ σίδηρον ἔστιν ἐπ᾿ αὐτοὺς
θήξασθαι καὶ φάρμακα ἐπιπάσαι καὶ μικρὸν ἤρκεσε δίκτυον,   10
ὅτῳ ἀπόχρη καὶ σμικρόν τι τῆς ἀγέλης. ἀρίστη δὲ ἥδε ἡ
θήρα· σκοπιωρεῖται γάρ τις ἀφ᾿ ὑψηλοῦ ξύλου ταχὺς μὲν
20 ἀριθμῆσαι, τὴν δὲ ὄψιν ἱκανός. δεῖ γὰρ αὐτῷ πεπηγέναι μὲν
τοὺς ὀφθαλμοὺς ἐς τὴν θάλατταν ἐξικνεῖσθαί τε πορρωτάτω·
κἂν ἐμβάλλοντας τοὺς ἰχθῦς ἴδῃ, βοῆς τε ὡς μεγίστης δεῖ   15
αὐτῷ πρὸς τοὺς ἐν τοῖς ἀκατίοις, καὶ τὸν ἀριθμὸν λέγει καὶ
25 τὰς μυριάδας αὐτῶν· οἱ δὲ ἀποφράξαντες αὐτοὺς βαθεῖ καὶ
κλειστῷ δικτύῳ δέχονται λαμπρὰν ἄγραν, ὑφ᾿ ἧς καὶ
πλουτεῖν ἕτοιμον τῷ τῆς θήρας ἡγεμόνι.

(9) Βλέπε πρὸς τὴν γραφὴν ἤδη· κατόψει γὰρ αὐτὰ καὶ δρώ-   20
30 μενα. ὁ μὲν σκοπιωρὸς ἐς τὴν θάλατταν βλέπει διαπέμπων
τοὺς ὀφθαλμοὺς ἐς τὴν τοῦ ἀριθμοῦ σύλληψιν, ἐν γλαυκῷ δὲ
τῷ τῆς θαλάττης ἄνθει τὰ τῶν ἰχθύων χρώματα· μέλανες
315 κ. μὲν οἱ ἄνω δοκοῦσιν, ἧττον δ᾿ οἱ ἐφεξῆς, οἱ δὲ μετ᾿ ἐκείνους
ἤδη παραψεύδονται τὴν ὄψιν, εἶτα σκιώδεις, εἶτα ὑδαροὶ   25
ὑπονοῆσαι. καταβαίνουσα γὰρ ἐς τὸ ὕδωρ ἡ ὄψις ἀμβλύνεται
5 διακριβοῦν τὰ ἐν αὐτῷ. (10) Ὁ δὲ τῶν ἁλιέων δῆμος ἡδεῖς
καὶ ξανθοὶ τὴν χρόαν ὑπὸ τοῦ θέρεσθαι καὶ ὁ μὲν τὴν κώπην
ζεύγνυσιν, ὁ δὲ ἐρέττει μάλα διεξῳδηκότι τῷ βραχίονι, ὁ δὲ
ἐπικελεύεται τῷ πέλας, ὁ δὲ παίει τὸν μὴ ἐρέττοντα. βοὴ δὲ   30
ἦρται τῶν ἁλιέων ἐμπεπτωκότων ἤδη τῶν ἰχθύων εἰς τὸ

greifen; denn diese verdienen ein Wort wegen der Bedeutung ihrer Jagd. (7) Die Thunfische wandern ins Mittelmeer aus dem Pontos, wo sie ihren Ursprung und ihre Nahrung haben, teils Fische, teils Schlamm und anderes Schwemmgut, das Istros und Maiotis in ihm ablagern, weshalb der Pontos ein süßeres und trinkbareres Wasser hat als andere Meere. Sie schwimmen wie ein Heereszug einher, zu acht, zu sechzehn und doppelt soviel, und tauchen so unter einander, daß einer über dem andern schwimmt, und zwar so tief, als ihr Zug breit ist. (8) Die Arten nun, sie zu fangen, sind zahllos; denn man kann Eisen gegen sie schärfen oder kann Giftkraut auf sie streuen, und ein kleines Netz reicht für den hin, dem schon ein geringer Teil der Herde genügt. Die beste Fangart ist folgende: auf hohem Holzgerüst hält einer Ausschau, der flink im Zählen ist und scharfe Augen hat; denn sein Blick muß sich fest ins Meer bohren und möglichst weit reichen; und wenn er die Fische einfallen sieht, muß er den Männern in den Booten so laut wie möglich zurufen können; auch nennt er ihnen die Zahl und schätzt sie nach Myriaden; die anderen aber sperren sie mit einem tiefgehenden Netz ab, das man zuziehen kann, und machen so einen glänzenden Fang, durch den der Unternehmer des Fangs sogar reich werden kann.

(9) Schau nun auf das Bild! Du wirst nämlich sehen, wie der Fang eben vor sich geht. Der Wächter blickt ins Meer und läßt seine Augen hin und her gehen, um die Zahl zu schätzen; im blauen Glanz der See erscheinen die Farben der Fische: die obersten scheinen schwarz, etwas heller die tiefer schwimmenden, die dritte Schicht verschwimmt schon vor dem Blick, dann werden sie schattenhaft, und schließlich sind sie vom Wasser kaum noch zu unterscheiden; denn wenn der Blick ins Wasser hinabsteigt, wird er zu schwach, um die Dinge darin genau zu erkennen. (10) Das Volk der Fischer ist fröhlich und von der Sonne gebräunt; der eine hängt sein Ruder ein, ein zweiter rudert mit hochgeschwelltem Muskel, ein anderer ermuntert seinen Nachbarn, und der vierte schlägt einen, der nicht rudert. Geschrei der Fischer hat sich erhoben, weil die

10 δίκτυον· καὶ τοὺς μὲν ᾐρήκασι, τοὺς δὲ αἱροῦσιν· ἀμηχανοῦν-
τες δὲ ὅ τι χρήσονται τῷ πλήθει καὶ παρανοίγουσι τοῦ δικτύου καὶ συγχωροῦσιν ἐνίους διαφυγεῖν καὶ διεκπεσεῖν· τοσοῦτον ἐς τὴν θήραν τρυφῶσιν.

14. Σεμέλη 5

15 (1) Βροντὴ ἐν εἴδει σκληρῷ καὶ Ἀστραπὴ σέλας ἐκ τῶν
ὀφθαλμῶν ἱεῖσα πῦρ τε ῥαγδαῖον ἐξ οὐρανοῦ τυραννικῆς
οἰκίας ἐπειλημμένον λόγου τοιοῦδε, εἰ μὴ ἀγνοεῖς, ἅπτεται.
(2) Πυρὸς νεφέλη περισχοῦσα τὰς Θήβας εἰς τὴν τοῦ Κάδμου
20 στέγην ῥήγνυται κωμάσαντος ἐπὶ τὴν Σεμέλην τοῦ Διός, 10
καὶ ἀπόλλυται μέν, ὡς δοκοῦμεν, ἡ Σεμέλη, τίκτεται δὲ
Διόνυσος οἶμαι νὴ Δία πρὸς τὸ πῦρ. καὶ τὸ μὲν τῆς Σεμέλης
εἶδος ἀμυδρὸν διαφαίνεται ἰούσης ἐς οὐρανόν, καὶ αἱ Μοῦσαι
25 αὐτὴν ἐκεῖ ᾄσονται, ὁ δὲ Διόνυσος τῆς μὲν μητρὸς ἐκθρώσκει
ῥαγείσης τὴν γαστέρα, τὸ δὲ πῦρ ἀχλυῶδες ἐργάζεται φαιδ- 15
ρὸς αὐτὸς οἷον ἀστήρ τις ἀπαστράπτων. (3) Διασχοῦσα δὲ ἡ
φλὸξ ἄντρον τι τῷ Διονύσῳ σκιαγραφεῖ παντὸς ἥδιον
Ἀσσυρίου τε καὶ Λυδίου· ἕλικές τε γὰρ περὶ αὐτὸ τεθήλασι
30 καὶ κιττοῦ κόρυμβοι καὶ ἤδη ἄμπελοι καὶ θύρσου δένδρα οὕτω
316 κ. τι ἑκούσης ἀνασχόντα τῆς γῆς, ὡς κἂν τῷ πυρὶ εἶναι ἔνια, καὶ 20
οὐ χρὴ θαυμάζειν, εἰ στεφανοῖ τὸ πῦρ ἐπὶ τῷ Διονύσῳ ἡ γῆ,
ἥ γε καὶ συμβακχεύσει αὐτῷ καὶ οἶνον ἀφύσσειν ἐκ πηγῶν
5 δώσει γάλα τε οἷον ἀπὸ μαζῶν ἕλκειν τὸ μὲν ἐκ βώλου, τὸ
δὲ ἐκ πέτρας. (4) Ἄκουε τοῦ Πανός, ὡς τὸν Διόνυσον ᾄδειν
ἔοικεν ἐν κορυφαῖς τοῦ Κιθαιρῶνος ὑποσκιρτῶν τι εὔιον. ὁ 25
Κιθαιρὼν δὲ ὀλοφύρεται ἐν εἴδει ἀνθρώπου τὰ μικρὸν ὕστερον
10 ἐν αὑτῷ ἄχη καὶ κιττοῦ φέρει στέφανον ἀποκλίνοντα τῆς
κεφαλῆς – στεφανοῦται γὰρ δὴ αὐτῷ σφόδρα ἄκων – ἐλάτην

___

20 κἂν Jacobs καὶ ω   25 ὑποσκιρτῶν τι Schenkl ὑ-τα FP
ὑ-τῶν PᶜX

Fische schon ins Netz eingefallen sind: ein Teil ist bereits gefangen, die anderen fangen sie eben; weil sie aber nicht wissen,
was mit so vielen anzufangen, öffnen sie sogar seitlich das Netz
und lassen einige durchschlüpfen und entkommen: so vor-
nehm verschwenderisch macht sie ihr reicher Fang.

14. Semele

(1) Der Donner, eine grause Gestalt, und der Blitz, der Flammen aus den Augen sprüht, und das vom Himmel herabstür-
zende Feuer, das ein Herrscherhaus ergriff, deuten auf folgende Sage, wenn du sie kennst. (2) Eine feurige Wolke, die Theben einhüllt, bricht über das Haus des Kadmos herein, da
Zeus als Freier zu Semele gekommen ist, und Semele muß,
wie wir glauben, dabei sterben, geboren aber wird, beim Zeus,
meine ich, Dionysos unter dem Feuerstrahl. Semeles Gestalt
scheint nur schwach durch, wie sie zum Himmel aufsteigt, wo
die Musen sie besingen werden, Dionysos aber springt
aus dem zerrissenen Mutterschoß hervor und verdunkelt das
Feuer mit seinem eigenen Glanz, strahlend wie ein Stern. (3)
Die gespaltene Flamme läßt schattenhaft eine Grotte für
Dionysos erkennen, lieblicher als irgendeine in Assyrien oder
Lydien. Denn rings um sie sprossen Ranken und Trauben von
Efeu, auch schon Reben und Thyrsosstengel, die sich aus der
so wunderbar willig spendenden Erde erheben, daß einige sogar noch im Feuer sind, und es darf uns nicht wunder nehmen,
wenn die Erde zu Ehren des Dionysos das Feuer mit Reben
kränzt, da sie ja mit ihm am Taumel seines Festes teilhaben
und sein Gefolge Wein aus Quellen schöpfen und Milch aus
Scholle und Fels wie aus Brüsten saugen lassen wird. (4) Lau-
sche dem Pan, wie er Dionysos zu besingen scheint, indem er
auf den Gipfeln des Kithairon tanzend bakchisch jauchzt!
Kithairon aber beklagt in menschlicher Gestalt das Unheil,
das bald auf ihm geschehen wird, und trägt einen Efeukranz,
der ihm vom Haupte gleiten will, weil er ihn sehr wider Wil-

τε αὐτῷ παραφυτεύει Μέγαιρα καὶ πηγὴν ἀναφαίνει ὕδατος
ἐπὶ τῷ Ἀκταίωνος οἶμαι καὶ Πενθέως αἵματι.

15. Ἀριάδνη

15 (1) Ὅτι τὴν Ἀριάδνην ὁ Θησεὺς ἄδικα δρῶν – οἱ δ᾽ οὐκ ἄδικά
φασιν, ἀλλ᾽ ἐκ Διονύσου – κατέλιπεν ἐν Δίᾳ τῇ νήσῳ καθ- 5
εύδουσαν, τάχα που καὶ τίτθης διακήκοας· σοφαὶ γὰρ
ἐκεῖναι τὰ τοιαῦτα καὶ δακρύουσιν ἐπ᾽ αὐτοῖς, ὅταν ἐθέλω-
σιν. οὐ μὴν δέομαι λέγειν Θησέα μὲν εἶναι τὸν ἐν τῇ νηί,
20 Διόνυσον δὲ τὸν ἐν τῇ γῇ, οὐδ᾽ ὡς ἀγνοοῦντά ⟨σ᾽⟩ ἐπιστρέ-
φοιμ᾽ ἂν ἐς τὴν ἐπὶ τῶν πετρῶν, ὡς ἐν μαλακῷ κεῖται τῷ 10
ὕπνῳ.

(2) Οὐδ᾽ ἀπόχρη τὸν ζωγράφον ἐπαινεῖν, ἀφ᾽ ὧν κἂν ἄλλος
ἐπαινοῖτο· ῥᾴδιον γὰρ ἅπαντι καλὴν μὲν τὴν Ἀριάδνην
25 γράφειν, καλὸν δὲ τὸν Θησέα, Διονύσου τε μυρία φάσματα
τοῖς γράφειν ἢ πλάττειν βουλομένοις, ὧν κἂν μικροῦ τύχῃ 15
τις, ᾕρηκε τὸν θεόν. καὶ γὰρ οἱ κόρυμβοι στέφανος ὄντες
Διονύσου γνώρισμα, κἂν τὸ δημιούργημα φαύλως ἔχῃ, καὶ
30 κέρας ὑπεκφυόμενον τῶν κροτάφων Διόνυσον δηλοῖ καὶ
317 κ. πάρδαλις ὑπεκφαινομένη αὖ τοῦ θεοῦ σύμβολον· ἀλλ᾽ οὗτός
γε ὁ Διόνυσος ἐκ μόνου τοῦ ἐρᾶν γέγραπται. σκευὴ μὲν γὰρ 20
ἠνθισμένη καὶ θύρσοι καὶ νεβρίδες, ἔρριπται ταῦτα ὡς ἔξω
τοῦ καιροῦ, καὶ οὐδὲ κυμβάλοις αἱ Βάκχαι χρῶνται νῦν οὐδὲ
5 οἱ Σάτυροι αὐλοῦσιν, ἀλλὰ καὶ ὁ Πὰν κατέχει τὸ σκίρτημα,
ὡς μὴ διαλύσειε τὸν ὕπνον τῆς κόρης, ἁλουργίδι τε στείλας
ἑαυτὸν καὶ τὴν κεφαλὴν ῥόδοις ἀνθίσας ἔρχεται παρὰ τὴν 25
Ἀριάδνην ὁ Διόνυσος, μεθύων ἔρωτι φησὶ περὶ τῶν
10 ἀκρατῶς ἐρώντων ὁ Τήιος. (3) Ὁ Θησεὺς δὲ ἐρᾷ μέν, ἀλλὰ τοῦ
τῶν Ἀθηνῶν καπνοῦ, Ἀριάδνην δὲ οὔτε οἶδεν ἔτι οὔτε ἔγνω

---

9 ⟨σ᾽⟩ Benndorf   26f. [περὶ - ἐρώντων] Kayser

len trägt. Neben ihm pflanzt Megaira eine Fichte und läßt
einen Quell entspringen, wohl zum Gedenken des blutigen
Endes von Aktaion und Pentheus.

15. Ariadne

(1) Daß Theseus an Ariadne übel tat, als er sie auf der Insel
Dia schlafend verließ – andere sagen: nicht Unrecht war es,
sondern Wille des Dionysos –, das hast du wohl schon deine
Amme erzählen hören; denn in solchen Geschichten sind diese
Frauen beschlagen und können darüber weinen, wann sie nur
wollen. Ich brauche also nicht zu sagen, daß der dort auf dem
Schiffe Theseus ist und der auf dem Lande Dionysos, will
dich auch nicht wie einen Ungebildeten auf die Frau dort auf
den Felsen hinweisen, die in sanftem Schlummer daliegt.
(2) Es genügt auch nicht, den Maler für etwas zu loben, wofür auch ein anderer Anerkennung fände; denn es ist für niemand eine Kunst, Ariadne schön und Theseus schön zu malen,
und wer Dionysos malen oder bilden will, für den gibt es tausend Zeichen, und wer sie nur ein wenig wiedergibt, hat damit
schon den Gott getroffen. Die Efeutrauben z.B., die seinen
Kranz bilden, sind Kennzeichen des Dionysos, gesetzt auch,
die Ausführung sei verpfuscht; auch das Horn, das aus den
Schläfen wächst, deutet auf Dionysos, und wiederum ist ein
auftauchender Panther ein Zeichen für den Gott. Hier aber ist
Dionysos allein durch die Liebe bezeichnet. Denn seine buntgestickten Gewänder, die Thyrsosstäbe und Hirschkalbfelle, all
dies ist beiseite gelegt, weil es hier nicht schicklich ist; auch
lassen die Bakchantinnen jetzt nicht die Zimbeln tönen, und
die Satyrn blasen die Flöte nicht, selbst Pan hält inne im Tanz,
um nicht des Mädchens Schlaf zu stören, und mit purpurnem
Gewande geschmückt und das Haupt mit Rosen bekränzt
naht Dionysos Ariadne, „von Liebe trunken", wie der Dichter
aus Teos von den brünstig Liebenden sagt. (3) Theseus trägt
zwar auch Verlangen, aber nur nach dem Rauche Athens, von

ποτέ, φημὶ δ' αὐτὸν ἐκλελῆσθαι καὶ τοῦ λαβυρίνθου καὶ
μηδὲ εἰπεῖν ἔχειν, ἐφ' ὅτῳ ποτὲ ἐς τὴν Κρήτην ἔπλευσεν,
15 οὕτω μόνον τὰ ἐκ πρώρας βλέπει. ὅρα καὶ τὴν Ἀριάδνην,
μᾶλλον δὲ τὸν ὕπνον· γυμνὰ μὲν εἰς ὀμφαλὸν στέρνα ταῦτα,
δέρη δὲ ὑπτία καὶ ἀπαλὴ φάρυγξ, μασχάλη δὲ ἡ δεξιὰ φανερὰ   5
πᾶσα, ἡ δὲ ἑτέρα χεὶρ ἐπίκειται τῇ χλαίνῃ, μὴ αἰσχύνῃ τι ὁ
20 ἄνεμος. οἷον, ὦ Διόνυσε, καὶ ὡς ἡδὺ τὸ ἄσθμα· εἰ δὲ μήλων
ἢ βοτρύων ἀπόζει, φιλήσας ἐρεῖς.

16. Πασιφάη

(1) Ἡ Πασιφάη τοῦ ταύρου ἐρᾷ καὶ ἱκετεύει τὸν Δαίδαλον   10
σοφίσασθαί τινα πειθὼ τοῦ θηρίου, ὁ δὲ ἐργάζεται βοῦν
κοίλην παραπλησίαν ἀγελαίᾳ βοῒ τοῦ ταύρου ἐθάδι. καὶ ἥτις
25 μὲν ἡ εὐνὴ σφῶν ἐγένετο, δηλοῖ τὸ τοῦ Μινωταύρου εἶδος
ἀτόπως συντεθὲν τῇ φύσει· γέγραπται δὲ οὐχ ἡ εὐνὴ νῦν,
ἀλλ' ἐργαστήριον μὲν τοῦτο πεποίηται τοῦ Δαιδάλου.   15
περιέστηκε δὲ αὐτῷ ἀγάλματα τὰ μὲν ἐν μορφαῖς, τὰ δὲ ἐν τῷ
30 διορθοῦσθαι, βεβηκότα ἤδη καὶ ἐν ἐπαγγελίᾳ τοῦ βαδίζειν·
318 κ. τοῦτο δὲ ἄρα ἡ πρὸ Δαιδάλου ἀγαλματοποιία οὔπω ἐς νοῦν
ἐβέβλητο. αὐτὸς δὲ ὁ Δαίδαλος ἀττικίζει μὲν καὶ τὸ εἶδος
ὑπέρσοφόν τι καὶ ἔννουν βλέπων, ἀττικίζει δὲ καὶ αὐτὸ τὸ   20
5 σχῆμα· φαιὸν γὰρ τρίβωνα τοῦτον ἀμπέχεται προσγε-
γραμμένης αὐτῷ καὶ ἀνυποδησίας, ᾗ μάλιστα δὴ οἱ Ἀττικοὶ
κοσμοῦνται. (2) Κάθηται δὲ ἐφ' ἁρμονίᾳ τῆς βοὸς καὶ τοὺς
Ἔρωτας ξυνεργοὺς ποιεῖται τοῦ μηχανήματος, ὡς Ἀφροδίτης τι αὐτῷ ἐπιδεῖν. ἐναργεῖς μὲν τῶν Ἐρώτων καὶ οἱ τὸ   25
10 τρύπανον, ὦ παῖ, στρέφοντες καὶ νὴ Δί' οἱ τῷ σκεπάρνῳ
λεαίνοντες τὰ μήπω ἠκριβωμένα τῆς βοὸς καὶ οἱ σταθμώμενοι

---

14 συντεθὲν FP συντελεσθὲν PᶜX   15 τῷ δαιδάλῳ X
17 διαβεβηκότα X

Ariadne weiß er nichts mehr, noch kannte er sie je, und ich
möchte sagen, daß er sogar das Labyrinth vergaß und nicht
einmal sagen könnte, wozu er denn nach Kreta fuhr, so völlig
starrt er nur auf das, was vor dem Steven liegt. Betrachte auch
Ariadne oder vielmehr ihren Schlaf! Der Busen hier ist bis
zur Mitte des Leibes entblößt; der Hals ist zurückgebogen,
zart die Kehle, das Innere der rechten Achsel liegt ganz offen,
und die andere Hand ruht auf dem Kleid, damit der Wind
nichts entblößen kann. Wie lockend und süß, Dionysos, ihr
Atem! Ob er aber nach Äpfeln oder Trauben duftet, kannst
du nach dem Kusse sagen.

16. Pasiphae

(1) Pasiphae liebt den Stier und bittet Daidalos flehentlich, ein
Lockmittel für das Tier zu ersinnen; der aber baut eine hohle
Kuh, die einer dem Stier vertrauten Herdenkuh ähnelt. Und
welcher Art ihre Begattung war, lehrt die widernatürlich zu-
sammengesetzte Gestalt des Minotauros; dargestellt ist jetzt
aber nicht ihre Vereinigung, sondern die Werkstatt des Daidalos ist hier gemalt. Um ihn stehen Bildwerke, teils schon gestaltet, teils noch ohne die letzte Hand, doch schon schreiten
sie aus und lassen künftigen Gang erwarten; davon hatte sich
nun die Bildhauerei vor Daidalos nicht träumen lassen. Daidalos selber hat ein ganz attisches Aussehen und schaut recht
kunstsinnig und verständig drein, attisch ist aber auch seine
Kleidung; er hat nämlich den dunklen Arbeitskittel hier umgeworfen, dazu ist er unbeschuht gemalt, wodurch sich ja besonders die Athener auszeichnen. (2) Er sitzt beim Zusammenfügen der Kuh und läßt die Liebesgötter bei seinem Kunstwerk helfen, um ihm etwas von Aphrodites Reiz zu verleihen.
Ganz deutlich sieht man die Eroten, die den Bohrer drehen,
mein Kind, und jene, bei Zeus, die mit dem Beil die noch nicht
ausgearbeiteten Teile der Kuh glätten, auch die, welche mit
der Richtschnur das Ebenmaß der Teile prüfen, auf dem die

τὴν ξυμμετρίαν, ἐφ᾽ ἧς ἡ δημιουργία βαίνει· οἱ δὲ ἐπὶ τοῦ
πρίονος ἔννοιάν τε ὑπερβεβλήκασι πᾶσαν καὶ σοφίαν, ὁπόση
15 χειρός τε καὶ χρωμάτων. (3) Σκόπει γάρ· πρίων ἐμβέβληται
τῷ ξύλῳ καὶ διήκει αὐτοῦ ἤδη, διάγουσι δὲ αὐτὸν οὗτοι οἱ
Ἔρωτες ὁ μὲν ἐκ τῆς γῆς, ὁ δ᾽ ἀπὸ μηχανῆς ὀρθουμένω τε   5
καὶ προνεύοντε. τουτὶ δ᾽ ἐναλλὰξ ἡγώμεθα· ὁ μὲν γὰρ νένευ-
20 κεν ὡς ἀναστησόμενος, ὁ δὲ ἀνέστηκεν ὡς νεύσων, καὶ ὁ μὲν
ἀπὸ τῆς γῆς ἐπὶ τὸ στέρνον ἀναπέμπει τὸ ἆσθμα, ὁ δ᾽ ἀπὸ
τοῦ μετεώρου καὶ τὴν γαστέρα πίμπλαται κάτω συνερείδων
τὼ χεῖρε.   10

(4) Ἡ Πασιφάη δὲ ἔξω περὶ τὰ βουκόλια περιαθρεῖ τὸν ταῦρον
25 οἰομένη προσάξεσθαι αὐτὸν τῷ εἴδει καὶ τῇ στολῇ θεῖόν τε
ἀπολαμπούσῃ καὶ ὑπὲρ πᾶσαν Ἴριν βλέπει τε ἀμήχανον –
καὶ γὰρ γινώσκει, ὁποίων ἐρᾷ – καὶ περιβάλλειν τὸ θηρίον
ὥρμηκεν, ὁ δὲ τῆς μὲν οὐδὲν ξυνίησι, βλέπει δὲ τὴν ἑαυτοῦ   15
30 βοῦν. γέγραπται δὲ ὁ μὲν ταῦρος ἀγέρωχός τε καὶ ἡγεμὼν
819 κ. τῆς ἀγέλης, εὔκερώς τε καὶ λευκὸς καὶ βεβηκὼς ἤδη καὶ
βαθὺς τὴν φάρυγγα καὶ πίων τὸν αὐχένα καὶ ἱλαρὸν βλέπων
ἐς τὴν βοῦν· ἡ δὲ ἀγελαία τε καὶ ἄνετος καὶ λευκὴ πᾶσα ἐπὶ
μελαίνῃ τῇ κεφαλῇ, ἀπαξιοῖ δὲ τὸν ταῦρον· σκίρτημα γὰρ   20
ὑποφαίνει κόρης δή τινος ὑποφευγούσης ἐραστοῦ ὕβριν.

17. Ἱπποδάμεια

5 (1) Ἡ μὲν ἔκπληξις ἐπ᾽ Οἰνομάῳ τῷ Ἀρκάδι, οἱ δὲ ἐπ᾽ αὐτῷ
βοῶντες – ἀκούεις γάρ που – ἤ τε Ἀρκαδία ἐστὶ καὶ ὁπόσον
ἐκ τῆς Πελοποννήσου. πέπτωκε δὲ συντριβὲν τὸ ἅρμα τέχνῃ   25
Μυρτίλου, τὸ δὲ ἵππων σύγκειται τεττάρων· τουτὶ γὰρ ἐς
μὲν τὰ πολεμικὰ οὔπω ἐθαρσεῖτο, οἱ δὲ ἀγῶνες ἐγίνωσκόν
10 τε αὐτὸ καὶ ἐτίμων· καὶ οἱ Λυδοὶ δὲ φιλιππότατοι ὄντες ἐπὶ

___

4 διῆκται X   12 θεῖόν τι V₂   22 Οἰνόμαος oder Πέλοψ X

künstlerische Arbeit beruht; doch die an der Säge übertreffen jeden künstlerischen Einfall und alle Ausführungen in Linien und Farbe. (3) Denn sieh nur! Die Säge ist ans Holz gesetzt und frißt sich schon ein; die Eroten hier ziehen sie nämlich durch, der eine auf der Erde, der andre vom Gerüst aus, und dabei richten sie sich auf und beugen sich vor; das tun sie abwechselnd, versteht sich, denn der eine hat sich vorgebeugt, um sich wieder aufzurichten, der andere ist aufgerichtet und wird sich wieder vorbiegen, und der auf dem Boden zieht den Atem in die Brust, und der obere bläst sogar den Bauch voll Luft, weil er beide Arme nach unten stemmt.

(4) Draußen aber bei den Herden äugelt Pasiphae mit dem Stier, weil sie hofft, ihn durch ihre Schönheit und ihre Kleider anzulocken, deren überirdischer Glanz schöner als der Regenbogen strahlt, doch ist ihr Blick hilflos, denn sie weiß nur zu gut, welches Wesen sie liebt. Und dennoch treibt es sie, das Tier zu umfangen; er aber achtet nicht auf sie, sondern hat nur Augen für seine Kuh. Gemalt ist der Stier als stolzes Tier und recht als Leiter der Herde, schön gehörnt und weiß, ein Stier, der schon ausschreitet, mit herabhängender Wamme, feistem Nacken, und lüstern-fröhlich auf seine Kuh blickend; sie aber schwärmt frei in der Herde, ist ganz weiß, mit schwarzem Kopf und will vom Stier nichts wissen; denn sie setzt zu einem Sprung an wie ein Mädchen, das vor einem zudringlich-wilden Liebhaber flieht.

17. Hippodameia

(1) Dieses Entsetzen gilt Oinomaos, dem Arkader, und die über ihn Schreienden – du hörst sie wohl –, das ist Arkadien und wer sonst noch aus der Peloponnes kommt. Der Wagen ist zusammengebrochen, zertrümmert durch die Arglist des Myrtilos; es ist ein Viergespann; zum Krieg nämlich wagte man es noch nicht zu verwenden, die Wettspiele aber kannten es und brachten es zu Ehren. Auch die Lyder, sehr große Liebhaber von

μὲν Πέλοπος τέθριπποί τε ἦσαν καὶ ἤδη ἁρματῖται, μετὰ ταῦτα δὲ τετραρρύμου τε ἥψαντο καὶ λέγονται πρῶτοι τοὺς
ὀκτὼ σχεῖν.

(2) Ὅρα, παῖ, τοὺς μὲν τοῦ Οἰνομάου, ὡς δεινοί τέ εἰσι καὶ
15 σφοδροὶ ὁρμῆσαι λύττης τε καὶ ἀφροῦ μεστοί – τουτὶ δὲ περὶ   5
τοὺς Ἀρκάδας εὕροις μάλιστα – καὶ ὡς μέλανες, ἐπειδὴ ἐπ'
ἀτόποις καὶ οὐκ εὐφήμοις ἐζεύγνυντο, τοὺς δὲ τοῦ Πέλοπος,
ὡς λευκοί τέ εἰσι καὶ τῇ ἡνίᾳ πρόσφοροι Πειθοῦς τε ἑταῖροι
20 καὶ χρεμετίζοντες ἥμερόν τι καὶ εὐξύνετον τῆς νίκης, τόν τε
Οἰνόμαον, ὡς ἴσα καὶ Διομήδης ὁ Θρᾷξ βάρβαρός τε κεῖται   10
καὶ ὠμὸς τὸ εἶδος. οἶμαι δὲ οὐδὲ τῷ Πέλοπι ἀπιστήσεις, ὡς
Ποσειδῶν ποτε αὐτὸν ἠγάσθη τῆς ὥρας οἰνοχοοῦντα ἐν
25 Σιπύλῳ τοῖς θεοῖς καὶ ἀγασθεὶς ἀνέθηκεν ἐς τουτὶ τὸ ἅρμα
μειράκιόν γε ἤδη ὄντα· τὸ δὲ ἅρμα ἴσα τῇ γῇ τὴν θάλατταν
διαστείχει, καὶ οὐδὲ ῥανὶς ἀπ' αὐτῆς πηδᾷ εἰς τὸν ἄξονα,   15
βεβαία δέ, τῇ γῇ ἐοικυῖα, ὑπόκειται τοῖς ἵπποις. (3) Τὸν μὲν
30 οὖν δρόμον ὁ Πέλοψ τε καὶ ἡ Ἱπποδάμεια νικῶσιν ἐφεστηκότε
320 κ. ἄμφω τῷ ἅρματι κἀκεῖ συζυγέντε, ἀλλήλων δὲ οὕτως ἥττη-
σθον, ὡς ἐν ὁρμῇ τοῦ περιβάλλειν εἶναι. ἔσταλται δὲ ὁ μὲν
τὸν Λύδιόν τε καὶ ἁβρὸν τρόπον ἡλικίαν τε καὶ ὥραν ἄγων,   20
5 ἣν καὶ μικρῷ πρόσθεν εἶδες, ὅτε τοὺς ἵππους τὸν Ποσειδῶνα
ἐζήτει· ἡ δ' ἔσταλται τὸν γαμικὸν τρόπον ἄρτι τὴν παρειὰν
ἀνακαλύπτουσα, ὅτε ἐς ἀνδρὸς ἥκειν νενίκηκε. πηδᾷ καὶ
Ἀλφειὸς ἐκ τῆς δίνης κοτίνου τινὰ ἐξαίρων στέφανον τῷ
Πέλοπι προσελαύνοντι τῇ ὄχθῃ.   25

10 (4) Τὰ δὲ ἐν τῷ ἱπποδρόμῳ σήματα οἱ μνηστῆρες ἐκεῖ ἐθά-
πτοντο, οὓς ἀποκτείνων ὁ Οἰνόμαος ἀνεβάλλετο τὸν τῆς
θυγατρὸς γάμον ἐπὶ τρισκαίδεκα ἤδη νέοις. ἀλλὰ ἡ γῆ νῦν
ἄνθη φύει περὶ τοῖς σήμασιν, ὡς μετέχοιέν τι κἀκεῖνοι τοῦ
στεφανοῦσθαι δοκεῖν ἐπὶ τῇ τοῦ Οἰνομάου δίκῃ.   30

---

6 εὕροις+ἂν X   16 δὲ+καὶ PᶜX

Pferden, fuhren zu Pelops' Zeiten schon mit vier Pferden und mit Wagen, später gingen sie zu Wagen mit vier Deichseln über und sollen zuerst acht Rosse vorgespannt haben.

(2) Sieh nur, mein Kind, die Rosse des Oinomaos an, wie gewaltig sie sind und vorwärts stürmen wollen, wie hitzig und mit Schaum bedeckt – so etwas findet man am leichtesten bei Arkadern – und wie schwarz sie sind! Sie wurden ja zu unerhörten, frevlen Fahrten angeschirrt; dagegen die des Pelops, wie weiß sie sind und leicht zu zügeln als Gefährten der Göttin der Überredung und wie leicht und siegesbewußt sie wiehern, und schau Oinomaos an, wie er daliegt, dem Thraker Diomedes gleich, ein Barbar und roh von Gestalt. Du wirst es auch wohl Pelops zutrauen, daß ihn Poseidon einst, als er auf dem Sipylos der Götter Mundschenk war, ob seiner Schönheit liebgewann und aus Zuneigung ihn noch als Jüngling auf diesen Wagen stellte; der Wagen fährt auf der See wie über Land, und kein Tropfen spritzt vom Meer an die Achse, sondern es liegt fest, wie ebener Boden, unter den Pferdehufen.

(3) Im Wettrennen also sind Pelops und Hippodameia Sieger; sie stehen beide auf dem Wagen, Hand in Hand und so voneinander beseligt, daß sie sich gleich umarmen möchten. Gekleidet ist er in üppiger lydischer Art, in der Blüte und Schönheit der Jugend, wie du sie eben sahst, als er bei Poseidon um die Pferde nachsuchte; sie aber ist geschmückt wie eine Braut und entschleiert eben die Wange, weil sie im Siege das Recht errang, ins Haus eines Mannes zu kommen. Sogar Alpheios springt aus seiner Flut und reicht Pelops, der am Ufer dahinfährt, einen Kranz von Ölzweigen hinauf.

(4) Die Grabmäler an der Rennbahn: dort begrub man die Freier, durch deren Tod Oinomaos die Heirat seiner Tochter hinausschob, schon etwa dreizehn junge Männer. Nun aber läßt die Erde Blüten an den Gräbern sprießen, auf daß auch sie im Bilde an der Bekränzung zur Feier der Strafe für Oinomaos teilhätten.

18. Βάκχαι

15 (1) Γέγραπται μέν, ὦ παῖ, καὶ τὰ ἐν τῷ Κιθαιρῶνι, Βακχῶν
χοροὶ καὶ ὕποινοι πέτραι καὶ νέκταρ ἐκ βοτρύων καὶ ὡς γάλακτι τὴν βῶλον ἡ γῆ λιπαίνει. καὶ ἰδοὺ κιττὸς ἕρπει καὶ
ὄφεις ὀρθοὶ καὶ θύρσου δένδρα οἶμαι μέλι στάζοντα. καὶ ἥδε 5
20 σοι ἡ ἐλάτη χαμαὶ γυναικῶν ἔργον ἐκ Διονύσου μέγα, πέπτωκε δὲ τὸν Πενθέα ἀποσεισαμένη ταῖς Βάκχαις ἐν εἴδει
λέοντος. αἱ δὲ καὶ ξαίνουσι τὸ θήραμα μήτηρ ἐκείνη καὶ
ἀδελφαὶ μητρὸς αἱ μὲν ἀπορρηγνῦσαι τὰς χεῖρας, ἡ δὲ ἐπι-
25 σπῶσα τὸν υἱὸν τῆς χαίτης. εἴποις δ' ἂν καὶ ὡς ἀλαλάζουσιν, 10
οὕτως εὔιον αὐταῖς τὸ ἆσθμα. Διόνυσος δὲ αὐτὸς μὲν ἐν
περιωπῇ τούτων ἕστηκεν ἐμπλήσας τὴν παρειὰν χόλου,
τὸν δὲ οἶστρον προσβακχεύσας ταῖς γυναιξίν· οὔτε ὁρῶσι
30 γοῦν τὰ δρώμενα καί, ὁπόσα ἱκετεύει ὁ Πενθεύς, λέοντος
ἀκούειν φασὶ βρυχωμένου. 15

321 κ. (2) Ταυτὶ μὲν τὰ ἐν τῷ ὄρει, τὰ δὲ ἐγγὺς ταῦτα Θῆβαι ἤδη
καὶ Κάδμου στέγη καὶ θρῆνος ἐπὶ τῇ ἄγρᾳ καὶ συναρμόττου-
σιν οἱ προσήκοντες τὸν νεκρόν, εἴ πη σωθείη τῷ τάφῳ. πρόσ-
5 κειται καὶ ἡ κεφαλὴ τοῦ Πενθέως οὐκέτι ἀμφίβολος, ἀλλ' οἷα
καὶ τῷ Διονύσῳ ἐλεεῖν, νεωτάτη καὶ ἀπαλὴ τὴν γένυν καὶ 20
πυρσὴ τὰς κόμας, ἃς οὔτε κιττὸς ἤρεψεν οὔτε σμίλακος ἢ
ἀμπέλου κλῆμα οὔτε αὐλὸς ἔσεισέ τις οὔτ' οἶστρος. ἐρρών-
νυτο μὲν ὑπ' αὐτῶν καὶ ἐρρώννυεν αὐτάς, ἐμαίνετο δὲ αὐτὸ
10 τὸ μὴ μετὰ Διονύσου μαίνεσθαι.

(3) Ἐλεεινὰ καὶ τὰ τῶν γυναικῶν ἡγώμεθα. οἷα μὲν γὰρ ἐν 25
τῷ Κιθαιρῶνι ἠγνόησαν, οἷα δὲ ἐνταῦθα γινώσκουσιν.
ἀπολέλοιπε δὲ αὐτὰς οὐχ ἡ μανία μόνον, ἀλλὰ καὶ ἡ ῥώμη,
15 καθ' ἣν ἐβάκχευσαν. κατὰ μὲν γὰρ τὸν Κιθαιρῶνα ὁρᾷς, ὡς
μεσταὶ τοῦ ἄθλου φέρονται συνεξαίρουσαι τὴν ἠχὼ τοῦ
ὄρους, ἐνταῦθα δὲ παρίστανται καὶ εἰς νοῦν τῶν βεβακχευ- 30

---

1 Πενθ' αἱ καὶ Βάκχαι V₂ Πενθεύς Χ   5 θύρσου Pierson
θύρσοι ω

18. Bakchen

(1) Hier, mein Kind, ist auch das Geschehen auf dem Kithairon gemalt, Reigen der Bakchen, Felsen, die von Wein fließen, Nektar, der aus Trauben quillt, und Schollen, welche die Erde mit Milch fett macht. Efeu kriecht hier, Schlangen bäumen sich auf, und Thyrsosstämme träufeln, glaub' ich, Honig. Und hier, schau, die gestürzte Tanne, der Frauen gewaltige Tat durch des Dionysos Macht; sie fiel, indem sie Pentheus in Löwengestalt für die Bakchantinnen herabschleuderte. Sie zerfleischen sogar ihre Beute, die Mutter dort und ihre Schwestern; diese reißen ihm die Arme aus, sie aber schleift ihren Sohn am Haar. Man möchte sagen, sie rufen „Sieg", so ähnelt ihr Keuchen bakchischem Schrei. Dionysos selbst steht da und sieht dem Toben zu; Zorn glüht auf seiner Wange, und mit wildem Rasen erfüllt er die Weiber; jedenfalls sehen sie nicht, was sie tun, und, so laut auch Pentheus fleht, sie glauben, einen brüllenden Löwen zu hören.

(2) Dies geschieht auf dem Berge, aber hier im Vordergrund sieht man schon Theben, das Haus des Kadmos und die Klage um das Erjagte, und die Verwandten fügen den Leib wieder zusammen in der Hoffnung, ihn für das Grab zu erhalten. Da liegt auch das Haupt des Pentheus, nun nicht mehr zu verkennen, sondern sein Anblick könnte sogar Dionysos erbarmen, so jung ist es noch und mit zartem Flaum, mit goldenen Locken, die weder Efeu kränzte noch einer Eibe oder Rebe Zweig, die weder eine Flöte noch Festes Taumel beben ließ. Von ihnen hatte er seine Stärke, und er gab ihnen Kraft; aber gerade darin raste er, daß er mit Dionysos nicht raste.

(3) Für bejammernswert wollen wir auch das Schicksal der Weiber halten. Denn wofür wurden sie auf dem Kithairon blind, und was müssen sie hier sehen! Nicht nur die Raserei, wich von ihnen, sondern auch die Kraft, mit der sie tobten. Denn du siehst, wie sie auf dem Kithairon voller Kampfeslust einherstürmen und auf ihrem Weg das Echo des Berges wecken, hier aber sind sie ruhig und erkennen, was sie in bak-

μένων ἥκουσιν, Ιζάνουσαί τε κατὰ τῆς γῆς τῆς μὲν εἰς γόνατα
ἡ κεφαλὴ βρίθει, τῆς δὲ εἰς ὦμον, ἡ δ᾽ Ἀγαύη περιβάλλειν
20 μὲν τόν υἱὸν ὥρμηκε, θιγεῖν δὲ ὀκνεῖ· προσμέμικται δ᾽ αὐτῇ
τὸ τοῦ παιδὸς αἷμα τὸ μὲν ἐς χεῖρας, τὸ δὲ ἐς παρειάν, τὸ δὲ
ἐς τὰ γυμνὰ τοῦ μαζοῦ.   5
(4) Ἡ δὲ Ἁρμονία καὶ ὁ Κάδμος εἰσὶ μέν, ἀλλ᾽ οὐχ οἷοίπερ
ἦσαν· δράκοντε γὰρ ἤδη ἐκ μηρῶν γίνονται, καὶ φολὶς ἤδη
25 αὐτοὺς ἔχει. φροῦδοι πόδες, φροῦδοι γλουτοί, καὶ ἡ μεταβολὴ
τοῦ εἴδους ἕρπει ἄνω. οἱ δὲ ἐκπλήττονται καὶ περιβάλλουσιν
ἀλλήλους, οἷον ξυνέχοντες τὰ λοιπὰ τοῦ σώματος, ὡς ἐκεῖνα 10
γοῦν αὐτοὺς μὴ φύγῃ.

19. Τυρρηνοί

(1) Ναῦς θεωρὶς καὶ ναῦς λῃστρική· τὴν μὲν Διόνυσος εὐθύνει,
322 κ. τὴν δ᾽ ἐμβεβήκασι Τυρρηνοὶ λῃσταὶ τῆς περὶ αὐτοὺς θαλάττης. ἡ μὲν δὴ ἱερὰ ναῦς· βακχεύει ἐν αὐτῇ Διόνυσος καὶ 15
ἐπιρροθοῦσιν αἱ Βάκχαι, ἁρμονία δέ, ὁπόση ὀργιάζει, κατηχεῖ
τῆς θαλάττης, ἡ δὲ ὑπέχει τῷ Διονύσῳ τὰ ἑαυτῆς νῶτα,
5 καθάπερ ἡ Λυδῶν γῆ· ἡ δὲ ἑτέρα ναῦς· μαίνονται καὶ τῆς
εἰρεσίας ἐκλανθάνονται, πολλοῖς δὲ αὐτῶν ἀπολώλασιν
ἤδη αἱ χεῖρες. (2) Τίς ἡ γραφή; τὸν Διόνυσον, ὦ παῖ, λοχῶσι 20
Τυρρηνοὶ λόγου ἐς αὐτοὺς ἥκοντος, ὡς θῆλύς τε εἴη καὶ
10 ἀγύρτης καὶ χρυσοῦς τὴν ναῦν ὑπὸ τοῦ ἐν αὐτῇ πλούτου
γύναιά τε αὐτῷ ὁμαρτοίη Λύδια καὶ Σάτυροι [καὶ] αὐληταί
καὶ ναρθηκοφόρος γέρων καὶ οἶνος Μαρώνειος καὶ αὐτὸς ὁ
Μάρων· καὶ Πᾶνας αὐτῷ ξυμπλεῖν ἀκούοντες ἐν εἴδει τράγων 25
15 αὐτοὶ μὲν ἕξεσθαι τὰς Βάκχας, αἶγας δὲ ἀνήσειν ἐκείνοις, ἃς ἡ
Τυρσηνῶν γῆ βόσκει. (3) Ἡ μὲν οὖν λῃστρικὴ ναῦς τὸν
μάχιμον πλεῖ τρόπον· ἐπωτίσι τε γὰρ κατεσκεύασται καὶ
ἐμβόλῳ καὶ σιδηραῖ αὐτῇ χεῖρες καὶ αἰχμαὶ καὶ δρέπανα
ἐπὶ δοράτων. ὡς ⟨δ᾽⟩ ἐκπλήττοι τοὺς ἐντυγχάνοντας καὶ 30

7 δράκοντε V₂ δράκοντες ω   7 μηρῶν VV₂ μοιρῶν ω
20 ὁ παῖς τίς X, vgl. 1, 13, 6   23 [καὶ] Benndorf, vgl. 1, 19, 4
30 ⟨δ᾽⟩ Reiske

136   I 19

chischer Wut vollbrachten; und wie sie sich zur Erde setzen, sinkt der einen das Haupt schwer auf die Knie, der anderen auf die Schulter, Agaue aber stürmt heran, den Sohn zu umarmen, doch schreckt sie vor der Berührung zurück; das Blut des Sohnes klebt an ihren Händen, der Wange, der offenen Brust.

(4) Harmonia und Kadmos sind zwar noch, doch nicht, wie sie waren; denn von den Schenkeln abwärts werden sie bereits Schlangen, und Schuppen bedecken sie schon: verschwunden die Füße, fort das Gesäß, und die Verwandlung der Gestalt greift langsam nach oben. Sie sind voll Entsetzen und umarmen sich, wie um den Rest ihres Menschenleibes festzuhalten, damit ihnen wenigstens dieser nicht entschwinde.

19. Die Tyrrhener

(1) Ein Festschiff und ein Raubschiff: das eine lenkt Dionysos, das andere haben Tyrrhener, Räuber auf ihrem eigenen Meer, bestiegen. Das heilige Schiff: auf ihm schwärmt Dionysos, und die Bakchantinnen lärmen dazu. Orgiastische Musik tönt über die See, die den Gott ebenso wie die Erde Lydiens auf ihrem Rücken trägt. Das andere Schiff: Rasende, die das Rudern vergaßen; viele von ihnen haben schon die Hände verloren. (2) Was zeigt das Bild? Dem Dionysos, lieber Sohn, lauern Tyrrhener auf, da ihnen Kunde ward, er sei weibisch, ein Gaukler und sitze auf dem Schiff bis an den Hals im Gold, soviel Reichtum führe es, lydische Weiber seien bei ihm, auch flötenspielende Satyrn und ein Greis mit dem Thyrsos, dazu Maronischer Wein und Maron selbst; und da sie hörten, es führen Pane in Bocksgestalt mit ihm, wollen sie selbst die Bakchantinnen haben, jenen aber Ziegen dafür lassen, wie sie das tyrrhenische Land nährt. (3) Das Piratenschiff also fährt wie ein Kriegsfahrzeug einher; denn es ist mit Sturmbalken und Rammsporn ausgerüstet, hat eiserne Enterhaken, Lanzen und Sicheln an Speerschäften; und damit es die Begegnenden

20 θηρίον τι αὐτοῖς ἐκφαίνοιτο, γλαυκοῖς μὲν γέγραπται χρώ-
μασι, βλοσυροῖς δὲ κατὰ πρῷραν ὀφθαλμοῖς οἷον βλέπει,
λεπτὴ δὲ ἡ πρύμνα καὶ μηνοειδὴς καθάπερ τὰ τελευτῶντα
τῶν ἰχθύων. (4) Ἡ δὲ τοῦ Διονύσου ναῦς τὰ μὲν ἄλλα
25 πυραμίδι εἴκασται, φολιδωτὴ δὲ ὁρᾶται τὸ ἐς πρύμναν κυμβά-   5
λων αὐτῇ παραλλὰξ ἐνηρμοσμένων, ἵν', εἰ καὶ Σάτυροί ποτε
ὑπὸ οἴνου καθεύδοιεν, ὁ Διόνυσος μὴ ἀψοφητὶ πλέοι, τὴν δὲ
πρῷραν ἐς χρυσῆν πάρδαλιν εἴκασταί τε καὶ ἐξῆκται. φιλία
30 δὲ τῷ Διονύσῳ πρὸς τὸ ζῷον, ἐπειδὴ θερμότατον τῶν ζῴων
ἐστὶ καὶ πηδᾷ κοῦφα καὶ ἴσα εὐάδι. ὁρᾷς γοῦν καὶ αὐτὸ τὸ   10
θηρίον, συμπλεούσας τῷ Διονύσῳ καὶ πηδώσας ἐπὶ τοὺς
323 κ.   Τυρρηνοὺς μήπω κελεύοντος. θύρσος δὲ οὑτοσὶ ἐκ μέσης νεὼς
ἐκπέφυκε τὰ τοῦ ἱστοῦ πράσσων καὶ ἱστία μεθῆπται ἁλουργῆ
μεταυγάζοντα ἐν τῷ κόλπῳ, χρυσαῖ δὲ ἐνύφανται Βάκχαι
5 ἐν Τμώλῳ καὶ Διονύσου τὰ ἐν Λυδίᾳ· κατηρεφῆ δὲ τὴν ναῦν   15
ἀμπέλῳ καὶ κιττῷ φαίνεσθαι καὶ βότρυς ὑπὲρ αὐτῆς αἰωρεῖ-
σθαι θαῦμα μέν, θαυμασιωτέρα δὲ ἡ πηγὴ τοῦ οἴνου, ὡς
κοίλη αὐτὸν ἡ ναῦς ἐκδίδοται καὶ ἀντλεῖται.

(5) Ἀλλ' ἐπὶ τοὺς Τυρρηνοὺς ἴωμεν, ἕως εἰσίν· ὁ γὰρ Διόνυ-
10 σος αὐτοὺς ἐκμήνας ἐντρέχουσι τοῖς Τυρρηνοῖς ἰδέαι δελφίνων   20
οὔπω ἐθάδων οὐδὲ ἐγχωρίων τῇ θαλάσσῃ· καὶ τῷ μὲν τὰ
πλευρὰ κυάνεα, τῷ δ' ὀλισθηρὰ τὰ στέρνα, τῷ δ' ἐκφύεται
λοφιὰ παρὰ τῷ μεταφρένῳ, ὁ δὲ ἐκδίδωσι τὰ οὐραῖα, καὶ τῷ
15 μὲν ἡ κεφαλὴ φρούδη, τῷ δὲ λοιπή, τῷ δ' ἡ χεὶρ ὑγρά, ὁ δ'
ὑπὲρ τῶν ποδῶν ἀπιόντων βοᾷ.   25

(6) Ὁ δὲ Διόνυσος ἐκ πρῴρας γελᾷ ταῦτα καὶ κελεύει τοῖς
Τυρρηνοῖς τὰ μὲν εἴδη ἰχθύσιν ἐξ ἀνθρώπων, τὰ δὲ ἤθη
χρηστοῖς ἐκ φαύλων. ὀχήσεται γοῦν μικρὸν ὕστερον Παλαί-
20 μων ἐπὶ δελφῖνος οὐδὲ ἐγρηγορὼς οὗτος, ἀλλ' ὕπτιος ἐπ'
αὐτοῦ καθεύδων, καὶ Ἀρίων δὲ ὁ ἐπὶ Ταινάρῳ δηλοῖ τοὺς   30
δελφῖνας ἑταίρους τε εἶναι ἀνθρώποις καὶ ᾠδῆς φίλους καὶ

---

5 πυραμίδι Kalinka πέτρα μοι δι ω   5 τὸ FPV₂ τὰ PᶜX
5 πρύμναν Jacobs πρώραν ω   11 συμπλέον ... πηδῶν X

schrecke und ihnen als Ungeheuer erscheine, ist es mit blauer Farbe angemalt und starrt an seinem Bug gleichsam mit grimmen Lichtern, das Heck aber ist schlank und halbmondartig gebogen wie Fischschwänze. (4) Das Schiff des Dionysos aber ist im übrigen einer Pyramide vergleichbar, nur scheint es am Heck mit Schuppen bedeckt, weil dort Reihen von Zimbeln angebracht sind, damit Dionysos nicht ohne Festlärm segle, auch wenn die Satyrn einmal weinschwer schliefen, am Bug aber läuft es in das Goldbild eines Panthers aus. Dionysos liebt das Tier, weil es das leidenschaftlichste aller Tiere ist und leicht wie eine Bakchantin springt. Du siehst ja auch das Tier lebendig, da Panther mit Dionysos fahren und schon vor seinem Befehl die Tyrrhener anspringen. Der Thyrsos hier wuchs mitten aus dem Schiff und dient als Mast, purpurne Segel sind gehißt; sie bauschen sich schimmernd, und eingewirkt sind goldene Bakchen auf dem Tmolos und die Schicksale des Dionysos in Lydien. Daß aber das Schiff mit Rebe und Efeu überdacht erscheint und Trauben über ihm schaukeln, ist freilich schon ein Wunder, doch wundersamer ist der Weinquell, wie ihn der Schiffsraum spendet und schöpfen läßt.

(5) Doch gehen wir zu den Tyrrhenern über, solange sie noch sind! Denn weil der Gott sie rasend machte, überläuft die Tyrrhener die Form von Delphinen, die das Meer noch nicht kennen und nicht heimisch darin sind; aber einer hat schon dunkelblaue Seiten, dem anderen wird die Brust glatt, dem wächst am Rücken eine Flosse, der treibt Schwanzflossen hervor, und dem dort ist der Kopf schon dahin, und ein anderer hat ihn noch; dem wird die Hand weich, und der schreit auf, weil ihm die Füße schwinden.

(6) Dionysos aber lacht am Vordersteven darüber und ruft den Tyrrhenern zu, die der Form nach Fische wurden aus Menschen und der Art nach gute Wesen aus Bösewichtern. So wird wenig später Palaimon auf einem Delphin reiten, und zwar nicht einmal wach, sondern rücklings auf ihm schlummernd, und das Bild Arions am Tainaron beweist, daß die Delphine Gefährten der Menschen und Freunde des Gesanges

οἵους παρατάξασθαι πρὸς λῃστὰς ὑπὲρ ἀνθρώπων καὶ μουσικῆς.

20. Σάτυροι

25 (1) Κελαιναὶ μὲν τὸ χωρίον, ὅσον αἱ πηγαὶ καὶ τὸ ἄντρον, ἐκποδὼν δὲ ὁ Μαρσύας ἢ ποιμαίνων ἢ μετὰ τὴν ἔριν. μὴ 5 ἐπαίνει τὸ ὕδωρ· καὶ γὰρ εἰ πότιμον καὶ γαληνὸν γέγραπται, ποτιμωτέρῳ ἐντεύξῃ τῷ Ὀλύμπῳ. κοιμᾶται δὲ μετὰ τὴν 30 αὔλησιν ἁβρὸς ἐν ἁβροῖς ἄνθεσι συγκεραννὺς τὸν ἱδρῶτα τῇ 824 κ. τοῦ λειμῶνος δρόσῳ, καὶ ὁ Ζέφυρος ἐκκαλεῖ αὐτὸν προσ- πνέων τῇ κόμῃ, ὁ δὲ ἀναπνεῖ τοῦ ἀνέμου ἕλκων τὸ ἀπὸ τοῦ 10 στέρνου ἆσθμα· κάλαμοί τε αὐλοῦντες ἤδη παράκεινται τῷ 5 Ὀλύμπῳ καὶ σιδήρια ἔτι, οἷς ἐπιτρυπῶνται οἱ αὐλοί. (2) Ἐ- ρῶντες δὲ αὐτοῦ Σατύρων τις ἀγέλη καταθεῶνται τὸ μειρά- κιον ἐρυθροὶ καὶ σεσηρότες, ὁ μὲν τοῦ στέρνου θιγεῖν δεόμενος, ὁ δὲ ἐμφῦναι τῇ δέρῃ, ὁ δὲ σπάσαι τι ἐπιθυμῶν φίλημα, ἄνθη 15 10 τε ἐπιπάττουσι καὶ προσκυνοῦσιν ὡς ἄγαλμα, ὁ σοφώτατος δὲ αὐτῶν ἔτι θερμοῦ θατέρου τοῦ αὐλοῦ τὴν γλῶτταν ἀνασπάσας ἐσθίει καὶ τὸν Ὄλυμπον οὕτω φιλεῖν οἴεται, φησὶ δὲ καὶ ἀπογεύσασθαι τοῦ πνεύματος.

21. Ὄλυμπος   20

15 (1) Τίνι αὐλεῖς, Ὄλυμπε; τί δὲ ἔργον μουσικῆς ἐν ἐρημίᾳ; οὐ ποιμήν σοι πάρεστιν, οὐκ αἰπόλος οὐδὲ Νύμφαις αὐλεῖς, αἱ καλῶς ἂν ὑπωρχήσαντο τῷ αὐλῷ· παθὼν δὲ οὐκ οἶδα ὅ τι χαίρεις τῷ ἐπὶ τῇ πέτρᾳ ὕδατι καὶ βλέπεις ἐπ' αὐτό. τί μετέχων αὐτοῦ; καὶ γὰρ οὔτε κελαρύζει σοι καὶ πρὸς τὸν 25 20 αὐλὸν ὑπέξεσται οὔτε διαμετροῦμέν σοι τὴν ἡμέραν, οἵ γε

7 κοιμᾶται Kalinka καθεύδει Kayser καὶ ᾠδαὶ FP ᾠδαὶ X 9 λειμῶνος Olearius χειμῶνος ω 12 ἐπιτρυπῶνται Salma- sius ἐπιθρύπτονται ω 28 παθὼν Pᶜ X μαθὼν FP 26 ὑπ- έξεσται Kal. ὑποέσται ω

sind, bereit, sich für die Menschen und die Musenkunst gegen
Seeräuber in den Kampf zu stellen.

20. Satyrn

(1) Kelainai heißt der Ort, nach Quellen und Grotte zu schließen. Marsyas aber ist fort; vielleicht weidet er seine Herde,
oder der Wettkampf ist vorüber. Lobe das Wasser nicht; denn
wenn es zum Genusse lockend und still gemalt ist, lieblicher
wirst du doch Olympos finden. Er schlummert nach dem Flötenspiel; in zarten Blumen ruht der Zarte, mischt seinen
Schweiß mit Wiesentau, und Zephyros lockt ihn, indem er
über sein Haar hinstreicht; er aber duftet nach dem Wind, indem er den Atem tief aus der Brust zieht, und Rohrhalme, die
schon flötend tönen, liegen bei Olympos, auch Eisenzeug, mit
dem die Pfeifen gebohrt werden. (2) Voll Verlangen nach ihm
betrachtet eine Schar von Satyrn den Jüngling mit geröteten
Wangen und gaffendem Mund: den einen gelüstet es, die
Brust zu berühren, der andere will seinen Nacken umschlin-
gen, ein Dritter ihm einen Kuß rauben, und sie streuen Blüten
auf ihn und verehren ihn kniend wie ein Götterbild; der Ge-
weckteste aber von ihnen zieht die Zunge der einen noch warmen Flöte heraus, beißt hinein, und meint, so küsse er Olympos, und behauptet sogar, seines Hauches zu genießen.

21. Olympos

(1) Für wen flötest du, Olympos? Und was soll in der Einsam-
keit Musik? Kein Schäfer ist bei dir, kein Ziegenhirt, und
auch für Nymphen spielst du nicht, die wohl schön zur Flöte
tanzten. Ich weiß nicht, was dich bezaubert, daß du dich am
Wasser unter dem Felsen freust und es unverwandt ansiehst.
Was findest du daran? Es rauscht ja nicht für dich, ist auch
nicht auf dein Flötenspiel hin aufgewallt, noch messen wir

βουλοίμεϑ' ἂν καὶ ἐς νύκτα σ' ἀποτεῖναι τὸ αὔλημα. εἰ δὲ τὸ
κάλλος ἀνακρίνεις, τοῦ ὕδατος ἀμέλει· ἡμεῖς γὰρ ἱκανώτεροι
λέξαι τὰ ἐν σοὶ ἅπαντα. (2) Τὸ μὲν ὄμμά σοι χαροπόν, πολλὰ
25 δὲ αὐτοῦ πρὸς τὸν αὐλὸν τὰ κέντρα, ὀφρὺς δὲ αὐτῷ περιβέβληται διασημαίνουσα τὸν νοῦν τῶν αὐλημάτων, ἡ παρειὰ 5
δὲ πάλλεσϑαι δοκεῖ καὶ οἷον ὑπορχεῖσϑαι τῷ μέλει, τὸ
πνεῦμα δὲ οὐδὲν ἐπαίρει τοῦ προσώπου ὑπὸ τοῦ ἐν τῷ αὐλῷ
30 εἶναι, ἡ κόμη τε οὐκ ἀργὴ οὔτε κεῖται καϑάπερ ἐν ἀστικῷ
825 κ. μειρακίῳ λιπῶσα, ἀλλ' ἐγήγερται μὲν ὑπὸ τοῦ αὐχμοῦ,
παρέχεται δὲ αὐχμηρὸν οὐδὲν ἐν ὀξείᾳ καὶ χλωρᾷ τῇ πίτυι· 10
καλὸς γὰρ ὁ στέφανος καὶ δεινὸς ἐπιπρέψαι τοῖς ἐν ὥρᾳ, τὰ δὲ
ἄνϑη παρϑένοις ἀναφυέσϑω καὶ γυναίοις ἔρευϑος ἑαυτὰ ἐρ-
5 γαζέσϑω. φημί σοι καὶ τὰ στέρνα οὐ πνεύματος ἔμπλεα εἶναι
μόνον, ἀλλὰ καὶ ἐννοίας μουσικῆς καὶ διασκέψεως τῶν αὐλημάτων. (3) Μέχρι τούτων σε τὸ ὕδωρ γράφει κατακύπτοντα 15
ἐς αὐτὸ ἀπὸ τῆς πέτρας. εἰ δὲ ἑστηκότα ἔγραφεν, οὐκ ἂν
10 εὐσχήμονα τὰ ὑπὸ τῷ στέρνῳ ἔδειξεν· ἐπιπόλαιοι γὰρ αἱ
μιμήσεις τῶν ὑδάτων ἀπὸ τοῦ συνιζάνειν ἐν αὐτοῖς τὰ μήκη.
τὸ δὲ καὶ κλύζεσϑαί σοι τὴν σκιὰν ἔστω μὲν καὶ παρὰ τοῦ
αὐλοῦ τὴν πηγὴν καταπνέοντος, ἔστω δὲ καὶ παρὰ τοῦ 20
15 Ζεφύρου ταῦτα πάντα, δι' ὃν καὶ σὺ ἐν τῷ αὐλεῖν καὶ ὁ αὐλὸς
ἐν τῷ πνεῖν καὶ ἡ πηγὴ ἐν τῷ καταυλεῖσϑαι.

22. Μίδας

(1) Καθεύδει ὁ Σάτυρος, καὶ ὑφειμένῃ τῇ φωνῇ περὶ αὐτοῦ
λέγωμεν, μὴ ἐξεγείρηται καὶ διαλύσῃ τὰ ὁρώμενα. Μίδας 25
20 αὐτὸν οἴνῳ τεϑήρακεν ἐν Φρυγίᾳ περὶ αὐτά, ὡς ὁρᾷς, τὰ
ὄρη, τὴν κρήνην οἰνοχοήσας, ἐν ᾗ κεῖται παραβλύζων τοῦ
οἴνου ἐν τῷ ὕπνῳ.

---

12 ἑαυταῖς F   18 ἀπὸ FP ὑπὸ P^cX   21 Ζεφύρου FP ζωγράφου P^cX

damit die Tageszeit für dich, da uns doch lieb wäre, du dehntest dein Spiel sogar tief in die Nacht aus. Wenn du aber deine Schönheit prüfst, achte du nicht auf das Wasser! Denn wir sind geschickter, all deine Schönheit zu schildern. (2) Dein Auge ist feurig und sendet manchen Strahlenblick zur Flöte, die Braue umwölbt es und spiegelt die Stimmung deiner Weisen; die Wange scheint zu beben und gleichsam zur Melodie zu hüpfen, der Hauch bläht keine Stelle des Gesichtes auf, weil er gänzlich in die Flöte schlüpft, das Haar ist weder ungepflegt, noch liegt es wie bei einem Stutzer aus der Stadt glattgesalbt an, sondern es ist locker, weil es trocken ist, doch sieht es unter dem spitzen grünen Fichtenkranz nicht verwildert aus; denn schön ist der Kranz und bildet eine herrliche Zier für jugendschöne Menschen: Blumen mögen für Mädchen sprießen und ihre Röte für die Frauen hervorbringen. Ich meine, daß dir auch die Brust nicht nur vom Atem schwillt, sondern auch von musikalischen Einfällen und tiefem Sinnen über deine Flötenweisen. (3) So weit malt dich das Wasser, zu dem du dich vom Felsen beugst. Spiegelte es dich aber aufrecht, zeigte es den Unterleib nicht wohlgestalt; denn im Wasser bleiben die Spiegelbilder an der Oberfläche, weil sich bei ihnen die Längen zusammenschieben. Daß sich aber dein Spiegelbild wellig bewegt, mag von der Flöte herrühren, deren Hauch zum Quell herniederweht; doch mag dies alles auch vom Zephyr kommen, dessentwegen du die Flöte bläst und die Flöte tönend weht und auch die Quelle durch der Flöte Anhauch wallt.

22. Midas

(1) Der Satyr schläft; laß uns leise von ihm reden, damit er nicht erwacht und unsere Augenweide stört. Midas hat ihn in Phrygien, wie du siehst, bei den Bergen selbst mit Wein gefangen, den er in die Quelle goß; in dieser liegt er nun und sprudelt im Schlafe Wein von sich.

Σατύρων δὲ ἡδὺ μὲν τὸ σφοδρόν, ὅτε ὀρχοῦνται, ἡδὺ δὲ τὸ
βωμολόχον, ὅτε μειδιῶσι. καὶ ἐρῶσιν οἱ γενναῖοι καὶ ὑπο-
25 ποιοῦνται τὰς Λυδὰς αἰκάλλοντες αὐτὰς τέχνῃ. κἀκεῖνο αὐτῶν ἔτι· σκληροὶ γράφονται καὶ ἄκρατοι τὸ αἷμα καὶ περιττοὶ
τὰ ὦτα καὶ κοῖλοι τὸ ἰσχίον, ἀγέρωχοι πάντα καὶ τὸ ἐπὶ τὰ   5
οὐραῖα ἵπποι.

(2) Τὸ δὲ θήραμα τοῦ Μίδου τοῦτο γέγραπται μὲν ὅσα
30 ἐκεῖνοι, καθεύδει δὲ ὑπὸ τοῦ οἴνου τὸ ἄσθμα ἕλκων ὡς ἐκ
326 κ.   μέθης. καὶ ἡ μὲν κρήνη πέποται αὐτῷ ῥᾷον ἢ ἑτέρῳ κύλιξ, αἱ
δὲ Νύμφαι χορεύουσι τωθάζουσαι τὸν Σάτυρον ἐπὶ τῷ καθεύ-   10
δειν. ὡς ἁβρὸς ὁ Μίδας, ὡς δὲ ῥᾴθυμος. μίτρας ἐπιμελεῖται καὶ
5 βοστρύχου καὶ θύρσον φέρει καὶ στολὴν ἔγχρυσον. ἰδοὺ καὶ
ὦτα μεγάλα, ὑφ' ὧν ἡδεῖς οἱ ὀφθαλμοὶ δοκοῦντες ὑπηλοὶ
φαίνονται καὶ μεθέλκουσι τὴν ἡδονὴν εἰς τὸ νωθρόν, αἰνιτ-
τομένης σπουδῇ τῆς γραφῆς ἐκμεμηνῦσθαι ταῦτ' ἤδη καὶ   15
10 διαδεδόσθαι τοῖς ἀνθρώποις ἐν καλάμῳ, μὴ κατασχούσης
τῆς γῆς ἃ ἤκουσεν.

23. Νάρκισσος

(1) Ἡ μὲν πηγὴ γράφει τὸν Νάρκισσον, ἡ δὲ γραφὴ τὴν
πηγὴν καὶ τὰ τοῦ Ναρκίσσου πάντα. μειράκιον ἄρτι θήρας   20
ἀπηλλαγμένον πηγῇ ἐφέστηκεν ἕλκον τινὰ ἐξ αὐτοῦ ἵμερον
15 καὶ ἐρῶν τῆς ἑαυτοῦ ὥρας, ἀστράπτει δέ, ὡς ὁρᾷς, ἐς τὸ ὕδωρ.
(2) Τὸ μὲν οὖν ἄντρον Ἀχελῴου καὶ Νυμφῶν, γέγραπται δὲ
τὰ εἰκότα· φαύλου τε γὰρ τέχνης τὰ ἀγάλματα καὶ λίθου
ἐντεῦθεν, καὶ τὰ μὲν περιτέτριπται ὑπὸ τοῦ χρόνου, τὰ δὲ   25
20 βουκόλων ἢ ποιμένων παῖδες περιέκοψαν ἔτι νήπιοι καὶ
ἀναίσθητοι τοῦ θεοῦ. καὶ οὐδὲ ἀβάκχευτος ἡ πηγὴ τοῦ
Διονύσου οἷον ἀναφήναντος αὐτὴν ταῖς Λήναις· ἀμπέλῳ γοῦν

---

5 τῇ οὐραίᾳ FP   21 ἐξ αὐτῆς V₂

Vergnüglich ist der Satyrn Ungestüm, wenn sie tanzen, allerliebst auch ihre neckische Art, wenn sie lachen; und diese wackeren Burschen sind tüchtige Liebhaber und machen die Lyderinnen durch listiges Schmeicheln kirre. Auch dies gehört zu ihnen: man malt sie mit dichtem, hartem Fleisch und hitzigen Blutes, mit langen Ohren und mageren Lenden, völlig ausgelassen, und hinten haben sie Pferdeschweife.

(2) Der Gefangene des Midas ist hier gemalt wie die anderen Satyrn, nur schläft er von dem Weingenuß und atmet schwer wie ein Trunkener. Die Quelle hat er schneller geleert als ein anderer einen Becher, die Nymphen aber tanzen und verspotten den Satyr, weil er schläft. Wie zart ist Midas, wie leicht seine Art! Auf sein Haarband ist er bedacht und seine Locken, trägt auch einen Thyrsos und ein goldgesticktes Gewand. Sieh nur die langen Ohren, unter denen seine sonst vergnügt aussehenden Augen schläfrig scheinen und den fröhlichen Ausdruck ins Stumpfe hinüberziehen; so deutet das Bild geflissentlich an, daß sein Geheimnis schon ausgeplaudert und durch das Röhricht bei den Menschen verbreitet ist, weil die Erde nicht bei sich behielt, was sie vernahm.

23. Narkissos

(1) Die Quelle malt Narkissos, das Gemälde die Quelle und das ganze Schicksal des Narkissos. Ein Jüngling kommt eben von der Jagd, steht bei einer Quelle, schöpft aus seinem Bilde Sehnsucht, liebt die eigene Schönheit, und ein Abglanz von ihm fällt, wie du siehst, ins Wasser. (2) Die Grotte gehört Acheloos und den Nymphen; gemalt aber ist, was man erwarten kann, denn die Standbilder sind mit geringer Kunst gearbeitet und aus heimischem Stein, und die einen sind durch die Zeit verwittert, die andern haben Kinder von Rinder- oder Schafhirten, noch unverständig und ohne Sinn für das Göttliche, verstümmelt; auch ist die Quelle nicht ohne Spur dionysischen Wesens, wie wenn der Gott sie den Bakchantinnen

καὶ κιττῷ ἤρεπται καὶ ἕλιξι καλαῖς καὶ βοτρύων μετέσχηκεν,
ὅθεν οἱ θύρσοι, κωμάζουσί τε ἐπ' αὐτῇ σοφοὶ ὄρνιθες, ὡς
25 ἑκάστου ἁρμονία, καὶ ἄνθη λευκὰ τῇ πηγῇ περιπέφυκεν οὔπω
ὄντα, ἀλλ' ἐπὶ τῷ μειρακίῳ φυόμενα. τιμῶσα δὲ ἡ γραφὴ τὴν
ἀλήθειαν καὶ δρόσου τι λείβει ἀπὸ τῶν ἀνθέων, οἷς καὶ   5
μέλιττα ἐφιζάνει τις, οὐκ οἶδα εἴτ' ἐξαπατηθεῖσα ὑπὸ τῆς
30 γραφῆς, εἴτε ἡμᾶς ἐξηπατῆσθαι χρὴ εἶναι αὐτήν. ἀλλ' ἔστω.
327 κ. (3) Σὲ μέντοι, μειράκιον, οὐ γραφή τις ἐξηπάτησεν, οὐδὲ
χρώμασιν ἢ κηρῷ προστέτηκας, ἀλλ' ἐκτυπῶσαν σὲ τὸ ὕδωρ,
οἷος εἶδες αὐτό, οὐκ οἶσθα οὔτε τὸ τῆς πηγῆς ἐλέγχεις σόφι-   10
5 σμα· νεῦσαι δὲ καὶ παρατρέψαι τοῦ εἴδους καὶ τὴν χεῖρα
ὑποκινῆσαι καὶ μὴ ἐπὶ ταὐτοῦ ἑστάναι, σὺ δ' ὥσπερ ἑταίρῳ
ἐντυχὼν τἀκεῖθεν περιμένεις. εἶτά σοι ἡ πηγὴ μύθῳ χρήσεται;
οὗτος μὲν οὖν οὐδ' ἐπαίει τι ἡμῶν, ἀλλ' ἐμπέπτωκεν ἐπὶ τὸ
10 ὕδωρ αὐτοῖς ὠσὶ καὶ αὐτοῖς ὄμμασιν, αὐτὸ δὲ ἡμεῖς, ὥσπερ   15
γέγραπται, λέγωμεν.

(4) Ὀρθὸν ἀναπαύεται τὸ μειράκιον ἐναλλάξαν τὼ πόδε
καὶ τὴν χεῖρα ἐπέχον πεπηγότι τῷ ἀκοντίῳ ἐν ἀριστερᾷ, ἡ
δεξιὰ δὲ περιῆκται εἰς τὸ ἰσχίον ἀνασχεῖν τε αὐτὸν καὶ σχῆμα
15 πράττειν ἐκκειμένων τῶν γλουτῶν διὰ τὴν τῶν ἀριστερῶν   20
ἔκκλισιν. δεικνύει δὲ ἡ χεὶρ ἀέρα μέν, καθ' ὃ κυρτοῦται ὁ
ἀγκών, ῥυτίδα δέ, καθ' ὃ στρεβλοῦται ὁ καρπός, καὶ σκιὰν
παρέχεται συνιζάνουσα εἰς τὸ θέναρ, λοξαὶ δὲ ἀκτῖνες τῆς
20 σκιᾶς διὰ τὴν εἴσω ἐπιστροφὴν τῶν δακτύλων. τὸ δὲ ἐν τῷ
στέρνῳ ἄσθμα οὐκ οἶδα εἴτε κυνηγετικὸν ἔτι εἴτε ἤδη ἐρωτι-   25
κόν. τό γε μὴν ὄμμα ἱκανῶς ἐρῶντος, τὸ γὰρ χαροπὸν αὐτοῦ
καὶ γοργὸν ἐκ φύσεως πραΰνει τις ἐφιζάνων ἵμερος, δοκεῖ δ'
ἴσως καὶ ἀντερᾶσθαι βλεπούσης αὐτὸν τῆς σκιᾶς, ὡς ὑπ'

8 μέντοι Kayser μὲν τὸ ω   10 οἷος Rohde οἷον ω   11 δὲ FPV₂
τε X   14 οὐδ' Kayser οὔτ' ω   28 ὑπ' Kayser ἀπ' FPV₂ παρ' X

zuliebe ans Licht gebracht hätte. Sie ist jedenfalls von Rebe, Efeu und schönen Ranken überwölbt und hat auch Trauben, alles Dinge, mit denen die Thyrsosstäbe geschmückt sind. Um die Grotte flattern kunstfertige Vögel, jeder mit seiner Sangesweise, und die Quelle umsäumen weiße Blumen, die es bisher noch nicht gab und die erst zu Ehren des Jünglings aufsprießen. Weil aber das Bild nach Wirklichkeit strebt, läßt es auch ein wenig Tau von den Blumen triefen, auf die sich sogar eine Biene setzt – ich weiß nicht, ob irregeführt von der Malerei oder ob wir getäuscht sein sollen und sie für echt halten. Mag sein, wie es will! (3) Dich aber, Jüngling, hat nicht ein gemaltes Bild getäuscht, noch schmilzt du hin in Farbe und Wachs, sondern dir entgeht, daß das Wasser dich so wiederspiegelt, wie du hineinsahst, erkennst auch nicht die Täuschung durch die Quelle. Nicke doch! Wende dich von dem Bild ab, rühre du leise die Hand und bleibe nicht reglos stehen! Doch als hättest du einen Gefährten getroffen, wartest du, was von dort kommt. Dann soll die Quelle wohl dich anreden? Er aber hört kein Wort von uns, sondern ist mit Aug und Ohr ins Wasser versunken; wir selbst aber wollen ihn schildern, wie er gemalt ist.

(4) Im Stehen ruht der Jüngling; er hat die Füße gekreuzt, und seine Hand ruht an dem Jagdspieß, der zu seiner Linken im Boden steckt; die Rechte ist in die Hüfte gestemmt, als Stütze und um den Anblick der hervortretenden Gesäßmuskeln durch das Ausbiegen der linken Seite zu bieten. Durch die Armbeuge kann man das Freie sehen; der Arm zeigt eine Hautfalte, wo die Handwurzel sich dreht, und bringt einen Schatten hervor, wo er in die Hand übergeht; die Schattenstreifen aber fallen schräg wegen der einwärts gebogenen Finger. Ob das Keuchen seiner Brust noch von der Jagd oder schon von der Leidenschaft herrührt, wüßte ich nicht zu sagen, doch spricht das Auge ganz gewiß von tiefer Liebe. Das Feuer nämlich und die natürliche Wildheit seines Blicks sänftigt die Sehnsucht, die darauf ruht, und er glaubt wohl, schon geliebt zu werden, weil ihm das Spiegelbild die gleichen Blicke zuwirft

25 αὐτοῦ ὁρᾶται. (5) Πολλὰ καὶ περὶ τῆς κόμης ἐλέχθη ἄν, εἰ
Θηρῶντι αὐτῷ ἐνετύχομεν. μυρίαι γὰρ αὐτῆς αἱ κινήσεις ἐν
τῷ δρόμῳ καὶ μᾶλλον, ἐπειδὰν ὑπὸ ἀνέμου τινὸς ἔμπνους
γένηται, τύχοι δ' ἂν καὶ λόγου νῦν. ἀμφιλαφοῦς γὰρ οὔσης
30 αὐτῆς καὶ οἷον χρυσῆς τὸ μὲν οἱ τένοντες ἐφέλκονται, τὸ δ'   5
ὑπὸ τῶν ὤτων κρίνεται, τὸ δὲ τῷ μετώπῳ ἐπισαλεύει, τὸ δὲ
328 κ. τῇ ὑπήνῃ ἐπιρρεῖ. εἰσί τε ἄμφω οἱ Νάρκισσοι τὸ εἶδος ἴσα
ἐμφαίνοντες ἀλλήλων, πλὴν ὅσον ὁ μὲν ἔκκειται τοῦ ἀέρος,
ὁ δὲ τὴν πηγὴν ὑποδέδυκεν. ἐφέστηκε γὰρ τὸ μειράκιον ὕδατι
ἑστῶτι, μᾶλλον δὲ ἀτενίζοντι ἐς αὐτὸ καὶ οἷον διψῶντι τοῦ   10
κάλλους.

24. Ὑάκινθος

5 (1) Ἀνάγνωθι τὴν ὑάκινθον, γέγραπται γὰρ καί φησιν ἀνα-
φῦναι τῆς γῆς ἐπὶ μειρακίῳ καλῷ καὶ θρηνεῖ αὐτὸ ἅμα τῷ
ἦρι γένεσιν οἶμαι παρ' αὐτοῦ λαβοῦσα, ὅτε ἀπέθανε. καὶ μή   15
σε λειμὼν ἀναβάλῃ τοῦτο, καὶ γὰρ ἐνταῦθα ἐκπέφυκεν, ὁποία
10 τῆς γῆς ἀνέσχε. λέγει δὲ ἡ γραφὴ καὶ ὑακινθίνην εἶναι τῷ
μειρακίῳ τὴν κόμην καὶ τὸ αἷμα ἔμβιον τῇ γῇ πινόμενον εἰς
οἰκεῖόν τι χρῶσαι τὸ ἄνθος. ῥεῖ δὲ ἀπ' αὐτῆς τῆς κεφαλῆς
ἐμπεπτωκότος αὐτῇ τοῦ δίσκου. δεινὴ μὲν ἡ διαμαρτία καὶ   20
15 οὐδὲ πιστὴ λέγεται κατὰ τοῦ Ἀπόλλωνος· ἐπεὶ δὲ οὐ σοφι-
σταὶ τῶν μύθων ἥκομεν οὐδὲ ἀπιστεῖν ἕτοιμοι, θεαταὶ δὲ
μόνον τῶν γεγραμμένων, ἐξετάσωμεν τὴν γραφὴν καὶ πρῶ-
τόν γε τὴν βαλβῖδα τοῦ δίσκου.

20 (2) Βαλβὶς διακεχώρισται μικρὰ καὶ ἀποχρῶσα ἑνὶ ἑστῶτι, εἰ   25
μὴ τὸ κατόπιν καὶ τὸ δεξιὸν σκέλος ἀνέχουσα, πρανῇ τὰ
ἔμπροσθεν, καὶ κουφίζουσα θάτερον τοῖν σκελοῖν, ὃ χρὴ
συναναπάλλεσθαι καὶ συμπορεύεσθαι τῇ δεξιᾷ. τὸ δὲ σχῆμα

---

7 ἴσον X   18 πινόμενον X γινόμενον FP   25 f. εἰ μὴ FP
ἣ δὴ X   27 ἔμπροσθεν + ἐργάζεται X   28 συναναβάλλεσθαι
FP (verb. Pᶜ)

wie er ihm. (5) Viel hätte man von seinem Haar erzählt, wären
wir ihm auf der Jagd begegnet. Denn tausendfach wirft sich
das Haar im Laufe und mehr noch, wenn es vom Winde belebt
wird; es mag aber auch jetzt ein Wort verdienen. Denn es ist
üppig und wie von Gold, und ein Teil schmiegt sich an den
Nacken, ein anderer fällt vor und hinter den Ohren, wieder
ein Teil wallt über die Stirn, ein anderer geht lockig in den
Bart über. Und es sind beide Narkisse, und jeder wiederholt
des anderen Züge, nur daß der eine ganz aus freier Luft hervortritt, der andere aber in den Quell getaucht ist. Der Jüngling nämlich steht am ruhig daliegenden Wasser oder vielmehr
bei dem Wasser, das ihn unverwandt ansieht und gleichsam
nach seiner Schönheit lechzt.

24. Hyakinthos

(1) Lies die Hyazinthe, denn sie ist beschrieben und sagt, daß
sie wegen eines schönen Jünglings aus der Erde entsproß, und
mit jedem neuen Frühling beklagt sie ihn, weil ihr sein Tod
wohl das Dasein schenkte. Auch soll dich die Wiese nicht davon ablenken, denn auch hier ist sie entsprossen, wie sie dort
von der Erde aufging. Das Bild besagt nämlich, daß auch der
Jüngling hyazinthenes Haar hat, und daß sein Blut, voller
Lebenskraft von der Erde aufgesaugt, der Blume etwa seine
eigene Farbe gab. Es rinnt vom Haupte selbst herab, auf das
der Diskos traf. Ein furchtbarer Fehlwurf, den man – nicht
einmal glaubhaft – Apollon zur Last legt; weil wir aber nicht
als Mythenforscher hier sind und auch nicht ungläubig sein,
sondern nur das Gemalte ansehen wollen, so laß uns das Bild
untersuchen, und zwar zuerst die Schwelle für den Diskoswurf!
(2) Eine Schwelle ist abgegrenzt, klein und nur für e i n e n
Stehenden hinreichend (außer rückwärts), die dem rechten
Bein Stand verleiht bei der Neigung des vorderen Teils und das
linke Bein entlastet, das mit der Rechten sich emporheben und

τοῦ δίσκον ἀνέχοντος· ἐξαλλάξαντα τὴν κεφαλὴν ἐπὶ δεξιὰ
25 χρὴ κυρτοῦσθαι τόσον, ὅσον ὑποβλέψαι τὰ πλευρά, καὶ
ῥιπτεῖν οἷον ἀνιμῶντα καὶ προσεμβάλλοντα τοῖς δεξιοῖς πᾶσι.
(3) Καὶ ὁ Ἀπόλλων οὕτω πως ἐδίσκευσεν, οὐ γὰρ ἂν ἄλλως
ἀφῆκεν, ἐμπεσὼν δὲ ὁ δίσκος ἐς τὸ μειράκιον τὸ μὲν κεῖται καὶ 5
30 ἐπ' αὐτοῦ γε τοῦ δίσκου· Λακωνικὸν τὸ μειράκιον καὶ τὴν
329 κ. κνήμην ὀρθὸν καὶ δρόμων οὐκ ἀγύμναστον καὶ βραχίονα
ὑπεγεῖρον ἤδη καὶ τὴν ὥραν τῶν ὀστῶν ὑπεκφαῖνον. ἀπέ-
στραπται δὲ Ἀπόλλων ἔτι ἐφεστὼς τῇ βαλβῖδι καὶ κατὰ γῆς
5 βλέπει. πεπηγέναι φήσεις αὐτόν, τοσοῦτον αὐτῷ τῆς ἐκ- 10
πλήξεως ἐμπέπτωκεν. (4) Ἀμαθής γε ὁ Ζέφυρος νεμεσήσας
αὐτῷ καὶ τὸν δίσκον ἐς τὸ μειράκιον παρείς, καὶ γέλως δοκεῖ
τῷ ἀνέμῳ ταῦτα καὶ τωθάζει περιωπὴν ἔχων. ὁρᾷς δὲ οἶμαι
10 αὐτὸν ἐν πτηνῷ τῷ κροτάφῳ καὶ ἁβρῷ τῷ εἴδει, καὶ στέφανον
φέρει πάντων ἀνθέων, μικρὸν δὲ ὕστερον καὶ τὴν ὑάκινθον 15
αὐτοῖς ἐμπλέξει.

25. Ἄνδριοι

(1) Τὸ τοῦ οἴνου ῥεῦμα τὸ ἐν Ἄνδρῳ τῇ νήσῳ καὶ οἱ μεθύον-
τες τοῦ ποταμοῦ Ἄνδριοι λόγος εἰσὶ τῆς γραφῆς. Ἀνδρίοις
15 γὰρ δὴ ἐκ Διονύσου ἡ γῆ ὕποινος ῥήγνυται καὶ ποταμὸν αὐ- 20
τοῖς ἀναδίδωσιν· εἰ μὲν ἐνθυμηθείης ὕδωρ, οὔπω μέγα, εἰ δὲ
οἶνον, μέγας ὁ ποταμὸς καὶ θεῖος· ἔστι γὰρ τούτου ἀρυ-
σαμένῳ Νείλου τε ὑπεριδεῖν καὶ Ἴστρου καί που φάναι περὶ
20 αὐτῶν, ὅτι κἀκεῖνοι βελτίους ἂν ἐδόκουν ὀλίγοι μέν, ἀλλὰ
τοιοῦτοι ῥέοντες. 25
(2) Καὶ ᾄδουσιν οἶμαι ταῦτα γυναίοις ἅμα καὶ παιδίοις
ἐστεφανωμένοι κιττῷ τε καὶ σμίλακι, καὶ οἱ μὲν χορεύοντες
ἐφ' ἑκατέρας ὄχθης, οἱ δὲ κατακείμενοι. εἰκὸς δέ που κἀκεῖνα

---

1 δίσκον Jacobs δίσκου ω   2 τόσον FP τοσοῦτον X   5 καὶ⟩
X   6 τὸ ⟩ FP   12 ἐς PcX ὡς FP   12 παρείς FP ἐπαφείς X

mitschwingen muß. Die Haltung dessen, der den Diskos hält: er muß den Kopf nach rechts drehen und sich so weit biegen, daß er an seiner Seite hinabsehen kann; dann muß er den Diskos werfen, wie wenn er etwas hochzöge und die ganze Kraft seiner rechten Seite in den Wurf legen. (3) So mag auch Apollon den Diskos geschleudert haben, denn anders hätte er ihn nicht werfen können. Weil aber die Scheibe den Jüngling traf, liegt dieser gerade auf dem Diskos. Es ist ein lakonischer Jüngling mit geraden und im Laufe wohlgeübten Beinen und mit Armen, die schon Muskeln ansetzen und den schönen Knochenbau darunter offenbaren. Apollon aber steht noch auf der Schwelle, hat sich abgewandt und den Blick zur Erde gesenkt. Du wirst sagen, er sei versteinert, so bleiches Entsetzen hat ihn befallen. (4) Ein Rohling ist Zephyros, der aus Zorn auf ihn die Scheibe auf den Jüngling lenkte, und dieses Unheil scheint dem Winddämon nur ein Spaß, und er lacht höhnisch, wie er darüber hinsieht. Du siehst ihn wohl mit seiner geflügelten Schläfe und der zarten Gestalt: er trägt einen Kranz aus allen Blumen, und gar bald wird er auch die Hyazinthe dareinflechten.

25. Die Leute von Andros

(1) Der Weinstrom auf der Insel Andros und die vom Flusse trunknen Andrier sind Gegenstand des Bildes. Denn durch die Macht des Dionysos spaltet sich für die Leute von Andros die weinträchtige Erde und sendet ihnen einen Strom herauf. Wenn du an Wasser denkst, ist er gar nicht groß, wenn aber an Wein, so ist der Fluß gewaltig und göttlich. Denn wer aus ihm geschöpft, mag auf Nil und Istros herabsehen und wohl von ihnen sagen, auch sie wären besser angesehen, wenn sie zwar klein wären, aber solche Wogen führten.
(2) Das singen sie wohl den Frauen und Kindern zugleich vor, bekränzt mit Efeu und Eibe, teils auf beiden Ufern tanzend, teils hingelagert. Vermutlich ist auch dies Inhalt ihres Ge-

25 εἶναι τῆς ᾠδῆς, ὡς δόνακα μὲν Ἀχελῷος, Πηνειὸς δὲ Τέμπη
φέρει, Πακτωλὸς δὲ * * * ἄνθη λοιπόν, οὑτοσὶ δὲ ὁ ποταμὸς
πλουσίους τ' ἀποφαίνει καὶ δυνατοὺς τὰ ἐν ἀγορᾷ καὶ ἐπιμε-
λεῖς τῶν φίλων καὶ καλοὺς καὶ τετραπήχεις ἐκ μικρῶν· ἔστι
30 γὰρ κορεσθέντι αὐτοῦ συλλέγεσθαι ταῦτα καὶ ἐσάγεσθαι ἐς   5
330 κ.   τὴν γνώμην. ᾄδουσι δέ που, ὅτι μόνος ποταμῶν οὗτος μήτε
βουκολίοις ἐστὶ βατὸς μήθ' ἵπποις, ἀλλ' οἰνοχοεῖται μὲν ἐκ
Διονύσου, πίνεται δὲ ἀκήρατος, μόνοις ἀνθρώποις ῥέων.
5 ταυτὶ μὲν ἀκούειν ἡγοῦ καὶ ᾀδόντων αὐτὰ ἐνίων, κατεψελλι-
σμένων τὴν φωνὴν ὑπὸ τοῦ οἴνου.   10

(3) Τὰ μέν⟨τοι⟩ ὁρώμενα τῆς γραφῆς· ὁ μὲν ποταμὸς ἐν
βοτρύων εὐνῇ κεῖται τὴν πηγὴν ἐκδιδοὺς ἄκρατός τε καὶ
ὀργῶν τὸ εἶδος, θύρσοι δ' αὐτῷ περιπεφύκασι καθάπερ οἱ
10 κάλαμοι τοῖς ὕδασι. παραμείψαντι δὲ τὴν γῆν καὶ τὰ ἐν αὐτῇ
ταῦτα συμπόσια Τρίτωνες ἤδη περὶ τὰς ἐκβολὰς ἀπαντῶντες   15
ἀρύονται κόχλοις τοῦ οἴνου. καὶ τὸ μὲν πίνουσιν αὐτοῦ, τὸ
δ' ἀναφυσῶσιν, εἰσὶ δ' οἳ καὶ μεθύουσι τῶν Τριτώνων καὶ
ὀρχοῦνται. πλεῖ καὶ Διόνυσος ἐπὶ κῶμον τῆς Ἄνδρου καὶ
15 καθώρμισται μὲν ἡ ναῦς ἤδη, Σατύρους δὲ ἀναμὶξ καὶ Ληνὰς
ἄγει καὶ Σειληνοὺς ὅσοι. τὸν Γέλωτά τε ἄγει καὶ τὸν Κῶμον   20
ἱλαρωτάτω καὶ ξυμποτικωτάτω δαίμονε, ὡς ἥδιστα ὁ ποταμὸς αὐτῷ τρυγῷτο.

26. Ἑρμοῦ Γοναί

20 (1) Ὁ κομιδῇ παῖς ὁ ἔτι ἐν σπαργάνοις, ὁ τὰς βοῦς εἰς τὸ
ῥῆγμα τῆς γῆς ἐλαύνων, ἔτι κἀκεῖνος ὁ συλῶν τὰ βέλη τοῦ   25
Ἀπόλλωνος Ἑρμῆς οὗτος. μάλα ἡδεῖαι αἱ κλοπαὶ τοῦ θεοῦ·
φασὶ γὰρ τὸν Ἑρμῆν, ὅτε τῇ Μαίᾳ ἐγένετο, ἐρᾶν τοῦ κλέπτειν
καὶ εἰδέναι τοῦτο οὔτι πω ταῦτα πενίᾳ δρῶν ὁ θεός, ἀλλ'

---

11 μέντοι Schenkl μὲν FP (ausradiert) δὲ X   13 παραπεφύκασι
X   19 ληνὰς Paris. 1761 ληναίους ω   28 πω FPV₂ που X

sanges: daß der Acheloos Schilf hervorbringt, der Peneios das
Tempetal, der Paktolos ... Blumen, daß aber dieser ihr Fluß
sie bereichert und in der Volksversammlung zu großen Männern, besorgt um die Freunde und aus kleinen Leuten zu
Vierellenmännern macht. Denn hat sich einer aus ihm sattge-
trunken, so kann er sich all diese Herrlichkeit auf einmal einbilden. Sie singen wohl auch, daß er allein von allen Strömen
weder von Rinderherden durchwatet wird, noch von Pferden,
sondern auf Geheiß das Dionysos als Wein sich ergießt, ungemischt getrunken wird und nur für Menschen strömt. Dergleichen glaube auch wirklich einige singen zu hören, deren
Stimme vom Weingenuß schon schwankt.

(3) Was man aber sieht im Bilde, ist dies: Der Flußgott ruht
auf einem Lager von Trauben und gießt ungemischt seine
Quelle aus; seine Gestalt ist von schwellender Fülle; Thyrsosstäbe sind rings um ihn wie Röhricht am Wasser aufgeschos-
sen. Verläßt man aber das Land mit seinen Trinkgelagen,
begegnen uns schon an der Mündung Tritonen, die mit Muscheln Wein schöpfen. Und teils trinken sie ihn, teils sprudeln
sie ihn empor, und manche Tritonen sind schon trunken und
tanzen. Auch Dionysos segelt zum Trinkfest auf Andros; sein
Schiff liegt bereits im Hafen und führt in bunter Fülle Satyrn,
Bakchantinnen und Silene, soviel es ihrer gibt. Auch den Gott
des Gelächters und den des Schwärmens, beide voll Heiterkeit
und Lust am Zechen, bringt er mit, um sich den Fluß recht
köstlich schmecken zu lassen.

26. Geburt des Hermes

(1) Das kleine Bübchen, noch in Windeln, das die Rinder in
den Erdspalt treibt, dann auch jener, der Apollons Geschosse
stiehlt, das ist Hermes. Allerliebst sind die Diebereien des
Gottes. Hermes soll nämlich, als ihn Maia gebar, am Stehlen
Freude gehabt und mit viel Geschick gestohlen haben; doch
tat er, der Gott, es nicht etwa aus Armut, sondern aus Laune

25 εὐφροσύνῃ διδοὺς καὶ παίζων. εἰ δὲ βούλει καὶ ἴχνος αὐτοῦ
κατιδεῖν, ὅρα τὰ ἐν τῇ γραφῇ. τίκτεται μὲν ἐν κορυφαῖς τοῦ
᾽Ολύμπου, κατ᾽ αὐτοῦ ἄνω, τὸ ἕδος τῶν θεῶν. ἐκεῖ δὲ
῞Ομηρος οὔτε ὄμβρων αἰσθάνεσθαί φησιν οὔτε ἀνέμων
30 ἀκούειν, ἀλλ᾽ οὐδὲ χιόνι βληθῆναί ποτε αὐτὸ δι᾽ ὑπερβολήν,   5
331 κ. εἶναι δὲ θεῖον ἀτεχνῶς καὶ ἐλεύθερον ἁπάντων παθῶν, ὧν
μετέχει τὰ τῶν ἀνθρώπων ὄρη. (2) ᾽Ενταῦθα τὸν ῾Ερμῆν
ἀποτεχθέντα ῟Ωραι κομίζονται. γέγραφε κἀκείνας, ὡς ὥρα
5 ἑκάστης, καὶ σπαργάνοις αὐτὸν ἀμπίσχουσιν ἐπιπάττουσαι
τὰ κάλλιστα τῶν ἀνθέων, ὡς μὴ ἀσήμων τύχῃ τῶν σπαργά-   10
νων. καὶ αἱ μὲν ἐπὶ τὴν μητέρα τοῦ ῾Ερμοῦ τρέπονται λεχὼ
κειμένην.
῾Ο δ᾽ ὑπεκδὺς τῶν σπαργάνων ἤδη βαδίζει καὶ τοῦ ᾽Ολύμπου
κάτεισι. γέγηθε δὲ αὐτῷ τὸ ὄρος, τὸ γὰρ μειδίαμα αὐτοῦ
10 οἷον ἀνθρώπου· νόει δὲ τὸν ῎Ολυμπον χαίροντα, ὅτι ὁ   15
῾Ερμῆς ἐκεῖ ἐγένετο. (3) Τίς οὖν ἡ κλοπή; βοῦς νεμομένας ἐν
τῷ τοῦ ᾽Ολύμπου πρόποδι, ταύτας δήπου τὰς χρυσόκερως
καὶ ὑπὲρ χιόνα λευκάς – ἀνεῖνται γὰρ τῷ ᾽Απόλλωνι – ἄγει
15 στροβῶν εἰς χάσμα τῆς γῆς, οὐχ ὡς ἀπόλοιντο, ἀλλ᾽ ὡς
ἀφανισθεῖεν εἰς μίαν ἡμέραν, ἔστ᾽ ἂν τὸν ᾽Απόλλω δάκῃ   20
τοῦτο· καὶ ὡς οὐδὲν μετὸν αὐτῷ τοῦ γεγονότος ὑποδύεται
τὰ σπάργανα.
῞Ηκει καὶ ὁ ᾽Απόλλων παρὰ τὴν Μαῖαν ἀπαιτῶν τὰς βοῦς, ἡ
20 δὲ ἀπιστεῖ καὶ ληρεῖν οἴεται τὸν θεόν. (4) Βούλει μαθεῖν ὅ τι
καὶ λέγει; δοκεῖ γάρ μοι μὴ φωνῆς μόνον, ἀλλὰ καὶ λόγου τι   25
ἐπιδηλοῦν τῷ προσώπῳ· ἔοικεν ὡς μέλλων πρὸς τὴν Μαῖαν
λέγειν ταῦτα· ,,ἀδικεῖ με ὁ σὸς υἱός, ὃν χθὲς ἔτεκες· τὰς γὰρ
25 βοῦς, αἷς ἔχαιρον, ἐμβέβληκεν ἐς τὴν γῆν, οὐκ οἶδ᾽ ὅπῃ τῆς
γῆς. ἀπολεῖται δὲ καὶ ἐμβεβλήσεται κατωτέρω πρὸ τῶν
βοῶν.`` ἡ δὲ θαυμάζει καὶ οὐ προσδέχεται τὸν λόγον. (5) ῎Ετ᾽   30
αὐτῶν ἀντιλεγόντων ἀλλήλοις ὁ ῾Ερμῆς ἵσταται κατόπιν
τοῦ ᾽Απόλλωνος καὶ κούφως ἐπιπηδήσας τοῖς μεταφρένοις
30 ἀψοφητὶ λύει τὰ τόξα καὶ συλῶν μὲν διέλαθεν, οὐ μὴν ἠγνο-

---

11 λεχὼ einige Hss. λέχει ω   19 σοβῶν P^cX   28 ὅποι X
29 δὲ FPV₂ δὴ X

und zum Scherz. Wenn du aber auch seine Spur sehen willst, schau, was auf dem Bilde gemalt ist! Geboren wird er auf den Höhen des Olympos, gerade oben, am Sitz der Götter. Dort, sagt Homeros, spürt man weder Regen noch hört man den Wind, ja nicht einmal von Schnee werde er je gepeitscht wegen seiner überragenden Höhe, sondern sei vollkommen göttlich und frei von allem Leid, an dem die Berge der Menschen teilhaben. (2) Hier pflegen die Horen Hermes nach seiner Geburt. Der Maler hat jeder die ihr eigene Gestalt gegeben; sie wickeln das Kind in Windeln und streuen die schönsten Blumen darüber, damit es nicht gewöhnliche Windeln habe. Und diese wenden sich nun der Mutter des Hermes zu, die als Wöchnerin daliegt.

Er aber ist heimlich den Windeln entschlüpft, kann schon gehen und steigt vom Olympos herab. Der Berg hat seine Freude an ihm, denn er lächelt ganz wie ein Mensch; du magst annehmen, daß Olympos sich freut, weil Hermes auf ihm geboren ward. (3) Was hat er nun gestohlen? Kühe, die am Fuß des Olympos weiden, natürlich die goldgehörnten und schneeweißen Tiere da – sie sind ja Apoll geweiht – treibt er auf gewundenem Pfad in eine Erdschlucht, nicht damit sie umkommen, sondern für einen Tag verschwinden, bis dies Apollon ärgert; und als ob ihn das Geschehene gar nichts angehe, schlüpft er wieder in seine Windeln.

Schon kommt auch Apollon zu Maia und fordert die Rinder zurück; sie aber will es nicht glauben und meint, der Gott rede Unsinn. (4) Willst du auch wissen, was er sagt? Denn nicht nur Laute, sondern sogar Worte scheint er durch seine Miene anzudeuten. Es scheint, er wolle zu Maia sagen: „Dein Sohn, den du gestern geboren, tut unrecht an mir, denn er hat die Kühe, die meine Freude waren, in die Erde gestürzt, ich weiß nicht, wo auf der Erde; dafür soll er aber mit dem Tode büßen und noch tiefer als die Rinder hinabgestürzt werden." Sie aber staunt und findet seine Rede unglaublich. (5) Während sie noch Worte wechseln, tritt Hermes hinter Apollon, hüpft behende auf seinen Rücken, löst leise den Bogen los und hat

ᾔδη σεσυληκώς. ἐνταῦθα ἡ σοφία τοῦ ζωγράφου· διαχεῖ γὰρ
332 κ. τὸν Ἀπόλλω καὶ ποιεῖ χαίροντα. μεμέτρηται δὲ ὁ γέλως
οἷος ἐφιζάνων τῷ προσώπῳ θυμὸν ἐκνικώσης ἡδονῆς.

27. Ἀμφιάρεως

(1) Τὸ τοῖν δυοῖν ἅρμα ἵπποιν – τὸ γὰρ ἐπὶ τεττάρων οὔπω   5
5 τοῖς ἥρωσι διὰ χειρὸς ἦν, εἰ μὴ ἄρα Ἕκτορι τῷ θρασεῖ –
φέρει τὸν Ἀμφιάρεων ἐκ Θηβῶν ἐπανιόντα, ὁπότε αὐτῷ ἡ
γῆ λέγεται διασχεῖν, ὡς μαντεύοιτο ἐν τῇ Ἀττικῇ καὶ
ἀληθεύοι σοφὸς ἐν πανσόφοις. ἑπτὰ οὗτοι Πολυνείκει τῷ
Θηβαίῳ τὴν ἀρχὴν κατακτώμενοι οὐδεὶς ἐνόστησε πλὴν   10
10 Ἀδράστου καὶ Ἀμφιάρεω, τοὺς δὲ λοιποὺς ἡ Καδμεία
κατέσχεν. ἀπώλοντο δὲ οἱ μὲν ἄλλοι δόρασι καὶ λίθοις καὶ
πελέκεσι, Καπανεὺς δὲ λέγεται κεραυνῷ βεβλῆσθαι, πρότε-
ρος οἶμαι κόμπῳ βαλὼν τὸν Δία.

15 (2) Οὗτοι μὲν οὖν ἑτέρου λόγου, κελεύει δὲ ἡ γραφὴ βλέπειν   15
ἐς μόνον τὸν Ἀμφιάρεων φεύγοντα κατὰ τῆς γῆς αὐτοῖς
στέμμασι καὶ αὐτῇ δάφνῃ. καὶ οἱ ἵπποι λευκοὶ καὶ ἡ δίνη τῶν
τροχῶν σπουδῆς ἔμπλεως καὶ τὸ ἄσθμα τῶν ἵππων ἀπὸ
παντὸς τοῦ μυκτῆρος, ἀφρῷ δὲ ἡ γῆ διέρρανται καὶ ἡ χαίτη
20 μετακλίνεται, διαβρόχοις τε ὑπὸ ἱδρῶτος οὖσι περίκειται   20
λεπτὴ κόνις ἧττον μὲν καλοὺς ἀποφαίνουσα τοὺς ἵππους,
ἀληθεστέρους δέ. ὁ δὲ Ἀμφιάρεως τὰ μὲν ἄλλα ὥπλισται,
μόνου δὲ ἀμελεῖ κράνους ἀνιεὶς τὴν κεφαλὴν Ἀπόλλωνι,
25 βλέπων ἱερὸν καὶ χρησμῶδες. (3) Γράφει δὲ καὶ τὸν Ὠρω-
πὸν νεανίαν ἐν γλαυκοῖς γυναίοις – τὰ δέ ἐστι Θάλατται –   25
γράφει καὶ τὸ φροντιστήριον Ἀμφιάρεω, ῥῆγμα ἱερὸν καὶ
θειῶδες. αὐτοῦ καὶ Ἀλήθεια λευχειμονοῦσα, αὐτοῦ καὶ ὀνεί-

ihn schon heimlich geraubt, doch blieb der Räuber nicht verborgen. Hier sieht man die Feinheit des Malers: er stellt nämlich dar, wie Apollons Groll schmilzt und er sich freut. Doch ist sein Lachen gemessen, wie es auf dem Gesicht liegt, während die Belustigung Oberhand über den Zorn gewinnt.

27. Amphiaraos

(1) Der zweispännige Streitwagen – denn das Viergespann war bei den Heroen noch nicht im Gebrauch, außer vielleicht beim kühnen Hektor – trägt Amphiaraos bei seiner Rückkehr von Theben, als sich ihm, wie es heißt, die Erde auftat, damit er in Attika ein Prophet sei und wahrsage als Weiser unter Hochweisen. Von jenen Sieben, die dem Thebaner Polyneikes die Herrschaft gewinnen wollten, kehrte keiner heim außer Adrastos und Amphiaraos, die übrigen behielt die kadmeische Erde. Die anderen nun kamen durch Speer, Stein und Beil um, Kapaneus aber soll der Blitz getroffen haben, weil er zuvor wohl Zeus durch Prahlen und Lästern getroffen hatte.
(2) Diese nun gehören in eine andere Geschichte; das Bild aber heißt uns, nur auf Amphiaraos zu blicken, der in die Erde flieht samt seinen Priesterbinden und dem Lorbeer; und seine Pferde sind weiß, die Räder kreisen in wirbelndem Lauf, die Pferde schnauben aus vollen Nüstern, der Boden ist mit Schaum bespritzt, die Mähne fliegt herum, und ganz von Schweiß bedeckt, wie sie sind, hat sich eine leichte Staubschicht auf sie gelegt, die die Pferde zwar weniger schön, dafür aber naturwahrer erscheinen läßt. Amphiaraos ist sonst in voller Rüstung, nur den Helm trägt er nicht, weil er sein Haupt Apollon geweiht hat, schon heiligen und prophetischen Blickes. (3) Der Künstler malt aber auch Oropos als Jüngling im Kreise meergrüner Mädchen – das sind die Meere – und malt auch den Raum der inneren Versenkung des Amphiaraos, einen heiligen, göttlichen Erdspalt. Dort weilt auch die Göttin der Wahrheit in weißem Kleide, dort ist auch das Tor der

80 ρων πύλη – δεῖ γὰρ τοῖς ἐκεῖ μαντευομένοις ὕπνου – καὶ
333 κ. Ὄνειρος αὐτὸς ἐν ἀνειμένῳ τῷ εἴδει γέγραπται καὶ ἐσθῆτα
ἔχει λευκὴν ἐπὶ μελαίνῃ, τὸ οἶμαι νύκτωρ αὐτοῦ καὶ μεθ'
ἡμέραν. ἔχει καὶ κέρας ἐν ταῖν χεροῖν ὡς τὰ ἐνύπνια διὰ τῆς
ἀληθοῦς ἀνάγων.   5

28. Θηρευταί

5 (1) Μὴ παραθεῖτε ἡμᾶς, ὦ θηρευταί, μηδὲ ἐπικελεύεσθε τοῖς
ἵπποις, πρὶν ὑμῶν ἐξιχνεύσωμεν, ὅ τι βούλεσθε καὶ ὅ τι
θηρᾶτε. ὑμεῖς μὲν γὰρ ἐπὶ χλούνην σῦν φατε ἴεσθαι, καὶ ὁρῶ
τὰ ἔργα τοῦ θηρίου· τὰς ἐλαίας ἐξορώρυχε καὶ τὰς ἀμπέλους 10
10 ἐκτέτμηκε καὶ οὐδὲ συκῆν καταλέλοιπεν οὐδὲ μῆλον ἢ μηλάν-
θην, πάντα δὲ ἐξῄρηκεν ἐκ τῆς γῆς τὰ μὲν ἀνορύττων, τοῖς
δὲ ἐμπίπτων, τοῖς δὲ παρακνώμενος. ὁρῶ δὲ αὐτὸν καὶ τὴν
χαίτην φρίττοντα καὶ πῦρ ἐμβλέποντα, καὶ οἱ ὀδόντες αὐτῷ
15 παταγοῦσιν ἐφ' ὑμᾶς, ὦ γενναῖοι· δεινὰ γὰρ τὰ τοιαυτὶ 15
θηρία ὅτι ἐκ πλείστου κατακούειν τοῦ ὁμάδου. ἐγὼ μὲν
οἶμαι τὴν ὥραν ἐκείνου τοῦ μειρακίου διαθηρῶντας ὑμᾶς
τεθηρᾶσθαι ὑπ' αὐτοῦ καὶ προκινδυνεύειν ἐθέλειν. τί γὰρ
20 οὕτω πλησίον; τί δὲ παραψαύοντες; τί δὲ παρ' αὐτὸ
ἐπέστραφθε; τί δὲ ὠστίζεσθε τοῖς ἵπποις;   20

(2) Οἷον ἔπαθον. ἐξήχθην ὑπὸ τῆς γραφῆς μὴ γεγράφθαι
δοκῶν αὐτούς, εἶναι δὲ καὶ κινεῖσθαι καὶ ἐρᾶν· διατωθάζω
γοῦν ὡς ἀκούοντας καὶ δοκῶ τι ἀντακούεσθαι· σὺ δ' οὐδ'
25 ὅσα ἐπιστρέψαι παραπαίοντα ἐφθέγξω τι παραπλησίως
ἐμοὶ νενικημένος, οὐκ ἔχων ἀνείργεσθαι τῆς ἀπάτης καὶ τοῦ 25
ἐν αὐτῇ ὕπνου. σκοπῶμεν οὖν τὰ γεγραμμένα· γραφῇ γὰρ
παρεστήκαμεν.

(3) Περίκεινται μὲν δὴ τῷ μειρακίῳ νεανίαι καλοὶ καὶ καλὰ

---

6 θηρευταί F συοθῆραι ω   20 ἐνστίζεσθε FP   27 προεστή-
καμεν FP (verb. Pᶜ) V₂

Träume, denn wer hier das Orakel befragt, muß sich zum Schlafe legen; auch der Traumgott selbst ist in gelöster Haltung gemalt; er trägt ein weißes Gewand über einem schwarzen, wohl um sein Wirken bei Nacht und am Tage anzudeuten. Er hält auch ein Horn in den Händen, da er die Träume durch die Pforte der Wahrheit heraufführt.

28. Jäger

(1) Stürmt nicht an uns vorbei, ihr Jäger, und treibt eure Pferde nicht so an, bis wir euch auf der Spur sind, was ihr wollt und was ihr jagt! Denn ihr sagt, ihr verfolgt einen wilden Eber, und ich sehe, was das Untier angerichtet hat: die Ölbäume hat es ausgewühlt, die Weinstöcke abgebissen, nicht einen Feigenbaum verschont, keinen Apfelbaum und keine Apfelblüte, nein, es hat alles aus dem Boden gerissen, durch Wühlen, Wälzen und Scheuern. Ich sehe ihn auch seine Borsten sträuben, Feuer aus den Augen sprühen, und seine Hauer knirschen gegen euch, ihr Tapferen; denn solche Tiere können aus größter Ferne ein Geräusch ausgezeichnet hören. Ich glaube aber, daß ihr auf der Jagd nach den Reizen des Jünglings dort von ihm gefangen seid und für ihn Gefahr auf euch nehmen wollt. Denn warum so nahe? Warum streift ihr ihn? Weshalb habt ihr euch zu ihm hingewandt? Was drängt ihr so mit euren Pferden?

(2) Wie ist mir geschehen? Ich wurde von dem Bild ganz hingerissen und meinte, sie seien nicht gemalt, sondern wirklich, bewegten sich und seien verliebt; wenigstens necke ich sie, als ob sie mich hörten, und glaube, eine Antwort zu vernehmen. Du aber hast kein Wort gesagt, um mich vom Irrtum abzubringen, überwältigt gleich mir und unfähig, dich des Truges und seiner träumerisch lähmenden Wirkung zu erwehren. So laß uns das Bild betrachten, denn ein Bild ist es, vor dem wir stehen!

(3) Den Jüngling umringen schöne junge Leute, die Schönes

30 ἐπιτηδεύοντες καὶ οἷον εὐπατρίδαι. καὶ ὁ μὲν παλαίστρας τι
334 κ. ἐπιδηλοῖ τῷ προσώπῳ, ὁ δὲ χάριτος, ὁ δὲ ἀστεϊσμοῦ, τὸν δὲ
ἀνακεκυφέναι φήσεις ἐκ βιβλίου. φέρουσι δὲ αὐτοὺς ἵπποι
παραπλήσιοι οὐδεὶς ἄλλος ἄλλῳ, λευκός τις καὶ ξανθὸς καὶ
5 μέλας καὶ φοῖνιξ, ἀργυροχάλινοι καὶ στικτοὶ καὶ χρυσοῖ τὰ 5
φάλαρα· ταῦτά φασι τὰ χρώματα τοὺς ἐν Ὠκεανῷ βαρβάρους ἐγχεῖν τῷ χαλκῷ διαπύρῳ, τὰ δὲ συνίστασθαι καὶ
λιθοῦσθαι καὶ σῴζειν ἃ ἐγράφη. οὐδὲ τὴν ἐσθῆτα συμβαίνου-
10 σιν ἢ τὴν στολήν· ὁ μὲν γὰρ εὔζωνος ἱππάζεται καὶ κοῦφος,
ἀκοντιστὴς οἶμαι ἀγαθὸς ὤν, ὁ δὲ πέφρακται τὸ στέρνον 10
ἀπειλῶν πάλην τινὰ τῷ θηρίῳ καὶ τὰ σκέλη πέφρακται.
(4) Τὸ δὲ μειράκιον ὀχεῖται μὲν ἐφ' ἵππου λευκοῦ, μέλαινα δέ,
ὡς ὁρᾷς, ἡ κεφαλὴ τῷ ἵππῳ καὶ λευκὸν ἀποτετόρνευται κύ-
15 κλον ἐπὶ τοῦ μετώπου κατ' αὐτὸ τῆς σελήνης τὸ πλῆρες, καὶ
φάλαρα ἔχει χρυσᾶ καὶ χαλινὸν κόκκου Μηδικοῦ· τουτὶ γὰρ 15
τὸ χρῶμα προσαστράπτει τῷ χρυσῷ καθάπερ οἱ πυρώδεις
λίθοι. στολὴ τῷ μειρακίῳ χλαμὺς ἔχουσά τι ἀνέμου καὶ κόλ-
20 που, τὸ μὲν χρῶμα ἐκ φοινικῆς ἁλουργίας, ἣν ἐπαινοῦσι
Φοίνικες, ἀγαπάσθω δὲ τῶν ἁλουργῶν μάλιστα· δοκοῦν γὰρ
σκυθρωπάζειν ἕλκει τινὰ παρὰ τοῦ ἡλίου ὥραν καὶ τῷ τῆς 20
εἴλης ἄνθει ῥαίνεται. αἰδοῖ δὲ τοῦ γυμνοῦσθαι πρὸς τοὺς
25 παρόντας ἔσταλται χειριδωτῷ φοινικῷ, συμμετρεῖται δὲ ὁ
χιτὼν ἐς ἥμισυ τοῦ μηροῦ καὶ ἴσα τοῦ ἀγκῶνος. καὶ μειδιᾷ
καὶ χαροπὸν βλέπει καὶ κομᾷ ὅσον μὴ ἐπισκοτεῖσθαι τοὺς
ὀφθαλμούς, ὅτε ἀτακτήσει ἡ κόμη ὑπὸ τοῦ ἀνέμου. τάχα τις 25
καὶ τὴν παρειὰν ἐπαινέσεται καὶ τὰ μέτρα τῆς ῥινὸς καὶ
30 καθ' ἓν οὑτωσὶ τὰ ἐν τῷ προσώπῳ, ἐγὼ δὲ ἄγαμαι τοῦ φρο-
νήματος· καὶ γὰρ ὡς θηρατὴς ἔρρωται καὶ ὑπὸ τοῦ ἵππου
335 κ. ἐπῆρται καὶ συνίησιν, ὅτι ἐρᾶται. (5) Σκευοφοροῦσι δὲ
αὐτοῖς ὀρεῖς καὶ ὀρεωκόμος ποδοστράβας καὶ ἄρκυς καὶ προ- 30
βόλια καὶ ἀκόντια καὶ λόγχας, ἐφ' ὧν οἱ κνώδοντες, καὶ

---

21 εἴλης Reiske ἴδης ω   30 ὀρεωκόμοι X

160

treiben, wie Menschen edler Geburt tun: der eine trägt im Gesicht die Einwirkung der Ringschule, der andere natürliche Anmut, der dritte feine Bildung, und der vierte, wirst du sagen, hat eben erst von einem Buch aufgeblickt. Sie reiten Pferde, deren keines dem andern gleicht: ein Schimmel, ein Falbe, ein Rappe und ein Fuchs, mit silbernem Zaumzeug; der Kopfschmuck ist bunt gestickt und golden; diese Farben, sagt man, schmelzen die Barbaren am Okeanos auf glühendes Erz; diese erstarren, werden hart wie Stein und bewahren das aufgemalte Ornament. Auch in Kleid und Ausrüstung stimmen sie nicht überein: der eine nämlich reitet gegürtet und leichtbewaffnet – wohl ein guter Speerschütze –, des andern Brust ist wohl verwahrt, er droht dem Tier eine Art Ringkampf an und ist sogar an den Schenkeln gewappnet. (4) Der Jüngling aber reitet einen Schimmel, der, wie du siehst, einen schwarzen Kopf hat mit einer Blässe auf der Stirn, kreisrund wie der Vollmond, und er trägt goldenen Kopfschmuck und einen Zaum von medischem Scharlach, denn diese Farbe steht leuchtend gegen das Gold wie Rubin. Als Kleidung dient dem Jüngling ein Mantel, dessen Bausch der Wind wölbt; seine Farbe ist ein Purpurfarbton, wie ihn die Phoiniker loben, und man muß sie wirklich jeder Art von Purpur vorziehen; denn obschon sie dunkel aussieht, zieht sie von der Sonne eigentümlichen Liebreiz auf sich und wird vom Schimmer ihres Lichtes gesprenkelt. Aus Scheu aber, sich vor den anderen, die dabei sind, zu entblößen, trägt er einen purpurnen Ärmelrock, der bis zur Mitte des Oberschenkels und ebenso des Ellbogens reicht. Er lächelt strahlenden Blickes und trägt langes Haar, aber nur so weit, daß sein Blick nicht verdunkelt wird, wenn das Haar vom Wind gezaust wird. Vielleicht wird mancher auch seine Wange loben, die ebenmäßige Nase und so einzeln jede Schönheit des Gesichtes; ich aber bewundere seinen hohen Sinn; denn er ist kraftvoll wie ein Jäger, sitzt stolz auf seinem Pferd und weiß wohl, daß er geliebt wird. (5) Ihr Gepäck tragen Maulesel und ein Maultiertreiber nach: Schlingen und Netze, kleine Speere, Wurfspieße und Lanzen mit zwei

κυναγωγοὶ συστρατεύουσι καὶ σκοπιωροὶ καὶ τὰ ἔθνη τῶν
5 κυνῶν, οὐχ αἱ τὴν ῥῖνα ἀγαθαὶ μόναι ἢ αἱ ταχεῖαι αὐτῶν,
ἀλλὰ καὶ αἱ γενναῖαι· ἔδει γὰρ καὶ ἀλκῆς ἐπὶ τὸ θηρίον.
γράφει δὴ Λοκρίδας Λακαίνας Ἰνδικὰς Κρητικάς, τὰς μὲν
ἀγερώχους καὶ ὑλακτούσας, τὰς δὲ ἐννοούσας, αἱ δὲ μεθέπου- 5
10 σι καὶ σεσήρασι κατὰ τοῦ ἴχνους. (6) Καὶ τὴν Ἀγροτέραν
προϊόντες ᾄσονται· νεὼς γάρ τις αὐτῆς ἐκεῖ καὶ ἄγαλμα
λεῖον ὑπὸ τοῦ χρόνου καὶ συῶν κεφαλαὶ καὶ ἄρκτων,
νέμεται δὲ αὐτῇ καὶ θηρία ἄνετα, νεβροὶ καὶ λύκοι καὶ λαγωοί,
πάντα ἥμερα καὶ μὴ δεδιότα τοὺς ἀνθρώπους. ἔχονται μετὰ 10
15 τὴν εὐχὴν τῆς θήρας.

(7) Καὶ τὸ θηρίον οὐκ ἀνέχεται λανθάνειν, ἀλλ᾽ ἐκπηδᾷ τῆς
λόχμης, εἶτα ἐμπίπτει τοῖς ἱππεῦσι καὶ ταράττει μὲν αὐτοὺς
ἐκ προσβολῆς, νικᾶται δὲ ὑπὸ τῶν βαλλόντων· καιρίᾳ μὲν
20 οὐκ ἐντυχὼν διά τε τὸ φράττειν πρὸς τὰς πληγὰς διά τε 15
τὸ μὴ ὑπὸ θαρρούντων βάλλεσθαι, μαλαχθεὶς δὲ πληγῇ
ἐπιπολαίῳ κατὰ τοῦ μηροῦ φεύγει διὰ τῆς ὕλης, ἐκδέχεται
δὲ αὐτὸν ἕλος βαθὺ καὶ λίμνη πρὸς τῷ ἕλει. (8) Διώκουσιν
οὖν βοῇ χρώμενοι οἱ μὲν ἄλλοι μέχρι τοῦ ἕλους, τὸ δὲ μειρά-
25 κιον συνεμβάλλει τῷ θηρίῳ ἐς τὴν λίμνην καὶ τέτταρες οὗτοι 20
κύνες, καὶ τὸ μὲν θηρίον ἵεται τρῶσαι τὸν ἵππον, ἀπονεῦσαν
δὲ τοῦ ἵππου τὸ μειράκιον καὶ ἐς τὰ δεξιὰ μετακλῖναν ἀφίησι
τῇ χειρὶ πάσῃ καὶ βάλλει τὸν σῦν κατ᾽ αὐτὸ μάλιστα τὸ
30 συνάπτον τὴν πλάτην τῇ δέρῃ. τοὐντεῦθεν οἱ μὲν κύνες
κατάγουσι τὸν σῦν ἐς τὴν γῆν, οἱ δὲ ἐρασταὶ βοῶσιν ἀπὸ τῆς 25
ὄχθης οἷον φιλοτιμούμενοι πρὸς ἀλλήλους, ὅστις ὑπερκεκρά-
336 κ. ξεται τὸν πέλας, καὶ πέπτωκέ τις ἀπὸ τοῦ ἵππου μὴ κατα-
σχών, ἀλλ᾽ ἐκθορυβήσας τὸν ἵππον· ὃς δὲ καὶ στέφανον αὐτῷ
πλέκει παρὰ τοῦ λειμῶνος τοῦ ἐν τῷ ἕλει. ἔτι ἐν τῇ λίμνῃ τὸ
5 μειράκιον, ἔτι ἐπὶ τοῦ σχήματος, ᾧ τὸ παλτὸν ἀφῆκεν, οἱ δὲ 30
ἐκπεπλήγασι καὶ θεωροῦσιν αὐτὸ οἷον γραφέν.

---

15 φράττεσθαι X   31 τὸ αὐτό ω   τὸ tilgt Westermann

Spitzen; auch Hundeführer ziehen mit und Fährtensucher und die verschiedenen Hundearten, nicht nur die mit feiner Spürnase oder die schnellen unter ihnen, sondern auch die tapferen; denn man brauchte auch Mut gegen das Tier. So malt er nun lokrische, lakonische, indische und kretische Hunde, die einen unbändig und laut, die andern bedächtig; wieder andere folgen der Spur und fletschen die Zähne über ihr. (6) Auch Artemis Agrotera werden die Jäger beim Weiterziehen besingen; denn dort ist ein Tempel von ihr und ein vom Alter glatt geschliffenes Standbild, dazu Eber- und Bärenköpfe; aber auch freies Wild, das ihr geweiht ist, weidet dort, Hirschkälber, Wölfe und Hasen, alle zahm und ohne Scheu vor Menschen. Nach dem Gebet jagen sie weiter.

(7) Das Tier hält es im Versteck nicht aus, sondern bricht aus dem Dickicht hervor, dann fällt es die Reiter an und verwirrt sie durch seinen Angriff, wird aber von den Schützen besiegt. Es ist nicht tödlich getroffen, weil es sich vor den Hieben schützt und von den Draufgängern nicht getroffen wird, sondern nur geschwächt durch eine Fleischwunde am Schlegel flüchtet es durch den Wald: ein tiefer Sumpf nimmt es auf und ein Teich, in den der Sumpf übergeht. (8) Die einen nun verfolgen es mit Geschrei bis zum Sumpf, der Jüngling aber sprengt mit dem Tier in den Teich, ebenso die vier Hunde dort, und das Schwein will das Pferd verwunden, der Jüngling aber beugt sich vom Pferd, lehnt sich nach rechts, schleudert mit aller Macht und trifft den Eber gerade da, wo Schulterblatt und Hals zusammenstoßen. Danach zerren die Hunde den Eber ans Land, und die Liebhaber rufen vom Ufer aus wie um die Wette, wer lauter als sein Nachbar schreit; einer ist von seinem Pferd gefallen, das er nicht im Zaume hielt, sondern scheu gemacht hat; dieser aber flicht ihm sogar einen Kranz von der Wiese im Sumpf. Noch steht der Jüngling im See, noch in der Haltung, wie er den Spieß schleuderte, die andern aber sehen ihn voller Verwunderung an wie ein gemaltes Bild.

29. Περσεύς

(1) Ἀλλ' οὐκ Ἐρυθρά γε αὕτη θάλασσα οὐδ' Ἰνδοὶ ταῦτα.
Αἰθίοπες δὲ καὶ ἀνὴρ Ἕλλην ἐν Αἰθιοπίᾳ καὶ ἄθλος τοῦ
10 ἀνδρός, ὃν ἑκὼν ἔτλη κατὰ ἔρωτα. οἶμαί σε, ὦ παῖ, μὴ ἀνήκοον εἶναι τοῦ Περσέως, ὃν φασιν Ἀτλαντικὸν ἀποκτεῖναι   5
κῆτος ἐν Αἰθιοπίᾳ πεζεῦον ἐπὶ τὰς ἀγέλας καὶ τοὺς ἐν γῇ
ἀνθρώπους. (2) Ταῦτ' οὖν ἐπαινῶν ὁ ζωγράφος καὶ οἰκτείρων
15 τὴν Ἀνδρομέδαν, ὅτι κήτει ἐξεδόθη, τετέλεσται ἤδη ὁ ἄθλος,
καὶ τὸ μὲν κῆτος ἔρριπται πρὸ τῆς ἠόνος ἐμπλημμυροῦν
πηγαῖς αἵματος, ὑφ' ὧν ἐρυθρὰ ἡ θάλασσα. τὴν δὲ Ἀνδρομέ-   10
δαν ἀπαλλάττει τοῦ δεσμοῦ ὁ Ἔρως· γέγραπται δὲ πτηνὸς
20 μὲν τὸ εἰωθός, νεανίας δὲ παρ' ὃ εἴωθε, καὶ ἀσθμαίνων γέγραπται καὶ οὐκ ἔξω τοῦ μεμοχθηκέναι· καὶ γὰρ εὐχὴν ἀνεβάλετο
τῷ Ἔρωτι ὁ Περσεὺς πρὸ τοῦ ἔργου παρεῖναι αὐτὸν καὶ κατὰ
τοῦ θηρίου συμπέτεσθαι, ὁ δὲ ἀφίκετο καὶ ἤκουσε τοῦ   15
Ἕλληνος.

25 (3) Ἡ κόρη δὲ ἡδεῖα μέν, ὅτι λευκὴ ἐν Αἰθιοπίᾳ, ἡδὺ δὲ αὐτὸ
τὸ εἶδος· παρέλθοι ἂν καὶ Λυδὴν ἁβρὰν καὶ Ἀτθίδα ὑπόσεμνον καὶ Σπαρτιᾶτιν ἐρρωμένην. κεκαλλώπισται δὲ ἀπὸ τοῦ
καιροῦ· καὶ γὰρ ἀπιστεῖν ἔοικε καὶ χαίρει μετ' ἐκπλήξεως καὶ   20
τὸν Περσέα βλέπει μειδίαμά τι ἤδη ἐς αὐτὸν πέμπουσα. ὁ δὲ
30 οὐ πόρρω τῆς κόρης ἐν ἡδείᾳ καὶ λιβανώδει πόᾳ κεῖται
337 κ. στάζων ἐς τὴν γῆν ἱδρῶτα καὶ τὸ δεῖγμα τῆς Γοργοῦς ἔχων
ἀπόθετον, μὴ ἐντυχόντες αὐτῷ λαοὶ λίθοι γένωνται. πολλοὶ
οἱ βουκόλοι γάλα ὀρέγοντες καὶ οἴνου ἐπισπάσαι, ἡδεῖς   25
5 Αἰθίοπες ἐν τῷ τοῦ χρώματος ἀτόπῳ καὶ βλοσυρὸν μειδιῶν-
τες καὶ οὐκ ἄδηλοι χαίρειν καὶ οἱ πλεῖστοι ὅμοιοι. (4) Ὁ
Περσεὺς δὲ ἀσπάζεται μὲν καὶ ταῦτα, στηρίζων δὲ ἑαυτὸν
ἐπὶ τοῦ ἀριστεροῦ ἀγκῶνος ἀνέχει τὸν θώρακα ἔμπνουν ὑπὸ
ἄσθματος ἐμβλέπων τῇ κόρῃ καὶ τὴν χλαμύδα τῷ ἀνέμῳ   30
10 ἐκδίδωσι φοινικῆν οὖσαν καὶ βεβλημένην αἵματος ρανίσιν,

---

11 τοῦ δεσμοῦ F τῶν δεσμῶν ω   17 ἡδὺ F ἡδίων ω vgl. 1,
22, 1   23 δεῖμα X   29 ἔμπνους X   31 f. ρανίσιν ἃς X ρα-
νίσι καὶ FP

29. Perseus

(1) Das ist aber nicht das Rote Meer, auch nicht Inder sind dies, sondern Aithiopen und ein hellenischer Mann in Aithiopien und ein Kampf des Helden, den er aus Liebe freiwillig bestand. Du wirst, lieber Junge, schon von Perseus gehört haben, der in Aithiopien ein atlantisches Ungeheuer erlegt haben soll, das an Land stieg und die Herden und Einwohner des Landes angriff. (2) Dem Künstler gefiel die Sage, und er fühlte Mitleid mit Andromeda, weil sie dem Untier ausgeliefert wurde. Nun ist der Kampf schon zu Ende und das Ungeheuer an das Gestade geschleudert, das es mit einem Blutstrom überflutet, von dem das Meer sich rötet. Eros aber befreit Andromeda von der Fessel; er ist – wie immer – mit Flügeln gemalt, als Jüngling aber gegen die Gewohnheit; auch ist er keuchend dargestellt und noch nicht von der Mühsal erholt; denn Perseus hatte vor seiner Tat auch zu Eros ein Gebet emporgesandt, er möge ihm beistehen und mit ihm gegen das Untier anfliegen. Eros aber kam und erhörte den Hellenen.

(3) Das Mädchen ist schön, weil es eine Weiße in Aithiopien ist, schön ist aber auch seine Gestalt; sie könnte eine zarte Lyderin oder eine sittsame Athenerin oder eine kraftvolle Spartanerin übertreffen. Ihre Schönheit wird aber noch erhöht durch ihre Lage, denn sie kann es anscheinend noch nicht glauben, freut sich aber schon staunend und blickt auf Perseus, dem sie bereits ein Lächeln zusendet. Der Held aber liegt unweit der Jungfrau im kühlen und duftenden Gras; sein Schweiß trieft zur Erde, und das Bild der Gorgo hält er verdeckt, damit keiner es erblicke und zu Stein werde. Rinderhirten in großer Zahl reichen ihm Milch und Wein zu trinken, lustige Aithiopier mit ihrer seltsamen Farbe, wild grinsend und sichtlich erfreut, die meisten einander ähnlich. (4) Perseus nimmt zwar auch dies freundlich auf, doch stützt er sich auf den linken Ellbogen, hebt die keuchend gefüllte Brust, blickt nach dem Mädchen und gibt dem Winde seinen Purpurmantel preis, der mit Blutstropfen besprengt ist, die das Tier im

ἃς προσέπνευσεν αὐτῷ τὸ θηρίον ἐν τῷ ἀγῶνι. ἐρρώσθων
Πελοπίδαι παρὰ τὸν τοῦ Περσέως ὦμον· καλῷ γὰρ ὄντι αὐτῷ
καὶ ὑφαίμῳ προσήνθηκέ τι τοῦ καμάτου καὶ ὑπῳδήκασιν αἱ
15 φλέβες ἐπιλαμβάνον τοῦτο αὐτάς, ὅταν πλεονεκτήσῃ τὸ
ἄσθμα. πολλὰ καὶ παρὰ τῆς κόρης ἄρνυται.   5

30. Πέλοψ

(1) Στολὴ δὲ ἁπαλή, σχῆμα ἐκ Λυδίας, καὶ μειράκιον ἐν
ὑπήνῃ πρώτῃ Ποσειδῶν τε μειδιῶν ἐς τὸ μειράκιον καὶ
20 ἀγάλλων αὐτὸ ἵπποις δηλοῖ Πέλοπα τὸν Λυδὸν ἐπὶ θάλατταν ἥκοντα, ὡς εὔξαιτο τῷ Ποσειδῶνι κατὰ τοῦ Οἰνομάου, 10
ὅτι μὴ χρῆται γαμβρῷ ὁ Οἰνόμαος, ἀλλὰ κτείνων τοὺς τῆς
Ἱπποδαμείας ἐρῶντας φρονεῖ τοῖς τούτων ἀκροθινίοις, ἀτάκ-
25 των λεόντων κεφαλαῖς οἷον θήραν ᾑρηκότες. καὶ εὐχομένῳ
τῷ Πέλοπι ἥκει χρυσοῦν ἅρμα ἐκ θαλάττης, ἠπειρῶται δὲ
οἱ ἵπποι καὶ οἷοι διαδραμεῖν τὸν Αἰγαῖον αὐχμηρῷ τῷ ἄξονι 15
καὶ ἐλαφρᾷ τῇ ὁπλῇ. ὁ μὲν οὖν ἆθλος εὐδρομήσει τῷ Πέλοπι,
τὸν δὲ τοῦ ζωγράφου ἆθλον ἡμεῖς ἐξετάζωμεν. (2) Οὐ γὰρ
30 σμικροῦ οἶμαι ἀγῶνος ἵππους μὲν ξυνθεῖναι τέτταρας καὶ μὴ
338 κ. ξυγχέαι τῶν σκελῶν τὸ κατὰ ἕνα αὐτῶν, ἐμβαλεῖν δὲ αὐτοῖς
μετὰ τοῦ χαλινοῦ φρόνημα στῆσαί τε τὸν μὲν ἐν αὐτῷ τῷ μὴ 20
θέλειν ἑστάναι, τὸν δ' ἐν τῷ κροαίνειν βούλεσθαι, τὸν δ' ἐν
5 τῷ πιθέσθαι, ὁ δὲ γάνυται τῇ ὥρᾳ τοῦ Πέλοπος καὶ εὑρεῖαι
αὐτῷ αἱ ῥῖνες, ὅσα χρεμετίζοντι. (3) Ἔτι κἀκεῖνο σοφίας·
ὁ Ποσειδῶν τοῦ μειρακίου ἐρᾷ καὶ ἀναφέρει αὐτὸ ἐς τὸν
λέβητα καὶ τὴν Κλωθὼ ὅ τε Πέλοψ ἀστράψαι δοκεῖ τῷ ὤμῳ. 25
10 καὶ τοῦ μὲν γαμεῖν οὐκ ἀπάγει αὐτόν, ἐπειδὴ ὥρμηκεν,
ἀγαπῶν δὲ ἀλλ' ἐφάψασθαι τῆς χειρὸς ἐμπέφυκε τῇ δεξιᾷ
τοῦ Πέλοπος ὑποτιθέμενος αὐτῷ τὰ ἐς τὸν δρόμον, ὁ δὲ
ὑπέρφρον ἤδη καὶ 'Αλφειὸν πνεῖ, καὶ ἡ ὀφρὺς μετὰ τῶν

---

12 τούτων FP τῶν μνηστήρων X   12 f. ἀτάκτων – ᾑρηκότες FPᶜ (P ausradiert)⟩ X   22 πιθέσθαι Kalinka τίθε- FP
πείθ- X   29 'Αλφειὸν Salmasius ἀφνειὸν ω

Kampfe daraufgesprüht hat. Weichen müssen die Pelopiden neben der Schulter des Perseus. Denn schön und blutvoll, wie sie schon ist, wurde sie noch blühender durch den Kampf, und die Adern treten leicht hervor, was ihnen immer geschieht, wenn man oft und schwer Atem holt. Großer Lohn wartet seiner auch von der Jungfrau.

30. Pelops

(1) Das üppige Kleid in lydischem Schnitt und der junge Mensch im ersten Flaum, dazu Poseidon, der dem Jüngling zulächelt und ihn mit Pferden ehrt, all dies verrät uns Pelops, den Lyder, der ans Meer kommt, um Poseidons Hilfe gegen Oinomaos zu erflehen, der von einem Schwiegersohn nichts wissen will, sondern die Freier Hippodameias tötet und sich mit der Beute brüstet, wie erfolgreiche Jäger mit den Köpfen wilder Löwen. Und auf des Pelops Bitte steigt ein goldener Wagen aus der See; die Pferde sind landgewohnt, doch können sie auch über das ägäische Meer mit trockener Achse und leichtem Hufe eilen. Der Wettstreit nun wird für Pelops gut ausgehen, wir aber wollen die Arbeit des Malers prüfen. (2) Denn keine geringe Aufgabe ist es wohl, vier Pferde nebeneinanderzustellen, ohne die einzelnen Beine durcheinander zu bringen, sie anzufeuern und zugleich zu zäumen und stillzuhalten, das eine gerade dann, wenn es nicht stehen bleiben will, das andere, wenn es stampfen möchte, das dritte, wenn es gehorcht, das vierte aber freut sich der Jugendschönheit des Pelops, und seine Nüstern weiten sich, als ob es wiehern wollte. (3) Auch folgendes ist ein glänzender Einfall: Poseidon liebt den Jüngling und bringt ihn zum Kessel und zu Klotho, und die Schulter des Pelops scheint zu glänzen; und doch wehrt er ihm die Vermählung nicht, die er so sehr wünscht, sondern ist zufrieden, seine Hand zu berühren, drückt dem Pelops die Rechte und gibt ihm Ratschläge für die Wettfahrt; der aber schnaubt schon Mut und olympischen Kampfgeist, und sein

15 ἵππων. βλέπει δὲ ἡδὺ καὶ μετέωρον ὑπὸ τοῦ τιάρᾳ ἐπισοβεῖν,
ἧς οἷα χρυσαῖ λιβάδες ἡ κόμη τοῦ μειρακίου ἀποστάζουσα
μετώπῳ ὁμολογεῖ καὶ ἰούλῳ συνανθεῖ καὶ μεταπίπτουσα
τῇδε κἀκεῖσε ἐν τῷ καιρίῳ μένει. (4) Γλουτὸν καὶ στέρνα καὶ
ὅσα περὶ τοῦ γυμνοῦ τοῦ Πέλοπος ἐλέχθη ἄν, καλύπτει ἡ   5
20 γραφή· ἐσθὴς αὐτῇ καὶ κνήμη. Λυδοὶ γὰρ καὶ οἱ ἄνω βάρβαροι καθείρξαντες ἐς τοιάσδε ἐσθῆτας τὸ κάλλος λαμπρύ-
νονται τοιοῖσδε ὑφάσμασιν ἐνὸν λαμπρύνεσθαι τῇ φύσει.
καὶ τὰ μὲν ἄλλα ἀφανῆ καὶ εἴσω, τὸ δὲ τῆς στολῆς, ἔνθα ὁ
25 ὦμος ὁ ἀριστερός, τέχνῃ ἠμέληται, ὡς μὴ κρύπτοιτο αὐτοῦ ἡ   10
αὐγή· νύξ τε γὰρ ἐπέχει καὶ λαμπρύνεται τῷ ὤμῳ τὸ
μειράκιον, ὅσον ἡ νὺξ τῷ ἑσπέρῳ.

31. Ξένια

(1) Καλὸν δὲ καὶ συκάσαι καὶ μηδὲ ταῦτα παρελθεῖν ἀφώνους.
σῦκα μέλανα ὀπῷ λειβόμενα σεσώρευται μὲν ἐπὶ φύλλων   15
30 ἀμπέλου, γέγραπται δὲ μετὰ τῶν τοῦ φλοιοῦ ῥηγμάτων. καὶ
339 κ. τὰ μὲν ὑποκέχηνε παραπτύοντα τοῦ μέλιτος, τὰ δ' ὑπὸ τῆς
ὥρας οἷον ἔσχισται. πλησίον δὲ αὐτῶν ὄζος ἔρριπται μὰ Δί'
οὐκ ἀργὸς ἢ κενὸς τοῦ καρποῦ, σκιάζει δὲ καὶ σῦκα τὰ μὲν
5 ὠμὰ καὶ ὀλύνθους ἔτι, τὰ δὲ ῥυσὰ καὶ ἔξωρα, τὰ δὲ ὑποσέσηρε   20
παραφαίνοντα τοῦ χυμοῦ τὸ ἄνθος, τὸ δ' ἐπ' ἄκρῳ τοῦ ὄζου
στρουθὸς διορώρυχεν, ἃ δὴ καὶ ἥδιστα σύκων δοκεῖ. (2) Καρ-
ύοις δὲ ἅπαν ἔστρωται τοὔδαφος, ὧν τὰ μὲν παρατέτριπται
10 τοῦ ἐλύτρου, τὰ δὲ ἔγκειται μεμυκότα, τὰ δὲ παρεμφαίνει
τὴν διαφυήν. ἀλλὰ καὶ ὄγχνας ἐπ' ὄγχναις ὁρᾷ καὶ μῆλα ἐπὶ   25
μήλοις, σωρούς τε αὐτῶν καὶ δεκάδας, εὐώδη πάντα καὶ

---

6 γὰρ καὶ Χ γὰρ FP   14 δὲ⟩ FP (δὲ Pᶜ)   19 καὶ⟩ PᶜΧ

Blick hängt an den Pferden. Sein Auge ist heiter und hochgemut aus Stolz über das Hauptband, aus dem gleich goldenen Tropfen die Locken des Jünglings auf die Stirn quellen, sich anschmiegen, mit dem Bartflaum prangen und hierhin und dorthin wallend doch in schöner Ordnung bleiben. (4) Gesäß und Brust und alles, worüber man sonst am nackten Körper des Pelops reden könnte, verbirgt das Gemälde: sogar der Unterschenkel selbst ist bekleidet; denn die Lyder und die Barbaren des Hochlandes, die ihre Schönheit in solche Kleider hüllen, prunken mit solchen Gewändern, wo sie doch mit ihrer natürlichen Erscheinung prunken könnten. Das übrige an Pelops ist unsichtbar und bedeckt, der Teil des Gewandes aber, wo die linke Schulter ist, hängt kunstvoll nachlässig herab, damit ihr Glanz nicht verborgen bleibt; denn Dunkel bricht herein, und so leuchtet der Jüngling mit seiner Schulter wie mit dem Abendstern die Nacht.

31. Gastgeschenke (Stilleben)

(1) Schön ist es aber auch, Feigen zu pflücken und auch an diesen hier nicht stumm vorüberzugehen. Dunkle Feigen, triefend von Saft, sind hier auf Weinlaub gehäuft und samt den Rissen in ihrer Haut gemalt. Die einen lassen nur durch einen dünnen Riß ihren Honig hervorquellen, die andern sind vor Reife beinah geplatzt. Neben ihnen liegt ein Zweig, wahrlich nicht ohne Ertrag und Frucht; nein, der Schatten seiner Blätter liegt auf Feigen, teils grünen Spätlingen, teils verschrumpften und überreifen; andere davon klaffen ein wenig auf und zeigen den glänzenden Saft, die dort an der Zweigspitze hat ein Sperling angepickt, und solche hält man ja für die süßesten Feigen. (2) Der ganze Boden ist mit Nüssen bedeckt, von denen einige aus der Hülse gequetscht sind; andere liegen noch geschlossen da, wieder andere zeigen ihr Inneres. Aber sieh dort auch Birnen über Birnen und Äpfel über Äpfeln, lose Haufen davon und Zehnerpyramiden, alle duftend und

ὑπόχρυσα. τὸ δὲ ἐν αὐτοῖς ἔρευθος οὐδὲ ἐπιβεβλῆσθαι φήσεις,
ἀλλ' ἔνδον ὑπηνθηκέναι. (3) Κεράσου δὲ ταῦτα δῶρα, ὀπώρα
15 τις αὕτη βοτρυδὸν ἐν ταλάρῳ, ὁ τάλαρος δὲ οὐκ ἀλλοτρίων
πέπλεκται λύγων, ἀλλ' αὐτοῦ τοῦ φυτοῦ. πρὸς δὲ τὸν σύνδε-
σμον τῶν κλημάτων εἰ βλέποις καὶ τὰς ἐκκρεμαμένας αὐτῶν   5
σταφυλὰς καὶ ὡς κατὰ μίαν αἱ ῥᾶγες, ᾄσῃ τὸν Διόνυσον
20 οἶδα καὶ ὦ πότνια βοτρυόδωρε περὶ τῆς ἀμπέλου ἐρεῖς.
φαίης δ' ἂν καὶ τοὺς βότρυς τῇ γραφῇ ἐδωδίμους εἶναι καὶ
ὑποίνους. (4) Κἀκεῖνο ἥδιστον· ἐπὶ φύλλων κράδης μέλι
χλωρὸν ἐνδεδυκὸς ἤδη τῷ κηρῷ καὶ ἀναπλημμυρεῖν ὡραῖον,   10
25 εἴ τις ἀποθλίβοι, καὶ τροφαλὶς ἐφ' ἑτέρου φύλλου νεοπαγὴς
καὶ σαλεύουσα καὶ ψυκτῆρες γάλακτος οὐ λευκοῦ μόνον,
ἀλλὰ καὶ στιλπνοῦ· καὶ γὰρ στίλβειν ἔοικεν ὑπὸ τῆς ἐπιπολα-
ζούσης αὐτῷ πιμελῆς.

schimmernd wie Gold! Ihr Rot, wirst du sagen, ist nicht von
außen aufgetragen, sondern von innen erblüht. (3) Hier sind
Gaben des Kirschbaums, eine Ernte, die wie Trauben im Korb
liegt; der Korb aber ist nicht aus fremden Ruten geflochten,
sondern von dem Baum selbst. Wenn du aber auf das Reben-
bündel siehst und die daran hängenden Trauben, und wie man
jede Beere sieht, dann wirst du, weiß ich, Dionysos besingen
und über die Rebe das Lied anstimmen: „O Hehre, die Trauben
spendet". Man möchte sogar sagen, die Trauben auf dem Bilde
seien eßbar und voll Wein. (4) Auch dies ist sehr hübsch: auf
Feigenblättern gelber Honig, schon eingeschlossen in der
Wabe und reif, herabzutriefen, wenn man ihn preßt. Und auf
einem anderen Blatt ist frischer, noch zitternder Käse, dazu
Kühlgefäße für Milch, die nicht nur weiß ist, sondern auch
schimmert; denn auch zu schimmern scheint sie von dem
Rahm, der oben schwimmt.

ΦΙΛΟΣΤΡΑΤΟΥ

ΕΙΚΟΝΕΣ

Βιβλίον Δεύτερον

1. Ὑμνήτριαι

(1) Ἀφροδίτην ἐλεφαντίνην ⟨ἐν⟩ ἁπαλοῖς μυρρινῶσιν
ᾄδουσιν ἁπαλαὶ κόραι. διδάσκαλος αὐτὰς ἄγει σοφὴ καὶ   5
οὐδὲ ἔξωρος· ἐφιζάνει γάρ τις ὥρα καὶ ῥυτίδι πρώτῃ, γήρως
5   μὲν τὸ ὑπόσεμνον ἕλκουσα, τούτῳ δ᾽ αὖ κεραννῦσα τὸ
σῳζόμενον τῆς ἀκμῆς. καὶ τὸ μὲν σχῆμα τῆς Ἀφροδίτης αἰ-
δοῦς, γυμνὴ καὶ εὐσχήμων, ἡ δὲ ὕλη συνθήκη μεμυκότος ἐλέ-
φαντος. ἀλλ᾽ οὐ βούλεται γεγράφθαι δοκεῖν ἡ θεός. ἔκκειται   10
δὲ οἷα λαβέσθαι.

10 (2) Βούλει λόγου τι ἐπιλείβωμεν τῷ βωμῷ; λιβανωτοῦ γὰρ
ἱκανῶς ἔχει καὶ κασίας καὶ σμύρνης, δοκεῖ δέ μοι καὶ Σαπφοῦς
τι ἀναπνεῖν. ἐπαινετέα τοίνυν ἡ σοφία τῆς γραφῆς· πρῶτον
μὲν τὰς ἀγαπωμένας λίθους περιβαλοῦσα οὐκ ἐκ τῶν   15
15 χρωμάτων αὐτὰς ἐμιμήσατο, ἀλλ᾽ ἐκ τοῦ φωτός, οἷον ὀφθα-
λμῷ κέντρον τὴν διαύγειαν αὐταῖς ἐνθεῖσα, εἶτα ὅτι καὶ τοῦ
ὕμνου παρέχει ἀκούειν. (3) Ἄιδουσι γὰρ αἱ παῖδες, ᾄδουσι,
καὶ ἡ διδάσκαλος ὑποβλέπει τὴν ἀπᾴδουσαν κροτοῦσα τὰς
χεῖρας καὶ ἐς τὸ μέλος ἱκανῶς ἐμβιβάζουσα. τὸ μὲν γὰρ τῆς   20
20 στολῆς ἀπέριττον καὶ μὴ δι᾽ ὄχλου αὐταῖς, εἰ ἀθύροιεν, ἢ τὸ
ἐν χρῷ τῆς ζώνης ἢ τὸ εἰς βραχίονα τοῦ χιτῶνος ἢ ὡς ἀνυπο-

---

1 Φιλοστράτου εἰκόνες FP)X   4 ⟨ἐν⟩ Jacobs

PHILOSTRATOS

GEMÄLDE

Zweites Buch

1. Hymnensängerinnen

(1) Aphrodites Bild aus Elfenbein besingen zarte Mädchen im zarten Myrtenhain. Es leitet sie eine kunstsinnige, noch fast jugendliche Lehrerin; denn eine gewisse Frische liegt noch auf der ersten Falte. Diese bringt zwar ein wenig Matronenwürde, doch verbindet sich mit dieser die erhaltene Jugendblüte. Aphrodites Haltung ist schamhaft; sie ist mit Anstand nackt, und das Standbild ist aus Elfenbein dicht gefügt. Doch will die Göttin nicht wie gemalt aussehen, sondern tritt plastisch hervor.

(2) Willst du, wir sollen dem Altar ein Wort darbringen? Er hat ja in Fülle Weihrauch, Zimt und Myrrhe, scheint mir aber auch einen Hauch Sapphos auszuströmen. Zu preisen also ist die Kunst des Bildes: erstens hat es bei den kostbaren Edelsteinen der Einfassung nicht ihre Farben dargestellt, sondern das aus ihnen spielende Feuer, indem es ihnen Leuchtkraft verlieh, wie dem Auge den Stern, und dann, weil es auch das Festlied geradezu hören läßt. (3) Es singen nämlich die schönen Kinder, sie singen, und die Meisterin sieht mißbilligend nach einer, die aus dem Takt kommt, klatscht in die Hände und bringt sie so gehörig zum rechten Gang des Lieds zurück. Die nicht zu langen Kleider, die sie nicht behindern, wenn sie spielen, der dicht anliegende Gürtel oder der Chiton, der den

δησία χαίρουσιν ἐφεστῶσαι ἀπαλῇ πόᾳ καὶ ἀναψυχὴν ἕλκου-
σαι παρὰ τῆς δρόσου, λειμών τε ὁ περὶ τὰς ἐσθῆτας καὶ τὰ ἐν
αὐταῖς χρώματα, ὡς ἄλλο ἄλλῳ ἐπιπρέπει, δαιμονίως ἐκμε-
μίμηται· τὰ γὰρ συμβαίνοντα οἱ μὴ γράφοντες οὐκ ἀληθεύου-
σιν ἐν ταῖς γραφαῖς. τὰ δὲ εἴδη τῶν παρθένων εἰ τῷ Πάριδι ἢ   5
341 κ.   ἄλλῳ τῳ κριτῇ ἐπιτρέποιμεν, ἀπορῆσαι ἂν δοκεῖ ψηφίσασθαι,
τοσοῦτον ἀμιλλῶνται ῥοδοπήχεις καὶ ἑλικώπιδες καὶ καλ-
λιπάρῃοι καὶ μελίφωνοι· Σαπφοῦς τοῦτο δὴ τὸ ἡδὺ πρόσφθεγμα.

(4) Παραψάλλει δὲ αὐταῖς Ἔρως ἀνακλίνας τοῦ τόξου τὸν   10
5   πῆχυν, καὶ ἡ νευρὰ παναρμόνιον ᾄδει καί φησι πάντα ἔχειν
ὅσα ἡ λύρα, ταχεῖς τε οἱ ὀφθαλμοὶ τοῦ θεοῦ ῥυθμόν τινα
οἶμαι διανοοῦντες. τί δῆτα ᾄδουσι; γέγραπται γάρ τι καὶ
ᾠδῆς· τὴν Ἀφροδίτην ἐκφῦναι τῆς θαλάττης λέγουσιν ἀπορ-
10   ροῇ τοῦ Οὐρανοῦ. καὶ ὅπου μὲν τῶν νήσων προσέσχεν, οὔπω   15
λέγουσιν, ἐροῦσι δὲ οἶμαι Πάφον, τὴν γένεσιν δὲ ἱκανῶς
ᾄδουσιν· ἀναβλέπουσαι μὲν γὰρ ἐμφαίνουσιν, ὅτι ἀπ' οὐρανοῦ, τὰς δὲ χεῖρας ὑπτίας ὑποκινοῦσαι δηλοῦσιν, ὅτι ἐκ
15   θαλάττης, τὸ μειδίαμα δὲ αὐτῶν γαλήνης ἐστὶν αἴνιγμα.

2. Ἀχιλλέως τροφαί   20

(1) Νεβροὶ καὶ λαγώ, ταῦτα θηράματα τοῦ νῦν Ἀχιλλέως,
ὁ δέ γε ἐν Ἰλίῳ πόλεις αἱρήσει καὶ ἵππους καὶ ἀνδρῶν στίχας,
καὶ οἱ ποταμοὶ αὐτῷ μαχοῦνται μὴ ἐῶντι αὐτοὺς ῥέειν. κἀ-
20   κείνων μὲν τῶν ἔργων μισθὸν ἀποίσεται Βρισηίδα καὶ τὰς ἐκ
Λέσβου ἑπτὰ καὶ χρυσὸν καὶ τρίποδας καὶ τὸ τοὺς Ἀχαιοὺς   25
ἐπ' αὐτῷ εἶναι. τὰ δὲ παρὰ τῷ Χείρωνι ταῦτα μήλων δοκεῖ

---

21 λαγώ Reiske λαγώς ω

Arm frei läßt, oder daß sie gern mit nacktem Fuß auf weichem Rasen stehen und Kühlung aus dem Tau schöpfen, die Blumenmuster auf den Gewändern, die Farben daran und wie eine zur anderen paßt, das ist mit wunderbarer Kunst ausgeführt; denn wer malt, was nicht zusammenstimmt, dessen Gemälde erreicht nicht die Wahrheit. Die Gestalt der Mädchen aber wenn wir Paris oder einen anderen Schiedsrichter beurteilen ließen, wäre er wohl in Verlegenheit um ein Urteil, so sehr wetteifern sie mit ihren Rosenarmen, den strahlenden Augen, ihren schönen Wangen und honigsüßen Stimmen, wie sich Sappho so lieblich ausdrückt.

(4) Eros begleitet sie mit Saitenspiel, indem er sich den Bug seines Bogens (links) einstemmt, und die Sehne klingt ganz harmonisch und zeigt, daß sie alle Wirkungen der Lyra besitzt, und rasch spielen die Augen des Gottes, die wohl einen bestimmten Rhythmus anzeigen. Was singen sie denn? Es ist nämlich auch vom Gesang etwas dargestellt: Aphrodite, singen sie, sei dem Meer entsprossen durch Ausströmung des Uranos. An welcher der Inseln sie an Land stieg, sagen sie noch nicht, doch werden sie wohl Paphos nennen; ihre Geburt aber besingen sie deutlich genug; denn durch ihren Blick nach oben zeigen sie an, daß Aphrodite vom Himmel stammt, und da sie die offenen Hände leicht bewegen, offenbaren sie, daß sie aus dem Meere kommt; ihr Lächeln endlich deutet die Meeresstille an.

2. Die Erziehung des Achilleus

(1) Hirschkälber und Hasen, dies ist jetzt noch die Beute Achills, der Achilleus vor Ilion aber wird Städte in seine Gewalt bringen und Rosse und Scharen von Männern, und die Flüsse werden mit ihm kämpfen, weil er ihren Lauf stört, und als Lohn seiner Taten wird er Briseis und die sieben Mädchen aus Lesbos erhalten, dazu Gold und Dreifüße und Ansehen bei den Achaiern. Für die Taten bei Cheiron hier scheint er

καὶ κηρίων ἄξια, καὶ ἀγαπᾷς, ὦ Ἀχιλλεῦ, μικρὰ δῶρα πόλεις
25 ἀπαξιώσων τότε καὶ τὸ κῆδος τοῦ Ἀγαμέμνονος. ὁ μὲν οὖν
ἐπὶ τῆς τάφρου καὶ ὁ κλίνας τοὺς Τρῶας ἐκ μόνου τοῦ βοῆσαι
καὶ ὁ κτείνων ἐπιστροφάδην καὶ ἐρυθραίνων τὸ τοῦ Σκαμάνδρου ὕδωρ ἵπποι τε ἀθάνατοι καὶ ἕλξεις Ἕκτορος καὶ ὁ 5
30 βρυχώμενος ἐπὶ τοῖς τοῦ Πατρόκλου στέρνοις Ὁμήρῳ γέγρα-
342 κ. πται, γράφει δὲ αὐτὸν καὶ ᾄδοντα καὶ εὐχόμενον καὶ ὁμωρό-
φιον τῷ Πριάμῳ.

(2) Τουτονὶ δὲ οὔπω ξυνιέντα ἀρετῆς, ἀλλὰ παῖδα ἔτι γάλακτι ὑποθρέψας καὶ μυελῷ καὶ μέλιτι δέδωκεν ὁ Χείρων 10
5 γράφειν ἁπαλὸν καὶ ἀγέρωχον καὶ ἤδη κοῦφον· εὐθεῖα μὲν
γὰρ ἡ κνήμη τῷ παιδί, ἐς γόνυ δὲ αἱ χεῖρες – ἀγαθαὶ γὰρ δὴ
αὗται πομποὶ τοῦ δρόμου – κόμη τε ἡδεῖα καὶ οὐδὲ ἀκίνητος,
ἔοικε γὰρ προσαθύρων ὁ ζέφυρος μετατάττειν αὐτήν, ὡς μετα-
10 πιπτούσης τῇδε κἀκεῖσε ἄλλοτε ἄλλος ὁ παῖς εἴη· ἐπισκύνιόν 15
τε καὶ θυμοειδὲς φρύαγμά ἐστι μὲν ἤδη τῷ παιδί, πραΰνει δὲ
αὐτὸ ἀκάκῳ βλέμματι καὶ παρειᾷ μάλα ἵλεῳ καὶ προσβαλ-
λούσῃ τι ἁπαλοῦ γέλωτος. ἡ χλαμὺς δέ, ἣν ἀμπέχεται, παρὰ
τῆς μητρὸς οἶμαι· καλὴ γὰρ καὶ ἁλιπόρφυρος καὶ πυραυγὴς
15 ἐξαλλάττουσα τοῦ κυανῇ εἶναι. (3) Κολακεύει δὲ αὐτὸν ὁ 20
Χείρων οἷον λέοντα πτῶκας ἁρπάζειν καὶ νεβροῖς συμπέτε-
σθαι· νεβρὸν γοῦν ἄρτι ἡρηκὼς ἥκει παρὰ τὸν Χείρωνα καὶ
ἀπαιτεῖ τὸ ἄθλον, ὁ δὲ χαίρει ἀπαιτούμενος καὶ τοὺς προσ-
20 θίους ὀκλάσας εἰς ἴσον καθίσταται τῷ παιδί, μῆλα ἀπὸ τοῦ
κόλπου ὀρέγων αὐτῷ καλὰ καὶ εὐώδη – καὶ γὰρ τοῦτο αὐ- 25
τῶν ἔοικεν ἐγγεγράφθαι – καὶ κηρίον ὀρέγει τῇ χειρὶ σταγόνα
λεῖβον δι᾽ εὐνομίαν τῶν μελιττῶν· ὅταν γὰρ πόαις ἀγαθαῖς
25 ἐντυχοῦσαι κυΐσκωσι, περιπληθῆ τὰ κηρία γίνεται καὶ ἀποβλύζουσι τὸ μέλι οἱ οἶκοι αὐτῶν. (4) Ὁ δὲ Χείρων γέγραπται

nur Äpfel und Honigscheiben zu verdienen, und du, Achilleus, bist noch zufrieden mit kleinen Gaben, während du dereinst Städte und die Heirat mit Agamemnons Tochter verschmähen wirst. Den Achill nun am Lagerwall, den, der die Troer schon durch seinen Schrei zum Weichen bringt, nach allen Seiten den Tod sendet und das Wasser des Skamandros rötet, seine unsterblichen Rosse, die Schleifung Hektors und sein Klageschrei an der Brust des Patroklos, dies alles ist von Homer geschildert, der ihn auch singend und betend und unter einem Dache mit Priamos malt.

(2) Diesen hier aber, der noch nichts von Waffentaten weiß, sondern noch ein Knabe ist, zog Cheiron mit Milch, Mark und Honig auf und stellte ihn dem Maler als zarten Jungen, der aber schon keck und rasch ist; denn das Bein des Jungen ist gerade, und seine Hände reichen bis zum Knie – das sind nämlich tüchtige Helfer beim Lauf –; sein Haar ist lieblich und doch nicht unbewegt, denn der Zephyros scheint damit zu spielen und es so zu verändern, daß der Knabe, je nachdem es hier- und dorthin fällt, jedesmal anders aussieht; und schon zeigt der Knabe Trotz und leidenschaftliche Wildheit an der Stirn, sänftigt diesen Ausdruck aber durch seinen treuherzigen Blick und eine sehr freundliche, zu sanftem Lachen bereite Wange. Der Mantel, den er trägt, mag ein Geschenk der Mutter sein; denn er ist schön, meerpurpurn, feuerfarben und spielt dabei ins Dunkelblaue. (3) Cheiron schmeichelt ihm, daß er wie ein Löwe Hasen packe und mit Hirschkälbern dahinfliege; jedenfalls hat er gerade ein Hirschkalb erbeutet, ist zu Cheiron gekommen und bittet um seinen Lohn, der aber freut sich der Forderung, beugt die Vorderbeine, stellt sich mit dem Jungen auf gleiche Höhe und reicht ihm Äpfel aus seinem Gewandbausch, schöne und wohlriechende, denn auch ihr Duft scheint gemalt; auch reicht er ihm eine Honigwabe, aus der ein Tropfen auf die Hand rinnt dank der guten Weide der Bienen; denn wenn sie saftige Kräuter finden und sich daran vollsaugen, werden die Waben übervoll, und aus den Zellen trieft der Honig. (4) Cheiron aber ist völlig als Kentaur

μὲν ὅσα κένταυρος· ἀλλὰ ἵππον ἀνθρώπῳ συμβαλεῖν θαῦμα
οὐδέν, συναλεῖψαι μὴν καὶ ἐνῶσαι καὶ διαδοῦναι ἄμφω
80 λήγειν καὶ ἄρχεσθαι καὶ διαφεύγειν τοὺς ὀφθαλμούς, εἰ τὸ
τέρμα τοῦ ἀνθρώπου ἐλέγχοιεν, ἀγαθοῦ οἶμαι ζωγράφου. καὶ
τὸ ἥμερον δὲ φαίνεσθαι τὸ τοῦ Χείρωνος ὄμμα ἐργάζεται μὲν 5
343 K. καὶ ἡ δικαιοσύνη καὶ τὸ ὑπ' αὐτῆς πεπνῦσθαι, πράττει δὲ καὶ
ἡ πηκτίς, ὑφ' ἧς ἐκμεμούσωται· νυνὶ δὲ καὶ ὑποκορισμοῦ τι
αὐτῷ ἔπεστιν εἰδώς που ὁ Χείρων, ὅτι τοὺς παῖδας τοῦτο
5 μειλίσσεται καὶ τρέφει μᾶλλον ἢ τὸ γάλα.

(5) Ταυτὶ μὲν περὶ θύρας τοῦ ἄντρου, ὁ δ' ἐν τῷ πεδίῳ παῖς ὁ 10
ἱππηδὸν ἐπὶ τοῦ κενταύρου ἀθύρων ὁ αὐτὸς ἔτι· διδάσκει ὁ
Χείρων τὸν Ἀχιλλέα ἱππάζεσθαι καὶ κεχρῆσθαι αὐτῷ ὅσα
ἵππῳ, καὶ συμμετρεῖται μὲν τὸν δρόμον εἰς τὸ ἀνεκτὸν τῷ
10 παιδί, καγχάζοντι δὲ αὐτῷ ὑπὸ τοῦ ἥδεσθαι προσμειδιᾷ
μεταστρεφόμενος καὶ μόνον οὐχὶ λέγει ,,ἰδού σοι κροαίνω 15
ἄπληκτος, ἰδοὺ καὶ ἐπικελεύομαί σοι· ὁ ἵππος ὀξὺς ἄρα καὶ
ἀφαιρεῖ γέλωτα· λαγαρῶς γάρ μοι ἱππασθείς, θεῖε παῖ, καὶ
15 τοιῷδ' ἵππῳ πρέπων ὀχήσῃ ποτὲ καὶ ἐπὶ Ξάνθου καὶ Βαλίου
καὶ πολλὰς μὲν πόλεις αἱρήσεις, πολλοὺς δὲ ἄνδρας ἀποκτε-
νεῖς θέων ὅσα καὶ συνεκφεύγοντας.‘‘ ταῦτα ὁ Χείρων μαν- 20
τεύεται τῷ παιδὶ καλὰ καὶ εὔφημα καὶ οὐχ οἷα ὁ Ξάνθος.

3. Κενταυρίδες

20 (1) Σὺ μὲν ᾤου τὴν τῶν κενταύρων ἀγέλην δρυῶν ἐκπεφυ-
κέναι καὶ πετρῶν ἢ νὴ Δία ἵππων μόνον· αἷς τὸν τοῦ Ἰξίονος
ἐπιθόρνυσθαί φασιν, ὑφ' οὗ οἱ κένταυροι νεωθέντες ἦλθον εἰς 25
κρᾶσιν. τοῖς δὲ ἄρα καὶ μητέρες ὁμόφυλοι ἦσαν καὶ γυναῖκες

---

5 ὄμμα F ἦθος ω   20 θέων X θεὸν FP   25 νεωθέντες Kalinka οἰνωθέντες ω

gemalt; zwar ist es keine Kunst, Pferd und Mensch zu verbinden, sie aber zu verschmelzen, einheitlich zu bilden und so anzuordnen, daß man nicht sieht, wo das eine aufhört und das andere anfängt, wenn das Auge die Grenze dessen, was Mensch ist daran, aufsucht, das, glaube ich, konnte nur ein großer Maler. Den sanften Ausdruck in Cheirons Augen bewirkt seine Gerechtigkeit und ihre Folge, die Weisheit, bewirkt aber auch seine Lyra, die sein Wesen gesänftigt und gebildet hat; jetzt aber hat er auch etwas Schmeichelndes an sich, weil Cheiron weiß, daß dies die Kinder freundlich macht und besser nährt als Milch.

(5) Dies geschieht vor dem Eingang zur Grotte; der Junge aber auf dem Feld, der auf dem Kentauren Reiten spielt, ist noch der gleiche. Cheiron lehrt nämlich Achilleus reiten und ihn als Pferd zu benützen und mäßigt seine Gangart so, daß es der Knabe noch ertragen kann; wenn dieser aber vor Vergnügen aufjauchzt, dreht er sich zurück, lächelt ihm zu, und es fehlt nur, daß er zu ihm sagt: „Sieh, dir zuliebe sprenge ich ohne Schläge einher, schau, ich treibe dich sogar an; ein Roß freilich wäre hitzig, und das Lachen verginge dir; denn erst, wenn du auf mir sachte geritten bist, göttliches Kind, und einem solchen Pferd gewachsen, wirst du einst sogar auf Xanthos und Balios dich tummeln, wirst viele Städte erobern und viele Männer töten, indem du so rasch läufst wie alle, die vor dir fliehen.'' Dies kündet Cheiron dem Knaben, schöne Dinge und von guter Vorbedeutung und nicht wie die Worte des Xanthos.

3. Weibliche Kentauren

(1) Du hast geglaubt, die Schar der Kentauren stamme von Eichen und Felsen oder, bei Zeus, höchstens aus Stuten; diese soll Ixions Sohn besprungen haben, wodurch die Kentauren als neuartige Geschöpfe zu ihrer Mischgestalt kamen. Allein sie hatten schon Mütter von gleicher Gattung, auch schon

25 ἤδη καὶ πῶλοι ἐν εἴδει βρεφῶν καὶ οἶκος ἥδιστος· οὐ γὰρ
οἶμαί σε ἄχθεσθαι τῷ Πηλίῳ καὶ τῇ ἐν αὐτῷ διαίτῃ καὶ τῷ
τῆς μελίας φυτῷ ἀνεμοτρεφεῖ ὄντι καὶ παρεχομένῳ τὸ ἰθὺ
ὁμοῦ καὶ τὸ μὴ κλᾶσθαι ἐν τῇ αἰχμῇ. καὶ τὰ ἄντρα κάλλιστα
30 καὶ αἱ πηγαὶ καὶ αἱ παρ' αὐτοῖς κενταυρίδες, εἰ μὲν ἐπιλαθοί- 5
344 κ. μεθα τῶν ἵππων, οἷον Ναΐδες, εἰ δὲ μετὰ τῶν ἵππων αὐτὰς
λογιζοίμεθα, οἷον Ἀμαζόνες· ἡ γὰρ τοῦ γυναικείου εἴδους
ἁβρότης ῥώννυται συνορωμένου αὐτῷ τοῦ ἵππου. (2) Κέν-
5 ταυροι δὲ ταυτὶ τὰ βρέφη τὰ μὲν σπαργάνοις ἔγκειται, τὰ δὲ
τῶν σπαργάνων ὑπεκδύεται, τὰ δὲ κλάειν ἔοικε, τὰ δὲ εὖ 10
πράττει καὶ εὐροοῦντος τοῦ μαζοῦ μειδιᾷ, τὰ δὲ ἀτάλλει ὑπὸ
ταῖς μητράσι, τὰ δὲ περιβάλλει αὐτὰς ὀκλαζούσας, ὁ δὲ ἐς
10 τὴν μητέρα λίθον ἀφίησιν ὑβρίζων ἤδη. καὶ τὸ μὲν τῶν νηπίων
εἶδος οὔπω σαφὲς ἐμπλημμυροῦντος αὐτῷ τοῦ γάλακτος, τὰ
δὲ ἤδη σκιρτῶντα ἐκφαίνει τι καὶ τραχύτητος, ὑπάρχει δὲ 15
αὐτοῖς χαίτη μέλλουσα καὶ ὁπλαὶ ἁπαλαὶ ἔτι.

(3) Ὡς καλαὶ αἱ κενταυρίδες καὶ ἐν τοῖς ἵπποις· αἱ μὲν γὰρ
15 λευκαῖς ἵπποις ἐμπεφύκασιν, αἱ δὲ ξανθαῖς συνάπτονται, τὰς
δὲ ποικίλλει μέν, ἀποστίλβει δὲ αὐτῶν οἷόν τι τῶν ἐν κομιδῇ
ἵππων. ἐκπέφυκε καὶ μελαίνης ἵππου λευκὴ κενταυρὶς καὶ τὰ 20
ἐναντιώτατα τῶν χρωμάτων εἰς τὴν τοῦ κάλλους συνθήκην
ὁμολογεῖ.

4. Ἱππόλυτος

20 (1) Τὸ μὲν θηρίον ἀρὰ Θησέως, ἐμπέπτωκε δὲ τοῖς Ἱππολύτου ἵπποις ἐν εἴδει ταύρου λευκοῦ κατὰ τοὺς δελφῖνας, ἥκει 25
δὲ ἐκ θαλάττης κατὰ τοῦ μειρακίου οὐδεμιᾷ δίκῃ. μητρυιὰ γὰρ

Weiber, dazu Füllen in Gestalt von kleinen Kindern und eine
höchst vergnügliche Behausung; denn ich glaube nicht, daß
du am Pelion Anstoß nimmst, am Leben dort und an dem
Eschenwuchs, der in so hoher Luft gedeiht und an der Lanze
geraden Schaft und federnde Unzerbrechlichkeit zugleich ver-
bürgt. Wunderschön sind auch die Grotten, die Quellen und
die Kentaurinnen dabei, die wie Quellnymphen sind, wenn
man sich das Pferd wegdenkt, und wie Amazonen, wenn wir
den Pferdeleib dazurechnen; denn die sanfte weibliche Gestalt gewinnt an Kraft, wenn man sie mit dem Pferde sieht. (2)
Die Kentaurenkinder hier liegen teils in Windeln, teils schlüp-
fen sie heraus; die einen scheinen zu schreien, die wieder
lassen sich's gutgehen und lächeln, wenn die Mutterbrust
reichlich fließt, andere hüpfen fröhlich unter ihren Müttern,
wieder andere umarmen sie, wenn sie sich aufs Knie nieder-
lassen, und der dort wirft schon ganz frech einen Stein nach
seiner Mutter. Und die Gestalt der Kleinen ist noch nicht
scharf ausgeprägt, weil sie noch reichlich Muttermilch trinken, andere hüpfen schon herum und zeigen ein etwas zottiges
Fell; sie haben schon den Ansatz einer Mähne und Hufe, die
aber noch weich sind.

(3) Wie schön sind die Kentaurenweiber auch dort, wo sie
Pferde sind! Die einen sind nämlich mit weißen Stuten zusammengewachsen, andere mit lichtbraunen verschmolzen,
wieder andere hat der Maler gefleckt, und es geht ein Glanz
von ihnen aus wie von wohlgenährten Pferden. Auch ist aus
einer schwarzen Stute eine weiße Kentaurenfrau hervorge-
wachsen, und der starke Gegensatz der Farben ordnet sich zu
einem schönen Gesamtbild.

4. Hippolytos

(1) Das Ungeheuer: der Fluch des Theseus; es erschien den
Rossen des Hippolytos in Gestalt eines weißen Stieres, unver-
sehens wie Delphine; gekommen ist es aus der See gegen den

Φαίδρα ξυνθεῖσα λόγον ἐπ’ αὐτῷ οὐκ ὄντα, ὡς δὴ ἐρῷτο
25 ὑπὸ τοῦ Ἱππολύτου – αὐτὴ δὲ ἄρα τοῦ μειρακίου ἦρα – ἀπα-
τᾶται ὁ Θησεὺς τῷ λόγῳ καὶ καταρᾶται τοῦ παιδὸς τὰ
ὁρώμενα.

(2) Οἱ μὲν δὴ ἵπποι ὁρᾷς ὡς ἀτιμάσαντες τὸν ζυγὸν ἐλευθέ- 5
ραν αἴρουσι τὴν χαίτην, οὐ δὲ κροαίνοντες ὥσπερ οἱ λαμπροὶ
30 καὶ ἔμφρονες, ἀλλ’ ἐξηρμένοι φόβῳ καὶ πτοίᾳ, ῥαίνοντες δὲ
345 κ. ἀφρῷ τὸ πεδίον ὁ μὲν ἐς τὸ θηρίον ἐπέστραπται φεύγων, ὁ δ’
ἀνεσκίρτηκεν ἐς αὐτό, ὁ δὲ ὑποβλέπει, τῷ δὲ εἰς τὴν θάλατταν
ἡ φορὰ καθάπερ ἑαυτοῦ καὶ τῆς γῆς ἐκλαθομένῳ, μυκτῆρσι 10
5 δὲ ὀρθοῖς ὀξὺ χρεμετίζουσιν, εἰ μὴ παρακούεις τῆς γραφῆς.
τροχοὶ δ’ ἅρματος ὁ μὲν ἐξήρμοσται τὰς κνήμας ὑπὸ τοῦ συγ-
κλιθῆναι τὸ ἅρμα ἐς αὐτόν, ὁ δ’ ἐκλελοιπὼς τὸν ἄξονα
φέρεται καθ’ ἑαυτὸν στροβούσης αὐτὸν ἔτι τῆς δίνης. διεπ-
10 τόηνται καὶ οἱ τῶν ὀπαδῶν ἵπποι καὶ τοὺς μὲν ἀποσείονται, 15
τοὺς δ’ ἄγχοντας ποῖ ἤδη φέρουσι;

(3) Σὺ δὲ μειράκιον, σωροσύνης ἐρῶν ἄδικα μὲν ὑπὸ τῆς
μητρυιᾶς ἔπαθες, ἀδικώτερα δὲ ὑπὸ τοῦ πατρός, ὥστε ὠδύ-
ρατο καὶ ἡ γραφὴ θρῆνόν τινα ποιητικὸν ἐπὶ σοὶ ξυνθεῖσα.
15 σκοπιαὶ μὲν γὰρ αὗται, δι’ ὧν ἐθήρας σὺν Ἀρτέμιδι, δρύπ- 20
τονται τὰς παρειὰς ἐν εἴδει γυναικῶν, λειμῶνες δ’ ἐν ὥρᾳ
μειρακίων, οὓς ἀκηράτους ὠνόμαζες, μαραίνουσιν ἐπὶ σοὶ τὰ
ἄνθη, Νύμφαι τε αἱ σαὶ τροφοὶ τουτωνὶ τῶν πηγῶν ἀνα-
20 σχοῦσαι σπαράττουσι τὰς κόμας ἀποβλύζουσαι τῶν μαζῶν
ὕδωρ. (4) Ἤμυνε δέ σοι οὐδ’ ἡ ἀνδρεία οὐδὲν οὐδὲ ὁ βραχίων, 25
ἀλλά σοι τὰ μὲν ἐσπάρακται τῶν μελῶν, τὰ δὲ συντέτριπται,
πέφυρται δ’ ἡ κόμη, καὶ τὸ μὲν στέρνον ἔμπνουν ἔτι καθάπερ
25 μὴ μεθιέμενον τῆς ψυχῆς, τὸ δὲ ὄμμα περιαθρεῖ τὰ τετρωμένα.
φεῦ τῆς ὥρας, ὡς ἄτρωτός τις ἐλελήθει οὖσα· οὐδὲ γὰρ νῦν

Jüngling ohne gerechten Anlaß. Weil nämlich seine Stiefmutter Phaidra eine falsche Anklage gegen ihn ersann, Hippolytos wolle ihr Liebhaber sein, während sie doch selbst den Jüngling liebte, läßt sich Theseus durch ihre Worte täuschen und flucht auf sein Kind das Unheil herab, das hier zu sehen ist. (2) Die Pferde also, siehst du, achten des Joches nicht und schütteln frei ihre Mähne, aber nicht stampfend wie stattliche und ruhige Rosse, sondern aufgeregt von Furcht und Angst; sie bespritzen das Feld mit Schaum. Das eine Pferd flieht und wendet den Kopf nach dem Untier zurück, das andere ist darauf zugesprungen, das dritte starrt angstvoll nach ihm, das vierte sprengt zum Meer hinab, als ob es die eigene Natur als Landtier vergessen hätte; mit erhobenen Nüstern wiehern sie laut, wenn du hören kannst, was gemalt ist. Die Wagenräder: an einem sind die Speichen herausgebrochen, weil der Wagen sich darauf neigte, das andere ist von der Achse gesprungen und rollt allein dahin, weil der Schwung es immer noch forttreibt. Die Pferde der Begleiter scheuen und werfen die einen ab, die anderen aber, die sich an sie klammern, wohin verschleppen sie diese schon?

(3) Du aber, Jüngling, der du die Sittsamkeit liebst, hast Unrecht von deiner Stiefmutter erlitten, noch größeres Unrecht aber von deinem Vater, so daß sogar das Gemälde um dich klagt und ein poetisches Trauerlied um dich gestaltet hat. Denn diese Höhen, wo du mit Artemis jagtest, zerfleischen sich in Gestalt von Frauen die Wangen, die Wiesen, die du so oft „rein" nanntest, lassen in Gestalt schöner Jünglinge deinethalben ihre Blumen welken, und die Nymphen, die dich nährten, steigen aus diesen ihren Quellen, zerraufen ihr Haar und lassen aus ihren Brüsten Wasser hervorsprudeln. (4) Geholfen hat dir weder dein Mut noch dein starker Arm, sondern von deinen Gliedern sind die einen herausgerissen, die andern zerschmettert, besudelt ist dein Haar, und die Brust holt noch Atem, wie wenn sie von der Seele nicht lassen wollte, das Auge aber blickt auf deine Wunden. Ach, deine Jugendschönheit! Wie sehr war ihre Unverletzlichkeit doch verborgen geblieben!

ἀπολείπει τὸ μειράκιον, ἀλλ' ἐπιπρέπει τι καὶ τοῖς τραύμασιν.

5. Ῥοδογούνη

(1) Καὶ τὸ αἷμα πρὸς τῷ χαλκῷ καὶ ταῖς φοινικίσι προσβάλ-
30 λει τι ἄνθος τῷ στρατοπέδῳ, καὶ χαρίεν τῆς γραφῆς οἱ ἄλλος
346 κ. ἄλλως πεπτωκότες ἵπποι τε ἀτακτοῦντες μετ' ἐκπλήξεως   5
καὶ παρεφθορὸς ὕδωρ ποταμοῦ, ἐφ' ᾧ ταῦτα, οἱ δὲ αἰχμάλω-
τοι καὶ τὸ ἐπ' αὐτοῖς τρόπαιον. Ῥοδογούνη καὶ Πέρσαι
νικῶσιν Ἀρμενίους ἐν σπονδαῖς ἀτακτήσαντας, ὅτε δὴ λέγε-
5 ται ἡ Ῥοδογούνη κρατῆσαι τῆς μάχης οὐδὲ ὅσον τὰ δεξιὰ
τῆς χαίτης ἀναλαβεῖν ξυγχωρήσασα ἑαυτῇ βραδῦναι. ἢ οὐκ   10
ἐπῆρται καὶ φρονεῖ ἐπὶ τῇ νίκῃ καὶ ξυνίησιν, ὡς ἔσοιτο ἀοίδι-
μος ἐπὶ τῷ ἔργῳ καὶ ἐν κιθάρᾳ καὶ ἐν αὐλῷ καὶ ἔνθα Ἕλλη-
10 νες; (2) Προσγέγραπται δὲ αὐτῇ καὶ Νησαία ἵππος μέλαινα
ἐπὶ λευκοῖς τοῖς σκέλεσι, καὶ τὰ στέρνα λευκὰ καὶ τὸ πνεῦμα
ἀπὸ λευκοῦ τοῦ μυκτῆρος καὶ τὸ μέτωπον ἐν ἀρτίῳ τῷ κύκ-   15
λῳ. λίθων μὲν οὖν καὶ ὅρμων καὶ παντὸς ἁπαλοῦ κόσμου
παρακεχώρηκεν ἡ Ῥοδογούνη τῷ ἵππῳ, ὡς ἀγάλλοιτο καὶ
15 ἁβρῶς τὸν χαλινὸν διαπτύοι. κοκκοβαφεῖ δὲ ἐσθῆτι κατα-
λάμπει πάντα πλὴν τοῦ ἑαυτῆς εἴδους ἐν ἡδείᾳ μὲν τῇ ζώνῃ
καὶ τὴν ἐσθῆτα μετρούσῃ ἐς γόνυ, ἡδείᾳ δὲ τῇ ἀναξυρίδι καὶ   20
παρεχομένῃ γραφὰς ἀπὸ κερκίδος· τὸ δὲ ἀπὸ ὤμου ἐς ἀγκῶνα
20 τὸν χιτῶνα διαλείπουσαι πόρπαι ξυνάπτουσιν ὑπανισχού-
σης ἐναλλὰξ τῆς ὠλένης, ἔνθα ὁ δεσμός, ὁ δὲ ὦμος ἔγκειται·
τὸ σχῆμα οὔπω Ἀμαζόνος. (3) Καὶ τῆς ἀσπίδος ἄγασθαι
χρὴ τὸ μέτριον καὶ ἀποχρῶν τῷ στέρνῳ καὶ τὴν ἰσχὺν τῆς   25
25 γραφῆς ἐνταῦθα ἐξετάσαι· ὑπερβάλλουσα γὰρ ἡ ἀριστερὰ τὸν
πόρπακα ἔχεται τῆς αἰχμῆς ἀφιστᾶσα τοῦ στέρνου τὴν ἀσπί-
δα, ὀρθῆς δὲ ἐκκειμένης τῆς ἴτυος ὁρᾶται μὲν καὶ τὰ ἔξω τῆς

Denn auch jetzt noch nicht verläßt sie den Jüngling, sondern schimmert sogar noch etwas auf seinen Wunden.

5. Rhodogune

(1) Das Blut am Erz und an den Purpurmänteln wirft einen Glanz auf das Heerlager; ein Reiz des Bildes sind die mannigfaltigen Stellungen der Gefallenen, die vor Schreck wild umhersprengenden Pferde und das verunreinigte Wasser des Flusses, an dem sich dies abspielt; dazu die Gefangenen und das Wahrzeichen des Sieges über sie. Rhodogune und die Perser besiegten die Armenier, die den Waffenstillstand brachen, damals, als nach der Sage Rhodogune den Sieg gewann, sie, die sich nicht einmal die Zeit ließ, ihr Haar rechts aufzustecken. Oder ist sie nicht gehoben und stolz auf ihren Sieg? Fühlt sie nicht, daß man sie für diese Tat zur Leier und zur Flöte besingen wird, wo immer Hellenen sind? (2) Neben ihr ist auch eine nisaische Stute gemalt, schwarz mit weißen Schenkeln und weißer Brust; sie schnaubt aus weißen Nüstern und hat an der Stirn eine kreisrunde Blässe. Edelsteine, Halsketten und allen üppigen Schmuck überließ Rhodogune ihrem Roß, damit es prunke damit und mit Lust den Zaum beiße. In ihrem scharlachroten Gewand überstrahlt sie alles, nur nicht die eigene Gestalt mit dem lieblichen Gürtel, der ihr Gewand nur bis zum Knie reichen läßt, und in dem anmutigen Beinkleid, das eingewebte Bilder aufweist. Zwischen Schulter und Ellbogen halten Spangen in Abständen den Chiton zusammen, wobei der Oberarm immer dort, wo die Hafte drückt, etwas in die Höhe tritt; die Schulter aber ist bedeckt, und so ist sie noch nicht ganz wie eine Amazone gekleidet. (3) Am Schilde muß man das rechte Maß bewundern, das gerade für die Brust ausreicht, und die Leistung des Malers in folgendem erkennen: Die Linke reicht über die Schildfessel hinaus und hält die Lanze, wobei sie den Schild von der Brust entfernt, und da der Schildrand gerade gehalten wird, sieht man auch die Außenseite des Schildes. Oder sind das nicht Bilder aus

ἀσπίδος· ἢ οὐ χρυσᾶ ταῦτα καὶ οἷον ζῷα; τὰ δὲ ἔσω καὶ ἔνθα
30 ἡ χεὶρ ἀλουργά, προσανθεῖ δὲ αὐτοῖς ὁ πῆχυς.

(4) Αἰσθάνεσθαί μοι δοκεῖς, ὦ παῖ, τοῦ ἐν αὐτῇ κάλλους καὶ
βούλεσθαί τι καὶ περὶ τούτου ἀκούειν· ἄκουε δή. σπένδει μὲν
347 κ. ἐπὶ τῇ τῶν Ἀρμενίων τροπῇ, καὶ ἡ ἔννοια εὐχομένης· εὔχεται 5
δὲ αἱρεῖν τοὺς ἄνδρας, ὡς νῦν ᾕρηκεν· οὐ γάρ μοι δοκεῖ ἐρᾶν
τοῦ ἐρᾶσθαι. καὶ τὸ μὲν ἀνειλημμένον τῶν τριχῶν αἰδοῖ κε-
5 κόσμηται τὸ ἀγέρωχον κολαζούσῃ, τὸ δὲ ἄνετον βακχεύει
αὐτὴν καὶ ῥώννυσι· καὶ ξανθὸν μὲν καὶ χρυσοῦ πέρα τὸ
ἀτακτοῦν τῆς κόμης, τὸ δὲ ἐπὶ θάτερα κείμενον ἔχει τι καὶ ἐς 10
αὐγὴν παραλλάττον ὑπὸ τοῦ τετάχθαι. τῶν δὲ ὀφρύων
10 χαρίεν μὲν τὸ ἀπὸ τοῦ αὐτοῦ ἄρχεσθαι καὶ ὁμόθεν ἐκπεφυ-
κέναι τῆς ῥινός, χαριέστερον δὲ τὸ περιῆχθαι· δεῖ γὰρ αὐτὰς
μὴ προβεβλῆσθαι τῶν ὀφθαλμῶν μόνον, ἀλλὰ καὶ περιβεβλῆσθαι αὐτοῖς. (5) Ἡ παρειὰ δὲ ὑποδέχεται μὲν τὸν ἀπὸ 15
τῶν ὀμμάτων ἵμερον, εὐφραίνει δὲ τῷ ἱλαρῷ, τὸ γὰρ φιλομει-
15 δὲς ἐν παρειᾷ μάλιστα. καὶ οἱ ὀφθαλμοὶ κέκρανται μὲν ἀπὸ
τοῦ χαροποῦ ἐς τὸ μέλαν, παρέχονται δὲ τὸ μὲν ἱλαρὸν ἀπὸ
τοῦ καιροῦ, τὸ δὲ ὡραῖον ἀπὸ τῆς φύσεως, τὸ δὲ γαῦρον ἀπὸ
τοῦ ἄρχειν. στόμα δὲ ἀπαλὸν καὶ ἀνάμεστον ὀπώρας 20
20 ἐρωτικῆς, φιλῆσαι μὲν ἥδιστον, ἀπαγγεῖλαι δὲ οὐ ῥάδιον. ἃ
δὲ ἀπόχρη σοι μαθεῖν, ὅρα, παιδίον· χείλη ἀνθηρὰ καὶ ἴσα,
στόμα σύμμετρον καὶ παραφθεγγόμενον τὴν εὐχὴν τῷ τρο-
παίῳ, κἂν παρακοῦσαι βουληθῶμεν, τάχα ἑλληνιεῖ.

6. Ἀρριχίων 25

25 (1) Ἐς αὐτὰ ἥκεις Ὀλύμπια καὶ τῶν ἐν Ὀλυμπίᾳ τὸ κάλ-
λιστον· τουτὶ γὰρ δὴ ἀνδρῶν τὸ παγκράτιον. στεφανοῦνται

---

6 ὡς Olearius οὓς ω   11 αὐγὴν Jacobs αὐτὴν ω

Gold und gleichsam lebende Wesen? Die Innenseite, wo der Arm durchgeht, ist purpurn, und auf ihr prangt der Unterarm.

(4) Du scheinst, mein lieber Junge, ihre Schönheit zu fühlen und auch davon etwas hören zu wollen. So höre! Sie bringt ein Trankopfer für den Sieg über die Armenier und ist als Beterin aufgefaßt. Sie betet darum, die Männer immer so gefangenzunehmen wie jetzt, denn sie scheint es nicht zu lieben, geliebt zu werden. Und der aufgesteckte Teil ihres Haares ist mit einer Züchtigkeit geordnet, die ihren hohen Mut mildert, der locker flatternde Teil gibt ihr ein dionysisches und kraftvolles Aussehen; blond und goldener als Gold ist der ungeordnete Teil des Haares, und der nach der anderen Seite liegende Teil hat durch seine Ordnung ein Schillern sogar bis zum Glanz an sich. Daß die Augenbrauen so reizend sind, kommt davon, daß sie an der gleichen Stelle beginnen und gemeinsam an der Nasenwurzel hervorwachsen; reizender noch ist ihre Wölbung, denn sie sollen nicht nur als Schutz über den Augen stehen, sondern auch um sie. (5) Die Wange nimmt den Ausdruck der Sehnsucht von den Augen auf und beglückt durch ihre Heiterkeit; denn Sitz des Lächelns ist die Wange. Die Augen spielen vom Grau ins Schwarze und strahlen Freude über den Erfolg; ihre Schönheit verdanken sie der Natur, ihren Stolz dem Herrschertum. Ihr Mund ist weich und schwillt von Liebesreife, ihn zu küssen wäre höchste Süßigkeit, ihn zu beschreiben nicht leicht. Was du aber zu wissen brauchst, mein Kind, sieh dir an! Die Lippen blühend und ebenmäßig, der Mund ist harmonisch und spricht ein Gebet beim Siegesmal, und wenn wir aufmerksam lauschen wollen, wird er vielleicht griechisch reden.

6. Arrichion

(1) Du kommst gerade zu den olympischen Spielen, und zwar zum schönsten Kampf in Olympia, denn dies hier ist der All-

δὲ αὐτὸ Ἀρριχίων ἐπαποθανὼν τῇ νίκῃ καὶ στεφανοῖ αὐτὸν
οὑτοσὶ Ἑλλανοδίκης· ἀτρεκὴς δὲ προσειρήσθω διά τε τὸ
30 ἐπιμελεῖσθαι ἀληθείας διά τε τὸ ὡς ἐκεῖνοι γεγράφθαι. στά-
848 κ. διόν τε ἡ γῆ δίδωσιν ἐν ἁπλῇ αὐλῶνι καὶ εἰσεχούσῃ τοσοῦτον, καὶ τὸ τοῦ Ἀλφειοῦ νᾶμα ἐξέρχεται κοῦφον – ταῦτά τοι   5
καὶ μόνος ποταμῶν ἐπὶ τῆς θαλάττης ὀχεῖται – κότινοί τε
5 αὐτῷ περιτεθήλασιν ἐν γλαυκῷ εἴδει καλοὶ καὶ κατὰ τὴν τῶν
σελίνων οὐλότητα.

(2) Ταυτὶ μὲν οὖν μετὰ τὸ στάδιον ἐπισκεψόμεθα καὶ πολλὰ
ἕτερα, τὸ δὲ ἔργον τοῦ Ἀρριχίωνος, πρὶν ἢ παύσασθαι   10
αὐτό, σκοπῶμεν. ἔοικε γὰρ μὴ τοῦ ἀντιπάλου μόνον, ἀλλὰ
10 καὶ τοῦ Ἑλληνικοῦ κεκρατηκέναι· βοῶσι γοῦν ἀναπηδήσαν-
τες τῶν θάκων καὶ οἱ μὲν τὼ χεῖρε ἀνασείουσιν, οἱ δὲ τὴν
ἐσθῆτα, οἱ δὲ αἴρονται ἀπὸ τῆς γῆς, οἱ δὲ τοῖς πλησίον
ἱλαρὸν προσπαλαίουσι· τὰ γὰρ ὄντως ἐκπληκτικὰ οὐ συγχω-   15
15 ρεῖ τοῖς θεαταῖς ἐν τῷ καθεκτῷ εἶναι· ἢ τίς οὕτως ἀναίσθητος,
ὡς μὴ ἀνακραγεῖν ἐπὶ τῷ ἀθλητῇ; μεγάλου γὰρ δὴ αὐτῷ
ὑπάρχοντος τοῦ δὶς ἤδη νικῆσαι τὰ Ὀλύμπια μεῖζον τοῦτο
νυνί, ὅτε καὶ τῆς ψυχῆς αὐτὰ κτησάμενος εἰς τὸν τῶν ὀλβίων
πέμπεται χῶρον αὐτῇ κόνει. μὴ δὲ συντυχία νοείσθω τοῦτο·   20
20 σοφώτατα γὰρ προυνοήθη τῆς νίκης.

(3) Καὶ τὸ πάλαισμα; οἱ παγκρατιάζοντες, ὦ παῖ, κεκινδυνευ-
μένῃ προσχρῶνται τῇ πάλῃ· δεῖ γὰρ αὐτοῖς ὑπωπιασμῶν
τε, οἳ μὴ εἰσιν ἀσφαλεῖς τῷ παλαίοντι, καὶ συμπλοκῶν, ἐν αἷς
25 περιγίνεσθαι χρὴ οἷον πίπτοντα, δεῖ δὲ αὐτοῖς καὶ τέχνης   25
ἐς τὸ ἄλλοτε ἄλλως ἄγχειν, οἱ δὲ αὐτοὶ καὶ σφυρῷ προσ-
παλαίουσι καὶ τὴν χεῖρα στρεβλοῦσι προσόντος τοῦ παίειν
καὶ ἐνάλλεσθαι· ταυτὶ γὰρ τοῦ παγκρατιάζειν ἔργα πλὴν
τοῦ δάκνειν ἢ ὀρύττειν. Λακεδαιμόνιοι μὲν οὖν καὶ ταῦτα

---

1 αὐτὸ Kayser αὐτῷ ω   15 ἱλαροὶ ω   15 οὕτως ω   22 τῆς
νίκης nach πάλαισμα ω   28 f. ὑπτιασμῶν X

188

kampf der Männer. Den Kranz darin erhält Arrichion, den der Sieg das Leben kostet, und es bekränzt ihn der Hellenenrichter hier, den man als wahrhaftig bezeichnen soll, weil er sorgsam auf die Wahrheit achtet und getreu wie jene Kampfrichter gemalt ist. Der Erdboden liefert eine Kampfbahn in einem ebenen Tal, das ein Stadion lang ist, und die Strömung des Alpheios ergießt sich mit leichtem Gewässer, weshalb er auch allein von allen Flüssen über das Meer hinfließt; wilde Oliven sind rings um ihn gewachsen, schön in ihrem graugrünen Schimmer und kraus wie Eppich.

(2) Das werden wir aber nach dem Stadion betrachten und noch vieles andere, die Tat des Arrichion aber wollen wir ansehen, bevor sie vollendet ist. Denn er scheint nicht nur seinen Gegner, sondern auch ganz Hellas besiegt zu haben; wenigstens schreien sie, aufgesprungen von ihren Sitzen, und die einen werfen beide Hände empor, andere ihr Gewand, die da springen von der Erde auf, und jene ringen aus Freude mit ihren Nachbarn; denn wirklich aufregende Schauspiele erlauben den Zuschauern nicht, gefaßt zu bleiben; oder wer wäre so fühllos, über diesen Kämpfer nicht aufzuschreien? Denn obwohl es schon etwas Großes für ihn ist, daß er bereits zweimal in Olympia siegte, so ist doch dies jetzt größer, daß er den Sieg um sein Leben erkauft hat und nun mit Staub bedeckt zum Gefilde der Seligen geleitet wird. Man darf dies aber nicht als Zufall verstehen, denn er hat seinen Sieg aufs klügste vorbereitet.

(3) Und der Ringkampf selbst? Die Allkämpfer, mein Kind, bestehen einen gefährlichen Kampf; sie gebrauchen nämlich Kinnstöße, die für den Kämpfer nicht ungefährlich sind, und Griffe, bei denen man nur die Oberhand gewinnen kann, wenn man scheinbar stürzt, und sie brauchen auch die Kunst, bald so, bald anders zu würgen; sie stoßen außerdem mit der Ferse und verdrehen den Arm des andern, wozu noch Stoß und Sprung auf den Gegner kommen; all dies nämlich ist beim Pankration erlaubt mit Ausnahme von Beißen und Krallen. Bei den Lakedaimoniern freilich ist auch dies im Schwang,

30 νομίζουσιν ἀπογυμνάζοντες οἶμαι ἑαυτοὺς ἐς τὰς μάχας,
Ἠλεῖοι δὲ ἀγῶνες ταυτὶ μὲν ἀφαιροῦσι, τὸ δὲ ἄγχειν ἐπαινοῦ-
849 κ. σιν. (4) Ὅθεν τὸν Ἀρριχίωνα μέσον ἤδη ᾑρηκὼς ὁ ἀντίπαλος ἀποκτεῖναι ἔγνω καὶ τὸν μὲν πῆχυν τῇ δειρῇ ἤδη ἐνέβα-
λεν ἀποφράττων αὐτῷ τὸ ἆσθμα, τὰ σκέλη δὲ τοῖς βουβῶσιν 5
ἐναρμόσας καὶ περιδιείρας ἐς ἑκατέραν ἀγκύλην ἄκρω τὼ πόδε
5 τῷ μὲν πνίγματι ἔφθη αὐτὸν ὑπνηλοῦ τὸ ἐντεῦθεν θανάτου
τοῖς αἰσθητηρίοις ἐντρέχοντος, τῇ δὲ ἐπιτάσει τῶν σκελῶν
ἀνειμένῃ χρησάμενος οὐκ ἔφθη τὸν λογισμὸν τοῦ Ἀρριχίωνος·
ἐκλακτίσας γὰρ τὸν ταρσὸν τοῦ ποδὸς Ἀρριχίων, ὑφ' οὗ 10
10 ἐκινδύνευεν αὐτῷ τὰ δεξιὰ κρεμαννυμένης ἤδη τῆς ἀγκύλης,
ἐκεῖνον μὲν συνέχει τῷ βουβῶνι ὡς οὐκέτ' ἀντίπαλον, τοῖς δέ
γε ἀριστεροῖς ἐνιζήσας καὶ τὸ περιττὸν ἄκρον τοῦ ποδὸς
ἐναποκλείσας τῇ ἀγκύλῃ οὐκ ἐᾷ μένειν τῷ σφυρῷ τὸν ἀστρά-
15 γαλον ὑπὸ τῆς εἰς τὸ ἔξω βιαίου ἀποστροφῆς· ἡ γὰρ ψυχὴ 15
ἀπιοῦσα τοῦ σώματος ἀδρανὲς μὲν αὐτὸ ἐργάζεται, δίδωσι
δὲ αὐτῷ ἰσχύειν εἰς ὃ ἀπερείδεται. (5) Γέγραπται δὲ ὁ μὲν
ἀποπνίξας νεκρῷ εἰκάσαι καὶ τὸ ἀπαγορεῦον ἐπισημαίνων
20 τῇ χειρί, ὁ δὲ Ἀρριχίων ὅσα οἱ νικῶντες γέγραπται· καὶ
γὰρ τὸ αἷμα ἐν τῷ ἄνθει καὶ ὁ ἱδρὼς ἀκραιφνὴς ἔτι, καὶ μειδιᾷ 20
καθάπερ οἱ ζῶντες, ἐπειδὰν νίκης αἰσθάνωνται.

7. Ἀντίλοχος

(1) Τὸν Ἀχιλλέα ἐρᾶν τοῦ Ἀντιλόχου πεφώρακας οἶμαι παρ'
25 Ὁμήρῳ νεώτατον τοῦ Ἑλληνικοῦ ὁρῶν τὸν Ἀντίλοχον καὶ
τὸ ἡμιτάλαντον τοῦ χρυσοῦ ἐννοῶν τὸ ἐπὶ τῷ ἀγῶνι. καὶ 25
ἀπαγγέλλει τῷ Ἀχιλλεῖ κεῖσθαι τὸν Πάτροκλον σοφισαμέ-
νου τοῦ Μενέλεω παραμυθίαν ὁμοῦ τῇ ἀγγελίᾳ μεταβλέψαν-
30 τος Ἀχιλλέως εἰς τὰ παιδικά, καὶ θρηνεῖ ἐρωμένου ἐπὶ τῷ

---

2 καὶ vor ἀγῶνες F)XP (ausradiert)   3 ἤδη) X

190   II 7

wohl als Vorübung zum Krieg; die Spiele in Elis aber verbieten es, doch erlauben sie Würgen. (4) Daher hat der Gegner den Arrichion schon mitten um den Leib gefaßt und will ihn töten; schon hat er ihm den Ellbogen in den Hals gepreßt, um ihn zu ersticken, und nachdem er die Beine in seine Leisten hineingezwängt und die zwei Fußspitzen in die Kniekehlen geklammert hatte, kam er ihm zwar mit dem Erwürgen zuvor, durch das der einschläfernde Tod in die Sinnesorgane eindringt, weil er aber in der Anspannung seiner Schenkel nachließ, raubte er Arrichion nicht die Überlegung; nachdem nämlich Arrichion die Fußsohle des Gegners, die ihm rechts gefährlich war, weil sein Knie in der Luft hing, abgedrängt hat, preßt er jenen mit der linken Seite seines Leibes so zusammen, daß er nicht mehr widerstehen kann, und nachdem er sein ganzes Gewicht in die linke Seite verlegt und die andere Fußspitze des Gegners in seiner Kniekehle eingezwängt hat, quetscht er durch die gewaltsame Drehung nach außen den Knöchel aus der Pfanne; denn das aus dem Leib entweichende Leben schwächt diesen zwar, läßt ihm aber noch die Kraft, mit seinem ganzen Gewicht aufzuliegen. (5) Gemalt ist der eine, der gewürgt hat, einem Toten ähnlich und wie er das Aufgeben mit der Hand anzeigt, Arrichion aber ist wie alle Sieger gemalt; denn er sieht noch lebendig und rot aus, sein Schweiß ist noch frisch, und er lächelt wie die Lebenden, wenn sie merken, daß der Sieg ihrer ist.

7. Antilochos

(1) Daß Achilleus den Antilochos liebte, hast du wohl bei Homer entdeckt, als du sahst, daß Antilochos der jüngste im Hellenenheer war, und das halbe Goldtalent bedachtest, das er im Wettkampf gewann. Er meldet auch Achilleus den Tod des Patroklos, da Menelaos zugleich mit der Botschaft klug einen Trost ersann, weil Achills Blick auf seinen Liebling fiel, und Antilochos beklagt das Leid seines Freundes und hält

350 κ. πένθει καὶ συνέχει τὼ χεῖρε, μὴ ἀποκτείνῃ ἑαυτόν, ὁ δ'
οἶμαι καὶ ἁπτομένῳ χαίρει καὶ δακρύοντι.

(2) Αὐτὰ μὲν οὖν 'Ομήρου γραφαί, τὸ δὲ τοῦ ζωγράφου
δρᾶμα· ὁ Μέμνων ἐξ Αἰθιοπίας ἀφικόμενος κτείνει τὸν 'Αντί-
5 λοχον προβεβλημένον τοῦ πατρὸς καὶ τοὺς 'Αχαιοὺς οἷον 5
δεῖμα ἐκπλήττει· πρὸ γὰρ τοῦ Μέμνονος μῦθος οἱ μέλανες.
κρατοῦντες δὲ οἱ 'Αχαιοὶ τοῦ σώματος ὀδύρονται τὸν 'Αντί-
λοχον οἱ 'Ατρεῖδαι καὶ ὁ ἐκ τῆς 'Ιθάκης καὶ ὁ ἐκ τοῦ Τυδέως
10 καὶ οἱ ὁμώνυμοι. ἐπίδηλος δὲ ὁ μὲν 'Ιθακήσιος ἀπὸ τοῦ στρυφνοῦ καὶ ἐγρηγορότος, ὁ δὲ Μενέλεως ἀπὸ τοῦ ἡμέρου, ὁ δὲ 10
'Αγαμέμνων ἀπὸ τοῦ ἐνθέου, τὸν δὲ τοῦ Τυδέως ἡ ἐλευθερία
γράφει, γνωρίζοις δ' ἂν καὶ τὸν Τελαμώνιον ἀπὸ τοῦ βλο-
15 συροῦ καὶ τὸν Λοκρὸν ἀπὸ τοῦ ἑτοίμου. (3) Καὶ ἡ στρατιὰ
πενθεῖ τὸ μειράκιον περιεστῶτες αὐτῷ θρήνῳ ἅμα, πήξαντες
δὲ τὰς αἰχμὰς εἰς τοὔδαφος ἐναλλάττουσι τὼ πόδε καὶ 15
στηρίζονται ἐπὶ τῶν αἰχμῶν ἀπερείσαντες οἱ πλεῖστοι δυσφο-
ροῦσας τὰς κεφαλὰς τῷ ἄχει. (4) Τὸν 'Αχιλλέα μὴ ἀπὸ τῆς
20 κόμης – οἴχεται γὰρ τοῦτο αὐτῷ μετὰ τὸν Πάτροκλον –ἀλλὰ
τὸ εἶδος αὐτὸν ἐνδεικνύτω καὶ τὸ μέγεθος καὶ αὐτὸ τὸ μὴ
κομᾶν. θρηνεῖ δὲ προσκείμενος τοῖς στέρνοις τοῦ 'Αντιλόχου, 20
καὶ πυρὰν οἶμαι ἐπαγγέλλεται καὶ τὰ ἐς αὐτὴν καὶ τὰ ὅπλα
25 ἴσως καὶ τὴν κεφαλὴν τοῦ Μέμνονος· ἀποτεῖσαι γὰρ καὶ τὸν
Μέμνονα ὅσα τὸν 'Έκτορα, ὡς μηδὲ ταῦτα ὁ 'Αντίλοχος
ἔλαττον τοῦ Πατρόκλου ἔχοι. ὁ δ' ἐν τῷ τῶν Αἰθιόπων
στρατῷ δεινὸς ἔστηκεν ἔχων αἰχμὴν καὶ λεοντῆν ἐνημμένος καὶ 25
30 σεσηρὼς ἐς τὸν 'Αχιλλέα. (5) Σκεψώμεθα οὖν καὶ τὸν
'Αντίλοχον· ἡβάσκει μὲν ὑπήνης πρόσω, κομᾷ δὲ ἐν ἡλιώσῃ
κόμῃ· κοῦφος ἡ κνήμη καὶ τὸ σῶμα σύμμετρον ἐς ῥᾳστώνην
351 κ. τοῦ δρόμου καὶ τὸ αἷμα οἷον ἐπ' ἐλέφαντι χρῶμα ἤνθηκεν
ἐμπεσούσης αὐτῷ κατὰ τοῦ στέρνου τῆς αἰχμῆς. κεῖται δὲ οὐ 30
κατηφὲς τὸ μειράκιον οὐδὲ νεκρῷ εἰκάσαι, φαιδρὸν δ' ἔτι καὶ
5 μειδιῶν· τὴν γὰρ οἶμαι χαρὰν τὴν ἐπὶ τῷ τὸν πατέρα σῶσαι

---

30 ἐμπεσούσης PX   31 δ' ἔτι Benndorf τι FP τε X

192

seine beiden Hände, damit er sich kein Leid antue; Achilleus
aber freut sich wohl der Berührung und seiner Tränen.
(2) Dies die Schilderung Homers; das Folgende ist ein Schauspiel, das der Maler darstellt. Memnon kam aus Aithiopien
und tötet Antilochos, der sich schützend vor seinen Vater
warf, und setzt die Achaier wie ein Schreckbild in Furcht;
denn vor Memnon gehörten Mohren ins Reich der Fabel.
Nachdem aber die Achaier den Leichnam erobert, beklagen
den Antilochos die Atriden, der aus Ithaka, der Sohn des Tydeus und die zwei gleichnamigen Helden. Unverkennbar der
Ithaker an seinem ernsten, wachsamen Blick, Menelaos an
seinem milden Wesen, Agamemnon an seiner Majestät, den
Sohn des Tydeus offenbart seine freie, offene Art, und du
kannst auch den Sohn des Telamon an seinem Trotz, den
Lokrer an seiner Bereitwilligkeit erkennen. (3) Auch das Heer
trauert um den Jüngling, indem es ihn klagend umsteht; sie
haben ihre Speere in die Erde gestoßen, stützen sich – mit
gekreuzten Füßen – darauf und lehnen zumeist ihr schmerz-
gebeugtes Haupt an den Schaft, die Köpfe vor Unmut gesenkt. (4) Achilleus soll nicht sein Haar – denn das ist fort seit
dem Tode des Patroklos –, sondern seine Schönheit kenntlich
machen, dazu seine Größe und gerade das Fehlen des Haar-
schmuckes. Er liegt an der Brust des Antilochos, klagt und
verspricht ihm wohl einen Scheiterhaufen und was dazu gehört, und vielleicht auch die Rüstung und das Haupt des
Memnon; denn auch Memnon werde ebenso büßen wie
Hektor, damit Antilochos auch hierin Patroklos nicht nach-
stehe. Memnon aber steht im Heer der Aithiopen furchtbar
da mit seiner Lanze, angetan mit einem Löwenfell, und fletscht
höhnisch seine Zähne gegen Achill. (5) Betrachten wir also
auch Antilochos! Er reift heran, schon sprießt ihm der Bart,
und sein sonnenlichtes Haar wallt herab; schlank der Schenkel, der Leib ganz zu leichtem Lauf gebaut, sein Blut leuchtet
wie rote Farbe auf Elfenbein, da ihm der Speer in die Brust
fuhr. Der Jüngling liegt nicht trauervoll da oder wie ein
Toter, sondern noch strahlend und lächelnd. Denn Antilochos

φέρων ἐν τῷ εἴδει ὁ Ἀντίλοχος ἀπώλετο ὑπὸ τῆς αἰχμῆς, καὶ
τὸ πρόσωπον ἡ ψυχὴ κατέλιπεν οὐχ ὡς ἤλγησεν, ἀλλ' ὡς
ἐπεκράτησε τὸ εὐφραῖνον.

8. Μέλης

10 (1) Τὸ μὲν τοῦ Ἐνιπέως καὶ ὡς ἤρα ἡ Τυρὼ τοῦ ὕδατος,   5
'Ομήρῳ λέλεκται· λέγει δὲ ἀπάτην ἐκ Ποσειδῶνος καὶ τὸ
ἄνθος τοῦ κύματος, ὑφ' ᾧ ἡ εὐνή. οὑτοσὶ δὲ ὁ λόγος ἕτερος,
οὐκ ἐκ Θετταλίας, ἀλλ' Ἰωνικός. ἐρᾷ ἡ Κριθηὶς ἐν Ἰωνίᾳ τοῦ
15 Μέλητος, ὁ δ' ἐφήβῳ ἔοικε καὶ ὁρᾶται τῷ θεατῇ ὅλος, ἐκεῖ
ἐκβάλλων ὅθεν ἄρχεται. πίνει δὲ οὐ διψῶσα καὶ λαμβάνεται   10
τοῦ ὕδατος καὶ κελαρύζοντι προσδιαλέγεται καθάπερ λαλοῦντι, δάκρυα δὲ λείβει ἐρωτικὰ τῷ ὕδατι, καὶ ὁ ποταμός –
ἀντερᾷ γάρ – χαίρει αὐτῶν τῇ κράσει. (2) Χαρίεν μὲν οὖν τῆς
20 γραφῆς αὐτὸς ὁ Μέλης ἐν κρόκῳ καὶ λωτῷ κείμενος καὶ
ὑακίνθῳ χαίρων δι' ἡλικίαν τοῦ ἄνθους καὶ παρεχόμενος εἶδος   15
ἁβρὸν καὶ μειρακιῶδες καὶ οὐδὲ ἄσοφον – εἴποις ἂν τοὺς
ὀφθαλμοὺς τοῦ Μέλητος ἀνασκοπεῖν τι τῶν ποιητικῶν –
25 χαρίεν δὲ αὐτοῦ καὶ ὅτι μὴ λάβρους τὰς πηγὰς ἐκδίδωσι,
καθάπερ τοὺς ἀμαθεῖς τῶν ποταμῶν γράφεσθαι νόμος, ἀλλὰ
τὴν γῆν ἄκροις τοῖς δακτύλοις διαμώμενος ὑπέχει τὴν   20
χεῖρα τῷ ὕδατι ἀψοφητὶ βλύζοντι· καὶ ὁρᾶται ἡμῖν, ὡς τῇ γε
30 Κριθηίδι ὕδωρ οὗτος καὶ παρακάθηται ὀνείρατι, ὥς φασιν.
852 K. (3) Ἀλλ' οὐκ ὄναρ ταῦτα, ὦ Κριθηίς, οὐδὲ εἰς ὕδωρ τὸν
ἔρωτα τοῦτον γράφεις· ἐρᾷ γάρ σου ὁ ποταμός, εὖ οἶδα, καὶ
σοφίζεταί τινα ὑμῖν θάλαμον κῦμα αἴρων, ὑφ' ᾧ ἡ εὐνή   25
5 ἔσται. εἰ δὲ ἀπιστεῖς, λέξω σοι καὶ τὴν τοῦ θαλάμου τέχνην·
λεπτὴ αὔρα κῦμα ὑποδραμοῦσα ἐργάζεται αὐτὸ κυρτὸν καὶ

---

6 δέ FP δέ καὶ X   6 τὴν ἐκ X   20 ἄκροις τοῖς X ἄκροις P
ἄκραν τοῖς F

trug wohl noch die Freude über die Rettung des Vaters im
Antlitz, als ihn die Lanze tödlich traf, und das Leben verließ
seine Züge nicht, als er Schmerz empfand, sondern als die
Freude überwog.

8. Meles

(1) Der Mythos von Enipeus, und wie Tyro den Fluß liebte,
ist von Homer berichtet; er erzählt vom Trug des Poseidon
und vom Glanz der Woge, unter der ihr Beilager war. Dies
hier ist aber eine andere Sage, nicht aus Thessalien, sondern
ionisch. Kritheis liebt in Ionien Meles, der einem Jüngling
gleicht und vom Betrachter ganz gesehen wird, weil er dort
mündet, wo er entspringt. Sie aber trinkt, ohne zu dürsten,
läßt das Wasser durch ihre Hände rinnen und spricht zu der
murmelnden Flut, als ob es Menschenrede wäre, und vergießt
Tränen der Liebe in die Wellen, und der Fluß – denn er liebt
sie wieder – freut sich der Mischung mit ihnen. (2) Eine große
Schönheit des Bildes liegt nun in Meles selbst, der in Krokus-
und Lotosblüten lagert und sich der Hyazinthe freut wegen
der Frische der Blüte; er weist eine zarte, jünglingshafte und
gar nicht ungeistige Gestalt auf – man könnte sagen, sein Auge
blicke, als ob er über etwas Dichterischem sänne –, und auch
das ist schön an ihm, daß er seine Quellen nicht ungestüm
hervorsprudeln läßt, wie man es immer bei wilden Strömen
malt, sondern „die Erde mit den Fingerspitzen teilend" seine
Hand unter das lautlos rinnende Wasser hält; und wir sehen
auch, daß Kritheis ihn nur als Wasser wahrnimmt, und sie
sitzt, wie man sagt, bei einem Traumbild. (3) Dies aber ist
kein Traum, Kritheis, und du schreibst deine Liebe nicht ins
Wasser ein; denn der Fluß liebt dich, ich weiß es wohl, und
er bildet euch klug ein Brautgemach, indem er eine Woge
wölbt, unter der euer Bett sein wird. Wenn du es aber nicht
glauben willst, werde ich dir auch den kunstvollen Bau des
Gemaches beschreiben: ein leichter Wind glitt unter eine
Welle, wölbt sie hoch, macht sie geräumig-hallend und auch

περιηχὲς καὶ ἀνθηρὸν ἔτι· ἡ γὰρ ἀνταύγεια τοῦ ἡλίου χρῶμα
προσβάλλει μετεώρῳ τῷ ὕδατι.

(4) Τί οὖν, ὦ παῖ, λαμβάνῃ μου; τί δ' οὐκ ἐᾷς καὶ τὰ λοιπὰ
10 διεξιέναι τῆς γραφῆς; εἰ βούλει, καὶ τὴν Κριθηίδα διαγράψω-
μεν, ἐπειδὴ χαίρειν φής, ὅταν ἐναλύῃ αὐτοῖς ὁ λόγος. λεγέσθω   5
τοίνυν· ἁβρὸν μὲν αὐτῇ τὸ εἶδος καὶ μάλα 'Ιωνικόν, αἰδὼς δὲ
τῷ εἴδει ἐπιπρέπει καὶ ἀπόχρη τοῦτο τῇ παρειᾷ τὸ ἄνθος, ἡ
15 χαίτη δὲ ἀνείληπται μὲν ὑπὸ τὸ οὖς, ἐπικοσμεῖται δὲ καὶ
κρηδέμνῳ ἁλουργεῖ· δῶρον Νηρηίδος ἢ Ναΐδος οἶμαι εἶναι
τὸ κρήδεμνον· εἰκὸς γὰρ συγχορεύειν τὰς θεὰς ἐπὶ τῷ Μέλητι   10
παρεχομένῳ τὰς πηγὰς οὐ πόρρω τῶν ἐκβολῶν. (5) Βλέπει
δὲ οὕτω τι ἡδὺ καὶ ἀφελές, ὡς μηδὲ ὑπὸ τῶν δακρύων ἐξαλ-
20 λάττειν τὸ ἵλεων. καὶ ἡ δέρη ἔτι ἡδίων ὑπὸ τοῦ μὴ κεκο-
σμῆσθαι· ὅρμοι γὰρ καὶ αὐγαὶ λίθων καὶ περιδέραια ταῖς
μὲν ἐν μετρίῳ τῷ κάλλει γυναιξὶν οὐκ ἀηδῶς προσανθοῦσι   15
καὶ νὴ Δί' ὥρας τι ἐς αὐτὰς φέρουσιν, αἰσχραῖς δὲ καὶ ἄγαν
25 ὡραίαις ἀντιπράττουσι· τὰς μὲν γὰρ ἐλέγχουσι, τῶν δὲ
ἀπάγουσι. τὼ χεῖρε ἀνασκοπῶμεν· ἁπαλοὶ οἱ δάκτυλοι καὶ
εὐμήκεις καὶ λευκοὶ κατὰ τὴν ὠλένην. ὁρᾷς δὲ καὶ τὴν ὠλένην
ὡς διὰ λευκῆς τῆς ἐσθῆτος λευκοτέρα ὑποφαίνεται καὶ οἱ   20
μαζοὶ ὀρθοὶ ὑπαυγάζουσι.

30 (6) Τί οὖν αἱ Μοῦσαι δεῦρο; τί δὲ ἐπὶ ταῖς πηγαῖς τοῦ Μέλητος; 'Αθηναῖοι τὴν 'Ιωνίαν ὅτε ἀπῴκιζον, Μοῦσαι ἡγοῦντο
353 κ. τοῦ ναυτικοῦ ἐν εἴδει μελιττῶν· ἔχαιρον γὰρ τῇ 'Ιωνίᾳ διὰ
τὸν Μέλητα ὡς Κηφισοῦ καὶ 'Ολμειοῦ ποτιμώτερον. ἐντεύξῃ   25
μὲν οὖν αὐταῖς καὶ χορευούσαις ποτὲ ἐνταῦθα, νυνὶ δὲ
γένεσιν τῷ 'Ομήρῳ αἱ Μοῦσαι κλώθουσι Μοίραις δοκοῦν,
5 καὶ δώσει διὰ τοῦ παιδὸς ὁ Μέλης Πηνειῷ μὲν ἀργυροδίνῃ
εἶναι, Τιταρησίῳ δὲ κούφῳ καὶ εὐφόρῳ, 'Ενιπεῖ δὲ θείῳ καὶ

noch farbig leuchtend; denn der Abglanz der Sonne wirft Farbe auf das emporgewölbte Wasser.

(4) Warum zupfst du an mir, mein Junge? Warum darf ich nicht auch den Rest des Bildes beschreiben? Wenn es dir recht ist, wollen wir auch Kritheis beschreiben, denn du sagst doch, es freue dich, wenn meine Rede bei solchem Reiz verweilt. Nun, so will ich davon reden! Ihre Gestalt ist zart und sehr ionisch, schamhaftes Rot schmückt ihre Erscheinung, und diese Farbe genügt für die Wange; ihr Haar liegt an, bedeckt das Ohr und ist zudem mit einem purpurnen Kopfband geschmückt, und die Kopfbinde ist wohl das Geschenk einer Nereide oder Naiade; denn natürlich führen diese Göttinnen zu Ehren des Meles Reigen auf, da er seine Quellen unfern der Mündung spendet. (5) Ihr Blick ist so lieblich und unschuldig, daß er den freundlichen Ausdruck trotz der Tränen nicht verliert. Und ihr Hals ist noch anmutiger, weil er nicht geschmückt ist; denn Geschmeide, blitzende Steine und Halsketten schenken zwar den Frauen mittlerer Schönheit willkommenen Glanz und verleihen ihnen sicherlich eine gewisse Anmut, häßlichen aber und zauberhaft schönen Frauen tun sie Abbruch, weil sie jene bloßstellen und von diesen ablenken. Laß uns ihre Hände betrachten! Ihre Finger sind zart, von schöner Länge und so weiß wie der Arm. Du siehst aber auch den Arm, wie er durch das weiße Gewand noch weißer durchscheint, und die straffen Brüste schimmern unter dem Kleid.

(6) Wozu sind nun die Musen hier? Was tun sie an den Quellen des Meles? Als die Athener Ionien besiedelten, zeigten die Musen in Gestalt von Bienen dem Schiffszug seinen Weg. Denn sie freuten sich Ioniens wegen des Meles, weil er süßer schmeckt als Kephisos und Olmeios. Du triffst sie sicher hier auch einmal beim Tanz, jetzt aber spinnen die Musen Homer die Geburt nach dem Willen der Moiren zu, und Meles wird durch seinen Sohn dem Peneios „Silberwogen" schenken, dem Titaresios „leichten, geschwinden" Lauf, dem Enipeus „göttliches" Wasser und dem Axios „wunderschönes", dem

Ἀξιῷ παγκάλῳ, δώσει καὶ Ξάνθῳ τὸ ἐκ Διὸς καὶ Ὠκεανῷ
τὸ ἐξ αὐτοῦ πάντας.

9. Πάνθεια

10 (1) Πάνθεια ἡ καλὴ Ξενοφῶντι μὲν ἀπὸ τοῦ ἤθους γέγραπται,
ὅτι τε Ἀράσπαν ἀπηξίου καὶ Κύρου οὐχ ἡττᾶτο καὶ Ἀβρα- 5
δάτῃ ἐβούλετο κοινὴν γῆν ἐπιέσασθαι· ὁποία δὲ ἡ κόμη καὶ ἡ
ὀφρὺς ὅση καὶ οἶον ἔβλεπε καὶ ὡς εἶχε τοῦ στόματος, οὔπω ὁ
15 Ξενοφῶν εἴρηκε καίτοι δεινὸς ὢν περιλαλῆσαι ταῦτα, ἀλλ᾽
ἀνὴρ ξυγγράφειν μὲν οὐχ ἱκανός, γράφειν δὲ ἱκανώτατος,
αὐτῇ μὲν Πανθείᾳ οὐκ ἐντυχών, Ξενοφῶντι δὲ ὁμιλήσας 10
γράφει τὴν Πάνθειαν, ὁποίαν τῇ ψυχῇ ἐτεκμήρατο.

(2) Τὰ τείχη, ὦ παῖ, καὶ τὰς ἐμπιπραμένας οἰκίας καὶ αἱ
20 Λυδαὶ αἱ καλαί, Πέρσαις ταῦτα ἀφῶμεν ἄγειν τε καὶ αἱρεῖν ὅ
τι αὐτῶν ἁλωτόν· καὶ ὁ Κροῖσος, ἐφ᾽ ὃν ἡ πυρά, οὐχὶ αὐτῷ
Ξενοφῶντι – οὔκουν οἶδεν αὐτὸν ἢ ξυγχωρεῖ τῷ Κύρῳ – τὸν 15
δὲ Ἀβραδάτην καὶ τὴν ἀποθανοῦσαν ἐπ᾽ αὐτῷ Πάνθειαν,
25 ἐπειδὴ ταῦτα ἡ γραφὴ βούλεται, διασκεψώμεθα, οἶον τὸ
δρᾶμα. ἤρων οὗτοι ἀλλήλων καὶ τὸν κόσμον ἡ γυνὴ τὸν
ἑαυτῆς ὅπλα αὐτῷ ἐποιεῖτο, ἐμάχετο δὲ ἄρα ὑπὲρ Κύρου
πρὸς Κροῖσον ἐπὶ τετραρρύμου ἅρματος καὶ ἵππων ὀκτὼ 20
⟨ἐκπεσὼν δὲ κατεκόπη ἀξιώτατος οἴκτου⟩ νέος ἔτι ἐν
30 ἁπαλῇ τῇ ὑπήνῃ, ὁπότε καὶ οἱ ποιηταὶ τὰ δένδρα τὰ νέα
854 κ. ἐλεεινὰ ἡγοῦνται τῆς γῆς ἐκπεσόντα. (3) Τὰ μὲν δὴ τραύματα,
ὦ παῖ, οἷα ἐκ μαχαιροφόρων, τὸ γὰρ κατακόπτειν πρὸς τρόπου τῇ τοιαύτῃ μάχῃ· τοῦ δὲ αἵματος ἀκραιφνοῦς ὄντος τὸ 25
μὲν τὰ ὅπλα χραίνει, τὸ δ᾽ αὐτόν, ἔστι δ᾽ ὃ καὶ διέρρανται
5 κατὰ τοῦ λόφου, ὁ δὲ ἄρα χρυσοῦ κράνους ἀνέστηκεν

---

6 ἐπιέσασθαι Marc. XI 15 σπάσασθαι FP ἐπισπάσασθαι X
21 Ergänzt von Benndorf nach Xen. Kyr. 7, 1, 32

Xanthos wird er die „Abkunft von Zeus" verleihen, und Okeanos wird er zum „Vater aller Ströme" machen.

9. Pantheia

(1) Die schöne Pantheia ist von Xenophon zwar nach ihrem
Wesen geschildert, daß sie Araspes verschmähte, dem Kyros
nicht erlag und mit Abradates von gleicher Erde bedeckt sein
wollte; wie schön aber ihr Haar war, wie kräftig ihre Braue,
wie ihr Blick war und der Ausdruck ihres Mundes, dies hat
Xenophon noch nicht beschrieben, so geschickt er war, dies
zu schildern; ein Mann aber, der Geschichte freilich zu schreiben nicht fähig war, dafür aber wunderschön malen konnte,
ein Mann, der Pantheia selbst zwar nicht sah, aber seinen
Xenophon kennt, der malt Pantheia, wie er sie sich in seiner
Seele vorstellte.
(2) Das Gemäuer, mein Sohn, und die brennenden Häuser,
dazu die schönen Lyderinnen – das wollen wir die Perser
plündern und wegschleppen lassen, soweit es möglich ist; und
einen Kroisos, auf den der Scheiterhaufen wartet, kennt auch
Xenophon nicht, und so weiß der Maler nichts davon oder
zeigt ihn nicht, um Kyros zu schonen. Bei Abradates aber
und Pantheia, die ihm in den Tod folgte, wollen wir, weil es
das Bild so will, betrachten, wie sich ihre Tragödie ereignete.
Beide liebten sich zärtlich, und das Weib ließ um ihren
Schmuck für ihn Waffen machen. Er stritt also für Kyros
gegen Kroisos auf einem Streitwagen mit vier Deichseln und
acht Rossen, stürzte heraus und wurde getötet, höchst bejammernswert, weil er noch jung war im ersten zarten Flaum,
in einem Alter, wo auch die Dichter junge, entwurzelte Bäume
als bejammernswert ansehen. (3) Seine Wunden, mein Kind,
sind, wie sie Schwertkämpfer schlagen; denn solches Nieder-
hauen liegt in der Art dieses Streites. Das frische Blut färbt
die Waffen und ihn selbst, teils ist es auch über den Helmbusch verspritzt, der von seinem Goldhelm hyazinthenfarbig

ὑακίνθινος αὐτῷ τῷ χρυσῷ ἐπαστράπτων. (4) Καλὰ μὲν οὖν
ἐντάφια καὶ ταυτὶ τὰ ὅπλα τῷ γε μὴ καταισχύναντι αὐτὰ
μηδὲ ἀποβαλόντι ἐν τῇ μάχῃ, πολλὰ δὲ ᾿Ασσύριά τε καὶ
10 Λύδια Κῦρος ἀνδρὶ ἀγαθῷ δῶρα ἀπάγει τά τε ἄλλα καὶ
ψάμμον χρυσῆν ἐπὶ ἁρμαμάξης ἐκ θησαυρῶν Κροίσου τῶν   5
ἀργῶν.
Πάνθεια δὲ οὔπω τὰ πρόσφορα ἔχειν ἡγεῖται τὸν τάφον, εἰ
μὴ ἐντάφιον τῷ ᾿Αβραδάτῃ αὐτὴ γένοιτο. τὸν μὲν δὴ
15 ἀκινάκην διελήλακεν ἤδη τοῦ στέρνου, ἀλλ᾿ οὕτω τι ἐρρωμέ-
νως, ὡς μηδὲ οἰμωγὴν ἐπ᾿ αὐτῷ ῥῆξαι. (5) Κεῖται γοῦν, τὸ   10
στόμα ξυμμετρίαν τὴν ἑαυτοῦ φυλάττον καὶ νὴ Δί᾿ ὥραν,
ἧς τὸ ἄνθος οὕτω τι ἐπὶ χείλεσιν, ὡς καὶ σιωπώσης ἐκφαίνε-
σθαι. ἀπήρτηται δὲ οὔπω τὸν ἀκινάκην, ἀλλ᾿ ἐνερείδει ἔτι
20 ξυνέχουσα τῆς κώπης αὐτόν, ἡ δὲ κώπη ῥοπάλῳ χρυσῷ
εἴκασται σμαραγδίνῳ τοὺς ὄζους, ἀλλ᾿ ἡδίους οἱ δάκτυλοι.   15
μεταβέβληκέ τε οὐδὲν τοῦ εἴδους ὑπὸ τοῦ ἀλγεῖν, ἤ γε
μηδὲ ἀλγεῖν ἔοικεν, ἀλλ᾿ ἀπιέναι χαίρουσα, ὅτι αὐτὴν
25 πέμπει. ἄπεισι δὲ οὐχ ὥσπερ ἡ τοῦ Πρωτεσίλεω καταστεφ-
θεῖσα οἷς ἐβάκχευσεν, οὐδ᾿ ὥσπερ ἡ τοῦ Καπανέως οἷον +
θυσίας ἀρθεῖσα, ἀλλ᾿ ἀσκεύαστον τὸ κάλλος καὶ οἷον ἐπὶ τοῦ   20
᾿Αβραδάτου ἢν φυλάττει αὐτὸ καὶ ἀπάγει, χαίτην μὲν οὕτω
30 μέλαινάν τε καὶ ἀμφιλαφῆ περιχέασα τοῖς ὤμοις καὶ τῷ αὐχένι,
δέρην δὲ λευκὴν ὑπεκφαίνουσα, ἣν ἐδρύψατο μέν, οὐ μὴν ὡς
αἰσχῦναι· τὰ γὰρ σημεῖα τῶν ὀνύχων ἡδίω γραφῆς. (6) Τὸ
355 K. δὲ ἐν τῇ παρειᾷ ἔρευθος οὐδὲ ἀποθνήσκουσαν διαφεύγει,   25
χορηγοὶ δὲ αὐτοῦ ἥ τε ὥρα καὶ ἡ αἰδώς. Ἰδοὺ καὶ μυκτῆρες
ἀνεσταλμένοι τὸ μέτριον καὶ βάσιν τῇ ῥινὶ πράττοντες, ἧς
5 ὥσπερ πτόρθοι μηνοειδεῖς αἱ ὀφρύες ὑπὸ λευκῷ τῷ μετώπῳ
μέλαιναι. τοὺς δὲ ὀφθαλμούς, ὦ παῖ, μὴ ἀπὸ τοῦ μεγέθους
μηδ᾿ εἰ μέλανες, ἀλλὰ τόν τε νοῦν θεωρῶμεν, ὅσος ἐν αὐτοῖς   30

---

13 ἀπήρτηται Reiske ἀνήρτηται ω vgl. 2, 23, 3   20 θυσία
σαρθεῖσα Kalinka θυιὰς ἀρθεῖσα Reiske

aufsteigt und widerspiegelnd dem Golde selbst Glanz verleiht. (4) Schöne Beigaben ins Grab sind nun auch die Waffen hier für den, der sie nicht entehrte oder im Treffen wegwarf; reiche assyrische und lydische Gaben aber läßt Kyros für den tapferen Mann bringen, darunter einen Wagen voll Goldsand aus den ungenützten Schätzen des Kroisos.

Pantheia aber meint, das Grab enthalte noch nicht die gebührenden Gaben, wenn sie nicht selbst für Abradates zum Leichenopfer würde. So hat sie sich das Schwert schon in die Brust gestoßen, und zwar mit solcher Kraft, daß auch nicht ein Klagelaut dabei hervorbrach. (5) Jedenfalls liegt sie so da, daß ihr Mund sein Ebenmaß wahrt und, bei Zeus, seine Schönheit, die so sehr auf diesen Lippen blüht, daß sie auch an der Verstummten aufleuchtet. Sie hat das Eisen noch nicht herausgezogen, sondern preßt es noch hinein, indem sie den Griff umklammert, das Heft aber gleicht einer goldenen Keule, an den Knoten mit Smaragden besetzt; doch schöner noch sind Pantheias Finger. Der Todesschmerz hat ihr Aussehen nicht verändert, da sie nicht einmal Schmerz zu fühlen, sondern freudig dahinzugehen scheint, da sie selbst sich auf diesen Weg begibt. Sie geht dahin, nicht wie das Weib des Protesilaos mit den Kränzen, die es zu dionysischer Feier trug, auch nicht wie die Gattin des Kapaneus wie zum Opfer geschmückt, sondern ohne Schmuck bewahrt sie ihre Schönheit, wie sie war, als Abradates lebte, und nimmt sie mit sich ins Grab, das Haar so einfach schwarz und auf beiden Seiten herabwallend auf Schultern und Nacken, den weißen Hals leicht entblößt, den sie zwar zerkratzt, doch keineswegs entstellt hat, denn die Spuren ihrer Nägel sind schöner, als man malen kann. (6) Die Röte auf der Wange verläßt auch die Sterbende nicht; jugendlicher Liebreiz und Schamhaftigkeit bringen sie hervor. Sieh! Von den sanft aufwärts geschwungenen Flügeln steigt die Nase empor, von der wie Zweige die halbmondförmigen Brauen ausgehen, schwarz unter der weißen Stirn. Die Augen aber, mein Junge, wollen wir nicht nach ihrer Größe und Schwärze beurteilen, sondern nach der Macht

ἐστι καὶ νὴ Δία ὁπόσα τῶν τῆς ψυχῆς ἀγαθῶν ἔσπασαν
10 ἐλεεινῶς μὲν διακείμενοι, τοῦ δὲ φαιδρῶς ἔχειν οὐκ ἀπηλλαγ-
μένοι, καὶ θαρσαλέοι μέν, λογισμοῦ δὲ εἴσω μᾶλλον ἢ τόλμης,
καὶ τοῦ μὲν θανάτου ξυνιέντες, οὔπω δὲ ἀπιόντες. ὁπαδὸς
δὲ ἔρωτος ἵμερος οὔτω τι ἐπικέχυται τοῖς ὀφθαλμοῖς, ὡς ἐπι- 5
δηλότατα δὴ ἀπ᾽ αὐτῶν ἀποστάζειν.

15 (7) Γέγραπται καὶ ὁ Ἔρως ἐν ἱστορίᾳ τοῦ ἔργου, γέγραπται
καὶ ἡ Λυδία τὸ αἷμα ὑποδεχομένη καὶ χρυσῷ γε, ὡς ὁρᾷς,
τῷ κόλπῳ.

10. Κασάνδρα   10

(1) Οἱ κείμενοι κατ᾽ ἄλλος ἄλλο τοῦ ἀνδρῶνος καὶ τὸ ἀναμὶξ
20 τῷ οἴνῳ αἷμα καὶ οἱ ἐκπνέοντες ἐπὶ τραπεζῶν κρατήρ τε
οὑτοσὶ λελακτισμένος ὑπὸ ἀνδρός, ὃς πρὸς αὐτῷ σπαίρει,
κόρη τε χρησμῳδὸς τὴν στολὴν εἰς πέλεκυν ἐμπεσούμενον
ἑαυτῇ βλέπουσα. τὸν Ἀγαμέμνονα ἥκοντα ἐκ Τροίας ἡ 15
25 Κλυταιμνήστρα δέχεται τούτῳ τῷ τρόπῳ οὕτω μεθύοντα,
ὡς καὶ τὸν Αἴγισθον θαρσῆσαι τὸ ἔργον. ἡ Κλυταιμνήστρα
δὲ πέπλου τέχνῃ τινὸς ἀπείρου τὸν Ἀγαμέμνονα περισχοῦσα
πέλεκυν ἐς αὐτὸν ἧκεν ἀμφήκη τοῦτον, ὃς καὶ τὰ δένδρα αἱρεῖ
30 τὰ μεγάλα, τήν τε τοῦ Πριάμου κόρην καλλίστην νομισ- 20
356 κ. θεῖσαν τῷ Ἀγαμένονι χρησμούς τε ἀπιστουμένους ᾄδου-
σαν ἀποκτείνει θερμῷ τῷ πελέκει. καὶ εἰ μὲν ὡς δρᾶμα ἐξετά-
ζομεν, ὦ παῖ ταῦτα, τετραγῴδηται μεγάλα ἐν σμικρῷ, εἰ δ᾽
5 ὡς γραφήν, πλείω ἐν αὐτοῖς ὄψει. (2) Σκόπει γάρ· λαμπτῆρες
οὗτοι χορηγοὶ φωτός – ἐν νυκτὶ γὰρ ταῦτά που – κρατῆρες δ᾽ 25
ἐκεῖνοι χορηγοὶ ποτοῦ φανότεροι τοῦ πυρὸς οἱ χρυσοῖ,
πλήρεις δὲ ὄψων τράπεζαι, βασιλεῖς ὧν ἐσιτοῦντο ἥρωες,
ἐν κόσμῳ τε οὐδὲν τούτων· ἀποθνήσκοντες γὰρ οἱ δαιτυμό-

---

20 τε FP δὲ X

des Geistes, der aus ihnen leuchtet, und, bei Zeus, nach der
Vielfalt der inneren Vorzüge, die sie in sich aufnahmen, jetzt
zwar in erbarmungswürdigem Zustand, doch ihres Glanzes
nicht beraubt und voll des Mutes, eines Mutes aber mehr der
Überlegung denn der Verwegenheit, dazu des Todes gewärtig,
aber noch nicht scheidend. Sehnsucht, die Gefährtin der Liebe, ist über ihre Augen gegossen, so daß sie ganz fühlbar von
ihnen ausströmt.

(7) Dargestellt ist auch Eros – denn er weiß um diese Tat –,
gemalt auch Lydien in Gestalt einer Frau, wie sie das Blut auffängt, und zwar, wie du siehst, mit goldenem Gewandbausch.

10. Kassandra

(1) Dahingestreckte, jeder in einem anderen Winkel des Män-
nersaales, Blut mit Wein vermischt und Verröchelnde über
Tische gekrümmt und der Mischkrug hier, mit dem Fuß um-
gestoßen von einem Mann, der neben ihm in Todeszuckungen
liegt, dazu eine Jungfrau im Kleid einer Prophetin und ein
Beil anstarrend, das auf sie herabsausen wird. So empfängt
Klytaimnestra den Agamemnon bei seiner Rückkehr aus Troia,
ihn, der so trunken ist, daß selbst Aigisthos seine Untat wagte.
Klytaimnestra aber, die Agamemnon tückisch in ein riesiges
Tuch verwickelt hatte, schmetterte dies zweischneidige Beil
auf ihn, das sogar die großen Bäume fällt; auch die Tochter
des Priamos, die Agamemnon als die Schönste galt und Göt-
tersprüche sang, von keinem geglaubt, tötet sie mit dem noch
warmen Beil. Und wenn wir dies, mein Sohn, als Schauspiel
fassen, so ist eine große Tragödie mit wenigem aufgeführt,
wenn aber als Gemälde, so wirst du darin noch mehr sehen.
(2) Denn schau nur! Die Fackeln hier spenden Licht – denn
die Untat geschieht ja bei Nacht –, die goldenen Mischkrüge
dort, die das Feuer überstrahlen, sind Trankspender, die
Tische sind voll von Speisen, wie sie Heldenkönige aßen, und
nichts davon ist in Ordnung; denn die Gäste liegen im Sterben,

¹⁰ νες, τὰ μὲν λελάκτισται, τὰ δὲ συντέτριπται, τὰ δὲ ἀπ'
αὐτῶν κεῖται· καὶ κύλικες δὲ ἐκ χειρῶν πίπτουσι πλήρεις αἱ
πολλαὶ λύθρου, καὶ ἀλκὴ τῶν ἀποθνησκόντων οὐδεμία·
μεθύουσι γάρ. (3) Τὰ δὲ τῶν κειμένων σχήματα ὁ μὲν ἐκτέ-
¹⁵ τμηται τὴν φάρυγγα σίτου τι ἢ ποτοῦ ἕλκουσαν, ὁ δ'   5
ἀποκέκοπται τὴν κεφαλὴν ἐς τὸν κρατῆρα κύπτων, ὁ δὲ
ἀπήρακται τὴν χεῖρα φέρουσαν ἔκπωμα, ὁ δὲ ἐφέλκεται τὴν
τράπεζαν ἐκπεσὼν τῆς κλίνης, ὁ δ' εἰς ὤμους καὶ κεφαλὴν κεῖ-
²⁰ ται, ποιητὴς ἂν φαίη κ ύ μ β α χ ο ς, ὁ δ' ἀπιστεῖ τῷ θανάτῳ, ὁ
δὲ οὔκ ἔρρωται φυγεῖν οἷον πέδης ἐμβεβλημένης αὐτῷ τῆς   10
μέθης· ὠχρὸς δὲ οὐδεὶς τῶν κειμένων, ἐπειδὴ τοὺς ἐν οἴνῳ
ἀποθνήσκοντας οὔκ εὐθὺς ἀπολείπει τὸ ἄνθος.

(4) Τὸ δὲ κυριώτατον τῆς σκηνῆς Ἀγαμέμνων ἔχει κείμενος
²⁵ οὔκ ἐν πεδίοις Τρωικοῖς οὐδὲ ἐπὶ Σκαμάνδρου τινὸς ἠιόσιν,
ἀλλ' ἐν μειρακίοις καὶ γυναίοις, β ο ῦ ς ἐ π ὶ φ ά τ ν η – τουτὶ   15
γὰρ τὸ μετὰ τοὺς πόνους τε καὶ τὸ ἐν δείπνῳ – κυριώτερα δὲ
ἐν οἴκτῳ τὰ τῆς Κασάνδρας, ὡς ἐφέστηκε μὲν αὐτῇ μετὰ τοῦ
³⁰ πελέκεως ἡ Κλυταιμνήστρα μανικὸν βλέπουσα καὶ σεσοβημένη
τὰς χαίτας καὶ τραχεῖα τὴν ὠλένην· αὐτὴ δὲ ὡς ἁβρῶς τε καὶ
ἐνθέως ἔχουσα περιπεσεῖν ὥρμηκε τῷ Ἀγαμέμνονι ῥιπτοῦσα   20
^{357 κ.} ἀφ' αὐτῆς τὰ στέμματα καὶ οἷον περιβάλλουσα τῇ τέχνῃ
αὐτόν· διηρμένου δὲ ἤδη τοῦ πελέκεως ἀναστρέφει τοὺς
ὀφθαλμοὺς ἐκεῖ, βοᾷ δὲ οὕτω τι οἰκτρόν, ὡς καὶ τὸν Ἀγαμέ-
⁵ μνονα τῷ λοιπῷ τῆς ψυχῆς ἐλεεῖν ταῦτα ἀκούοντα· μεμνή-
σεται γὰρ αὐτῶν καὶ ἐν Ἅιδου πρὸς Ὀδυσσέα ἐν τῇ ἀγορᾷ   25
τῶν ψυχῶν.

ιι. Πάν

(ι) Τὸν Πᾶνα αἱ Νύμφαι πονηρῶς φασιν ὀρχεῖσθαι καὶ ἐκπηδᾶν τοῦ προσήκοντος ἐξαίροντα καὶ ἀναθρῴσκοντα κατὰ

---

21 ἀπ' αὐτῆς FP   27 Φιλοστράτου εἰκόνων Γ P

das eine ist von zuckenden Füßen umgestürzt, das andere ist zertrümmert, anderes wieder liegt weit von ihnen; aber auch Becher entrollen ihren Händen, die meisten voll Mordblut, und da ist kein Zeichen von Gegenwehr bei den Sterbenden, denn alle sind trunken. (3) Die Todesarten der Gefällten: dem einen ist die Kehle durchschnitten, die noch Speise und Trank hinabwürgt, dem anderen das Haupt abgeschlagen, während er sich über den Mischkrug neigte, dem ist die Hand abgehauen, die den Becher führt, der da stürzt vom Lager und reißt den Tisch nach, der liegt auf Schultern und Kopf (ein Dichter würde sagen „häuptlings"), wieder einer kann nicht glauben, daß er sterben soll, der dort vermag nicht zu fliehen, weil der Rausch wie eine Fessel um seine Füße liegt; leichenblaß ist aber noch keiner der Gefällten, weil Menschen, die beim Weine sterben, die Farbe nicht sogleich verläßt.

(4) Mittelpunkt der Szene ist Agamemnon, der nicht auf Troias Gefilden oder an den Ufern eines Skamandros hinsank, sondern unter Jünglingen und Weibern, „wie der Stier an der Krippe", denn das bedeutet die Ruhe nach den Mühen und beim Schmaus; erbarmungswürdiger noch ist aber Kassandras Los, wie Klytaimnestra mit dem Beil über ihr steht, Irrsinn im Blick, mit fliegendem Haar und grausam geschwungenem Arm; Kassandra hatte, zarten Sinnes und göttlicher Eingebung voll, versucht, sich über Agamemnon zu werfen, die Priesterbinden von sich reißend, als ob sie ihn mit den Zeichen ihrer Kunst schirmend umhüllen wollte; weil aber die Axt schon geschwungen ist, wendet sie die Augen zu ihr empor und schreit so jammervoll, daß sogar Agamemnon mit dem, was an Leben und Bewußtsein noch in ihm ist, Mitleid empfindet, als er es hört; denn er wird all dies noch im Hades gegenüber Odysseus erwähnen, wenn sich die Schatten sammeln.

11. Pan

(1) Pan, sagen die Nymphen, tanze übel und überspringe die Grenze des Schicklichen, indem er hüpfe und Sprünge gegen

10 τοὺς ἀγερώχους τῶν τράγων, αὐταὶ δ' ἂν μεταδιδάξαιεν
αὐτὸν ἑτέραν ὄρχησιν ἡδίω τῷ ἤθει· προσέχοντι δ' αὐταῖς
οὐδέν, ἀλλὰ πειρῶντι αὐτὰς καὶ ἀποτεταμένῳ τὸν κόλπον
ἐπιτίθενται κατὰ μεσημβρίαν, ὅτε δὴ λέγεται καθεύδειν ὁ
15 Πὰν ἐκλελοιπὼς τὴν θήραν. (2) Ἐκάθευδε δ' ἄρα πρότερον 5
μὲν ἀνειμένος τε καὶ πρᾷος τὴν ῥῖνα καὶ τὸ ἐπίχολον αὐτῆς
λεαίνων τῷ ὕπνῳ, τήμερον δὲ ὑπερχολᾷ· προσπεσοῦσαι γὰρ
αὐτῷ αἱ Νύμφαι περιῆκται μὲν ἤδη τὼ χεῖρε ὁ Πάν, δέδιε δὲ
ἐπὶ τοῖς σκέλεσιν, ἐπειδὴ βούλονται αἴρειν αὐτά. τὸ δὲ δὴ
20 γένειον, οὗ πλεῖστος αὐτῷ λόγος, ἐξῄρηται μαχαιρίδων 10
ἐσβεβληκυιῶν ἐς αὐτό, φασὶ δὲ καὶ τὴν Ἠχὼ ἀναπείσειν
ὑπερορᾶν τε αὐτοῦ καὶ μηδὲ φθέγγεσθαι πρὸς αὐτὸν ἔτι.
(3) Ταῦτα αἱ Νύμφαι πανσυδί, σὺ δὲ κατὰ δήμους αὐτὰς ὅρα·
25 τὰ μὲν γὰρ τῶν Ναΐδων εἴδη, ῥανίδας ἀπορραίνουσιν
αὐταὶ τῆς κόμης· ὁ δὲ περὶ ταῖς Βουκόλοις αὐχμὸς οὐδὲν 15
φαυλότερος τῆς δρόσου, αἱ δὲ Ἀνθοῦσαι τὰς χαίτας ἐκπεφύ-
κασιν ὑακινθίνοις ὁμοίως ἄνθεσιν.

12. Πίνδαρος

358 κ. (1) Οἶμαι θαῦμά σοι εἶναι τὰς μελίττας οὕτω γλίσχρως
γεγραμμένας, ὧν γε καὶ προνομαία δήλη καὶ πόδες καὶ 20
πτερὰ καὶ τὸ χρῶμα τῆς στολῆς οὐκ ἀτακτοῦσιν, ἴσα τῇ
5 φύσει διαποικιλλούσης αὐτὰ τῆς γραφῆς. τί οὖν οὐκ ἐν σίμ-
βλοις αἱ σοφαί; τί δὲ ἐν ἄστει; κωμάζουσιν ἐπὶ τὰς τοῦ
Δαϊφάντου θύρας – γέγονε δὲ ἤδη Πίνδαρος, ὡς ὁρᾷς – πλάτ-
τει⟨ν⟩ κἀκ νηπίου αὐτόν, ἵν' ἐμμελὴς ἤδη καὶ ἔμμουσος ᾖ, καὶ 25
10 ποιοῦσι ταῦτα. (2) Τὸ μὲν γὰρ παιδίον εἰς δάφνην ἀπόκειται
καὶ κλῶνας μυρρίνης ξυμβαλλομένου τοῦ πατρὸς ἱεροῦ

_____

11 καὶ⟩ FP (verb. Pᶜ)   15 ταῖς Jacobs τοῖς ω   24f. πλάττει⟨ν⟩
Welcker

sie mache wie die stößigen Böcke, und sie könnten ihm einen
anderen Tanz beibringen, der gefälliger und gesitteter sei; weil
er aber gar nicht auf sie hört, sondern sie kirre machen will,
und zwar mit straff gespanntem Gewand, überfallen sie ihn
zur Mittagszeit, weil es ja heißt, Pan schlafe da und mache
Pause bei der Jagd. (2) Sonst schlief Pan ganz gelöst, mit einem
friedlichen Zug um die Nase, deren galligen Ausdruck er
durch den Schlummer milderte, heute aber läuft ihm die Galle
über; denn die Nymphen sind über ihn hergefallen, und schon
sind Pans Hände auf den Rücken gebunden, und er fürchtet
für seine Beine, weil sie diese hochheben wollen. Der Bart
aber, sein ganzer Stolz, ist schon abgeschnitten, weil die
Scheermesserchen hineingefahren sind, und sie drohen, auch
noch Echo zu überreden, sich nicht mehr um ihn zu kümmern, ja, nicht einmal mehr seinem Ruf zu antworten. (3) Soweit die Nymphen allesamt, du aber betrachte die einzelnen
Gruppen! Die einen nämlich sind als Najaden dargestellt, die
Tropfen aus ihrem Haar schütteln, und die bäurisch-struppige
Art der Hirtennymphen nimmt sich nicht schlechter aus als
dieser Tau; das Haar der Blumennymphen aber ist in der Farbe
von Hyazinthenblüten gewachsen.

12. Pindaros

(1) Ein Wunder sind für dich, meine ich, die Bienen, die so bis
ins Kleinste gemalt sind; sogar die Rüssel sieht man, und die
Füße, Flügel und die Farbe ihres Pelzchens sind, wie es sich
gehört, weil die Kunst sie mit allen Farbstufen naturgetreu darstellt. Warum nun sind die klugen Tiere nicht in ihren Kör-
ben? Was wollen sie in der Stadt? Sie schwärmen zum Haus-
tor des Daïphantos, um Pindar von frühester Kindheit an zu
bilden – denn schon ist er geboren, wie du siehst –, damit er
schon jetzt voller Harmonie und voller Musik sei, und daran
arbeiten sie. (2) Das Bübchen nämlich liegt auf Lorbeer und
Myrtenzweigen, da sein Vater ahnte, er werde ein geheiligtes

τεύξεσθαι τοῦ παιδός, ἀφ' ὧν κύμβαλά τε κατήχει τῆς οἰκίας,
ὅτε ἐτίκτετο, καὶ τύμπανα ἠκούετο ἐκ 'Ρέας· ἐλέγοντο δὲ καὶ
αἱ Νύμφαι χορεῦσαί οἱ καὶ ἀνασκιρτῆσαι τὸν Πᾶνα· φασὶ δὲ
15 αὐτόν, ὅτε Πίνδαρος ἐς τὸ ποιεῖν ἀφίκετο, ἀμελήσαντα τοῦ
σκιρτᾶν ᾄδειν τὰ τοῦ Πινδάρου.   5

(3) Ἡ 'Ρέα δὲ ἄγαλμα ἐκπεπόνηται καὶ καθίδρυται μὲν
αὐτοῦ καὶ περὶ θύρας, οἶμαι δὲ καὶ λίθου τὸ ἄγαλμα φαί-
20 νεσθαι κατεσκληκυίας ἐνταῦθα τῆς γραφῆς καὶ τί γὰρ ἄλλο
ἢ ἐξεσμένης. ἄγει καὶ τὰς Νύμφας ἐνδρόσους καὶ οἵας ἐκ
πηγῶν, ὁ δὲ Πὰν ἐξορχεῖται μὲν ῥυθμὸν δή τινα, φαιδρὸν δὲ 10
αὑτῷ τὸ εἶδος καὶ τῆς ῥινὸς οὐδὲν χολῶδες. (4) Αἱ δὲ εἴσω
μέλιτται περιεργάζονται τὸ παιδίον ἐπιβάλλουσαι τὸ μέλι
25 καὶ τὰ κέντρα ἀνέλκουσαι δέει τοῦ ἐγχρίσαι. ἐξ Ὑμηττοῦ τάχα
ἥκουσι καὶ ἀπὸ τῶν λιπαρῶν καὶ ἀοιδίμων· καὶ γὰρ
τοῦτο οἶμαι αὐτὰς ἐνστάξαι Πινδάρῳ.   15

13. Γυραί

30 (1) Αἱ τοῦ πελάγους ἀνεστηκυῖαι πέτραι καὶ ἡ ζέουσα περὶ
859 κ. αὐτὰς θάλαττα ἥρως τε δεινὸν βλέπων ἐπὶ τῶν πετρῶν καὶ
τι καὶ φρονήματος ἔχων ἐπὶ τὴν θάλατταν. ὁ Λοκρὸς βέβληται
μὲν τὴν ἑαυτοῦ ναῦν, ἐμπύρου δὲ αὐτῆς ἀποπηδήσας ὁμόσε 20
5 κεχώρηκε τοῖς κύμασι, τῶν μὲν διεκπαίων, τὰ δὲ ἐπισπώ-
μενος, τὰ δὲ ὑπαντλῶν τῷ στέρνῳ. Γυραῖς δ' ἐντυχών –
αἱ δὲ Γυραὶ πέτραι εἰσὶν ὑπερφαίνουσαι τοῦ Αἰγαίου κόλπου
– λόγους ὑπέρφρονας λέγει κατὰ τῶν θεῶν αὐτῶν, ἐφ' οἷς ὁ
10 Ποσειδῶν αὐτὸς ἐπὶ τὰς Γυρὰς στέλλεται φοβερός, ὦ παῖ, 25
καὶ χειμῶνος πλέως καὶ τὰς χαίτας ἐξηρμένος. καίτοι ποτὲ
καὶ συνεμάχει τῷ Λοκρῷ κατὰ τὸ Ἴλιον σωφρονοῦντι δὲ καὶ
φειδομένῳ τῶν θεῶν – ἐρρώννυ αὐτὸν τῷ σκήπτρῳ –, νῦν δ',

---

13 ἐγχρίσαι **Ruhnken** ἐγχειρῆσαι FP ἐγχειρήμματος Χ ἐγ-
χρίματος **Kalinka**   19 ὁ λοκρὸς αἴας ΧΡᶜ   20f. ὁμοίως ἐκ-
κεχώρηκε FPᶜ   28 καὶ ἐρρώνυ ΧΡᶜ

Kind haben, weil Cymbeln bei des Kindes Geburt sein Haus durchtönten und Pauken Rheas gehört wurden. Es sollen auch die Nymphen ihm zu Ehren im Reigen geschritten sein, und Pan soll fröhliche Sprünge gemacht haben; ja er soll, als Pindar zu dichten begann, sein Springen gelassen und Pindars Lieder gesungen haben.

(3) Rheas Standbild aber, kunstvoll gearbeitet, steht gerade hier vor dem Tor, und ich glaube, daß die Statue offenbar aus Marmor ist, denn hier hat die Malerei einen harten Ausdruck angenommen und ist geradezu glattgemeißelt. Das Bild führt auch die Nymphen herbei, noch ganz tauig und wie aus Quellen gestiegen, und Pan tanzt in bestimmtem Takt; sein Ausdruck ist heiter, an seiner Nase kein wütender Zug. (4) Die Bienen drinnen umhegen sorgsam das Kind, träufeln ihren Honig darüber und ziehen ihre Stacheln ein aus Besorgnis, sie möchten es stechen. Sicher kommen sie vom Hymettos und von jener „schimmernden, vielbesungenen Stadt"; denn auch diese Worte haben sie wohl Pindaros eingegeben.

13. Die gyraeischen Felsen

(1) Die aus dem Meer aufragenden Felsen und die kochende See darum und auf den Felsen ein Held, der wild und sogar trotzig-stolz auf das Meer blickt. Das Schiff des Lokrers wurde vom Blitz getroffen; als es brannte, sprang er herab und rang mit den Wogen, indem er sich durch die einen durchkämpfte, andere an sich zog und wieder andere unter seine Brust riß. Als er aber glücklich die gyraeischen Felsen erreichte – das sind Felsen, die sich aus dem aegaeischen Meerbusen erheben –, stößt er trotzige Worte gegen die Götter selbst aus, auf die hin Poseidon selbst zu den gyraeischen Felsen eilt, furchtbar, mein Sohn, in stürmender Wut und mit gesträubtem Haar. Und doch stand er vormals dem Lokrer vor Ilion sogar bei; damals aber war jener noch bei Vernunft und wagte sich nicht an Götter, und Poseidon verlieh ihm Kraft durch

15 ἐπειδὴ ὑβρίζοντα ὁρᾷ, τὴν τρίαιναν ἐπ' αὐτὸν φέρει καὶ
πεπλήξεται ὁ αὐχὴν τῆς πέτρας ὁ ἀνέχων τὸν Αἴαντα, ὡς
ἀποσείσαιτο αὐτὸν αὐτῇ ὕβρει.

(2) Ὁ μὲν δὴ λόγος τῆς γραφῆς οὗτος, τὸ δὲ ἐναργές· λευκὴ
μὲν ὑπὸ κυμάτων ἡ θάλαττα, σπιλάδες δ' αἱ πέτραι διὰ τὸ   5
20 ἀεὶ ῥαίνεσθαι, πῦρ δὲ ἐκ μέσης ᾄττει τῆς νεώς, ἐς ὃ ἐμπνέων
ὁ ἄνεμος πλεῖ ἡ ναῦς ἔτι καθάπερ ἱστίῳ χρωμένη τῷ πυρί.
ὁ δὲ Αἴας οἷον ἐκ μέθης ἀναφέρων περιαθρεῖ τὸ πέλαγος οὔτε
ναῦν ὁρῶν οὔτε γῆν, καὶ οὐδὲ τὸν Ποσειδῶ προσιόντα δέ-
25 δοικεν, ἀλλ' ἔοικε διατεινομένῳ ἔτι· οὔπω τοὺς βραχίονας ἡ   10
ῥώμη ἀπολέλοιπεν, ὁ αὐχήν τε ἀνέστηκεν οἷος ἐπὶ Ἕκτορα
καὶ Τρῶας. ὁ μὲν δὴ Ποσειδῶν ἐμβαλὼν τὴν τρίαιναν ἀπαράξει τὸ τρύφος αὐτῷ Αἴαντι τῆς πέτρας, αἱ δὲ Γυραὶ αἱ λοι-
30 παὶ μενοῦσί τε, ἐς ὅσον θάλαττα, καὶ ἄσυλοι ἐστήξουσι τῷ
Ποσειδῶνι.   15

14. Θετταλία

(1) Αἰγυπτιάζει μὲν ἡ προβολὴ τῆς γραφῆς, ὁ λόγος δὲ
αὐτῆς οὐκ Αἰγύπτιος, ἀλλ' οἶμαι Θετταλῶν· Αἰγυπτίοις
μὲν γὰρ παρὰ τοῦ Νείλου ἡ γῆ, Θετταλοῖς δὲ Πηνειὸς οὐ
5 συνεχώρει πάλαι γῆν ἔχειν, περιβεβλημένων τοῖς πεδίοις   20
ὀρῶν καὶ τοῦ ῥεύματος ἐπικλύζοντος αὐτὰ ὑπὸ τοῦ μήπω
ἐκβαλεῖν. ῥήξει οὖν ὁ Ποσειδῶν τῇ τριαίνῃ τὰ ὄρη καὶ πύλας
τῷ ποταμῷ ἐργάσεται. (2) Τούτῳ γὰρ νυνὶ τῷ ἔργῳ ἐφέστη-
10 κεν ἀθλῶν αὐτὸ καὶ ἀνακαλύπτων τὰ πεδία, καὶ διῆρται
μὲν ἡ χεὶρ εἰς τὸ ἀναρρῆξαι, τὰ δὲ ὄρη, πρὶν πεπλῆχθαι, δι-   25
ίσταται τὸ ἀποχρῶν τῷ ποταμῷ μέτρον. ἀγωνιζομένης δὲ
πρὸς τὸ ἐναργὲς τῆς τέχνης τὰ δεξιὰ τοῦ Ποσειδῶνος ὁμοῦ

---

9 οὐδὲ Kayser οὔτε ω   12f. ἀπαράξει Jacobs ἀναταράξει FP
ἀράξει XPᶜ   21 περικλύζοντος FP

seinen Stab. Jetzt aber, da er ihn freveln sieht, schwingt er seinen Dreizack gegen ihn, und der Felsrücken, der Aias noch trägt, wird gleich so getroffen sein, daß er ihn samt allem Übermut herabschleudert.

(2) Dies ist das Thema des Bildes; was man aber sieht, ist folgendes: Die See schäumt weiß vom Wellenschlag, die Felsen sind zerklüftet durch unaufhörliche Brandung, mitten aus dem Schiff schießt Feuer auf; der Wind fährt hinein, und so treibt das Schiff noch weiter, wie wenn es die Flammen als Segel benützte. Aias aber, wie aus trunkenem Schlaf auffahrend, blickt rings aufs Meer, doch sieht er weder Schiff noch Land, und nicht einmal den heranstürmenden Poseidon fürchtet er, sondern gleicht einem, der noch all seine Kraft anspannt; noch ist die Stärke nicht aus seinen Armen gewichen, und sein Nacken ragt trotzig wie gegen Hektor und die Troer. Poseidon aber wird, wenn er den Dreizack schleudert, das Felsstück samt Aias vom Massiv herabschmettern, doch werden die anderen Gyren so lange bestehen wie das Meer und, von Poseidon unverletzt, aufragen.

14. Thessalien

(1) Der Vorwurf des Bildes sieht ägyptisch aus, doch ist sein Stoff nicht ägyptisch, sondern gehört wohl zu Thessalien; die Ägypter nämlich verdanken ihr Land dem Nil, den Thessaliern aber erlaubte der Peneios einstmals nicht, Land zu haben, weil um die Ebenen Gebirge lagen und der Strom sie überflutete, weil er noch keinen Abfluß fand. Poseidon wird also mit dem Dreizack die Berge spalten und dem Strom Tore öffnen. (2) Dieses Werk hat er nun unternommen und müht sich gewaltig dabei, indem die Ebenen erscheinen läßt, und seine Hand ist schon erhoben, um die Pforte aufzureißen, doch weichen die Berge, bevor der Schlag fällt, zu einer für den Fluß genügenden Weite voneinander. Weil aber die Kunst nach Anschaulichkeit strebt, ist Poseidons rechte Seite zugleich zu-

καὶ ὑπέσταλται καὶ προβέβηκε καὶ ἀπειλεῖ τὴν πληγὴν οὐκ
15 ἀπὸ τῆς χειρός, ἀλλ'ἀπὸ τοῦ σώματος. γέγραπται δὲ οὐ κυά-
νεος οὐδὲ θαλάττιος, ἀλλ' ἠπειρώτης· τῷ τοι καὶ ἀσπάζεται
τὰ πεδία καὶ ὁμαλὰ ἰδὼν καὶ εὐρέα, καθάπερ θαλάττας.
(3) Χαίρει καὶ ὁ ποταμὸς οἷον λυθείς, καὶ φυλάττων τὸ ἐς   5
20 ἀγκῶνα – ποταμῷ γὰρ ὀρθοῦσθαι οὐ σύνηθες– ἀνατίθεται
τὸν Τιταρήσιον ὡς κοῦφον καὶ ποτιμώτερον καὶ ὁμολογεῖ
τῷ Ποσειδῶνι ἐκρυήσεσθαι ὁδῷ χρώμενος. ἀνίσχει καὶ ἡ
Θετταλία συνιζάνοντος ἤδη τοῦ ὕδατος ἐλαίᾳ κομῶσα καὶ
25 ἀστάχυι καὶ πώλου ἐφαπτομένη συνανίσχοντος. ἔσται γὰρ   10
καὶ ἵππος αὐτῇ παρὰ τοῦ Ποσειδῶνος, ὅταν τὴν ἀπορροὴν
τοῦ θεοῦ καθεύδοντος ἡ γῆ ὑποδέξηται εἰς ἵππον.

15. Γλαῦκος Πόντιος

(1) Βοσπόρου καὶ Συμπληγάδων ἡ Ἀργὼ διεκπλεύσασα
361 Κ. μέσον ἤδη τέμνει τὸ ῥόθιον τοῦ Πόντου, καὶ θέλει τὴν θάλατ-   15
ταν Ὀρφεὺς ᾄδων, ἡ δὲ ἀκούει καὶ ὑπὸ τῇ ᾠδῇ κεῖται ὁ
Πόντος. τὰ μὲν δὴ ἀγώγιμα τῆς νεὼς Διόσκουροι καὶ Ἡρακλῆς Αἰακίδαι τε καὶ Βορεάδαι καὶ ὅσον τῆς ἡμιθέου φορᾶς
5 ἤνθει. τρόπις δὲ ὑφήρμοσται τῇ νηὶ δένδρον ἀρχαῖον, ᾧ κατὰ
Δωδώνην ὁ Ζεὺς ἐς τὰ μαντεῖα ἐχρῆτο. (2) Γνώμη δὲ ἐς τὸν   20
πλοῦν ἥδε· χρυσοῦν ἀπόκειταί τι ἐν Κόλχοις κώδιον κριοῦ
ἀρχαίου, ὃς λέγεται τὴν Ἕλλην ὁμοῦ τῷ Φρίξῳ διὰ τοῦ
10 οὐρανοῦ πορθμεῦσαι· τοῦτο Ἰάσων ἑλεῖν, ὦ παῖ, ποιεῖται
ἆθλον – φρουρὸς γάρ τις αὐτῷ δράκων ἐμπέπλεκται δεινὸν
βλέπων καὶ ὑπερορῶν τοῦ καθεύδειν – ὅθεν ἄρχει τῆς νεώς,   25
ἐπειδὴ βλέπει ἐς αὐτὸν ἡ τοῦ πλοῦ αἰτία. (3) Καὶ Τῖφυς μέν,
15 ὦ παῖ, κυβερνᾷ, λέγεται δὲ οὗτοσὶ πρῶτος ἀνθρώπων
ἀπιστουμένην θαρρῆσαι τὴν τέχνην, Λυγκεὺς δὲ ὁ Ἀφαρέως

---

5 λυθεὶς Kalinka αὖθις ω   7 ἐκρυήσεσθαι FP ἐκ-σθαι τῶν
πεδίων XP^c

rückgebogen und vorgeschoben, und er droht den Schlag
nicht mit der Faust, sondern dem ganzen Körper zu führen.
Gemalt ist er nicht dunkelblau oder als Meergott, sondern als
Gott des festen Landes; so grüßt er auch die Fluren, da er
sieht, daß sie flach und weit sind wie seine Meere. (3) Auch
der Fluß freut sich, weil er befreit ist, und indem er sich weiter
auf den Ellbogen stützt – ein Fluß richtet sich gewöhnlich
nicht empor – nimmt er den Titaresios auf, weil er ein leichtes
und süßeres Wasser hat; auch verspricht er Poseidon, im neuen
Bett herauszufließen. Es steigt auch Thessalia empor, weil das
Wasser schon fällt, mit Ölzweigen und Ähren im Haar, und
ihre Hand ruht auf einem Füllen, das mit ihr heraufkommt;
denn sie wird auch das Roß von Poseidon bekommen, wenn
ihre Erde beim Schlaf des Gottes seinen Samen zur Erzeu-
gung des Pferdes empfängt.

15. Der Pontische Glaukos

(1) Argo ist durch den Bosporos und die Symplegaden ge-
segelt und fährt mitten im rauschenden Pontos, und Orpheus
bezaubert mit seinem Liede die See; der Pontos aber lauscht
und ruht unter dem Zauber der Töne. Fracht des Schiffes sind
die Dioskuren und Herakles, die Aiakiden, die Boreaden und
alle, die sonst in der Zahl der Halbgötter die Besten waren. Als
Kiel ist dem Schiff ein uralter Stamm eingezogen, der einst
Zeus in Dodona zu seinen Orakeln diente. (2) Zweck der Fahrt
war dies: in Kolchis wird das goldene Vließ jenes Widders aus
der Urzeit aufbewahrt, der Helle samt Phrixos am Himmel
hinübergebracht haben soll. Iason, mein Junge, unterzieht sich
der schweren Aufgabe, es zu holen – denn eine Schlange hat
sich als Wächter darum gewunden, mit furchtbaren Augen, in
die kein Schlaf kommt –, und so befehligt Iason das Schiff,
weil der Anlaß der Fahrt auf ihn zurückgeht. (3) Und Tiphys,
mein Sohn, ist Steuermann; er soll sich als erster aller Menschen an diese Kunst gewagt haben, die man bis dahin für

ἐπιτέτακται τῇ πρώρᾳ δεινὸς ὢν ἐκ πολλοῦ τε ἰδεῖν καὶ ἐς
πολὺ καταβλέψαι τοῦ βάθους καὶ πρῶτος μὲν ὑποκειμένων
20 ἑρμάτων αἰσθέσθαι, πρῶτος δὲ ὑποφαίνουσαν γῆν ἀσπάσασθαι.

(4) Ἀλλὰ νῦν ἐκπεπλῆχθαί μοι δοκεῖ καὶ τὸ τοῦ Λυγκέως 5
ὄμμα τὴν προσβολὴν τοῦ φάσματος, ὑφ' οὗ καὶ οἱ πεντή-
κοντα σχασάμενοι τὴν εἰρεσίαν· Ἡρακλῆς μὲν ἄτρεπτος
μένει τοῦ θεάματος, ἅτε δὴ πολλοῖς ὁμοίοις ἐντυχών, οἱ δὲ
25 λοιποὶ θαῦμά τι οἶμαι τοῦτο λέγουσιν· ὁρᾶται γὰρ αὐτοῖς
Γλαῦκος ὁ Πόντιος, οἰκῆσαι δὲ οὑτοσί ποτε λέγεται τὴν 10
ἀρχαίαν Ἀνθηδόνα καὶ πόας μέν τινος ἐπὶ θαλάττης γεύσα-
σθαι, κύματος δὲ ὑποδραμόντος αὐτὸν ἐς τὰ τῶν ἰχθύων
30 ἀπηνέχθη ἤθη. (5) Μαντεύεται μὲν οὖν μέγα τι, ὡς εἰκός,
περίεστι γὰρ αὐτῷ τῆς τέχνης. τὸ δὲ εἶδος ὑγροὶ μὲν αὐτῷ
γενείων βόστρυχοι, λευκοὶ δὲ ἰδεῖν καθάπερ κρουνοί, βαρεῖς 15
362 K. δὲ πλόκαμοι κόμης καὶ τοῖς ὤμοις ἐποχετεύοντες ὅσον
ἐσπάσαντο θαλάττης, ὀφρῦς λάσιαι συνάπτουσαι πρὸς ἀλλή-
λας οἷον μία. φεῦ τοῦ βραχίονος, ὡς γεγύμνασται πρὸς τὴν
5 θάλασσαν ἐμπίπτων ἀεὶ τοῖς κύμασι καὶ λεαίνων αὐτὰ ἐς τὴν
νῆξιν. φεῦ τῶν στέρνων, ὡς λάχνη μὲν αὐτοῖς ἐγκατέσπαρται 20
βρύων κομῶσα καὶ φυκίων, γαστὴρ δὲ ὑπόκειται παραλλάτ-
τουσα καὶ ἀπιοῦσα ἤδη. (6) Ἰχθὺν δὲ εἶναι τῷ λοιπῷ τὸν
10 Γλαῦκον δηλοῖ τὰ οὐραῖα ἐξηρμένα καὶ πρὸς τὴν ἰξὺν ἐπι-
στρέφοντα, τὸ δὲ μηνοειδὲς αὐτῶν ἁλιπορφύρου τι ἄνθος
ἔχει. περιθέουσι δ' αὐτὸν καὶ ἀλκυόνες ὁμοῦ μὲν ᾄδουσαι τὰ
τῶν ἀνθρώπων, ἐξ ὧν αὐταί τε καὶ ὁ Γλαῦκος μεθηρμόσθη- 25
σαν, ὁμοῦ δ' ἐνδεικνύμεναι τῷ Ὀρφεῖ τὴν ἑαυτῶν ᾠδήν, δι'
15 ἣν οὐδὲ ἡ θάλαττα ἀμούσως ἔχει.

---

8 θεάματος Jacobs θαύματος ω

unmöglich hielt; Lynkeus, der Sohn des Aphareus, hat seinen Platz am Bug, weil er die Gabe hat, in weite Ferne zu sehen und in große Tiefen hinabzublicken und als erster verborgene Klippen zu bemerken, als erster auch das in dämmernder Ferne auftauchende Land zu begrüßen.

(4) Jetzt aber scheint mir sogar des Lynkeus Auge Staunen zu verraten beim plötzlichen Auftauchen der Erscheinung, vor der auch die fünfzig Helden mit dem Rudern innehalten; Herakles freilich bleibt unbewegt bei dem wunderbaren Anblick, weil er schon viel dergleichen erlebt hat, die übrigen aber nennen das wohl ein Wunder, denn sie sehen den pontischen Glaukos; der soll einst im alten Anthedon gewohnt und am Strand ein gewisses Kraut gekostet haben; doch als ihn eine Woge unvermutet ergriff, wurde er zu den Gründen der Fische entführt. (5) Er weissagt nun, wie sich denken läßt, etwas Bedeutendes, denn in dieser Kunst ist er Meister. Sein Aussehen: die Bartlocken triefen von Wasser, weiß anzusehen wie der Schaum einer Quelle, schwer die Locken seines Haares, die alles Wasser zu den Schultern herableiten, das sie aus dem Meer aufsogen; buschige Brauen, zusammengewachsen wie eine einzige. Und welch ein Arm! Wie ist er geübt gegen die See, weil er immer durch die Wogen zieht und sie zum Schwimmen glättet! Und welche Brust! Wie ist Wolle auf sie gesät, wuchernd von Algen und Tang; der Unterleib aber geht in andere Gestalt über und verschwindet schon. (6) Daß Glaukos am übrigen Körper Fisch ist, beweist der emporgehobene und zur Hüfte zurückgebogene Schwanz; dieser halbmondförmige Schweif hat die Farbe des Purpurs. Auch Eisvögel umschwärmen ihn, die sowohl vom Los der Menschen singen, aus denen sie und Glaukos verwandelt wurden, wie sie auch Orpheus ihre Sangeskunst zeigen, durch die auch das Meer an Musischem Anteil hat.

16. Παλαίμων

(1) Ὁ θύων ἐν Ἰσθμῷ δῆμος – εἴη δ' ἂν ὁ ἐκ τῆς Κορίνθου –
καὶ βασιλεὺς οὑτοσὶ τοῦ δήμου – Σίσυφον αὐτὸν ἡγώμεθα –
τέμενος δὲ τουτὶ Ποσειδῶνος ἠρέμα τι προσηχοῦν θαλάττη –
20 αἱ γὰρ τῶν πιτύων κόμαι τοῦτο ᾄδουσι – τοιάδε, ὦ παῖ,   5
σημαίνει· ἡ Ἰνὼ τῆς γῆς ἐκπεσοῦσα τὸ μὲν ἑαυτῆς Λευκοθέᾳ
τε καὶ τοῦ τῶν Νηρηίδων κύκλου, τὸ δὲ τοῦ παιδὸς ἡ γῆ
Παλαίμονι τῷ βρέφει χρήσεται. (2) Καταίρει δὲ ἤδη ἐς αὐτὴν
25 ἐπὶ δελφῖνος εὐηνίου, καὶ ὁ δελφὶς τὰ νῶτα ὑποστρωννὺς
φέρει καθεύδοντα διολισθαίνων ἀψοφητὶ τῆς γαλήνης, ὡς   10
μὴ ἐκπέσοι τοῦ ὕπνου· προσιόντι δὲ αὐτῷ ῥήγνυταί τι κατὰ
τὸν Ἰσθμὸν ἄδυτον διασχούσης τῆς γῆς ἐκ Ποσειδῶνος, ὃν μοι
30 δοκεῖ καὶ Σισύφῳ τούτῳ προειπεῖν τὸν τοῦ παιδὸς εἴσπλουν
363 κ. καὶ ὅτι θύειν αὐτῷ δέοι. (3) Θύει δὲ ταῦρον τουτονὶ μέλανα
ἀποσπάσας οἶμαι αὐτὸν ἐκ τῆς τοῦ Ποσειδῶνος ἀγέλης. ὁ   15
μὲν οὖν τῆς θυσίας λόγος καὶ ἡ τῶν θυσάντων ἐσθὴς καὶ τὰ
5 ἐναγίσματα, ὦ παῖ, καὶ τὸ σφάττειν ἐς τὰ τοῦ Παλαίμονος
ἀποκείσθω ὄργια· σεμνὸς γὰρ ὁ λόγος καὶ κομιδῇ ἀπόθετος
ἅτ' ἀποθειώσαντος αὐτὸν Σισύφου τοῦ σοφοῦ· σοφὸν γὰρ
ἤδη που δηλοῖ αὐτὸν ἡ ἐπιστροφὴ τοῦ εἴδους. τὸ δὲ τοῦ   20
Ποσειδῶνος εἶδος, εἰ μὲν τὰς Γυρὰς πέτρας ἢ τὰ Θετταλικὰ
10 ὄρη ῥήξειν ἔμελλε, δεινὸς ἂν που ἐγράφετο καὶ οἷον πλήττων,
ξένον δὲ τὸν Μελικέρτην ποιούμενος ὡς ἐν τῇ γῇ ἔχοι, μειδιᾷ
καθορμιζομένου καὶ κελεύει τὸν Ἰσθμὸν ἀναπετάσαι τὰ
στέρνα καὶ γενέσθαι τῷ Μελικέρτῃ οἶκον. (4) Ὁ δὲ Ἰσθμός,   25
15 ὦ παῖ, γέγραπται μὲν ἐν εἴδει δαίμονος ἐνυπτιάζων ἑαυτὸν
τῇ γῇ, τέτακται δὲ ὑπὸ τῆς φύσεως Αἰγαίου καὶ Ἀδρίου
μέσος κεῖσθαι καθάπερ ἐπεζευγμένος τοῖς πελάγεσιν. ἔστι δὲ
αὐτῷ μειράκιον μὲν ἐν δεξιᾷ, Λέχαιόν τι, κόραι δὲ ἐν ἀριστερᾷ·

16. Palaimon

(1) Das opfernde Volk auf dem Isthmos – es kommt wohl von Korinth – hier der König des Volkes – wir wollen ihn für Sisyphos halten – und dort Poseidons heiliger Hain, der leise zur See hin rauscht – denn die Nadeln der Fichten flüstern so – das, mein Kind, bedeutet dies: Ino selbst, ihres Landes vertrieben, ist, was sie selbst angeht, Leukothea geworden und gehört zum Kreis der Nereiden; was aber ihren Sohn anlangt, so wird das Land von dem kleinen Palaimon Nutzen haben. (2) Schon treibt er auf einem lenksamen Delphin an Land, und das Tier bietet ihm seinen Rücken als Lager und trägt den Schlafenden, indem es lautlos durch die stille See gleitet, damit er nicht aus seinem Schlummer erwacht. Bei seiner Ankunft bricht für ihn auf dem Isthmos ein Heiligtum auf, indem sich die Erde auf Poseidons Geheiß spaltet; der Gott hat wohl auch Sisyphos hier die Landung des Kindes vorhergesagt und, daß man ihm opfern müsse. (3) Sisyphos opfert diesen schwarzen Stier, den er wohl aus Poseidons Herde genommen hat. Der Sinn des Opfers, die Kleidung der Opfernden, die heiligen Gaben selbst, mein Kind, und das Schlachten sollen das Geheimnis der Mysterien Palaimons bleiben; denn ehrwürdig ist ihr Sinn und tief geheim, da ihm der weise Sisyphos göttliche Weihe verlieh, denn als Weisen offenbart ihn schon die gesammelte Aufmerksamkeit seiner Züge. Poseidons Gestalt aber wäre, wenn er sich anschickte, die gyraeischen Felsen oder Thessaliens Berge zu spalten, wohl furchtbar gemalt und wie zum Schlag ausholend; doch weil er Melikertes als Gast aufnimmt, um ihn im Land zu behalten, lächelt er seiner Landung entgegen und heißt den Isthmos, seine Brust weit zu öffnen, um für Melikertes Heimstatt zu werden. (4) Isthmos aber, lieber Junge, ist in Gestalt eines Gottes gemalt, der rückwärts gelehnt auf der Erde lagert, und nach der Ordnung der Natur liegt er zwischen dem ägäischen und adriatischen Meer wie eine Brücke, die diese Meere verbindet. Zu seiner Rechten steht ein Jüngling, wohl Lechaion, zur Linken

20 Θάλατται δὲ αὗται καλαὶ καὶ ἱκανῶς εὔδιοι τῇ τὸν Ἰσθμὸν
ἀποφαινούσῃ γῇ παρακάθηνται.

17. Νῆσοι

(1) Βούλει, ὦ παῖ, καθάπερ ἀπὸ νεὼς διαλεγώμεθα περὶ
τουτωνὶ τῶν νήσων, οἷον περιπλέοντες αὐτὰς τοῦ ἦρος, 5
25 ὅτε Ζέφυρος ἱλαρὰν ἐργάζεται θάλατταν προσπνέων τῆς
ἑαυτοῦ αὔρας; ἀλλ᾽ ὅπως ἑκὼν λελήσῃ τῆς γῆς, καὶ θάλαττά
σοι ταυτὶ δόξει μήτ᾽ ἐξηρμένη καὶ ἀναχαιτίζουσα μήθ᾽ ὑπτία
καὶ γαληνή, πλωτὴ δέ τις καὶ οἷον ἔμπνους. ἰδοὺ ἐμβε-
βλήκαμεν· ξυγχωρεῖς γάρ που; καὶ ὑπὲρ τοῦ παιδὸς ἀποκρί- 10
30 νασθαι· ,,ξυγχωρῶ καὶ πλέωμεν". ἡ μὲν θάλαττα, ὡς ὁρᾷς,
364 κ. πολλή, νῆσοι δ᾽ ἐν αὐτῇ μὰ Δί᾽ οὐ Λέσβος οὐδ᾽ Ἴμβρος ἢ
Λῆμνος, ἀλλ᾽ ἀγελαῖαι καὶ μικραί, καθάπερ κῶμαί τινες ἢ
σταθμοὶ ἢ νὴ Δία ἐπαύλια τῆς θαλάττης.

5 (2) Ἡ μὲν δὴ πρώτη σφῶν ἐρυμνή τέ ἐστι καὶ ἀπότομος καὶ 15
τειχήρης τὴν φύσιν ἀκρωνυχίαν ἐξαίρουσα πανόπτη Ποσειδῶνι, κατάρρους τε καὶ ὑγρὰ καὶ τὰς μελίττας βόσκουσα
ὀρείοις ἄνθεσιν, ὧν δρέπεσθαι καὶ τὰς Νηρηίδας εἰκός, ὅταν
τῇ θαλάττῃ ἐπιπαίζωσι.
10 (3) Τὴν δὲ νῆσον τὴν ἐφεξῆς ὑπτίαν τε καὶ γεώδη οὖσαν 20
οἰκοῦσι μὲν ἁλιεῖς τε καὶ γεωργοὶ ἅμα, ξυμβάλλονται δὲ
ἀγορὰν ἀλλήλοις οἱ μὲν τῶν γεωργουμένων, οἱ δὲ ὧν ἤγρευ-
σαν. Ποσειδῶ δὲ τουτονὶ γεωργὸν ἐπ᾽ ἀρότρου καὶ ζεύγους
15 ἵδρυνται λογιούμενοι αὐτῷ τὰ ἐκ τῆς γῆς· ὡς δὲ μὴ σφόδρα
ἠπειρώτης ὁ Ποσειδῶν φαίνοιτο, πρῷρα ἐμβέβληται τῷ 25
ἀρότρῳ καὶ τὴν γῆν ῥήγνυσιν οἷον πλέων.
(4) Αἱ δ᾽ ἐχόμεναι τούτων νῆσοι δύο μία μὲν ἄμφω ποτὲ
ἦσαν, ῥαγεῖσα δὲ ὑπὸ τοῦ πελάγους μέση ποταμοῦ εὖρος
20 ἑαυτῆς ἀπηνέχθη. τουτὶ δ᾽ ἔστι σοι καὶ παρὰ τῆς γραφῆς, ὦ
παῖ, γινώσκειν· τὰ γὰρ ἐσχισμένα τῆς νήσου παραπλήσιά 30

10f. [καὶ – ἀποκρίνεσθαι] Olearius   24 ὡς μὴ δὲ FP

junge Mädchen; die Meeresgöttinnen aber hier, schön und sehr heiter, sitzen neben dem Lande, das den Isthmos verkörpert.

17. Inseln

(1) Ist es dir recht, mein Junge, wenn wir wie auf einem Schiff über die Inseln hier sprechen, als ob wir im Frühling um sie führen, wenn der Zephyr seine linden Lüfte hinhaucht und das Meer aufheitert? Aber dann mußt du bewußt das Land vergessen und dies hier für die See halten, die weder hoch geht und gleichsam die Mähne sträubt, noch ruhig und still daliegt, sondern zu leichter Fahrt bewegt und wie belebt. Sieh, schon haben wir uns in die Riemen gelegt! Es ist dir doch recht? (Antwort für das Kind:) „Gewiß, laß uns fahren!" Das Meer ist weit, wie du siehst, aber die Inseln darin sind wahrlich nicht Lesbos, Imbros oder Lemnos, sondern kleine Inselgruppen, etwas wie Dörfer oder Weiler oder geradezu Einzelgehöfte der See.

(2) Die erste von ihnen ist geschützt, schroff und von der Natur selber befestigt, da eine Bergspitze für den allsehenden Poseidon aus ihr emporragt; sie ist von Bächen bewässert und nährt die Bienen mit Bergblumen, von denen natürlich auch die Nereiden pflücken, wenn sie am Meerufer scherzen.

(3) Die nächste Insel, eine niedrige mit gutem Boden, bewohnen gemeinsam Fischer und Bauern; sie treiben miteinander Tauschhandel, die einen mit dem, was sie ernten, die anderen mit der Beute des Fischfangs. Poseidon haben sie hier als Landmann bei Pflug und Gespann aufgestellt, weil sie ihm die Früchte des Bodens zuschreiben; damit aber Poseidon nicht allzusehr als Festlandsgott erscheine, ist ein Schiffsbug am Pfluge angebracht, und er furcht die Erde wie mit einem Schiff.

(4) Die beiden nächsten Inseln hingen einst zusammen, wurden aber in der Mitte durch das Meer in Stromes Breite getrennt. Das kannst du, mein Junge, auch an dem Bild erkennen; denn du siehst ja, daß die abgespaltenen Küsten ähnlich

που ὁρᾷς καὶ ἀλλήλοις ξύμμετρα καὶ οἷα ἐναρμόσαι κοῖλα
ἐκκειμένοις. τοῦτο καὶ ἡ Εὐρώπη ποτὲ περὶ τὰ Τέμπη τὰ
25 Θετταλικὰ ἔπαθε· σεισμοὶ γὰρ κἀκείνην ἀναπτύξαντες τὴν
ἀρμονίαν τῶν ὁρῶν ἐναπεσημήναντο τοῖς τμήμασι, καὶ
πετρῶν τε οἶκοι φανεροὶ ἔτι παραπλήσιοι ταῖς ἐξηρμοσμέναις 5
σφῶν πέτραις, ὕλη θ’, ὁπόσην σχισθέντων τῶν ὁρῶν ἐπι-
30 σπέσθαι εἰκός, οὔπω ἄδηλος· λείπονται γὰρ δὴ ἔτι αἱ εὐναὶ
τῶν δένδρων. τὸ μὲν δὴ τῆς νήσου πάθος τοιοῦτον ἡγώμεθα,
ζεῦγμα δὲ ὑπὲρ τοῦ πορθμοῦ βέβληται, ὡς μίαν ὑπ’ αὐτοῦ
365 κ. φαίνεσθαι, καὶ τὸ μὲν ὑποπλεῖται τοῦ ζεύγματος, τὸ δὲ 10
ἀμαξεύεται· ὁρᾷς γάρ που τοὺς διαφοιτῶντας αὐτό, ὡς
ὁδοιπόροι τέ εἰσι καὶ ναῦται.

(5) Τὴν δὲ νῆσον, ὦ παῖ, τὴν πλησίον θαῦμα ἡγώμεθα· πῦρ
5 γὰρ δὴ ὑποτύφει αὐτὴν πᾶσαν σήραγγάς τε καὶ μυχοὺς ὑπο-
δεδυκὸς τῆς νήσου, δι’ ὧν ὥσπερ αὐλῶν ἡ φλὸξ διεκπαίει 15
ῥύακάς τε ἐργάζεται δεινούς, παρ’ ὧν ἐκπίπτουσι ποταμοὶ
πυρὸς μεγάλοι τε καὶ τῇ θαλάττῃ ἐπικυμαίνοντες. καὶ φιλο-
10 σοφεῖν μὲν βουλομένῳ τὰ τοιαῦτα νῆσος ἀσφάλτου καὶ
θείου παρεχομένη φύσιν, ἐπειδὰν ὑφ’ ἁλὸς ἀνακραθῇ, πολλοῖς
ἐκπυροῦται πνεύμασι τὰ τὴν ὕλην ἐξερεθίζοντα παρὰ τῆς θα- 20
λάττης ἀνασπῶσα. ἡ γραφὴ δὲ τὰ τῶν ποιητῶν ἐπαινοῦσα
15 καὶ μῦθον τῇ νήσῳ ἐπιγράφει, γίγαντα μὲν βεβλῆσθαί ποτε
ἐνταῦθα, δυσθανατοῦντι δ’ αὐτῷ τὴν νῆσον ἐπενεχθῆναι
δεσμοῦ ἕνεκεν, εἴκειν δὲ μήπω αὐτόν, ἀλλ’ ἀναμάχεσθαι ὑπὸ
τῇ γῇ ὄντα καὶ τὸ πῦρ τοῦτο σὺν ἀπειλῇ ἐκπνεῖν. τουτὶ δὲ 25
20 καὶ τὸν Τυφῶ φασιν ἐν Σικελίᾳ βούλεσθαι καὶ τὸν Ἐγκέλαδον ἐν Ἰταλίᾳ ταύτῃ, οὓς ἤπειροί τε καὶ νῆσοι πιέζουσιν
οὔπω μὲν τεθνεῶτας, ἀεὶ δὲ ἀποθνήσκοντας. ἔστι δέ σοι, ὦ
παῖ, μηδ’ ὑπολελεῖφθαι δόξαι τῆς μάχης ἐς τὴν κορυφὴν τοῦ
ὄρους ἀποβλέψαντι· τὰ γὰρ ἐπ’ αὐτῆς φαινόμενα ὁ Ζεὺς 30

9 ὑπὲρ Jacobs ὑπὸ ω   16 ἐξεργάζεται P, 1. Hand X   29 ὑπο-
λεῖφθαι FP ἀπολελεῖφθαι XP⁰

sind und zusammenpassen, so daß die Einschnitte sich zu den Vorsprüngen fügen. Dies ist auch Europa einst beim Tempe-Tal in Thessalien begegnet; denn Erdbeben spalteten auch jenes auf und bezeichneten das alte Gefüge der Berge durch die Einschnitte, und so entsprechen die Höhlungen in den Massiven noch deutlich den von ihnen abgesprengten Felsen; und auch der Wald, der bei der Spaltung der Berge ja mitgehen mußte, ist noch nicht unkenntlich, denn die Lager der Wurzeln sind noch zu sehen. So wollen wir uns das Schicksal der Insel vorstellen; über den Sund aber führt eine Brücke, so daß dadurch die Vorstellung einer Einheit entsteht, und teils fährt man unter der Brücke durch, teils mit Wagen darüber; denn du siehst doch wohl, daß die dort Verkehrenden Fußgänger und Schiffer sind.

(5) Die Nachbarinsel aber, mein Junge, müssen wir als Wunder ansehen; denn überall glimmt Feuer unter ihr, das tief in ihre Spalten und Klüfte sich eingefressen hat, aus denen wie durch Kamine die Flamme herausschlägt und furchtbare Glutquellen auswirft; aus diesen brechen gewaltige Feuerströme hervor, die ins Meer hinabwogen. Wer die Ursache solcher Erscheinung klären will, für den besitzt die Insel natürlichen Asphalt und Schwefel, und wenn sich eine Mischung mit dem Seewasser ergibt, beginnt sie durch die vielen Windzüge zu brennen, weil sie die Kräfte, die ihre Bestandteile entzünden, aus dem Meer heraufzieht. Die Malerei aber, welche die Werke der Dichter gern anerkennt, schreibt der Insel auch eine Sage zu; hier wollte einst, so heißt es, ein zu Boden geschmetterter Gigant nicht sterben, und so wurde, um ihn zu fesseln, die Insel auf ihn geschleudert; er aber gebe noch nicht nach, sondern erneuere den Kampf unter der Erde und schnaube dieses Feuer unter Drohungen aus. Dies bedeutet, sagt man, auch Typhon in Sizilien und Enkelados hier in Italien, auf denen Länder und Inseln lasten, und sie sind noch nicht tot, doch liegen sie dauernd im Sterben. Du kannst dir aber vorstellen, mein Lieber, noch jetzt dem Kampfe beizuwohnen, wenn du zum Gipfel des Berges blickst; denn was dort erscheint, ist

25 ἀφίησι κεραυνοὺς ἐπὶ τὸν γίγαντα, ὁ δ' ἀπαγορεύει μὲν ἤδη,
πιστεύει δὲ τῇ γῇ ἔτι, καὶ ἡ γῇ δὲ ἀπείρηκεν οὐκ ἐῶντος
αὐτὴν ἑστάναι τοῦ Ποσειδῶνος. περιβέβληκε δὲ αὐτοῖς ἀχλύν, ὡς ὅμοια γεγονόσι μᾶλλον ἢ γινομένοις φαίνοιτο.

30 (6) Τὸν δὲ περίπλουν κολωνὸν τοῦτον οἰκεῖ δράκων πλού- 5
του τινὸς οἶμαι φύλαξ, ὃς ὑπὸ τῇ γῇ κεῖται. τοῦτο γὰρ
λέγεται τὸ θηρίον εὔνουν τε εἶναι τῷ χρυσῷ, καὶ ὅ τι ἴδῃ
366 κ. χρυσοῦν, ἀγαπᾶν καὶ θάλπειν. τό τοι κώδιον τὸ ἐν Κόλχοις
καὶ τὰ τῶν Ἑσπερίδων μῆλα, ἐπειδὴ χρυσᾶ ἐφαίνοντο,
διττὼ ἀΰπνω ξυνεῖχον δράκοντε καὶ ἑαυτοῖν ἐποιοῦντο. καὶ 10
5 ὁ δράκων δὲ ὁ τῆς Ἀθηνᾶς ὁ ἔτι καὶ νῦν ἐν ἀκροπόλει οἰκῶν
δοκεῖ μοι τὸν Ἀθηναίων ἀσπάσασθαι δῆμον ἐπὶ τῷ χρυσῷ,
ὃν ἐκεῖνοι τέττιγας ταῖς κεφαλαῖς ἐποιοῦντο. ἐνταῦθα δὲ χρυσοῦς αὐτὸς ὁ δράκων· τὴν γὰρ κεφαλὴν τῆς χειᾶς ὑπερβάλλει
10 δεδιὼς οἶμαι ὑπὲρ τοῦ κάτω πλούτου. 15

(7) Κατηρεφὴς δὲ κιττῷ τε καὶ σμίλακι καὶ ἀμπέλοις ἤδε ἡ
νῆσος οὖσα Διονύσῳ μὲν ἀνεῖσθαί φησι, τὸν Διόνυσον δ'
ἀπεῖναι νῦν καὶ ἐν ἠπείρῳ που βακχεύειν ἐπιτρέψαντα τῷ Σει-
ληνῷ τὰ ἐνταῦθα ἀπόρρητα· τὰ δὲ ἀπόρρητα κύμβαλά τε
15 ταῦτα ὕπτια καὶ κρατῆρες ἀνεστραμμένοι χρυσοῖ καὶ αὐλοὶ 20
θερμοὶ ἔτι καὶ τὰ τύμπανα ἀψοφητὶ κείμενα, καὶ τὰς νεβρί-
δας ὁ ζέφυρος οἷον αἴρει ἀπὸ τῆς γῆς, ὄφεις τε οἱ μὲν ἐμπλέ-
κονται τοῖς θύρσοις, οἱ δ' ὑπὸ τοῦ οἴνου παρεῖνται ζών-
20 νυσθαι αὐτοὺς ταῖς Βάκχαις καθεύδοντας. (8) Βότρυς δὲ
οἱ μὲν ὀργῶσιν, οἱ δὲ περκάζουσιν, οἱ δ' ὄμφακες, οἱ δ' 25
οἰνάνθαι δοκοῦσι σεσοφισμένου τοῦ Διονύσου τὰς ὥρας
τῶν ἀμπέλων, ὡς ἀεὶ τρυγῴη. ἀμφιλαφεῖς δ' οὕτω τι οἱ
βότρυς, ὡς καὶ τῶν πετρῶν ἀπηρτῆσθαι καὶ τῇ θαλάττῃ ἐπι-
25 κρέμασθαι, ὀπωρίζουσί τε προσπετόμενοι θαλάττιοί τε καὶ
ἠπειρῶται ὄρνιθες· τὴν γὰρ ἄμπελον ὁ Διόνυσος παρέχει 30
κοινὴν πᾶσι πλὴν τῆς γλαυκός, ἐκείνην δὲ μόνην ἄρα ἀπω-

_____

9 ἐφαίνετο X

222

Zeus, der Blitze auf den Riesen schleudert; der ist zwar schon geschlagen, doch vertraut er immer noch auf die Erde, aber auch die Erde ist machtlos, da Poseidon sie nicht feststehen läßt. Er hat alles mit finsterem Gewölk umgeben, damit es eher schon vollendet als jetzt geschehend erscheine.

(6) Den Hügel hier, der aus der See ragt, bewohnt ein Drache, wohl als Wächter eines unterirdischen Schatzes; denn dieses Tier soll dem Golde zugetan sein und alles, was es Goldenes sieht, lieben und hegen. Das Vließ zu Kolchis und die Äpfel der Hesperiden hüteten, weil sie golden schienen, zwei nimmer schlafende Drachen und nahmen sie in Besitz. Aber auch die Schlange der Athena, die heute noch auf der Akropolis haust, scheint mir das Volk der Athener um des Goldes willen geliebt zu haben, aus dem jene Zikadenspangen für ihr Haupthaar machen ließen. Hier aber ist der Drache selber golden; denn er streckt nur den Kopf aus der Höhle, wohl aus Furcht für den Schatz in der Tiefe.

(7) Die Insel hier, die von Efeu, Eibe und Reben überschattet wird, zeigt dadurch an, daß sie Dionysos geweiht ist; doch sei Dionysos jetzt abwesend, schwärme irgendwo auf dem Festland und habe dem Seilenos die hiesigen Heiligtümer anvertraut; diese heiligen Geräte sind die umherliegenden Zimbeln, die umgestürzten Mischkrüge aus Gold, die noch warmen Flöten, auch die schweigend daliegenden Pauken; und die Hirschkalbfelle scheint der Zephyr spielend von der Erde zu heben; von den Schlangen winden sich die einen um die Thyrsosstäbe, andere überließen sich trunken den Bakchantinnen, die sich mit den schlafenden Tieren umgürten. (8) Bei den Trauben strotzen die einen von Saft, andere färben sich erst dunkel, wieder andere sind noch unreif, andere endlich scheinen erst zu blühen, weil Dionysos die Zeit der Reben so klug eingeteilt hat, daß er immerfort Lese halten könne. Die Trauben sind so üppig, daß sie sogar über die Felsen herabhängen und über der See schweben, und die Vögel der See und des Festlandes fliegen heran und halten Lese; Dionysos nämlich gönnt allen den Weinstock, nur nicht der Eule; sie allein treibt

θεῖται τῶν βοτρύων, ἐπειδὴ τοῖς ἀνθρώποις διαβάλλει τὸν
30 οἶνον. ᾠὰ γὰρ τῆς γλαυκὸς εἰ φάγοι παιδίον νήπιόν τε καὶ
ἄοινον, ἀπεχθάνεται τῷ οἴνῳ πᾶσαν τὴν ἡλικίαν καὶ οὔτ'
ἂν πίοι καὶ φοβοῖτο τοὺς μεθύοντας. (9) Σὺ δ' οὕτω τι
867 κ. θρασύς, ὦ παῖ, ὡς μηδὲ τὸν Σειληνὸν τοῦτον, τὸν φύλακα   5
τῆς νήσου, φοβεῖσθαι μεθύοντά τε καὶ ἁπτόμενον τῆς
Βάκχης. ἡ δ' οὐκ ἀξιοῖ ἐς αὐτὸν βλέπειν, ἀλλὰ τοῦ Διονύσου
5 ἐρῶσα ἀνατυποῦται αὐτὸν καὶ ἀναγράφει καὶ ὁρᾷ μὴ παρ-
όντα· τὸ γὰρ τῶν ὀφθαλμῶν ἦθος τῇ Βάκχῃ μετέωρον
μέν, οὐ μὴν ἔξω γ' ἐρωτικῶν φροντίδων.   10

(10) Ταυτὶ δὲ ἡ φύσις τὰ ὄρη ξυνθεῖσα νῆσον εἴργασται
δασεῖάν τε καὶ ὕλης πλέω, ὁπόση κυπαρίττου τε ὑψηλῆς
10 καὶ πεύκης καὶ ἐλάτης δρυῶν τε αὖ καὶ κέδρου· καὶ γὰρ τὰ
δένδρα τὸν ἑαυτῶν γέγραπται τρόπον. τὰ μὲν δὴ ἔνθηρα
τῆς νήσου συοθῆραί τε ἀνιχνεύουσι καὶ ἐλαφηβόλοι λόγχας   15
ἐπὶ τὰ θηρία ἡρμένοι καὶ τόξα ἔνιοι· καὶ μαχαίρας δέ, ὦ παῖ,
15 καὶ κορύνας φέρουσιν οἱ ἀγχέμαχοι σφῶν καὶ θρασεῖς,
δίκτυά τε ταῦτα διῆκται τῆς ὕλης τὰ μὲν ἐγκολπίσασθαι
θηρίον, τὰ δὲ δῆσαι, τὰ δὲ σχεῖν τοῦ δρόμου. καὶ τὰ μὲν
εἴληπται τῶν θηρίων, τὰ δὲ μάχεται, τὰ δὲ ἦρηκε τὸν βάλ-   20
λοντα, ἐνεργὸς δὲ πᾶς βραχίων νεανίας, καὶ συνεξαίρουσι
20 βοὴν κύνες ἀνδράσιν, ὡς καὶ τὴν ἠχὼ φάναι ξυμβακχεύειν τῇ
θήρᾳ. τὰ δὲ μεγάλα τῶν φυτῶν δρυτόμοι σπαθῶσι διατέ-
μνοντες, καὶ ὁ μὲν διαίρει τὸν πέλεκυν, ὁ δὲ ἐμβέβληκεν, ὁ δὲ
θήγει λαβὼν ἀπεστομισμένον ὑπὸ τοῦ πλήττειν, ὁ δ' ἐπι-   25
25 σκοπεῖται τὴν ἐλάτην ἱστοῦ ἕνεκεν τεκμαιρόμενος τοῦ δένδρου
πρὸς τὴν ναῦν, ὁ δὲ τὰ νέα καὶ ὀρθὰ τῶν δένδρων τέμνει ἐς
τὰ ἐρετικά.

(11) Ἡ δ' ἀπορρὼξ πέτρα καὶ ὁ τῶν αἰθυιῶν δῆμος καὶ ὁ ἐν

2f. νήπιον – ἄοινον Laudian. 12 (682) νήπιόν τε ἔτι – ἄοινον
Marc. Cl. XI 29) ω   21 νεανίου XP°

er weg von den Trauben, weil sie der Menschheit den Wein verleidet. Wenn nämlich ein kleines Kind, das noch keinen Wein kennt, Euleneier ißt, bekommt es für sein ganzes Leben einen Widerwillen gegen den Wein und trinkt keinen Tropfen, sondern fürchtet sogar die Trunkenen. (9) Du aber, mein Sohn, bist so dreist, daß du nicht einmal Seilenos hier, den Wächter der Insel, fürchtest, obschon er betrunken ist und nach dieser Bakchantin greift. Sie aber würdigt ihn keines Blickes, sondern, weil sie Dionysos liebt, stellt sie sich sein Bild vor Augen, malt es sich aus und sieht ihn, wenn er auch fern ist, vor sich; denn mag der Ausdruck in den Augen der Bakchantin auch unstet sein, gewiß ist er nicht frei von Liebesträumen.

(10) Hier aber schuf die Natur, indem sie die Berge aufschichtete, ein Eiland, rauh und voll Wald, so viel es an hoher Zypresse, Föhre und Tanne gibt, auch wieder an Eichen und Zedern; denn auch die Bäume sind in ihrer charakteristischen Form gemalt. Die Wildplätze der Insel durchspüren Eberfänger und Hirschjäger; sie sind mit Speeren gegen die Tiere bewehrt, einige auch mit Bogen; aber auch Waidmesser und Keulen, mein Junge, tragen die kühnen Nahkämpfer unter ihnen, und hier sind Netze durchs Gehölz gespannt, teils um das Wild einzuschließen, teils um es zu fesseln, wieder andere, um es im Lauf zu hemmen. Und einige von den Tieren sind gefangen, andere wehren sich noch, wieder andre haben den Schützen überwältigt; jeder jugendlich-kräftige Arm ist geschwungen, und zwischen das Geschrei der Jäger bellen die Hunde, so daß Echo selbst bekennt, sie stürme mit der Jagdgesellschaft. Holzhauer zerkleinern und zerhacken die großen Bäume, und der eine schwingt die Axt, ein anderer hat eben eingehauen, ein dritter hat ein vom Schlagen abgestumpftes Beil in der Hand und schärft es, der da mißt eine Tanne, die ein Mastbaum werden soll, mit den Augen, indem er das Verhältnis von Baum und Schiff überdenkt, ein anderer schneidet die jungen und geraden Stämme zu Rudern.

(11) Der steile Fels aber mit dem Schwarm der Sturmtaucher

μέσαις ὄρνις ἀπὸ τοῦ τοιοῦδε γέγραπται λόγου. οἱ ἄνθρω-
30 ποι ταῖς αἰθυίαις ἐπιτίθενται μὰ Δί' οὐ τῶν κρεῶν ἕνεκα,
μέλαν γὰρ καὶ νοσῶδες καὶ οὐδὲ πεινῶντι ἡδὺ τὸ ἐξ αὐτῶν
κρέας· γαστέρα δὲ παρέχονται παισὶν ἰατρῶν, οἵαν τοὺς
368 κ. γευσαμένους αὐτῆς εὐσίτους ἀποφαίνειν καὶ κούφους. 5
ὑπνηλαὶ οὖσαι καὶ πυριάλωτοι – νύκτωρ γὰρ αὐταῖς ἐνα-
στράπτουσι – προσάγονται δὲ τὸν κήϋκα ὄρνιν ἐπὶ μοίρᾳ
5 τῶν ἁλισκομένων μελεδωνὸν εἶναι καὶ προεγρηγορέναι
σφῶν. ὁ δὲ κήϋξ θαλάττιος μέν, χρηστὸς δὲ ὄρνις καὶ ἀπράγ-
μων καὶ θηρᾶσαι μέν τοι ἀδρανής, πρὸς δέ γε ὕπνον ἔρρωται 10
καὶ καθεύδει σμικρά· ταῦτά τοι καὶ ἀπομισθοῖ τοὺς ὀφθαλμοὺς ἐκείναις. ἐπειδὰν οὖν ἐπὶ δαῖτα ἀποπτῶσιν, ὁ μὲν
10 οἰκουρεῖ περὶ τὴν πέτραν, αἱ δ' ἥκουσιν ἐς ἑσπέραν ἀπάγου-
σαι δεκάτην αὐτῷ τῶν τεθηραμένων καὶ καθεύδουσιν ἤδη
περὶ αὐτὸν οὐ καθεύδοντα οὐδ' ἂν ἡττηθέντα ὕπνου ποτέ, 15
εἰ μὴ αὐταὶ βούλονται. εἰ δὲ δόλου του προσιόντος αἴσθοιτο,
15 ὁ μὲν ἀναβοᾷ τορόν τε καὶ ὀξύ, αἱ δ' ἀπὸ συνθήματος ἀρθεῖσαι φεύγουσιν ἀνέχουσαι τὸν μελεδωνόν, εἰ πετόμενος
ἀπείποι ποτέ. ἀλλ' ἐνταῦθα ἕστηκε καὶ τὰς αἰθυίας περιορᾷ.
ἔστι δ' αὐτοῦ τὸ μὲν ἐν μέσαις ἑστάναι ταῖς ὄρνισιν ὁ Πρω- 20
20 τεὺς ὁ ἐν ταῖς φώκαις, τὸ δὲ μὴ καθεύδειν ὑπὲρ τὸν Πρωτέα.

(12) Ἐνταῦθα δέ, ὦ παῖ, καὶ καθώρμισται ἡμῖν, καὶ ὅ τι
μὲν ὄνομα τῇ νήσῳ οὐκ οἶδα, χρυσῆ δ' ἂν πρός γε ἐμοῦ
ὀνομάζοιτο, εἰ μὴ μάτην οἱ ποιηταὶ τὴν τοιάνδε ἐπωνυμίαν
25 ἐξευρήκασι τοῖς καλοῖς τε καὶ θαυμασίοις πᾶσιν. ᾤκισται μὲν 25
δή, ὁπόση βασίλεια μικρὰ δέξασθαι· οὐ γὰρ ἀρόσει γε ἐνταῦθά τις οὐδὲ ἀμπελουργήσει, περίεστι δ' αὐτῇ πηγῶν, ὧν τὰς
μὲν ἀκραιφνεῖς τε καὶ ψυχρὰς ἐκδίδωσι, τὰς δὲ ἐκπυρώσασα.
ἔστω δ' οὕτω τις εὔρους, ὡς καὶ τῇ θαλάσσῃ ἐπιπλημμυρεῖν.
80 τό τοι ῥόθιον τοῦτο πηγαὶ ὑποκυματίζουσι ζέουσαι καὶ 30
οἷον ἐκ λέβητος ἀναπαλλόμεναί τε καὶ ἀναπηδῶσαι, περὶ ἃς

---

10 μέντοι FP μέν τι X   29 ἔστω F ἔστι PX   29 τις F τοι P
τι X

226

und dem Vogel in ihrer Mitte ist aus folgendem Grunde gemalt: Die Menschen machen Jagd auf die Taucher, aber, bei Zeus, nicht wegen ihres Fleisches, denn das von ihnen gewonnene Fleisch ist schwarz und schädlich und schmeckt nicht einmal einem Hungernden; ihren Magen aber müssen diese Vögel den Ärzten geben, weil er die Kraft hat, allen, die ihn kosten, Eßlust und Erleichterung zu spenden. Weil sie aber verschlafen und im Feuerschein leicht zu fangen sind – nachts wirft man nämlich helles Licht auf sie –, gesellen sie sich den Eisvogel zu, damit er um einen Beuteteil ihr Wärter sei und für sie wache. Der Keyx ist zwar ein Meervogel, doch ist er einfältig, friedlich und zur Jagd unbeholfen, dafür aber gegen Schlaf abgehärtet und schläft nur wenig; deshalb verdingt er auch den Tauchern seine Augen. Wenn sie nun zum Fraße fortfliegen, hütet er ihre Felsennester, sie aber kehren am Abend zurück und bringen ihm den Zehnten der Beute, und schon schlafen sie rings um ihn, der nicht schläft und auch nie vom Schlaf übermannt würde, wenn sie es nicht selbst wollten. Wenn er aber eine Gefahr nahen fühlt, schreit er durchdringend und grell, und auf dieses Signal hin fliegen sie auf und davon, wobei sie ihren Wärter tragen, wenn er einmal im Fluge ermüdet. Hier aber steht er und hält Umschau über die Taucher. Wie er da inmitten der Vögel steht, ist er wie Proteus unter den Robben, doch ist er tüchtiger als Proteus, weil er nicht einschlummert.

(12) Hier aber, mein Kind, sind auch wir gelandet; zwar kenne ich den Namen der Insel nicht, doch könnte sie meinetwegen die goldene heißen, wenn die Dichter dieses Beiwort nicht unberechtigt für alles Schöne und Wunderbare erfunden haben. Ihre Anlage reicht nur für ein kleines Schloß hin, denn keiner wird hier Acker- oder Weinbau treiben; doch hat sie Überfluß an Quellen, von denen sie die einen frisch und kühl strömen, die anderen heiß emporsprudeln läßt; sie muß an fließendem Wasser so reich sein, daß es auch noch in die See strömt. Dieses sprudelnde Wasser machen heiße Quellen aufwallen, die wie aus einem Kessel aufsprudeln und emporspringen, und um sie

βέβληται ἥδε ἡ νῆσος. τὸ μὲν οὖν θαῦμα τῆς τῶν πηγῶν
ἐκδόσεως εἴτε τῆς γῆς προσῆκε νομίζειν εἴτε τῇ θαλάσσῃ
οἰκειοῦν, δικάσει ὅδε ὁ Πρωτεύς· ἥκει γὰρ δὴ θεμιστεύσων
τοῦτο. (13) Τὰ δὲ πεπολισμένα τῆς νήσου σκοπῶμεν.
5 ᾤκισται γὰρ δὴ ἐν αὐτῇ πόλεως καλῆς τε καὶ λαμπρᾶς εἴδω- 5
λον ὅσον οἰκία, καὶ βασιλικὸν εἴσω τρέφεται παιδίον, ἄθυρ-
μα δὲ αὐτῷ πόλις. θέατρα γάρ ἐστιν, ὁπόσα αὐτόν τε
δέξασθαι καὶ τοὺς συμπαίστας τουτῳὶ παῖδας, ἱππόδρομός
10 τε ἐξῳκοδόμηταί τις ἀποχρῶν τοῖς Μελιταίοις κυνιδίοις
περιδραμεῖν αὐτόν· ἵππους γὰρ δὴ ὁ παῖς ταῦτα ποιεῖται – 10
καὶ συνέχει σφᾶς ζυγόν τε καὶ ἅρμα – ἡνιοχήσων δὲ ὑπὸ
τουτωνὶ τῶν πιθήκων, οὓς τὸ παιδίον θεράποντας ἡγεῖται.
(14) Λαγὼς δὲ οὑτοσὶ χθὲς οἶμαι εἰσῳκισμένος ξυνέχεται
15 μὲν ἱμάντι φοινικῷ καθάπερ κύων, δεδέσθαι δ᾽ οὐκ ἀξιοῖ καὶ
διολισθῆσαι τοὺς δεσμοὺς ἐθέλει πιστεύων τοῖς προσθίοις 15
τῶν ποδῶν. ψιττακός τε καὶ κίττα ἐν οἰκίσκῳ πλεκτῷ
Σειρήνων δίκην ἐν τῇ νήσῳ ᾄδουσιν· ᾄδει δὲ ἡ μὲν ὁπόσα
20 οἶδεν, ὁ δὲ ὁπόσα μανθάνει.

18. Κύκλωψ

(1) Οἱ θερίζοντές τε τὰ λήια καὶ τρυγῶντες τὰς ἀμπέλους 20
οὔτε ἤροσαν, ὦ παῖ, ταῦτα οὔτε ἐφύτευσαν, ἀλλ᾽ αὐτόματα
ἡ γῆ σφίσιν ἀναπέμπει ταῦτα· εἰσὶ γὰρ δὴ Κύκλωπες, οἷς οὐκ
25 οἶδα ἐξ ὅτου τὴν γῆν οἱ ποιηταὶ βούλονται αὐτοφυᾶ εἶναι
ὧν φέρει. πεποίηται δὲ αὐτοὺς καὶ ποιμένας τὰ πρόβατα βόσκουσα, ποτόν τε τὸ γάλα τούτων ἡγοῦνται καὶ ὄψον. οἱ 25
δ᾽ οὔτ᾽ ἀγορὰν γινώσκουσιν οὔτε βουλευτήριον οὔτε οἶκον,
ἀλλὰ τὰ ῥήγματα ἐσοικισάμενοι τοῦ ὄρους.
30 (2) Τοὺς μὲν ἄλλους ἔα, Πολύφημος δὲ ὁ τοῦ Ποσειδῶνος
370 κ. ἀγριώτατος αὐτῶν οἰκεῖ ἐνταῦθα, μίαν μὲν ὑπερτείνων
ὀφρὺν τοῦ ὀφθαλμοῦ ἑνὸς ὄντος, πλατείᾳ δὲ τῇ ῥινὶ ἐπιβαίνων 30

---

8 τουτῳὶ παῖδας Schenkl τούτω ἱππάδας FP τούτους ἱππάδας X 20 τε FP ⟩ XP° 25 ποτόν – τούτων FP ὧν τὸ
γάλα ποτόν τε XP°

herum liegt diese Insel. Ob man nun das wunderbare Aufsprudeln der Quelle für ein Werk der Erde halten oder dem Meere zuschreiben muß, das wird Proteus hier entscheiden; denn er ist eben erschienen, um sein Urteil darüber abzugeben. (13) Nun wollen wir die Bauten der Insel betrachten! Errichtet ist auf ihr das Abbild einer schönen, prächtigen Stadt, nicht größer als ein Haus, und drinnen wächst ein kleiner Prinz auf, dem die Stadt als Spielzeug dient. Da gibt es nämlich Theater, gerade groß genug, um ihn und seine kindlichen Spielgefährten zu fassen, auch ist eine Pferderennbahn aufgebaut, in der seine Malteserhündchen Wettrennen laufen können; denn diese macht der Prinz zu seinen Pferden, die in Joch und Wagen gespannt sind, um sie von den Affen hier lenken zu lassen, die der Knabe als seine Diener ansieht. (14) Der Hase da, erst gestern wohl ins Haus gebracht, liegt wie ein Hund an einem Riemen von Purpur, will aber nicht angebunden sein, sondern möchte mit Hilfe seiner Vorderpfoten der Fessel entschlüpfen. Ein Papagei und ein Häher singen in einem geflochtenen Häuschen wie die Sirenen auf der Insel, und der Häher singt, was er kann, der Papagei, was er lernt.

18. Der Kyklop

(1) Die das Getreide ernten und die Trauben lesen, haben weder gepflügt, mein Junge, noch gepflanzt, sondern die Erde sendet ihnen dies ohne ihr Zutun empor; denn es sind ja Kyklopen, für die nach dem Willen der Dichter – ich weiß nicht, weshalb –, die Erde selbst hervorbringt, was sie trägt. Sie hat sie auch zu Hirten gemacht, indem sie die Schafe nährt, deren Milch die Kyklopen als Speise und Trank betrachten. Sie wissen nichts vom Markt, von Rathaus oder festen Wohnungen, sondern nur von den Klüften des Gebirgs, in denen sie hausen.
(2) Von den anderen wollen wir nicht reden! Aber Polyphem, Poseidons Sohn, der wildeste von ihnen, haust hier, er, über dessen einziges Auge sich eine einzige Braue spannt, dessen

τοῦ χείλους καὶ σιτούμενος τοὺς ἀνθρώπους ὥσπερ τῶν λεόν-
5 των οἱ ὠμοί. νυνὶ δὲ ἀπέχεται τοῦ τοιούτου σιτίου, ὡς μὴ
βορὸς μηδὲ ἀηδὴς φαίνοιτο· ἐρᾷ γὰρ τῆς Γαλατείας παιζού-
σης ἐς τουτὶ τὸ πέλαγος ἀφιστορῶν αὐτὴν ἀπὸ τοῦ ὄρους.
(3) Καὶ ἡ μὲν σύριγξ ἔτι ὑπὸ μάλης καὶ ἀτρεμεῖ, ἔστι δ᾽ αὐτῷ   5
10 ποιμενικὸν ᾆσμα, ὡς λευκή τε εἴη καὶ γαῦρος καὶ ἡδίων ὀμφα-
κος καὶ ὡς νεβροὺς τῇ Γαλατείᾳ σκυμνεύει καὶ ἄρκτους. ᾄδει
δὲ ὑπὸ πρίνῳ ταῦτα οὐδ᾽ ὅπου αὐτῷ τὰ πρόβατα νέμεται
εἰδὼς οὐδ᾽ ὁπόσα ἐστὶν οὐδ᾽ ὅπου ἡ γῆ ἔτι. ὀρειός τε καὶ
15 δεινὸς γέγραπται χαίτην μὲν ἀνασείων ὀρθὴν καὶ ἀμφιλαφῆ   10
πίτυος δίκην, καρχάρους δὲ ὑποφαίνων ὀδόντας ἐκ βοροῦ
τοῦ γενείου, στέρνον τε καὶ γαστέρα καὶ τὸ εἰς ὄνυχα ἧκον
λάσιος πάντα· καὶ βλέπειν μὲν ἥμερόν φησιν, ἐπειδὴ ἐρᾷ,
20 ἄγριον δὲ ὁρᾷ καὶ ὑποκαθήμενον ἔτι καθάπερ τὰ θηρία τὰ
ἀνάγκης ἡττώμενα.   15

(4) Ἡ δὲ ἐν ἁπαλῇ τῇ θαλάσσῃ παίζει τέτρωρον δελφίνων
ξυνάγουσα ὁμοζυγούντων καὶ ταὐτὸν πνεόντων, παρθένοι
δ᾽ αὐτοὺς ἄγουσι Τρίτωνος, αἱ δμωαὶ τῆς Γαλατείας, ἐπι-
25 στομίζουσαι σφᾶς, εἴ τι ἀγέρωχόν τε καὶ παρὰ τὴν ἡνίαν
πράττοιεν. ἡ δ᾽ ὑπὲρ κεφαλῆς ἁλιπόρφυρον μὲν λήδιον ἐς τὸν   20
ζέφυρον αἴρει σκιὰν ἑαυτῇ εἶναι καὶ ἱστίον τῷ ἅρματι, ἀφ᾽ οὗ
καὶ αὐγή τις ἐπὶ τὸ μέτωπον καὶ τὴν κεφαλὴν ἥκει οὕπω
30 ἡδίων τοῦ τῆς παρειᾶς ἄνθους· αἱ κόμαι δ᾽ αὐτῆς οὐκ ἀνεῖνται
τῷ ζεφύρῳ, διάβροχοι γὰρ δή εἰσι καὶ κρείττους τοῦ ἀνέμου.
καὶ μὴν καὶ ἀγκὼν δεξιὸς ἔκκειται λευκὸν διακλίνων πῆχυν   25
371 κ. καὶ ἀναπαύων τοὺς δακτύλους πρὸς ἁπαλῷ τῷ ὤμῳ καὶ
ὠλέναι ὑποκυμαίνουσι καὶ μαζὸς ὑπανίσταται καὶ οὐδὲ τὴν
ἐπιγουνίδα ἐκλείπει ἡ ὥρα. ὁ ταρσὸς δὲ καὶ ἡ συναπολή-
5 γουσα αὐτῷ χάρις ἔφαλος, ὦ παῖ, γέγραπται καὶ ἐπιψαύει
τῆς θαλάττης οἷον κυβερνῶν τὸ ἅρμα. θαῦμα οἱ ὀφθαλμοί·   30
βλέπουσι γὰρ ὑπερόριόν τι καὶ συναπιὸν τῷ μήκει τοῦ
πελάγους.

23 ἡδίων Hamaker ἡδιον ω

230

platte Nase bis zur Lippe herabreicht und der Menschen frißt, wie grausame Löwen tun. Jetzt aber versagt er sich solche Speise, um nicht als Vielfraß und gar zu wild zu erscheinen; denn er liebt Galateia, die hier am Meere spielt, und beobachtet sie vom Berge aus. (3) Die Hirtenpfeife ruht noch unter seiner Achsel und schweigt, doch hat er ein Hirtenlied erdacht, wie weiß sie sei, wie spröde und süßer als ein Herbling, und daß er für Galateia Hirschkälber und Bären aufziehe. So singt er unter einer Steineiche und weiß nicht mehr, wo seine Schafe weiden, oder wie viel es sind, oder wo die Erde ist. Als wilder Bergmensch ist er gemalt und als Unhold, die struppige und wie bei einer Fichte rings herabhängende Mähne schüttelnd, scharfgezackte Zähne aus dem gefräßigen Maul bleckend, an Brust und Bauch und bis zu den Zehennägeln hinunter vollkommen zottig. Und er hält seinen Blick für sanft, weil er verliebt ist, doch schaut er immer noch wild und lauernd wie Tiere, die unter Zwang gehalten sind.

(4) Sie aber spielt in der stillen See, indem sie vier Delphine, die sich einmütig und willig fügen, unter ein Joch spannt; Jungfrauen Tritons, Dienerinnen Galateias, führen sie und zügeln sie, wenn sie etwa übermütig werden und dem Zügel nicht gehorchen. Sie aber läßt über ihrem Haupt ein purpurnes Gewand im Westwind flattern, um Schatten zu haben und ein Segel für ihr Gefährt, und von ihm fällt auch ein Widerschein auf Stirne und Haupt; doch ist er nicht so lieblich wie die Blütenfarbe ihrer Wange. In ihren Locken kann der West nicht spielen, denn sie sind ganz feucht und für den Wind zu schwer. Ihr rechter Ellbogen aber ist abgespreizt, der weiße Unterarm ist zurückgezogen und läßt die Finger an der lieblich-zarten Schulter ruhen; die Oberarme sind sanft geschwellt, der Busen ist straff, und auch das Knie ist nicht ohne Reiz. Die Fußsohle und das anmutig in sie auslaufende Bein, mein lieber Junge, ist so gemalt, daß sie auf dem Meer schwebt, und sie berührt die See, als ob sie den Wagen steuerte. Wunderschön sind ihre Augen; denn sie blicken wie ins Blaue und verlieren sich mit der Weite des Meeres in der Ferne.

19. Φόρβας

10 (1) Ὁ μὲν ποταμός, ὦ παῖ, Κηφισὸς Βοιώτιός τε καὶ οὐ τῶν
ἀμούσων, σκηνοῦσι δ' ἐπ' αὐτῷ Φλεγύαι βάρβαροι πόλεις
οὔπω ὄντες. οἱ δὲ πυκτεύοντες τόν τε οἶμαι Ἀπόλλωνα ὁρᾷς,
ὁ δ' αὖ Φόρβας ἐστίν, ὃν ἐστήσαντο οἱ Φλεγύαι βασιλέα, 5
15 ἐπειδὴ μέγας παρὰ πάντας οὗτος καὶ ὠμότατος τοῦ ἔθνους.
πυκτεύει δὲ Ἀπόλλων πρὸς αὐτὸν ὑπὲρ τῶν παρόδων· τὴν
γὰρ εὐθὺ Φωκέων τε καὶ Δελφῶν ὁδὸν κατασχὼν οὔτε θύει
Πυθοῖ οὐδεὶς ἔτι οὔτε παιᾶνας ἀπάγει τῷ θεῷ, χρησμοί τε
20 καὶ λόγια καὶ ὀμφαὶ τρίποδος ἐκλέλειπται πάντα. (2) Λῃστεύ- 10
ει δὲ τῶν ἄλλων Φλεγυῶν ἀποτάξας ἑαυτόν· τὴν γὰρ δρῦν,
ὦ παῖ, ταύτην οἶκον πεποίηται, καὶ παρ' αὐτὸν φοιτῶσιν
οἱ Φλεγύαι δικασόμενοι δήπου ἐν τοῖς βασιλείοις τούτοις.
25 τοὺς δὲ βαδίζοντας ἐς τὸ ἱερὸν λαμβάνων γέροντας μὲν καὶ
παῖδας εἰς τὸ κοινὸν τῶν Φλεγυῶν πέμπει λήζεσθαί τε καὶ 15
ἀποινᾶν, τοῖς δὲ ἐρρωμενεστέροις ἀνταποδύεται καὶ τοὺς
μὲν καταπαλαίει, τοὺς δὲ ὑπερτρέχει, τοὺς δὲ παγκρατίῳ
αἱρεῖ καὶ ὑπερβολαῖς δίσκων κεφαλάς τε ἀποκόπτων ἀνά-
30 πτει τῆς δρυὸς καὶ ὑπὸ τούτῳ ζῇ τῷ λύθρῳ, αἱ δ' ἀπήρτηνται
τῶν πτόρθων μυδῶσαι καὶ τὰς μὲν αὔους ὁρᾷς, τὰς δὲ 20
372 κ. προσφάτους, αἱ δὲ εἰς κρανία περιήκουσι, σεσήρασι δὲ καὶ
ὀλολύζειν ἐοίκασιν εἰσπνέοντος αὐτὰς τοῦ ἀνέμου.

(3) Φρονοῦντι δὲ αὐτῷ ταῖς Ὀλυμπιάσι ταύταις ἥκει ὁ
Ἀπόλλων εἰκάσας ἑαυτὸν μειρακίῳ πύκτῃ. καὶ τὸ μὲν τοῦ
5 θεοῦ εἶδος ἀκειρεκόμης, ὦ παῖ, γέγραπται καὶ τὰς χαίτας 25
ἀνειληφώς, ἵνα εὐζώνῳ τῇ κεφαλῇ πυκτεύῃ, ἀκτῖνες δὲ ἀπ-
ανίστανται πέριξ τοῦ μετώπου καὶ μειδίαμα θυμῷ συγκεκρα-

24f. καὶ τὸ – πυκτεύῃ Χ (wenige) ⟩ ω   27 πέριξ Benndorf
περὶ FP παρὰ FcΧ ἀπὸ Pc

19. Phorbas

(1) Dieser Fluß, mein Sohn, ist der boiotische Kephisos und ist den Musen nicht fremd, obschon an ihm die barbarischen Phlegyer, die noch nicht in Städten wohnen, ihre Zelte haben. Von diesen Faustkämpfern wirst du, mein' ich, Apollon erkennen, der andere aber ist Phorbas, den die Phlegyer zum König machten, weil er alle an Größe übertrifft und im ganzen Volk der wildeste ist. Apollon kämpft mit ihm um freien Durchzug; denn da Phorbas den geraden Weg nach Phokis und Delphi besetzt hält, opfert niemand mehr in Pytho, noch bringt man dem Gotte Feierlieder dar, und Weissagungen, Sehersprüche und Götterstimmen vom Dreifuß, alles ist verstummt. (2) Er aber hat sich von den übrigen Phlegyern abgesondert und treibt das Räuberhandwerk; die Eiche da, mein Junge, hat er zu seinem Wohnsitz gemacht, und zu ihm kommen immer die Phlegyer, natürlich um sich an diesem Herrschersitz Recht sprechen zu lassen. Die Wanderer zum Heiligtum, Greise und Kinder, ergreift er und schickt sie zum Stammesplatz der Phlegyer, um sie dort ausplündern und Lösegeld zahlen zu lassen, die Kräftigeren aber fordert er nackt zum Kampf heraus, und die einen ringt er nieder, die andern überholt er im Lauf, wieder andere besiegt er im Allkampf und durch weiteren Diskoswurf; dann haut er ihnen die Köpfe ab, hängt sie in die Eiche und führt sein Leben unter diesem Mordblut; die Häupter hängen modernd in den Zweigen, einige siehst du schon vertrocknet, andere noch frisch, und wieder andere sind schon bleiche Totenschädel geworden; sie blecken die Zähne und scheinen zu heulen, wenn der Wind in sie hineinfährt.

(3) Während er sich aber mit seinen „olympischen" Siegen brüstet, kommt Apollon zu ihm in Gestalt eines jungen Faustkämpfers. Seinem Äußeren nach ist der Gott mit ungeschorenem Haar gemalt, mein Kind, sein Haar ist aufgebunden, damit es sein Haupt beim Faustkampf nicht behindere, ein Strahlenkranz steht um seine Stirn, die Wange zeigt Lächeln

μένον ἡ παρειὰ πέμπει βολαί τε ὀφθαλμῶν εὔσκοποι καὶ
10 συνεξαίρουσαι ταῖς χερσίν· αἱ δὲ ἐνήψαντο τοὺς ἱμάντας,
ἡδίους οἱ στέφανοι περὶ αὐταῖς ἦσαν. (4) Πεπύκτευται δὲ
αὐτὸν ἤδη· τὸ γὰρ ἐμβεβληκὸς τῆς δεξιᾶς ἐνεργὸν ἔτι δηλοῖ
τὴν χεῖρα καὶ οὔπω καταλύουσαν τὸ σχῆμα, ᾧ ᾕρηκεν. ὁ 5
Φλεγύας δὲ κεῖται ἤδη, καὶ ὁπόσον μὲν ἐπέχει τῆς γῆς,
15 ποιητὴς ἐρεῖ, κεχώρηκε δὲ εἰς κρόταφον αὐτῷ τὸ τραῦμα καὶ
τὸ αἷμα ὥσπερ ἐκ πηγῆς ἐκδίδοται. γέγραπται δὲ ὠμὸς καὶ
συώδης τὸ εἶδος, οἷος σιτεῖσθαι μᾶλλον τοὺς ξένους ἢ κτεί-
νειν. τὸ δὲ ἐξ οὐρανοῦ πῦρ σκηπτὸς ἐπὶ τὴν δρῦν φέρεται 10
20 συμφλέξων τὸ δένδρον, οὐ μὴν ἐξαιρήσων γε τὴν ἐπ' αὐτῷ
μνήμην· τὸ γὰρ χωρίον, ἐν ᾧ ταῦτα, Δρυός, ὦ παῖ, κεφαλαὶ
ἔτι.

20. Ἄτλας

(1) Καὶ Ἄτλαντι ὁ Ἡρακλῆς οὐδὲ προστάξαντος Εὐρυσθέως 15
ἤρισεν, ὡς τὸν οὐρανὸν οἴσων μᾶλλον ἢ ὁ Ἄτλας· τὸν μὲν
25 γὰρ συγκεκυφότα ἑώρα καὶ πεπιεσμένον καὶ κείμενον ἐς γόνυ
ἕτερον καὶ μικρὰ καταλειπόμενα αὐτῷ τοῦ ἑστάναι, αὐτὸς δ'
ἂν καὶ μετεωρίσαι τὸν οὐρανὸν καὶ στῆσαι ἀναθέμενος εἰς
μικρὸν τοῦ χρόνου. τὸ μὲν δὴ φιλότιμον τοῦτο οὐδαμοῦ 20
30 ἐκφαίνει, φησὶ δὲ συναλγεῖν τε Ἄτλαντι ἐφ' οἷς μοχθεῖ καὶ
373 κ. μετασχεῖν ἂν τοῦ ἄχθους αὐτῷ. ὁ δ' οὕτω τι ἄσμενος
εἴληπται τοῦ Ἡρακλέους, ὡς ἱκετεύειν αὐτὸν τλῆναι ταῦτα.

(2) Γέγραπται δὲ ὁ μὲν ἀπειρηκώς, ὡς ἱδρῶτι συμβάλλεσθαι,
ὁπόσος ἀπ' αὐτοῦ στάζει, βραχίονός τε ξυνεῖναι τρέμοντος, 25
5 ὁ δὲ ἐρᾷ τοῦ ἄθλου. δηλοῖ δὲ τοῦτο ἥ τε ὁρμὴ τοῦ προσώπου
καὶ τὸ ῥόπαλον καταβεβλημένον καὶ αἱ χεῖρες ἀπαιτοῦσαι
τὸν ἄθλον. σκιὰς δὲ τὰς μὲν τοῦ Ἡρακλέους οὔπω θαυμάζειν

12f. κεφαλαὶ ἔτι X κεφάλαιον FP^c   16 οἴσειν FP   20 μα-
κρὸν X   22 αὐτός F   24 τῷ ἱδρῶτι XP^c

und Zorn zugleich, seine Blicke sind scharf auf den Gegner gerichtet und folgen den Händen, die mit Riemen umwunden sind, da sich doch die Kränze besser für sie schickten. (4) Schon hat er ihn niedergeschlagen; denn die Wucht der Rechten, die ihn traf, zeigt seine Hand noch in voller Wirksamkeit, da sie noch nicht die Ballung löst, mit der sie den Todesstreich führte. Der Phlegyer aber liegt schon am Boden, und wieviel Raum er auf der Erde bedeckt, mag der Dichter sagen; die Wunde klafft an seiner Schläfe, und das Blut strömt wie aus einer Quelle. Gemalt ist er als ein Wilder und ähnelt einem Schwein und ist ein Wesen, das die Fremden eher frißt als sie nur tötet. Der Feuerstrahl vom Himmel fährt in die Eiche, um den Baum zu verzehren, nicht aber, um das Andenken an ihn zu tilgen; denn der Ort, wo dies geschah, mein Kind, heißt, heute noch die Schädel-Eiche.

20. Atlas

(1) Auch mit Atlas stritt Herakles – sogar ohne Befehl des Eurystheus –, daß er den Himmel eher tragen werde als Atlas. Den sah er nämlich gebeugt, niedergedrückt, auf ein Knie gesunken und nur noch mit einem Rest von Kraft zum Stehen; er selbst aber könne das Himmelsgewölbe hochheben und zum Stehen bringen, wenn er es sich für kurze Zeit auflade. Diesen Ehrgeiz verrät er aber nicht, sondern sagt, er habe Mitleid mit Atlas wegen seiner Mühe und wolle die Last mit ihm teilen. Der aber nahm das Anerbieten des Herakles so freudig an, daß er ihn anfleht, die Bürde auf sich zu nehmen.
(2) Das Bild zeigt den einen ganz erschöpft, wie man aus dem Schweiß ersehen kann, der von ihm trieft, und aus dem Zittern seines Armes erkennt; der andere aber ist ganz begierig nach der Kraftprobe. Dies zeigt der ungeduldige Zug in seinem Gesicht, die hingeworfene Keule und die Hände, die nach Arbeit verlangen. Wenn die Schatten am Körper des Herakles kräftig sind, ist das noch der Arbeit des Bewunderns

ἄξιον, εἰ ἔρρωνται, τοῦ ἄθλου· τὰ γὰρ τῶν κειμένων σχήματα
10 καὶ οἱ ὀρθοὶ μάλα εὔσκιοι, καὶ τὸ ἀκριβοῦν ταῦτα οὔπω
σοφόν· αἱ δὲ τοῦ Ἄτλαντος σκιαὶ σοφίας πρόσω· οὑτωσὶ γὰρ
τοῦ συνιζηκότος συμπίπτουσί τε ἀλλήλαις καὶ οὐδὲν τῶν
ἐκκειμένων ἐπιθολοῦσιν, ἀλλὰ φῶς ἐργάζονται περὶ τὰ 5
15 κοῖλά τε καὶ εἰσέχοντα· τὴν γαστέρα καὶ προνενευκότος τοῦ
Ἄτλαντος ὁρᾶν τε ὑπάρχει καὶ ἀσθμαινούσης ξυνιέναι. τά
τε ἐν τῷ οὐρανῷ, ὃν φέρει, γέγραπται μὲν ἐν αἰθέρι, ὁποῖος
περὶ ἀστέρας ἔστηκεν, ἔστι δὲ ξυνεῖναι ταύρου τε, ὃς δὴ ἐν
20 οὐρανῷ ταῦρος, ἄρκτων τε, ὁποῖαι ἐκεῖ ὁρῶνται. καὶ 10
πνευμάτων τὰ μὲν γέγραπται ξὺν ἀλλήλοις, τὰ δὲ ἐξ ἀλλήλων, καὶ τοῖς μὲν φιλία πρὸς ἄλληλα, τὰ δὲ σῴζειν ἔοικε τὸ
ἐν τῷ οὐρανῷ νεῖκος.

(3) Νῦν μὲν οὖν ἀναθήσεις ταῦτα, Ἡράκλεις, μετ᾽ οὐ πολὺ
25 δὲ ξυμβιώσεις αὐτοῖς ἐν τῷ οὐρανῷ πίνων καὶ περιβάλλων 15
τὸ τῆς Ἥβης εἶδος· ἄξῃ γὰρ τὴν νεωτάτην καὶ πρεσβυτάτην
τῶν θεῶν, δι᾽ αὐτὴν γὰρ κἀκεῖνοι νέοι.

21. Ἀνταῖος

(1) Κόνις οἷα ἐν πάλαις ἐκείναις ἐπὶ πηγῇ ἐλαίου καὶ δυοῖν
30 ἀθληταῖν ὁ μὲν ξυνδέων τὸ οὖς, ὁ δὲ ἀπολύων λεοντῆς τὸν 20
374 κ. ὦμον κολωνοί τε ἐπικήδειοι καὶ στῆλαι καὶ κοῖλα γράμματα
– καὶ Λιβύη ταῦτα καὶ Ἀνταῖος, ὃν Γῆ ἀνῆκε σίνεσθαι τοὺς
ξένους λῃστρικῇ οἶμαι πάλῃ. (2) Ἀθλοῦντι δὲ αὐτῷ ταῦτα
5 καὶ θάπτοντι οὓς ἀπώλλυε περὶ αὐτήν, ὡς ὁρᾷς, τὴν παλαίστραν, ἄγει τὸν Ἡρακλέα ἡ γραφὴ χρυσᾶ ταυτὶ τὰ μῆλα 25
ᾐρηκότα ἤδη καὶ κατὰ τῶν Ἑσπερίδων ἀδόμενον – οὐκ
ἐκείνας ἑλεῖν θαῦμα τοῦ Ἡρακλέους, ἀλλ᾽ ὁ δράκων – καὶ

---

1 τὸ ἄθλον Pᶜ τὸν ἄθλον X 9 ἀστέρας Brunn αὐτὰς ω
11 τὰ μὲν γέγρ. FP γέγρ. γὰρ τὰ μὲν X 21 ἐπικήδειοι Lindau ἐπιτ- ω 22 καὶ Λιβ- FP Λιβ- XPᶜ

nicht wert, denn bei Menschen in liegender Haltung und solchen, die stehen, sind die Schatten leicht zu malen, und sie richtig zu treffen, ist noch keine Kunst; die Schatten an Atlas aber verraten höheres Können; denn da er so niedergekauert ist, fallen sie zusammen und verdunkeln keinen der hervortretenden Teile, sondern lassen die Umgebung der hohlen und sich einziehenden Partien hell erscheinen; mag sich Atlas also auch vorneigen, so kann man doch seinen Unterleib sehen und sein Keuchen wahrnehmen. Die Bilder am Himmel, den er trägt, sind in den Äther gemalt, wie er die Sterne umgibt; doch kann man den Stier wahrnehmen – natürlich den Stier am Himmel – und die Bären, wie man sie dort sieht. Die Winde sind zum Teil in Gruppen vereint, zum Teil einander gegenüberstehend gemalt, und die einen sind einander freund, die anderen scheinen ihre Zwietracht am Himmel fortzusetzen.

(3) Für jetzt wirst du dir die Sternbilder aufladen, Herakles; bald aber wirst du mit ihnen im Himmel leben, trinkend und Hebes schöne Gestalt umfangend; denn du wirst die jüngste und zugleich älteste der Gottheiten heimführen, denn ihr verdanken auch jene ihre Jugend.

21. Antaios

(1) Feiner Sand wie an den bekannten Ringplätzen bei einem Ölquell, und zwei Ringer, von denen der eine seine Ohren verwahrt, der andere die Schulter von einem Löwenfell befreit, dazu Grabhügel mit Säulen und eingehauene Lettern – dies ist Libyen und Antaios, den die Erdgöttin emporsandte, auf daß er die Fremden in einem, wie ich meine, räuberischen Ringkampf ausplündere. (2) Zu ihm, der solche Kämpfe übt und die Toten am Ringplatz selbst begräbt, wie du siehst, führt das Bild den Herakles, der die goldenen Äpfel hier schon erbeutet hat und wegen der Hesperiden besungen wird. Diese besiegt zu haben, ist freilich keine Wundertat des Herakles, wohl aber der Sieg über den Drachen. Und ohne daß er „ein

οὐδὲ γόνυ φασὶ κάμψας ἀποδύεται πρὸς τὸν Ἀνταῖον ἐν
10 τῷ τῆς ὁδοιπορίας ἄσθματι τείνων τοὺς ὀφθαλμοὺς εἰς νοῦν
τινα καὶ οἷον διάσκεψιν τῆς πάλης ἐμβέβληκέ τε ἡνίαν τῷ
θυμῷ μὴ ἐκφέρειν αὐτὸν τοῦ λογισμοῦ. ὑπερφρονῶν δὲ ὁ
Ἀνταῖος ἐπῆρται, δυστήνων δέ τε παῖδες ⟨ἢ⟩ τοιοῦτόν 5
15 τι πρὸς τὸν Ἡρακλέα ἐοικὼς λέγειν καὶ ῥωννὺς αὑτὸν τῇ
ὕβρει.
(3) Εἰ πάλης τῷ Ἡρακλεῖ ἔμελεν, οὐκ ἄλλως ἐπεφύκει ἢ ὡς
γέγραπται, γέγραπται δὲ ἰσχυρὸς οἷος καὶ τέχνης ἔμπλεως
δι' εὐαρμοστίαν τοῦ σώματος, εἴη δ' ἂν καὶ πελώριος καὶ τὸ 10
20 εἶδος ἐν ὑπερβολῇ ἀνθρώπου. ἔστιν αὐτῷ καὶ ἄνθος αἵματος
καὶ αἱ φλέβες οἷον ἐν ὠδῖνι θυμοῦ τινος ὑποδεδυκότος αὐτὰς
ἔτι. (4) Τὸν δὲ Ἀνταῖον, ὦ παῖ, δέδιας οἶμαι· θηρίῳ γὰρ
[ἂν] τινι ἔοικεν ὀλίγον ἀποδέων ἴσος εἶναι τῷ μήκει καὶ τὸ
εὖρος, καὶ ὁ αὐχὴν ἐπέζευκται τοῖς ὤμοις, ὧν τὸ πολὺ ἐπὶ 15
25 τὸν αὐχένα ἥκει, περιῆκται δὲ καὶ ὁ βραχίων, ὅσα καὶ ὦμοι.
στέρνα καὶ γαστὴρ ταυτὶ σφυρήλατα καὶ τὸ μὴ ὀρθὸν τῆς
κνήμης, ἀλλὰ ἀνελεύθερον ἰσχυρὸν μὲν τὸν Ἀνταῖον οἶδε,
30 ξυνδεδεμένον μὴν καὶ οὐκ εἴσω τέχνης. ἔτι καὶ μέλας Ἀνταῖος
κεχωρηκότος αὐτῷ τοῦ ἡλίου ἐς βαφήν. ταυτὶ μὲν ἀμφοῖν τὰ 20
ἐς τὴν πάλην.
(5) Ὁρᾷς δὲ αὐτοὺς καὶ παλαίοντας, μᾶλλον δὲ πεπαλαικό-
375 κ. τας, καὶ τὸν Ἡρακλέα ἐν τῷ κρατεῖν. καταπαλαίει δὲ αὐτὸν
ἄνω τῆς γῆς, ὅτι ἡ Γῆ τῷ Ἀνταίῳ συνεπάλαιε κυρτουμένη
καὶ μετοχλίζουσα αὐτόν, ὅτε κέοιτο. ἀπορῶν οὖν ὁ Ἡρα- 25
5 κλῆς ὅ τι χρήσαιτο τῇ Γῇ συνείληφε τὸν Ἀνταῖον μέσον ἄνω
κενεῶνος, ἔνθα αἱ πλευραί, καὶ κατὰ τοῦ μηροῦ ὀρθὸν ἀναθέμενος, ἔτι καὶ τὼ χεῖρε ξυμβαλών, τὸν πῆχυν λαγαρᾷ τε
καὶ ἀσθμαινούσῃ τῇ γαστρὶ ὑποσχὼν ἐκθλίβει τὸ πνεῦμα καὶ
10 ἀποσφάττει τὸν Ἀνταῖον ὀξείαις ταῖς πλευραῖς ἐπιστραφεί- 30
σαις εἰς τὸ ἧπαρ. ὁρᾷς δέ που τὸν μὲν οἰμώζοντα καὶ βλέποντα
ἐς τὴν Γῆν οὐδὲν αὐτῷ ἐπαρκοῦσαν, τὸν δ' Ἡρακλέα ἰσχύοντα

5 ⟨ἢ⟩ Olearius   13f. γὰρ ἂν F γὰρ XP (ἂν ausradiert)
17 ταυτὶ τὰ XPᶜ   25 κέοιτο Kayser κινοῖτο ω   27 ὀρθὸν
Reiske -θῶς FP -θὸς X

Knie zur Rast gebeugt" hat, wie man sagt, entkleidet er sich zum Kampf gegen Antaios, noch atemlos von seinem Weg; sein Auge blickt überlegend, wie wenn er seine Kampfart bedächte, und er zügelt seinen Zorn, damit er ihn nicht zur Unbesonnenheit hinreiße. Antaios aber tritt stolz auf, scheint zu Herakles „Unglückskinder" oder etwas dergleichen zu sagen und macht sich durch seine Frechheit Mut.

(3) Wäre Herakles ein Ringer von Beruf gewesen, so war er nicht anders gewachsen, als er hier gemalt ist; abgebildet aber ist er als starker Mann und voller Gewandtheit durch das Ebenmaß seiner Glieder; doch könnte er auch als Riese und an Gestalt als Übermensch gelten. Er ist hochrot im Gesicht, und seine Adern sind geschwollen wie in den Wehen eines Zorns, der noch nicht ausgebrochen ist. (4) Vor Antaios aber, mein Kind, bist du wohl erschrocken; denn einem Untier gleicht er ja, ist beinahe so breit wie lang, und sein Genick sitzt ohne Übergang auf den Schultern, die zum größten Teil in den Hals übergehen; auch der Arm ist rings so mächtig und massig wie die Schultern. Brust und Bauch hier sind „mit dem Hammer geschmiedet", und die nicht gerade, sondern ungeschlachte Form des Schienbeins zeigt, daß Antaios zwar kräftig, aber gehemmt und ungeschult ist. Weiterhin ist Antaios schwarz, weil die Sonne ihn beschien und färbte. So gerüstet treten beide zum Kampf an.

(5) Du siehst auch, wie beide ringen oder vielmehr gerungen haben, und wie Herakles siegt. Er besiegt Antaios über der Erde, weil ihm die Erdgöttin im Kampfe beistand, indem sie sich aufwölbte und ihm wie mit einem Hebel aufhalf, sooft er fiel. Nun wußte Herakles nicht, was er mit der Erdgöttin tun solle, und hat Antaios in der Mitte über den Weichen, wo die Rippen sind, umfaßt, ihn aufrecht auf seinen Schenkel gestellt und mit den Händen umklammert; zugleich drückt er ihm seinen Ellbogen unter den schlaffen und keuchenden Unterleib, preßt ihm den Atem aus und tötet Antaios, indem er ihm die Rippenspitzen in die Leber bohrt. Du siehst ja, wie er jämmerlich schreit und zu der Erdgöttin hinabsieht, die ihm

καὶ μειδιῶντα τῷ ἔργῳ. (6) Τὴν κορυφὴν τοῦ ὄρους μὴ ἀργῶς
15 ἴδῃς, ἀλλ' ἐκεῖ ἐπ' αὐτῆς θεοὺς ὑπονόει περιωπὴν ἔχειν τοῦ
ἀγῶνος· καὶ γάρ τοι χρυσοῦν γέγραπται νέφος, ὑφ' ᾧ οἶμαι
σκηνοῦσι, καὶ ὁ Ἑρμῆς οὑτοσὶ παρὰ τὸν Ἡρακλέα ἥκει
στεφανώσων αὐτόν, ὅτι αὐτῷ καλῶς ὑποκρίνεται τὴν   5
πάλην.

22. Ἡρακλῆς ἐν Πυγμαίοις

20 (1) Ἐν Λιβύῃ καθεύδοντι τῷ Ἡρακλεῖ μετὰ τὸν Ἀνταῖον
ἐπιτίθενται οἱ Πυγμαῖοι τιμωρεῖν τῷ Ἀνταίῳ φάσκοντες·
ἀδελφοὶ γὰρ εἶναι τοῦ Ἀνταίου, γενναῖοί τινες, οὐκ ἀθληταὶ   10
μὲν οὐδ' ἰσοπαλεῖς, γηγενεῖς δὲ καὶ ἄλλως ἰσχυροί, καὶ
25 ἀνιόντων ἐκ τῆς γῆς ὑποκυμαίνει ἡ ψάμμος· οἰκοῦσι γὰρ οἱ
Πυγμαῖοι τὴν γῆν ὅσα μύρμηκες καὶ ἀγορὰν ἀποτίθενται,
ἐπισιτίζονται δὲ οὐκ ἀλλότρια, ἀλλ' οἰκεῖα καὶ αὐτουργά·
καὶ γὰρ σπείρουσι καὶ θερίζουσι καὶ πυγμαίῳ ζεύγει ἐφεστᾶ-   15
σι, λέγονται δὲ καὶ πελέκει χρήσασθαι ἐπὶ τὸν ἄσταχυν
30 ἡγούμενοι αὐτοὺς δένδρα εἶναι. ἀλλὰ τοῦ θράσους· ἐπὶ τὸν
376 κ. Ἡρακλέα οὗτοι, καὶ ἀποκτεῖναι καθεύδοντα· δείσειαν δ' ἂν
οὐδ' ἐγρηγορότα. (2) Ὁ δὲ ἐν ἁπαλῇ τῇ ψάμμῳ καθεύδει
καμάτου αὐτὸν ὑποδεδυκότος ἐν πάλῃ καὶ παντὶ τῷ στέρνῳ   20
5 τὸ ἆσθμα ἐφέλκεται χανδὸν ἐμπιπλάμενος τοῦ ὕπνου, αὐτός
τε ὁ Ὕπνος ἐφέστηκεν αὐτῷ ἐν εἴδει μέγα οἶμαι ποιούμενος
τὸ ἑαυτοῦ ἐπὶ τῷ τοῦ Ἡρακλέους πτώματι. κεῖται καὶ ὁ
Ἀνταῖος, ἀλλ' ἡ τέχνη τὸν μὲν Ἡρακλέα ἔμπνουν γράφει
10 καὶ θερμόν, τὸν δὲ Ἀνταῖον τεθνηκότα καὶ αὖον καὶ κατα-   25
λείπει αὐτὸν τῇ Γῇ.

(3) Ἡ στρατιὰ δὲ οἱ Πυγμαῖοι τὸν Ἡρακλέα περισχόντες μία
μὲν αὕτη φάλαγξ τὴν ἀριστερὰν χεῖρα βάλλουσι, δύο δὲ
οὗτοι λόχοι στρατεύουσιν ἐπὶ τὴν δεξιὰν ὡς μᾶλλον ἐρρωμέ-
15 νην, καὶ τὼ πόδε πολιορκοῦσι τοξόται καὶ σφενδονητῶν   30

8 τοι F τι PX   18 ἀποκτεῖναί φασι XPᶜ   23 καὶ⟩ FP (verb. Pᶜ)

nicht helfen kann, Herakles aber kraftvoll dasteht und über seine Tat lächelt. (6) Den Berggipfel sieh nicht gleichgültig an, sondern denke dir auf ihm die Götter als Zuschauer bei diesem Kampf; denn eine goldene Wolke ist hingemalt, unter der sie wohl lagern; und Hermes hier kommt zu Herakles, um ihn zu kränzen, weil er ihm den Ringkampf so meisterhaft vorführt.

22. Herakles bei den Pygmäen

(1) Den Herakles, der in Libyen nach dem Sieg über Antaios schläft, greifen die Zwerge an, um, wie sie sagen, Antaios zu rächen; sie seien nämlich Brüder des Antaios, mutig, zwar keine Athleten oder ebenbürtige Ringer, aber Söhne der Erde und sonst kräftig, und wenn sie aus der Erde aufsteigen, wogt der Sand empor; die Zwerge wohnen nämlich wie Ameisen in der Erde und legen sich Vorräte an, doch leben sie nicht von fremdem Brot, sondern von eigenem und selbstgebautem. Denn sie säen und ernten und fahren mit einem Zwerggespann, und sollen auch Äxte gegen die Ähren gebrauchen, die sie für Bäume halten. Doch welche Verwegenheit! Diese gegen Herakles! Und ihn im Schlafe morden! Aber sie würden ihn auch nicht fürchten, wenn er wach wäre. (2) Er aber schläft im weichen Sand, da ihn beim Ringen Müdigkeit überkommen hat, und holt aus tiefer Brust und mit offenem Munde Atem, ganz voll Schlaf, und der Gott des Schlummers selbst steht sichtbar neben ihm und tut wohl groß damit, daß er Herakles zu Fall gebracht habe. Auch Antaios liegt noch da, doch der Künstler malt Herakles voll Leben und Wärme, Antaios aber tot und ausgetrocknet und überläßt ihn der Erde.
(3) Das Heer: die Zwerge haben Herakles umzingelt und beschießen hier in einer Schlachtreihe seine linke Hand, während hier zwei Haufen gegen seine Rechte als die Stärkere zu Felde ziehen; und seine Füße belagern Bogenschützen und ein Schwarm von Schleuderern, voller Schrecken über die

ὄχλος ἐκπληττόμενοι τὴν κνήμην ὅση· οἱ δὲ τῇ κεφαλῇ προσ-
μαχόμενοι, τέτακται μὲν ἐνταῦθα ὁ βασιλεὺς καρτερωτάτου
αὐτοῖς τούτου δοκοῦντος, ἐπάγουσι δὲ καὶ οἷον ἀκροπόλει
μηχανάς, πῦρ ἐπὶ τὴν κόμην, ἐπὶ τοὺς ὀφθαλμοὺς δίκελλαν,
20 θύρας τινὲς ἐπὶ τὸ στόμα καὶ τὰς τῆς ῥινὸς οἶμαι πύλας, ὡς   5
μὴ ἀναπνεύσοι ὁ Ἡρακλῆς, ἐπειδὰν ἡ κεφαλὴ ἁλῷ.

(4) Ταυτὶ δὲ περὶ τὸν καθεύδοντα, ἰδοὺ δὲ ὡς ὀρθοῦται καὶ
ὡς ἐπὶ τῷ κινδύνῳ γελᾷ τούς τε πολεμίους πανσυδὶ συλλε-
25 ξάμενος ἐς τὴν λεοντῆν ἐντίθεται καὶ οἶμαι τῷ Εὐρυσθεῖ
φέρει.   10

23. Ἡρακλῆς μαινόμενος

(1) Μάχεσθε, ὦ γενναῖοι, τὸν Ἡρακλέα καὶ πρόβατε. ἀλλ᾽ οὐ
τοῦ λοιποῦ γε παιδὸς ἀπόσχοιτο δυοῖν ἤδη κειμένοιν καὶ
στοχαζομένης τῆς χειρός, ὡς καλὸν Ἡρακλεῖ. μέγας μὲν
30 ὑμῶν ὁ ἆθλος καὶ μείων οὐδὲν ὢν πρὸ τῆς μανίας αὐτὸς   15
377 κ. ἠθέλησεν. ἀλλὰ δείσητε μηδέν· ἄπεστιν ὑμῶν Ἄργος βλέπων
καὶ τοὺς Εὐρυσθείδας ἀποκτεῖναι δοκῶν. ἐγὼ δὲ ἤκουσα
αὐτοῦ παρ᾽ Εὐριπίδου καὶ ἅρμα ἡγουμένου καὶ κέντρα ἐς
5 τοὺς ἵππους φέροντος καὶ τὴν Εὐρυσθέως οἰκίαν ἀπειλοῦντος
ἐκπέρσειν· ἀπατηλὸν γάρ τι ἡ μανία καὶ δεινὸν ἐκ τῶν παρόν-   20
των ἀγαγεῖν εἰς τὰ μὴ παρόντα.
(2) Τούτοις μὲν οὖν ἀπόχρη ταῦτα, σοὶ δὲ ὥρα γίνεσθαι τῆς
γραφῆς. ὁ μὲν θάλαμος, ἐφ᾽ ὃν ὥρμηκε, Μεγάραν ἔχει καὶ τὸν
10 παῖδα ἔτι, κανᾶ δὲ καὶ χέρνιβα καὶ οὐλαὶ καὶ σχίζαι καὶ
κρατήρ, τὰ τοῦ Ἑρκείου, λελάκτισται πάντα καὶ ὁ μὲν ταῦρος   25
ἕστηκεν, ἱερεῖα δὲ προσέρριπται τῷ βωμῷ βρέφη εὐγενῆ καὶ
τῇ λεοντῇ. προσβέβληται δ᾽ ὁ μὲν κατὰ τοῦ λαιμοῦ καὶ δι᾽
15 ἁπαλῆς γε τῆς φάρυγγος ἐκδεδράμηκεν οἰστός, ὁ δὲ εἰς αὐτὸ

---

1 ἐκπληττόμενος F   5 θύρας Jacobs θύραι ω   6 ἀναπνεύσῃ
X (wenige)   6 ταυτὶ δὲ FP τ. μὲν XP^c   7 δὲ FP δὲ καὶ XP^c
14 στοχαζομένης Morelli - μένοιν ω στοζομένης Paris. 2075
18 Εὐριπίδη P^c   23 Μεγάρ – Olear. μέγαιρ – ω   26 εὐγενῆ
Reiske ἀγ– ω

Größe seines Beines; die aber, die es auf seinen Kopf abgese-
hen haben – der König steht bei ihnen, weil sie diesen Teil für
den gewaltigsten halten –, legen sogar wie an einer Festung
Sturmzeug an, Feuer gegen das Haar, gegen die Augen einen
Karst; einige bringen Torflügel, wohl gegen den Mund und
die Nasenlöcher, damit Herakles nicht atmen könne, wenn
sein Kopf erobert ist.

(4) Das geht um den Schlafenden vor. Nun sieh aber, wie er
sich aufrichtet und über die Gefahr lacht, die Feinde samt
und sonders zusammenfegt und in sein Löwenfell steckt,
wohl um sie Eurystheus mitzubringen.

23. Der rasende Herakles

(1) Kämpft, ihr Tapferen, gegen Herakles! Nur vorgerückt!
Aber er wird wohl sein noch übriges Kind nicht verschonen,
da zwei schon daliegen und seine Hand so zielt, wie nur ein
Herakles zielen kann. Schwer freilich ist euer Kampf und um
nichts geringer als die Kämpfe, die er selbst bestand, ehe er
rasend wurde. Allein, fürchtet nichts! Er ist in Gedanken weit
von euch, hat Argos vor Augen und wähnt, die Kinder des
Eurystheus zu töten. Ich hörte bei Euripides von ihm, daß er
einen Wagen lenkte, die Pferde mit dem Stachel antrieb und
das Haus des Eurystheus zu vernichten drohte; denn der
Wahnsinn ist ein Trug und lenkt vom Gegenwärtigen zum
nicht Seienden ab.

(2) Soviel zu diesen hier; du aber sollst dich jetzt in das Bild
vertiefen. Das Gemach, auf das er einstürmte, birgt Megara
und noch den einen Sohn; Körbe, Wasserbecken, Gerstenkörner, Holzscheite und Mischkrug, Opfergeräte für Zeus,
den Gott des Herdes, all das ist mit dem Fuße weggeschleu-
dert, und der Opferstier steht zwar noch da, als Opfer aber sind
edle Kinder zum Altar und zum Löwenfell hingeschleudert.
Der eine ist an der Kehle getroffen, und der Pfeil drang durch
den zarten Hals, der andere liegt auf die Brust hingestreckt,

διατέταται τὸ στέρνον καὶ ὄγκοι τοῦ βέλους μέσων διεκπε-
παίκασι τῶν σπονδύλων ὡς δῆλα εἰς πλευρὰν ἐρριμμένου·
αἱ παρειαὶ δὲ αὐτῶν διάβροχοι, καὶ μὴ θαυμάσῃς, εἰ ἐδά-
20 κρυσαν τὰ πέρα τοῦ δακρῦσαι· παισὶ γὰρ εὕρουν τὸ δά-
κρυον, κἂν μικρὸν δείσωσι κἂν μέγα. (3) Οἰστροῦντι δὲ τῷ   5
Ἡρακλεῖ περίκειται πᾶς ὁ τῶν οἰκετῶν δῆμος οἷον βουκόλοι
ταύρῳ ὑβρίζοντι, δῆσαί τις ἐπιβουλεύων καὶ κατασχεῖν τις
ἀγῶνα ποιούμενος καὶ κεκραγὼς ἕτερος, ὁ δ᾽ ἤρτηται τῶν
25 χειρῶν, ὁ δὲ ὑποσκελίζει, οἱ δὲ ἐνάλλονται· τῷ δὲ αἴσθησις
μὲν αὐτῶν οὐδεμία, ἀναρριπτεῖ δὲ τοὺς προσιόντας καὶ   10
συμπατεῖ, πολὺ μὲν τοῦ ἀφροῦ διαπτύων, μειδιῶν δὲ βλοσυρὸν καὶ ξένον καὶ τοῖς ὀφθαλμοῖς ἀτενίζων εἰς αὐτά, ἃ δρᾷ,
30 τὴν δὲ τοῦ βλέμματος ἔννοιαν ἀπάγων εἰς ἃ ἐξηπάτηται.
(4) Βρυχᾶται δὲ ἡ φάρυγξ καὶ ὁ αὐχὴν ἐμπίπλαται καὶ ἀνοι-
δοῦσιν αἱ περὶ αὐτὸν φλέβες, δι᾽ ὧν ἐς τὰ καίρια τῆς κεφαλῆς   15
878 K. ἀναρρεῖ πᾶσα χορηγία τῆς νόσου. τὴν Ἐρινὺν δέ, ἣ ταῦτα
ἴσχυσεν, ἐπὶ μὲν σκηνῆς εἶδες πολλάκις, ἐνταῦθα δὲ οὐκ ἂν
ἴδοις· εἰς αὐτὸν γὰρ εἰσῳκίσατο τὸν Ἡρακλέα καὶ διὰ τοῦ
5 στέρνου χορεύει μέσῳ αὐτῷ εἴσω σκιρτῶσα καὶ τὸν λογισμὸν
θολοῦσα. μέχρι τούτων ἡ γραφή, ποιηταὶ δὲ προσπαροινοῦσι   20
καὶ ξυνδοῦσι τὸν Ἡρακλέα καὶ ταῦτα τὸν Προμηθέα φάσκον-
τες ὑπ᾽ αὐτοῦ λελύσθαι.

24. Θειοδάμας

10 (1) Τραχὺς οὗτος καὶ νὴ Δί᾽ ἐν τραχείᾳ τῇ γῇ· Ῥόδος γὰρ
αὕτη ἡ νῆσος, ἧς τὸ τραχύτατον Λίνδιοι, γῆ σταφίδας μὲν καὶ   25
σῦκα ἀγαθὴ δοῦναι, ἀρόσαι δὲ οὐκ εὐδαίμων καὶ ἀμαξεῦσαι
ἄπορος. ὁ δὲ στρυφνὸς καὶ ἐν ὠμῷ τῷ γήρᾳ γεωργὸς νοείσθω,
15 Θειοδάμαντα τὸν Λίνδιον εἴ που ἀκούσας ἔχεις. ἀλλὰ τοῦ
θράσους· ὀργίζεται τῷ Ἡρακλεῖ Θειοδάμας, ὅτι ἀροῦντι

---

2 ἐρριμένου Lindau –μένων ω   4 τὰ πέρα Rohde τι περὶ ω
4 εὕρουν Rohde χρυσοῦν ω   5 κἂν – μέγα Rohde καὶ μικρὸν
δ᾽ ἴσως καὶ μέγα ω   8 ἤρτηται Jacobs ἥττᾶται FP ἧρται XPᶜ

und die Haken des Pfeiles drangen mitten durch die Wirbel, wie man deutlich aus seiner Lage auf der Seite sieht; ihre Wangen sind ganz naß, und es darf dich nicht wundern, daß sie über etwas weinten, wofür es keine Tränen mehr gibt; denn Kindern fließt die Träne leicht, mögen sie Kleines fürchten oder Großes. (3) Den rasenden Herakles umringt das ganze Volk der Sklaven wie Hirten einen tollen Stier: einer, der darauf lauert, ihn zu fesseln, einer, der sich müht, ihn festzuhalten, ein Dritter schreit, der vierte hängt an seinen Händen, der da stellt ihm ein Bein, andere springen ihn an. Er aber nimmt sie gar nicht wahr, sondern schleudert seine Angreifer weg und stampft sie nieder, wobei er vielen Geifer ausspeit, wild und fremd lächelt und mit starrem Blick auf sein Werk sieht, sein inneres Auge aber auf die vorgegaukelten Trugbilder richtet. (4) Seine Kehle brüllt, und sein Hals bläht sich, und die Adern an ihm treten hervor, durch welche die ganze Wucht der Krankheit zu den lebenswichtigen Teilen des Hauptes hochdringt. Die Erinys aber, die solches Unheil bewirkte, sahst du oft auf der Bühne, hier aber kannst du sie wohl kaum erblicken; denn sie ist in Herakles selbst eingezogen und tobt in seiner Brust, indem sie mitten in ihn hineinspringt und seinen Sinn trübt. Soweit das Gemälde. Die Dichter aber fügen noch weitere Schmach hinzu und lassen Herakles binden, der doch nach ihrer Sage einst die Fessel des Prometheus sprengte.

24. Theiodamas

(1) Ein rauher Geselle und, bei Zeus, in rauhem Lande; diese Insel ist nämlich Rhodos, dessen rauhesten Teil die Lindier bewohnen; freilich taugt der Boden, Rosinen und Feigen zu spenden, aber für den Ackerbau ist er nicht gesegnet und für die Wagenfahrt unwegsam. Dieser Mann aber soll als mürrischer Bauer im ungenießbaren Greisenalter gedacht werden, wenn du etwa von Theiodamas aus Lindos schon gehört hast. Aber welche Verwegenheit! Auf Herakles zürnt Theiodamas,

αὐτῷ ἐπιστὰς ἀποσφάττει τὸν ἕτερον τῶν βοῶν καὶ σιτεῖται
σφόδρα ἐθὰς ὢν τοῦ τοιούτου σιτίου. (2) Ἡρακλεῖ γάρ που
παρὰ Πινδάρῳ ἐνέτυχες, ὁπότε εἰς τὴν τοῦ Κορωνοῦ στέγην
20 ἀφικόμενος σιτεῖται βοῦν ὅλον, ὡς μηδὲ τὰ ὀστέα περιττὰ
ἡγεῖσθαι. Θειοδάμαντι δὲ περὶ βουλυτὸν ἐπιφοιτήσας καὶ 5
πῦρ κομισάμενος – ἀγαθοὶ δὲ ἐμπυρεύσασθαι καὶ οἱ λίθοι –
ἀπανθρακίζει τὸν βοῦν ἀποπειρώμενος τῶν σαρκῶν, εἰ
25 μαλάττονται ἤδη, καὶ μόνον οὐχὶ ἐγκαλῶν ὡς βραδεῖ τῷ
πυρί. (3) Τὰ τῆς γραφῆς οἷα μηδὲ τὸ εἶδος παρεωρακέναι τῆς
γῆς· ὅπου γάρ τι καὶ μικρὸν ἑαυτῆς ἀρόσαι παραδέδωκεν ἡ 10
γῆ, ἔοικεν, εἰ συνίημι, οὐδὲ ἀπόρῳ. ὁ δὲ Ἡρακλῆς τὸ μὲν
30 ἐρρωμένον τῆς διανοίας ἐπὶ τὸν βοῦν ἔχει, τὸ δὲ ῥάθυμον
379 κ. αὐτῆς ταῖς τοῦ Θειοδάμαντος ἀραῖς δέδωκεν, ὅσον τὴν
παρειὰν ἀνεῖσθαι, ὁ γεωργὸς δὲ λίθοις ἐπὶ τὸν Ἡρακλέα. καὶ
ὁ τρόπος τῆς στολῆς Δώριος, αὐχμός τε τῇ κόμῃ καὶ περὶ τῷ 15
5 μετώπῳ πίνος καὶ ἐπιγουνὶς καὶ βραχίων, οἵους ἡ φιλτάτη
γῆ τοὺς ἑαυτῆς ἀθλητὰς ἀποτελεῖ. (4) Τοῦτο τοῦ Ἡρακλέους τὸ ἔργον καὶ ὁ Θειοδάμας οὗτος σεμνὸς παρὰ Λινδίοις,
ὅθεν βοῦς μὲν ἀρότης Ἡρακλεῖ θύεται, κατάρχονται δὲ
ἐπαρώμενοι, ὅσα οἶμαι ὁ γεωργὸς τότε, χαίρει δὲ ὁ Ἡρακλῆς 20
10 καὶ Λινδίοις δίδωσι καταρωμένοις τὰ ἀγαθά.

25. Ἀβδήρου ταφαί

(1) Μὴ τὰς ἵππους, ὦ παῖ, τὰς τοῦ Διομήδους ἆθλον
ἡγώμεθα τοῦ Ἡρακλέους, ἅς γε καὶ ᾕρηκεν ἤδη καὶ συντέ-
τριφε τῷ ῥοπάλῳ; καὶ ἡ μὲν κεῖται αὐτῶν, ἡ δὲ ἀσπαίρει, τὴν 25
15 δὲ ἀναπηδᾶν ἐρεῖς, ἡ δὲ πίπτει, βάρβαροι ταῖς χαίταις καὶ
ἐς ὁπλὴν λάσιοι καὶ ἄλλως θηρία· φάτναι δὲ ὡς ἀνάπλεῳ

weil dieser beim Pflügen zu ihm trat und einen seiner Ochsen abschlachtet und aufißt, weil dies sein gewohntes Mahl ist. (2) Denn du bist wohl bei Pindar dem Herakles begegnet, wie er in das Haus des Koronos kommt, einen ganzen Ochsen verschlingt und nicht einmal die Knochen übrig lassen will. Als er aber zu Theiodamas um die Zeit des Ausspannens gekommen war und sich Feuer beschafft hatte – und Feuer kann man auch aus Steinen schlagen –, brät er den Ochsen, wobei er prüft, ob das Fleisch schon weich wird, und beinahe auf das Feuer schilt, weil es so langsam ist. (3) Das Bild ist so sorgsam gemalt, daß nicht einmal das Aussehen des Erdbodens außer acht gelassen ist; denn wo das Land auch nur einen kleinen Teil von sich für den Pflug freigibt, sieht es, wenn ich recht sehe, gar nicht so unfruchtbar aus. Herakles aber richtet seinen ganzen Sinn gespannt auf den Ochsen und achtet auf die Flüche des Theiodamas so wenig, daß er nur dazu lächelt; der Landmann aber wirft mit Steinen nach Herakles. Die Art seines Gewandes ist dorisch, das Haar wild und struppig, die Stirn schmutzig, und Knie und Arme sind so, wie die liebe Erde ihre Bearbeiter schafft. (4) Dies ist die Tat des Herakles, und dies ist Theiodamas, verehrt bei den Lindiern, weshalb dem Herakles ein Pflugtier geopfert wird; das Opfer beginnen sie aber mit all den Verwünschungen, die der Landmann einst wohl ausstieß; Herakles aber freut sich und schenkt den Lindiern für ihre Flüche alles Gute.

25. Bestattung des Abderos

(1) Sollen wir, mein Junge, als eine Großtat des Herakles den Kampf mit den Stuten des Diomedes betrachten, die er schon überwältigt und mit der Keule zerschmettert hat? Eine von ihnen liegt tot, die andere zuckt noch, die da, wirst du sagen, springt auf, die hier bricht zusammen; alle haben sie wilde Mähnen, sind bis zum Huf zottig und auch sonst wilde Tiere; und die Krippen, wie sind sie voll Menschenfleisch und Men-

μελῶν ἀνθρωπείων καὶ ὀστῶν εἰσιν, οἷς εἰς τὴν ἱπποτρο-
φίαν ταύτην ὁ Διομήδης ἐχρήσατο, αὐτός τε ὁ ἱπποτρόφος
20 ὡς ἀγριώτερος ἰδεῖν ἢ αἱ ἵπποι, πρὸς αἷς πέπτωκεν. ἀλλὰ
τουτονὶ τὸν ἆθλον χαλεπώτερον χρὴ δοκεῖν Ἔρωτός τε
πρὸς πολλοῖς ἐπιτάττοντος αὐτὸν τῷ Ἡρακλεῖ μόχθου τε   5
ἐπ' αὐτῷ οὐ μικροῦ ὄντος. τὸν γὰρ δὴ Ἄβδηρον ὁ Ἡρακλῆς
25 ἡμίβρωτον φέρει ἀποσπάσας τῶν ἵππων, ἐδαίσαντο δὲ αὐτὸν ἁπαλὸν ἔτι καὶ πρὸ Ἰφίτου νέον, τουτὶ δὲ ἔστι καὶ τοῖς
λειψάνοις συμβαλέσθαι· καλὰ γὰρ δὴ ἔτι ἐν τῇ λεοντῇ κεῖται.
(2) Τὰ μὲν δὴ δάκρυα τὰ ἐπ' αὐτοῖς καὶ εἰ δή τι περιεπτύξατο   10
αὐτῶν καὶ ὀλοφυρόμενος εἶπε καὶ τὸ βαρὺ τοῦ προσώπου
30 τὸ ἐπὶ πένθει δεδόσθω καὶ ἄλλῳ ἐραστῇ· ἄλλο ἐχέτω τι καὶ
380 κ. ἡ στήλη γέρας ἐφεστηκυῖα καλῷ σήματι· ὁ δ' οὐχ ὅπερ οἱ
πολλοί· πόλιν τε τῷ Ἀβδήρῳ ἀνίστησιν, ἣν ἀπ' αὐτοῦ
καλοῦμεν, καὶ ἀγὼν τῷ Ἀβδήρῳ κείσεται, ἀγωνιεῖται δ' ἐπ'   15
5 αὐτῷ πυγμὴν καὶ παγκράτιον καὶ πάλην καὶ τὰ ἐναγώνια
πάντα πλὴν ἵππων.

26. Ξένια

(1) Ὁ μὲν ἐν τῷ οἰκίσκῳ λαγὼς δικτύου θήραμα, κάθηται
10 δὲ ἐπὶ τῶν σκελῶν ὑποκινῶν τοὺς προσθίους καὶ ὑπεγείρων   20
τὸ οὖς, ἀλλὰ καὶ βλέπει παντὶ τῷ βλέμματι, βούλεται δὲ
καὶ κατόπιν ὁρᾶν δι' ὑποψίαν καὶ τὸ ἀεὶ πτήσσειν. ὁ δ'
ἐκκρεμάμενος τῆς αὔου δρυὸς ἀνερρωγώς τε τὴν γαστέρα
καὶ διὰ τοῖν ποδοῖν ἐκδεδυκὼς ὠκύτητα κατηγορεῖ τοῦ
15 κυνός, ὃς ὑπὸ τῆς δρυὸς κάθηται διαναπαύων ἑαυτὸν καὶ   25
δηλῶν μόνος ᾑρηκέναι. τὰς πλησίον τοῦ λαγὼ νήττας, ἀρίθ-
μει δὲ αὐτάς, δέκα, καὶ τοὺς ὅσαιπερ αἱ νῆτται χῆνας οὐ
δεῖ βλιμάζειν· ἀποτέτιλται γὰρ αὐτῶν τὸ περὶ τὰ στέρνα
20 πᾶν ἐκεῖ τοῖς πλωτοῖς ὄρνισι πλεονεκτούσης τῆς πιμελῆς.
(2) Εἰ δὲ ζυμίτας ἄρτους ἀγαπᾷς ἢ ὀκταβλώμους, ἐκεῖνοι   30

5 αὐτὸν Reiske -ῷ ω   6 αὐτῷ Jacobs -ὸν ω   11 αὐτῶν
καὶ FP αὐτῶν ἢ X   12 τὸ ἐπὶ Paris. 1761 τῷ ἐπὶ ω
22 πτώσσειν PX   30 δὲ καὶ P^cX

schenknochen, die Diomedes zu solcher Pferdenahrung brauchte, und der Pferdehalter selbst, wieviel wilder sieht er aus als die Rosse, neben die er stürzte! Doch muß man die Tat hier für schwieriger halten, weil sie Eros zu vielen anderen dem Herakles auferlegte und kein geringer Kummer auf ihm lastet; denn Herakles trägt den halbverschlungenen Abderos fort, den er den Stuten entriß; die Untiere fraßen an ihm, der noch zart und jünger war als Iphitos, wie man auch an den Überresten sieht, die noch voller Schönheit in der Löwenhaut liegen. (2) Die Tränen nun, die er über sie vergoß, und wenn er einen Teil von ihnen an sich drückte und wehklagend rief, dazu die Schwermut seines Gesichtes bei solchem Leid soll auch sonst einem zärtlichen Freunde gestattet sein; als andere Ehrengabe mag die Denksäule gelten, die auf einem schönen Grabmal steht. Er aber macht es nicht wie die große Menge, sondern gründet zu Ehren des Abderos auch eine Stadt, die wir nach ihm (Abdera) nennen, und ein Wettkampf wird zum Andenken an Abderos gestiftet, und ihm zu Ehren werden Faust- und Allkampf und Ringen und alle Wettkämpfe stattfinden, nur nicht Pferderennen.

26. Gastgeschenke (Stilleben)

(1) Der Hase im Käfig, der mit dem Netz gefangen wurde, sitzt auf den Hinterläufen, spielt mit den Vorderfüßen und spitzt seine Löffel ein wenig, blickt aber auch mit vollem Auge und möchte sogar nach rückwärts schauen aus Argwohn und immerwährender Angst. Der dort aber mit aufgeschlitztem Bauch und über die Läufe abgehäutet an der dürren Eiche hängt, beweist die Schnelligkeit des Hundes, der unter der Eiche sitzt, sich ausruht und zeigt, daß er allein ihn fing. Die Enten bei dem Hasen, zehn, zähle nur!, und die Gänse, ebensoviele wie die Enten, braucht man nicht zu befühlen; denn an der Brust, wo bei den Wasservögeln das Fett in Fülle sitzt, sind sie überall abgerupft. (2) Wenn du aber gesäuerte Brote

πλησίον ἐν βαθεῖ τῷ κανῷ. καὶ εἰ μὲν ὄψου τι χρῄζεις, αὐτοὺς
ἔχεις· τοῦ τε γὰρ μαράθου μετέχουσι καὶ τοῦ σελίνου καὶ ἔτι
25 τῆς μήκωνος, ἥπερ ἐστὶν ἥδυσμα τοῦ ὕπνου. εἰ δὲ τραπέζης
ἐρᾷς, τουτὶ ἐς ὀψοποιοὺς ἀναβάλλου, σὺ δὲ σιτοῦ τὰ ἄπυρα.
(3) Τί οὖν οὐ τὰς δρυπεπεῖς ἁρπάζεις, ὧν ἐφ' ἑτέρου κανοῦ 5
σωρὸς οὗτος; οὐκ οἶσθ' ὅτι μικρὸν ὕστερον οὐκέθ' ὁμοίαις
30 ἐντεύξῃ ταύταις, ἀλλὰ γυμναῖς ἤδη τῆς δρόσου; καὶ μηδὲ
τραγημάτων ὑπερίδῃς, εἴ τί σοι μεσπίλου μέλει καὶ Διὸς
βαλάνων, ἃς τρέφει λειότατον φυτὸν ἐν ὀξεῖ τῷ ἐλύτρῳ καὶ
381 κ. ἀτόπῳ λέπειν. ἐρρέτω καὶ τὸ μέλι [τῆς τῶν ἰσχάδων συνθή- 10
κης] παρούσης παλάθης ταυτησὶ καλουμένης καὶ ὅ τι ἂν
εἴποις· οὕτως ἡδὺ πέμμα· περιαμπίσχει δὲ αὐτὴν φύλλα
οἰκεῖα παρέχοντα τῇ παλάθῃ τὴν ὥραν.

5 (4) Οἶμαι τὴν γραφὴν ἀποφέρειν τὰ ξένια ταυτὶ τῷ τοῦ
ἀγροῦ δεσπότῃ· ὁ δὲ λούεται τάχα Πραμνείους ἢ Θασίους 15
βλέπων ἐνὸν τῆς γλυκείας τρυγὸς ἐπὶ τῇ τραπέζῃ πιεῖν, ὡς
εἰς ἄστυ κατιὼν ὄζοι στεμφύλου καὶ ἀπραγμοσύνης καὶ κατὰ
τῶν ἀστυτρίβων ἐρεύγοιτο.

27. Ἀθηνᾶς γοναί

10 (1) Οἱ μὲν ἐκπληττόμενοι θεοὶ καὶ θεαὶ προειρημένον αὐτοῖς 20
μηδὲ Νύμφας ἀπεῖναι τοῦ οὐρανοῦ, παρεῖναι δὲ αὐτοῖς ποταμοῖς, ὧν γίνονται, φρίττουσι δὲ τὴν Ἀθηνᾶν ἄρτι τῆς τοῦ
Διὸς κεφαλῆς ἐν ὅπλοις ἐκραγεῖσαν Ἡφαίστου μηχαναῖς,
15 ὡς ὁ πέλεκυς. (2) Τὴν δὲ ὕλην τῆς πανοπλίας οὐκ ἂν συμβάλοι
τις· ὅσα γὰρ τῆς ἴριδος χρώματα παραλλαττούσης εἰς ἄλλοτε 25

---

7 μηδὲ τῶν Χ   10 λέπειν Schenkl εἰπεῖν ω   10f. [τῆς – συνθήκης]
Jacobs   11 ὅ τι Jacobs εἴ τι ω   18 ἐρεύγοιτο. Φιλοστράτου
εἰκόνων δ' P   24 πέλεκυς FP ὁ πέλ- ΧΡ°

lieber magst oder solche mit acht Einschnitten, da liegen sie in dem tiefen Korb. Und wenn du etwas Zukost willst, hast du es in ihnen, denn sie sind mit Fenchel und Eppich gebacken, auch mit Mohn, der süßen Schlaf bringt. Wenn es dich aber nach einer richtigen Tafel gelüstet, mußt du mit dem hier auf die Köche warten, für jetzt nimm mit Ungekochtem vorlieb! (3) Warum greifst du also nicht schnell nach den baumreifen Oliven, die hier aufgehäuft in einem anderen Korb liegen? Weißt du nicht, daß du sie bald nicht mehr so frisch bekommen wirst, sondern schon ihres Schmelzes beraubt? Übersieh auch nicht das Naschwerk hier, wenn du dir etwas aus Mispeln und Zeuseicheln (Eßkastanien) machst, die er als glatteste Frucht in stacheliger Schale wachsen läßt, die man nur schwer abziehen kann. Fort auch mit dem Honig, da hier die sogenannte Feigenmarmelade, oder wie du sie nennen willst, bereit liegt! So süß ist diese Marmelade! Und sie liegt auf ihren eigenen Blättern, die der Marmelade ihre Frische verleihen.

(4) Ich glaube, das Bild bringt diese Gastgeschenke dem Herren des Landgutes dar; der aber ist vielleicht im Bad und denkt an Wein von Pramnos und Thasos, während er doch den süßen Most auf dem Tische trinken könnte, damit er bei der Heimkehr in die Stadt nach Fruchtsaft und freien Tagen dufte und die Pflastertreter anrülpsen kann.

27. Geburt der Athene

(1) Dies sind die Götter und Göttinnen; sie sind erstaunt über den Befehl an sie, daß nicht einmal die Nymphen im Himmel fehlen, sondern mit den Flußgöttern, von denen sie stammen, da sein sollen; sie schaudern vor Athene, die eben aus dem Haupt des Zeus in voller Rüstung hervorbrach mit Hilfe von Werkzeugen des Hephaistos, wie das Beil zeigt. (2) Den Stoff ihrer Rüstung kann man nicht erraten; denn so viele Farben der Regenbogen hat, der immer von einer Farbe in die andere

ἄλλο φῶς, τοσαῦτα καὶ τῶν ὅπλων. καὶ ὁ Ἥφαιστος ἀπορεῖν ἔοικεν, ὅτῳ ποτὲ τὴν θεὸν προσαγάγηται· προανάλω-
20 ται γὰρ αὐτῷ τὸ δέλεαρ ὑπὸ τοῦ τὰ ὅπλα συνεκφῦναί οἱ. ὁ
δὲ Ζεὺς ἀσθμαίνει σὺν ἡδονῇ, καθάπερ οἱ μέγαν ἐπὶ μεγάλῳ
καρπῷ διαπονήσαντες ἆθλον, καὶ τὴν παῖδα ἐξιστορεῖ 5
φρονῶν τῷ τόκῳ, καὶ οὐδὲ τῆς Ἥρας τι δεινὸν ἐνταῦθα,
γέγηθε δέ, ὡς ἂν εἰ καὶ αὐτῆς ἐγένετο.

25 (3) Καὶ θύουσιν ἤδη τῇ Ἀθηνᾷ δῆμοι δύο ἐπὶ δυοῖν ἀκρο-
πόλεων, Ἀθηναῖοι καὶ Ῥόδιοι, γῇ καὶ θαλάττῃ, καὶ
ἄνθρωποι γηγενεῖς ⟨καὶ θαλαττογενεῖς⟩, οἱ μὲν ἄπυρα 10
ἱερὰ καὶ ἀτελῆ, ὁ δὲ Ἀθήνησι δῆμος πῦρ ἐκεῖ καὶ κνίσσα
ἱερῶν. ὁ καπνὸς δὲ οἷον εὐώδης γέγραπται καὶ μετὰ τῆς
30 κνίσσης ἀναρρέων. ὅθεν ὡς παρὰ σοφωτέρους ἀφίκετο ἡ
382 κ. θεὸς καὶ θύσαντας εὖ, Ῥοδίοις δὲ λέγεται χρυσὸς ἐξ οὐρανοῦ
ῥεῦσαι καὶ διαπλῆσαι σφῶν τὰς οἰκίας καὶ τοὺς στενωποὺς 15
νεφέλην εἰς αὐτοὺς ῥήξαντος τοῦ Διός, ὅτι κἀκεῖνοι τῆς
5 Ἀθηνᾶς ξυνῆκαν. (4) Ἐφέστηκε τῇ ἀκροπόλει καὶ ὁ δαίμων ὁ
Πλοῦτος, γέγραπται δὲ πτηνὸς μὲν ὡς ἐκ νεφῶν, χρυσοῦς δὲ
ἀπὸ τῆς ὕλης, ἐν ᾗ ἐφάνη. γέγραπται καὶ βλέπων· ἐκ
προνοίας γὰρ αὐτοῖς ἀφίκετο. 20

28. Ἱστοί

10 (1) Ἐπεὶ τὸν τῆς Πηνελόπης ἱστὸν ᾄδεις ἐντετυχηκὼς
ἀγαθῇ γραφῇ καὶ δοκεῖ σοι πάντα ἱστοῦ ἔχειν, στήμοσί τε
ἱκανῶς ἐντέταται καὶ ἄνθεα κεῖται ὑπὸ τῶν μίτων καὶ μόνον
οὐχ ὑποφθέγγεται ἡ κερκὶς αὐτή τε ἡ Πηνελόπη κλαίει 25
δακρύοις, οἷς τὴν χιόνα τήκει Ὅμηρος, καὶ ἀναλύει ἃ
15 διύφηνεν, ὅρα καὶ τὴν ἀράχνην ὑφαίνουσαν ἐκ γειτόνων, εἰ
μὴ παρυφαίνει καὶ τὴν Πηνελόπην καὶ τοὺς Σῆρας ἔτι, ὧν τὰ
ὑπέρλεπτα καὶ μόλις ὁρατά. (2) Οἰκίας μὲν οὐκ εὖ πρατ-

---

2 προανάλωται Laudian.12   προσανάλ- ω   10 ⟨καὶ θα-
λαττογενεῖς⟩ Jacobs   11 κνίσσαι ω   27 ἐκ γενύων Brunn

spielt, so viele haben auch die Waffen. Und Hephaistos weiß nicht recht, wie es scheint, womit er sich die Göttin geneigt machen soll; denn sein Lockmittel ist bereits verbraucht, weil die Göttin schon in voller Rüstung geboren ist. Zeus aber atmet lustvoll auf wie Menschen, die große Mühsal für einen hohen Preis ausstanden, und er mustert seine Tochter, voller Stolz auf sein Geschöpf, und nicht einmal von Hera droht diesmal Böses, sondern sie freut sich, als ob Athene auch ihr Kind wäre.

(3) Und schon opfern Athenen zwei Völker auf zwei Burgen, Athener und Rhodier, auf dem Land und am Meere, Söhne der Erde (und des Meeres), die einen ohne Feuer und Aufwand, beim Volk zu Athen aber gibt es Feuer und Fettdampf von Opfertieren. Der Rauch aber ist gleichsam duftend gemalt und mit dem Fettdampf aufwallend. Daher kam zu ihnen als Menschen höherer Weisheit, die richtig opferten, die Göttin, für die Rhodier aber soll es Gold vom Himmel geregnet und ihre Häuser und Gassen angefüllt haben, nachdem Zeus eine Wolke über ihnen aufbrechen ließ, weil auch sie Athene erkannten und verehrten. (4) Auf ihrer Stadtburg steht auch der Gott des Reichtums; er ist geflügelt dargestellt, wie aus Wolken gekommen, und golden nach dem Stoff, in dem er erschien. Auch sehend ist er gemalt, weil er nicht von ungefähr zu ihnen kam.

28. Spinnengewebe

(1) Weil du Penelopes Gewebe preisest, wenn du ein gutes Bild davon fandest, und glaubst, nichts fehle an dem Gewebe, da der Zettel gut angelegt ist und Blumen durch den Einschlag gewoben sind und das Schiffchen beinahe rauscht und Penelope selbst Tränen vergißt, durch die Homer den Schnee schmelzen läßt, und sie wieder auflöst, was sie wob, so betrachte nun auch die Spinne, die ähnlich webt, ob sie nicht Penelope und die Serer übertrifft, die hauchdünnes und kaum sichtbares Gespinst liefern. (2) Hier die Vorhalle eines Hauses,

τούσης προπύλαια ταῦτα, φήσεις αὐτὴν χηρεύειν δεσποτῶν,
20 αὐλὴ δὲ ἔρημος εἴσω παραφαίνεται, καὶ οὐδὲ οἱ κίονες αὐτὴν
ἔτι ἐρείδουσιν ὑπὸ τοῦ συνιζάνειν καὶ καταρρέειν, ἀλλ'
ἔστιν οἰκητὸς ἀράχναις μόναις· φιλεῖ γὰρ τὸ ζῷον ἐν ἡσυχίᾳ
διαπλέκειν. ὅρα καὶ τὰ μηρύματα· τοῦτο ἀναπτύουσαι τὸ   5
25 νῆμα καθίεσαν εἰς τοὔδαφος, δεικνύει δὲ αὐτὰς ὁ ζωγράφος
κατιούσας δι' αὐτοῦ καὶ ἀναρριχωμένας ἀερσιποτήτους
κατὰ τὸν Ἡσίοδον καὶ μελετώσας πέτεσθαι. καὶ οἰκίας δὲ
προσυφαίνουσι ταῖς γωνίαις τὰς μὲν εὐρείας, τὰς δὲ κοίλας·
τούτων αἱ μὲν εὐρεῖαι χρησταὶ θερίζειν, ἃς δὲ κοίλας ὑφαίνου-   10
30 σιν, ἀγαθὸν τοῦτο χειμῶνος. (3) Καλὰ μὲν οὖν καὶ ταῦτα
883 κ. τοῦ ζωγράφου· τὸ γὰρ οὕτω γλίσχρως ἀράχνην τε αὐτὴν
διαπονῆσαι καὶ στίξαι κατὰ τὴν φύσιν καὶ τὸ ἔριον αὐτῆς
ὑπομόχθηρον γράψαι καὶ ἄγριον ἀγαθοῦ δημιουργοῦ καὶ
5 δεινοῦ τὴν ἀλήθειαν. ὁ δ' ἡμῖν καὶ τὰ λεπτὰ διύφηνεν· ἰδού,   15
τετράγωνος μὲν αὕτη μήρινθος περιβέβληται ταῖς γωνίαις
οἷον πεῖσμα τοῦ ἱστοῦ, περιῆπται δὲ τῇ μηρίνθῳ λεπτὸς
ἱστὸς πολλοὺς ἀποτετορνευμένος τοὺς κύκλους, βρόχοι δὲ
10 ἐκτενεῖς ἀπὸ τοῦ πρώτου κύκλου μέχρι τοῦ σμικροτάτου δια-
πλέκονται διαλείποντες ἀλλήλων ὅσον οἱ κύκλοι. αἱ δὲ ἔριθοι   20
δι' αὐτῶν βαδίζουσι τείνουσαι τοὺς κεχαλασμένους τῶν
μίτων. (4) Ἀλλὰ καὶ μισθὸν ἄρνυνται τοῦ ὑφαίνειν καὶ σι-
τοῦνται τὰς μυίας, ἐπειδὰν τοῖς ἱστοῖς ἐμπλακῶσιν. ὅθεν οὐδὲ
15 τὴν θήραν αὐτῶν παρῆλθεν ὁ ζωγράφος· ἡ μὲν γὰρ ἔχεται
τοῦ ποδός, ἡ δὲ ἄκρου τοῦ πτεροῦ, ἡ δὲ ἐσθίεται τῆς κεφαλῆς,   25
ἀσπαίρουσι δὲ πειρώμεναι διαφυγεῖν, ὅμως οὐ ταράττουσιν
οὐδὲ διαλύουσι τὸν ἱστόν.

29. Ἀντιγόνη

20 (1) Τοὺς μὲν ἀμφὶ Τυδέα καὶ Καπανέα καὶ εἰ δή τις Ἱππομέδων καὶ Παρθενοπαῖος ἐνταῦθα Ἀθηναῖοι θάψουσιν ἀγῶνα   30

das schlecht im Stand ist; du wirst sagen, es sei herrenlos; der Innenhof erscheint öde, und nicht einmal die Säulen halten sein Dach noch, weil sie zusammensinken und stürzen, kurz, hier können nur noch Spinnen hausen; denn dieses Tier spannt sein Netz gerne da, wo es ruhig ist. Sieh dir auch die Fäden an! Dieses Garn ließen sie aus dem Mund zum Estrich hinunter, und der Maler zeigt, wie sie daran hinab- und hinaufklettern, „hochschwebend" nach Hesiodos und im Flug sich übend. In die Ecken bauen sie auch ihre Nester, teils weit offen, teils höhlenartig; die breiten davon sind als Sommerwohnung geeignet, die sie aber tief spinnen, deren Art ist gut im Winter. (3) Auch dies hat der Maler gut gemacht: die Spinne selbst so genau zu gestalten, sie naturgetreu zu tupfen, ihr so mühsam zu malendes und wild aussehendes Pelzchen darzustellen, dies kann nur ein tüchtiger und die Wahrheit treffender Künstler. Er hat uns aber auch das dünne Gewebe fein gemalt. Sieh nur! Dieser derbe Faden ist an den Ecken befestigt wie ein Mast-Tau, und an den Faden ist feines Gewebe geknüpft, das kunstvoll viele Kreise bildet, und gespannte Quermaschen laufen vom äußersten Kreis bis zum kleinsten durch mit dem gleichen Abstand voneinander wie die Kreise selbst. Auf ihnen wandern die Weberinnen, wenn sie locker gewordene Fäden spannen. (4) Doch ernten sie auch Lohn für das Weben und verspeisen die Fliegen, wenn die sich in ihr Garn verwickeln. Daher ging der Maler auch auf ihre Jagd ein; eine Fliege nämlich hängt mit dem Fuße fest, die andere mit der Flügelspitze, einer dritten wird der Kopf abgefressen, und sie zappeln noch und wollen entfliehen, doch können sie das Gewebe weder verwirren noch zerstören.

29. Antigone

(1) Den Tydeus und Kapaneus mit ihren Leuten, und wenn etwa Hippomedon und Parthenopaios hier sind, werden die Athener bestatten, die den Kampf für ihre Leichen aufnahmen;

ἀράμενοι τὸν ὑπὲρ τῶν σωμάτων, Πολυνείκην δὲ τὸν Οἰδίποδος 'Αντιγόνη ἡ ἀδελφὴ θάπτει νύκτωρ ἐκφοιτήσασα τοῦ
25 τείχους καίτοι κεκηρυγμένον ἐπ' αὐτῷ μὴ θάπτειν αὐτὸν
μηδὲ ἐνοῦν τῇ γῇ, ἣν ἐδουλοῦτο. (2) Τὰ μὲν δὴ ἐν τῷ πεδίῳ
νεκροὶ ἐπὶ νεκροῖς καὶ ἵπποι, ὡς ἔπεσον, καὶ τὰ ὅπλα, ὡς 5
ἀπερρύη τῶν ἀνδρῶν, λύθρου τε οὑτοσὶ πηλός, ᾧ φασι τὴν
30 'Ενυὼ χαίρειν, ὑπὸ δὲ τῷ τείχει τὰ μὲν τῶν ἄλλων λοχαγῶν
848 κ. σώματα μεγάλοι τέ εἰσι καὶ ὑπερβεβληκότες ἀνθρώπων,
Καπανεὺς δὲ γίγαντι εἴκασται· πρὸς γὰρ τῷ μεγέθει βέβληται
ὑπὸ τοῦ Διὸς καὶ ἔτι τύφεται. τὸν Πολυνείκην δὲ ἡ 'Αντιγόνη 10
5 μέγαν καὶ κατ' ἐκείνους ὄντα καὶ ἀνῄρηται τὸν νεκρὸν καὶ
θάψει πρὸς τῷ τοῦ 'Ετεοκλέους σήματι διαλλάττειν ἡγουμένη τοὺς ἀδελφούς, ὡς λοιπόν ἐστι. (3) Τί φήσομεν, ὦ παῖ,
τὴν σοφίαν τῆς γραφῆς; σελήνη μὲν γὰρ προσβάλλει φῶς
10 οὔπω πιστὸν ὀφθαλμοῖς, μεστὴ δὲ ἐκπλήξεως ἡ κόρη θρηνεῖν 15
ὥρμηκε περιβάλλουσα τὸν ἀδελφὸν ἐρρωμένοις τοῖς πήχεσι,
κρατεῖ δὲ ὅμως τοῦ θρήνου δεδοικυῖά που τὰ τῶν φυλάκων
ὦτα, περιαθρεῖν τε βουλομένη πάντα τὰ πέριξ ὅμως ἐς τὸν
ἀδελφὸν βλέπει τὸ γόνυ ἐς γῆν κάμπτουσα.

15 (4) Τὸ δὲ τῆς ῥοιᾶς ἔρνος αὐτοφυές, ὦ παῖ, λέγεται γὰρ δὴ 20
κηπεῦσαι αὐτὸ 'Ερινύας ἐπὶ τῷ τάφῳ, κἂν τοῦ καρποῦ
σπάσῃς, αἷμα ἐκδίδοται νῦν ἔτι. θαῦμα καὶ τὸ πῦρ τὸ ἐπὶ τοῖς
ἐναγίσμασιν· οὐ γὰρ ξυμβάλλει ἑαυτῷ οὐδὲ ξυγκεράννυσι
20 τὴν φλόγα, τὸ ἐντεῦθεν δὲ ἄλλην καὶ ἄλλην τρέπεται καὶ τὸ
ἄμικτον δηλοῖ τοῦ τάφου. 25

30. Εὐάδνη

(1) Ἡ πυρὰ καὶ τὰ ἐς αὐτὴν ἐσφαγμένα καὶ ὁ ἀποκείμενος ἐπὶ
τῇ πυρᾷ μείζων ἢ ἀνθρώπου δόξαι νεκρὸς ἢ γυνή τε ἢ

---

10 ἔτι τύφεται Reiske ἐπιτύφεται ω

Polyneikes aber, den Sohn des Oidipus, begräbt seine Schwester Antigone, die bei Nacht aus den Mauern herausschlich,
obschon seinetwegen öffentlich verboten wurde, ihn zu ver-
brennen oder mit der Erde zu vereinen, die er knechten wollte.
(2) Hier also liegen auf dem Schlachtfeld Leichen über Leichen
und Rosse, wie sie eben fielen, dazu die Waffen, wie sie den
Kämpfern entsanken; hier mit Mordblut getränkte Erde, deren sich, wie man sagt, Enyo freut, und am Fuß der Mauer
die Leichen der übrigen Heerführer; es sind große Männer,
ja über Menschengröße, Kapaneus aber ist einem Giganten
gleich; denn er ist riesig, dazu vom Blitz des Zeus getroffen
und dampft noch. Den Leib des Polyneikes aber, der auch verglichen mit jenen groß ist, hob Antigone auf und wird ihn beim
Grab des Eteokles bestatten, weil sie meint, ihre Brüder dadurch, so weit es möglich ist, zu versöhnen. (3) Was werden
wir von der Kunst des Bildes sagen, mein Junge? Der Mond
wirft sein für die Augen noch ungewisses Licht, das Mädchen
aber umschlingt mit kräftigem Arm den Bruder und möchte
voller Grauen in Klagerufe ausbrechen, doch unterdrückt sie
den leidvollen Schrei, wohl aus Furcht vor den Ohren der
Wächter; und obschon sie alles ringsum überblicken möchte,
sieht sie doch, ein Knie zur Erde gebeugt, auf den Bruder.
(4) Das Reis des Granatapfels, mein Junge, wuchs von selbst
empor, denn man sagt, die Erinyen hätten es auf das Grab gepflanzt, und wenn du von den Früchten pflückst, fließt jetzt
noch Blut heraus. Ein Wunder ist auch das Feuer bei den
Totenopfern; denn es will sich nicht vereinigen und vermischt
seine Flammen nicht, sondern dreht sich von hier dahin und
dorthin und kündet so den Zwiespalt auch noch im Grabe.

30. Euadne

(1) Der Scheiterhaufen, die auf ihm geschlachteten Tiere und
der auf dem Holzstoß ruhende Leichnam, zu groß, um mensch-
lich zu erscheinen, dazu die Frau, die zu so leidenschaftlichem

σφοδρὸν οὕτω πήδημα ἐς τὸ πῦρ αἴρουσα ἐπὶ τοιοῖσδε, ὦ
25 παῖ, γέγραπται· τὸν Καπανέα οἱ προσήκοντες θάπτουσιν ἐν
τῷ Ἄργει, ἀπέθανε δὲ ἄρα ἐν Θήβαις ὑπὸ τοῦ Διὸς ἐπιβεβη-
κὼς ἤδη τοῦ τείχους. ποιητῶν γάρ που ἤκουσας, ὡς κομπάσας τι ἐς τὸν Δία κεραυνῷ ἐβλήθη καὶ πρὶν ἐς τὴν γῆν πεσεῖν   5
30 ἀπέθανεν, ὅτε δὴ καὶ οἱ λοχαγοὶ οἱ λοιποὶ ὑπὸ τῇ Καδμείᾳ
ἔπεσον.

385 κ.   (2) Νικησάντων Ἀθηναίων ταφῆναι σφᾶς πρόκειται ὁ Καπανεὺς τὰ μὲν ἄλλα ἔχων ὥσπερ Τυδεὺς καὶ Ἱππομέδων καὶ
οἱ λοιποί, τουτὶ δὲ ὑπὲρ πάντας λοχαγούς τε καὶ βασιλέας·   10
5 Εὐάδνη γὰρ ἡ γυνὴ ἀποθανεῖν ἐπ' αὐτῷ ὥρμηκεν οὔτε
ξίφος τι ἐπὶ τὴν δέρην ἕλκουσα οὔτε βρόχου τινὸς ἑαυτὴν ἀπ-
αρτῶσα, οἷα ἠσπάσαντο γυναῖκες ἐπ' ἀνδράσιν, ἀλλ' ἐς αὐτὸ
τὸ πῦρ ἵεται οὔπω τὸν ἄνδρα ἔχειν ἡγουμένη, εἰ μὴ καὶ
10 αὐτὴν ἔχοι. τὸ μὲν δὴ ἐντάφιον τῷ Καπανεῖ τοιοῦτον, ἡ δὲ   15
γυνὴ καθάπερ οἱ ἐς τὰ ἱερὰ στεφάνους τε καὶ χρυσὸν ἐξ-
ασκοῦντες, ὡς φαιδρὰ θύοιτο καὶ ἐς χάριν τοῖς θεοῖς, οὕτως
ἑαυτὴν στείλασα καὶ οὐδὲ ἐλεεινὸν βλέπουσα πηδᾷ ἐς τὸ
πῦρ καλοῦσα οἶμαι τὸν ἄνδρα· καὶ γὰρ βοώσῃ ἔοικεν, δοκεῖ
15 δ' ἄν μοι καὶ τὴν κεφαλὴν ὑποσχεῖν τῷ σκηπτῷ ὑπὲρ τοῦ   20
Καπανέως.

   (3) Οἱ δὲ Ἔρωτες ἑαυτῶν ποιούμενοι ταῦτα τὴν πυρὰν ἀπὸ
τῶν λαμπαδίων ἅπτουσι καὶ τὸ πῦρ οὔ φασι χραίνειν, ἀλλ'
ἡδίονί τε καὶ καθαρωτέρῳ χρήσεσθαι θάψαντες αὐτῷ τοὺς
καλῶς χρησαμένους τῷ ἐρᾶν.   25

20   31. Θεμιστοκλῆς

   (1) Ἕλλην ἐν βαρβάροις, ἀνὴρ ἐν οὐκ ἀνδράσιν ἀπολωλόσι
καὶ τρυφῶσιν ἀττικῶς ἔχων μάλα τοῦ τρίβωνος ἀγορεύει

---

6 λοχαγοὶ καὶ ω (außer wenigen X)   14 ἡγούμενον FP
(verb. Pᶜ)   22 ταῦτα P τὸ πῦρ F (auf Rasur) τὸ ἔργον X

Sprung ins Feuer ansetzt, dies, mein Kind, ist hier gemalt, um folgendes darzustellen: den Kapaneus bestatten seine Verwandten in Argos; gefallen aber ist er ja vor Theben von der Hand des Zeus, als er schon auf der Mauer stand. Von den Dichtern hast du wohl gehört, daß ihn wegen seiner Lästerworte gegen Zeus der Blitz traf, und daß er tot war, bevor er am Boden aufschlug, damals, als auch die übrigen Heerführer unten an der Kadmeia fielen.

(2) Da nun die Athener durch ihren Sieg deren Bestattung erzwungen haben, liegt Kapaneus mit den gleichen Ehren wie Tydeus und Hippomedon und die übrigen da, in diesem aber ist er über alle Führer und Könige erhaben: Euadne nämlich, seine Gemahlin, hat beschlossen, um seinetwillen zu sterben, doch zückt sie weder das Eisen gegen ihre Kehle, noch erhängt sie sich an einer Schlinge, wie Frauen oft beim Tode ihrer Männer taten, nein, sie stürzt sich ins Feuer selbst, weil sie meint, ihren Mann noch nicht zu besitzen, wenn er nicht auch sie habe. Solcher Art also ist ihr Totenopfer für Kapaneus, die Frau aber hat wie jene, die ihre Opfer mit Kränzen und Gold bedecken, damit sie glänzend und den Göttern gefällig dargebracht werden, sich ebenso geschmückt und blickt auch nicht jammervoll, wie sie in die Flamme stürzt, wobei sie wohl ihren Gatten anruft; denn sie scheint zu schreien, und ich glaube, sie hätte sogar das eigene Haupt für Kapaneus dem Blitzstrahl dargeboten.

(3) Die Liebesgötter aber finden hier ihr Amt, entzünden den Holzstoß mit ihren kleinen Fackeln und glauben, ihr Feuer nicht zu entweihen, sondern es wohlgefälliger und reiner zu gebrauchen, wenn sie damit die bestatten, die ihre Liebe so schön erfüllten.

31. Themistokles

(1) Ein Hellene unter Barbaren, ein Mann unter verdorbenen und weichlichen Nicht-Männern, ganz attisch in seinem schlichten Mantel, spricht, glaub' ich, kluge Worte, um ihr

σοφὸν οἶμαί τι μεταποιῶν αὐτοὺς καὶ μεθιστὰς τοῦ θρύπτε-
25 σθαι. Μῆδοι ταῦτα καὶ Βαβυλὼν μέση καὶ τὸ σημεῖον τὸ βασίλειον ὁ χρυσοῦς ἐπὶ τῆς πέλτης ἀετὸς καὶ ὁ βασιλεὺς ἐπὶ
χρυσοῦ θρόνου στικτὸς οἷον ταώς. οὐκ ἀξιοῖ ἐπαινεῖσθαι ὁ
ζωγράφος, εἰ τιάραν καλῶς μεμίμηται καὶ καλάσιριν ἢ   5
30 κάνδυν ἢ θηρίων τερατώδεις μορφάς, οἷα ποικίλλουσι βάρ-
386 κ. βαροι, ἀλλ᾽ ἐπαινείσθω μὲν ἐπὶ τῷ χρυσῷ γράφων αὐτὸν
εὐήτριον καὶ σώζοντα, ὃ ἠνάγκασται, καὶ νὴ Δία ἐπὶ τῷ τῶν
εὐνούχων εἴδει. καὶ ἡ αὐλὴ χρυσῆ ἔστω, δοκεῖ γὰρ μὴ γε-
5 γράφθαι· γέγραπται γὰρ οἷα ᾠκοδομῆσθαι. λιβανωτοῦ τε   10
καὶ σμύρνης αἰσθανόμεθα· τὰς γὰρ τῶν ἀέρων ἐλευθερίας
οὕτω παραφθείρουσιν οἱ βάρβαροι. καὶ δορυφόρος ἄλλος
ἄλλῳ διαλεγέσθω περὶ τοῦ Ἕλληνος ἐκπληττόμενοι αὐτὸν
κατὰ δή τινα σύνεσιν μεγάλων αὐτοῦ ἔργων. (2) Θεμιστοκλέα
10 γὰρ οἶμαι τὸν τοῦ Νεοκλέους Ἀθήνηθεν ἐς Βαβυλῶνα ἥκειν   15
μετὰ τὴν Σαλαμῖνα τὴν θείαν ἀποροῦντα, ὅπῃ σωθήσεταί
ποτε τῆς Ἑλλάδος, καὶ διαλέγεσθαι βασιλεῖ περὶ ὧν στρα-
τηγοῦντος αὐτοῦ ὁ Ξέρξης ὤνητο. ἐκπλήττει δὲ αὐτὸν οὐδὲν
15 τῶν Μηδικῶν, ἀλλὰ τεθάρσηκεν οἷον καθεστὼς ἐπὶ τοῦ λίθου, καὶ ἡ φωνὴ οὐκ ἀπὸ τοῦ ἡμεδαποῦ τρόπου μηδίζων ὁ   20
Θεμιστοκλῆς· ἐξεπόνησε γὰρ ἐκεῖ τοῦτο. εἰ δ᾽ ἀπιστεῖς, ὅρα
τοὺς ἀκούοντας, ὡς εὐξύνετον ἐπισημαίνουσι τοῖς ὄμμασιν,
20 ὅρα καὶ τὸν Θεμιστοκλέα τὴν μὲν τοῦ προσώπου στάσιν
παραπλήσιον τοῖς λέγουσι, πεπλανημένον δὲ τὴν τῶν
ὀφθαλμῶν ἔννοιαν ὑπὸ τοῦ λέγειν, ὡς μετέμαθεν.   25

32. Παλαίστρα

(1) Ὁ μὲν χῶρος Ἀρκαδία, τὸ κάλλιστον Ἀρκαδίας καὶ
25 ᾧ μάλιστα ὁ Ζεὺς χαίρει – Ὀλυμπίαν αὐτὸ ὀνομάζομεν –

Wesen zu ändern und sie vom Wohlleben abzubringen. Meder sind dies und Babylons Mitte und das Königszeichen, der goldene Adler auf dem Schild, dazu der König auf goldenem Thron, bunt wie ein Pfau. Der Maler will nicht gelobt werden, weil er die Tiara schön gemalt hat und das Troddelkleid oder den Kaftan oder die wunderlichen Tierbilder, wie sie die Barbaren kunstvoll darstellen, doch soll er für das Gold gepriesen sein, das er so malte, daß es schön eingewirkt erscheint und die Bilder, die es darstellen muß, glücklich trifft, und, beim Zeus, auch für die Darstellung der Eunuchen. Auch der königliche Saal mag golden sein, denn er scheint nicht gemalt; wenigstens ist er so gemalt, als ob er ein wirkliches Bauwerk wäre. Man riecht Weihrauch und Myrrhen, denn so verderben die Barbaren die freie, frische Luft. Auch mag ein Speerträger mit seinem Nachbarn über den Griechen reden und ihn bewundern, weil er natürlich von seinen Großtaten etwas gehört hat. (2) Ich glaube nämlich, daß Themistokles, des Neokles Sohn, aus Athen nach Babylon kam, weil er nach der unsterblichen Schlacht bei Salamis nicht wußte, wo in Hellas er eine sichere Stätte fände, und nun mit dem Großkönig über die Vorteile spricht, die Xerxes aus seiner Heerführung ziehen konnte. Nichts von dem persischen Wesen verwirrt ihn, sondern er ist voll Zuversicht, wie wenn er auf dem Rednerstein (zu Athen) stünde, und seine Sprache ist nicht die unsrige, sondern Themistokles spricht Persisch, das er dort zu lernen sich die Mühe nahm. Glaubst du es nicht, so betrachte nur seine Zuhörer, wie ihre Augen volles Verständnis erkennen lassen, sieh aber auch Themistokles an, der zwar mit der Festigkeit seines Gesichtes ganz den Rednern gleicht, im Ausdruck der Augen aber Unsicherheit zeigt, weil er in einer neu gelernten Sprache reden muß.

32. Palaistra

(1) Der Schauplatz ist Arkadien, der schönste Teil Arkadiens, an dem Zeus das größte Wohlgefallen hat – wir nennen ihn Olympia; einen Preis im Ringkampf gibt es noch nicht, auch

ἆθλον δὲ οὔπω πάλης οὐδὲ τοῦ παλαίειν ἔρως, ἀλλ' ἔσται.
Παλαίστρα γὰρ ἡ Ἑρμοῦ ἡβήσασα νῦν ἐν Ἀρκαδίᾳ πάλην
εὕρηκε, καὶ ἡ γῆ χαίρει πως τῷ εὑρήματι, ἐπειδὴ σίδηρος μὲν
80 πολεμιστήριος ἔνσπονδος ἀποκείσεται τοῖς ἀνθρώποις,
386 κ. στάδια δὲ ἡδίω στρατοπέδων δόξει καὶ ἀγωνιοῦνται γυμνοί. 5
(2) Τὰ μὲν δὴ παλαίσματα παιδία. ταυτὶ γὰρ ἀγέρωχα σκιρ-
τᾷ περὶ τὴν Παλαίστραν ἄλλο ἐπ' ἄλλῳ ἐς αὐτὴν λυγίζοντα·
εἴη δ' ἂν γηγενῆ, φησὶ γὰρ ὑπ' ἀνδρείας ἡ κόρη μήτ' ἂν
5 γήμασθαί τῳ ἑκοῦσα μήτ' ἂν τεκεῖν. διαπέφυκε δὲ ἀπ'
ἀλλήλων τὰ παλαίσματα· κράτιστον γὰρ τὸ ξυνημμένον τῇ 10
πάλῃ.

(3) Τὸ δὲ εἶδος τῆς Παλαίστρας, εἰ μὲν ἐφήβῳ εἰκάζοιτο,
κόρη ἔσται, εἰ δὲ εἰς κόρην λαμβάνοιτο, ἔφηβος δόξει. κόμη τε
10 γὰρ ὅση μηδ' ἀναπλέκεσθαι ὄμμα τε ἀμφοτέρῳ τῷ ἤθει καὶ
ὀφρὺς οἵα καὶ ἐρώντων ὑπερορᾶν καὶ παλαιόντων· φησὶ γὰρ 15
πρὸς ἄμφω τὰ ἔθνη ἐρρῶσθαι μαζῶν τε οὐδ' ἂν παλαίοντα
θιγεῖν τινα· τοσοῦτον αὐτῇ περιεῖναι τῆς τέχνης· καὶ αὐτοὶ δὲ
15 οἱ μαζοὶ μικρὰ τῆς ὁρμῆς παραφαίνουσιν ὥσπερ ἐν μειρακίῳ
ἀπαλῷ. θῆλύ τε ἐπαινεῖ οὐδέν, ὅθεν οὐδὲ λευκώλενος θέλει
εἶναι, οὐδὲ τὰς Δρυάδας ἐπαινεῖν ἔοικεν, ὅτι λευκαίνουσιν 20
ἑαυτὰς ἐν ταῖς σκιαῖς, ἀλλὰ τὸν Ἥλιον ἅτε κοίλην Ἀρκαδίαν
20 οἰκοῦσα αἰτεῖ χρῶμα, ὁ δ' οἷον ἄνθος τι ἐπάγει αὐτῇ καὶ
φοινίττει τὴν κόρην μετρίᾳ τῇ εἴλῃ. (4) Καθῆσθαι δέ, ὦ παῖ,
τὴν κόρην πάνσοφόν τι τοῦ ζωγράφου· πλεῖσται γὰρ τοῖς
καθημένοις αἱ σκιαὶ καὶ τὸ καθῆσθαι αὐτῆς ἱκανῶς εὔσχημον, 25
πράττει δὲ τοῦτο καὶ ὁ θαλλὸς τῆς ἐλαίας ἐν γυμνῷ τῷ
25 κόλπῳ. ἀσπάζεται δέ που τὸ φυτὸν τοῦτο ἡ Παλαίστρα,
ἐπειδὴ πάλῃ τε ἀρήγει καὶ χαίρουσιν αὐτῷ πάνυ ἄνθρωποι.

22 αὐτῇ Paris. 1761   αὐτῷ FPᶜ αὐτὸ PX   23 εἴλῃ Reiske
ἴδῃ ω, vgl. 1, 28, 5   25 αὐτῆς Paris. 1761 αὐτοῖς ω

keine Lust am Ringen, doch wird das bald kommen. Denn Palaistra, des Hermes Tochter, ist herangereift und hat jetzt in Arkadien den Ringkampf erfunden, und das Land scheint sich über die Erfindung zu freuen, weil die Menschen zur Zeit des Bannfriedens das Kriegsschwert beiseite legen und ihnen Rennbahnen erfreulicher scheinen werden als Heerlager, und weil man ohne Kleid und Waffe kämpfen wird. (2) Die Ringerkünste sind als Kinder dargestellt; sie hüpfen hier mutwillig um Palaistra, und eines nach dem anderen biegt sich zu ihr hin; sie sind wohl Kinder der Erde, denn das Mädchen zeigt durch sein männliches Wesen, daß es weder freiwillig einen geheiratet habe noch Mutter geworden sei. Die Ringarten sind aber untereinander ganz verschieden; die vorzüglichste ist die mit dem Allkampf verbundene.

(3) Wenn man Palaistras Gestalt mit einem Jüngling vergliche, wird sie ein Mädchen sein, sollte man sie aber für ein Mädchen nehmen, wird sie als junger Mann erscheinen. Ihr Haar nämlich ist so kurz, daß man es nicht einmal aufflechten kann, ihr Auge paßt für beide Geschlechter, und ihre Miene zeigt Überhebung über Liebende und Ringende; denn sie sagt, gegen beide Arten stark genug zu sein, und ihre Brüste habe nicht einmal beim Ringen einer berührt, so überlegen sei sie in ihrer Kunst; aber auch die Brüste selbst zeigen nur geringe Schwellung, etwa wie bei einem zarten Jüngling. Nichts Weibliches findet ihren Beifall, und darum will sie nicht einmal weiße Arme haben und scheint auch die Dryaden nicht zu loben, weil sie im Schatten bleiben, um helle Haut zu haben, sondern als Bewohnerin der arkadischen Täler bittet sie Helios um Farbe; er übergießt sie wie mit Blütenschimmer und schenkt dem Mädchen bräunliche Farbe. (4) Daß aber das Mädchen sitzend dargestellt ist, mein Junge, ist ein besonders feiner Gedanke des Malers; denn Sitzende haben die meisten Schatten, und das Mädchen sieht im Sitzen sehr anmutig aus, doch bewirkt dies auch der Ölzweig an ihrem unbedeckten Busen. Diese Pflanze liebt Palaistra wohl, weil sie dem Ringen förderlich ist und die Menschen große Freude an ihr haben.

33. Δωδώνη

(1) Ἡ μὲν χρυσῆ πέλεια ἔτ᾽ ἐπὶ τῆς δρυὸς ἐν λογίοις ἡ σοφὴ
30 καὶ χρησμοί, οὓς ἐκ Διὸς ἀναφθέγγεται, κεῖται δ᾽ οὗτος ὁ
388 κ. πέλεκυς, ὃν μεθῆκεν Ἑλλὸς ὁ δρυτόμος, ἀφ᾽ οὗ κατὰ Δωδώνην οἱ Ἑλλοί, στέμματα δ᾽ ἀνῆπται τῆς δρυός, ἐπειδὴ 5
καθάπερ ὁ Πυθοῖ τρίπους χρησμοὺς ἐκφέρει. φοιτᾷ δ᾽ ὁ μὲν
5 ἐρέσθαι τι αὐτήν, ὁ δὲ θῦσαι, καὶ χορὸς οὑτοσὶ ἐκ Θηβῶν
περιεστᾶσι τὴν δρῦν οἰκειούμενοι τὴν σοφίαν τοῦ δένδρου,
οἶμαι δὲ καὶ τὴν χρυσῆν ὄρνιν ἐκεῖ παλευθῆναι.

(2) Οἱ δ᾽ ὑποφῆται τοῦ Διός, οὓς ἀνιπτόποδάς τε καὶ 10
χαμαιεύνας ἔγνω Ὅμηρος, αὐτοσχέδιοί τινές εἰσι καὶ
10 οὔπω κατεσκευασμένοι τὸν βίον, φασὶ δὲ μηδ᾽ ἂν κατασκευά-
σασθαι· τὸν γὰρ Δία χαίρειν σφίσιν, ἐπειδὴ ἀσπάζονται τὸ
αὐτόθεν. ἱερεῖς γὰρ οὗτοι, καὶ ὁ μὲν τοῦ ἐρέψαι κύριος, ὁ δὲ
τοῦ κατεύξασθαι, τὸν δὲ πόπανα χρὴ πράττειν, τὸν δὲ ἐς 15
15 οὐλὰς καὶ κανᾶ, ὁ δὲ θύει τι, ὁ δ᾽ οὐ παρήσει ἑτέρῳ δεῖραι τὸ
ἱερεῖον. ἐνταῦθα δὲ ἱέρειαι Δωδωνίδες ἐν στρυφνῷ τε καὶ
ἱερῷ τῷ εἴδει· ἐοίκασι γὰρ θυμιαμάτων τε ἀναπνεῖν καὶ
σπονδῶν. (3) Καὶ τὸ χωρίον δὲ αὐτὸ θυῶδες, ὦ παῖ, γέγραπται καὶ ὀμφῆς μεστόν, χαλκῆ τε Ἠχὼ ἐν αὐτῷ τετίμηται, ἣν 20
20 οἶμαι ὁρᾷς ἐπιβάλλουσαν τὴν χεῖρα τῷ στόματι, ἐπειδὴ
χαλκεῖον ἀνέκειτο τῷ Διὶ κατὰ Δωδώνην ἠχοῦν ἐς πολὺ τῆς
ἡμέρας καί, μέχρι λάβοιτό τις αὐτοῦ, μὴ σιωπῶν.

34. Ὧραι

25 (1) Τὸ μὲν ἐπὶ ταῖς Ὧραις εἶναι τὰς τοῦ οὐρανοῦ πύλας 25
Ὁμήρῳ ἀφῶμεν εἰδέναι καὶ ἔχειν· εἰκὸς γάρ που αὐτὸν

---

15 τὸν δὲ πόπ- Reiske τῷ ω   15 τάττειν XP^c

33. Dodona

(1) Noch sitzt die goldene, in ihren Aussprüchen so weise Taube in der Eiche, noch gibt es Orakel, die sie im Namen des Zeus kündet; hier liegt auch die Axt, die der Baumfäller Hellos wegwarf, von dem die Helloi in Dodona stammen; Bänder sind an die Eiche geknüpft, weil sie wie der pythische Dreifuß Orakel spendet. Der eine kommt, um sie etwas zu fragen, der andre, um zu opfern, und diese Schar aus Theben umsteht die Eiche und sagt, der Baum habe seine Weisheit von ihnen; und ich meine, daß dort auch der goldene Vogel ins Garn ging. (2) Die Propheten des Zeus, die Homer als „schmutzfüßig" und „erdlagernd" kannte, leben eigentlich von der Hand in den Mund und führen noch kein kultiviertes Leben, sondern sagen, sie würden es nicht einmal so einrichten; denn Zeus habe Freude an ihnen, weil sie mit dem zufrieden seien, was der Ort von selber biete. Sie sind nämlich Priester, und der eine hat die Kränze aufzuhängen, der andere Gebete zu verrichten, dem dritten obliegt es, sich um Opferkuchen zu kümmern, der hier sorgt für Gerstenkörner und Opferkörbe, dieser opfert etwas, und dieser endlich wird es keinem andern gestatten, das Opfertier zu häuten. Hier die dodonaeischen Priesterinnen in ernstem und feierlichem Aufzug; sie scheinen nämlich nach Rauch- und Trankopfern zu duften. (3) Auch der Ort selbst, mein Sohn, ist voll Opferrauch gemalt und erfüllt von göttlicher Stimme, und eine eherne Echo hat den Ehrenplatz an ihm; du siehst wohl, wie sie ihre Hand auf den Mund legt, weil in Dodona dem Zeus ein ehernes Becken geweiht war, das den größten Teil des Tages tönte und nicht schwieg, bis es einer berührte.

34. Die Horen

(1) Daß die Tore des Himmels in der Obhut der Horen stehen, wollen wir Homer zu wissen und behaupten überlassen, denn

ξυγγενέσθαι ταῖς Ὥραις, ὅτε τὸν αἰθέρα ἔλαχε. τουτὶ δὲ τὸ
σπουδαζόμενον ὑπὸ τῆς γραφῆς καὶ ἀνθρώπῳ ξυμβαλεῖν
ῥάδιον. αἱ γὰρ δὴ Ὥραι αὐτοῖς εἴδεσιν ἐς τὴν γῆν ἀφικόμεναι
30 ξυνάπτουσαι τὰς χεῖρας ἐνιαυτὸν οἶμαι ἑλίττουσι καὶ ἡ
389 κ. γῆ σοφὴ οὖσα εὐφορεῖ αὐταῖς τὰ ἐνιαυτοῦ πάντα. (2) „Μὴ 5
πατεῖτε τὴν ὑάκινθον ἢ τὰ ῥόδα" οὐκ ἐρῶ πρὸς τὰς ἠρινάς·
ὑπὸ γὰρ τοῦ πατεῖσθαι ἡδίω φαίνεται καὶ αὐτῶν τι τῶν
5 Ὡρῶν ἥδιον πνεῖ. καὶ „μὴ ἐμβαίνετε ἁπαλαῖς ταῖς ἀρούραις"
οὐκ ἐρῶ πρὸς τὰς χειμερίους σφῶν· τὸ γὰρ πατεῖσθαι αὐτὰς
ὑπὸ τῶν Ὡρῶν ποιήσει ἄσταχυν. αἱ ξανθαὶ δὲ αὗται βαίνου- 10
σιν ἐπὶ τῆς τῶν ἀσταχύων κόμης, οὐ μὴν ὡς κλάσαι ἢ κάμψαι,
10 ἀλλ' εἰσὶν οὕτω τι ἐλαφραί, ὡς μηδὲ ἐπημύειν τῷ ληΐῳ.
χαρίεν ὑμῶν, ὦ ἄμπελοι, τὸ λαβέσθαι τῶν ὀπωρινῶν ἐθέ-
λειν· ἐρᾶτε γάρ που τῶν Ὡρῶν, ὅτι ὑμᾶς ἐργάζονται καλὰς
καὶ ἡδυοίνους. 15

(3) Ταυτὶ μὲν οὖν οἷον γεωργίαι τῆς γραφῆς, αὗται δ' αἱ
15 Ὥραι μάλα ἡδεῖαι καὶ δαιμονίου τέχνης. οἷον μὲν γὰρ αὐτῶν
τὸ ᾄδειν, οἷα δὲ ἡ δίνη τοῦ κύκλου καὶ τὸ κατόπιν ἡμῖν μη-
δεμιᾶς φαίνεσθαι ὑπὸ τοῦ πάσας οἷον ἔρχεσθαι· βραχίων δὲ
ἄνω καὶ ἐλευθερία ἀφέτου κόμης καὶ παρειὰ θερμὴ ὑπὸ τοῦ 20
δρόμου καὶ οἱ ὀφθαλμοὶ συγχορεύοντες. τάχα τι καὶ μυθολο-
20 γῆσαι συγχωροῦσιν ὑπὲρ τοῦ ζωγράφου· δοκεῖ γάρ μοι
χορευούσαις ταῖς Ὥραις ἐντυχὼν σεισθῆναι ὑπ' αὐτῶν εἰς
τὴν τέχνην ἴσως αἰνιττομένων τῶν θεῶν, ὅτι χρὴ σὺν ὥρᾳ
γράφειν. 25

---

12 τι FX τοι P   18 ἡμῖν X (wenige) ἡμᾶς ω   22 ὑπὸ FP

er ist natürlich den Horen begegnet, als er zum Aether empor-
stieg. Was aber hier im Bilde sorgsam dargestellt ist, kann auch
ein Mensch leicht erfassen. Die Horen nämlich sind leibhaftig
auf die Erde gekommen, reichen sich die Hände und drehen,
glaub' ich, im Tanze den Jahreskreis, und die Erde in ihrer
Weisheit bringt ihnen reichlich alle Früchte des Jahres dar.
(2) Nicht werde ich den Frühlingshoren zurufen: „Zertretet
doch nicht die Hyazinthe oder die Rosen!" Denn durch ihren
Tritt erscheinen sie lieblicher und duften süßer als die Horen
selbst. Und nicht werde ich zu den Winterhoren unter ihnen
sagen: „Tretet nicht auf die weichen Fluren!" Denn wenn die
Horen darüber schreiten, wird dies die Ähren hervorbringen.
Die blonden hier wandeln auf den Spitzen der Ähren, doch
nicht, um sie zu knicken oder zu beugen, sondern sie sind so
wunderbar leicht, daß sie nicht einmal mit den Halmen sinken. Schön von euch, ihr Reben, daß ihr die herbstlichen
Horen halten wollt, denn ihr liebt sie wohl, weil sie euch
schön und voll süßen Weines machen.
(3) Das sind also sozusagen die Ernten auf dem Gemälde, die
Horen selbst aber sind höchst reizend und mit wundervoller
Kunst gemalt. Wie sie singen! Wie sie im Kreis herumschwin-
gen und sich uns von keiner die Rückseite zeigt, weil sie alle
gleichsam herbeikommen! Der erhobene Arm, das freiflat-
ternde, gelöste Haar, die vom Tanzschritt erhitzte Wange, die
im Reigen mitfliegenden Augen! Vielleicht gestatten sie sogar,
etwas über den Maler zu fabeln; er scheint mir nämlich den
tanzenden Horen begegnet und von ihnen zu seiner Kunst
beflügelt worden zu sein, da die Göttinnen vielleicht andeu-
teten, daß man mit Anmut und Begnadung malen müsse.

ERLÄUTERUNGEN

Vorbemerkung: Um rasch deutlich zu machen, wo in der Philostratos-Literatur jeweils über ein Bild gehandelt ist, habe ich nach dem Vorgang der Wiener Herausgeber vor jedem Bild die wichtigsten Stellen in Abkürzung genannt. Es sind folgende Werke:

F I = Friederichs, K., Die Philostratischen Bilder. Ein Beitrag zur Charakteristik der alten Kunst. Erlangen 1860

F II = ders., Nachträgliches zu den Philostratischen Bildern, Jahrb. für classische Philologie, 5. Supplem., Leipz. 1864, 133–181

B I = Brunn, H., Die Philostratischen Gemälde gegen K. Friederichs verteidigt, Jahrb. für classische Philologie, 4. Supplement, Leipz. 1861–67, 177 ff.

B II = ders., Zweite Verteidigung der Philostratischen Gemälde, Jahrbücher für classische Philologie 17 (103), 1871, 1–33; 81–105

M I = Matz, Fr., De Philostratorum in describendis imaginibus fide, Bonn 1867

M II = ders., H. Brunns zweite Verteidigung der Philostratischen Gemälde, Philologus 31, 1872, 585–630

Nem. = Nemitz, C., De Philostratorum imaginibus, Diss. Breslau 1875

K = Kalkmann, A., Über die Ekphrasis des älteren Philostrat, Rhein. Mus. 37, 1882, 397–416

St. = Steinmann, Fr., Neue Studien zu den Gemäldebeschreibungen des älteren Philostrat, Diss. Zürich 1914

Gst. = Gstader, H., Stil und Technik in den Gemäldebeschreibungen der beiden Philostrate, Diss. Innsbruck 1940

Andere Abkürzungen wie Bertr(and) oder Boug(ot) lassen sich unschwer auflösen.

PROOIMION

Zum Prooimion: F 15f.; B I 194f., II 4, 10; M I 28, 92, II 596f.; K 412, 1.

1. „Die meisten Handschriften (auch P) haben Βιβλίον πρῶτον ausgelassen und dafür Προοίμιον ἑλλαδία gesetzt. Das zweite dieser Worte ist unhaltbar, ob es nun Genitiv oder Dativ eines Namens Ἑλλαδίας sein soll. Scharfsinnig hat schon 1846 Preller mit der kleinen Änderung von Δ in Λ λαλιά hergestellt; nur hätte er nicht davor ἡ schreiben sollen, denn aus Η hätte nimmermehr ΕΛ entstehen können. Vielmehr ist ΕΛ aus CA verderbt, vor dem ΟΥ (nach ΟΝ) ausgefallen ist. Somit ist zu lesen Προοίμιον ⟨οὖ⟩σα λαλιά, doch ist das sicher jüngerer Zusatz. Die Rhetorik der Kaiserzeit verstand unter λαλιά eine kurze Plauderei voll Abwechslung und geistreichen, überraschenden Wendungen, die sich an keine bestimmten Vorschriften hielt" (Kalinka); vgl. Lindau 972.
Ἀδικεῖ τὴν ἀλήθειαν: vgl. Vit. Ap. 2, 22 A ὦ Δάμι, ἔφη ὁ Ἀπολλώνιος, ἔστι τι γραφική; Εἴγε, εἶπε, καὶ ἀλήθεια. – Zur Kunsttheorie des Philostratos vgl. die Einleitung. – „Sofern also die innere Nachahmung eine Ergänzung des Wahrgenommenen ist, wird sie von der Phantasie nicht geschieden. ... In diesem Sinne ist wohl auch der Anfang der Vorrede zu verstehen: Wer die Malerei nicht liebt, verstößt gegen die Wahrheit, verstößt gegen die Sophia und gegen die „Symmetrie". Die Aletheia, die hier von der Sophia gesondert wird, ist das Ideal der eigentlichen Nachahmung, während in der Sophia stets eine geistige Selbständigkeit des Künstlers angedeutet liegt" (Külpe 121).
ὁπόση: Das einfache Relativum ist hier vertreten durch ὁπόσος; es ist dies attizistischer Gebrauch, vgl. Schol. Aristoph.

Plut. 392 ὁποῖον ᾽Αττικόν (statt οἷον). Vgl. Schmid, Attic. 4, 71.– ἐς ποιητάς ἧκει: Vit. Ap. 2, 30, 10 τὸ ἐς πατέρα καὶ μητέρα ἧκον.– λόγου ἅπτεσθαι: ἅπτεσθαι als umschreibendes Verbum ist bei Philostratos so häufig, daß man es geradezu als Kennzeichen seines Stiles bezeichnen kann. „Eine so weitgehende Vorliebe für Umschreibungen mit ἅπτεσθαι ist mir aus keinem klassischen Prosaiker bekannt" (Schmid, Attic. 4, 135 f.); ähnlich z. B. Thuk. 1, 118, 2 τῆς ξυμμαχίας ἅπτεσθαι. – θεῶν τὸ εὕρημα: Himer., orat. 68, 6 Colonna ὁ δὲ δὴ μέγας ἐν τῷ οὐρανῷ σοφιστὴς πῶς ... βεβούλευται; νῦν κρύπτει νεφέλαις ἥλιον ... νῦν ἔαρ ἀνθρώποις δίδωσι τὰς νεφέλας, καὶ χρυσοῦν ἐκπέμψας ἥλιον· καὶ γῆν μὲν στέφει τοῖς ἄνθεσιν, οὐρανὸν δὲ ἄστρων χοροῖς, γαλήνη δὲ καὶ νηνεμίᾳ τὴν θάλασσαν.

ὁπόσα γράφουσι: γράφω mit doppeltem Accusativ in dieser Bedeutung („etwas bemalen mit") zuerst bei Philostratos. – Daß das Prooimion auf alle Bilder des Buches, einschließlich der letzten, bezogen ist, beweist die klare Beziehung der hier die Landschaft bemalenden Horen auf die Horen im letzten Bild des zweiten Buches. – διά τε τὰ ἐν οὐρανῷ φαινόμενα: Vit. Ap. 2, 22 τὰ δὲ ἐν τῷ οὐρανῷ βλεπόμενα, ἐπειδὰν αἱ νεφέλαι διασπασθῶσιν ἀπ᾽ ἀλλήλων, τοὺς κενταύρους καὶ τραγελάφους, καὶ νὴ Δία οἱ λύκοι τε καὶ ἵπποι, τί φήσεις; ἆρ᾽ οὐ μιμητικῆς εἶναι ἔργα; ... ζωγράφος οὖν ὁ θεός.

2. τὴν λυγδίνην ἢ τὴν Παρίαν λίθον: „beides berühmte Marmorarten von solcher Ähnlichkeit, daß sie einander gleichgesetzt werden konnten (Hesych. λύγδος· λίθος εἰς τὰ ζώδια ἢ ὁ Πάριος; Plin., nat. 36, 62 Lygdinos in Paro repertos ... antea ex Arabia tantum advehi solitos candoris eximii). Sie bezeichneten Höhepunkte der Weiße (Pind. Nem. 4, 131 στάλαν θέμεν Παρίου λίθου λευκοτέραν) und der Glätte" (Kalinka). – βλέμμα γινώσκει: Lukian, Imag. 6 καὶ τῶν ὀφθαλμῶν δὲ τὸ ὑγρὸν ἅμα τῷ φαιδρῷ καὶ κεχαρισμένῳ, καὶ τοῦτο διαφυλάξει κατὰ τὸ Πραξιτέλει δοκοῦν. – Zu ξανθὴν κόμην ... πυρσὴν ... ἡλιῶσαν: Aulus Gell. 2, 26, 6 ξανθός autem et ἐρυθρός et πυρρός et φοῖνιξ habere quasdam distantias coloris rufi videntur vel augentes eum vel remittentes vel mixta quadam specie temperantes. – Zu καὶ ἡλιῶσαν: 2, 7, 5 κομᾷ δὲ ἐν ἡλιώσῃ κόμῃ. – αἰθέρα, ἐν ᾧ ταῦτα: Vielleicht beabsichtigter Anklang an die

nicht seltene Formel Ζεύς, ἐν ᾧ τὰ πάντα. Daher auch das etwas beflissene „west" im Deutschen.

3. ὅσοι ... ἔρωτι ἐς αὐτὴν ἐχρήσαντο: periphrastisches χράομαι ist bei Philostratos sehr häufig, vgl. Schmid, Attic. 4, 244. – Aristodemos aus Karien: Dieser Kunstschriftsteller ist uns weiter nicht bekannt; er schrieb wohl in Art der Kunstschriftsteller der Diadochenzeit wie Antigonos, Adaios, Polemon. Daß Philostratos den Mann nennt, soll vielleicht zeigen, daß er auch anders (nämlich kunsthistorisch), schreiben könnte, als er es tut. Es ist schwierig, zu sagen, ob Philostratos den Aristodemos in seinem Hause hatte (so Münster, Phil. 514) oder selbst bei ihm wohnte (so die Übersetzung bei Westermann: in cuius ego picturae causa per quadriennium hospitio fui), so daß er der gleich erwähnte Gastfreund (4) wäre (so Kalinka); ich habe neutral übersetzt. – Eumelos: Dieser Künstler hatte ein Bild der Helena gemalt, das Philostratos (Vit. Soph. 76, 31) erwähnt; sonst wissen wir nichts von ihm. – ὁ λόγος δὲ οὐ περὶ ζωγράφων: Nach Matz (II 597, A. 11) scheint ein Hinweis darauf nötig, daß es sich hier nicht um die Maler der Galerie handelt. – ὁμιλίας ... ξυντιθέντες: Philostrat benutzt die bekannte Form des philosophischen Lehrvortrages mit dialogischer Einkleidung, und um sein Rivalisieren mit der alten Feindin der Rhetorik, der Philosophie, augenfällig zu machen, nennt er seine Dialexis mit dem von alters her bei den Philosophen üblichen Ausdruck für belehrende Vorträge, Homilien (vgl. Vit. Ap. 3, 15 A; Schmid, Attic. 4, 367); so benützt er auch im Heroikos die Form des philosophischen Dialoges (Münscher, Phil. 514). – ἀφ' ὧν ἑρμηνεύσουσι: Die Bildung von Sprache, Ausdruck und Stil ist ein Hauptanliegen des Sophisten; das Verbum ἑρμηνεύειν meint hier allerdings zuerst das engere „(Bilder) deuten und beschreiben" (vgl. Pr. 5 M ἑρμηνεύειν τὰς γραφάς); im weiteren Sinne ist darunter die Pflege des Stiles mitverstanden. Jedenfalls zeigt die Stelle, daß dem Schriftsteller jede Absicht fern liegt, Kunstbeschreibung um des Kunstwerkes willen zu geben (Friedl. 89). – In den Eikones kommt, wie auch im Heroikos, nur das Verbum simplex ἑρμηνεύειν vor (Fertig 15). – τοῦ δοκίμου: damit ist die „Trefflichkeit des Ausdrucks" gemeint (Friedl. 89, 1).

4. τουτωνί: Philostratos setzt das deiktische Iota fast nur aus euphonischen Gründen, also beinahe nur vor konsonantischem Anlaut (Schmid, Attic. 4, 68 f.; Ausnahmen: 1, 19, 4 οὐτοσί ἐκ; 2, 33, 1 E). Es scheint, daß er dabei eine Regel befolgt, wie sie Dionys. Hal., De comp. verb. 6 gibt.– Die Spiele in Neapel wurden wohl seit Ankunft der ersten griechischen Kolonisten alljährlich gefeiert (zu Ehren der Stadtgöttin Parthenope); sie wurden im Jahre 2 v. Chr. zu einer vierjährigen Feier umgestaltet, deren gymnisch-musische Wettkämpfe zu Ehren des Augustus und seiner Stammutter Aphrodite sich über mehrere Tage erstreckten und mit den angesehensten Spielen Griechenlands wetteiferten. Die Anwesenheit des Sophisten in Italien wird bestätigt durch Eikon. 2, 17, 5. Der Vesuv und Neapel werden bereits Heroik. 1, 1 E erwähnt. – ἀστικοί: Das Wort ist von Philostratos zuerst gebraucht. – πέντε ὀροφῶν: Die Übersetzung und die oben in Cap. 7 der Einleitung gegebene Erläuterung sind zuversichtlicher, als die Sache erlaubt. Entweder war es eine Halle, die in 5 Teilen (Terrassen, jeweils zurückgesetzten Stockwerken) angeordnet war und jeweils hinter dem Säulengang Räume hatte (vgl. Hdt. 1, 180, 3 über Babylon: τὸ δὲ ἄστυ αὐτὸ ἐὸν πλῆρες οἰκιέων τριορόφων καὶ τετρορόφων), oder eine einzige Halle lag „4 oder 5 Dächer hoch", über 4 oder 5 Dächern, also etwa auf der 5. oder 6. Terrasse von Neapel (so Kalkmann, Ekphr. 412, 1), was ich aber nicht glaube. Die einzelnen Räume mußten möglichst viel Licht haben, und dies bot die Terrassenbauweise; freilich ist man dann gezwungen, den Singular „Halle" für die vier- oder fünffach geteilte Einheit hinzunehmen. Die Unschärfe der Zahl erklärt Lehmann-Hartleben 40: Da Philostratos die 2 Stilleben und 8 weitere Bilder zum ursprünglichen Bestand gefügt hatte, mußte er im Ausdruck ungenau sein; in Wirklichkeit seien es 5 solcher Einheiten gewesen. – Τυρρηνικὸν πέλαγος: Τυρσηνός steht bei Philostratos (1, 19, 2 E) neben Τυρρηνός. – ἤνθει γραφαῖς: Lukian. de domo 1 οἶκον … γραφαῖς ἀνθηρότατον. – ἐνηρμοσμένων … πινάκων: vgl. Plin., nat. 35, 27 Augustus in curia … duas tabulas impressit parieti. – οὐκ ἀπαθῶς ist gegen Reiske und Thiersch zu halten; es bedeutet „ohne Stumpfsinn, mit empfänglichem Sinn". – ἐπίδειξιν ποιησόμεθα: fast synonym zu μελέτας ποιεῖσθαι. – Der Typ der Einleitung ist entfernt mit der Tafel des Kebes

vergleichbar, wo ein Greis eingeführt wird, der das Bild erklärt.

1, 1 Skamandros

Zu 1, 1: Bad. 16f.; F I 82f., 183, 1; B I 192, 260, 286; II 90; M I 112f.; Nem. 15f.; St. 22; Gst. 74.

Das Bild: Weite Ebene; im Hintergrund die Stadt Troja. Gleißendes, goldfarbenes, übernatürliches Feuer in der Ebene und im Flußbett, an dessen Uferhöhen die Bäume verbrannt sind. Mitten im Flußbett Hephaistos dahineilend, während ihn der schmerzbewegte (etwa halb herausragende) Flußgott, dessen Haare versengt sind, anfleht (vielleicht mit flehend erhobenen Händen).

Goethe 68: Skamander; das Gewässer durch Vulcan ausgetrocknet, das Ufer versengt, um Achill zu retten. – Goethe 79: In schneller Bewegung stürmt aus der Höhe Vulkan auf den Flußgott. Die weite Ebene, wo man auch Troja erblickt, ist mit Feuer überschwemmt, das, wassergleich, nach dem Flußbette zuströmt. Das Feuer jedoch, wie es den Gott umgibt, stürzt unmittelbar in das Wasser. Schon sind alle Bäume des Ufers verbrannt; der Fluß, ohne Haare, fleht um Gnade vom Gott, um welchen her das Feuer nicht gelb wie gewöhnlich erscheint, sondern gold- und sonnenfarben.

1, 1, 1 ὦ παῖ: Die Anrede bildet den Übergang vom Prooimion, an dessen Ende von dem Knaben die Rede war. – ἔζη: vgl. Hom. Il. 21, 365 ζέε. – νοεῖ: in den Handschriften steht νοεῖς durch irrige Verdoppelung des folgenden Sigma (Kal.). – ἀπόβλεψον: Der Junge soll vom Bild vorerst wegschauen, um sich die homerische Szene zu vergegenwärtigen, mit der Philostratos das Bild vergleicht. Schon diese Stelle zeigt, wie fern dem Rhetor eine Fiktion (!) nach (!) Homer liegt. – οἶδε: Hier und an anderen Stellen (z. B. 2, 21, 4 E) bedeutet εἰδέναι nicht „sagen", sondern „anzeigen" (vgl. Schmid, Attic. 4, 415f.). – πολὺν καὶ ἄκρατον: Nach Homer, Il. 21, 333 πιφαύσκεο δὲ φλόγα πολλήν.

1, 1, 2 ὅρα δή: Der Rhetor zeigt genau an, wo die eigentliche Beschreibung beginnt. – κρήδεμνα: Nach Homer, Il. 16, 100 Τροίης ἱερὰ κρήδεμνα. – κατὰ τοῦ πεδίου: Nach Homer, Il. 21, 343 πρῶτα μὲν ἐν πεδίῳ πῦρ δαίετο. – περὶ τὰς ὄχθας: nach Homer, Il. 21, 337 σὺ δὲ Ξάνθοιο παρ' ὄχθας δένδρεα καῖ'. Weitere homerische Einzelheiten: Il. 21, 350f.; 356f.; 361; 365. „Die hohe mit Mauerzinnen gekrönte Stadt Ilios, das weite Blachfeld, durch welches der Feuerstrom sich wälzte, das seiner Baumeinfassung durch die Glut beraubte Flußbett, sie bildeten ein eigentümliches landschaftliches Ganze, welches, als solches in bewegte Handlung versetzt, wohl einzig in seiner Art war" (Woermann 229). – ὡς μηκέτι δένδρεα εἶναι: Zur Darstellung der Bäume s. Steinmann 23. Daß Hephaistos nicht (oder nicht häßlich) hinkt, ist auch sonst nicht unerhört, vgl. Cic., nat. deor. 1, 83 über den Hephaistos des Alkamenes; auch der Hephaistos des Euphranor hinkte nicht: (Dio Chrysost.) Korinthiak. (37) 305, 21 (Dind.): τί γὰρ ἀρτίπουν, ὥσπερ τὸν Εὐφράνορος Ἥφαιστον; – οὐ ξανθόν: Will der Rhetor sagen, das Feuer sollte im Kampf mit Xanthos auch dessen Farbe annehmen? – οὐδὲ τῇ εἰθισμένῃ ὄψει: Dieser Dativ kommt fast einem lateinischen abl. qual. gleich (Schmid, Attic. 4, 59); ähnlich 2, 32, 3 A ὄμμα ἀμφοτέρῳ τῷ ἤθει.

Aufbau der Beschreibung: Zuerst ein allgemeiner Blick auf das Bild (mit Angabe eines bemerkenswerten Zuges), dann die kurze Erzählung der Mythe, dann die Beschreibung.

Zum Bild: Hochbewegtes Bild vom Kampf zweier Elemente und zweier Götter vor dem Hintergrund des weiten Blachfeldes und der ragenden Stadt. Zugleich Darstellung eines Sieges und des Flehens des Besiegten. Die Einwirkung des Göttlichen wird auch in der Farbe sichtbar. – Der Gegenstand des Bildes (von Goethe zur „Hochheroischen Gattung" gezählt) stammt aus Homer, Ilias 21, 305ff. (vgl. auch Lukian, Dial. Mar. 11). Der Maler stand Homer offensichtlich frei gegenüber, und so bemerkt der Rhetor mit Recht, manche Züge gehörten nicht mehr Homer. „Hätte der Rhetor, wie seine Gegner annehmen, nicht ein wirkliches Bild gesehen, sondern nur der homerischen Schilderung nachgeschildert, so würde er sich die prächtige Ausführung des Dichters (= Homers über die Landschaft) nicht haben entgehen lassen. Zudem ist zu bemerken, daß von den bei Homer erwähnten verbrannten Leichen bei Philostratos nicht die Rede ist, während er doch sonst seine Freude am Grausigen hat. Auch wird Hera, die bei Homer vom Flußgott angerufen ist, nicht genannt usw., alles Dinge, die dem Maler, nicht aber dem Rhetor störend waren" (Steinmann 22). – Ein Bild des Gottes Skamandros findet sich schon auf einem homerischen Becher: Der Gott sitzt vor einem durch vier hohe Stengel angedeuteten Schilfgebüsch und beobachtet einen Zweikampf (Robert, Carl, Zwei homerische Becher, Jahrb. d. dt. arch. Inst. 34, 1919, 66 und Tafel 5). Besonders wichtig die Illustration im Mailänder Iliascodex bei A. Mai, Homeri Iliados picturae antiquae ex codice Mediolanensi bibliothecae Ambrosianae, Rom 1835, Taf. 52 und 53. Vgl. ferner Waser, RE 6, 2812; Wörner, Roscher 4, 986f.

1, 2 Komos

Zu 1, 2: Heyne 26f.; F I 152f., 183, 1; B I 192, 260, 286, 278; II 32; M I 53, 61f., 98, 129; St. 23f.; Gst. 24f.; Lesky, Bi. 41f.

Das Bild: Dunkel. In der Vorhalle eines Hauses lehnt an vergoldeter Tür schlummernd ein zarter Jüngling, das mit Rosen bekränzte Haupt zur Brust gesenkt, das Gesicht im Schatten des Kopfes. Die linke Hand faßt nur noch unsicher den Speer, die Rechte hält lose eine gesenkte Fackel nach links, durch das vorragende (linke) Knie weggeschoben, um die Flamme zu meiden. Die Fackel beleuchtet besonders den Unterteil des Körpers. Im Dunkel des Hintergrundes schwärmen bekränzte Frauen und Männer mit gesenkten Fackeln; einige klatschen mit der rechten in die linke Hand.

Goethe 76: Nächtlicher Schmaus; unschätzbares Bild, schwer einzuordnen.

1, 2, 1 Es ist kein Gewicht darauf zu legen, daß der Titel in F fehlt; er ist auch 1, 5. 9. 10 an den Rand geschrieben, 1, 29 in Rasur (Kal.). – Θαλάμου θύραις χρυσαῖς: Vergoldete Türen werden erwähnt Hesiod, Herc. scut. 271 f. – ἐφέστηκεν [ἐν]: Reiske; sehr zu bedenken. – βραδεῖα δὲ ἡ κατάληψις: vgl. 1, 6, 1 E βραδύνει σοι τοῦτο; – αὐτῶν: auf die Türe zu beziehen; es müssen sehr reiche Leute sein. Der Dämon steht in (vor?) der Türe eines Brautgemaches. So steht auch auf der Schwelle des Thalamos in der Aldobrandinischen Hochzeit eine göttliche Gestalt, für die sich die Bezeichnung Hymenaios eingebürgert hat. Bei Philostratos ist aber weder Hymenaios dargestellt, noch ein Türhüter (Vgl. Pollux 3, 42 καλεῖται ... θυρωρός, ὃς ταῖς θύραις ἐφεστηκὼς εἴργει τὰς γυναῖκας τῇ νύμφῃ βοώσῃ βοηθεῖν Türhüter wird der genannt, der an der Türe steht und die Frauen daran hindert, der rufenden Braut zu Hilfe zu eilen).

1, 2, 2 AM τῆς δειρῆς ἐκφαίνων οὐδέν: das Haupt ist so tief gesunken, daß vom Hals nichts mehr zu sehen ist. δειρή ist übrigens reiner Ionismus (vgl. 2, 6, 4 A). – προβολίῳ: Umstrittene Stelle; es ist zwar nicht bündig zu beantworten, wozu Komos der Speer dient, doch ist der Text mit Heyne (26) und Jacobs (Excercit. 2, 73) zu halten. Unter anderen Jagdgeräten (vgl. Xen. Venat. 10, 3) sind 1, 28, 5 A Probolia genannt, und die Parallele zur Haltung des Narkissos ist zu deutlich (1, 23, 4 A). Ebensolche Haltung zeigt Endymion bei Lukian, Dial. deor. 11, 2 ἐμοὶ μὲν καὶ πάνυ καλὸς δοκεῖ ... ὅταν ... καθεύδῃ τῇ λαιᾷ μὲν ἔχων τὰ ἀκόντια. Lindau erklärt recht anmutend, der Speer sei dem Komos als „Sicherungsmittel" und „als Zeichen höherer (dionysischer!) Trunkenheit" zugeteilt. Zur Form des Speeres vgl. Hesych προβόλιον· σιβύνη, ἔχουσα μετὰ τὴν ἀκμὴν προβολάς· ἢ σπυρίς. – Die Wiener Herausgeber lesen προλοβίῳ (Ohrläppchen) und erklären: auriculae manu admota, ut solent qui stantes dormiunt, wobei sie einer Coniectur Furtwänglers folgen. Lesky (Bi. 42) schloß sich an: Komos stehe in der Tür, auf der Schwelle, lehne mit dem linken Oberarm am Türpfosten, und die Hand ruhe leicht am Ohrläppchen. Ich kann nicht glauben, daß ein halb Schlafender seine Hand so hält. – Einen anderen Versuch machte Welcker, der das Wort als „Kleidungsstück" verstand; ihm folgend wollte A. Brückner, Ath. Mitt. 32, 1907, 89 die Überlieferung halten und bezog das Wort – ganz abwegig – auf jenes Tuch, das auf dem Brautlager das testimonium matrimonii consummati aufnehmen sollte. – ἐπέχων: „haltend an"; diese Verwendung des Wortes ist „mehr poetisch" (Schmid, Attic. 4, 165). – τὸ εἰωθός: vgl. 1, 29, 2 M γέγραπται δὲ πτηνὸς μὲν τὸ εἰωθός. – Ein eigenes Problem ist die Stellung des Komos. Ich setze voraus, daß die Spitze des linken Fußes auf einer Stufe o. ä. ruht, die höher ist als die Sohle des rechten Fußes. Lindau nimmt an, daß Komos das rechte Bein auf eine Stufe der Halle erhoben hat, um so die rechte Hand mit der Leuchte von sich ab auf dem rechten vorgerückten Knie ruhen zu lassen. Lesky, Bi. 41, 2 sagt, vielleicht wolle Philostratos ausdrücken, daß die fackeltragende Hand „von dem Knie des vorgekreuzten Beines seitlich abgesetzt ist. Aber Friedländers ἐφιστάς hat viel für sich."

1, 2, 5 Heyne und Matz (I 59) nahmen an, dieser Teil der Beschreibung sei von Philostratos erfunden, womit sie sicher unrecht haben. Der Künstler zeigt die Hochzeitsgesellschaft, die noch feiert und den Hymenaios singt, während das Brautpaar sich schon zurückgezogen hat. Man sieht wohl durch die Propylaia ins Freie oder einen Hof, wo der Komos der Gäste sein Wesen treibt; die Beleuchtung ist sehr schwach dort, und zugleich spielt die ganze Szene im Mittel- oder Hintergrund, weshalb die Beschreibung recht allgemein bleibt. – ἡμῖν μὴ ὁρᾶσθαι: „Wir", die Betrachter (Philostratos und seine Umgebung) können nicht gesehen werden, während die Schwärmenden im Licht der Lampen sind. – καὶ γύναια μετ' ἀνδρῶν ἵεται: vgl. καὶ γυναῖκες ἀκάλυπτοι ... τοῖς ἀνδράσι συν ... Archiv für Papyrusforschung 14, 1941, Z. 60f. im Berliner Philostrat-Papyrus. – ὑπόδημα κοινὸν ἔχουσι: Wenn die Lesart des Bruxell. 11182 stimmt, ist darauf angespielt, daß männliche und weibliche Schuhe verschieden waren; ἔχουσι ist dann auf ein zu ergänzendes Subjekt und „die Schwärmer" zu beziehen, nicht auf γύναια. – Zu καὶ ζώννυται παρὰ τὸ οἰκεῖον: Winckelmann, Geschichte der Kunst 6, 1 (Werke 4, 346) erklärt die Stelle: „Die Männer hatten wie die Weiber den Gürtel unter der Brust liegen." – θῆλυν ἐνδῦναι στολήν: nach Eurip. Bakch. 836 θῆλυν ἐνδῦναι στολήν. – Zur Sache vgl. Plut., Dec. orat., Vit. Demosth. 847 E φασὶ δέ τινες καὶ ἀσώτως αὐτὸν βιῶναι γυναικείοις τ' ἐσθῆσι χρώμενον καὶ κωμάζοντα. – Das Wort ἀνδρίζεσθαι erklärt Jacobs (kaum richtig) als „sich den Männern zugesellen". – Die Gesellschaft der Feiernden versteht sich vielleicht als Chor der Mädchen und Jünglinge, die den Hymenaios zu nächtlicher Stunde singen (Lesky, Bi. 44). So erklären sich die Gestalten (oder ist es nur eine?), die mit den Händen Takt schlagen, als Angehörige (oder Führer?) des Chores, die den Gang des Liedes in Ordnung halten. Die Stelle ist nachgeahmt von Aristainetos I, 10 ἕτερος δὲ τοῖς ᾄσμασιν ἐπεκρότει καὶ ἡ δεξιὰ τοῖς δακτύλοις ὑπεσταλμένοις ὑποκειμένην τὴν ἀριστερὰν ἔπληττεν εἰς τὸ κοῖλον, ἵν' ὦσιν αἱ χεῖρες εὔφωνοι συμπληττόμεναι τρόπον κυμβάλων.

Aufbau der Beschreibung: Zuerst Beschreibung des Komos, mehrfach durch kleine Abschweifungen aufgelockert (1–4). Dann (ab 5) die Schwärmenden; beiden gemeinsam ist der Kranz, jeweils gegen Ende der Beschreibung. Als Abschluß ein akustischer Effekt.

Zum Bild: Das Bild zeigt die Göttergabe des beschwingten, weinseligen Schwärmens und den Übergang davon zu sanftem Schlaf im Bilde des Jünglings, der ansteckendes Wohlbefinden und auch ein wenig Schalkhaftigkeit ausstrahlt. Den „Chor" (Thiasos) dieses kleinen Gottes bilden die Schwärmenden im Hintergrunde. Komos kennt auch Ziel und Folge des Schwärmens; daher hat er sich abgesondert und bewacht den Schlaf des reichen Paares. Die nächtliche Stimmung ist so von drei Kräften spannungsreich durchwaltet: dem ausgelassenen Schwärmen, der Ruhe des Paares, der überlegenen Teilhabe des Gottes an beidem. – Goethe hat dieses Bild als Zugabe in die Klasse der See-Wasser- und Landstücke versetzt mit der Bemerkung „schwer einzuordnen". Dies trifft auch für die Erklärung seiner Titelgestalt zu. Heyne (28) und Zoega nahmen an, Philostratos habe die Hauptgestalt des Bildes falsch aufgefaßt. Es sei nicht Komos, sondern der Gott des Schlafes (Hypnos). Welcker verteidigte den Sophisten: Sowohl seien die anderen Figuren auf dem Bild gemalt gewesen (was Heyne geleugnet hatte), wie auch Komos wirklich dargestellt sei. Er sei eben eine allegorische Figur wie Palaistra (2, 32) oder Methe (Nonnos, Dionys. 19, 21 ff.). Lindau schloß sich dieser

Erklärung an und wies darauf hin, daß die Kennzeichen des Dämons, z. B. die wider Willen entgleitende Fackel und die Schlaftrunkenheit, ihn sattsam so von Hypnos wie von Hymenaios (so später Brunn I 278) unterscheiden. Steinmann sah in der Annahme, daß Philostratos den Maler in seiner Deutung der Titelfigur mißverstanden habe, den Beweis für die Existenz des Bildes. Er hielt den Komos für einen Teilnehmer am schwärmenden Zuge. Kalinka – dem ich mich anschließe – erklärt: Komos ist Verkörperung des ausgelassenen, fröhlichen Umzuges, wie er 1, 2, 5 geschildert wird. Er hat sich aber von der lustigen Schar getrennt, um den Türwächter des Brautpaares zu spielen. Komos findet sich auch 1, 25, 3 E, wo er mit Gelos verbunden ist; auch 1, 2, 5 wird von vielem Lachen gesprochen. Da Kalinka die Überschriften der Bilder auf den Maler zurückführt, sieht er in der Überschrift „Komos" einen weiteren Beweis für die richtige Deutung durch den Rhetor. Eine besonders weitgehende Deutung der Stelle gibt Lesky (Bi. 44 ff.): Die Gestalt sei nicht Komos, sondern Hymenaios; Philostratos habe aber das Bild nicht unabsichtlich mißverstanden, sondern es liege hier ein Sophistenkunststück besonderer Art vor, indem Philostratos – dem Leser nachprüfbar – eine absichtliche Umdeutung der Gestalt gegeben habe: „Der gelehrte Autor kann und will nicht allein in die Einzelzüge der Gemälde vieles hineindeuten, was nicht in ihnen ist, er kann, wenn er will, auch ein ganzes Bild umdeuten, ihm den Sinn aufzwingen, der ihm beliebt. Darum auch die nachdrückliche, förmlich hastige Versicherung in den allerersten Worten, daß dieser Dämon der Komos ist und nicht das – so fügen wir hinzu –, was ein unbefangener Beobachter etwa aus dem Bilde schließen würde. Und der mögliche Einwand, daß es sich doch um Hochzeitliches handelt, wird dadurch abgeschnitten, daß Thalamos und Nymphioi mit aller Selbstverständlichkeit miterwähnt und doch gleichzeitig übergangen werden. Nicht um ein Mißverstehen handelt es sich, sondern um ein mit allem Raffinement vorgebrachtes Paradestück sophistischer Deutungskunst." – Welcker 213 f. erwähnt Darstellungen des Komos (?!), ein sicheres Bild des Komos aber findet sich überhaupt nicht (trotz Steinmann 25), vgl. Lamer, RE 11, 1300 ff. (vielleicht zu skeptisch); vgl. nun bes. das Mosaik in Antiochia, Levi I, 50 f. – Die nächtliche Beleuchtung hat die alte Kunst mehrfach wiedergegeben, einmal auf einem Neapler Relief bild (Brunn-Bruckmann 629, 1), aber auch in der römischen Malerei (Helbig, Wandmalerei 351; dort auch Ausführungen über die Wirkung des Fackellichtes; s. auch 363 f.); B I 230 erinnert an Lichteffekte, wie wir sie von dem feueranblasenden Knaben des Antiphilos (Plin. nat. 35, 138) annehmen müssen. Weitere Nachtstücke in den Eikones: 2, 10. 29.

1, 3 Die Fabeln

Zu 1, 3: B I 199; II 31; M I 56 Anm., 135; St. 25 f.; Gst. 146.

Das Bild: Aisopos sitzt da, blickt lächelnd zur Erde und ersinnt eine Fabel; ihn umringen die Fabeln in Tier- und Menschengestalt, um ihn zu bekränzen.

Goethe 74: Aesop; die Muse der Fabel kommt zu ihm, krönt, bekränzt ihn, Tiere stehen menschenartig umher. – Goethe 145: So wie die Tiere zum Orpheus kamen, um der Musik zu genießen, so zieht sie ein anderes Gefühl zu Aesop, das Gefühl der Dankbarkeit, daß er sie mit Vernunft begabt. Löwe, Fuchs und Pferd nähern sich. Die Tiere nahen sich zu der Türe des Weisen, ihn mit Binden und Kränzen zu verehren. Aber er selbst scheint irgendeine Fabel zu dichten; seine Augen sind auf die Erde gerichtet, und sein Mund lächelt.
Der Maler hat sehr weislich die Tiere, welche die Fabel schildert, vorgestellt, und gleich als ob es Menschen wären, führen sie einen Chor heran, von dem Theater Aesops entnommen. Der Fuchs aber ist Chorführer, den auch Aesop in seinen Fabeln oft als Diener braucht, wie Lustspieldichter den Davus.

1, 3, 1 Aisopos: Philostratos widmet noch die Stelle Vit. Ap. 5, 14 A dem Aisopos: τὸν δὲ δὴ Αἴσωπον τί ἡγῇ; μυϑολόγον, εἶπε, καὶ λογοποιὸν πάντα κτλ. – Für uns wäre besonders wichtig zu wissen, ob Aisopos auf dem Bild häßlich dargestellt war, wie man ihn häufig dachte (dazu Hausrath, RE 6, 1714 f.). – Kalinka: Aisopos, von Geburt ein Sklave, lebte vor der Mitte des 6. Jahrhunderts v. Chr. wahrscheinlich in Phrygien. Zuerst hat Demetrios von Phaleron Ende des 4. Jahrhunderts v. Chr. 100 aisopische Fabeln aufgezeichnet. Erhalten sind uns zwei umfangreiche Sammlungen, die, erst später entstanden, nur zum kleineren Teil auf Aisopos zurückgehen. Bekanntlich hat Lessing eine Abhandlung über die Fabel geschrieben und selbst Fabeln gedichtet. Älter als Aisopos waren nicht nur Homer und Hesiod, sondern auch Archilochos, der als Erfinder der Fabel gelten kann. Er lebte in der ersten Hälfte des 7. Jahrhunderts und gehörte einem Adelsgeschlecht der Insel Paros an. Von entscheidender Bedeutung für sein Leben wurde seine Liebe zu Neobule, der Tochter des Lykambes, der gleichfalls dem parischen Adel angehörte. Seine Liebe schlug in Haß um, als sie ihm verweigert wurde. Den Tod fand er in der Schlacht. Obwohl uns von ihm nur Bruchstücke erhalten sind, kennen wir doch einige seiner Fabeln, so vom Fuchs und vom Adler, vom Affen und vom Fuchs, vom Affen als König. In den zwei großen Epen Homers finden sich noch keine Fabeln, wenn man nicht Ilias 19, 407 ff. dazu nehmen will, wo das Pferd Xanthos, von der Göttin Hera plötzlich mit Rede begabt, dem Achilleus frühen Tod voraussagt; doch ist der Froschmäusekrieg, den Philostrats Zeit schon dem Homer zuschrieb, ein Tierepos und kann deshalb den Fabeln angenähert werden. Hesiod erzählt in den Erga 202 ff. die Fabel vom Habicht und von der Nachtigall .– Über Archilochos und die Fabel s. Hausrath, RE 6, 1706.

ἐκμεμύθωται: ἐκμυθοῦν „zu Mythen machen"; das Wort ist von Philostratos zuerst gebraucht. – λόγου … λόγου ἕνεκεν: das Wortspiel ist unübersetzbar. – Zu den Tieren: Löwe und Fuchs wurden als das stärkste und das schlaueste Tier mit Vorliebe in den Fabeln einander gegenübergestellt, in demselben Sinn von dem fabelfreudigen Volk der Inder Löwe und Schakal. Von der Schildkröte sind uns mehrere aisopische Fabeln erhalten: da sie zur Hochzeit des Zeus nicht erschien, bestrafte er sie damit, daß sie ihr Haus mit sich schleppen muß; die Schildkröte, die fliegen lernen wollte, läßt der Adler in die Tiefe fallen; Wettlauf zwischen Schildkröte und Hasen (Kalinka). – Die Tiere der aisopischen Fabeln weist der Index in Hausraths Ausgabe (Leipzig 1956; Bd. 1, Fasc. 2, 187 f.) nach.

1, 3, 2 Der Eingang εὐδοκιμοῦντες ... φοιτῶσιν zeigt an, daß nun die eigentliche Beschreibung beginnt. – ὑφαίνει μῦθον: Vgl. Hom., Il. 3, 212 ἀλλ' ὅτε δὴ μύθους καὶ μήδεα πᾶσιν ὕφαινον. Mit Worten dieser Stelle ist auch im folgenden die Haltung des Aisopos beschrieben: (Odysseus) στάσκεν, ὑπαὶ δ' ἴδεσκε κατὰ χθόνα ὄμματα πήξας (216f.).

Ein schweres Problem bildet die Gestalt der Tiere. Jacobs und Welcker nahmen an, die Fabeln seien Kindergestalten mit den Zeichen der Tiere (Fellen, Hörnern usw.), die sie darstellen sollen. Steinmann will in ihnen Mischgestalten von Mensch und Tier sehen, und dazu neige auch ich, besonders wegen der Parallele 2, 2, 4 A ἵππον ἀνθρώπῳ συμβαλεῖν (vom Kentauren) mit 1,3,2 ME θηρία γὰρ συμβάλλουσα ἀνθρώποις. Olearius wies mit Recht darauf hin, daß Philostratos sagt τὰ τῶν μύθων σώματα, während er bei Menschen mit Masken usw. gesagt hätte τὰ τῶν μύθων πρόσωπα. – Der Fuchs als Chorführer: Tatsächlich erscheint der Fuchs besonders häufig in den aisopischen Fabeln: Fuchs vor der Löwenhöhle; Adler und Fuchs; Fuchs und Rabe; Fuchs und Storch.

Aufbau der Beschreibung: Zuerst ein allgemeiner Blick auf das ganze Bild, dann eine Art von sophistisch-gelehrtem Excurs über Aisopos und die Fabeln; schließlich die Beschreibung des Dichters und der ihn umringenden Fabeln.

Zum Bild: Aisopos ist die Verkörperung überlegener Weisheit; er strahlt Humor und Güte aus, hier besonders gegenüber der stummen Kreatur, der er durch Aufnahme in die Fabel die Teilhabe an Geist, Sprache und Sinn verliehen hat. Daher können die Tiere auch dankbar sein, zu ihm kommen und seinen Thiasos bilden. Aisopos aber lenkt sie durch seine Seelenstille zu Ordnung und Ruhe. Seine eigene Feier ist mehr innerlich, ist Produktivität, Ersinnen neuer Gebilde. – Ohne Zweifel hat Philostratos ein solches humoristisches Bild gesehen; eine Karikatur des frühklassischen Stiles auf Vasenbild bringt Pfuhl 3, 182; Abb. 495; vgl. Pfuhl 1, 527. – Steinmann 26 erwähnt eine Bronzegruppe (Abh. d. Bln. Akad. 1911, Taf. 13, 3; Text S. 43; vgl. Hermes 48, 1913, 318), die so beschrieben wird: Figuren tanzen aufrecht auf plumpen Beinen; die Arme, zu formlosen Stümpfen verkümmert, sind weggestreckt... Dar-

auf sitzen ineinandergeschoben mächtige Widderköpfe mit
weitgeöffneten Mäulern und hervorquellenden Augen. – Ver-
wandlungen und Mischgestalten gab es auch sonst, vgl. Overbeck, Galerie heroischer Bildwerke, Taf. XXXII, 3 und 5.
Weitere Beispiele bei Steinmann 27. – Einen nachsinnenden
Tragödiendichter hatte Protogenes gemalt (Plin. nat. 35, 106);
Marmorbilder mit sitzenden, nachdenkenden Dichtern finden
sich mehrfach.

1, 4 Menoikeus

Zu 1, 4: Toelken 24; F I 55 f., 72, 4; 183, 1; B I 197, 199,
220 f., 226, 243; II 84; M I 50, 4; 64; 69, 2; 78, 93, 106 f.; II
605; Boug. 216; Bertr. 185; St. 27 f.; Gst. 61 f., 160.

Das Bild: Im Hintergrund die Stadt Theben mit sieben
Toren; die Mauern sind umgeben von einer eng geschlossenen
Heeresmasse. Die Gestalten der Krieger überdecken sich und
werden zugleich perspektivisch gegen die Tiefe des Hintergrundes hin verkleinert. Ein Heerführer, Amphiaraos, naht in
gedrückter Stimmung, (fünf) andere erheben die Hände zum
Himmel. Einer aber, Kapaneus, mißt mit dem Auge die Er-
steigbarkeit der Mauer. Im Vordergrund ein schöner, kräftiger
Jüngling mit gebräunter Hautfarbe und mäßig langem Haar,
(wohl) nackt, vor einer Höhle. Er hat sich das Schwert in die
Seite gebohrt, aus der bereits Blut fließt, und bricht zusammen.

Goethe 68: Menöceus, sterbender Held, als patriotisches
Opfer. – Goethe 79: Ein tüchtiger Jüngling ist vorgestellt, aufrecht noch auf seinen Füßen; aber ach! er hat mit blankem
Schwert die Seite durchbohrt, das Blut fließt, die Seele will
entfliehen, er fängt schon an zu wanken und erwartet den Tod
mit heitern, liebreichen Augen. Wie schade um den herrlichen
jungen Mann! Sein kräftiger Körperbau, im Kampfspiel
tüchtig ausgearbeitet, bräunlich gesunde Farbe. Seine hoch-
gewölbte Brust möchte man betasten, die Schultern sind stark,
der Nacken fest, nicht steif, sein Haarwuchs gemäßigt: der
Jüngling wollte nicht in Locken weibisch erscheinen. Vom
schönsten Gleichmaß Rippen und Lenden. Was uns, durch

Bewegung und Beugung des Körpers, von der Rückseite sichtbar wird, ist ebenfalls schön und bewundernswürdig.
Fragst du nun aber wer er sei? so erkenne in ihm Kreons, des unglücklichen Tyrannen von Theben, geliebtesten Sohn. Tiresias weissagete, daß nur, wenn er beim Eingang der Drachenhöhle sterben würde, die Stadt befreit sein könne. Heimlich begibt er sich heraus und opfert sich selbst. Nun begreifst du auch, was die Höhle, was der versteckte Drache bedeutet. In der Ferne sieht man Theben und die Sieben, die es bestürmen. Das Bild ist mit hohem Augpunct gemalt, und eine Art Perspective dabei angebracht.

1, 4, 1 Zur Handlung: Eteokles und Polyneikes, die Söhne des Oidipus und Brüder der Antigone (2, 29) sollten in Theben die Herrschaft abwechselnd ausüben; sie gerieten aber in Streit, und Polyneikes zog mit sechs Heerführern gegen Theben. Später fielen die beiden Brüder im Zweikampf um die Stadt. Amphiaraos (1, 27), ein berühmter Wahrsager (und alter Unterweltgott; berühmtes Heiligtum bei Oropos an der attisch-boiotischen Grenze), ist bedrückt, weil er sein Ende ahnt: als er auf der Flucht vor einem Gegner ist, spaltet Zeus die Erde vor ihm, und er fährt mit Pferd und Wagen in die Tiefe. – Kapaneus, ein Verächter der Götter, wurde von Zeus mit dem Blitz getötet, als er unter vermessenen Reden gegen Zeus die Mauern Thebens mit Leitern zu ersteigen suchte (vgl. 2, 30) – Menoikeus opferte sich selbst, weil nach einem Seherspruch des Teiresias die Thebaner nur siegen konnten, wenn ein Abkomme der aus den Zähnen des thebanischen Drachen entsprossenen Männer bei der Drachenhöhle sterbe, wo Kadmos den Drachen, einen Sohn des Ares und der Erdgöttin, getötet hatte. Heyne (30) glaubt nicht, daß auf dem Bild alle sieben Tore sichtbar waren, ähnlich Matz (II 605); Nemitz (24) verteidigte den Rhetor: die sieben Tore sehe er freilich nicht, aber ihm falle eben, als er Theben erkannte, die Bezeichnung „Siebentorig" ein (z. B. Homer, Il. 4, 406), und so schmücke er seine Beschreibung etwas aus. Ich hoffe (unten) zu zeigen, daß Philostratos doch alle Tore sehen konnte.
Zu Amphiaraos: vgl. die Beschreibung des Amphiaraos bei Aisch., Sieben 566f. – Καπανεὺς δὲ τὰ τείχη βλέπει κτλ.:

vgl. Eur. Phoin. 180 f. ἐκεῖνος προσβάσεις τεκμαίρεται πύργων ἄνω τε καὶ κάτω τείχη μετρῶν.– 1, 4, 2: περιβάλλων τοῖς τείχεσι: Schol. Eurip. Orest. 362 Dind. περιβάλλειν· περιβάλλω τινά, ἀντὶ τοῦ περιπτύσσομαι· καὶ περιβάλλει ὁ θεὸς τὸν οὐρανὸν ἐν νεφέλαις, ἀντὶ τοῦ ἐνδύει· καὶ παρὰ Φιλοστράτῳ· περιβάλλων τοῖς τείχεσι ἄνδρας ὡπλισμένους, ἀντὶ τοῦ κύκλῳ τιθείς. – Zu ἀναλογία ταῦτα: Mit den Pronomina ταῦτα, τάδε, ἐκεῖνα, τοιαῦτα usw. wird bei Philostratos oft auf ein Nomen im Masculinum oder Femininum (meist im Singular) hingewiesen, ein Gebrauch, der schon bei Thukydides (z. B. 2, 41, 2) belegt ist (vgl. Schmid, Attic. 4, 104). – κλέπτεσθαι τοὺς ὀφθαλμούς: vgl. Vit. Soph. 7, 27 κλέπτων ἑαυτὸν ὀφθαλμῶν καὶ ὤτων „er machte sich unsichtbar, entzog sich den Augen"; vgl. Lindau z. St. – τοὺς ὀφθαλμοὺς συναπιόντας: Offensichtlich ist hier eine Art Perspektive gemeint (vgl. 2, 18, 4 E συναπιόν); zudem war wohl alles, was nicht zur Hauptfigur gehörte, in kleinerem Maßstab gehalten, und die Figuren im Hintergrund verschwanden wohl allmählich (B I 226).

1, 4, 3 Von dem Seher vor den Toren, Amphiaraos, geht der Rhetor über zu dem Seher in der Stadt, Teiresias. Dieser war gewiß nicht auf dem Bilde dargestellt, sondern ist wegen des Gegensatzes genannt. Philostratos zeigt aber deutlich an, wo seine Beschreibung weitergeht: 1, 4, 3 M ὅρα γὰρ τὰ τοῦ ζωγράφου. – Das Wort ἀμάντευτος „ohne Orakel" kommt in dieser Bedeutung zuerst bei Philostratos vor. – Zu τοῦ θάρσους: Philostratos hat regelmäßig θάρσος, das Verbum aber in beiden Formen, θαρσέω und θαρρέω (Schmid, Attic. 4, 12).

1, 4, 3 M οὐ λευκόν: Die weiße Hautfarbe bezeichnet die feine, helle Haut dessen, der zurückgezogen und im Schatten lebt. – τὸ τῶν μελιχρόων ἄνθος: Platon („der Sohn des Ariston") schreibt, Pol. 474 E μελιχλώρους (det. μελανχλώρους) δὲ καὶ τοὔνομα οἴει τίνος ἄλλου ποίημα εἶναι ἢ ἐραστοῦ ὑποκοριζομένου (Plut. Mor. 56 D zitiert die Stelle, schreibt aber μελίχρουν). Das Wort ist jedenfalls Kosewort für „schwarz", vgl. Lucret. 4, 1154 nigra μελίχροος est. Übrigens gehört der Ausdruck nicht nur der hohen Sprache an; die aegyptischen Steckbriefe aus der Ptolemaierzeit haben ihn öfters (Schmid,

Attic. 4, 194f.). – Zu οὐκ ἀτρέπτῳ τένοντι: vgl. 2, 15, 4
(Herakles) ἄτρεπτος μένει.

1, 4, 4 Menoikeus steht nicht in der Höhle, wie man schon
meinte, sondern außerhalb (wohl unterhalb) der Mauer; das
ist ein Beweis dafür, daß Philostratos nicht die Phoinissen des
Euripides ausschrieb, in denen sich der Held auf der Mauer
Thebens tötete (vgl. Stat. Theb. 10, 756), sondern ein Bild vor
sich hatte, das die Orte anders ordnete; vgl. Apollodor 3, 6, 7
ἑαυτὸν πρὸ τῶν πυλῶν ἔσφαξεν (Steinm. 29 gibt weitere Gesichtspunkte für die Selbständigkeit von Maler und Rhetor). –
Zum Ausdruck ἐφέστηκε τῇ χειᾷ vgl. Hom. Il. 22, 93 ὥς τε
δράκων ἐπὶ χειῇ. – Daß der Rhetor den Jungen auffordert,
das strömende Heldenblut mit dem Gewandbausch aufzufangen, bedeutet, daß dieses Gewand wie eine Reliquie aufbewahrt werden soll (wie später bei christlichen Märtyrern). – Zu
τετριγυίας: vgl. Hom., Od., 24, 5 ταὶ δὲ τρίζουσαι ἕποντο.
– Zu οἷον ὕπνον ἕλκοντι: vgl. 1, 11, 4 οἷον ἀκτῖνα ἕλκει und
1, 22, 2. – Selbstverständlich ist nur der Augenblick dargestellt, in dem der Jüngling zusammenbricht. Die Erzählung
der Handlung davor dient nur der Lebendigkeit der Beschreibung. Die Hörer haben zwar das Bild selbst vor Augen, aber
der Rhetor will alles noch lebendiger gestalten (Steinm. 28);
diesem Streben dient auch das Praesens und die Partikel ἤδη
(Gstader 62). Besonders lebendig auch die Aufforderung, das
Blut aufzufangen. – Vom Grabe des Menoikeus, auf dem ein
Granatapfelbaum wuchs, berichtet Paus. 9, 25, 1.

Aufbau der Beschreibung: Zuerst die Beschreibung Thebens und der Belagerer (Hinter- und Mittelgrund); dann Ein-
schub über das Orakel des Teiresias. Am Ende die kräftig
herausgearbeitete Titelfigur: Menoikeus.

Zum Bild: Mythenschwerer Hintergrund, lastende Angst
bei den Belagerern Thebens, Zurückhaltung in der Stadt.
Kapaneus, der Frevler, erkennt die Zeichen des Schicksals
nicht, Menoikeus, der fromme Held, begreift die Forderung
der Weissagung. Körperlicher und seelischer Adel zeichnen ihn
aus, sogar sein Sterben besitzt Schönheit. – Im Vordergrund
(vielleicht rechts) war Menoikeus, im Vorder- oder Mittelgrund

sah man wohl Kapaneus und Amphiaraos, im Mittel- und
Hintergrund die Heerhaufen, im eigentlichen Hintergrund die
Stadt. Das Bild war (nach Goethe) „mit hohem Augpunkt
gemalt". Sicher waren die sieben Tore sichtbar (Bougot 216);
Überblick über eine im Hintergrund abgebildete Stadt (Troia)
aus der Vogelschau findet sich auch auf einem Ilias-Relief
(Abb. 29 bei Brüning, Über die bildlichen Vorlagen der ilischen
Tafeln, Jahrb. d. Arch. Inst. 9, 1894, 158; weitere Beispiele
nennt Steinm. 27).

Die „perspektivische" Anordnung der Krieger ist ebenfalls
antik. Seit dem späteren 5. Jahrhundert v. Chr. schon gab es
eine perspektivische Verkleinerung von Gestalten gegen den
Bildhintergrund zu (Pfuhl, Malerei, 2, 621); freilich blieb sie
stets mehr oder minder gefühlsmäßig. Schon Bertrand (201)
wies auf die Parallele des Mosaiks der Alexanderschlacht zu der
hier geschilderten Gruppierung der Krieger hin (vgl. besonders die Sarissen im Hintergrund). Krieger vor einer Stadt,
die allmählich nur noch an den Lanzenspitzen sichtbar sind,
zeigt auch ein Mosaikbild von S. Maria Maggiore (Kömstedt
Abb. 39). Welcker führt zur Belagerung Thebens etruskische
und römische Reliefs an; Polygnot hat in Plataiai in der Vorhalle eines Tempels Odysseus gemalt, daneben ein sonst un-
bekannter Onasias das Bild der Sieben gegen Theben (Rumpf
92). – Kroll, RE 15, 918 über Menoikeus: „Kunstdarstellun-
gen sind mehrfach ohne Grund auf ihn bezogen worden."

1, 5 Die Ellen

Zu 1, 5: F I 41 f., 163 f.; II 179 f.; B I 195, 216, 272, 286;
II 21 ff.; M I 65, 76, 81, 125; M II 605; Nem. 25; Bertr. 197;
St. 29 f.; Gst. 62 f.

Das Bild: Der Nilgott liegt ausgestreckt da; ellengroße
Knäbchen klettern aus den Fluten auf ihn hinauf, einige sitzen
auf seinen Schultern, andere hängen an seinen Locken, wieder
andere ruhen in seinem Arm, spielen auf seiner Brust, steigen
auch übereinander mit Klappern in den Händen. Der Nil läßt
für sie Blumen aus Schoß und Ellbogen sprießen; im Hintergrund ein himmelragender Riese, den Fuß an der Nilquelle.
Der Nilgott blickt bittend zu ihm empor.

Goethe 76: Der Nil; umgeben von Kindern und allen Attributen.

1, 5, 1 Die Ellen verkörpern die Zahl der Ellen (16), zu der der Nil ansteigen mußte, wenn er den höchsten Grad der Fruchtbarkeit eines Jahres bewirken sollte (vgl. Herodot 2, 13, 1. 2). Eine Elle beträgt 0, 44 m. – Zum Spiel der Ellen vgl. Lukian, Rhet. praec. 6 εἴ που τὸν Νεῖλον εἶδες γραφῇ μεμιμημένον, αὐτὸν μὲν κείμενον ἐπὶ κροκοδείλου τινὸς ἢ ἱπποκάμπου, οἷον οἱ πολλοὶ γράφουσιν ἐν αὐτῷ· μικρὰ δέ τινα παιδία παρ' αὐτὸν παίζοντα (πήχεις αὐτοὺς οἱ Αἰγύπτιοι καλοῦσι) (Wenn du etwa den Nil auf einem Bilde dargestellt sahest, wie er selbst auf einem Krokodil oder Meerpferd liegt, wie es die meisten bei ihm malen; bei ihm sind aber kleine Bübchen, die spielen, „Ellen" nennen sie die Ägypter). – Wie eng solche Darstellungen mit dem hier beschriebenen Bild zusammenhängen, zeigt unten 1, 5, 2 A κροκόδειλοι μὲν οὖν καὶ οἱ ποτάμιοι τῶν ἵππων, οὓς τῷ Νείλῳ τινὲς προσγράφουσιν κτλ. – Das Wort ὑπεργάνυμαί τινι ist von Philostratos zuerst gebraucht. – προσάγεται γοῦν κτλ.: Gstader 62 f. meint, der Rhetor zeige die Ellen in verschiedenen, zeitlich aufeinanderfolgenden Situationen; ich glaube das nicht, es sind nur verschiedene Ellen in verschiedenen Lagen geschildert. – οἷον ἔρχεται wie 2, 34, 3 οἷον ἔρχεσθαι, weil jede Bewegung auf dem Gemälde nur scheinbar ist (Kal.). – Sistren sind die bekannten ägyptischen Klappern, die beim Isisdienst gebraucht wurden. Hier dienen sie als Kennzeichen Ägyptens, da Krokodil und Nilpferd nicht verwendet sind.

1, 5, 2 οἱ ποτάμιοι τῶν ἵππων: Partititiver Genitiv nach Adjektiv ist bei Philostratos nicht selten. – τῷ Νείλῳ τινὲς προσγράφουσιν: eigtl. „etwas einer Sache beimessen, zuschreiben"; ganz neu ist die Bedeutung „hinzunehmen", die man hier anzunehmen hat (Schmid, Attic. 4, 373). – ἐν βαθείᾳ τῇ δίνῃ: vgl. Hom., Od. 6, 116 βαθείῃ δ' ἔμβαλε δίνῃ. – Symbole des Landbaues und der Schiffahrt sind besonders Pflug und Ruder. – πλωτός, was auch sonst noch vorkommt (z. B. 2, 17, 1 M), ist reiner Ionismus. – Zu δίδωσιν: Ägypten verdankte seine Fruchtbarkeit den Überschwemmungen des Nil; daher hieß es „Geschenk des Nil" (Herodot 2, 5, 1), doch ist dieser Ausdruck älter als Herodot und hat dichterischen Klang, vgl.

Arrian, Anab. 5, 6, 5 Αἰγύπτιοί τε 'Ηρόδωτός τε καὶ 'Εκαταῖος οἱ λογοποιοὶ ἢ εἰ δή του ἄλλου ἢ 'Εκαταίου ἐστί (Kal.). – Philostratos leitet nun zum Dämon der Stromschwelle über. „Zu den Füßen des gelagerten Nil steht der Dämon der Stromschwelle; so sollte gesagt werden, nachdem der Flußgott und die um ihn spielenden Putten ... beschrieben ... sind. Ganz anders verknüpft der Schriftsteller: Die Attribute des Nil deuten darauf hin, daß er das Land durch seine Überschwemmungen befruchtet. Über die wacht ein Dämon an seinen Quellen. Und dieser ist nun hochaufragend im Gemälde dargestellt" (Friedl. 90). – Schon Nemitz (25) hat die Darstellbarkeit dieser Gestalt verteidigt, vor ihm auch Welcker, der sie erklärte: Es sei der Wassermann, der mit dem Haupt den oberen Rand des Bildes berühre und wohl Wasser aus einer Urne gieße, wobei er den Fuß auf die entstehende Quelle setze, um die Wassermenge zu regeln (vgl. Phil. min. 10, 2 E τὸν πόδα ἐπέχουσι ταῖς πηγαῖς ὑπὲρ ξυμμετρίας). B II 22 berichtigte: οὐρανομήκης ἐπινοῆσαι bedeute nicht, daß die Gestalt den Raum des Bildes ganz ausfüllen mußte, sondern dem Betrachter nur so erscheinen konnte. Bertrand (197) nahm das auch an und meinte, vielleicht sei der Dämon im Hintergrund auf einer Anhöhe zu denken (vgl. Quint. Smyrn. 5, 52 ὑψηλή, ψαύουσα πρὸς οὐρανόν von der Arete), und ich schließe mich ihnen an. Der Gott ist der „Aquarius", der Stern, der nach antiker Ansicht die jährliche Erneuerung des Nil verursacht (vgl. auch Roscher 4, 1468 über seinen Bezug zum Eridanos).

Nun ließ man sich dadurch irritieren, daß der Rhetor hier eine Pindarstelle (frg. 294 a. b. Bowra) verwendet, die ihn übrigens auch sonst beschäftigte (Vit. Ap. 6, 26 E οἷα καὶ Πινδάρῳ ... ὑμνεῖται περὶ τοῦ δαίμονος, ὃν ταῖς πηγαῖς ταύταις ἐφίστησιν ὑπὲρ ξυμμετρίας τοῦ Νείλου); sie ist überliefert im Schol. Arat. Phain. 283 τὸν Γανυμήδην γὰρ αὐτὸν ἔφασαν οἱ περὶ Πίνδαρον ἑκατοντόργυιον (44, 5 m) ἀνδριάντα, ἀφ' οὗ τῆς κινήσεως τῶν ποδῶν τὸν Νεῖλον πλημμυρεῖν (Den Ganymedes nämlich nannten die dem Pindaros Folgenden eine Statue von hundert Klaftern; von der Bewegung seiner Füße solle der Nil überströmen). Übrigens schrieb Porphyrios ein eigenes Werk „Über die Nilquellen nach Pindar". Aber der Rhetor wird entweder nur Pindars Worte zur Gestaltung seiner Beschreibung verwendet haben, oder der Künstler selbst hatte die Idee zu seiner Darstellung aus der offensichtlich berühmten Stelle gewonnen. Dieser „arbiter undae" (Lucan. 10, 209) hat übrigens eine Parallele auf der Marcus-Säule (Petersen, E., Blitz- und Regenwunder an der Marcus-Säule, Rhein. Mus. (N. F.) 50, 1895, 473 und A. 1). – Das Bild muß wohl Süden „oben" und Norden „unten" angenommen haben; der umgekehrte und verständlichere Fall wird später beim Bosporos (1, 12. 13) vorkommen. –

Aufbau der Beschreibung: Zuerst wird das Hauptthema genannt; dann sind die Ellen beschrieben, und durch deren Beschreibung schimmert die Gestalt des Nilgottes durch. Nach einer Erklärung von zwei Symbolen Beschreibung und Erläuterung des Wasserdämons. Ein Schlußsatz fügt noch einmal alle drei Hauptteile zusammen.

Zum Bild: Benannt ist das Bild nach den kindlichen Ellen, die als Zeichen schwellender Fruchtbarkeit den ruhenden Nil umspielen. Fülle und göttliches Spenden in gelassener Ruhe bezeichnen den Gott. Ergänzt wird das Bild durch den himmlischen Zumesser, der die Fruchtbarkeit und Fülle in Maß und Regel zwingt und in die große Ordnung des Weltalls fügt. – Das berühmteste Beispiel des gelagerten Flußgottes Nil ist die liegende Statue mit den Kindergestalten im Vatikan (vgl. Waser, RE 6, 2787; Helbig 1, 27ff.); die 16 Knaben bedeuten die Ellen, um die der Fluß steigt. Darstellung des Nilgottes auch auf dem pompeianischen Bild „Io in Ägypten von Isis begrüßt" (Schefold, Pomp. Malerei, Taf. 43). Nahestehend ein Mosaik aus Karthago (vgl. Steinm. 29). Erwähnt werden solche Darstellungen auch Lukian, Praec. rhet. 6; vgl. Verg. Aen. 8, 711; weitere Nachweise RE 6, 2807; Matz, Naturpoesie 116f. über liegende Flußgötter in der Kunst. Vgl. bes. auch Salis 293: Die unter dem Namen Tazza Farnese bekannte Sardonyxschale des Neapler Museums wird mit Recht der Ptolemäerzeit zugeschrieben, und zweifellos handelt es sich um ein Stück alexandrinischer Herkunft. Schon die Darstellung der Innenseite weist uns nach dem Nilland. An den Stamm einer Sykomore gelehnt, sitzt der alte Stromgott, sein Füllhorn auf dem Schoß. Vor ihm lagert auf einem ägyptischen

Sphinx, dem Symbol des Landes, seine Gattin Euthenia, die Personifikation des Regens und des Überflusses. Die beiden hockenden Mädchen mit Schale und Horn und dem sprießenden Kornfeld dahinter stellen die Jahreszeiten der Überschwemmung und der Feldbestellung dar. Von rechts naht rüstigen Schrittes Horos, der erste Sämann, mit Pflug und Saatbeutel. Zu seinen Häupten schweben die Götter der sommerlichen Winde dem Nil entgegen, dessen Wasser ihr Blasen und Wehen sich stauen und schwellen läßt. Das Ganze ist eine allegorische Schilderung der üppigen Fruchtbarkeit Ägyptens; vgl. noch Bastet, L., Bull. van de Vereeniging 37, 1962. – Bild des Flußgottes Acheloos auf einem Mosaik aus Anzio bei Orange-Nordhagen (Tafel 22a; jetzt Rom, Museo delle Terme, 2.–3. Jhdt. n. Chr.). Zur Komposition zweier Gestalten, deren eine vorne ruht, die andere im Hintergrund sich erhebt, Steinm. 30.

1, 6 Liebesgötter

Zu 1, 6: F I 160f.; II 177; B I 186, 276, 281f.; M I 55, 81, 90, 93f.; St. 32f.; Gst. 63f.

Das Bild: In einem Obstgarten mit Alleen von Apfelbäumen ernten Liebesgötter Äpfel, zu denen sie hoch hinaufffliegen; ihre goldverzierten Köcher hängen an den Bäumen, die buntgestickten Röckchen liegen im Grase. Ihre Obstkörbe sind mit Edelsteinen geschmückt. Einige tanzen oder laufen um die Wette, schlafen oder speisen Äpfel. Zwei Eroten werfen sich Äpfel zu, zwei schießen im Scherz mit Pfeilen aufeinander. Zwei andere sind in einen Ringkampf verwickelt, der in Gewalttätigkeit ausartet: der eine fliegt seinem Gegner in den Rücken, würgt ihn und stellt ihm ein Bein, der andere wehrt sich und verrenkt ihm einen Finger, worauf dieser ihm das Ohr abbeißt, weshalb ihn die empörten Zuschauer mit Äpfeln bewerfen. Andere fallen über einen Hasen her, der Äpfel verspeist: die einen verscheuchen ihn mit Klatschen und Geschrei, andere verfolgen ihn, einer droht sich auf ihn zu stürzen und hat ihn in eine andere Richtung gedrängt, ein anderer, der den Hasen schon gepackt hatte, stürzt zu Boden. Darüber lachen sie und kugeln durcheinander. Bewässert werden die

Bäume von einer Felshöhle her. An einem Apfelbaum (wohl am Rande des Bildes) sind ein Silberspiegel, eine vergoldete Sandale und Goldspangen aufgehängt mit einer Weihung für Aphrodite. Im Kreise darum Liebesgötter, die Erstlingsgaben von Äpfeln darbringen.

Goethe 70: Vorspiele der Liebesgötter .– Goethe 86 ff.:
Bei Betrachtung dieses belebten heitern Bildes laßt euch zuerst nicht irre machen, weder durch die Schönheit des Fruchthaines, noch durch die lebhafte Bewegung der geflügelten Knaben, sondern beschauet vor allen Dingen die Statue der Venus unter einem ausgehöhlten Felsen, dem die munterste Quelle unausgesetzt entspringt. Dort haben die Nymphen sie aufgerichtet, aus Dankbarkeit, daß die Göttin sie zu so glücklichen Müttern, zu Müttern der Liebesgötter bestimmt hat.

Als Weihgeschenke stifteten sie daneben, wie diese Inschrift sagt, einen silbernen Spiegel, den vergoldeten Pantoffel, goldene Hafte, alles zum Putz der Venus gehörig. Auch Liebesgötter bringen ihr Erstlingsäpfel zum Geschenk, sie stehen herum und bitten: der Hain möge so fort immerdar blühen und Früchte tragen!

Abgeteilt ist der vorliegende Garten in zierliche Beete, durchschnitten von zugänglichen Wegen; im Grase läßt sich ein Wettlauf anstellen; auch zum Schlummern finden sich ruhige Plätze. Auf den hohen Ästen hängen goldne Äpfel, von der Sonne gerötet, ganze Schwärme der Liebesgötter an sich ziehend. Sie fliegen empor zu den Früchten auf schimmernden Flügeln, meerblau, purpurrot und gold. Goldene Köcher und Pfeile haben sie an die Äste gehängt, den Reichtum des Anblicks zu vermehren.

Bunte, tausendfarbige Kleider liegen im Grase, der Kränze bedürfen sie nicht: denn mit lockigen Haaren sind sie genugsam bekränzt. Nicht weniger auffallend sind die Körbe zum Einsammeln des Obstes; sie glänzen von Sardonyx, Smaragd, von echten Perlen. Alles Meisterstücke Vulcans.

Lassen wir nun die Menge tanzen, laufen, schlafen oder sich der Äpfel erfreuen; zwei Paare der schönsten Liebesgötter fordern zunächst unsere ganze Aufmerksamkeit.

Hier scheint der Künstler ein Sinnbild der Freundschaft und gegenseitiger Liebe gestiftet zu haben. Zwei dieser schönen Knaben werfen sich Äpfel zu; diese fangen erst an sich einander zu lieben. Der eine küßt den Apfel und wirft ihn dem andern entgegen; dieser faßt ihn auf, und man sieht, daß er ihn wieder küssen und zurückwerfen wird. Ein so anmutiger Scherz bedeutet, daß sie sich erst zur Liebe reizen.

Das andere Paar schießt Pfeile gegeneinander ab, nicht mit feindlichen Blicken, vielmehr scheint einer dem andern die Brust zu bieten, damit er desto gewisser treffen könne. Diese sind bedacht, in das tiefste Herz die Leidenschaft zu senken. Beide Paare beschäftigen sich zur Seite frei und allein.

Aber ein feindseliges Paar wird von einer Menge Zuschauer umgeben, die Kämpfenden, erhitzt, ringen miteinander. Der eine hat seinen Widersacher schon niedergebracht und fliegt ihm auf den Rücken, ihn zu binden und zu drosseln, der andere jedoch faßt noch einigen Mut, er strebt sich aufzurichten, hält des Gegners Hand von seinem Hals ab, indem er ihm einen Finger auswärts dreht, so daß die andern folgen müssen und sich nicht mehr schließen können. Der verdrehte Finger schmerzt aber den Kämpfer so sehr, daß er den kleinen Widersacher ins Ohr zu beißen sucht. Weil er nun dadurch die Kampfordnung verletzt, zürnen die Zuschauer und werfen ihn mit Äpfeln.

Zu der allerlebhaftesten Bewegung aber gibt ein Hase die Veranlassung. Er saß unter den Apfelbäumen und speiste die abgefallenen Früchte; einige, schon angenagt, mußte er liegen lassen; denn die Mutwilligen schreckten ihn auf mit Händeklatschen und Geschrei, mit flatterndem Gewand verscheuchen sie ihn. Einige fliegen über ihn her; dieser rennt nach, und als er den Flüchtling zu haschen denkt, dreht sich das gewandte Tier zur andern Seite. Der dort ergriff ihn am Bein, ließ ihn aber wieder entwischen und alle Gespielen lachen darüber. Indem nun die Jagd so vorwärts geht, sind von den Verfolgenden einige auf die Seite, andere vor sich hin, andere mit ausgebreiteten Händen gefallen. Sie liegen alle noch in der Stellung, wie sie das Tier verfehlten, um die Schnelligkeit der Handlung anzudeuten. Aber warum schießen sie nicht nach ihm, da ihnen die Waffen zur Hand sind? Nein! sie wollen ihn lebendig fangen, um ihn der Venus zu widmen als ein angenehmes Weihegeschenk: denn dieses brünstige, fruchtbare Geschlecht ist Liebling der Göttin.

1, 6, 1 Die Liebesgötter (Eroten) sind nach Platon, Symp.
185 C Kinder der Aphrodite Pandemos; Philostratos nennt sie
Kinder der Nymphen, wie es auch Himerios (Ekl. 10, 6) und
Claudian, De nuptiis Honorii Epithalamium, 10, 72f. tun. –
Zur ganzen Stelle vgl. Plat. Symp. 185 BC. – Μῶν ἐπῇσθου
κτλ. Wieder ein Beleg für die Art des Rhetors, möglichst viele
Sinne anzusprechen. – προσβαλεῖ erklärt Jacobs, Exerc. 2, 73:
una cum oratione mea mala quoque ipsa te advertent; προσ-
βάλλειν de eis, quae sensus feriunt. Eine ähnliche Aufforderung, einen Sinn zu gebrauchen z. B. auch 2, 21, 6.

1, 6, 2 Der Garten ist in der Art antiker Gartengestaltung
angelegt, vgl. z. B. Longos 4, 2. – ὀρθοὶ πορεύονται „sich er-
strecken": diese Übertragung des Wortes πορεύεσθαι auf
räumliche Bestimmungen zuerst bei Philostratos. – Auch das
Wort ἡλιώδης ist von Philostratos zuerst gebraucht; auch
γεωργεῖν „ernten" taucht in dieser Bedeutung zuerst bei ihm
auf (vgl. bes. auch 1, 11, 5). – Zu φαρέτραι vgl. Hercher, Rudolf, Zu griechischen Prosaikern, Hermes 9, 1875, 109. – Einen
goldenen Köcher schreibt Anakreon 16, 6 dem Eros zu. –
ἀγέλη ... διαπέτονται: Die Konstruktion nach dem Sinn, bei
Philostratos nicht selten, hat als stilistische Wirkung Erhaben-
heit, vgl. περὶ ὕψους 24, 1. – Bougot erkannte, daß die Obst-
körbchen, Werk des Hephaistos, aus Metall sind. – μάργηλις
ist von Philostratos zuerst gebraucht.

1, 6, 3 Ein ähnliches Bild spielender Eroten bietet sich
bei Claudian. Epith. Pallad. et Celerinae 10f.: Pennati passim
pueri, quo quemque vocavit Umbra, iacent. Fluitant arcus
ramisque propinquis Pendentes placido suspirant igne phare-
trae. Pars vigiles ludunt aut per virgulta vagantes Scrutantur
nidos avium vel roscida laeti Mala legunt, donum Veneris,
flexusque sequuntur Palmitis et summas pennis librantur in
ulmos etc. – οἱ γὰρ κάλλιστοι τῶν ᾿Ερώτων ἰδοὺ τέτταρες:
sogenanntes σχῆμα καθ᾽ ὅλον καὶ μέρος, das es auch sonst in
den Eikones gibt. – Die Eroten, die sich mit Äpfeln werfen,
erklären sich so ihre Zuneigung; zum Apfelwurf als Anfang
der Liebe vgl. Aristoph., Wolk. 997; Verg. ecl. 3, 64 und die
Sage von Akontios und Kydippe.

1, 6, 4 Die folgende Schilderung des Ringkampfes beweist das lebhafte Interesse des Philostratos für Gymnastik, das sich bes. 1, 6, 24; 2, 6. 21 dokumentiert; vgl. Jüthner, Verf. 231. Über Eroten beim Ringkampf RE 6, 513. – „Was hier die Eroten in mutwilligem Spiel aufführen, war ein besonderer Kunstgriff beim Ringen. Es gehörte nicht geringe Geschicklichkeit dazu, dem Gegner durch einen Sprung in den Rücken zu kommen und ihn mit Armen und Beinen zu umfassen. Der Vorteil dieses Kniffs liegt auf der Hand. Man konnte den anderen sehr leicht würgen und hatte dabei dessen Hände fast gar nicht zu fürchten, zumal jener beinahe nur auf seine Verteidigung bedacht sein mußte" (Jüthner, Gymnastisches 323 f.; dort Hinweis auf die Ringergruppe auf dem Mosaik von Palaestrina, Schreiber, Bilderatlas XXIII, 10, und auf ein Salzburger Mosaik). – ἐκπαλαίοντι: Zu dem ἐκπαλαίειν des einen Eroten, wofür auch der Ausdruck κακομαχεῖν vorkommt, ist zu vergleichen 2, 6, 3 δάκνειν ἢ ὀρύττειν. – ἐκπαλαίειν (= παρανομεῖν τὴν πάλην) ist nur hier belegt. – Übrigens gibt die ganze Beschreibung des Tuns der Eroten einen sehr deutlichen Beleg für die lebhafte Art der Schilderung bei Philostratos, der das statische Bild in Handlung auflöst (vgl. Gstader 63 f.). Der Rhetor hat hier von der auf dem Bilde festgehaltenen Schlußphase des Kampfes aus dessen ganzen Verlauf geschildert, die Situation also nach rückwärts ergänzt (Gst. 64).

1, 6, 5 διαθηρῶσιν „jagen umher"; das Wort ist von Philostratos zuerst gebraucht.–καταβοῶντες „auf ihn herab rufend"; das Wort wird überall sonst, seit Herodot und Thukydides, übertragen („Vorwürfe machen") gebraucht (Schmid, Attic. 4, 409).

1, 6, 6 Nun folgt einer der bei Philostratos häufigen wissenschaftlichen Exkurse; der Rhetor spricht über die im Altertum viel erwähnte Fruchtbarkeit der Hasen (vgl. RE 7, 2479). Zuerst wird sie erwähnt bei Herodot 3, 108, 2 ἐπικυΐσκεται μοῦνον πάντων θηρίων (zitiert von Athenaios 9, 400 E mit der Lesart ἐπικυΐσκει, die auch Philostratos anscheinend kannte). Weiter: Aristot. de gen. anim. 777 a 32; Aelian, hist. anim. 13, 12 f. – Zu ἔρωτες ἄτοποι: vgl. Vit. Ap. 5, 14 ἐπειδὴ ἔρωτάς

τε ἀτόπους οἱ ποιηταὶ ἑρμηνεύουσι. – Zu βιαίῳ τέχνη vgl.
Vit. Ap. 6, 10 Θαυμασιουργίας τε καὶ βιαίου τέχνης μὴ
δεῖσθαι ἀλήθειαν.

1, 6, 7 Zur Textkritik des Satzes ποῦ δὴ καὶ κατὰ τί τῶν
μηλεῶν ἐκείνη vgl. Bougot z. St., Jacobs, Exercit. 2, 74, der
übrigens 1, 7, 3 M καὶ κατὰ τί τῆς γῆς vergleicht, und Kayser
(Große Ausg.) zu 384, 31. – Grotten, besonders mit Quellen,
sind Lieblingsaufenthalt und Heiligtümer der Nymphen
vgl. Longos 1, 4; hier haben die Nymphen noch ein kleines
Heiligtum für Aphrodite errichtet, nahmen also die Göttin
dankbar in den eigenen Bereich auf. – Einen Spiegel opfert
auch bei Ausonius Epigr. 65 Lais für Aphrodite. – Goldene
Sandalen im Schmuck von Hetären erwähnt Lukian, De
dom. 7.

Aufbau der Beschreibung: Zuerst ein Überblick; dann Beschreibung des großen Gartens, in den die einzelnen Gruppen
komponiert sind. Vorführung besonderer Ausschnitte: Ball-
spieler, Schützen, Ringer, die Hasenjagd (mit wissenschaft-
lichem Excurs). Am Ende der Bezugspunkt des Ganzen (im
Bild wohl entweder rechts oder links am Rande oder in der
Mitte des Mittel- oder Hintergrundes): die heilige Grotte mit
dem Bild der Göttin.

Zum Bild: Das Gemälde ist erfüllt von vielfachen Symbolen
der Liebes- und Lebenskraft. Der Garten ist Bild schwellender Fülle, die Äpfel sind Symbole der Liebe, die schießenden
Eroten zeigen die Sehnsucht, von der Liebe getroffen zu werden, die Apfelwerfer sind Sinnbild beginnender Liebe; die
Ringer führen die üppige Lebenskraft vor, die der Liebe eignet
und hier im wilden Spiele wirkt. Der Hase ist Zeichen der
Fruchtbarkeit, die dem Liebesspiel folgt (so Welcker), und so
bilden alle Einzelbilder eine Klimax, die zu der Göttin der
Liebe selbst hinführt. Die Nymphen passen zu diesem Kreis:
ihnen eignet mütterliches Hegen und Sorgen. – Ruhl (94) gab
zu, daß alle Einzelgruppen malbar gewesen seien, meinte aber,
Philostratos fasse in seiner Beschreibung mehrere Bilder zusammen; als Gesamtkomposition sei das Bild nicht denkbar.
Brunn (I 281) verteidigte mit Recht die Möglichkeit eines

solchen Bildes, ebenso Nemitz (29). **Woermann** (230) führte
ähnliche Gartengemälde an, so die prächtige Ausschmückung
des Gartensaales der Villa ad Gallinas zu Primaporta u. a., erinnerte auch an die Beschreibungen von Gärten bei Plin. ep.
2, 17; 5, 6, 34–46. Für die Eroten des Vettierhauses hat Schefold hochhellenistische Vorbilder nachgewiesen, Verg. Pomp.
102. – Wenn man es einen Hauptfehler des Bildes genannt hat,
daß die Eroten teils als geflügelte Kinder, teils in einer für
ihren ursprünglichen Begriff gleichgültigen Handlung auftreten (F I 162), weist Steinmann 32 darauf hin, daß diese
Putten in späterer Zeit nicht mehr an bestimmte symbolische
Vorstellungskreise gebunden waren (vgl. Kömstedt 10). Übrigens sind die Eroten hier doch vorwiegend symbolisch zu
fassen: fast all ihr Tun bezieht sich auf den Kreis der Liebesgöttin. – Eroten auf Jagd (bes. auch Hasenjagd) bei Helbig,
Wandgemälde 807–814. Ein sicheres Beispiel für bogenschie-
ßende Eroten gibt ein Mosaik im Berliner Museum, Misc. Inv.
8237 (vgl. Steinm. 34). Zwei Eroten im Ringkampf auf einem
Klappspiegel in Leningrad (etwa 300 v. Chr.) erwähnt Züchner, W., Griechische Klappspiegel, Berlin 1942, 30. – Zum
Bild vgl. auch Birt, Theodor, Aus dem Leben der Antike, Leipzig 1918; 250, 39. – Vgl. auch Reallex. für Antike und Christ.,
Art. Eroten.

1, 7 Memnon

Zu 1, 7: F I 49, 92f., 134 A. 1; B I 183, 206f., 211f., 224f.,
233f., 237, 276; M I 75, 120; Bertr. 199; Boug. 230; St. 35f.,
128; Gst. 64f.

Das Bild: Auf weiter Ebene zwischen Troia und dem Zelt-
lager der Belagerer ist Memnons Leiche aufgebahrt. Er ist
groß, kräftig und schön. Sein schwarzes Heer, das die Waffen
abgelegt hat, stimmt die Totenklage an. Am Himmel Götter-
gestalten: Eos, die ihren Sohn betrauert, vielleicht Helios und
wohl sicher die Nacht, die vor der Zeit über das Lager herein-
brechen soll, damit Eos ihren Sohn unbemerkt fortschaffen
kann. Am Rande oder im Hintergrund des Bildes ist er wirklich fortgebracht: in Aethiopien ist er, in schwarzen Stein verwandelt als Sitzstatue.

Goethe 68: Memnon, von Achill getötet, von Aurora, der Mutter, liebevoll bestattet.

1, 7, 1 Die feierliche, von der Totenklage begleitete Schaustellung der Leiche (Prothesis) erfolgt hier nicht auf dem Totenbett oder der Bahre, sondern auf der Erde, was immerhin auffällt, da Memnon schon längere Zeit gefallen ist und nicht auf dem Schlachtfeld liegt. – ὑπὸ τῆς μελίας: Der Ausdruck nach Hom. Il. 16, 143 Πηλιάδα μελίην. Diesen Schaft aus Eschenholz, den der Kentaur Cheiron (vgl. 2, 2) für Peleus, Achilles' Vater, vom Gipfel des Pelion gebracht hatte, konnte außer Achilleus kein griechischer Held schwingen. – φασίν: „so ist die Sage"; dieser halbe Zweifel soll andeuten, daß Memnon nach anderer Sage von den Thessaliern hinterlistig umgebracht wurde.

1, 7, 2 Νείλῳ ἔτρεφε: Er ließ die Haare für den Flußgott wachsen wie Achilleus für Spercheios, Hom. Il. 23, 146 f. – τὸν ἴουλον: ἴουλος bezeichnet nicht den eigentlichen Bart, sondern den zarten Flaum, der beim ersten Keimen eine Fortsetzung des Haares neben dem Ohre bildet; vgl. Menand. de enc. 3, 404, 8 Sp. διαγράψεις τὸν νεανίαν ... ὡς ἴουλος κατάκομος ὡς ἄρτι ἡβάσκων. – Es ist eine schwierige Frage, ob Memnon auf dem Bild wirklich schwarz gemalt war. Welcker (Ep. Cycl. 2, 204 A. 48) zweifelt daran, und wirklich hatte Polygnot in der Nekyia zu Delphi Memnon wohl nicht schwarz gemalt, sondern ihm zur Bezeichnung seiner Herkunft zu Füßen einen Aethiopenknaben gesetzt (Brunn, Künstl. 2, 448); freilich nahm Polygnot vielleicht an, Memnon sei von Susa, nicht aus dem afrikanischen Aethiopien gekommen (vgl. Paus. 10, 31, 7). Nach Alexander etwa verlegte man Memnons Heimat nach Meroe (Afrika; vgl. Plin. nat. 6, 182) und malte ihn schwarz, vgl. Verg. Aen. 1, 489 nigri Memnonis (gelegentlich begleiten den Memnon aber schon in schwarzfiguriger Malerei Aethiopen im Negertypus, Lung 10; s. u.). Auf unserem Bild war Memnon vermutlich von dunkler Hautfarbe (schwarz mit Inkarnat), und der Rhetor versucht, den gemischten Farbton wiederzugeben (St. 35), wie er für uns etwa auf hellenistischen Mumienbildern überliefert ist. Am schwarzen Grundton ist nicht zu zweifeln, vgl. 2, 7, 2; s. auch 2, 21, 4 E über die schwarze Farbe des Antaios.

1, 7, 3 αἱ δαίμονες: offenbar Eos und Nyx; Bougot (z. St.)
schließt aus dem Artikel, daß Helios vielleicht nicht dargestellt
war. Daß Eos und Nyx in Person gemalt waren, unterliegt
keinem Zweifel, vgl. a. 1, 11, 2 A. – κατηφῇ ποιεῖ τὸν ˚Ἥλιον:
vgl. Tryphiodor 30f. ἡ δ᾿ ἐπὶ πότμῳ Μέμνονος οὐρανίην
νεφέλην ἐνεδύσατο μήτηρ φέγγος ὑποκλέψασα κατηφέος ἤμα-
τος ᾿Ηώς. – Zu καὶ κατὰ τί τῆς γῆς; vgl. 1, 6, 7 A κατὰ τί
τῶν μηλεῶν ἐκείνη; – Gewiß war das Steinbild Memnons als
Abschluß des Bildes gemalt; daher auch Philostrats „Siehe".
Philostratos hatte lebhaftes Interesse an der Memnonsäule,
vgl. Vit. Ap. 6, 4; wenn er die Statue nach „Aithiopien" versetzt, liegt wohl weniger Unkenntnis der geographischen Ver-
hältnisse vor (so Rommel 53 f.) als Ungenauigkeit des Ausdrucks, die durch die Herkunft Memnons aus „Aithiopien"
hervorgerufen oder zumindest begünstigt ist. Auch daß er den
Stein als „schwarz" bezeichnet, mag von Memnon übertragen
sein; in Wahrheit ist die Farbe des Kolosses rotbraun (Rommel
54, 4). – Ob Philostratos die Statue je gesehen hat, ist fraglich.
Daß der Koloß hier als der „Klingende" behandelt wird, ist
aber nicht chronologisch verwertbar (Münscher, Philostrate
479). Die Restauration des Kolosses unter Septimius Severus
nahm wohl mehrere Jahre in Anspruch, und bis man merkte,
daß der Koloß nun nicht mehr töne, wird es wieder einige
Jahre gewährt haben. Zum Sachlichen (nach Roscher 2, 2661 f.):
Am linken Ufer des Nil bei Theben waren zwei jetzt arg beschädigte Sitzbilder des Königs Amenhotep 2., ungefähr 21 m
hoch. Das nördliche war die klingende Memnonssäule; die
Ursache des wunderbaren Tones beim Aufgang der Sonne
war die plötzliche Erwärmung und Ausdehnung des über
Nacht erkalteten Steines. Der Name Memnon findet sich dafür bei Plin. nat. 36, 58, reicht aber nach Tac., ann. 2, 61
mindestens in die Zeit des Germanicus zurück, der 19 n. Chr.
in diese Gegend kam. Seit der Ausbesserung des Kolosses
unter Septimius Severus hat das Wunder aufgehört. – τὸ
σχῆμα μὲν καθημένου: vgl. 1, 11, 5 τὸ γὰρ σχῆμα δεξομένου.

1, 7, 3 E ῾Ημέραν: Ich übernehme Benndorfs Coniectur
(μητέρα statt ῾Ημέραν), der sich Kalinka anschloß, nicht. Die
Annäherung von „Morgen" und „Tag" ist auch im Griechischen so naheliegend, daß eine Variation des Ausdrucks von

„Morgengöttin" zu „Tagesgöttin" nichts Auffälliges hat. Wer sollte weiterhin auf den Gedanken gekommen sein, die so glatte (allzuglatte!) Lesart μητέρα zu verändern? Zudem erhöht der mythische Begriff „Hemera" am Ende des Satzes und der Beschreibung den Stil und ergibt einen machtvollen Schluß, der auch zu dem mythisch getönten Anfang des letzten Satzes (Helios) als Pendant glänzend paßt.

Aufbau der Beschreibung: Zuerst ein allgemeiner Überblick mit Angabe von Thema und Hintergrund; dann Erzählung des Mythos bis zum Tode Memnons. Breit ausgeführt die Beschreibung Memnons, etwas kürzer die Darstellung der Vorgänge am Himmel. Am Ende Hinweis auf die Memnonstatue im Hintergrund und Abschluß der oben durch die Beschreibung unterbrochenenen Erzählung des Mythos.

Zum Bild: Wieder ein gefallener schöner Held, diesmal vor dem Hintergrund der Lagerzelte und der Stadt Troia. Trauer herrscht über seinen Tod. Am Himmel Eos, klagende Mutter, die den Leichnam des Sohnes für sich haben will und ungeduldig die Nacht herbeibittet, um ihn zu entführen. Tröstlich die Andeutung im Hintergrund: Memnon wird als wunderbares Denkmal klingenden Mundes zur Mutter sprechen und sie trösten. – Eine besondere Schwierigkeit bringt Memnons Statue. Bertrand (200) meinte, sie sei nicht auf dem Bild gewesen; dann wären Philostrats Worte von 1, 7, 3 M καὶ ἰδού an reines Fortspinnen der Erzählung, was aber durch das „Sieh!" ausgeschlossen wird. Sicher jedoch hat Welcker recht, wenn er die Statue als „Parergon" des Malers faßt, das in der Ferne zu sehen war und mit dem die tröstliche Entrückung angedeutet war. Alles andere ist bei Philostratos Erzählung (von ποῦ δή an), durch die er seine Ekphrasis wirkungsvoll abschließt (St. 37 f.) und zugleich exkursartig das Standbild am Rand (oder im Hintergrund) erklärt. Nur mit der Bemerkung τὸ δὲ εἶδος ἐκεῖνο („er sieht" – auch auf der Statue – „etwa", οἶμαι, „so aus, wie ich ihn – oben – beschrieb") wirft er nocheinmal einen Blick auf Beschreibung und Bild zurück. – Eos' Klage um Memnon: vgl. die Vase des Museo Gregoriano in Rom (Abb. bei Heinemann, Nr. 12 und 12 a, S. 72 f. = Brunn, Vorlegeblätter 19); Welcker weist auf andere Darstellungen hin, bes. auf die Kypseloslade (Paus. 5, 19, 1 E). Ein Memnonbild des Malers Pamphaios bei Pfuhl, Malerei 3, 99 Abb. 345 (Text: Pfuhl, Mal. 1, 424: „großzügiges Memnonbild“; strenger rotfiguriger Stil). – Lung, G. E., Memnon. Archaelogische Studien zur Aithiopis, Diss. Bonn 1912.

1, 8 Amymone

Zu 1, 8: Boden 12; F I 79; B I 231 f., 242; M I 98, 4; Boug. 40, 235; St. 38 f.; Gst. 65 f., 162.

Das Bild: Poseidon, der auf einem von Seepferden gezogenen Wagen, geleitet von Seeungeheuern über Meer gefahren ist, steigt heiteren Blicks, sichtlich verliebt, aus dem Meer. Amymone, die in einem Goldkrug Wasser aus dem Inachos holt, erschrickt bei seinem Anblick so, daß ihr der Krug entgleitet. Die Woge erhebt sich, um ein bräutliches Gemach zu bilden.

Goethe 70: Neptun und Amymone; der Gott wirbt um die Tochter des Danaus, die, um sich Wasser aus dem Flusse zu holen, an den Inachus herankam.

Goethe 89: Danaus, der seine fünfzig Töchter streng zu Hausgeschäften anhielt, damit sie in eng abgeschlossenem Kreise ihn bedienten und sich erhielten, hatte nach alter Sitte die mannigfaltigen Beschäftigungen unter sie verteilt. Amymone, vielleicht die jüngste, war befehligt, das tägliche Wasser zu holen; aber nicht etwa bequem aus einem nah gelegenen Brunnen, sondern dorthin mußte sie wandern, fern von der Wohnung, wo sich Inachus, der Strom, mit dem Meere vereinigt.

Auch heute kam sie wieder. Der Künstler verleiht ihr eine derbe tüchtige Gestalt, wie sie der Riesen-Tochter ziemt. Braun ist die Haut des kräftigen Körpers, angehaucht von den eindringenden Strahlen der Sonne, denen sie sich auf mühsamen Wegen immerfort auszusetzen genötigt ist. Aber heute findet sie nicht die Wasser des Flusses sanft in das Meer übergehen. Wellen des Oceans stürmen heran: denn die Pferde Neptuns haben mit Schwimm-Füßen den Gott herbeigebracht.

Die Jungfrau erschrickt, der Eimer ist ihrer Hand entfallen, sie steht scheu wie eine, die zu fliehen denkt. Aber entferne dich nicht, erhabenes Mädchen, siehe! der Gott blickt nicht wild, wie er wohl sonst den Stürmen gebietet, freundlich ist sein Antlitz. Anmut spielt darüber, wie auf beruhigtem Ocean die Abendsonne. Vertraue ihm, scheue nicht den umsichtigen Blick des Phöbus, nicht das schattenlose geschwätzige Ufer, bald wird die Woge sich aufbäumen, unter smaragdenem Gewölbe der Gott sich deiner Neigung im purpurnen Schatten erfreuen. Unbelohnt sollst du nicht bleiben!

Von der Trefflichkeit des Bildes dürfen wir nicht viel Worte machen; da wir aber auf die Zukunft hindeuten, so erlauben wir uns eine Bemerkung außerhalb desselben...

1, 8, 1 Vgl. Homer, Il. 13, 20 f. ἵκετο τέκμωρ Αἰγάς· ἔνθα δέ οἱ κλυτὰ δώματα βένθεσι λίμνης 23 Ἔνθ᾽ἐλθὼν ὑπ᾽ ὄχεσφι τιτύσκετο χαλκόποδ᾽ ἵππω Ὠκυπέτα... γέντο δ᾽ ἱμάσθλην, Χρυσείην εὔτυκτον... Βῆ δ᾽ ἐλάαν ἐπὶ κύματ᾽· ἄταλλε δὲ κήτε᾽ ὑπ᾽ αὐτοῦ Πάντοθεν ἐκ κευθμῶν οὐδ᾽ ἠγνοίησεν ἄνακτα. – Neptun mit einem Viergespann von Hippokampen erwähnt Statius, Theb. 2, 45. – Aigai war eine Stadt mit Kultstätte des Poseidon; die Lage war im Altertum umstritten, in Achaia oder Euboia. – Über die Unterschiede zwischen Poseidon bei Homer und Philostratos s. Baden 12 ff. – Zur Meeresstille vgl. Lukian, Dial. Mar. 15, 3 ἡ μὲν γὰρ θάλαττα εὐθὺς ἀκύμων ἐγένετο καὶ τὴν γαλήνην ἐπισπασαμένη λείαν παρεῖχεν ἑαυτήν (Das Meer nämlich hatte sogleich keine Wogen mehr, nahm Windstille an und zeigte sich glatt). – Die von Jacobs vorgeschlagene Lesart κἀκεῖ γὰρ ἐκεῖνα ἕπεται κτλ. ist unnötig; der Hinweis auf Homer liegt schon in ἐκεῖνα „jene, von Homer erwähnten Tiere". Übrigens ließe sich glatter ändern καὶ γὰρ ἐκεῖ⟨να⟩, doch ist das ebenso überflüssig.

1, 8, 1 M Jacobs, Exerc. 2, 74 wollte schreiben ἐνταῦθα δὲ ἱπποκάμποι τὰ οὐραῖα und verglich 1, 19, 5 τῷ δὲ ἐμφύεται λοφιά... ὁ δὲ ἐκδίδωσι τὰ οὐραῖα; ebenso 1, 22, 1 E. Später kam er davon ab .– Zorn Poseidons bei Homer, Il. 13, 15 f. ἐλέαιρε δ᾽ Ἀχαιοὺς ... Διὶ δὲ κρατερῶς ἐνεμέσσα. – Zum Besiegen der Achaier vgl. Hom. Il. 14, 510, zur Form vgl. Apoll. Rhod. 1, 76 ὅτε κλίνωσι φάλαγγας.

1, 8, 2 Zur Amymone-Sage vgl. Hygin. 169 Rose, über einen Fluß Amymone vgl. Pausan. 2, 37, 1. Amymones Geschichte ist besprochen bei Lukian, Dial. mar. 6. – Der Inachos ist der Hauptfluß von Argos, der Heimat des Danaos, und mündet in den argolischen Busen. – Zu πανσυδί: vgl. Xen., Kyrop. 1, 4, 18; Thuk. 8, 1, 1. – Auffällig ist die „dorische" Form λευκάν; vielleicht ist in dem Satz ein Zitat aus einem griechischen Dichter verborgen; übrigens „irrt Goethe" oben: Amymones Haut ist nicht braun. – Das Wort περιστίλβειν wird von Philostratos zuerst gebraucht. – Wie die Woge sich erhebt oder ob sie sich erhebt, sagt der Rhetor nicht genau; es heißt nur „schon wölbt sie sich" oder „will sich wölben". Daß der Maler einen ganzen Wogenthalamos darstellte, behauptet Philostratos nicht so bestimmt wie 2, 8, 3 (Steinm. 39). Es ist also schwer zu sagen, wieviel hier Zutat ist nach Homer, Od. 11, 243 f. πορφύρεον δ' ἄρα κῦμα περιστάθη ... κυρτωθέν, vgl. Lukian, Dial. mar. 13, 2. Jedenfalls setzt von ὑπεκστῶμεν an die eigentliche Beschreibung aus, und von hier an darf man den Rhetor nicht mehr so beim Wort nehmen: er spinnt die Fabel des Bildes weiter. – Der Sohn Amymones und Poseidons hieß Nauplios. Daß mit πορφυροῦν .... γράψει auf die Defloration Amymones angespielt wird, brauchte nicht gesagt zu werden; Jacobs hatte das dezenter angedeutet. – Steinm. (40) zeigt übrigens, daß der Stil der Beschreibung der Licht- und Farbeneffekte bei Philostratos nicht übertriebener sei als der einer modernen wissenschaftlichen Beschreibung.

Aufbau der Beschreibung: Vergleich des Bildes mit Homer; dann Beschreibung der Szene zwischen Poseidon und Amymone. Am Ende Hinweis auf die kommende Handlung.

Zum Bild: Der Gott Poseidon kommt strahlend-sieghaft heran und will Amymone, die schöne Menschenjungfrau, erobern, die erschreckt ihren Krug fallen läßt, die Liebe des Gottes nicht begreifend. Schon will das Element des Gottes das Brautgemach bilden, wie auch das Mädchen sich dem Gott ergeben wird. Zur möglichen Symbolik des Vorgangs vgl. Lehm.-Hartl. 37. – Über den Unterschied der Auffassung des Malers und Homers vgl. Baden 12; zu bildlichen Darstellungen vgl. Jahn, Otto, Poseidon und Amymone, in: Vasen-

bilder, Hamburg 1839, 34–40; neuere Hinweise bei Bougot
235 f., Steinm. 39, Escher RE 1, 2003. Besonders ähnlich ist
ein hellenistisches Relief mit der gleichen Szene wie 1, 8 (auch
mit Meertieren und Delphinen), vgl. O. Waser, Neue Jahrb.
15, 1905, 118; Schreiber, Hellenist. Relief b. Taf. XLIV; über
Geleitfiguren (wie hier die Tiere), die auch sonst gegeben sind,
vgl. Steinm. 38. – Poseidon und Amymone unter einem Was-
sergewölbe stellt ein Vasenbild dar, vgl. Müller, K. O., Handb.
d. Archaeol. d. Kunst, 3. A., Breslau 1848, 530. – Eine Gruppe
„Poseidon und Amymone" ist beschrieben in Christodoros
dichterischer Beschreibung der Standbilder im Zeuxippos,
Anthol. Pal. 2, 61 ff.

1, 9 Sumpflandschaft

Zu 1, 9: Nem. 24; F I 86 f., 174 f.; B I 188, 267 f., 294 f.;
II 12; M I 74 f., 81 f., 93; II 604; K 410, 2; St. 40 f.

Das Bild: Im Hintergrund hohe Berge, teils mit Fichten,
teils mit Zypressen, teils mit Tannen. Von den Bergen herab
fließen Quellen, die sich in der von Sumpfgewächsen bestan-
denen Ebene zu einem Sumpf vereinigen. Durch ihn zieht sich
ein Gewässer in vielen von Epheu umwucherten Windungen,
das sich zu einem Teich ausweitet, auf den Blumen ihre Blüten
ausstreuen. Im fließenden Wasser und im Teich Enten, Gänse,
Kraniche, Schwäne; auf einem Felsen steht ein Kranich (?)
auf einem Bein, ein anderer lüftet sein Gefieder, einer putzt es,
einer hat etwas aus dem Wasser gefischt, einer sich zum Ufer
gebückt, um Futter aufzunehmen. Die Schwäne werden von
Liebesgöttern am Zügel gelenkt; einer lockert den Zügel, der
andere zieht ihn an, ein anderer kehrt um oder umfährt das Ziel,
wobei sie den Schwänen zurufen und sich drohen; einer wirft
den anderen herab, ein anderer warf sich selbst vom Vogel, um
zu baden. Auf den angrenzenden Höhen stehen Singschwäne,
neben ihnen als zarter Knabe Zephyros, der Gesang den
Schwänen zuweht, die ihre Flügel entfaltet haben, damit sie
vom Luftzug getroffen werden. Das Rinnsal erweitert sich
bei seinem Austritt aus dem Teich zu einem Fluß; diesen überschreiten Ziegenhirten mit ihren Ziegen und Viehhüter mit

Schafen auf einem Steg, den zwei von den beiden Ufern in den Fluß ragende Palmen bilden.

Goethe 76: Die Sümpfe; im Sinne der vorhergehenden (bes. 1, 12, II 14, 17). Wasser und Land in wechselseitigem Bezug freundlich dargestellt.

1, 9, 1 Bougot denkt bei φλοιός ansprechend an Papyros. – ἄσπαρτα καὶ ἀνήροτα nach Homer, Od. 9, 109 (bezeichnenderweise ist es so im Kyklopenland); vgl. Vit. Ap. 6, 11 E σὺ δὲ 'Ομήρου ἐν Κυκλωπείᾳ ἀκούων, ὡς ἡ γῆ τοὺς ἀγριωτάτους ἄσπορος καὶ ἀνήροτος ἐστιᾷ, χαίρεις τῷ λόγῳ. – Lukian, Saturn. (!) 7 ὁπότε ἄσπορα καὶ ἀνήροτα πάντα ἐφύετο. – Zu μυρίκη – κύπειρον vgl. Hom. Il. 21, 350 f. μυρῖκαι ... ἡδὲ κύπειρον. – Zum Folgenden (Stand der Pflanzen und Bäume) vgl. Verg., Ecl. 7, 65 Fraxinus in silvis, pulcherrima pinus in hortis, populus in fluviis, abies in montibus altis. – τῷ ἄνω „durch den hohen Standort"; ich halte den überlieferten Text mit dieser Erklärung; Jacobs, Exerc. 2, 77 liest τῷ ἀνέμῳ unter Vergleich mit 2, 3, 1 M τῷ τῆς μελίας φυτῷ ἀνεμοτρεφεῖ ὄντι. Das zu sagen ist nicht nötig, oben ist es selbstverständlich windiger. Ebenso unnötig ist Brunns (Kritik 443) Änderung τοῖς ἄνω und Bougots (520) αὐξόμεναι τὸ ἄνω.

1, 9, 2 ὡς ἔφυδροι διολισθαίνουσιν: vgl. Lukian, de dom. 12 τὴν ναῦν ... ἠρέμα διολισθαίνουσαν τῶν κυμάτων. – Zu οἷον αὐλοὺς τοῦ ὕδατος: „und gleichsam Wasserbahnen aufwühlen"; gemeint ist wohl, daß die Enten mit Kopf und Schnabel „gründeln" und dabei ausatmend das Wasser in kleinen Bahnen aufwühlen und sprudeln machen. Vgl. Hom. Od. 22, 18 αὐτίκα δ' αὐλὸς ἀνὰ ῥῖνας παχὺς ἦλθεν αἵματος ἀνδρομέοιο und Athenaios 5, 189 C πᾶν τὸ διατεταμένον εἰς εὐθύτητα σχῆμα αὐλὸν καλοῦμεν. – Die Enten sprudeln Wasser aus den Schnäbeln, vgl. 1, 25, 3 M ἀρύονται κόχλοις τοῦ οἴνου· καὶ τὸ μὲν πίνουσιν αὐτοῦ, τὸ δ' ἀναφυσῶσιν. – Die Form γεγράφαται ist halb ionisch, halb attisch; vgl. Schmid, Attic. 3, 17. – Die fremden Vögel sind Kraniche oder Reiher; Jacobs zitiert zu der Stelle ἄλλον ἄλλου πτεροῦ ein Vorbild (?) im Cod. Guelph. 82, ἔκφρ. τῆς ὁσίας τοῦ ἐφραίμ: καὶ ἕλος ὑποβέβληται τῷ τεχνίτῃ· καὶ ἐν αὐτῷ πολλὴ μὲν ἡ σχοῖνος, πολλοὶ δὲ ὄρνιθες τῶν ὑγρῶν παίζοντες, λουόμενοι, κοινωνοῦντες ἐμμελῶς ἀλλήλοις. Καὶ ὁ μὲν ἐπὶ δαῖτα καθίησι τὴν δειρὴν ὁρμιᾶς δίκην, ὁ δὲ ἐκκαθαίρει τὸ πτερόν. Ἡ δὲ νῆττα καὶ σκιὰν ἑαυτῆς παρέχεται πρὸς τὸ ὕδωρ, ὡς διπλῆ ἐοικέναι. Τὸν κύκνον δὲ ὁρᾶς, ὡς ἐπινήχεται σοβαρῶν καὶ οἷον ἐνδυναστεύει τοῖς ὕδασιν (Und der Künstler hat einen Sumpf dargestellt; in diesem sind viele Binsen und viele Wasservögel, die spielen, baden und freundlich miteinander umgehen. Und der eine streckt seinen Hals wie eine Angel auf Nahrungssuche hinab, der andere reinigt sein Gefieder. Die Ente wirft sogar ein Spiegelbild ins Wasser, so daß sie doppelt aussieht. Du siehst aber, wie der Schwan stolz daherschwimmt und sozusagen der Herr über das Gewässer ist).

1, 9, 3 Zu den fahrenden Eroten vgl. Claudian, Epithal.Pall. et Celer. 109f. Eridani ripas et raucae stagna Padusae Diffugiens nudavit olor. Laetantur amores Frenatisque truces avibus per nubila vecti Ostentant se quisque deae magnoque tumultu Confligunt; pronique manus in verbera tendunt Atque impune cadunt.

1, 9, 4 ἐπᾴδοντες, οἶμαι (!), τὸν ὄρθιον: nach Herodot 1, 24, 5 sang Arion diese Weise vor seinem Sprung ins Meer; vgl. Dio Chrys. 1; 1, 5 Dind. αὐτόν, οἶμαι (!), τὸν ὄρθιον τὸν τῆς Ἀθηνᾶς ἐπικαλούμενον νόμον. – Zu πρὸς τρόπου vgl. 2, 9, 3 τὸ γὰρ ... πρὸς τρόπου τῇ τοιαύτῃ μάχῃ, wohl nach Xen. Anab. 1, 2, 11 οὐ γὰρ ἦν πρὸς τοῦ Κύρου τρόπου ἔχοντα μὴ ἀποδιδόναι. – Zu den Flügeln der Schwäne vgl. B I 268: „Die eigentliche Wölbung der geblähten Flügel, die starke Spannung des straffen, aber elastischen Gefieders, die wie die Zunge gewisser Instrumente fein schwingende Fahne der Flügelfedern bewirken, daß ein frischer und leichter Windhauch im Gefieder des Schwanes nicht etwa ein unbestimmtes Rauschen, sondern einen ganz scharfen und bestimmten Ton hervorzurufen vermag.'' – ἐνδιδούς: Wer den Ton angibt, wird so bezeichnet; daher τὸ ἐνδόσιμον. Es scheint, daß der ganzen Stelle ein älterer Lyriker zugrunde liegt. – Zephyros bläst ohne Muschel o. ä.; B I 188 nennt dafür eine Parallele. Zum ganzen Bild vgl. Aristoph. Vög. 769f. κύκνοι ... συμμιγῆ βοὴν ὁμοῦ πτεροῖς κρέκοντες ἴακχον Ἀπόλλω, wo aber die Schwäne selbst tätig sind.

I 9

1, 9, 5 οἷον ἄχθος οἱ μαλλοί: Überzeugende Verbesserung von Jacobs (vgl. übrigens Jacobs, Excerc. 2, 77); es schwebte vermutlich vor Hesiod., Erga 234 εἰροπόκοι δ' ὄϊες μαλλοῖς καταβεβρίθασι. – Zu ὑπεσταλμένῳ τῷ στόματι vgl. 1, 2, 5 τοῖς δακτύλοις ὑπεσταλμένοις.

1, 9, 6 Das Paradoxon der Pflanzenliebe ist alt. Rommel (68) gibt eine kleine Geschichte dieses Topos: Die Unterscheidung der Dattelpalmen in männliche und weibliche Bäume geht in frühe Zeiten zurück (Herodot 1, 193, 5). Theophrast (Hist. Pl. 2, 6, 6) gibt darüber Genaueres und beschreibt auch die künstliche Befruchtung, die man vornahm, indem man über die weibliche Blüte den Pollenstaub ausstreute. Das naturhistorische Paradoxon griff schon die alexandrinische Dichtung auf und schmückte es rhetorisch aus: die männlichen und weiblichen Bäume sollen Sehnsucht nacheinander haben und sich zuneigen. Philostratos weitet das aus: die Bäume wollen sich mit ihren Zweigen umarmen, und so entsteht die Brücke. Menander empfiehlt die Palmengeschichte (3, 402, 7 Sp.), und sie kommt auch noch mehrfach bei antiken Autoren vor. Vgl. noch Claudian, de nupt. Hon. et Mar. 65 Vivunt in Venerem frondes omnisque vicissim Felix arbor amat. Nutant ad mutua palmae Foedera. Auch im Mittelalter war die Geschichte bekannt.

Aufbau der Beschreibung: Zuerst ein Überblick über die gesamte Landschaft, dann Beschreibung der Enten, Gänse, Kraniche. Anschließend Darstellung der Eroten und des Zephyr. Am Ende Beschreibung der Hirten, Ziegen, Schafe und des Steges, aufgelockert durch das Paradoxon der Palmenliebe. Zum Schluß Rückkehr zum Steg.

Zum Bild: Zwei Elemente, innig verbunden und auch wieder reinlich getrennt (wobei das Wasser die weitaus größere Bedeutung hat), erzeugen eine Art von Urlandschaft, in der sich Naturwesen und Götterkinder paradiesisch tummeln. Die bukolische Gruppe fügt sich gut dazu: auch das Hirtenwesen dachte man dem friedlichen Urzustande verwandt. Die Palmenbrücke deutet, neben den übermütigen Eroten, auf Sehnsucht und Liebeswesen. – Das Bild spricht besonders für die Existenz der Galerie; es sind nämlich alle seine einzelnen Elemente auf antiken Darstellungen erhalten (Woermann 231; ebenso St. 40), und wer an der Zusammensetzung des Gesamtbildes Anstoß nimmt, braucht nur an das ebenso bunte Landschaftsmosaik von Palästrina zu denken. Von den einzelnen Elementen finden sich z. B. die hohen Berge des Hintergrundes vor einem wasserreichen Tal auf einem pompeianischen Landschaftsbild (Woermann 231; vgl. Sogliani, Dipinti murali scelti di Pompei, Tafel X und die Randbilder), und Darstellungen von Sümpfen mit Sumpfgewächsen und Wasservögeln sind ebenfalls erhalten (Helbig 1566–68; vgl. auch die Seelandschaft im Haus auf dem Caelius bei Rumpf 69, 4 nach Wirth, Römische Wandmalerei, Taf. 13). Eroten mit Wassertieren sind gleichfalls nicht selten: Bougot 240 vergleicht ein Gefäß in der Eremitage; dazu Helbig 779–781. 785. Eros auf einer Gans reitend bei Züchner, W., Griechische Klappspiegel, Berlin 1942, Abb. 11, S. 26. Auch Zephyros wird als geflügelter Jüngling dargestellt, Helbig 974, und Hirten mit Herden sind eine häufige Staffage, vgl. Helbig 1555. 1559. Besonders wichtig ist ein Vergleich des Gesamtbildes mit dem Apsismosaik von S. Giovanni in Laterano, das sehr viele der einzelnen Elemente von 1, 9 wiedergibt, und mit dem Mosaik von S. Costanza, dessen untere Hälfte friesartig Eroten auf einem Teich schildert (Steinm. 44, 1).

1, 10 Amphion

Zu 1, 10: F I 84f.; 134, 1; II 171f.; B I 191, 196f., 212f., 225; II 18; M I 60, 82; 98, 2; 127, 3; Nemitz 19; Bertr. 203; Boug. 247; St. 44.

Das Bild: Amphion ist mit einem bunt schillernden Mantel bekleidet und mit kunstvollem Diadem geschmückt, unter dem das golden schimmernde Haar herabfällt. Er sitzt auf einem Hügel und greift mit der Rechten in die Saiten; auch die Linke ist am Spiel beteiligt. Amphion singt mit halb geöffnetem Munde und schlägt mit dem Fuß den Takt. Die Lyra hat schwarze, gezackte Hörner; auch die Schildkrötenschale ist schwarz und rings mit kleinen Kreisen gezeichnet, in denen gelbe Augen sitzen. Vor Amphion fügen sich die Steine von selbst zu einer Mauer.

Goethe 74: Amphion; auf zierlichster Leier spielend, die Steine wetteifern sich zur Mauer zu bilden.

1, 10, 1 Amphion ist Sohn der Antiope und des Zeus; sein Zwillingsbruder ist Zethos. Beide erbauen die Mauern von Theben; Hesiodos weiß bereits von der Mitwirkung der Leier beim Mauerbau, andere erzählten vom Mauerbau mit Hilfe der von Hermes geschenkten Leier. Andere Überlieferung schreibt die Leier Apollon zu, den Musen oder Zeus selbst. Auch wird Amphion gelegentlich die Erfindung der Leier zugeschrieben oder sogar Erfindung der Musik. – In Theben zeigte man auch das Grab von Amphion und Zethos, dazu Quadern, die von seinem Mauerbau herrühren sollten (nach Wernicke, RE 1, 1944f.). – Erfindung der Lyra durch Hermes: Hom. Hymn. Herm. 47; Pausan. 9, 5, 8 Μυρὼ δὲ Βυζάντιος ποιήσασα ἔπη καὶ ἐλεγεῖα ῾Ερμῇ βωμόν φησιν ἱδρύσασθαι πρῶτον ᾽Αμφίονα καὶ ἐπὶ τούτῳ λύραν παρ᾽ αὐτοῦ λαβεῖν. – Am Ende der Einleitung ein zusammenfassender Satz, der den Blick über das Gesamtbild abschließt und den Übergang zur Beschreibung der Einzelteile bildet.

1, 10, 2 πρώτην οὖν διαθεῶ μέν: das dem μέν antwortende δέ findet sich am Anfang des Paragraphen 3 ῾Ο δὲ ᾽Αμφίων. – Zu αἰγὸς ἰξάλου: diesen Ausdruck der „Dichter" hat Philostratos von Homer, Il. 4, 105 τόξον .... ἰξάλου αἰγός. – Zu 1, 10, 2 M vgl. Paus. 1, 12, 3: Der Elefant selbst war den Griechen vor dem Alexanderzug nicht bekannt; das Elfenbein aber hat man in ältester Zeit verwendet (Paus. 1, 12, 3). Daß der Sophist hier die Zähne des Elefanten als κέρατα bezeichnet, während es Vit. Ap. 2, 12 ME heißt εἴτ᾽ ὀδοῦσι εἴτε κέρασιν, bietet keinen Anstoß (vgl. Münscher, Phil. 497, 62); vgl. Paus. 5, 12, 1 ὅσοι δὲ ἀνθρώπων τὰ διὰ τοῦ στόματος ἐς τὸ ἐκτὸς ἐξίσχοντα ὀδόντας τῶν θηρίων εἶναι καὶ οὐ κέρατα ἥγηνται, τούτοις ἔστιν ἀπιδεῖν μὲν ἐς τὰς ἄλκας κτλ.

Die Lyra: Beschrieben ist der Bau einer Lyra bei Homer, Hymn. in Herm. 47f., z.T. auch bei Aratos, Phain. 268f. Unten ist die hohle Schildkrötenschale mit dem Rücken zum Betrachter zu denken. Aus ihrem oberen Rand ragen rechts und links – befestigt – die zwei Hörner, zwischen deren oberen Teilen (etwas unterhalb der Spitze) das Querjoch aus Holz be-

festigt ist. Die Schildkrötenschale ist schwarz, aber mit gelben
Augen bedeckt. Die 7 Saiten sind etwa auf dem höchsten
Rücken der Schale mit Omphaloi (Wirbeln) befestigt und laufen von dort zu dem (etwa 10 cm entfernten?) Steg, der wohl
7 Kerben für sie hat. Dann sind sie frei gespannt zwischen
dem Steg und dem Querjoch oben, an dem sie festgeknüpft
sind (an herausragenden Nägelköpfchen etwa). Zur Rekonstruktion vgl. Olearius z. St., Jacobs z. St., Benndorf in der
Wiener Ausg. z. St., die Abbildung bei Fairbanks (Titelbild)
und (z. B.) das Vasenbild von Sappho und Alkaios des Brygos-
malers (Furtw.-Reichhold 64). – Zu ἐπὶ τῇ μαγάδι vgl. Suda
μαγάς· σανὶς τετράγωνος ὑπόκυφος δεχομένη ὑφ' ἑαυτὴν τῆς
κιθάρας νευρὰς καὶ ἀποτελοῦσα φθόγγον. ἡ τῆς κιθάρας
καβάλη καὶ τῆς λύρας ἡ τὰς νευρὰς βαστάζουσα. – Die Bedeutung (auf den Saiten der Lyra) „aufgezogen sein" für
ἀνακεκλίσθαι findet sich zuerst bei Philostratos.

1, 10, 3 Zu ὅτι πάντων γενέτειρα vgl. Jacobs, Exerc. 2, 78. –
ἐναλύουσα μὲν τῷ μετώπῳ: nachgeahmt bei Aristainetos 1, 11
ἡ κόμη, καλὴ μὲν καθ' ἑαυτὴν οὖσα, ἔτι δὲ καλλίων περι-
κειμένη μὲν τῷ μετώπῳ, συγκατιοῦσα δὲ τῷ ἰούλῳ παρὰ τὸ
οὖς. – Zu συγκατιοῦσα vgl. Philostr. Epist. 58 μελέτω σοι
τῶν βοστρύχων, ὡς τοὺς μὲν ταῖς παρειαῖς συγκαταβαίνειν
ἡρέμα ... τοὺς δὲ τοῖς ὤμοις ἐπικαθῆσθαι. Der Ausdruck
stammt aus Xen. Symp. 4, 23 οὐχ ὁρᾷς, ὅτι τούτῳ μὲν παρὰ
τὰ ὦτα ἄρτι ἴουλος καθέρπει. Zu den Dichtern der geheimen
Lieder vgl. Paus. 9, 27, 2 und hier 2, 16, 3.

1, 10, 3 ΜΕ Χάριτας καμεῖν ἄγαλμα ἥδιστον: aus einem
unbekannten Dichter. – Eine Kopfbinde tragen auch die Chariten selbst in der Kunst neben dem Veilchenkranz im schön
geflochtenen blonden Haar, auch ein hohes Diadem; vgl.
Escher, RE 3, 2164f. – Die Stelle οὐ γὰρ ἐφ' ἑνὸς μένει χρώματος ist nachgeahmt von Aristainetos 1, 11 τὸ δὲ χλανιδί-
σκιον βαβαὶ τῶν χρωμάτων· οὐ γὰρ ἐφ' ἑνὸς μένει χρώματος,
ἀλλὰ τρέπεται καὶ μετανθεῖ. Daß das schillernde Gewand
von Hermes stammt, wird auch durch die Erwähnung des
Regenbogens (Iris; wie Hermes Botin zwischen Göttern und
Menschen) nahegelegt. Außerdem soll Hermes dem Amphion
die Lyra geschenkt haben. – μετανθεῖ: das Wort ist von Philostratos zuerst gebraucht.

I, 10, 4 Zu dieser Stelle gibt es eine ausführliche Anmerkung
von R. Bentley (abgedruckt bei Jacobs LI ff.); zur Handstellung
des Amphion vgl. Welcker (bei Jacobs 262). Wie die linke
Hand des Sängers wirklich gemalt war, ist dem Text nicht mit
Sicherheit zu entnehmen. Ich neige – zögernd – zu folgender
Auffassung: die rechte Hand schlug die Saiten und spielte
(vielleicht) die Melodie, die linke spielte vielleicht die Beglei-
tung (? so Kalinka); jedenfalls waren die Finger der Linken
so gemalt, daß sie (vielleicht zum Beschauer weisend und
perspektivisch verkürzt) einen sehr plastischen Eindruck er-
weckten, vielleicht so, daß sie aus dem Bilde herauszutreten
schienen (so schon Olearius). Vgl. Pausanias 10, 30, 6 vom
Orpheus des Polygnot: ἐφάπτεται δὲ καὶ τῇ ἀριστερᾷ κιθάρας,
τῇ δὲ ἑτέρᾳ χειρὶ ἰτέας ψαύει.

I, 10, 5 Zum Herbeikommen der Steine vgl. Apoll. Rhod. I,
740 f. Ἀμφίων δ' ἐπὶ οἱ χρυσέῃ φόρμιγγι λιγαίνων ἤιε, δὶς
τόσση δὲ μετ' ἴχνια νίσσετο πέτρη·

Aufbau der Beschreibung: Zuerst Überblick über das Bild
(1 E); dann genaue Beschreibung der Lyra. Anschließend
Schilderung Amphions, am Ende die Steine, die zur Mauer
herbeikommen. – Friedländer (90): „Die Lyra hat Hermes
erfunden und hat sie dem Amphion gegeben. Der hat mit ihr
die Mauern Thebens gebaut, indem die Steine sich von selbst
zusammenfügten. Das ist auf dem Bilde dargestellt". „Und
nun werden die einzelnen Teile durchgeprüft, ob sie angemessen sind: das Instrument, Amphion, die Steine. Diese Anordnung ist im Sinne einer Kunstbeschreibung ganz ver-
kehrt. Zuerst müßte Amphion kommen, dann das Instrument,
das hier gleichberechtigt und viel zu breit behandelt wird. Von
Amphion hören wir erst ganz zuletzt, daß er auf einem Felsen
sitzt, mit dem Fuße den Takt tritt, mit der rechten Hand in die
Saiten greift und die linke in Verkürzung ausstreckt. Am Anfang steht eine Vermutung über das, was er wohl singen mag.
Dazwischen sind allerlei beschreibende Einzelzüge angebracht.
Diadem, Leier und Gewand werden nicht in sachlicher Folge
aneinandergereiht, sondern nach dem literarischen Gesichtspunkt, daß alle drei Geschenke des Hermes sind. Überhaupt
ist es diese literarische Verknüpfung durch die Sage oder einen

herbeigeholten Gedanken, die dem Bildeindruck oft den schwersten Schaden tut."

Zum Bild: Ein junger, schöner, von Göttern begnadeter Künstler sitzt da und spielt versunken auf einer herrlichen Lyra. Die bezwingende – nicht beabsichtigte – Macht seines Gesanges und Spieles zeigt sich in der Wirkung sogar auf die tote Materie: die Steine werden nicht nur herbeibewegt, sondern fügen sich sogar zu Ordnung und Kosmos. – Orpheus, die Tiere bezaubernd, ist ein häufiger Gegenstand der Kunst; so wird auch Amphion, die Steine bezwingend, einmal gemalt worden sein. Apollonios Rhod. 1, 735 f. läßt auf dem Mantel des Jason auch Amphion und Zethos beim Mauerbau dargestellt sein; vgl. a. Nonnos, Dionys. 25, 415 f. – Bertrand (203) meint, die genaue Beschreibung der Lyra sei Beweis für die Existenz des Bildes.

1, 11 Phaethon

Zu 1, 11: Heyne 44; F I 93f.; II 172; B I 191, 230, 246, 268, 270, 286; MI 74; 87, 1; 99; Nem. 19; Bougot 254; Steinm. 45f.

Das Bild: Rechts oben im Bild bricht die Nacht (Nyx) hervor, links oben, von „Osten" her, kommen die Horen, die Pforten (die vielleicht in Gestalt des Zodiakos dargestellt waren) verlassend: die Nacht will das Licht vertreiben, die Horen wollen sich im Dunkel bergen. Etwa in der Mitte oben stürzt der Sonnenwagen (mit Sonnenscheibe?) herab und zieht im Sturze (mehr rechts oben, vor dem Dunkel) die Sterne (Knaben?) mit sich. Phaethon, Haupt und Brust verbrannt, stürzt etwa in der Mitte links vom Wagen. Die vier Rosse fallen mehr „westlich", da sie vor den Wagen gespannt waren und diesen nach „rechts" zogen. Vielleicht ist ein Strahlenkranz um das Haupt Phaetons oder die Pferdeköpfe gemalt. Links unten der Eridanos, wohl nach rechts fließend. Der Flußgott ragt aus den Wirbeln und will Phaethon auffangen. Auf der Uferhöhe stehen – etwas unterhalb der Rosse – Frauen, die sich in Bäume verwandeln, die Heliaden. Ihre Tränen fallen

als Goldtropfen, die einen Lichtstreif nach sich ziehen, auf
Wangen und Brust. Etwa in der Mitte Schwäne; bei ihnen
Zephyros (wohl als geflügelter Knabe). Rechts im Bild könnte
man sich Gaia, ermattet und mit erhobenen Händen, denken.
Daß auch Okeanos dargestellt war, ist kaum anzunehmen.

Goethe 69: Phaeton (!); verwegener Jüngling, sich durch
Übermut den Tod zuziehend.

I, 11, 1 Die Heliaden (im Gemälde vermutlich drei) sind
Töchter des Sonnengottes, die sich aus Trauer über den Tod
ihres Bruders in Pappeln verwandelten; vgl. Lucret. 5, 395 f.
– Phaethon wurde bald mit dem Eridanos in Verbindung gebracht; vgl. RE 6, 447. Der Eridanos ist ein sagenhafter Strom
im fernen Westen, nahe dem Ende der Welt; es ist unsicher,
welcher Fluß gemeint ist (RE 6, 446). Herodot 3, 115, 2 erwähnt die Ansicht, der Eridanos fließe in den nördlichen
Okeanos; seit Polybios (und wohl noch früher) wurde er mit
dem Po gleichgesetzt. – Zu ἐν τῷ ᾽Ηριδανῷ ἐμπεσεῖν vgl. 1,
11, 2 E ᾽Ηριδανῷ ἐμπεσεῖται. Wenn der Rhetor die Ansicht
der „Weisen" erwähnt, es liege ein Überwiegen des feurigen
Elementes vor, zitiert er ein Stück allegorischer Mythener-
klärung, wie sie häufig von der Stoa betrieben wurde; vgl. aber
auch Lucret. 5, 392 f.

I, 11, 2 σκόπει γάρ: Die eigentliche Beschreibung beginnt.
– Nyx war vermutlich personifiziert dargestellt. – Wenn von
„Mittag" die Rede ist, stimmt das zu einer Auffassung, nach
der Phaethons Sturz in die heißeste Jahreszeit versetzt wurde
(vgl. die allegorische Erklärung in 1 E); vgl. Wieseler, Fr.,
Phaethon. Eine archäologische Abhandlung, Göttingen 1857,
8 und Nonnos, Dionys. 38, 345 f. – „Die Sonnenscheibe sinkt
zur Erde" usw.: vgl. Hom. Il. 8, 48 f. ἐν δ᾽ ἔπεσ᾽ Ὠκεανῷ λαμ-
πρὸν φάος ἠελίοιο ἕλκον νύκτα μέλαιναν. – Die Sonnenscheibe
war wohl dargestellt; das „Nachziehen" der Sterne ist schwer
zu verstehen: Wieseler 22 faßt es zeitlich auf, Lindau (z. St.)
erklärt: „Der Maler dachte sich die Sonne nur auf der der
Erde zugewandten Seite, wie wir den Mond, erleuchtet und
feurig: Wenn also diese Scheibe zur Erde sinkt, muß sie hinter
sich im Himmelsraume Nacht zurücklassen. Wollen aber die

Sterne, die von der Sonne ihr Licht empfangen, nicht auch verdunkelt werden, so müssen sie mit zur Erde." Die Horen, ursprünglich Verkörperung der Jahreszeiten, Sinnbilder der Blütezeit, besonders der Jugendblüte und Schönheit, sind schon bei Homer Il. 5, 749f. = 8, 393f. Wächterinnen der Himmelstore (vgl. 2, 34, 1 A); hier bedeuten sie vermutlich die Stunden (Wieseler 24). Die Horen verlassen den Posten, welchen sie während des Tages innehaben, und fliehen in das Dunkel, weil durch dieses der Tag zur Nacht geworden ist und sie nun dieser als Repräsentantinnen ihrer Stunden angehören. – Die „Tore" sind vielleicht der Zodiakos, der sich für die Anschauung wie ein Tor ausnimmt (Wies. 25); vgl. Nonnos, Dionys. 38, 321f. τόφρα δὲ δινηθέντες ὑπὸ ζυγὸν αἴθοπες ἵπποι Ζῳδιακοῦ παράμειβον ἠθήμονος ἄντυγα κύκλον. – Zum Ermatten der Gaia vgl. Ovid, Met. 2, 272ff. – Zu ῥαγδαίου τοῦ πυρός vgl. 1, 14, 1 πῦρ δὲ ῥαγδαῖον ἐξ οὐρανοῦ, Lukian, Tim. 3. ῥαγδαῖος ist Atticismus nach Villoison, Anecd. 2, 84 (Schmid, Attic. 4, 226).

1, 11, 2 E τὰ στέρνα ὑποτύφεται: vgl. 2, 29, 2 βέβληται ὑπὸ τοῦ Διὸς καὶ ἔτι τύφεται. – Wovon brennt Phaethon? Es ist zweifelhaft, ob hier der Blitz des Zeus als wirkend gedacht ist (trotz 2, 29, 2); vielleicht wurde der Jüngling vom Feuer der Sonnenscheibe erfaßt (Wieseler 12, 1; vgl. Steinmann 45).

1, 11, 3 Die Lesart von Jacobs ist nur exempli causa eingesetzt; vielleicht läßt sich der überlieferte Text halten: ἀναφυσῶντες ἡδὺ τὸ ἔνθεν καὶ ποιήσονται ᾠδήν κτλ.: „süß singend werden die Schwäne von nun an den Jüngling sogar zum (Stoff des) Gesang(es) machen". – Die Schwäne sind hier gemalt, weil Cygnus, der König der Ligurer, Phaethons Verwandter, als er ihn beklagte, in einen Schwan verwandelt wurde (RE 19, 1509; Verg. Aen. 10, 186f., Ovid, Met. 2, 367f.). Zu ποιήσονται ᾠδήν vgl. Heroik. 10, 8 (von Achilleus) ᾠδήν τε γὰρ τῆς λύρας τὸν Παλαμήδην ἐπεποίητο und Theokr. 12, 11 ἐπεσσομένοις δὲ γενοίμεθα πᾶσιν ἀοιδή. – Die Schwäne sollen den Sommer am Kaystros in Lydien zubringen, den Winter an der Donau (Istros) bei den „Hyperboreern", vgl. Himerios 48 Colonna. – Zum folgenden Text vgl. Jacobs, Excerc. 2, 79. – Zu ὅρα vgl. 2, 4, 2 A οἱ μὲν δὴ ἵπποι ὁρᾷς ὡς. Zum Text vgl.

Headlam, W., Various conjectures III in: The Journal of
Philology 23, 1895, 261.

1, 11, 4 ῥίζας γὰρ βαλλομένη: vgl. Antonin. Liber. 39 ἐποίησεν ἐξ ἀνθρώπου λίθον καὶ τοὺς πόδας ἐρρίζωσεν ἐπὶ τὴν
γῆν (Aphrodite die Arsinoe). – ἐπαυγάζω τινί ist von Philostratos zuerst gebraucht. – Zu ἐπαυγάζει: Die Träne hängt
noch im Auge, verleiht ihm Glanz und konzentriert das Licht.
– Zu στάζοντα κατὰ τοῦ στέρνου vgl. Xen. Kyrop. 5, 1, 5
δῆλα δ' ἦν αὐτῇ καὶ τὰ δάκρυα καταστάζοντα τὰ μὲν κατὰ
τῶν πέπλων.

1, 11, 5 ἀνέχων τῆς δίνης: vgl. 1, 14, 3 Μ δένδρα ἀνασχόντα
τῆς γῆς. – Auf den Reliefs fängt der Gott den Jüngling meist
mit seinem rechten Arm auf (Wieseler 60). – δεξαμένου ist zu
halten; das Partizip des Aoristes kann eine ingressive Handlung ausdrücken. – Zu γεωργήσει: Die Übersetzung oben ist
ein Notbehelf; γεωργεῖν τὴν γῆν wird Ep. 59 vom Wasser
eines Flusses gesagt (= rigando colere); vielleicht bedeutet es
hier: Der Fluß macht die Heliaden durch (feuchten), kühlen
Lufthauch – wie ein Fluß die Erde – ergiebig (und erntet dann
ihre Tränen). Ob die Aurai hier personifiziert dargestellt waren, wie man es sonst findet (RE 2, 2425), ist schwer zu sagen.

1, 11, 5 E Man verband in späterer Zeit den Eridanos mit
dem Po oder der Rhône, die an den Wegen lagen, auf denen
Bernstein von den „Barbaren" an Nord- und Ostsee gebracht
wurde. – ψήγματα: So heißen die Tränen der Heliaden wegen
ihrer Ähnlichkeit mit Gold; vgl. Vit. Ap. 6, 37 Πακτωλὸς ...
ψῆγμα χρυσοῦ ἄγοι.

Aufbau der Beschreibung: Zuerst eine mythologische Orien-
tierung, ausgehend von den Tränen der Heliaden. Dann das
Bild: Die Vorgänge am Himmel; Phaethons Sturz; Schwäne
und Zephyros; die Verwandlung der Heliaden; der Flußgott.
Am Ende Rückkehr zu den Heliadentränen (Rahmung!).

Zum Bild: Die goldenen Tränen der Heliaden bieten ein
wenig Trost im Schmerz um den Jüngling, der seinen hohen
Flug so schwer büßt. Auch die Schwäne und Zephyros trösten:
im Gesang wird sein Schicksal fortleben und erhöht sein. Vor-

erst aber herrscht pathetische Bewegung, die Erde und Himmel erfaßt: der Jüngling stürzt sterbend, der Flußgott will ihn auffangen, die Erde klagt, Nacht verdrängt den Tag. Das Gemälde mag nur deshalb erträglich gewesen sein, weil die Darstellung der Natur und ihrer Kräfte in menschengestaltigen Bildern das Ganze überschaubar und faßlich machte. Besonders wichtig ist die Beschreibung einer solchen Darstellung im Wintergarten von Gaza durch Johannes von Gaza und die Beziehung auf Bildwerke über Phaethon bei Claudianus, de VI. cons. Honor. 166f. – Die Ähnlichkeit erhaltener Denkmäler spricht hier besonders für die Existenz eines Bildes; vgl. die Liste der Bildwerke bei Wieseler 15 f., 37 f.; RE 19, 1514f. (wo eine Darstellung der Verwandlung der Heliaden zitiert ist; dabei auch Phosphoros, Eridanos, Kyknos). – Für die Gestalt der Mesembria vgl. die Mesembria im Festzug des Antiochos, Polyb. 31, 3. – Die Sterne waren vielleicht als Knaben mit Sternen über den Köpfen dargestellt (Wies. 27). – Die Sonne war wohl durch einen Strahlenkranz um den Wagen bezeichnet (Wies. 26). – Inwiefern Gaia durch Bäume oder Felder bezeichnet war, muß offenbleiben.

Schwäne auf Phaethonbildern weist Steinmann 47 nach; Bild bei Roscher 3, 2, 2199. – Die Heliaden waren wohl drei an der Zahl, wie auf den meisten Denkmälern (Wieseler 61). Zur Verwandlung im Bild vgl. die Parallele der borghesischen Daphne; Lukian, Ver. Hist. 1, 8: es sei bekannt, daß Daphne während ihrer Verwandlung dargestellt werde; vgl. Pfuhl, Malerei 2, 835; 3, 291 Abb. 672. – Zur Farbe: Das Bild war teilweise ein Nachtstück: unten die brennende Erde, in der Mitte die gleißende Strahlenkrone des Phaethon, oben die Nacht und die Gestirne (Helbig, Wandm. 351). – Nicht zugänglich: Ant. Heron de Villefosse, Le soleil maîtrissant ses chevaux, Mosaique; Monuments Fondation E. Piot, 21, (Paris) 1914, 89–111. – Eine Münze mit Heliaden, die verwandelt werden, schildert Jos. Eckhel, Doctrina numorum (!) veterum, 5, (Wien) 1828, 118.

1, 12. 13 Der Bosporos

Zu 1, 12. 13: F I 112, 1; B I 197f., 249, 297; B II 32; M I 55, 60, 81, 92; 129, 2; K 407; 410, 2; Woerm. 232; Boug. 525; St. 48; G. 65f.

Das Bild: Bild 12 und 13 bilden eine Einheit; schon Olearius nahm dies an, Heyne ebenfalls, desgleichen Lindau und
besonders Welcker (s. a. B I 297). Die Überschrift Ἁλιεῖς
für 1, 13 hat auch nur der junge Cod. Laudianus 12; die
Wolfenbüttler, Florentiner und Pariser Handschriften geben
sie nicht (Kalinka verficht die Trennung der Bilder). – In etwa
könnte das Bild so aufgebaut sein (nach Welcker): Im Vordergrund das eine Ufer des Bosporos, im Hintergrund das andere;
den Mittelgrund bildet die Wasserstraße. Rechts im Bild die
Jäger am jenseitigen (asiatischen) Ufer, wo sie ein Haus mit
Zinnen und sichtbaren Innenräumen aufnimmt, dessen Vorhalle aus gelblichem Stein die Bucht im Halbkreis umschließt.
An hohem Uferfelsen die Statue eines Eros, der mit der Hand
zum Meer hinabdeutet. Am europäischen Ufer Jünglinge in
bunten Nachen vor dem Haus einer Witwe, die sie umwerben.
In der Mitte des Bildes am Flachufer Flüsse, Seen, Hirten,
Jäger, Bauern auf beiden Seiten des Meeresarmes. Vielleicht
rechts im Bild im tieferen Mittelgrund der Tempel, der freilich
auch an der gleichen Stelle links denkbar ist. Links im Bild der
Thunfischfang. – Eine andere, ebenso mögliche Anordnung
schlägt Woermann (232 f.) vor: Bei hohem Horizonte, wie er
die Regel auf alten Prospektbildern ist, das eine Ufer an die
linke, das andere an die rechte Seite des Bildes verlegt, so daß
in der Wasserstraße, welche die Mitte einnähme, der Vordergrund durch die Häuser und im Wasser durch die Nachen
mit Jünglingen, der Hintergrund aber durch den Thunfischfang belebt wäre.

Goethe 76: Bosporus: Land und See aufs mannigfaltigste
und herrlichste belebt. – Zu 13: Goethe 76: Die Fischer;
bezüglich auf I 12. Fang der Thunfische.

1, 12, 1 Es gilt seit Salmasius als ausgemacht, daß der Anfang der Beschreibung verloren und die Worte τὰ δὲ ἐπὶ τῇ
ὄχθῃ γύναια aus 1, 11, 4 A übertragen sind. Ich bin da nicht
sicher; vielleicht wollte der Rhetor mit der Wiederholung der
Worte einen eleganten Übergang zum neuen Bild zugleich mit
der Betonung des Gegensatzes der Stimmung von 1, 11 zu 1, 12
schaffen. Vielleicht will Philostratos auch gleich durch die Nen-

nung der Frauen (vgl. noch bes. 1, 12, 4) an den „Frauenhafen" erinnern, der nicht weit vom Vorgebirge Hermaion liegt, das vielleicht dargestellt war (vgl. die Tabelle RE 3, 748, Nr. 57 und 60 und die Karte dort); freilich bleibt das unsicher. – Zu μηδὲ ἀποπτύσαι τὸν χαλινόν: Plut., De Alex. Mag. fort. I, 5; 328 c ἀλλὰ Κριτίαι καὶ Ἀλκιβιάδαι ... ὥσπερ χαλινὸν τὸν λόγον ἀποπτύσαντες. – Die Jünglinge zu Pferd und die Übergefahrenen sind wohl nicht die gleichen; Philostratos mag zwei Gruppen durch eine das Statische belebende Handlung verbinden. – Die Gestalt der Bosporoslandschaft ist (nach Oberhummer, RE 3, 743) eine Folge ineinandergeschobener, malerischer Vorgebirge, die in den verschiedensten Bildungen von beiden Gestaden sich ins Meer lagern und so eine Menge der herrlichsten Golfe und Buchten bilden. Die engste Stelle, an der auch Dareios übersetzte, heißt Πυρρίας κύων oder auch Hermaion (s. meine oben vorgeführte Vermutung; vgl. RE 3, 748); dort wird die Breite von den Alten mit vier Stadien angegeben (z. B. Hdt. 4, 85, 3), nach anderen freilich mit 5–7 Stadien (RE 3, 743).

1, 12, 2 Zu θαλάσσῃ: Von der regelmäßigen Schreibung finden sich in den Bildern zwei Ausnahmen, hier und 1, 29, 1 A. 2 AM. – Kalinka: Welcker dachte an synnadischen Marmor (Statius Silv. 1, 5, 36 sola.... cavo Phrygiae quam Synnados antro Ipse cruentavit maculis liventibus Attis), Benndorf vielleicht mit mehr Recht an hierapolitanischen (Vitruv 8, 3, 9 f. etiamque est in Cappadocia ... lacus amplus, in quem lacum pars sive harundinis sive alii generis si demissa fuerit et postero die exempta, ea pars ... invenietur lapidea. Ad eundem modum Hierapoli Phrygiae effervet aquae calidae multitudo, e qua circum hortos et vineas fossis ductis immittitur. Haec autem efficitur post annum crusta lapidea. – „Auch ist in Cappadocien ein weiter See; wenn man in diesen See ein Stückchen Schilf oder etwas anderes hinunterläßt und am nächsten Tag herausholt, wird man dieses Stückchen versteinert finden. In gleicher Weise sprudelt zu Hierapolis in Phrygien eine starke Quelle warmen Wassers, von der das Wasser mit Gräben in die umliegenden Gärten und Weingärten geleitet wird. Das wird aber nach einem Jahr zu einer steinernen Kruste."). – Die heißen Quellen von Hierapolis bildeten Kalksinterterrassen.

1, 12, 3 Oberhummer, RE 3, 752: Im Heiligtum von Chelai, jetzt Ketscheli liman, befand sich die Statue eines Knaben mit ausgestreckten Händen, deren Bedeutung verschieden erklärt wurde, anscheinend dieselbe, die Philostratos erwähnt. – Freilich ist Chelai vom Hermaion ziemlich entfernt. – φοιτῶντε ταὐτῷ διδασκάλῳ κτλ.: Xen. Symp. 4, 23 συμφοιτῶν εἰς ταὐτὰ διδασκαλεῖα ἐκείνῳ ... ἰσχυρῶς προσεκαύθη. – Zu Ἤρθησαν εἰς τὴν θάλασσαν vgl. Anakreon frg. 17 ἀρθεὶς δηῦτ' ἀπὸ Λευκάδος πέτρης εἰς πολιὸν κῦμα und 2, 30, 1 ἡ γυνή τε ἡ σφοδρὸν οὕτω πήδημα εἰς τὸ πῦρ αἴρουσα. – Zum Liebespaar wird „nicht übel ... dazu in Gegensatz gebracht, was der Autor von einem nahegelegenen Hause erzählt" (1, 12, 4), Lesky, Thal. 295.

1, 12, 4 Den Witwenstand konnte man der jungen Frau nicht ansehen; der Rhetor erschloß ihn daraus, daß sie dem Elternhaus offenbar entwachsen war und über sich verfügen konnte (Bougot); auch ist ihr Verhalten mit dem einer Hetäre unvereinbar. – Zu ἄστεος: ἄστυ bildet bei Philostratos den Genitiv immer unattisch ἄστεος. – κομψόν τι ἔχουσα wohl am besten mit „kokett" wiederzugeben (Jacobs: „Scita calliditas, qua mulieres utuntur ad alliciendos incendendosque iuvenum animos"). – χρυσόπρῳρος zuerst bei Philostratos. – πλεῖν – νεῖν: Wortspiel. – Die Barken können am Steilufer nicht anlegen.

1, 12, 5 Die nochmalige Einführung von Jägern ist nicht gedankenlose Verdoppelung; hier sind es nur Staffagefiguren. – Über die kunsttheoretische Bemerkung (das Bild gebe Seiendes, Werdendes, Mögliches usw.) vgl. Külpe 121. – ῥᾳδιουργεῖν ist normalerweise intransitiv gebraucht. – Zum Heiligtum vgl. Polyb. 4, 39, 5; Hdt. 4, 87, 4 vermutet, daß die Brücke des Dareios zwischen Byzanz und „dem Tempel an der Mündung" lag. – περιιδρύω ist von Philostratos zuerst gebraucht.

1, 12 (13), 6 τί φήσεις; gehört nicht mehr zur Rede des Knaben, sondern ist Interjektion des Rhetors in leicht entschuldigendem, den Jungen gemütlich einbeziehendem Ton: „Ja, was sagst du nun dazu!? Da vergaß ich doch tatsächlich..." – Zum Versprechen: Entweder stand es im verlorenen (?) Teil des Eingangs von 1, 12, was ich nicht glaube, oder Lindau erklärt richtig: „Es ist dort (am Anfang) nichts von diesem Versprechen gesagt, was wohl der Rhetor selber wollte, aber vergaß. Dieser Mangel mag die Trennung (des Bildes) in zwei Teile veranlaßt haben". – Ausführungen über andere Arten des Fischfanges wären nur Zutaten zur Malerei, rhetorischer Aufputz, worüber der Knabe nur wenig (in Wirklichkeit: nichts) hören würde (Kalinka).

1, 12 (13), 7 Der Thunfischfang war eine Hauptquelle des Reichtums der Byzantier (RE 3, 745); zum Thunfischfang vgl. Rhode, P., Thynnorum captura quanti fuerit apud veteres momenti, Jahrb. f. class. Philol., 18. Suppl., 1892, 1–79. – Thalatta ist hier das Mittelmeer (mit Propontis und Hellespont als Weg dazu), Pontos ist das Schwarze Meer. „Ister" ist der älteste Name der Donau; die Maiotis (heute Asowsches Meer) ist hier hauptsächlich als Mündung des Tanais (Don) aufgefaßt. Aristoteles, Hist. an. 8, 13, 598 A 31 lehrt, daß das süße Wasser des Pontos den Fischreichtum fördere; vgl. Plin. nat. 9, 49 Piscium genus omne praecipua celeritate adolescit, maxime in Ponto. Causa multitudo amnium dulces inferentium aquas. Cum thynnis et pelamydes in Pontum ad dulciora pabula intrant gregatim cum suis quaeque ducibus (Alle Arten von Fischen wachsen mit besonderer Schnelligkeit heran, am meisten im Pontus; der Grund dafür ist die Menge der Flüsse, die süßes Wasser zuführen. Mit den Thunfischen schwimmen auch die kleinen Thunfische in den Pontus herdenweise mit ihren Führern zu süßerer Nahrung). – Militärische, blockartige Ordnung der Thunfische, die eine Schätzung ermöglicht, kennt auch Oppian, Hal. 3, 643 οἱ δὲ θοῶς σεύονται ἐπὶ στίχας, ὥστε φάλαγγες Ἀνδρῶν ἐρχομένων καταφυλαδόν, ähnlich Plut. Soll. an. 979 F (kubische Ordnung). – ὑποκυματίζειν zuerst bei Philostratos; vgl. 2, 17, 12 τό τοι ῥόθιον τοῦτο πηγαὶ ὑποκυματίζουσι. – Hercher, R., Zu griech. Prosaikern, Hermes 11, 1876, 225.

1, 12 (13), 8 Über die Arten des Thunfischfanges vgl. Rhode 43 f.; Aristot., Hist. anim. 8, 20, 602 B 31 nennt die Pflanze πλόμος oder φλόμος (Verbascum, Wollkraut, als Mittel zum Fischfang mit Gift). – Zu ἀγέλης: Opp., Hal 3, 638 θυννοσκό-

πος, ὅστε κιούσας παντοίας ἀγέλας τεκμαίρεται. – Zu σκοπιωρεῖται γάρ τις: Ael., Hist. an. 15, 5 σκοπιὰ δὲ αὕτη ἐπί
τινος αἰγιαλοῦ παγεῖσα ἀνεστήκει ἐν περιοπῇ σφόδρα ἐλευ-
θέρᾳ κτλ. – Zu ἐξικνεῖσθαί τε πυρρωτάτω: Nach Xen.,
Mem. 1, 4, 17 τὸ σὸν ὄμμα ... ἐπὶ πολλὰ στάδια ἐξικνεῖσθαι.

1, 12 (13), 9 Philostratos schildert weniger das Bild als die
Momente des Fanges; der Späher schaut aus, die Fischer
rudern usw., Geschrei erhebt sich, z.T. sind die Fische gefangen, z.T. werden sie noch gefischt; schließlich wissen die
Fischer nach dem Fang nicht, wohin mit der Menge (Gst. 66f.).

1, 12 (13), 9 ἄνθει: schwer zu sagen, ob nicht ἀνθεῖ zu lesen ist; ἀνθεῖν von Farben ist nicht selten bei Philostratos, so
2, 7, 5 M; vgl. Xen. Kyr. 6, 4, 1 ἤνθει δὲ φοινικίσι πᾶσα ἡ
στρατιά. – Zu σκιώδεις vgl. Paus. 10, 28, 1 ἀμυδρὰ ... τὰ εἴδη
τῶν ἰχθύων, σκιᾶς μᾶλλον ἢ ἰχθῦς εἰκάσεις.

1, 12 (13), 10 διεξοιδέω ist zuerst von Philostratos gebraucht.
– Zu ἡδεῖς vgl. 1, 10, 5; 1, 29, 3 E. – Lesky, Thal. 271 „Unter
den Fischern aber bricht das aufgeregte Getümmel los, das
heute noch die Freude eines jeden ausmacht, der bei einem
solchen Ereignis dabei sein kann."

Aufbau der Beschreibung: Die Gruppen der jagenden und
reitenden Jünglinge, dazu die Überfahrenden faßt der Rhetor
in einer Art fortschreitender Erzählung zusammen, die sogar
die Meinung erweckt, er rede immer von den gleichen Personen. Dann Beschreibung eines Hauses mit Excurs über Steine.
Anschließend die Statue und das zweite Haus mit den Ver-
ehrern der Witwe. Weiterhin Staffagen, dann der Tempel. Am
Ende breite Beschreibung der Thunfischjagd.

Zum Bild: Bild einer reich gegliederten, durch alltägliche
und mythische Vorgänge belebten Landschaft, die auch vom
Reiz der Grenze zwischen Asien und Europa Spannung erhält. Ein Haus mit kostbarem Stein fällt auf, ein Erosbild,
Denkmal leidvoller Liebe, dann wieder ein hochgelegenes
Haus und wieder ein religiöses Denkmal. Das Bild ist weitgehend von Jagen, Nachstellen, Begehren erfüllt; der Thun-

fischfang betont diesen Gedanken nocheinmal. – Lesky, Thal.
295 f. erinnert an die pompejanische Malerei, Dawson 200 an
die Staffagen des Ludius-Malers. Zu den Meeresprospekten
vgl. Helbig 1572–75; Woermann 233; Küste mit Häusern und
Boot bei Pfuhl, Malerei 3, 333; Abb. 724; schmaler Meeresarm
mit Durchfahrt auf einem esquilinischen Odysseebild: Pfuhl,
Malerei 2, 891; Abb. 722 und 2, 896; Abb. 728. – Weitere
Parallelen nennt Steinm. 49; vgl. bes. Arch. Anz. 1903, 1; 13 f.;
1905, 2; 83 f. und Fig. 10; 1909, 2; 190 ff. und Abb. 1 und 2. –
Giulio Romano soll zwei Bilder im Anschluß an 1, 12. 13 gemalt haben (vgl. aber Ruhl 93).

1, 14 Semele

Zu 1, 14: F I 124; 159, 1; 165 f.; B I 229 f., 270, 282 f.;
II 101: M I 70, 72, 120 f., 132; Boug. 267; St. 51 f.

Das Bild: Bronte (Donner) und Astrape (Blitz) schweben
über der Stadt Theben. Das Haus des Kadmos ist von Feuer
ergriffen, in dem – undeutlich sichtbar – Semele zum Himmel
schwebt. Im unteren Teil des Feuers das Dionysoskind; die
Flammen bilden eine Feuerhöhle, die mit dionysischen Pflanzen umstanden ist. Andererseits öffnete sich der Blick ins Freie
zum Kithairon, was ein Gegengewicht zum Feuer ergab; zugleich aber wurde „dadurch in mythologischer Beziehung die
Geburt des Gottes dem engen Gemache entrückt, indem wir
auf das Element der freien Natur hingewiesen werden, in welchem er ferner walten wird. Die Laube bildet dann gewissermaßen die Vermittlung zwischen Gemach und Natur" (B II
101). Kithairon war auch personifiziert dargestellt, trauernd;
Pan springt auf dem Gebirge, daneben Tanne und Quelle.

Goethe 71: Semele; des Bacchus Geburt. Die Mutter kommt
um, der Sohn tritt durch's Feuer ins lebendigste Leben. –
Goethe 110: Eine breite Feuerwolke hat die Stadt Theben
bedeckt, und mit großer Gewalt umhüllte Donner und Blitz
den Palast des Cadmus. Denn Zeus hat seinen tödlichen Be-
such bei Semele vollbracht. Sie ist schon verschieden und
Dionysos inmitten des Feuers geboren. Ihr Bildniß, gleich

einem dunklen Schatten, steigt gegen den Himmel; aber der
Gottknabe wirft sich aus dem Feuer heraus und leuchtender
als ein Stern, verdunkelt er die Glut, daß sie finster und trüb
erscheint. Wunderbar teilt sich die Flamme, sie bildet sich
nach Art einer angenehmen Grotte: denn der Epheu, reich von
Trauben, wächst rings umher; sproßt zum Teil mitten in den
Flammen, worüber man sich nicht verwundern muß: denn
zu Gunsten des Gottes wird zunächst hier alles wunderbar
zugehen.

Beachtet nun auch den Pan, wie er, auf Cithärons Berggipfel, den Dionysos verehrt, tanzend und springend, das Wort
Evoe im Munde. Aber Cithäron in menschlicher Gestalt betrübt sich schon über das Unglück, das bevorsteht. Ein Epheu-
kranz hängt ihm leicht auf den Scheitel, im Begriff herabzufallen: er mag zu Ehren des Dionysos nicht gern gekränzt sein.
Denn schon pflanzt die rasende Megäre eine Fichte nächst bei
ihm, und dort entspringt jene Quelle, wo Pentheus Blut und
Leben verlieren soll.

1, 14, 1 Man stellte in antiker Malerei nicht selten Meere,
Berge, Inseln, Städte usw. in menschlicher Gestalt dar; my-
thischem Empfinden liegt dies durchaus nahe (die „Personi-
fikation" ist sekundär), wie auch Aischylos (im Prometheus)
Kratos und Bia auftreten ließ. So waren auch hier die Gestal-
ten von Donner und Blitz dargestellt, der Donner in dräuen-
der Gestalt, der Blitz, wie er Strahlen aus den Augen entsandte.
Schon Apelles hatte Donner, Blitzleuchten (Astrape) und
Blitzschleudern (Keraunobolia) gemalt (Plin., nat. 35, 96).
Sicher waren aber auf unserem Bild Element und mythische
Gestalt zugleich gemalt (Steinm. 53, 0; Woerm. 172; Wickhoff, Ges. Werke, 3, 164 über Apelles: „linienumschränkte
Flammenformen"; skeptisch im ganzen Pfuhl, Malerei 2,
746). – Eine Verbindung von Donner, Blitz und Feuer bietet
auch Nonnos (8, 371; Semelegeschichte); Bronte gab es auch
im orphischen Kult (RE 3, 890).

1, 14, 2 πρὸς τὸ πῦρ: Dionysos wird durch das Feuer und
mit Hilfe des Feuers geboren. – Ἰούσης ἐς τὸν οὐρανόν:
Selbstverständlich waren die Musen nicht gemalt; Philostratos
ergänzt das Bild erzählend (Bougot 267). – Das Wort διεκ-

φαίνομαι der Hs. V₂ ist bei Philostratos zuerst belegt. – ἐκ-
θρῴσκειν bezeichnet die Energie des göttlichen Kindes; vgl.
Hom., Hym. in Apoll. 116 δὴ τότε τὴν τόκος εἷλε ... ἐκ δ᾽
ἔθορε προφόωσδε, in Merc. 20; Kallim., Hymn. in Del. 255.
– Der Vergleich eines Knaben mit einem Stern ist nicht selten
seit Hom., Il. 6, 401; hier ist es freilich mehr als ein Vergleich,
weil die Lichtwirkung des Gottes im Bilde bezeichnet wird.

1, 14, 3 Zur Höhle: Dionysos soll in einer Höhle aufge-
wachsen sein; Apoll. Rhod. 4, 11; 35 f. Wenn die Grotte lieblicher ist als solche in Asien, erinnert das an die spätere Verbindung des Gottes mit dem Orient, wie Nonnos sie darstellt;
zugleich soll aber seine national griechische Herkunft betont
sein. – Die Bäume sind als wirklich sprossend vorzustellen
(gegen Heyne); die Erde umkränzt damit das Feuer, schmückt
die Grotte. – Zum Spenden der Erde vgl. Eur. Bakch. 726
πᾶν δὲ συνεβάκχευσ᾽ ὄρος ... 707 f. κρήνην ἐξανῆκ᾽ οἴνου
θεός ... γάλακτος ἑσμοὺς εἷχον. – Ovid, Met. 3, 528 festisque
fremunt ululatibus agri.

1, 14, 4 Daß Pan gemalt ist, deutet auf die künftigen triete-
rischen Dionysosfeiern auf dem Kithairon, dem Gebirge an
der Grenze von Attika und Megaris gegen Boiotien. Der Berggott deutet auf den künftigen Triumph des Dionysos über
Pentheus hin, ebenso Megaira (vgl. Paus. 2, 2, 6 f.). – Kithairon ist vermutlich gelagert; die Typik solcher Berggötter ist
von den hellenistischen Reliefbildern über die pompejanischen
Wandgemälde bis zu den Sarkophagen und Münzen zu verfolgen (Matz, Naturpers. 120). Gebeugtes Haupt ist Zeichen
der Trauer, vgl. Anthol. Pal. 12, 135, 3 f. ἐδάκρυσεν καὶ ἐνύ-
στασε καί τι κατηφὲς ἔβλεπε χὠ σχισθεὶς οὐκ ἔμενε στέφανος. Viel von der Trauer wird man nicht gesehen haben; der
Rhetor spinnt die Handlung weiter (St. 51). Auch brauchen
die Wörter παραφυτεύει und ἀναφαίνει von Megaira nicht
unbedingt als Angabe sichtbarer Tätigkeit zu gelten; sie deuten
nur an, daß der Daimon dies geschehen läßt, verursacht (St.
52); zumindest gilt dies für das zweite Verbum. – Pentheus
und Aktaion waren wie Dionysos Enkel des Kadmos, und
schon dadurch tritt die Geburt des Gottes zu der Hindeutung
auf den verhängnisvollen Untergang der durch die Gottheit

Verderbten in einen bedeutenden Gegensatz. Dieser Untergang selbst wird ferner mit jener Geburt in bestimmten Zusammenhang gesetzt. Hyginus (fab. 5) sagt: Semele quod cum Iove concubuerat, ob id Iuno toti generi eius fuit infesta. Als Grund für den Tod des Aktaion gibt eine Version der Sage seine Bewerbung um Semele an (Apollod. 9, 4, 2; so B I 270). – Von besonderer Bedeutung sind sodann die Lokalitäten. Den Fels, auf dem Aktaion geruht, und den Quell, in dem sich Artemis gebadet, zeigte man noch zur Zeit des Pausanias; und daß man die Quelle auch mit der Zerreißung des Pentheus in Verbindung setzte, scheint die sehr eigentümliche Figur einer Nymphe auf einem Pentheus-Relief (Milin G. m. 53, 235) anzudeuten. Ferner spielt auch die Tanne, von der herab er die tobenden Weiber beobachtet hatte, im Kultus des Dionysos eine besondere Rolle, indem die Korinther auf den Rat der Pythia aus ihrem Holz Xoana des Gottes anfertigen ließen (Paus. 2, 2, 6; so B I 270f.).

Aufbau der Beschreibung: Zuerst Darstellung des Himmels (Bronte, Astrape), dann der Feuerwolke über des Kadmos Haus mit knapper mythologischer Angabe. Anschließend Semele, Dionysoskind und Grotte, am Ende der Hintergrund: Pan auf dem Kithairon, der Berggott, Megaira. – Die Schematisierung bei Gstader 158 ist verständnislos.

Zum Bild: Ein Wunder geschieht; himmlisches Feuer zerstört das irdische Gefäß göttlicher Entstehung und umgibt das Kind des Zeus, ohne ihm zu schaden. Geister am Himmel wirken mit, Pan jubelt über die Geburt des Gottes, andere Dämonen sind Zeugen. – Sicher ist das Bild ebenso gemalt vorstellbar wie alle anderen; der Maler scheint einen Hang zur Einbeziehung der Vorgänge am Himmel zu haben wie etwa auch der Maler von 1, 11, dessen Verfahren ebenso an Barockbilder erinnert. – Zu der Personifikation Kithairons vgl. den Erzspiegel mit der Krönung des Korinthos durch Leukas bei Pfuhl, Malerei 3, 252, Abb. 624 (Text: 2, 719). – Semeles Tod findet sich schon auf einer um 390 gemalten Hydria (vgl. Lexikon der alten Welt, Art. Semele).

1, 15 Ariadne

Zu 1, 15: F I 193f.; B I 186, 195f., 199, 225, 246, 263f.;
M I 89, 93, 128; K 416, 4; St. 53f.; Gst. 163.

Das Bild: Ariadne schläft in felsiger Gegend, den Oberleib
nackt, mit zurückgelehntem Nacken (vielleicht etwa in Bildmitte, Vordergrund); die linke Hand ruht auf dem Gewand.
Ihr naht liebestrunken Dionysos, hier ohne Thyrsos, gesticktes
Gewand, Kalbfell; er ist mit einem Purpurmantel bekleidet,
sein Haupt ist mit Rosen geschmückt. In der Nähe Bakchantinnen, deren Zimbeln ruhen, Satyrn, die nicht flöten, Pan,
der nicht tanzt. Auf der entgegengesetzten Seite des Bildes
(Vordergrund?) auf dem Steven eines Schiffes Theseus, den
Blick unverwandt vorwärts gerichtet.

Goethe 70: Ariadne; schlafende Schönheit, vom Liebenden
und seinem Gefolge bewundert. Vollkommen derselbe Gegenstand, buchstäblich nachgebildet, Hercul. Alterth. T. II.
Tab. 16.

Goethe 93: Schöner, vielleicht einziger Fall, wo eine Bege-
benheitsfolge dargestellt wird, ohne daß die Einheit des Bildes
dadurch aufgehoben werde. Theseus entfernt sich, Ariadne
schläft ruhig, und schon tritt Bacchus heran, zu liebevollem
Ersatz des Verlustes, den sie noch nicht kennt. Welche charakteristische Mannigfaltigkeit aus einer Fabel entwickelt!

Thesus mit seinen heftig rudernden Athenern gewinnt
schon, heimatsüchtig, das hohe Meer; ihr Streben, ihre Richtung, ihre Blicke sind von uns abgewendet, nur die Rücken
sehen wir; es wäre vergebens sie aufzuhalten.

Im ruhigsten Gegensatz liegt Ariadne auf bemoostem Felsen; sie schläft, ja sie selbst ist der Schlaf. Die volle Brust, der
nackte Oberkörper ziehen das Auge hin; und wie gefällig vermittelt Hals und Kehle das zurückgesenkte Haupt! Die rechte
Schulter, Arm und Seite bieten sich gleichfalls dem Beschau-
enden, dagegen die linke Hand auf dem Kleide ruht, damit es
der Wind nicht verwirre. Der Hauch dieses jugendlichen
Mundes, wie süß mag er sein! Ob er dufte wie Trauben oder
Äpfel, wirst du herannahender Gott bald erfahren.

Dieser auch verdient es: denn nur mit Liebe geschmückt läßt ihn der Künstler auftreten; ihn ziert ein purpurnes Gewand und ein rosener Kranz des Hauptes. Liebetrunken ist sein ganzes Behagen, ruhig in Fülle, vor der Schönheit erstaunt, in sie versunken. Alles andere Beiwesen, wodurch Dionysos leicht kenntlich gemacht wird, beseitigte der kluge, fähige Künstler. Verworfen sind als unzeitig das blumige Kleid, die zarten Rehfelle, die Thyrsen; hier ist nur der zärtlich Liebende. Auch die Umgebung verhält sich gleichermaßen: nicht klappern die Bacchantinnen diesmal mit ihren Blechen, die Faune enthalten sich der Flöten, Pan selbst mäßigt seine Sprünge, daß er die Schläferin nicht frühzeitig erwecke. Schlägt sie aber die Augen auf, so freut sie sich schon über den Ersatz des Verlustes, sie genießt der göttlichen Gegenwart, ehe sie noch die Entfernung des Ungetreuen erfährt. Wie glücklich wirst du dich halten, wohlversorgtes Mädchen, wenn über diesem dürr scheinenden Felsenufer dich der Freund auf bebaute bepflanzte Weinhügel führt, wo du in Rebengängen, von der muntersten Dienerschaft umringt, erst des Lebens genießest, welches du nicht enden, sondern, von den Sternen herab in ewiger Freundlichkeit auf uns fortblickend, am allgegenwärtigen Himmel genießen wirst.

1, 15, 1 Ariadne war die Tochter des Minos und der Pasiphae; vgl. 1, 16. – Zu ἐκ Διονύσου erg. δεδρακέναι. – Vgl. Schol. Theokr. 2, 45 Θησεὺς ἁρπάσας ᾿Αριάδνην τὴν Μίνωος καὶ ἀπάρας εἰς Δίαν τὴν νῦν καλουμένην Νάξον κατὰ Διονύσου βούλησιν λήθῃ τινὶ χρησάμενος ἀπέλιπεν αὐτὴν καθεύδουσαν. Dia ist der ältere Name für Naxos, wo Theseus mit Ariadne Aufenthalt nahm auf seinem Weg zurück von Kreta, wo er mit ihrer Hilfe den Minotauros getötet hatte. – Zur Amme vgl. Heroik. 1, 1 παῖς μὲν γὰρ ὢν ἔτι ἐπίστευον τοῖς τοιούτοις καὶ κατεμυθολόγει με ἡ τίτθη χαριέντως αὐτὰ ἐπᾴδουσα καί τοι καὶ κλάουσα ἐπ᾿ ἐνίοις αὐτῶν. („Als ich nämlich noch ein Knabe war, glaubte ich an solche Dinge, und meine Amme lehrte mich die Mythen, indem sie mir diese allerliebst erzählte und bei manchen davon auch weinte"). Negativer Einfluß der Ammen, besonders durch ihre Erzählungen, wird seit Platon mehrfach beklagt. – Den Beginn der Schilderung bezeichnet οὐ μὴν δέομαι λέγειν.

1, 15, 2 Vielfalt der Darstellungen des Dionysos: Plut., De E apud Delph. 389 B ἐκεῖνόν τε πολυειδῆ τε καὶ πολύμορφον ἐν γραφαῖς καὶ πλάσμασιν. – Das Medium ὑπεκφύομαι zuerst bei Philostratos. Das Wort könnte vielleicht – mehr nicht – bedeuten, daß auf den Bildern der Panther unten aus dem herabwallenden Gewand des Gottes hervorsieht (Wiener Herausg.). – Der Plural „Thyrsosstäbe und Felle" dient der Lebendigkeit und Fülle des Ausdrucks und braucht nicht wörtlich gefaßt zu werden. Die bunte Stickerei des Gewandes war vielleicht mit Goldfäden ergänzt, vgl. Ovid, Met. 3, 556. – Zum Purpurgewand vgl. Hom., Hymn. 7, 5 φᾶρος δὲ περὶ στιβαροῖς ἔχεν ὤμοις Πορφύρεον. – Μεθύων ἔρωτι nach Anakreon fr. 19 ἀρθεὶς δηῦτ᾿ ἀπὸ Λευκάδος πέτρης ἐς πολιὸν κῦμα κολυμβέω μεθύων ἔρωτι.

1, 14, 3 Theseus liebt den Rauch Athens; nach Hom., Od. 1, 58; zum Vergessen Ariadnes vgl. Theokrit 2, 45 τόσσον ἔχοι λάθας, ὅσσον ποκὰ Θασέα φαντὶ ᾿Εν Δίᾳ λασθῆμεν εὐπλοκάμω ᾿Αριάδνας. – Zu οὔτε οἶδεν οὔτε ἔγνω ποτέ: Es ist, als ob er sie nicht mehr kännte noch je gekannt hätte. – Das Ende ist nachgeahmt von Aristainetos 1, 12 καὶ τὸ ἄσθμα ἡδύ· εἰ δὲ μήλων ἢ ῥόδων ... ἀπόζει, φιλήσας ἐρεῖς.

Aufbau der Beschreibung: Kurze Einführung in den Mythos, dann Absetzung des vorliegenden Bildes gegen konventionelle Ariadnegemälde; Beschreibung von Dionysos, Theseus, Ariadne. – Vgl. Gst. 163.

Zum Bild: Wieder ein Bild aus dem Bereich des Dionysos; hier ist die übermächtige Wirkung des Gottes gezeigt, die Theseus zwingt, die Geliebte völlig zu vergessen (er fährt abwesend von Naxos fort), und die auch Ariadne den Geliebten ganz vergessen machen wird. Die Umgebung des Gottes und der Betrachter des Bildes harren still des entscheidenden Augenblicks. Goethes Beschreibung dieses Bildes ist ein Musterbeispiel dafür, wie der lebhaften Phantasie eine trokkene Beschreibung sogleich zum Handlungsraum mit Bewegung, Deutung, Zutat wird. Ein kleines Stück solcher Art wirkt auch in Philostratos. – Die Behauptung, unsere Bildbeschreibung beruhe auf literarischer Entlehnung, ist ganz absurd, ebenso Ruhls Behauptung, Theseus sei Zugabe. Vielleicht liegt den meisten der erhaltenen Ariadnedarstellungen ein attisches Gemälde des 5. oder frühen 4. Jahrhunderts zugrunde (Pfuhl, Malerei 2, 701); besonders spürbar wird dies in einem unteritalischen Vasenbild (Pfuhl, Abb. 632), einem pompeianischen Wandbild (Pfuhl, Abb. 646), und vielleicht bei Philostratos (Wagner, RE 2, 809 f.; eine gewisse Einschränkung bei Camaggio 485). Helbig (Wandm. 256) führt auch die Darstellung des Nonnos 47, 265 f. auf dieses Urbild zurück; vgl. Lippold, Gemäldekopien 47 f. Ein Bild des Liber pater und der Ariadne im Cerestempel zu Rom erwähnt Plin., nat. 35, 24. 99; weitere Darstellungen: Helbig, Wandm. 1233, bes. 1234, 1235-37, 1239, 1240; vgl. das Mosaik in Antiochia, Levi 1, 141 f. – Literarische Gestaltungen der Sage besonders bei Catull 64, 52-266; Ov., Her. 10; ars am. 1, 527 f.; 3, 35; Met. 8, 176 f.; Nonnos, Dionys. 47, 265 f. – Zu Philostratos vgl. a. Klingner, Fr., Catulls Peleus-Epos, München 1956, 62 f.

1, 16 Pasiphae

Zu 1, 16: F I 140 f.; B I 196 f., 199 f., 205 f., 225, 240; M I 89; Boug. 168, 285 f.; St. 55 f.

Das Bild: Daidalos arbeitet, barfuß und im Arbeitskittel dasitzend, an einer hohlen Kuh. Um ihn stehen ausschreitende Standbilder, die noch in Arbeit sind. Seine Helfer sind Eroten, die einen Bohrer eindrehen, mit einem Beil glätten, Holz sägen, wobei der eine auf der Erde, der andere auf einem Gestell ist. Außerhalb der Werkstätte Pasiphae, die den Stier anzulocken versucht. Dieser aber, ein stattliches Tier mit schönen Hörnern, kümmert sich nicht um sie, sondern blickt auf seine Kuh.

Goethe 71: Pasiphae; Künstler, dem Liebeswahnsinn dienend.

1, 16, 1 Pasiphae war die Gattin des kretischen Königs Minos, Daidalos ein sagenhafter Bildhauer auf Kreta. Die Überlieferung, in der die Flucht des Daidalos mit dem Pasiphaemythos verbunden wird, geht vielleicht auf Euripides zurück, der in seinen „Kretern" Daidalos für Pasiphae eine hölzerne Kuh bauen ließ. – σοφίσασθαί τινα πειθώ: vgl. Longos 3, 3, 3 οἱ δὲ παγὰς ὀρνίθων ἐσοφίζοντο. – Zu τοῦ ταύρου ἐθάδι vgl. 2, 24, 1 E ἐθὰς ὢν τοῦ τοιούτου σιτίου. – Ob der Minotauros gemalt war, ist zweifelhaft; ich glaube es nicht. – Daidalos soll als erster Statuen mit richtigen Augen, ausschreitendem Spielbein und ausgebreiteten Armen gemacht haben (Diodor 4, 76). Zu ἐπαγγελίᾳ τοῦ βαδίζειν vgl. Gymn. 280, 12 ἐν ἐπαγγελίᾳ πάλης. – Wenn Daidalos „ganz attisch" ist, hängt dies auch damit zusammen, daß er aus Athen stammt (Apollod. 3, 15, 8. 9). – Der Tribon war ein altertümliches attisches Gewand (Vit. Ap. 2, 40 τρίβων τῶν ἀρχαίων καὶ πάνυ Ἀττικῶν; daher wird er 2, 32, 1 auch Themistokles zugeschrieben) aus grobem Wollstoff, seit den Perserkriegen in Athen eingebürgert, Rock der Armen, Handwerker und seit Sokrates auch der asketischen Philosophen. Wie der Tribon hier vorzustellen ist (er bedeutet ursprünglich „Mantel"), kann man schwer sagen; es ist wohl ein Arbeitskittel. Hauptsächlich soll er aber das Athenische an Daidalos betonen (Bougot 168). – Daidalos im Tribon: vgl. Camaggio 493.

1, 16, 2. 3 Eroten als Handwerker auf pompejanischen Gemälden: vgl. Steinm. 56; Darstellung des Sägens bei Blümner, Technologie und Terminologie der Gewerbe und Künste; 1879; 2, 336f.

1, 16, 3 Der Ausdruck ἡγώμεθα ist bei Philostratos sehr häufig gebraucht, so 1, 18, 3 A; 2, 16, 1 usw.

1, 16, 4 Kleiderglanz mit Regenbogen verglichen: vgl. 2, 27, 2 A. – Zu περιβάλλειν ... ὥρμηκεν vgl. 1, 18, 3 E (Agaue) περιβάλλειν ... ὥρμηκε. – Wenn der Stier als Führer der Herde erscheint, bedeutet dies nicht, daß die Herde dargestellt war (so Ruhl 94); der Rhetor qualifiziert das Tier nur (s. a. Steinm. 55). – βεβηκὼς ἤδη bedeutet nicht „vaccam iam expertus", wie die Wiener Editoren glauben, geht auch nicht auf breites Daherschreiten, sondern auf die Darstellung des Malers, der das Tier – wie Daidalos seine Statuen, vgl. 1 M βεβηκότα ἤδη – in lebendiger Bewegung darstellt, freilich eine etwas frostige Beziehung (dies weitgehend nach Kalinka). –

Herabhängende Wamme: vgl. Verg. Georg. 3, 53 und Colum.
6, 1, 3 (gutes Rind) palearibus amplis et paene ad genua
promissis. – Die schwarze Färbung der Kuh bei weißem Kopf
betont Philostratos wegen des Kontrastes, auf den er auch
sonst achtet: 1, 28, 4 A (Pferd mit schwarzem Kopf, sonst
weiß); 2, 5, 2 A (Pferd oben schwarz, Beine und Brust weiß);
2, 3, 3 E (Kentaurin, oben weiß, Pferd schwarz); mit kultischen
Gedanken (so Boug. 285) hat dies kaum zu tun. – Zu σκίρτημα
κόρης vgl. Anakreon fr. 88, 5 D. κοῦφά τε σκιρτῶσα παίζεις.

Aufbau des Bildes: Zuerst kurzer Umriß der Mythe; dann
Beschreibung der Werkstatt des Daidalos, des Künstlers, der
helfenden Eroten. – Im zweiten Teil Pasiphae, der Stier und
seine Kuh.

Zum Bild: Auch hier ein Bild der übermächtigen Einwirkung höherer Kräfte: Pasiphae ist von der Liebe so erfaßt, daß
sie alle Grenzen überschreitet. Die Eroten auf dem Gemälde
deuten den Gott an, der Pasiphae bezwingt. Die Kunst des
Daidalos dient hier dem Trieb, aber dieser verhilft ihr auch
dazu, neue Dimensionen zu erobern. – Vgl. Robert, Carl,
Der Pasiphae–Sarkophag, 14. Hallisches Winckelm.–Progr.,
Halle 1890; mit der Mittelszene hat unser Bild freilich wenig
gemein (Robert 19), doch sind ebenfalls Eroten gegenwärtig
(die aber nicht arbeiten). Helbig 2, 151 über ein Relief in
Palazzo Spada (Daidalos sitzt in Handwerkertracht, hält in der
Rechten die Säge, die er gebraucht hat, und spricht mit Pa-
siphae). – In Pompeii finden sich vier Gemälde dieses Themas,
Helbig, Wandg. 1205–1208; Camaggio 505 über mögliche
Unterschiede zu Philostratos: Pasiphae habe bei ihm alle Wür-
de verloren, das zeige den zeitlichen Unterschied; vgl. auch
Rumpf 69, 3 (Wandbild aus Tor Marancio). – Sägende Eroten:
Helbig, Wa. 805. – Zu 1, 16 vgl. noch Jahn, O., Archaeologi-
sche Beiträge 241; Lesky, Thal. 296. – Es wäre zu fragen, ob
1, 16 in den von Schefold, K., Römische Kunst als religiöses
Phänomen, Hamburg 1964, 69 aufgestellten Zusammenhang
paßt: Daidalos bindet die Seele, Pasiphae, an den Leib; dies
symbolisiere die Gefangenschaft der Seele in ihrem irdischen
Dasein usw. (Schefold, brieflich: Die symbolische Bedeutung
der Pasiphaesage passe wohl nur zu den Sarkophagen).

1, 17 Hippodameia

Zu 1, 17: B I 196, 198, 225; M I 60, 2; Boug. 286 f.; St. 57 f.

Das Bild: Der Wagen des Oinomaos ist zerschmettert, seine Rappen sind schaumbedeckt; er selbst liegt am Boden: Die Menge schreit entsetzt auf. Diese Szene vielleicht rechts im tieferen Mittelgrund. – Sieger sind Pelops und Hippodameia mit einem weißen Viergespann; sie fahren – wohl in Bildmitte und Vordergrund – auf der See dahin, Hippodameia sich entschleiernd. – Alpheios kommt aus der Flut hervor und reicht Pelops den Siegeskranz aus Ölzweigen. – Auf der Rennbahn, vielleicht links im Bild, Grabmäler (von Freiern) mit Blumen.

Goethe 71: Pelops führt die Braut heim.

1, 17, 1 Obschon Olympia und Pisa, wo der sagenhafte König Oinomaos herrschte, in der peloponnesischen Landschaft Elis lagen, rechnet sie Philostratos zu Arkadien (so auch 2, 32, 1; vgl. Schmid, Burs. 129, 257 über die Ausdehnung des Begriffes Arkadien); damit steht er nicht allein vgl. Paus. 5, 1, 1 ὡς ἐν τῇ Ἀρκάδων οἰκοῦσιν Ἠλεῖοι καὶ Ἀρκάδες. – Oinomaos machte die Verheiratung seiner Tochter Hippodameia davon abhängig, daß der Freier ihn bei einer Wettfahrt zum korinthischen Isthmos besiegte. Während der Fahrt stand Hippodameia auf dem Wagen des Freiers, um ihn durch ihre Schönheit abzulenken. Oinomaos erstach die Bewerber dann von hinten. Weil sich aber Hippodameia in Pelops, den Sohn des Königs Tantalos, der vom lydischen Berg Sipylos kam, sogleich verliebte, gewann sie Myrtilos, den Wagenlenker ihres Vaters, dafür, die Nägel zu entfernen, die an der Wagenachse die Räder festhielten.

1, 17, 1 σύγκειται mit Gen.; vgl. Vit. Ap. 8, 18 A τεχνῶν πλείστων εἰκὸς αὐτὴν ξυγκεῖσθαι καὶ σοφισμάτων. – Eine Quadriga gibt dem Oinomaos Eurip., Hel. 386; zur Feststellung, daß Quadrigen im Krieg nicht verwendet wurden, vgl. 1, 27, 1 A. – Lyder als Pferdefreunde: vgl. Hom., Il. 10, 431 Μῄονες Ἱπποκορυσταί. – ἁρματίτης ist zuerst von Philostratos gebraucht. – Zu τετραρρύμου vgl. Xen., Kyr. 6, 4, 2 τὸ τετράρρυμον ἅρμα καὶ ἵππων ὀκτώ. – Ellipsen verschiedener

Art galten als elegant und attisch; daher läßt Philostratos bei καὶ λέγονται ... σχεῖν das Objekt aus (Schmid, Att. 4, 106).

1, 17, 2 Gute Pferde bei den Arkadern: Strabon 8, 8 ἔστι δὲ καὶ τὸ γένος τῶν ἵππων ἄριστον τὸ ᾿Αρκαδικόν. – Der Ausdruck πειθοῦς τε ἑταῖροι könnte von einem Dichter stammen (Benndorf). – Zum Wiehern der Pferde des Pelops: so stellte man gerne Rosse dar, die zu ihrem Herren passen, sensible Tiere (Bougot 286 mit Beisp.). Der Thraker Diomedes fütterte seine Pferde mit Menschenfleisch, wurde aber von Herakles seinen eigenen Tieren vorgeworfen. – Zur Entführung des Pelops vom Berge Sipylos auf den Olymp vgl. Pindar, Ol. 1, 60f. ὁπότ᾿ ἐκάλεσε πατὴρ τὸν εὐνομώτατον ἐς ἔρανον φίλαν τε Σίπυλον ἀμοιβαῖα θεοῖσι δεῖπνα παρέχων, τότ᾿ ᾿Αγλαοτρίαιναν ἁρπάσαι δαμέντα φρένας ἱμέρῳ χρυσέαισί τ᾿ ἀν᾿ ἵπποις ὕπατον εὐρυτίμου ποτὶ δῶμα Διὸς μεταβᾶσαι („... daß, als dein Vater einst die Bewirtung erwiedernd die Götter zum gesetzlichen Mahl zur reizenden Sipylos lud, der Dreizackgeschmückte dich raubte und daß, von sehnender Lust das Herz durchglüht, er mit goldenen Rossen empor zu des allverehrten Zeus Sitze dich führte"; übers. von W. von Humboldt). – Zu ἠγάσθη τῆς ὥρας vgl. Lukian, Charid. 16 τῆς ὥρας ἰδὼν ἠγάσθη. – Vgl. zum folgenden Pind., Ol. 1, 139ff.

1, 17, 3 Pelops mit Hippodameia auf dem Wagen sind auch auf Jasons Gewand, Apoll. Argon. 1, 752f. dargestellt. – Lydische Weichlichkeit in der Kleidung wird auch 1, 30, 1 A erwähnt. – Zur folgenden Handlung vgl. Pind., Ol. 1, 109f., 125. – Wenn Philostratos sagt, der Junge habe Pelops „kurz vorher" gesehen, ist das Hinweis auf 1, 30; früher zog man daraus den Schluß, die Bilder seien in unserem Buch durcheinandergekommen. Erst Lehmann-Hartleben (21f.) hat dies erklärt: Der Rhetor geht in einem Raum umher, und am Ende begegnet er einem Bild (1, 30) und beschreibt es, das er beim Eintritt in den Raum nur angesehen hatte. – ἐζήτει ist zu halten; vgl. Demosth. 4, 33 τῶν πράξεων παρὰ τοῦ στρατηγοῦ τὸν λόγον ζητοῦντες. Den doppelten Accusativ finde ich freilich nirgends belegt außer hier; es ist Analogie zu αἰτεῖν. – Die Entschleierung der Braut (Anakalypteria) war ein Höhepunkt der Hochzeitsfeier. – Der Alpheios war ein Fluß, der in Arkadien entsprang und durch Elis ins Ionische Meer floß. – Aus Zweigen des wilden Ölbaumes war der Kranz des Siegers in den olympischen Spielen geflochten.

1, 17, 4 Zur Zahl der getöteten Freier vgl. Pind., Ol. 1, 127 f. ἐπεὶ τρεῖς τε καὶ δέκ' ἄνδρας ὀλέσαις μνηστῆρας ἀναβάλλεται γάμον θυγατρός. Übrigens schwankt die Zahl der getöteten Freier in der Überlieferung zwischen 12 und 16. – δίκη hier gebraucht wie bei Aisch., Choeph. 990 ἔχει γὰρ αἰσχυντῆρος, ὡς νόμος, δίκην.

Aufbau der Beschreibung: Klarer Aufbau, umspielt von leichten Abschweifungen in Mythos und Kulturgeschichte. – Zuerst die Zuschauer, dann die Frage der Pferdezahl. Zweitens: die Pferde des Oinomaos und des Peleus. Drittens: Oinomaos tot, Pelops dahinfahrend. Viertens: Pelops und Hippodameia, besonders ihre Kleidung. Fünftens: Alpheios, und endlich die Grabmäler. Vgl. auch Steinm. 57.

Zum Bild: Zum Kreise (und daher zum Saal) des Dionysos gehört auch Eros, in späterer Zeit z.T. mit Dionysos als großer All-Gott ineinsgesetzt. Wie in 1, 16 seine Macht schon zu spüren war in der Überwindung von Scham und Zucht bei Pasiphae, ist auch hier seine Wirkung zu fühlen: Die Liebe führt Hippodameia dazu, den Tod des eigenen Vaters zu verschulden. Sie nimmt auch die Geste der hingebenden Entschleierung noch auf dem Wagen vor und vergißt im Anschauen des Pelops alles andere. – Man erkennt deutlich, wie hier eine klare Beschreibung durch literarische und kulturhistorische Bemerkungen und Anspielungen angereichert und belebt wird. – Daß es zwei Szenen auf einem Bild waren, wie Bougot (292) meint, ist ausgeschlossen. – Schon auf der Kypselos-Lade war Oinomaos dargestellt, wie er Pelops mit Hippodameia verfolgte; Welcker führt einen Sarkophag und Tonbilder desselben Inhaltes an. Pelops, Hippodameia und Myrsilos waren auch im Giebelfeld des olympischen Tempels zu sehen (Paus. 5, 10, 6 f.), und nicht selten taucht die Rennszene auch auf Vasenbildern auf (Mon. Inst. 2, 32). – Bougot (288) führt eine Vase („Archemorosvase") an, auf der Hippodameia ebenso gekleidet ist wie bei Philostratos (mit Schleier).

I, 18 Bakchen

Zu I, 18: F I 65, 73 f.; 96 A.; 102, 1; 121; II 164 f.; B I 218 f., 225, 233 f., 273, 294; II 85; M I 54, 56 A.; 69, 3; 70, 86, 99, 109 f.; K 416, 4; Nem. 17; St. 58 f.; Gst. 58 f.

Das Bild: Auf diesem Bild waren entweder zwei zeitlich verschobene Szenen nebeneinander gemalt oder – was ich annehme – auf Hinter- und Vordergrund verteilt. – 1. Szene: Auf dem Kithairon – wohl im Hintergrund des Bildes – ein Chor von Bakchen, dazu Efeu, Schlangen, Thyrsos. Eine Tanne ist durch die Bakchen gefällt worden, und Pentheus ist von dem Baum gestürzt. Die Bakchen zerfetzen ihn, die Schwestern der Mutter reißen seine Arme aus, die Mutter schleift ihn am Haar. Dionysos steht am Rande des Bildes oder im Hintergrund und sieht dem Strafgericht zu. 2. Szene: Im Vordergrund Theben, Haus des Kadmos. Klage um Pentheus. Die Verwandten fügen seinen Leib wieder zusammen. Das dabeiliegende Haupt fällt durch seine Schönheit auf. Die Bakchen sitzen (z.T.) trauernd und müde am Boden. Agaue, an Hand, Wange, Brust noch blutig, will den toten Sohn umarmen, schreckt aber zurück. Harmonia und Kadmos werden verwandelt; die Beine haben schon Schlangengestalt.

I, 18, 1 Der Stoff des Bildes ist aus den Bakchen des Euripides genommen, doch ist weder der Maler noch sein Interpret vom Dichter sklavisch abhängig. – Der Kithairon war ein Mittelpunkt des Dionysoskultes; in seinen Wäldern schwärmten die Frauen am Feste des Gottes, das alle drei Jahre gefeiert wurde. – Agaue war Tochter des thebanischen Königspaares Kadmos und Harmonia und Mutter des Pentheus. – Die Einzelheiten der weintriefenden Felsen usw. verdanken Maler und Interpret Eur. Bakch. 141 f. ῥεῖ δὲ γάλακτι πέδον, ῥεῖ δ' οἴνῳ, ῥεῖ δὲ μελισσᾶν νέκταρι, 704 f. θύρσον δέ τις λαβοῦσ' ἔπαισεν εἰς πέτραν, ὅθεν δροσώδης ὕδατος ἐκπηδᾷ νοτίς 710 f. ἐκ δὲ κισσίνων θύρσων γλυκεῖαι μέλιτος ἔσταζον ῥοαί. – Die Schlangen gehorchen den Bakchen, die sich mit ihnen auch umkränzen; Eur., Bakch. 101, 695 f.; vgl. Hor. carm. 2, 10, 19; Cat. 64, 258 sese totis serpentibus incingebant. – Die Fichte soll Megaira gepflanzt haben (vgl. I, 14, 4);

s. auch Eur. Bakch. 1063f. und bes. Eur. Bakch. 1109f. αἱ δὲ μυρίαν χέρα Προσέθεσαν ἐλάτη κἀξανέσπασαν χθονός. Ὑψοῦ δὲ θάσσων, ὑψόθεν χαμαιπετὴς πίπτει πρὸς οὔδας μυρίοις οἰμώγμασι Πενθεύς. – Den Text καὶ ξαίνουσι will auch Schenkl, Reiske 200, halten, besonders da καί ja erklärt werden könne. – Zum folgenden vgl. Eur. Bakch. 1141. 1196. 1215. 1278. 1283. – Bes. 1125f. λαβοῦσα δ' ὠλέναις ἀριστερὰν χέρα Πλευραῖσιν ἀντιβᾶσα τοῦ δυσδαίμονος Ἀπεσπάραξεν ὦμον, 1129f. Ἰνὼ δὲ τἀπὶ θάτερ' ἐξειργάζετο Ῥηγνῦσα σάρκας, 1133 αἱ δ' ἡλάλαζον, 1135 πᾶσα δ' ἡματωμένη χεῖρας διεσφαίριζε σάρκα Πενθέως, 1139f. Πήξασ' ἐπ' ἄκρον θύρσον ὡς ὀρεστέρου Φέρει λέοντος διὰ Κιθαιρῶνος μέσου. – Zu ἐμπλήσας τὴν παρειὰν χόλου vgl. Vit. Ap. 7, 28 M μεστὴ δὲ παρειὰ χολῆς. – προσβακχεύειν ist so nur hier belegt. – Herington, C. J., De versu, ut videtur, tragico apud Philostratum latente, Rhein. Mus. 109, 1966, 186 vermutet einen Vers aus einem Tragiker in 1, 18, 1 und denkt sich ihn etwa so: χαμαί, γυναικῶν ἔργον ἐκ θεοῦ μέγα.

1, 18, 2 Zu ἄγρα vgl. Eur. Bakch. 1136 und 1146 τὸν ξυνεργάτην ἄγρας, s. auch 1183 und weiter 1218f., 1284f. – Zum Zusammenfügen vgl. Seneca, Hippol. 1256 Disiecta genitor membra laceri corporis In ordinem dispone et errantes loco Restitue partes. – Zu ἃς οὔτε κιττὸς ἤρεψεν vgl. 1, 23, 2 M ἀμπέλῳ γοῦν καὶ κιττῷ ἤρεπται und Eur. Bakch. 323. – ἁπαλὴ τὴν γένυν vgl. Christ. pat. 1496 ὦ νέα γένυς. – Subjekt von ἐρρώνυτο ist Pentheus; ὑπ' αὐτῶν und αὐτάς gehen auf die bakchisch erregten Frauen (Kalinka). – Bougot: Les hurlements des Bacchantes excitent la colère de Penthée et l'entêtement de Penthée excite la fureur des Bacchantes. Die in der Wiener Ausgabe vorgeschlagene Beziehung auf die Haare ist hier zu gekünstelt, trotz der Parallele 2, 5, 4 M. Viel besser paßt 2, 21, 2 E καὶ ῥωννὺς αὐτὸν τῇ ὕβρει. – Zum abschließenden Wortspiel ἐμαίνετο – μαίνεσθαι vgl. Anthol. Pal. 11, 429 Ἐν πᾶσιν μεθύουσιν ἀκίνδυνος ἤθελε νήφειν, Τούνεκα καὶ μεθύειν αὐτὸς ἔδοξε μόνος.

1, 18, 3 παρίστανται erklären die Wiener „se colligunt" unter Vergleich mit Diod. 17, 43; also „sammeln sich, sind ruhig". – Dasitzen auf der Erde: nachgeahmt von Aristainetos

2, 5 τότε μὲν οὖν εἰς τὰ γόνατα ἡ κεφαλὴ βρίθει, τότε δ' εἰς
ὦμον ἐγκλίνει. – Zu περιβάλλειν ... ὥρμηκε vgl. 1, 16, 4
περιβάλλειν ... ὥρμηκεν. – Zu τὸ μὲν ἐς χεῖρας vgl. Eur.
Bakch. 765 f. πάλιν δ' ἐχώρουν ὅθεν ἐκίνησαν πόδα Κρηνὰς
ἐπ' αὐτάς, ἃς ἀνῆκ' αὐταῖς θεός. Νίψαντο δ' αἷμα, σταγόνα
δ' ἐκ παρηΐδων Γλώσσῃ δράκοντος ἐξεφαίδρυνον χροός. –
Vgl. auch Christ. pat. 1121 und 1473 πᾶσαν ἡματωμένην.

1, 18, 4 Zur Verwandlung von Kadmos und Harmonia vgl.
Eur. Bakch. 1327 f. und Eur. frg. 930 N. οἴμοι δράκων που
γίγνεται τὸ ἥμισυ· τέκνον, περιπλάκηθι τῷ λοιπῷ πατρί. –
Steinm. 60: Die Verwandlung habe ein Maler wohl schildern
können; er brauchte nur die beiden Gestalten nicht gleich weit
vorgeschritten wiederzugeben. – Zu φροῦδοι πόδες, φροῦδοι
γλουτοί vgl. Arist., Wolk. 718 φροῦδα τὰ χρήματα, φρούδη
χροιά.

Aufbau der Beschreibung: Der Rhetor gibt genau an, was
jeweils gemalt ist. Zuerst schildert er das Allgemeine auf dem
Kithairon, dann die gestürzte Fichte, weiter die Bakchen, die
Pentheus zerreißen, schließlich Dionysos. – In der zweiten
Szene gibt Philostratos zuerst die Bildebene an, dann wieder
das Allgemeine: Theben, Haus des Kadmos; dann die Verwandten, mit der Leiche beschäftigt. Weiter die nun ernüch-
terten Bakchen, dann Agaue. Am Ende – wie oben – etwas ferner bezogene Gestalten: Harmonia und Kadmos.

Zum Bild: Der Gott Dionysos zeigt 1, 18. 19 seine Kraft
gegenüber denen, die ihn mißachten. Pentheus wird von den
eigenen Angehörigen zerrissen, und die zweite Szene des
Bildes, das Erwachen der Bakchen aus der Ekstase, zeigt nur
noch eindringlicher, wie jammervoll das Los des Pentheus ist.
– Schon Baden nahm an, es seien zwei Bilder, aber auf demselben Blatt (also ein Doppelgemälde) und verglich Michelan-
gelo „Jesus auf dem Ölberg" mit angeschlossenem „Jesus
schilt die schlafenden Jünger"; Heyne und Welcker waren der
gleichen Ansicht, ebenso Brunn (I 237), Matz (54), Bougot
(99), Gstader (58 f.) – Lindau (z. St.): „Ich finde nichts An-
stößiges daran, in dem Ganzen ein Gemälde anzunehmen, da
von dem Moment dieses sog. 2. Teiles an eine Passivität ein-

tritt, welche der Einheit der Handlung keinen Eintrag tut". –
Übrigens folgte der Maler Euripides nicht sklavisch (was wieder für die Existenz des Bildes spricht): So verschwindet Dionysos beim Tod des Pentheus (bei Euripides, E), nicht so auf
dem Bild (M); er ist dabei, als Kadmos und Harmonia verwandelt werden (E), nicht so auf dem Bild; Agaue faßt Pentheus an der Hand (E, 1125), nicht so M (da am Haar); Agaue
hat Pentheus' Haupt im Arm, ihre Schwestern sind nicht da
(E), nicht so M: die Schwestern sind da, Agaue will den Sohn
umarmen. – St. 58 bemerkt mit Recht, daß es nicht auffallend
sei,wenn die Bakchen bei Philostratos zitiert seien; „wer könnte
sich einen antiken gebildeten Erklärer eines Pentheusbildes
ohne ... eine Erinnerung daran vorstellen?" – Allgemein vgl.
M II 625; Jahn, Otto, Pentheus und die Mainaden, Kiel 1841;
Hartwig, P., Der Tod des Pentheus, Jahrb. des arch. Inst. 7,
1892, 153–164 (alle künstlerischen und literarischen Denkmäler); Roscher 3, 2, 1940f. – Welcker erwähnt einen Sarkophag in Pisa mit der Zerreißung des Pentheus; Hartwig 156
bespricht den Deckel einer Schale im Louvre, wo Pentheus
zerrissen wird und Dionysos auf der anderen Seite gelassen
dasteht; der krasse Realismus des zerrissenen Pentheus findet
sich ebenfalls auf Vasenbildern (St. 58; Arch. Jahrb. 7, 157ff.,
Taf. V; vgl. B I 219). – Wichtig auch das Pentheusbild im
Vettierhause in Pompeii (Pfuhl 3, 263; Abb. 641); vgl. noch
St. 58. – Bildliche Darstellungen Agaues: RE 1, 766.

1, 19 Die Tyrrhener

Zu 1, 19: F I 188 und A. 2; B I 221f., 240, 246; II 14; M I
68, 70, 72, 81; M II 607; Boug. 300f., 530; St. 60, 114; Gst.
148.

Das Bild: Ein tyrrhenisches Seeräuberschiff hat ein heiliges
Schiff angegriffen. Das Räuberschiff ist mit Rammsporn, Lanzen, Sicheln und Greifarmen ausgerüstet, hat dunkle Farbe
und grimmig blickende Augen am Steven. Das Heck ist schmal
und wie eine Schwanzflosse eingebuchtet. Das Festschiff hat
mitschiffs einen hohen Thyrsos statt des Mastes, dazu Purpursegel mit goldenen Webereien aus dem Dionysosmythos. Das

Obere des Schiffes ist mit Trauben, Reben, Efeu überdacht, und eine Weinquelle entspringt auf ihm. Der Bug endet in einem goldenen Panther; am Heck sind Zimbeln reihenweise angebracht, so daß es wie geschuppt aussieht. Dionysos hat die Seeräuber völlig außer sich gebracht; sie haben das Rudern vergessen, und der Gott verwandelt sie in Delphine. Der Maler stellt die Räuber in den verschiedenen Stadien der Verwandlung dar. Der Gott steht auf dem Vorderteil seines Schiffes, lacht über sein Werk und ruft den Seeräubern zu.

Goethe 75: Bacchus und die Tyrrhener; offene See, zwei Schiffe, in dem einen Bacchus und die Bacchantinnen in Zuversicht und Behagen; die Seeräuber gewaltsam, sogleich aber in Delphine verwandelt.

1, 19, 1 Festschiffe wurden zur Fahrt von kultischen Gesandtschaften zu Götterfesten, heiligen Orten usw. benützt. – ληστής mit Genitiv des Gebietes, auf dem geraubt wird, ist zum ersten Mal hier gebraucht. – Zu ἐπιρροθοῦσιν vgl. Eur., Hek. 553 λαοὶ δ' ἐπερρόθησαν. – Das Verbum κατηχεῖν ist sonst Transitivum; hier ist seine Bedeutung verändert. – Lydien war eine der berühmtesten Kultlandschaften des Dionysos; besonders berühmt war die Frühlingsfeier am Tmolos, der in späterer Zeit als Jugendstätte des Gottes und als Ursprungsland seines Kultes galt; vgl. die eingestickten „Bakchen auf dem Tmolos“ auf dem Purpursegel (4).

1, 19, 2 Der greise Narthexträger ist Seilenos, der Anführer der Satyrn. – Maron, Sohn des Euanthes war ein Priester des Apollon, des Schutzgottes von Ismaros im Lande der Kikonen in Thrakien. Der dort wachsende Wein war im Altertum berühmt, und wegen seines Weines (den er auch dem Odysseus schenkte; Hom., Od. 9, 147f.) wurde Maron später als Begleiter des Dionysos gedacht.

1, 19, 3 Ἐπωτίδες sind Hölzer, die zu beiden Seiten des Vorderstevens hervorstehen und wohl den Riemenkasten und die Ruder vor dem Anprall eines vorbeistreifenden Schiffes schützen sollen; solche Hölzer wurden an Kriegsschiffen noch im peloponnesischen Krieg angebracht (Thuk. 7, 34, 10). –

Gemalte Augen am Schiffsbug werden mehrfach erwähnt, z.B. Aisch., Hik. 716, und sind auch auf Vasenbildern zu sehen. – Das Schiff der Räuber ist am Heck wie ein Fischschwanz gestaltet, um den Eindruck eines Seeungeheuers zu machen.

1, 19, 4 Der Text πυραμίδι εἴκασται ist höchst unsicher; vgl. auch Schenkl, Reiske 205. – Das Festschiff trägt Zimbeln dort, wo bei Kriegsschiffen Schilde hängen. Der Goldpanther ist das sog. Parasemon des Schiffes. – Kalinka: τὸ θηρίον συμπλεούσας: „hart, aber einem Philostrat zuzutrauen, daher weder der offenbare Verbesserungsversuch in X, noch die Ergänzung von Papabasileios, Athena 9, 1897, 458 θηρίον ⟨καὶ Βάκχας⟩ notwendig." – μεθάπτω ist von Philostratos zuerst gebraucht. – Zum Purpur der Segel: Auch Dionysos ist mit Purpur bekleidet 1, 15, 2; die eingewebten Bilder sollen an das Lieblingsland des Gottes, Lydien, erinnern; vgl. Wiener Vorlegebl. 1888, VII 1a. – μετανυγάζειν ist sonst transitiv gebraucht; hier ist die Bedeutung verändert. – Zum folgenden vgl. Hymn. Hom. 7, 34 f. τάχα δέ σφιν ἐφαίνετο θαυματὰ ἔργα, Οἶνος μὲν πρώτιστα θοὴν ἀνὰ νῆα μέλαιναν Ἡδύποτος κελάρυζ' εὐώδης ... 38 Αὐτίκα δ' ἀκρότατον παρὰ ἱστίον ἐξετανύσθη Ἄμπελος ἔνθα καὶ ἔνθα, κατεκρημνῶντο δὲ πολλοὶ βότρυες, ἀμφ' ἱστὸν δὲ μέλας εἱλίσσετο κισσὸς Ἄνθεσι τηλεθάων ... 53 δελφῖνες δ' ἐγένοντο. („Rasch erschien ihnen ein Wunder: zuerst strömte süßer, duftender Wein auf dem raschen, schwarzen Schiff ... 38 oben am Segel breiteten sich hier und da Weinreben aus, viele Trauben hingen herab, um den Mast wand sich schwarzer Epheu, der von Blüten strotzte ... 53 und sie wurden Delphine"). – Zur Schilderung der Pflanzen und des Weines auf dem Schiff vgl. 1, 25, 1.

1, 19, 5 Matz (II 607) warf Philostratos vor, er gruppiere die sich verwandelnden Seeräuber nur nach rhetorischen Gesichtspunkten; doch wählt der Sophist nur eine für die Darstellung günstigere Anordnung. – Was über die Formenveränderung der Seeräuber gesagt ist, stimmt weitgehend mit Ovid, Met. 3, 671 f. zusammen.

1, 19, 6 Dionysos freut sich; vgl. 1, 24, 4 καὶ γέλως᾽ δοκεῖ τῷ ἀνέμῳ ταῦτα καὶ τωθάζει. – κελεύειν ist hier wohl = zurufen. – Über die Gutmütigkeit der Delphine vgl. Aelian, Hist. an. 2, 6; Lukian, Dial. Mar. 8, 1. – Zu Palaimon vgl. zu 2, 16, 1 f. – Der Sänger Arion war von räuberischen Schiffern gefangen, sprang aber am Vorgebirge Tainaron an der Südspitze Lakoniens ins Meer und wurde von einem Delphin gerettet Hdt. 1, 23 f.; ein Bild Arions, der auf dem Delphin saß, und eine eigene Aufschrift Arions erinnerte an dieses Abenteuer. – Selbstverständlich waren weder Palaimon noch Arion auf dem Bilde dargestellt. – Zur Musikalität der Delphine vgl. Aelian, Hist. an. 12, 45.

Aufbau der Beschreibung: Anfangs Blick auf das ganze Bild; Angabe des Themas. Dann Erzählung des Mythos, sehr geschickt in die Form des Gerüchtes gekleidet. Anschließend Beschreibung der beiden Schiffe, danach Rückkehr zum Thema (5 A bezieht sich auf 1 A) und Schilderung der Handlung. Abschluß mit Dionysos (6 A bezieht sich auch auf 1 A) und der künftigen Art der Delphine; vgl. B I 240; Gst. 148.

Zum Bild: Der Gott Dionysos, in dessen Kreis und Saal wir uns bewegen, bekämpft seine Gegner und bestraft sie, doch liegt in seiner Strafe auch Trost und – beinahe – Erhöhung: die Delphine werden besser, freundlicher, fast: menschlicher sein, als es die Räuber waren. In ihrer Verwandlung zeigt sich die Macht des Gottes; vgl. das Ende von 1, 18, wo auch in der Wandlung von Kadmos und Harmonia die Kraft des Dionysos mit einem gewissen Trost über das zugefügte Leid spürbar wird. – Die Sage ist dargestellt im homerischen Dionysoshymnos, bei Ovid, Met. 3, 605 f. und Nonnos, Dionys., 45, 105 f.; zur Sage vgl. Lesky, Thal. 104 ff. – Vgl. das Lysikratesdenkmal, auf dem die Seeräuber bereits in Mischgestalt ins Meer springen, und zwar vom Gestade aus (zu den Unterschieden vgl. Welcker z. St.). – Das Schiff des Dionysos auf schwarzfiguriger Kylix, Wiener Vorlegeblätter, 1888, VII 1 a.

1, 20 Satyrn

Zu 1, 20: F I 195, 3; B I 199, 225; II 13, 16; M I 62 f., 74, 80; II 587; Boug. 308.

Das Bild: An einer Quelle ruht der zarte Olympos unter Blumen. Flötenrohre liegen neben ihm, dazu Eisenstäbe, um sie zu bohren. Eine Schar von Satyrn betrachtet ihn; sie streuen Blumen auf ihn und verehren ihn kniefällig. Einer beißt begierig in die herausgezogene Zunge einer Flöte.

Goethe 74: Olympus; er hat die Flöte weggelegt und singt. Er sitzt auf blumigem Rasen, Satyrn umgeben und verehren ihn.

1, 20, 1 Kelainai war die mythische Hauptstadt Phrygiens, nahe den Quellen des Maiandros und des Marsyas. Dieser Marsyas entsprang auf der Agora oder (nach Xen., Anab. 1, 2, 8) beim Königsschloß unter der Burg, gegenwärtig bei einem See der Umgebung und ist ein Nebenfluß des Maiandros, der selbst aus dem karischen Hochland kommt. Der Flußgott Marsyas galt als Erfinder der Flöte und soll in einem musikalischen Wettstreit mit Apollon, dem Erfinder der Kithara, in einer Grotte der Umgebung unterlegen und darauf von Apollon geschunden worden sein. Da er auf dem Bilde fehlt, wo er als Lehrer des Olympos im Flötenspiel zu erwarten war, fragt sich Philostratos, ob er noch Hirte ist oder schon nach dem Wettkampf seinen Tod gefunden hat. Jacobs meint, μετά bedeute „nach dem Wettstreit mit Apollo", Welcker glaubt, es sei „nach dem Wettstreit hin". Lindau versteht wie Jacobs; Olympos sei elegisch gestimmt, flöte und singe nicht, was eher zum Tode des Lehrers passe. – Mit dem Wasser ist vermutlich die Quelle des Marsyas gemeint. – ποτιμωτέρῳ: vgl. 1, 12 (13), 7 γλυκύτερος καὶ ποτιμώτερος (übertragen wie hier schon bei Theokrit 29, 31). – Zephyros reizt ihn zum Singen, wie er 1, 9, 4 die Schwäne zum Gesang aufmuntert; Olympos begegnet dem Hauche des Westes, der lieber das Flötenspiel hören möchte, durch einen Atemzug tief aus der Brust. – Die Flötenstücke, die schon tönen, spielen durch den Hauch des Westwindes, als wenn es Saiten wären, weil der West mit ihrem Herrn nichts anfangen kann. Die Teile sind also schon hohl und fertig, aber auseinandergenommen (Lindau) und sind wohl von der ganzen beiseite gelegten Flöte, die früher und später in der Beschreibung erwähnt wird, zu unterscheiden. – Wenn die Vermutung ἐπιτρυπῶνται

stimmt, ist das Wort ἐπιτρυπάω von Philostratos zum ersten
Male gebraucht.

1, 20, 2 Satyrn, σεσηρότες: vgl. Ael., Var. hist. 3, 40 σάτυροι
ἀπὸ τοῦ σεσηρέναι. – Zu ἄνθη δὲ ἐπιπάττουσιν vgl. 1, 26, 2
(Die Horen) ἐπιπάττουσι τὰ κάλλιστα τῶν ἀνθέων. Lukian,
Dial. Mar. 15, 3 E ἄνθη παντοῖα ἐπιπάττουσι τῇ νύμφῃ. –
Die noch warme Flöte ist die ganze; daher der Zusatz „die
andere". – Zum Verhalten des Satyrs, der die Flöte küßt, vgl.
Daphnis bei Longos 1, 24, 4.

Aufbau der Beschreibung: Zuerst Angabe des Ortes, dann
Beschreibung des Olympos und der Flöten; am Ende die
Satyrn.

Zum Bild: Der Maler schildert wieder ein Stück aus dem
Bereich des Dionysos-Eros. Die Satyrn des Dionysos huldi-
gen – erotisch entflammt – dem schlafenden Olympos. Philostratos verwendet mit Recht den Titel „Satyrn" – oder stand
er auf dem Bild? –, denn um sie und ihr Handeln geht es wohl
mehr als um Olympos. – In der Nekyia des Polygnot sah man
Marsyas, wie er auf einem Felsen saß; bei ihm war Olympos
in Gestalt eines schönen Knaben, der das Flötenspiel erlernte
(Paus. 10, 30, 9); vgl. auch die rotfigurige Vase bei Roscher 4,
861. – Auf unserem Bilde war Olympos wohl mit nacktem
Oberkörper dargestellt; der Rhetor beschreibt ja sein Atmen. –
Zephyros war wohl kaum auf dem Bilde (Welcker). – Goethe
erinnert an das Gemälde von Annibal Carrachi, auf dem
Olympos flötet, während ein silenartiger Pan ihm zuhört.

1, 21 Olympos

Zu 1, 21: F I 52, 188; B I 187f., 196, 198f., 225; M I 60;
St. 61.

Das Bild: Der jugendschöne Olympos sitzt, Flöte blasend,
auf einem Felsen, von dem er sich zu einem Quell herabneigt.
Sein Haar ist mit einem Fichtenkranz geschmückt.

Goethe 74: Olympos; der schönste Jüngling, einsam sitzend,
bläst auf der Flöte; die Oberhälfte seines Körpers spiegelt sich
in der Quelle.

1, 21, 1 Olympos wurde neben Marsyas zu den besten Flö-
tenspielern gezählt; Marsyas war Schüler und vielleicht Ge-
liebter des Olympos, vgl. Ovid, Met. 6, 393f. – τί δὲ ἔργον
μουσικῆς; vgl. 2, 6, 3 ME ταυτὶ τοῦ παγκρατιάζειν ἔργα
(nicht ganz gleiche Verwendung), „fast wie das lat. opus est"
(Schmid, Att. 4, 170 nicht ganz treffend). – Olympos sitzt
auf dem Fels, so daß das Wasser ihm zu Füßen ist. – Zu ὑπέζεσται: EZ in ὑπέζεσται ist als O verlesen (Kalinka); immerhin verteidigen Jacobs und Welcker (z. St.) die Überlieferung
stark. – ζεῖν vom Wasser auch 2, 13, 1 A; 2, 17, 12 ME. – Der
Rhetor erinnert mit „zumessen" an eine Wasseruhr, mit der
man die Redezeit begrenzte; vgl. Synes., Dio 55 D ἐγὼ δέ,
ἐπ' ἐμαυτοῦ γὰρ ᾄδω καὶ ταῖσδε ταῖς κυπαρίττοις προσᾴδω,
ὕδωρ δὲ τουτὶ θεῖ διᾴττον δρόμον οὐ μεμετρημένον οὐδὲ
πρὸς κλεψύδραν ταμιευόμενον („Ich aber, ich singe für mich
allein, singe nur vor den Zypressen hier. Das Wasser hier läuft
rasch dahin, nicht abgemessen und nicht nach der Wasseruhr
eingeteilt"). – Mit εἰ δὲ τὸ κάλλος leitet Philostratos zur eigentlichen Beschreibung über.

1, 21, 2 Die Augen leuchten usw.; vgl. 2, 1, 2 E. – Zur
Braue vgl. 2, 5, 4 E δεῖ γὰρ αὐτὰς μὴ προβεβλῆσθαι τῶν
ὀφθαλμῶν μόνον, ἀλλὰ καὶ περιβεβλῆσθαι αὐτοῖς. – Zu ὑπὸ
τοῦ ἐν αὐλῷ εἶναι vgl. 3 E σὺ ἐν τῷ αὐλεῖν. – Flötenspielende
Satyrn zeigen auf den Denkmälern einen eigenartigen, gespannten Zug um Augen und Nasenwurzel, und niemand, der
das nicht schon auf einem Bild sah, konnte auf diese Angabe
kommen; Philostratos muß also auf Grund der Anschauung
eines Bildes schreiben (Steinm. 61). – Fichtenkränze trugen
Bakchantinnen, Pane (Ovid, Met. 14, 637f.), keusche Jungfrauen (Kallim., Hymn. in Dian. 201). – Bei den Blumen ist
besonders an Rosen zu denken, die – ins Haar geflochten –
ihre Farbe mit Stirn- und Wangenfarbe vermischen. – Der
letzte Satz von 2 ist übernommen von Aristainetos 2, 5 πλῆρες
δὲ μουσικῆς ἐννοίας τὸ βλέμμα καὶ διασκέψεως τῶν μελῶν.

1, 21, 3 Philostratos spricht von der bekannten optischen
Täuschung, durch die ein Bild im Wasser gebrochen und also
verkürzt erscheint. Olympos ist weit genug vom Wasser entfernt, um nur das Spiegelbild von Haupt und Brust zu sehen;
diese sind vorgeneigt und beinahe parallel zur Wasserfläche,
weshalb die Verkürzung der Linien unbedeutend ist. Wäre der
Jüngling so nahe am Wasser, daß der ganze Körper sichtbar
würde, gäbe es eine unschöne Verkürzung des Bildes. – Zephyros ist auch hier wirkend gedacht wie bei dem zugehörigen 1,
20, 1.

Aufbau der Beschreibung: Anfangs ein Blick auf das Gesamtbild, begleitet von lebendiger Anrede. Dann Beschreibung des Hauptes des Olympos und seines Oberleibes, der
wohl unbekleidet ist, da Philostratos an ihm innere Bewegungen abliest. Abschließend Bemerkungen über Linienbrechung
im Wasser und wieder eine Anrede des Olympos.

Zum Bild: Olympos ist dem Zauber der Natur in der Lok-
kung des klaren Quelles verfallen. Er spielt auf seiner Flöte,
im Einklang mit dem Element des Windes, und in der Stille
des wohl sommerlichen Tages spürt man, daß er die Melodie
der schaffenden, von dionysischer Urkraft bewegten Natur
spielt. – 1, 20. 21 wollte Welcker zu einem einzigen Bilde zu-
sammenfassen: dort sei Olympos als Flötenspieler nur bezeichnet, hier spiele er. In Wirklichkeit sind beide Bilder Be-
standteil einer ganzen Reihe, und 1, 20 trägt einen klar von 1,
21 abgegrenzten Titel. – Vgl. Helbig, Wandg. 225–228, die
aber nicht sehr mit 1, 21 übereinstimmen. – Die Durchsichtig-
keit von Wasser und Glas (und damit auch die Linienbrechung) ist ein malerisches Problem, das bereits die Kunst des
frühen Hellenismus beschäftigt, so schon bei der Aphrodite
Anadyomene des Apelles.

1, 22 Midas

Zu 1, 22: F I 195, 3; B I 196, 199, 225, 265, 269 f.; M I 62,
3; 132, 135; Bertr. 185; Gst. 149.

Das Bild: Ein im Rausche gefangener Satyr schläft, wohl am Absturz einer Bergwand an einer Quelle. Er hat einen Pferdeschwanz, lange Ohren und vorstehende Hüftknochen und sprudelt im Rausche Wein von sich. Neben ihm Midas, behaglich im vergoldeten Gewand mit königlichem Kopfschmuck, schon durch Eselsohren gekennzeichnet. Er trägt einen Thyrsos. Nymphen tanzen und verspotten den Satyr; sie sind entweder im Hintergrunde zu denken oder auf der Höhe. „Daß (die Nymphen) ... um den Schlafenden herumtanzen und vom König unbeachtet bleiben, erzeugt eine unzulässige Verworrenheit" (Ruhl 94).

Goethe 74: Midas; der weichliche lydische König, von schönen Mädchen umgeben, freut sich, einen Faun gefangen zu haben: Andere Faune freuen sich deshalb auch, der eine aber liegt betrunken, seiner ohnmächtig.

1, 22, 1 Midas ein sagenhafter König Phrygiens, gibt seine Zugehörigkeit zum dionysischen Kreis schon dadurch zu erkennen, daß er eine Weinquelle sich ergießen läßt, durch die er den Satyr (Seilenos), der gleichfalls zum Gefolge des Dionysos gehört, berauscht und bezwingt. Dieser Fang reicht in so frühe Zeit der Sagenbildung zurück, daß sich der Grund dafür nicht mehr ermitteln läßt; im Altertum wurde später erzählt, daß sich Midas die Weisheit des Seilenos aneignen wollte, die darin gipfelte, daß es das Beste für den Menschen sei, nicht geboren zu sein oder gleich nach der Geburt zu sterben. Das ist ebenso Erfindung wie die Gründe für die Eselsohren des Midas, die man jetzt auch aus dionysischem Bestand herzuleiten geneigt ist. Was Philostratos hierüber am Ende des Bildes vorbringt, gründet sich auf die zu seiner Zeit übliche Sagenform, der König habe diesen unerwünschten Schmuck verheimlichen wollen, aber sein Haarscherer habe ihn entdeckt, und weil er es nicht über sich brachte, darüber zu schweigen, die Neuigkeit in ein Erdloch geflüstert; das daraus hervorgewachsene Schilf habe die Nachricht an die Winde weitergegeben (Kalinka). – Die Sage vom Fang des Satyrs durch Wein ist erzählt Vit. Ap. 6, 27; vgl. Xen., Anab. 1, 2, 13 ἐνταῦθα ἦν παρὰ τὴν ὁδὸν κρήνη ἡ Μίδου καλουμένη τοῦ Φρυγῶν βασιλέως, ἐφ' ᾗ λέγεται Μίδας τὸν σάτυρον θηρεῦσαι οἴνῳ κεράσας αὐτήν (Dort war neben dem Weg die sogenannte Quelle des Midas, des Königs der Phryger, an der Midas den Satyr erjagt haben soll, nachdem er ihr Wein beigemischt hatte). Vgl. auch Aelian, Var. Hist. 3, 18. – Zu ὑφειμένῃ τῇ φωνῇ: Vielleicht denkt Philostratos an Platons Epigramm auf den Satyr und den schlummernden Eros, Frg. 19, 5. 6 D Εὔκηλον δ᾿ ἴθυνε φέρων πόδα μὴ τάχα κοῦρον Κινήσῃς ἁπαλῷ κώματι θελγόμενον. – Nachgeahmt ist unsere Stelle bei Aristainetos 1, 3 ἡμεῖς δὲ ὑφειμένῃ τῇ φωνῇ διαλεγόμεθα περὶ τούτων, ὅπως μὴ ἀποπτήσονται. – Zu παραβλύζων τοῦ οἴνου vgl. Hom., Il. 9, 490f. πολλάκι μοι κατέδευσας ἐπὶ στήθεσσι χιτῶνα οἴνου ἀποβλύζων. – Benndorf erinnert daran, daß die Schilderung der Satyrn dem älteren Typ der Darstellung dieser Wesen entspreche. – ὑποποιοῦνται: vgl. Vit. Ap. 2, 26 τοὺς βαρβάρους ... ὑποποιοῦμαι. – Zu αἰκάλλοντες τέχνῃ vgl. Vit. Ap. 2, 11 E τὸν προσιόντα τῇ προνομαίᾳ αἰκάλλει. – Zu ἄκρατοι τὸ αἷμα vgl. Arist. Hist. an. 9, 586 b, 33 ἰχῶρες ὑδαρεῖς. – Zu ἀγέρωχοι πάντα: Philostratos deutet hier vielleicht auf ithyphallischen Zustand der Satyrn hin. – Pferdschwänze sind ein Kennzeichen der auf attischen Vasen dargestellten Satyrn; die Pane sind dagegen bockartig, vgl. 1, 19, 2; 2, 11, 1. – „Vortrefflich ist der Gegensatz, in welchen dieses tierische Leben mit der erschlaffenden Weichlichkeit des Midas gesetzt ist, und gerade hierdurch scheint der Künstler auf die tiefere Bedeutung des uns noch vielfach dunklen Mythos hingewiesen zu haben" (B I 265).

1, 22, 2 Nymphen, die einen Satyr im Schlaf necken: vgl. Verg., Buc. 6, 20f. addit se sociam timidisque supervenit Aegle, Aegle, Naiadum pulcherrima; iamque videnti Sanguineis frontem moris et tempora pingit. – Ein golden gesticktes Gewand trug Dionysos selbst, vgl. Ovid, Met. 3, 556 pictis intextum vestibus aurum. – Eselsohren gab Apollon dem Midas, weil dieser sagte, seine Musik sei der des Apollon überlegen. – ὑφ᾿ ὧν ist örtlich zu fassen: die Eselsohren fallen über die Augen und bewirken mit ihrem Schatten deren schlaffen, schläfrigen Ausdruck (Kalinka). – Zu ἡδεῖς οἱ ὀφθαλμοί vgl. 1, 4, 4 E Menoikeus ἡδεῖ τῷ ὄμματι καὶ οἷον ὕπνον ἕλκοντι. – Zu ἐκμεμηνῦσθαι vgl. Ovid, Met. 11, 180f.

Aufbau der Beschreibung: Im ersten Satz eine Art von Überschrift; dann Angabe der Situation, anschließend Exkurs über Satyrndarstellung. Schließlich genaue Beschreibung des Satyrs und des Midas (Gst. 149).

Zum Bild: Einen gefesselten Marsyas hatte Zeuxis gemalt; auf einer schwarzfigurigen Vase des Ergotimos (Wiener Vorlegebl. 1881, IV 2) wird der gefangene Seilenos zu Midas geführt. – Vgl. weiter Helbig, Wandgem. 368–450. – B I 265 erinnert an den sog. Barberinischen schlafenden Satyr; „das tierische Leben, auch in diesem Schlaf, erscheint gewaltig, aber ohne den geringsten Ausdruck von Tierheit" (Welcker). – Mitra und Robe des Midas passen genau zu einem orientalischen König. – Zu den Ohren vgl. B I 269: „Zweifelhaft scheint mir, ob es eine Prolepsis zu nennen ist, wenn Midas schon bei der Begegnung mit dem Satyr lange Ohren hat. Allerdings wachsen sie ihm bei Ovid, Met. 11, 146 erst später; allein diese Zeitfolge scheint um so weniger eine notwendige zu sein, als die langen Ohren selbst wahrscheinlich ein altes Attribut des Midas sind, aus dem sich die gewöhnliche Sage über ihre Entstehung erst nachträglich entwickelte. In jedem Falle aber wird das Philostratische Gemälde durch einige Vasenbilder gerechtfertigt, in denen Midas bei der Begegnung mit dem Satyr ebenfalls langohrig erscheint (vgl. Ann. d. Inst. 1844, 200 ff.)."

1, 23 Narkissos

Zu 1, 23: F I 195, 3; B I 196, 199, 225, 265, 269 f.; M I 62, 3; 132, 135; Boug. 315; Gst. 149.

Das Bild: (Wohl im Hintergrund) Quellgrotte mit beschädigten Steinbildern des Acheloos und der Nymphen, überwölbt mit Reben und Ranken, umflattert von Singvögeln. Um die Quelle blühen weiße Blumen; auf einer sitzt eine Biene. Narkissos ist – wohl in Bildmitte – im Jagdgewand an die Quelle getreten, beugt sich vor und blickt auf sein Spiegelbild. Seine linke Hand ruht auf dem Jagdspieß; das rechte Bein ist über das linke geschlagen, die linke Hüfte vorgeschoben. Die rechte Hand ist in die Hüfte gestemmt. Reiches Goldhaar umwallt sein Haupt, teilt sich an den Ohren und geht in den Bart über. Narkissos steht dem Betrachter wohl fast frontal gegenüber (mit leichter Wendung, so daß der linke Gesäßmuskel sichtbar wird).

Goethe 73: Narcissus; der Jäger in sich selbst verirrt.

1, 23, 1 Narkissos wurde nach der Sage zu Thespiai in Boiotien als Sohn des Flußgottes Kephissos geboren; auch die „Quelle des Narkissos" lag im Gebiet von Thespiai. – Kalinka sagt zu ἐξ αὐτοῦ: „unwahrscheinlich, weil es ungefähr dasselbe besagen würde wie das folgende Partizip ἐρῶν τῆς ἑαυτοῦ ὥρας" und zieht ἐξ αὐτῆς in V 2 vor. – Der Eingang nachgeahmt von Aristainetos 2, 10 ἡ μὲν γὰρ πηγὴ γράφει τὸν Νάρκισσον, ἡ δὲ γραφὴ καὶ τὴν πηγὴν καὶ τὸν Νάρκισσον οἷον διψῶντα τοῦ κάλλους (womit wahrscheinlich wird, daß er eine Ausgabe hatte, die nicht der Gruppe FPV 2 angehörte).

1, 23, 2 Der Acheloos, längster Fluß Griechenlands, entspringt auf dem Pindos, bildet die Grenze von Aitolien und Akarnanien und mündet im korinthischen Golf. Der Flußgott spielt im Kult eine große Rolle; er ist Sohn des Okeanos und der Tethys. Die Wassernymphen sind seine Töchter, weshalb auf Nymphenreliefs in Grotten regelmäßig sein Haupt erscheint; hier ist wohl seine ganze Gestalt sichtbar. Vgl. auch Plat., Phaidr. 230 B Νυμφῶν δέ τινων καὶ ᾿Αχελῴου ἱερὸν ἀπὸ τῶν κορῶν τε καὶ ἀγαλμάτων ἔοικεν εἶναι. – Der Ausdruck φαύλου γὰρ τέχνης vielleicht nach Soph., Phil. 35 αὐτόξυλόν γ᾽ ἔκπωμα φλαυρούργου τινὸς ἀνδρός. – Zu τὰ μὲν περιτέτριπται ὑπὸ τοῦ χρόνου vgl. 1, 28, 6 ἄγαλμα λεῖον ὑπὸ τοῦ χρόνου. – Die Grotte ist mit Gewächsen geschmückt, die Dionysos geweiht sind; Bougot nahm daran Anstoß, weil Dionysos keine „Rolle" in der Sage des Narkissos spiele. Hier aber wirkt Dionysos - Eros, und so haben seine Zeichen ihren angemessenen Platz. – ἀμπέλῳ γοῦν καὶ κιττῷ ἤρεπται wohl nach Eur., Bakch. 323 κισσῷ τ᾽ ἐρεψόμεσθα καὶ χορεύσομεν – Bei den weißen Blumen denkt Lindau an Narzissen (narcissus poeticus), wohl mit Recht.

I, 23, 3 Farbe und Wachs: Philostratos denkt an die Wachsfarben des Gemäldes; vielleicht ist dies ein Anhaltspunkt dafür, daß dieses Bild ein Tafelbild, kein Fresko war. – Zu νεῦσαι δέ: Ich fasse die Infinitive als Imperative; das paßt zu der lebhaften Art des Rhetors und fügt sich in die Reihe der Anreden gut ein. Ergänzen kann man sich nach den Imperativen (die einem Konditionalsatz nahestehen) ... „und du bist gerettet!" – Zu den Aufforderungen vgl. Ovid, Met. 3, 458f. cumque ego porrexi tibi bracchia, porrigis ultro: Cum risi, arrides, nutu quoque signa remittis, Et quantum motu formosi suspicor oris, Verba refers aures non pervenientia nostras. – Die Konjektur Kaysers αὐτοὶ δὲ ἡμεῖς ist verführerisch: Gegensatz wäre der abwesend schweigende Narkissos. Das ἡμεῖς δὲ αὐτό der meisten Handschriften ist wohl auch schon der Versuch, die Härte des αὐτὸ δὲ ἡμεῖς in FP zu lindern. Αὐτό ist tatsächlich auffallend gestellt, aber gerade dies zeigt die lebendige Art des Redners. Narkissos schweigt; „den aber werden wir beschreiben", seiner hin-„geschriebenen" Gestalt Worte verleihen (Wortspiel: malen, schreiben – reden). Das Neutrum αὐτό ist doppelt motiviert: 3 beginnt mit μειράκιον, 4 ebenfalls. – Übrigens zeigt der Schlußsatz von 3, daß nun wieder die Beschreibung nach der rhetorischen Einlage beginnt, und auch so ist die betonte Wendung zum Objekt verständlich.

I, 23, 4 Zu ἐναλλάξαν vgl. die wichtige Anmerkung von Jacobs. – Kalinka: „Die Beschreibung der Haltung läßt an Deutlichkeit nichts zu wünschen übrig; nur ist die Stellung der rechten Hand gezwungen, da sie so um die Hüfte herumgelegt ist, daß der Daumen vorn anliegt und der Handteller nach oben sich öffnet, weil nur so Schattenstreifen von den eingekrümmten Fingern auf ihn fallen." – ἆσθμα· ἀσθμαίνουσι γὰρ οἱ ἐρῶντες τῷ πυρὶ τοῦ σφοδροῦ πόθου συνεχόμενοι (Scholiast). – Das Adverb ἱκανῶς in der Bedeutung „sehr" scheint nachklassisch zu sein (Schmid, Att. 4, 182); vgl. auch 2, 1, 3. 4 usw. – Zu ἐφιζάνων ἵμερος vgl. I, 26, 5 E γέλως ... ἐφιζάνων τῷ προσώπῳ und 2, 1, 1.

I, 23, 5 Zu ἀμφιλαφοῦς γὰρ οὔσης καὶ οἷον χρυσῆς vgl. Heroik. 19, 5 τὴν μὲν δὴ κόμην ἀμφιλαφῆ ... καὶ χρυσοῦ ἡδίω καὶ εὐσχήμονα, ὅπῃ καὶ ὅπως κινοίη αὐτὴν ὁ ἄνεμος ἢ αὐτός.

Aufbau der Beschreibung: Anfangs Angabe des Themas mit kurzem Blick auf den Mythos. Dann Beschreibung der Grotte und ihrer Umgebung. Anrede an den Jüngling. Beschreibung des Narkissos, am Ende besonders seines Haares (Gst. 149).

Zum Bild: Auch dieses Bild hat Beziehungen zum dionysischen Kreis. Die Nymphengrotte erinnert an die Gottheiten der schaffenden Natur, die Blumen um die Grotte an die schwellende Kraft des Dionysos. Narkissos (und 1, 24 Hyakinthos) selbst steht ebenso in Bezug zur Natur: er ist mit seinem Tod und mit der Metamorphose in eine Blume Symbol für die Regeneration des Lebens in der Natur (vgl. Lehm.-Hartl. 36). – Helbig, Wandg. 1338, 1339–1344. 1345–47 bietet Bilder des Narkissos (aber nie stehend); Narkissos stehend (mit Eros) bei Helbig, Wa. 1350. 1354; vgl. auch 1358. Abbildung bei Pfuhl, Malerei 3, 292; Abb. 674. „Daß das Wasser als Spiegel dienen kann, hat man von jeher gewußt; aber die Entdeckung, daß sich das auch malen lasse, war erst dem Hellenismus vorbehalten. Auf pompeianischen Wandgemälden wirft ein klarer Quell das Bild des Narziß ... zurück... An koloristischen Reizen solcher Art hat die Wandmalerei in Rom und Campanien das Höchste und Letzte geleistet, was hier der Antike überhaupt zu leisten beschieden war.“ – Vgl. auch Levi 1, 60f., 63.

1, 24 Hyakinthos

Zu 1, 24: F I 59; B I 199; 210f., 240f., 246, 270; M I 57, 2; 92, 98.

Das Bild: Auf einer Wiese (vielleicht im Vorder- oder Mittelgrund links) liegt der getroffene Narkissos über dem Diskos. Blut fließt aus seinem Haupt; sein Haar hat etwa die Farbe der Hyazinthe. Apollon steht – um ein Weniges erhöht – (vielleicht im Vordergrund rechts) auf der Abwurfschwelle des Diskoswurfes und blickt entsetzt und niedergeschlagen zur Erde.

Zephyros, mit Flügeln an den Schläfen und mit einem bunten Blumenkranz im Haar, lacht über das Unheil (vielleicht im Mittel- oder Hintergrund Mitte, jedenfalls erhöht).

Goethe 69: Hyacinth; getötet durch Liebe und Mißgunst.

1, 24, 1 Hyakinthos ist der vorgriechische Name einer Blume (ob unsere Hyazinthe mit der in der Antike genannten identisch ist, bleibt ungewiß; RE 9, 4f.), die schon vor der Einwanderung der Griechen als Gottheit verehrt wurde. Schon im 2. Jahrtausend v. Chr. gab es einen Hyakinthoskult in Amyklai (südlich von Sparta), und es wurden dem Gott auch bronzene Disken geweiht. Die Sage vom verhängnisvollen Diskoswurf knüpft daran an und umschreibt die Tatsache, daß Hyakinthos im Kult allmählich durch Apollon abgelöst wurde. – „Lies die Hyazinthe": das geht auf den Klageruf „Ai ai", der auf der Hyazinthe zu lesen sein sollte. – Mit dem Wortspiel „Tod – Dasein" spielt der Sophist auf den Sinn des Bildes an (s. o. zu 1, 23). – Die Hyazinthen auf der Wiese sollen den Jungen nicht von der aufmerksamen Betrachtung der Hyazinthenblüte ablenken; auch „hier", im Haar des Toten, ist eine solche entsprossen, „wie sie sonst von der Erde aufgeht". – Das Haar hat Hyazinthenfarbe, d. h. es ist dunkel; die Hyazinthe galt auch als Totenblume; Vergleich mit Haaren: Hom., Od. 6, 231 κόμας ὑακινθίνῳ ἄνθει ὁμοίας. – Philostratos ist hier und 4 A bestrebt, den Gott möglichst von der Schuld zu befreien. Sportunfälle (Diskos und Speer) werden im Mythos (Hyakinthos, Akrisios) und in historischer Zeit (Antiphons 2. Tetralogie) erwähnt.

1, 24, 2 „Balbis" scheint aus griechischem Wortschatze nicht erklärbar, sondern stammt vermutlich samt der Sache von den Vorgriechen. Über diese Schwelle handelte J. Jüthner im Eranos Vindob. 1893, 310–18 ausführlich: Die Balbis war ursprünglich gewiß nichts anderes als eine im Boden des Stadions gezogene Linie oder Furche, an der die Läufer Aufstellung zu nehmen hatten. Dies ist die einfachste Art von Ablaufschranken. Später wurden dafür Steinschwellen in den Boden eingelassen, und die Läufer gewannen dadurch auch den Vorteil eines festen Standes. Damit der Athlet beim Ablauf auf dem

glatten Stein nicht ausgleite, waren eben jene Rillen in die
Balbis eingehauen, die mit ihrer steileren Seite dem Fuße einen sicheren Halt boten. – Wahrscheinlich hatte die Balbis
auch mit dem Sprunge etwas zu tun; dazu kommt unsere
Philostratos-Stelle für den Diskuswurf. – Die Balbis der Rennbahn von Olympia bestand aus weißen, 48 cm breiten Kalk-
steinplatten, die im Abstand von durchschnittlich 1, 28 m in
der Mitte quadratische Löcher zur Aufnahme von Holzpfosten
haben. Zwischen diesen Standpfosten sind in der Oberfläche
des Steins je zwei parallele Rillen von dreieckigem Querschnitt
eingehauen, die dem festen Stand und sicheren Absprung der
Wettläufer dienen. Durch diese Pfosten war die ganze Balbis
in 20 einzelne Standplätze eingeteilt. Wegen der geringen
Breite konnte die Balbis nur den rechten Fuß aufnehmen,
während der linke mit dem zugehörigen Rückenteil außerhalb
verbleiben mußte. Aus einem Analogon solcher Ablaufschranken muß auch der Diskoswurf stattgefunden haben. Da nun
die Breite der Balbis in Olympia nur 48 cm beträgt, so kann
ein Diskobol nur den rechten Fuß auf diese gesetzt haben,
während der linke rückwärts außerhalb blieb. Dies könnte in
den Worten εἰ μὴ τὸ κατόπιν ausgedrückt sein. Freilich enthält unsere Stelle keine genaue Beschreibung der Balbis. –
πρανῆ τὰ ἔμπροσθεν ist wohl mit Jüthner (317, 1) als Nominativus absol. zu fassen. – Kitz, G., Agonistische Studien
(Diss. München 1892) faßte die Balbis als Erdaufwurf, auf
dem ein Mann stehen konnte und dessen Oberfläche nach
vorne abgeschrägt war, so daß der hintere Teil des Körpers
und das rechte Bein höher standen. – Weitere Erklärungsver-
suche bei Gardiner, E. N., Journal of Hell. Stud. 27, 1907 und
Harris, Philostr. Imag. 1, 24, 2 in: Class. Review 75, 1961, 3–5,
der nach ἀνέχουσα Punkt setzt und κουφίζοντα liest (ohne
Anhalt in der Überlieferung). – Zur Balbis und ihren bildlichen Darstellungen vgl. Zschietschmann, W., Wettkampf-
und Übungsstätten in Griechenland, Schorndorf 1960, 35 ff.

Apollon ist auf dem Bilde nach dem Wurfe dargestellt, so
daß die genaue Beschreibung des Diskoswerfers eigentlich
unnötig ist. Philostratos beweist seine Vorliebe für Gymnastisches. „Hier hat er den myronischen Diskobol vor Augen, und
diese Statue, die mit ihren zahlreichen Repliken die allgemeine
Vorstellung vom Diskoswurf beherrschte, schwebte ihm auch

bei der Erklärung der Balbis vor. So beschreibt er denn die
Wirkungen der Balbis gerade in dem Moment, der in dem genannten Werk erfaßt ist. Stellen wir uns vor, der myronische
Diskobol stehe auf einer Balbis, so wird tatsächlich von dieser
seinem rechten Beine Halt verliehen, und der Rhetor kann in-
folge dessen in seiner Weise auch das Entlasten des linken
Beines ihr als Wirkung zuschreiben" (Jüthner 317).

Zu ἐπὶ δεξιά vgl. Lukian, Philops. 18. τὸν δισκεύοντα ...
τὸν ἐπικεκυφότα κατὰ τὸ σχῆμα τῆς ἀφέσεως, ἀπεστραμμέ-
νον εἰς τὴν δισκοφόρον, ἠρέμα ὀκλάζοντα τῷ ἑτέρῳ, ἐοικότα
ξυναναστησομένῳ μετὰ τῆς βολῆς; – Zum Ganzen vgl. Harris,
H.A., Phil. imag. 1, 24, 2, in: Classical Review 11, 1961, 3–5.

1, 24, 3 Ein lakonischer Jüngling; vgl. Suda Λακωνικός· ὁ
στερρὸς καὶ ἀνδρεῖος· τοιοῦτοι γὰρ οἱ Λάκωνες, καὶ Λακωνικὸν πνέων ἀντὶ τοῦ ἀνδρεῖον. – Der Rhetor erwähnt an
Hyakinthos die geraden Beine, eine Eigenschaft, die von den
Griechen an jungen Mädchen und Jünglingen, die den Lauf
übten, gelobt wurde; so werden auch bei Philostratos 2, 2, 2 M
gerade Schenkel gerühmt, dicke und gekrümmte getadelt 2,
21, 4 ME. – Zu οὐκ ἀγύμναστος vgl. Xen. Kyrop. 1, 6, 29
μηδὲ τούτων ἀγύμναστοι εἴητε. Eur., Bakch. 491 οὐκ ἀγύμναστος λόγων. Nachgeahmt von Aristainetos 1, 14 ὡς ἐρωτικῶν ἀγύμναστος.

1, 24, 4 Auch Zephyros liebte, wie Apollon, den schönen
Hyakinthos, fand aber keine Gegenliebe; so lenkte er rach-
süchtig den Diskos im Fluge ab und freute sich, als Hyakinthos
niederstürzte. Die Eifersucht des Westwindes kennen schon
Vasen des 5. Jahrhunderts v.Chr. – Bei Lukian, Dial. deor.
14, 2, erzählt Apollon selbst, wie er den Jüngling traf, wobei
Zephyros die gleiche Rolle wie auf unserem Bilde spielt.

Aufbau der Beschreibung: Eingang mit kunstvoller Annäherung an Mythos und Bild, ausgehend von der Blume.
Dann Beschreibung der Schwelle und Erörterung der Haltung
des Diskoswerfers. Anschließend kurze Beschreibung des
Hyakinthos, Apollons, des Zephyros.

Zum Bild: Wie bei 1, 23 liegt Nähe zum dionysischen Kreis

vor; auch Hyakinthos symbolisiert in seinem Tod und der Metamorphose in eine Blume die Regeneration des Lebens in der Natur. Auffallend auch die häufige Nennung des Zephyros. – Einen Hyakinthos hatte Nikias von Athen gemalt; Augustus fand Gefallen an dem Bild und nahm es nach der Einnahme Alexandrias mit sich (Plin., nat. 35, 131); vgl. auch Phil. min. 14. – Furtwängler, Antike Gemmen, XX 31, veröffentlicht einen etruskischen Skarabäus, der Hyakinthos zeigt: er ist vornübergeneigt, Blut tropft von seinem Haupt; zu seinen Füßen liegt der Diskos, der ihn traf. – Petron 83, 3 erwähnt in einer Pinakothek ein Bild: damnabat Apollo noxias manus lyramque resolutam modo nato flore honorabat. – Nicht einschlägig ist: Sichtermann, Hellmut, Hyakinthos, Jahrb. des dt. archaeol. Inst. 71, 1956, 97–123.

1, 25 Die Leute von Andros

Zu 1, 25: B I 286; M I 60, 4; 70, 72; K 403; Bertr. 197; Boug. 324; St. 54, 119; Gst. 150.

Das Bild: Ein Flußgott, in schwellender Fülle (wohl mit Urne) auf einem Traubenlager ruhend, auf der einen Seite des Bildes. Um ihn wachsen Thyrsosstäbe. Der Fluß strömt wohl durch die Bildmitte. An beiden Ufern sind Frauen und Kinder; vor ihnen, tanzend oder liegend, singen Männer, die mit Efeu und Eibe bekränzt sind. Auf der anderen Seite des Bildes (vielleicht mehr im Mittelgrund) mündet der Strom ins Meer. Dort sind Tritonen, die mit Muscheln Wein schöpfen und ihn teils trinken, teils emporblasen oder auch berauscht tanzen. Das Schiff des Dionysos ist eingelaufen und bringt Satyrn, Bakchantinnen, Silene, dazu die Gottheiten des Lachens und Schwärmens.

Goethe 75: Andros; Insel von Bacchus begünstigt. Der Quellgott, auf einem Lager von Traubenblättern, erteilt Wein statt Wassers; sein Fluß durchströmt das Land, Schmausende versammeln sich um ihn her, am Ausfluß ins Meer ziehen sich Tritonen heran zur Teilnahme. Bacchus mit großem Gefolg besucht die Insel.

Goethe 147: Sehet den Quellgott auf einem wohlgeschichteten Bette von Trauben, aus denen durch seinen Druck eine Quelle zu entspringen scheint. Sie gewährt den Andriern Wein, und sie sind im Genuß dieser Gabe vorgestellt. Der Gott hat ein rotes aufgeschwollenes Gesicht, wie es einem Trinker ziemt, und Thyrsen wachsen um ihn her, wie sonst die Rohre an wasserreichen Orten. An beiden Ufern seht ihr die Andrier singend und tanzend; Mädchen und Knaben sind mit Epheu gekrönt, einige trinken, andere wälzen sich schon an der Erde.

Sehet ihr weiter hinaus über diese verbreiteten Feste, so seht ihr den Bach schon in's Meer fließen, wo an der Mündung die Tritonen mit schönen Muscheln ihn auffassen, zum Teil trinkend und zum Teil blasend versprühen. Einige, schon trunken, tanzen und springen, so gut es ihnen gelingen will. Indessen ist Dionysus mit vollen Segeln angekommen, um an seinem Feste teilzunehmen. Schon hat das Schiff im Hafen Anker geworfen, und vermischt folgen ihm Satyre, Silenen, das Lachen und Comus, zwei der besten Trinker unter den Dämonen.

Zu 1, 25, 1 Die Insel Andros ist die geologische Fortsetzung der Insel Euboia nach Süden. – Welcker hat in der Szene das andrische Fest der sog. Theodaisien mit seinem alljährlich wiederkehrenden Wunder des von selbst fließenden Weines erkannt. Paus. 6, 26, 2 λέγουσι δὲ καὶ ΄Ανδριοι παρὰ ἔτος σφίσιν ἐς τοῦ Διονύσου τὴν ἑορτὴν ῥεῖν οἶνον αὐτόματον ἐκ τοῦ ἱεροῦ. Plin., nat. 2, 231 in insula Andro, templo Liberi patris, fontem Nonis Ianuariis semper vini saporem fundere Mucianus ter consul credit. Vgl. auch Bakch 141. 703f.; Nilsson, Griechische Feste, Leipzig 1906, 279f.; RE 1, 2169f. Aus der Wunderquelle im Tempel ist auf dem Bild der Fluß geworden, der die Insel Andros durchquert. Übrigens rühmten sich auch andere Inseln solcher Wunderquellen, so Teos und Naxos. Zu ὕποινος vgl. 1, 19, 4; 2, 31, 3 E.

1, 25, 2 Die Gaben der anderen Flüsse werden hymnisch steigernd aufgezählt, um zu zeigen, wie sehr dieser sie überragt. Acheloos: vgl. zu 1, 23, 2 A; Peneios mit dem Tempetal: im südöstlichen Thessalien; Paktolos: Gold führender Fluß in Lydien, der vom Tmolos an Sardes vorbei in den Hermos

fließt. Kalinka liest an der verderbten Stelle: δὲ ἀνθήλιον
ἤλεκτρον, eine sicher erwägenswerte Emendation. Zu τετραπήχεις ἐκ μικρῶν vgl. Aristoph., Wesp. 572f. ἄνδρες μεγάλοι
καὶ τετραπήχεις, Frösche 1014 γενναίους καὶ τετραπήχεις.
Die Wirkung des Weines beschreibt ähnlich Horaz, Od. 3, 21,
18 et addis cornua pauperi; eine Elle = 0, 44 m, daher vier
Ellen = 1, 77 m, eine stattliche Größe, bes. für Südländer. –
καψελλίζεσθαι: das Verbum simplex ist häufig gebraucht, das
Compositum findet sich zuerst bei Philostratos.

1, 25, 3 Gelos: vgl. Hor., carm. 1, 2, 33f. Erycina ridens,
quam Iocus circumvolat et Cupido; vgl. auch Eurip., Alk. 804
κώμου καὶ γέλωτος ἄξια zur Verbindung mit Komos.

Aufbau der Beschreibung: Anfangs das Thema des Bildes;
dann Erzählung des „Mythos". Beschreibung der Andrier und
ihres Gelages, vermischt mit Vermutungen über den Inhalt
ihrer Lieder. Nach diesen mehr allgemeinen Angaben Beschreibung des Flußgottes, der Tritonen, des dionysischen
Schiffes; vgl. Gst. 150.

Zum Bild: Bild dionysischer Fülle und Festesfreude, die
in Lied und Tanz ihren Ausdruck findet; Göttliche Wesen,
meist aus dem Kreise des Dionysos, bereichern das Fest. – Bei
Gelos und Komos waren vielleicht die Namen beigeschrieben,
wie Welcker vermutet. Silen und Komos, gefolgt von Oinos,
auf einem Vasenbild erwähnt Kayser nach Gerh., Auserl.
Vaseng. 1, 180. – Vgl. noch Wickhoff, Franz, Der zeitliche
Wandel in Goethes Verhältnis zur Antike, dargelegt am Faust,
in: Jahreshefte des österr. archaeol. Instituts in Wien, 1, 1898,
105–122, bes. 111ff. – St. 54 über das Verhältnis von Tizians
„Bacchanal" zu 1, 25.

1, 26 Geburt des Hermes

Zu 1, 26: Baden 35; F I 86, 1; 114f.; F II 175f.; B I 184,
199, 249f., 287; B II 31, 100; M I 55, 2; 117f.; St. 127; Gst.
59, 150.

Das Bild: Es ist wohl nur eine Szene für das Bild anzunehmen; vgl. die Einl., Cap. 6. – Philostratos begegnet der Schwierigkeit, die gemalte Einzelszene des Bildes mit der ganzen Geburts- und Jugendgeschichte des Gottes zu verbinden, durch den Kunstgriff, die Angabe von Einzelheiten des Bildes mit Erzählungselementen abzuwechseln. Zu sehen ist auf dem Bild: Am Berg Olympos steht Apollon und beschwert sich bei Maia wegen des Rinderdiebstahles. Bei Maia, die auf einem Lager liegt, sind die Horen und wenden sich ihr zu: Der Berggott steht lächelnd dabei. Während Apollon verhandelte, hat ihm Hermes leise seinen Bogen vom Rücken gelöst und steht nun wohl damit bei dem Gott, der eben den Diebstahl gemerkt hat und in seinem Gesicht Unwillen und Belustigung zugleich zeigt. Irgendwo mögen die gestohlenen Rinder sichtbar sein, wenigstens teilweise. – Alles andere bei Philostratos ist Erzählung, Belebung, Ausschmückung.

Goethe 71: Hermes Geburt; er tritt sogleich als Schelm und Schalk unter Götter und Menschen.

Goethe 111: Auf dem Gipfel des Olymp ist Hermes der Schalk geboren. Die Jahreszeiten nahmen ihn auf. Sie sind alle mit gehöriger Schönheit vorgestellt. Sie umwickeln ihn mit Windeln und Binden, welche sie mit den ausgesuchtesten Blumen bestreuen. Die Mutter ruht nebenan auf einem Lager.

Sogleich aber hat er sich aus seinen Gewanden heimlich losgemacht und wandelt munter den Olymp hinab. Der Berg freut sich sein und lächelt ihm zu. Schon treibt der Knabe die am Fuße weilenden, weißen, mit vergoldeten Hörnern geschmückten Kühe, Phöbus' Eigentum, in eine Höhle.

Phöbus ist zur Maja geeilt, um sich über diesen Raub zu beklagen. Sie aber sieht ihn verwundert an und scheint ihm nicht zu glauben. Während solches Gespräches hat sich Hermes schon hinter Phöbus geschlichen. Leicht springt er hinauf und macht den Bogen los. Phöbus aber, den schelmischen Räuber entdeckend, erheitert sein Gesicht. Dieser Ausdruck des Übergangs von Verdruß zu Behagen macht der Weisheit und Fertigkeit des Künstlers viel Ehre.

1, 26, 1 κομιδῇ ist ein elegantes attisches Wort nach Longin., rhet. 307, 24 Sp. – Jacobs, Exerc. 2, 88 liest für ἴχνος:

λίκνον. – „Wenn du aber auch seine Spur sehen willst" bedeutet, daß der Knabe, wie Apollon, Hermes auf die Schliche kommen soll, und zwar soll er die Anzeichen und Hinweise auf die Diebeskunst des Gottes dem Gemalten entnehmen. – ἐν κορυφαῖς vielleicht nach dem Hermeshymnos des Alkaios κορύφαις ἐν αὔταις frg. 2, 2 D. Wilamowitz, U. v., Sappho und Simonides, Berlin 1913; 333, 1 liest mit Kayser τίκτεται μὲν ἐν κορυφαῖς τοῦ 'Ολύμπου κατ' αὐτὸ (statt αὐτοῦ) ἄνω τὸ ἕδος θεῶν, woraus er auf κορύφαισ' ἐν αὔταις als die echte Lesart bei Alkaios schließt. Vgl. aber B II 100: ob Philostratos den Alkaios vor Augen hatte, sei fraglich. – Das Homerzitat: Od. 6, 42 f. Οὔλυμπόνδ', ὅθι φασὶ θεῶν ἕδος ἀσφαλὲς αἰεὶ "Ἐμμεναι· οὔτ' ἀνέμοισι τινάσσεται οὔτε ποτ' ὄμβρῳ Δεύεται οὔτε χιὼν ἐπιπίλναται. – Das Wort ὑπερβολή ist hier im Wortsinne zu verstehen: die Stelle über den Wurf hinaus; Wortspiel mit βληθῆναι. – Der Hinweis auf das Bild erstreckt sich nur auf den Olympos, die Stelle der Geburt. Der nächste Hinweis (in 2 A) bezieht sich nur auf die Horen, die in verschiedener Gestalt dargestellt sind und sich zu Maia wenden.

1, 26, 2 Die Horen pflegten Hermes; vielleicht stammt dieser Zug aus Alkaios. Bei Menander (de enc. 340, 20 f. Sp.) heißt es kurz nach einer Erwähnung des Alkaiosgedichtes ὁ μὲν γὰρ καὶ Χάριτας μαιευομένας καὶ "Ὡρας ὑποδεχομένας ... πραγματεύεται. Vgl. auch Vit. Ap. 5, 15 ἐνθυμεῖται τὰς "Ὡρας, ὑφ' ὧν αὐτὸς ἐν κορυφαῖς τοῦ 'Ολύμπου ἐτράφη. – Daß Hermes nicht dargestellt war, wie er vom Olymp stieg, zeigt deutlich Philostrats Hinweis, man solle sich den Gott lächeln denken über die Geburt des Hermes auf seinem Berg (nicht über den Streich). Teilnahme eines Berggeistes in menschlicher Gestalt auch 1, 14, 4. Das Lächeln läßt sich auf die menschliche Teilnahme beziehen..., durch welche der an sein Element gefesselte und daher sonst ernsthafte und gleichgültige Gott gewissermaßen aus seiner Rolle fällt. Kurz vorher werden dem Olympos die „Berge der Menschen" entgegengesetzt (B I 287 A).

1, 26, 5 διαχεῖν: nicht selten ist διακεχυμένος von heiterem Ausdruck gebraucht, so Alkiphron 1, 10, 5. – γέλως οἷος ἐφιζάνων τῷ προσώπῳ ist nachgeahmt von Isidor von Pelusium

Ep. 5. 192 p. 617 A μειδιάσας γάρ ἠρέμα ἔφηνε τῷ προσώπῳ ἡδονὴν ἐκνικώσης ὀργῆς. – Zur Sache Alkaios frg. 2 D und Hor. carm. 1, 10, 11 viduus pharetra risit Apollo. – Mit ἐνταῦθα ἡ σοφία τοῦ ζωγράφου ist wieder fester Anhalt für das Gemalte gegeben.

Aufbau der Beschreibung: Hinweis auf die Sage; am Ende Hinweis auf den gemalten Hermes. Dann Angabe seines Diebstahles; die Spuren zeigt das Bild (Hinweis). Erzählung der Geburt des Gottes und der Besorgung durch die Horen. Hinweis auf deren gemalte Gestalt und die Wendung zu Maia. Dann Erzählung des Rinderdiebstahles, eingeschaltet die Beschreibung des Berggottes (um nicht nur zu erzählen, sondern immer wieder zu beschreiben). Erzählung der Beschwerde Apollons, Auslegung seiner Miene. Bericht über den neuen Diebstahl. Ergänzung der Auslegung von Apollons Miene. – Auffällig ist, daß Hermes selbst nicht genauer beschrieben wird.

Zum Bild: Der Rhetor will die Macht des kindlichen Gottes durch möglichste Belebung der Beschreibung vorführen. So rasch, wie Hermes handelt, verfährt Philostratos in seiner Ekphrasis, die eine kunstvolle Mischung aus Erzählung und Beschreibung darstellt, wobei die Schwierigkeit noch darin bestand, die ganze Sage, wie sie der homerische und der alkaiische Hermeshymnos boten, mit dem wohl nicht sehr reichen Gemälde zu verbinden. – Die Unterschiede zum homerischen Hymnos stellt Heyne (zu 1, 26) fest; weiteres bei Holland, R., Battos, Rhein. Mus. 75, 1926, 156–183 und bei Richtsteig, E., Bericht über die Literatur zur sog. 2. Sophistik aus den Jahren 1926–1930 in: Bursians Jahresberichte 238, 1933, 81. – Hermes als Rinderdieb schildert ein Vasengemälde im etruskischen Museum des Vatican; vgl. Helbig, W., 2, 335: „Auf der einen Seite sehen wir Apollon, in langer Gewandung mit hohem Stab in der Hand, der nach weiter Wanderung die Rinder entdeckt hat... auf der anderen Seite steht mit einer Gebärde staunender Entrüstung Maia, die Mutter des Hermes, vor ihrem kleinen Sohne am Eingang der ... Höhle. Mit der Chlamys angetan, den Petasos auf dem Haupte, liegt der Knabe unbefangen ... in seinem Wiegenkorb."

Zu 1, 27: F I 145f.; B I 190, 197, 199, 203f., 241, 287;
B II 15; M I 61, 129; 133, 1; M II 587; Boug. 331; G. 111,
151.

Das Bild: Amphiaraos, geschmückt mit Priesterbinden und
Lorbeer, fährt auf einem Zweigespann von Schimmeln, die
mit Staub bedeckt sind und die Erde mit Schaum bespritzen,
in einen Erdspalt, bei dem auch die Pforte der Träume zu
sehen ist. Daneben stehen die weiß gekleidete Göttin der
Wahrheit und der Traumgott, dieser in gelöster Haltung und
ebenfalls weiß gekleidet über einem schwarzen Gewand; er
trägt ein Horn. Wohl in geringer Entfernung steht der jugendliche Ortsgott Oropos unter blaugrünen Meerfrauen.

Goethe 69: Amphiaraus; Prophet, auf der Orakelstätte
prangend.

1, 27, 1: Zur Geschichte des Amphiaraos vgl. zu 1, 4, 1. –
„Aber dem Amphiaraos spaltete Zeus mit gewaltigem Blitz-
strahle die tiefbusige Erde, barg ihn in ihre Tiefen mit seinem
Wagen..." (Pind., Nem. 9, 59). Amphiaraos floh den Ismenos
entlang, und mit ihm wurde sein Wagenlenker verschlungen.
B I 204: „Für die Abwesenheit des Wagenlenkers ... ist ... ein
... bestimmter Grund schwer anzugeben. Doch ist er keineswegs so unentbehrlich ... sofern wir nur die Grundidee des
ganzen Bildes schärfer ins Auge fassen. Die Scenerie und die
Nebenfiguren, namentlich Aletheia und Oneiros, weisen mit
Bestimmtheit darauf hin, daß es dem Künstler weniger darum
zu tun war, das Factum des Niederganges mit seinen Neben-
umständen zu schildern, als den Amphiaraos in seiner Bedeutung als Orakelgott oder Heros hinzustellen: nicht sowohl
sein Tod als seine Verklärung ist das Thema des Bildes, und
hierbei ist die Gegenwart des Wagenlenkers wenigstens nicht
geboten, da ja Götter und göttliche Wesen die Zügel ihrer
Gespanne in der Regel selbst führen. Mit dieser Auffassung
stimmt es vortrefflich, daß Amphiaraos ohne Helm, mit Lorbeer und Binde geschmückt ist und heilig und seherisch blickt,
weil auf diese Weise sein Tod wie ein freiwilliger Opfertod erscheint (ἀνιεὶς τὴν κεφαλὴν 'Απόλλωνι)."

Zum zweispännigen Wagen vgl. 1, 17, 1; Hektor mit vier Pferden: Homer, Il. 8, 185. Phil., Heroik. 2, 10 περὶ δὲ τοῦ Ἕκτορος, ὃς ... ἵππους δὲ ξυνεῖχε τέτταρας, ὁ μηδεὶς τῶν ἡρώων ἕτερος ... 16 τὸν τοῦ Ἕκτορος τρόπον ἀπὸ τεττάρων μαχομένους ἵππων. Vgl. aber Soph. frg. 873 N Ἐδέξατο ῥαγεῖσα Θηβαία κόνις (vgl. 2 λεπτὴ κόνις!) Αὐτοῖσιν ὅπλοις καὶ τετραόρῳ δίφρῳ. – F I 147, 1 nahm an dem Zweigespann auf dem Bild Anstoß; die alte Kunst zeige Heroen mit vier Pferden. Aber die von ihm selbst zitierte Kypseloslade zeigt Oinomaos nach epischem Gebrauch mit zwei Pferden. – In Attika: d. h. im Amphiareion bei Oropos im nördlichen Attika, wo seine Orakel- und Heilstätte war. Philipp von Makedonien hatte Oropos den Athenern geschenkt. – „Unter Allweisen" ist eine Verneigung des Rhetors vor den Athenern, vielleicht wegen der Verleihung des Bürgerrechts an ihn. – Zu κατέσχεν vgl. 2, 30, 1 E und bes. Hom., Il. 3, 243 τοὺς δ᾽ ἤδη κάτεχεν φυσίζοος αἶα Ἐν Λακεδαίμονι αὖθι. – Zu Kapaneus, der Zeus beleidigt, vgl. 2, 30, 1 Καπανεὺς κομπάσας εἰς τὸν Δία κεραυνῷ ἐβλήθη und Eur. Phoin. 1180f. Ἤδη δ᾽ ὑπερβαίνοντα γεῖσα τειχέων Βάλλει κεραυνῷ Ζεύς νιν ἐκτύπησε δὲ χθών, ὥστε δεῖσαι πάντας· ἐκ δὲ κλιμάκων ... Εἱλύσσετ᾽, εἰς γῆν δ᾽ ἔμπυρος πίπτει νεκρός.

1, 27, 2 Amphiaraos wird von der Erde aufgenommen: vgl. Pind., Ol. 6, 21f. κατὰ γαῖ᾽ αὐτόν τέ νιν καὶ φαιδίμας ἵππους ἔμαρψεν, Nem. 9, 59f. ὁ δ᾽ Ἀμφιαρεῖ σχίσσεν κεραυνῷ παμβίᾳ Ζεὺς τὰν βαθύστερνον χθόνα, κρύψεν δ᾽ ἅμ᾽ ἵππους (vgl. 10, 14f.); Eur. Phoin. 171 (Antigone) οὗτος δ᾽, ὦ γεραιέ, τίς κυρεῖ, Ὃς ἅρμα λευκὸν ἡνιοστρεφεῖ βεβώς; (Paidagogos) Ὁ μάντις Ἀμφιάραος, ὦ δέσποιν᾽, ὅδε. Zu βλέπων ἱερὸν καὶ χρησμῶδες vgl. 3A ῥῆγμα ἱερὸν καὶ θειῶδες und Heroik 10, 4 πᾶν τὸ ἐκ Παλαμήδους θεῖόν τε ἡγούμενος καὶ χρησμῶδες.

1, 27, 3 Oropos: Der Maler wollte den Ort der Handlung darstellen und tat dies im Bilde eines Jünglings, der Oropos verkörperte (hatte er eine Darstellung der Stadt im Arm wie bei uns Stifterfiguren, oder war sein Name beigeschrieben?); so hatte Protogenes die Stadt Jalysos auf Rhodos in Gestalt eines Jünglings verkörpert (Plin., nat. 35, 102). – Oropos war 12 Stadien vom Amphiareion entfernt, und der Heros war in

Oropos zuerst verehrt worden. – Die „Meere" sind ebenfalls Personifikationen; vgl. 2, 16, 4. Zur Farbe vgl. B I 205 „...„... so, daß durch die ganze Haltung des Colorits der Eindruck der Meerfarbe hervorgerufen wurde, nämlich teils durch passende Wahl der Gewandung, teils etwa durch Bekränzung mit Meergewächsen, teils endlich durch den besonderen bläulichen oder grünlichen Ton der Carnation. Häufig ist solche Behandlung der Farbe namentlich in den Mosaiken mit Darstellung von Meergöttern, unter denen das von Otricoli in der Rotunde des Vatican besonders hervorgehoben werden mag." – So spricht auch Horaz (c. 3, 28, 10) vom grünen Haar der Nereiden. „Ebendahin gehört der männliche gehörnte Kopf (eines Flußgottes?) mit blauem Gesicht und lauchgrünem Haar im Karlsruher Museum" (Steuding bei Roscher 2, 2080f.). – Das Phrontisterion des Amphiaraos war eine Höhlung in einer Bergflanke bei Oropos. – Vgl. Heroik. 2, 8 τὸν ᾽Α., ὃν λέγεται ἡ γῆ ἐν σοφῷ ἀδύτῳ ἔχειν.
Zur weißgewandeten Wahrheitsgöttin vgl. Kebes, Tab. 18 παρὰ τὴν πύλην ὁρᾷς, ἔφη, ὅτι γυνή τίς ἐστι καλὴ καὶ καθεστηκυῖα τὸ πρόσωπον ... στολὴν δ᾽ ἔχουσα ἁπλῆν τε καὶ ἀκαλλώπιστον ... καὶ μετὰ ταύτης ἄλλαι δύο εἰσὶ θυγατέρες τινὲς δοκοῦσαι εἶναι ... ἡ μὲν Παιδεία ἐστίν, ἡ δὲ ᾽Αλήθεια. („Siehst du nun", sagte er, „daß neben der Tür eine schöne Frau steht, von gesetztem Aussehen ... gekleidet in ein einfaches, schmuckloses Gewand ... und neben ihr sind zwei andere, anscheinend ihre Töchter ... die eine ist die Bildung, die andere die Wahrheit"). – Zu λειχειμονοῦσα vgl. Platon, Pol. 617 C.
Traumtore: Die alte Vorstellung kannte seit Homer, Od. 19, 566 zwei Traumtore, eins für die trügerischen, eines für die wahren Träume (so auch Verg., Aen. 6, 893f.). Die Kultstätte des Amphiaraos braucht nur ein Tor, das aus Horn, weil der Heros die Wahrheit kündet; Amphiaraos gab seine Orakel mit Hilfe der sog. Incubation, d.h. die Hilfesuchenden[r] schliefen in der Orakelstätte und erhielten Weissagung oder Heilanweisung im Traume. Dem Heros steht auch die Wahrheit zur Seite, und weil er im Traume Wahrheit vermittelt, hat Oneiros ein Horn in der Hand (vgl. das hörnerne Tor!). Vielleicht hat Oneiros auch deshalb das schwarze Gewand mit einem weißen verdeckt, wie es die Aletheia trägt. – Über die Traumtore vgl.

jetzt bes. Schetter, W., Das Gedicht des Ausonius über die Träume, Rh. Mus. 104, 1961, 371f.

Aufbau der Beschreibung: Nach kurzer Angabe des Bildthemas Erzählung der Mythe. Dann genaue Beschreibung des Amphiaraos, der Pferde, des Oropos und des Phrontisterion mit weiteren Gestalten.

Zum Bild: Die bildliche Überlieferung zu Amphiaraos stellt Bethe RE 1, 1892 zusammen; für die Niederfahrt: Wiener Vorlegeblätter 1889 Taf. 11; Robert, Sarkophagreliefs 2, 193, Taf. 40; Brunn-Körte, Relievi delle urne Etrusche 2, 68. 70–73, Taf. 24, 8. 25; am Heroon von Gjölbaschi-Trysa: Benndorf, Heroon von G., 194, Taf. 24 A 5. – Aletheia war auch von Apelles auf dem Bilde der „Verleumdung" gemalt (Lukian, De calumn. 5). – Zweigespanne auf Heroenbildern usw. führt B II 15 an.

1, 28 Jäger

Zu 1, 28: F I 143, 175; F I 177; B I 198f., 202, 205f., 245f., 276; B II 25; M I 48, 81f., 98; M II 609f.; K. 410, 2; St. 128; Gst. 67f., 163.

Das Bild: Ein Eber ist von einem schönen Jüngling, den seine Jagdgenossen begleiten, in einem See bei einem Waldsumpf tödlich am Schulterblatt getroffen. Vier Hunde schicken sich an, ihn ans Land zu schleifen. Die Jäger sind teils leicht bewaffnet, teils gepanzert und sitzen auf verschiedenfarbigen, mit Silberzaum und Goldgeschirr ausgestatteten Pferden. Sie sind erschrocken und rufen dem Jüngling vom Ufer aus zu; einer flicht ihm einen Kranz von der Sumpfwiese, einer ist vom Pferd gefallen. Der Jüngling trägt langes Haar; bekleidet ist er mit einem flatternden Purpurmantel über einem purpurnen Ärmelrock und einem Leibrock, der bis zur Mitte der Schenkel und zum Ellbogen herabreicht. Er sitzt auf einem weißen Pferd, dessen Kopf schwarz, aber durch einen weißen, runden Fleck auf der Stirne geschmückt ist. Er trägt Goldgeschirr und einen scharlachfarbenen Zaum. Hinter den Jägern

Maultiere und ein Maultierwärter mit dem Jagdgepäck, dazu Hundetreiber mit Hunden aller Art. An der Seite ein Tempel mit dem Bild der Jagdgöttin und mit Eber- und Bärenköpfen. Vor dem Tempel zahme Rehe, Wölfe, Hasen.

Matz nahm Szenenteilung für das Bild an, sicher zu Unrecht, nachdem schon Welcker das Bild richtig erklärt hatte (später ebenso richtig Nemitz 25f., Steinm. 128). Brunn (I 245) stellt den Gedankengang klar heraus: Eine rein „rhetorische" Einleitung, deren Inhalt ist: eine lebendig bewegte Eberjagd zeigt das Bild, in der ein schöner Jüngling die Hauptfigur ist (1. 2). Nun folgt die eingehendere Schilderung, zuerst der Begleiter und Rosse, dann besonders des Jünglings. Die Handlung wird dabei nicht erwähnt. Um zu ihr überzugehen, benützt der Rhetor die übrige Szenerie: es sind noch Jagdgefolge, Hunde, ein Heiligtum dargestellt. Beim Anblick des Heiligtums setzt man voraus, daß die Jäger dort beten; doch während der Rhetor es noch beschreibt, ist der Zug schon vorüber. „Der Rhetor hat jetzt gewissermaßen die ganze Gesellschaft in Bewegung gesetzt: das Tier bricht hervor, wird leicht verwundet, flieht in den Sumpf, und hier wird es von dem Jüngling ereilt. Wir erblicken ihn noch in der Stellung des Siegers und die übrige Gesellschaft frohlockend hinter ihm. So haben wir also: Inhaltsangabe, Schilderung des Details der einzelnen Figuren, Schilderung der Handlung, aber nicht als einfache Beschreibung des Dargestellten, sondern motiviert durch die Erzählung der ihr vorhergegangenen Momente." „So ist das Ganze allerdings kunstreich, aber doch, wenn einmal der Faden gefunden ist, verständlich aufgebaut: beim ersten Anblick sehen wir das Vorwärtsdrängen der Jäger; dann erkennen wir, daß das Ziel der Handlung erreicht, der entscheidende Wurf durch den schönen Jüngling bereits getan ist" (B II 25). – Gstader (67f.) zerlegt die Erzählung noch ausführlicher in ihre Phasen.

Goethe 73: Schweinsjagd, von unendlicher Schönheit.

1, 28, 1 Kalinka: Der Titel Συοθῆραι entspricht dem Gegenstand des Gemäldes, θηρευταί zugleich der gekünstelten Deutung Philostrats, der in der Jagd nur eine Bewerbung der Jäger um den schönen Jüngling zu erkennen vorgibt. Ich halte es daher für sicher, daß Συο3ῆραι, das in alle Handschriften außer F eingedrungen ist, auf einen Leser zurückgeht, der den Doppelsinn von 3ηρευταί nicht erfaßte, 3ηρευταί aber wie alle Titel auf Philostratos selbst. – ἐπὶ χλούνην σῦν: nach Hom., Il. 9, 539 ὦρσεν ἐπὶ χλούνην σῦν ἄγριον ἀργιόδοντα (mit spielerischem Wechsel der Wortanfänge). – Vielleicht schwebte bei der Beschreibung der Verwüstungen vor Xen., De venat. 10, 5 ἔσται δὲ ... ἐν μὲν μαλακοῖς τῶν χωρίων τὰ ἴχνη· ἐν δὲ τοῖς λασίοις τῆς ὕλης κλάσματα· ὅπου δ'ἂν δένδρα ᾖ, πληγαὶ τῶν ὀδόντων. Doch ist bei der Erwähnung von Apfelbaum und -blüte auch Anspielung auf Homer, Il. 9, 542 (Kalydonische Jagd) möglich (αὐτοῖς ἄνθεσι μήλων). – μηλάνθη ist von Philostratos zuerst gebraucht, ebenso παρακνάω. – Es ist übrigens nicht sicher zu sagen, ob auch die Verwüstungen auf dem Bilde angedeutet waren. – τὴν χαίτην φρίττοντα: nach Homer, Il. N 473 f. φρίσσει δέ τε νῶτον ὑπερθεν· ᾿Οφθαλμὼ δ' ἄρα οἱ πυρὶ λάμπετον· αὐτὰρ ὀδόντας Θήγει ἀλέξασθαι μεμαὼς κύνας ἠδὲ καὶ ἄνδρας. Vgl. Archias, Anthol. Pal. 15, 51. – Zu τί γὰρ οὕτω πλησίον; vgl. Aelian., Hist. an. 1, 2 οἱ ἄρρενες, ὥσπερ οὖν νύμφην ὡρικὴν νεανίαι θεασάμενοι, οἰστροῦνταί τε καὶ μεταθέουσι καὶ ἐπείγονται φθάσαι ἄλλος ἄλλον καὶ γενέσθαι πλησίον καὶ παραψαῦσαι („Die männlichen, wie Jünglinge, die ein jugendschönes Mädchen gesehen haben, geraten in Leidenschaft, rennen herbei und wollen einander zuvorkommen, wollen nahe sein und in Berührung kommen").

1, 28, 2 Hypnos hier „der die Aufmerksamkeit aufhebende Reiz eines Gemäldes" (Schmid, Attic. 4, 425). Zu 2 E: „Hier ist es ... so deutlich wie nur irgend möglich ausgesprochen, daß es sich in dem Vorhergehenden nur um eine poetische Schilderung des Gesamteindrucks handelt, nicht um eine gesonderte Szene. Denn Philostratos geht nun nicht weiter in der Beschreibung, sondern er kehrt von seiner Phantasie über das Bild zum Bilde selbst zurück; nachdem er das Interesse geweckt, geht er jetzt erst auf das einzelne über" (B II 25).

1, 28, 3 Περίκεινται ... τῷ μειρακίῳ: vgl. 2, 23, 3 τῷ ῾Ηρακλεῖ περίκειται ... τῶν οἰκείων δῆμος. – Zu παραπλήσιοι οὐδεὶς ἄλλος ἄλλῳ vgl. 2, 5, 1 οἱ ἄλλος ἄλλως πεπτωκότες. – ἀργυροχάλινος ist von Philostratos zuerst gebraucht (vgl.

Xen., Anab. 1, 2, 27 χρυσοχάλινος). – Die Barbaren am Ozean
sind Gallier; vgl. Plin., nat. 34, 162 Album (plumbum) inco-
quitur aereis operibus Galliarum invento, ita ut vix discerni
possit ab argento eaque incoctilia vocant. Deinde et argentum
incoquere simili modo coepere, equorum maxime ornamentis
... Coepere deinde et esseda ... ac petorrita exornare simili
modo („Zinn wird nach einer gallischen Erfindung in Erzar-
beiten eingeschmolzen, so daß es kaum von Silber unterschieden werden kann, und sie nennen das ‚Verzinnungen'. Dann
fingen sie an, in ähnlicher Weise Silber einzuschmelzen, besonders in Pferdeschmuck; später schmückten sie ihre Wagen
und Kutschen in ähnlicher Weise"). – ἐσθῆτα ... στολήν:
Nichts zu tilgen; das erste Wort bezeichnet die Kleidung insgesamt, das zweite die Jagd- und Reitausrüstung. – ἱππάζεσθαι ist eine elegante Ausdrucksweise nach Longin., rhet. 308,
22 Sp.

1, 28, 4 Der Jüngling, Hauptperson und Anführer, wird in
der Mitte der Beschreibung vorgestellt. – Zu ἀποτετόρνυται
vgl. 2, 28, 3 πολλοὺς ἀποτετορνευμένος τοὺς κύκλους. – Me-
disches Rot wird sonst nie erwähnt, ist aber wohl das gleiche
wie Babylonisches Rot. – προσαστράπτειν ist von Philostratos
zuerst gebraucht. – Brunn, Kritik 444 erklärt ἣν ἐπαινοῦσι
Φοίνικες als Glosse. Pollux 1, 49 über Purpurarten: χαίρει
δὲ ἡλίῳ ὁμιλοῦσα τῆς πορφύρας ἡ βαφὴ καὶ ἡ ἀκτὶς αὐτὴν
ἀναπυρσεύει καὶ πλείω ποιεῖ καὶ φαιδροτέραν τὴν αὐγὴν ἐκ-
φοινισσομένην ἐκ τοῦ ἄνω πυρός. – Zu ἕλκει vgl. Schol. ἕλκει.
διὰ τὸ μὴ εἶναι λίαν ἐρυθρὸν καὶ μετέχειν τοῦ κυανοῦ. Vgl.
auch Bekk., Anecd. 78, 28 χραίνεσθαι πρὸς ἥλιον· τὸ λεγόμενον ὑπὸ τῶν πολλῶν ἐπικαίειν ἐν τῷ ἡλίῳ. Zu χειριδωτῷ
vgl. Gell. 7, 12, 1 (tunicae) ultra bracchia et usque in primores
manus ac prope in digitos. – Zu συμμετρεῖται δὲ ὁ χιών vgl.
2, 5, 2 ἐσθῆτα μετρούσῃ ἐς γόνυ.

1, 28, 5 ποδοστράβας καὶ ἄρκυς καὶ προβόλια καὶ ἀκόντια
κτλ.: Vgl. Xen., De ven. 10, 1. 3, wo er erwähnt ἄρκυς, ἀκόντια, προβόλια, ποδοστράβας ... λόγχας ... κνώδοντας. Überhaupt weist unsere Stelle viele Übereinstimmungen mit Xen.,
Kyneget. auf. Die Stellen sind: 9, 11f.; 10, 1. 2. 3. 16; 10, 3.
16; 9, 2; 10, 1. – Zur Jagd wurden vorzugsweise verwendet:

lokrische, indische, kretische Hunde (vgl. RE 8, 2544f.). Die lakonischen Jagdhunde, die besten Spürer, wurden zu Xenophons Zeit hauptsächlich bei Hasenjagden verwendet; sie waren auch durch Schnelligkeit und Mut ausgezeichnet. Nächst den lakonischen waren die kretischen durch ihre Schnellfüßigkeit und Ausdauer berühmt. Die indischen (Tibetdoggen) waren an Mut und Wildheit unübertroffen; sie griffen den stärksten Gegner an, auch Löwen, Stiere, Bären, Keiler. Vgl. bes. Xen., Kyneg. 10, 1 πρὸς δὲ τὸν ὗν τὸν ἄγριον κεκτῆσθαι κύνας Ἰνδικάς, Κρητικάς, Λοκρίδας, Λακαίνας. 9, 1 ἐπὶ δὲ τοὺς νεβροὺς καὶ τὰς ἐλάφους κύνας εἶναι Ἰνδικάς κτλ. Aristot., Hist. an. 8, 28, 607 A 3f. sagt, daß die lakonischen Hunde von Hund und Fuchs kommen, die indischen von Hund und Tiger. – Zu σεσήρασι vgl. Xen., Kyneg. 4, 3 ἐμμειδιῶσαι μὲν πρὸς τὰ ἴχνη.

1, 28, 6 Agrotera heißt Artemis als Jagdgöttin; oft wurden ihr Ziegen geopfert, aber auch Weihegaben von erlegtem Wild, Teile der Beute wie Kopf oder Füße wurden ihr dargebracht; vgl. RE 1, 906. – Xen., Kyneg. 6, 13 εὐξάμενον τῷ Ἀπόλλωνι καὶ τῇ Ἀρτέμιδι τῇ Ἀγροτέρᾳ μεταδοῦναι τῆς θήρας. Arrian, Kyneg. 34, 3 (Keltenstämme) θύσαντες δὲ καὶ τῶν ἱερείων ἀπαρξάμενοι τῇ Ἀγροτέρᾳ, ὡς ἑκάστοις νόμος. Eur. Hippol. 58f. Ἔπεσθ', ᾄδοντες ἔπεσθε τὰν Διὸς οὐρανίαν Ἄρτεμιν. – Zu den zahmen Tieren: Auf der Insel Ikaros war ein Tempel der Artemis, bei dem viele Wildziegen, Gazellen, Hasen waren (Aelian, Hist. an. 11, 9).

1, 28, 7 Auf θηρίον folgen nach längerem Zwischenraum männliche Formen wie ἐντυχών usw. im Gedanken an den Eber; vgl. auch Levi 1, 338.

1, 28, 8 Vier Hunde: gewiß mit Bezug auf die vier zuvor (5) genannten Hundearten; οὗτοι die hier gemalten. – ὑπερκράζειν ist zuerst bei Philostratos gebraucht. – ἐκπεπλήγασι καὶ θεωροῦσι … οἶον γραφέν: sie starren die Gestalt des Jünglings an, wie wenn sie vor seinem Gemälde stünden, von dem sie den Blick nicht wenden können.

Aufbau der Beschreibung: Zuerst Anrede an die Jünglinge,

dann Besinnung auf die Aufgabe des Beschreibens (1. 2). Beschreibung der Begleiter (3), des Jünglings (4), des Gefolges,
der Hunde (5). Dann Erzählung der „Vorgeschichte" der gemalten Situation: Gebet beim Tempel (6, mit kurzer Beschreibung), Aufjagen und Verwundung des Ebers (7), Abschuß des
Tieres (8). Der Zeitpunkt nach der Erlegung der Sau ist gemalt.
Zum Bild: Die Wiener Herausgeber verweisen auf: O.
Hamdy-Bey und Th. Reinach, Une nécropole royale a Sidon,
16, 2 A; Denkm. d. I. vol. I, t. 17. – Mosaik mit Darstellung
einer Jagd mit Netz in der Villa Erculia von Piazza Armerina
(ca. 300 n. Chr.) bei Orange-Nordhagen, Farbtaf. 1 (nach S.
16). – Vgl. bes. das Mosaik in Antiochia mit Jagdszenen, Levi
1, 230f.

1, 29 Perseus

Zu 1, 29: F I 75, 1; 145, 2; B I 185, 199, 211f., 217f., 241,
246, 248; B II 83f.; M I 62; 69, 2; 106; M II 625; Boug. 345,
536; Nem. 29; St. 64f.; Gst. 151.

Das Bild: Das Meerungeheuer liegt getötet am Ufer und
färbt mit seinem Blute die Wellen des Meeres. Eros, als Jüngling gebildet, hat Perseus im Kampf geholfen und ist beschäftigt, Andromedas Bande zu lösen. Der aber – in weißer
Gestalt, des Kontrastes wegen – erscheint noch furchtsam, aber
doch zugleich erfreut und lächelt Perseus zu. Dieser, vom Kampf
ermattet und von Schweiß triefend, liegt im Grase, und, während sein Blick auf der Jungfrau ruht, bringen ihm die schwarzen aithiopischen Hirten erfreut ihre Huldigungen dar und
reichen ihm zur Stärkung Milch und Wein.

Goethe 71: Perseus verdient die Andromeda. – Goethe 102:
Und sind diese das Ufer bespülenden Wellen nicht blutrot?
Die Küste, wäre dies Indien oder Äthiopien? und hier im
fremdesten Lande, was hat wohl der griechische Jüngling zu
tun? Ein seltsamer Kampf ist hier vorgefallen, das sehen wir.
Aus dem äthiopischen Meere stieg oft ein dämonischer See-
drache an's Land, um Herden und Menschen zu töten. Opfer
wurden ihm geweiht, und nun auch Andromeda, die Königs-

tochter, die deshalb nackt an den Felsen angeschlossen erscheint; aber sie hat nichts mehr zu fürchten, der Sieg ist gewonnen, das Ungeheuer liegt an's Ufer herausgewälzt, und Ströme seines Blutes sind es, die das Meer färben.

Perseus eilte, von Göttern aufgefordert, unter göttlicher Begünstigung wundersam bewaffnet herbei, aber doch vertraute er sich nicht allein; den Amor rief er heran, daß er ihn beim Luftkampf umschwebe und ihm beistünde, wenn er bald auf das Untier herabschießen, bald sich wieder von ihm vorsichtig entfernen sollte. Beiden zusammen, dem Gott und dem Helden, gebührt der Siegespreis. Auch tritt Amor hinzu in herrlicher Jünglingsgröße, die Fesseln der Andromeda zu lösen, nicht wie sonst göttlich beruhigt und heiter, sondern wie aufgeregt und tief atmend, vom überwundenen großen Bestreben.

Andromeda ist schön, merkwürdig wegen der weißen Haut als Äthiopierin; aber noch mehr Bewunderung erfordert ihre Gestalt. Nicht sind die lydischen Mädchen weicher und zärter, die von Athen nicht stolzeren Ansehens, noch die von Sparta kräftiger.

Besonders aber wird ihre Schönheit erhöht durch die Lage, in welcher sie sich befindet. Sie kann es nicht glauben, daß sie so glücklich befreit ist, doch blickt sie schon, dem Perseus zu lächeln.

Der Held aber liegt unfern in schön duftendem Grase, worein die Schweißtropfen fallen. Den Medusenkopf beseitigt er, damit niemand, ihn erblickend, versteine. Eingeborne Hirten reichen ihm Milch und Wein. Es ist für uns ein fremder, lustiger Anblick diese Äthiopier schwarz gefärbt zu sehen, wie sie zähnebleckend lachen und von Herzen sich freuen, an Gesichtszügen meist einander ähnlich. Perseus läßt es geschehen, stützt sich auf den linken Arm, erhebt sich atmend und betrachtet nur Andromeda. Sein Mantel flattert im Winde, dieser ist von hoher Purpurfarbe, besprengt mit dunkleren Blutstropfen, die unter dem Kampfe mit dem Drachen hinaufspritzten.

Seine Schulter so trefflich zu malen, hat der Künstler die elfenbeinerne des Pelops zum Muster genommen, aber nur der Form nach: denn diese hier, vorher schon lebendig fleischfarben, ward im Kampf nur noch erhöhter. Die Adern sind nun doppelt belebt: denn nach dem erhitztesten Streite fühlt eine neue liebliche Regung der Held im Anblick Andromeda's.

1, 29, 1 Kalinka: 'Αλλά leitet die Entgegnung auf den beim ersten Anblick des Bildes hervorgerufenen Gedanken ein, daß das vom Mordblut rote Meer im Vordergrund das „Rote Meer" sei. Dieses nämlich, dem die Inder benachbart wohnen, ist nicht das heutige Rote Meer, sondern dehnt sich (nach antiker Einteilung) zwischen Indien und Arabien aus. Die Handlung jedoch spielt am Atlantischen Ozean, denn gleich darauf steht „atlantisches Untier" wie bei Euripides frg. 145 (Andromeda) 'Ορῶ δὲ πρὸς τὰ παρθένου θοινάματα Κῆτος θοάζον ἐξ 'Ατλαντικῆς ἁλός. Die Bewohner des Landes sind Aithiopen (1 A, 3 E). Doch schon Homer, Od. 1, 22 f. unterscheidet die westlichen und die östlichen Aithiopier: Αἰθίοπας, τοὶ διχθὰ δεδαίαται, ἔσχατοι ἀνδρῶν, Οἱ μὲν δυσομένου Ὑπερίονος, οἱ δ' ἀνιόντος. – Hier sind die westlichen gemeint; andere verlegten das Abenteuer nach Osten, so Hdt. 7, 61, 3: Perseus kam zu Kepheus, dem König der Aithioper, Sohn des Belos, und bekam seine Tochter Andromeda; Paus. 4, 35, 5 ξανθὸν δὲ ὕδωρ οὐδέν τι ἀποδέον τὴν χρόαν αἵματος Ἑβραίων ἡ γῆ παρέχεται πρὸς 'Ιόππῃ πόλει. θαλάσσης μὲν ἐγγυτάτω τὸ ὕδωρ ἐστί, λόγον δὲ ἐς τὴν πηγὴν λέγουσιν οἱ ταύτῃ Περσέα ἀνελόντα τὸ κῆτος, ᾧ τὴν παῖδα προκεῖσθαι τοῦ Κηφέως, ἐνταῦθα τὸ αἷμα ἀπονίψασθαι („Ein rötliches Wasser, das ganz wie Blut aussieht, gibt es im Lande der Juden bei der Stadt Joppe. Die Quelle ist ganz nahe am Meer, und als Grund dafür sagen die Anwohner, Perseus habe das Ungeheuer getötet, für das die Tochter des Kepheus ausgesetzt war, und dort habe er das Blut abgewaschen").

1, 29, 2 Vgl. Eurip. (Andromeda) frg. 121 ἐκθεῖναι κήτει φορβάν. Frg. 127 (Perseus) 'Ω παρθέν', οἰκτίρω σε κρεμαμένην ὁρῶν. (Androm.) Σὺ δ' εἶ τίς, ὅστις τοὐμὸν ᾤκτιρας πάθος; – Das Wort ἐμπλημμυρέω ist von Philostratos zuerst gebraucht. – Zu πηγαὶ αἵματος vgl. Ovid, Met. 4, 728 f. Bellua puniceo mixtos cum sanguine fluctus Ore vomit. – Eros war im Hellenismus und später gewöhnlich als Knabe gemalt; hier ist er als Jüngling dargestellt, weil seine Rolle als Mitkämpfer nicht gut zu einem Knaben paßt. Man könnte aber auch bedenken, ob nicht Nachwirkung älterer Bildung bei dieser Gestalt vorliegt, denn im 5. und 4. Jahrhundert wurde Eros oft als Jüngling dargestellt. – Eur. frg. 136 (Perseus:) Σὺ δ' ὦ θεῶν τύραννε κἀνθρώπων, Ἔρως, Ἢ μὴ δίδασκε τὰ καλὰ φαίνεσθαι καλὰ Ἢ τοῖς ἐρῶσιν εὐτυχῶς συνεκπόνει Μοχθοῦσι μόχθους, ὧν σὺ δημιουργὸς εἶ. Καὶ ταῦτα μὲν δρῶν τίμιος θεοῖς ἔσῃ, Μὴ δρῶν δ' ὑπ' αὐτοῦ τοῦ διδάσκεσθαι φιλεῖν Ἀφαιρεθήσῃ χάριτας, αἷς τιμῶσί σε. – Eros kam und erhörte den Hellenen: kein sog. Hysteron-Proteron; der Gott erfüllte nach seiner Herabkunft die Bitte des Perseus um Hilfe.

1, 29, 3 ὑπόσεμνος ist zuerst bei Philostratos belegt. – Zu ἀπὸ τοῦ καιροῦ vgl. 2, 5, 5 M. – Zum Gefühl Andromedas für Perseus vgl. Eur. frg. 129 (Perseus) ὦ παρθέν', εἰ σώσαιμί σ', εἴσῃ μοι χάριν; 132 (Andromeda:) ἄγου δέ μ', ὦ ξεῖν', εἴτε πρόσπολον θέλεις εἴτ' ἄλοχον εἴτε δμωΐδ'. – Das Wort λιβανώδης ist bei Philostratos zuerst gebraucht. – Zum Verbergen des Hauptes: Philostratos dachte an die Sage, daß der Anblick des Hauptes der Gorgo Versteinerung bewirkte. – Zu den Hirten vgl. Eur. frg. 146 πᾶς δὲ ποιμένων ἔρρει λεώς, Ὁ μὲν γάλακτος κίσσινον φέρων σκύφος Πόνων ἀναψυκτῆρ' ὁ δ' ἀμπέλων γάνος.

1, 29, 4 προσανθεῖν τινι ist zuerst von Philostratos gebraucht. – Die Pelopiden werden mit der üblichen Formel ἐρρῶσθων verabschiedet: sie sollen sich nichts zugute tun auf die elfenbeinerne Schulter ihres Ahnherrn Pelops, denn die Schulter des Perseus, gleichfalls schön und durchblutet, ist ihr überlegen, weil sie noch Spuren des schweren Kampfes mit dem Drachen zeigt in den geschwollenen Adern (ὅταν πλεονεκτήσῃ τὸ ἄσθμα ist verwandt mit dem vorangehenden ἔμπνουν ὑπὸ ἄσθματος). – Offenkundig schafft sich Philostratos mit diesem Hinweis auf Pelops einen Übergang zu 1, 30.

Aufbau der Beschreibung: Zuerst allgemeiner Blick auf das Bild, dann Andeutung des Mythos (1). Anschließend Beschreibung des Bildes. Am Ende zwei geistreiche Schlußeffekte (Pelops; Lohn des Mädchens).

Zum Bild: Ähnliche Bilder erwähnen Lukian, De domo 22;

Achill. Tat. 3,7, 8. – Über Perseus-Darstellungen vgl. Schauen-
burg, Konrad, Perseus in der Kunst des Altertums. Antiquitas, Reihe 3, Bd. 1 (Bonn 1960), bes. S. 55 f. – Nikias von
Athen hatte ein Bild „Rettung der Andromeda" gemalt, und
Brunn (bes. Künstl. 2, 199 f.) bezieht unser Bild darauf (mit
wichtigen Gedanken), freilich ohne Beweis. Nachklang des
Nikias findet man auch im pompeianischen Andromeda-Bild
(Pfuhl, Abb. 647); der Mantel dort „hat einen Strich ins Vio-
lette, ist aber eher weinrot", Pfuhl 1, VIII; vgl. 1, 29, 4). –
Helbig (W. 1, 311) vergleicht ein capitolinisches Relief „Be-
freiung der Andromeda" mit dem Bild des Nikias. – Unser
Bild als fingiert auf Euripides zurückzuführen (M II 625), be-
steht kein Anlaß; was auffällig ist: daß Perseus die Befreiung
anderen Händen überläßt, wird von Brunn (II 83 f.) durch
Hinweis auf ein Vasenbild (Arch. Zeit. 1852, Taf. 42) erklärt.
Zudem zeigt die Erschöpfung des Perseus, wie schwer der
Kampf war. Übrigens zeigt auch das Vasenbild bei Fairbanks
(Fig. 15) den Gott Dionysos wenigstens gegenwärtig bei der
Befreiung der Andromeda. – Ruhl (96): „Wer die treffliche
Composition des ... Asmus Karstens betrachtet, wird ... un-
bedenklich die Realität eines ... Bildes zugestehen." – Lehm. –
Hartl. (34, 51): Die ikonographisch ungewöhnliche Komposi-
tion des Bildes Andromedas, wie sie von Eros befreit wird und
Perseus ruht und erfrischt wird von Aethiopen, kann durch
Frieskomposition erklärt werden. – Vgl. auch Levi 1, 154 ff.

1, 30 Pelops

Zu 1, 30: F I 134 f.; B I 196, 199, 212 f., 226 f., 241; B II 98;
M I 114; M II 625 f., Bertr. 201 f.; St. 66; Gst. 69 f.

Das Bild: In der fallenden Dämmerung steht der junge Pelops auf goldenem Wagen, dem vier Pferde vorgespannt sind.
Das eine Pferd will nicht ruhig stehen, das andere stampft, ein
anderes hört auf den Lenker, das vierte scheint zu wiehern.
Pelops ist voll bekleidet, nur die linke Schulter ist frei und
leuchtet im Dämmer. Das Goldhaar, mit einer Tiara geschmückt, fließt über die Stirn und geht in den Bartflaum über.
Pelops erwartet den Wettkampf; sein Gönner Poseidon faßt
seine rechte Hand und gibt ihm Ratschläge für das Rennen.

Goethe 70: Pelops, als Freiersmann.

1, 30, 1: Kalinka: „Die letzten drei Beschreibungen des
1. Buches sind die einzigen, die mit einer adversativen Con-
junktion einsetzen (ἀλλά, δέ). Über δέ am Anfang einer
Schrift vgl. meinen Kommentar zum Anfang der pseudoxeno-
phontischen Athen. Politeia. – Hier steht vielleicht die reich-
liche Kleidung im Gegensatz zu der Vorstellung von dem berühmten Helden, der im Titel genannt ist." - Zu μειράκιον
ἐν ὑπήνῃ πρώτῃ vgl. Vit. Soph. 60, 30 νεανίας οὗτος ἦν ἐν
ὑπήνῃ πρώτῃ und 2, 7, 5. – Zur Wettfahrt des Pelops vgl. zu
1, 17 (Hippodameia); es gab eine Version dieser Sage, die
Pelops vom Vorwurf des Betruges durch Myrtilos befreite,
eben die hier erzählte, wohl nach Pind., Ol. 1, 139f. τὸν μὲν
ἀγάλλων θεὸς ἔδωκεν δίφρον τε χρύσεον πτεροῖσίν τ' ἀκα-
μάντας ἵππους. Von dort hat der Maler vielleicht auch den
Gedanken des Gebetes an Poseidon. Ein ähnliches Lehr- und
Liebesverhältnis Poseidons zu Antilochos bei Hom., Il. 23,
306f. – ἐρῶντας: wohl nach Pind., Ol. 1, 127. – Für ἀτάκτων
λεόντων schlägt Benndorf ἄρκτων ἢ λεόντων vor, Kalinka
ἀνάκτων λεόντων. – Eine ähnliche Geschichte vom Kampf
um die Braut bei Parthenios 6 τὸν δὲ Σίθονα πρῶτον μὲν
κελεύειν τοὺς ἀφικνουμένους μνηστῆρας πρὸς μάχην ἰέναι
τὴν κόρην ἔχοντα· εἰ δὲ ἥττων φανείη, τεθνάναι. – Zu den
Beutestücken vgl. Soph. frg. 432 N σκυθιστὶ χειρόμακτρον
ἐκδεδαρμένος u. Schol. Pind. Isthm. 3, 92 ἰδίως τὸν 'Ανταῖόν
φησι τῶν ξένων τῶν ἡττωμένων τοῖς κρανίοις ἐρέφειν
τὸν τοῦ Ποσειδῶνος ναόν (ebenso der Thraker Diomedes,
Euenos mit den Freiern Marpessas). Diodor 5, 29, 4 berichtet,
daß die Kelten die Köpfe der Feinde an ihre Häuser nageln. –
Goldener Wagen: vgl. Pind. Ol. 1, 139f. – Die Pferde sind
hier nicht Seerosse, sondern die Pferde Poseidons, vgl. Eur.
Orest. 988f., Cic. Tusc. 2, 67 equi Pelopis illi Neptunii, qui
per undas currus suspensos rapuisse dicuntur. Vgl. auch Hom.,
Il. 13, 29 (von Poseidon, der über das Meer fährt) τοὶ δ' ἐπέ-
τοντο 'Ρίμφα μάλ', οὐδ' ὑπένερθε διαίνετο χάλκεος ἄξων.
Daß Philostratos hier nicht von Pindar „abhängt", beweist
schon der Umstand, daß bei ihm die Pferde keine Flügel
haben. – Am Ende von 1 und am Beginn von 2 Wortspiel mit
ἆθλος – ἀγών.

1, 30, 2 Kalinka zu μὴ ξυγχέαι: „Hier ist nicht an die Sitte
der archaischen Vasenmalerei zu denken, die Umrißlinien der
Pferdebeine parallel nebeneinander zu zeichnen, weil die Haltung der Beine ein ganz verschiedenes Temperament ausdrük-
ken soll." – Benndorf erklärt zu den Pferden, es werde hier das
seit dem 5. Jahrhundert bekannte Schema der Viergespanne
gezeigt, in dem ein Pferd das Haupt erhebt, ein anderes den
Kopf zum Lenker zurückbiegt. – Nachahmung bei Isidor
von Pelusium Ep. 198 ἐμβάλλει μὲν αὐτῷ μετὰ χαλινοῦ φρόνημα, ἵστησι δὲ αὐτὸν ἐν αὐτῷ τῷ μὴ θέλειν ἑστάναι.

1, 30, 3 Als Tantalos am Berge Sipylos den Göttern seinen
Sohn Pelops zerstückelt zum Mahle vorsetzte (vgl. 1, 17, 2),
verschmähten es alle Götter, davon zu essen, mit Ausnahme
der in den Schmerz um ihre Tochter versunkenen Demeter,
die ein Schulterstück verzehrte. Nachdem die gesammelten
Körperteile in einem Kessel aufgekocht waren, ersetzte die
Schicksalsgöttin Klotho die fehlende Schulter durch eine
elfenbeinerne und rief den Knaben wieder ins Leben zurück.
Diese Schulter soll in Elis lange Zeit als Reliquie gezeigt worden sein. – Vgl. Pind., Ol. 1, 39f. τοῦ μεγασθενὴς ἐράσατο
Γαιάοχος Ποσειδάν, ἐπεί νιν καθαροῦ λέβητος ἔξελε Κλωθώ,
ἐλέφαντι φαίδιμον ὦμον κεκαδμένον („Der mächtige Poseidon, der die Erde hält, liebte ihn, als ihn Klotho aus dem reinen Becken nahm; er war mit einer von Elfenbein schimmernden Schulter geschmückt"). – Zu δὲ ἀλλ' vgl. Denniston,
Particles 10. Mit Recht sieht Matz II 626 im Händedruck
Poseidons ein Zeichen der Zuneigung, nicht der Gewährung
der Bitte des Pelops (so Brunn II 98). Trotz dieser Liebe hält
ihn Poseidon nicht von der Ehe zurück, sondern fördert sie
sogar. – 'Αλφεῖον πνεῖ: Der olympische Wettlauf fand am
Ufer des Alpheios statt; vgl. Aristoph., Vögel 1121 τρέχει τις
'Αλφεῖον πνέων. – Zu ἐπισοβεῖν vgl. Jacobs: In verbo ἐπισοβεῖν est iactantiae quaedam nota cum incedendi significa-
tione coniuncta. – Den Typ des ἴουλος schildert Philostratos
sehr gerne; vgl. 1, 7, 2; 1, 10, 3. Zum Fliegen des Haares (3
E) vgl. 2, 2, 2 M. – Die Tiara ist das in Phygien übliche Zeichen der Königswürde.

1, 30, 4 Nach Herodot (1, 10, 3) brachte es bei den Lydern

und bei fast allen Barbaren Schande, wenn ein Mann nackt gesehen wurde. – Auch bei Pindar findet die Übergabe des Gespannes nachts statt (Ol. 1, 113). – Der Teil des Gewandes, der die linke Schulter bedecken soll, ist mit großer Kunst als lässig herabgleitend dargestellt, damit die weiße Schulter leuchtend hervortreten kann.

Aufbau der Beschreibung: Zuerst Angabe des Sujets, dann knappe Erzählung des Mythos; anschließend Beschreibung des Gespannes, des Poseidon, des Pelops. – Die Schilderung ist mehrfach durch Erzählung belebt, besonders auffällig 3 A.

Zum Bild: Sicher ist die Beschreibung nicht nach Pindar fingiert (gegen M II 625). – Die kunstvolle Lichtverteilung dieses Bildes hat Vorläufer schon in der frühen Vasenmalerei (Beispiele bei Steinm. 66); sicher wollte unser Maler das matte Licht der Abenddämmerung veranschaulichen (Helbig, Wandm. 351). – Die – hier wohl nicht gemalten – Köpfe der toten Freier finden sich auf römischen Reliefs mit Darstellungen des Oinomaos (Belege F I 68). – Zum Gespann vgl. oben zu 2. – Vgl. auch die Beschreibung der Pelopsamphora des Meidias in Arezzo durch Pfuhl 2, 587f.; vgl. Pfuhl Abb. 583.

1, 31 Gastgeschenke

Zu 1, 31: B I 297; M I 98, 4; St. 94f.

Das Bild: Auf Weinblättern liegen viele schwarze Feigen; in ihrer Schale sind Risse sichtbar, viele sind auch vor Reife schon fast gespalten. Daneben ein Zweig mit Feigen, die teils noch unreif sind, teils überreif, teils angepickt. Der Boden ist mit Nüssen bedeckt, die zum Teil schon aus der Hülse genommen sind. Dazu Haufen von Birnen und Äpfeln, goldgelb und rot, zum Teil in Gruppen zu zehn. Geflochtene Körbchen mit Kirschentrauben. Reben mit Trauben. Auf Feigenblättern Honigwaben zum Auspressen, auf einem anderen Blatt frischer Käse und Kühlgefäße mit Milch.

1, 31, 1 Das δέ schließt wohl etwas frostig an 1, 30 an: Pelops ist schön, schön ist aber auch ... – τὸ ἄνϑος: vgl. Arche-

stratos bei Athen. 1, 29 B οἶνον ὑγρὰν χαίταν λευκῷ πεπυ-
κασμένον ἄνθει.

1, 31, 2 παρατέτριπται τοῦ ἐλύτρου kann nur bedeuten, daß
die Nüsse aus den Hülsen befreit sind. – ὄχναις ἐπ' ὄχναις:
vgl. Hom., Od. 7, 120 ὄχνη ἐπ' ὄχνη γηράσκει, μῆλον δ' ἐπὶ
μήλῳ. – Die Früchte (Äpfel und Birnen) liegen teils in losen
Haufen, teils sind sie als Gastgeschenke in der üblichen Anzahl zusammengelegt; vgl. Schenkl, Wiener Studien 14, 1892,
275, Anm. 9.

1, 31, 3 ὦ πότνια βοτρυόδωρε: nach Aristoph., Fried. 520
ὦ πότνια βοτρυόδωρε, τί προσείπω σ' ἔπος; ... ὦ χαῖρ'
Ὀπώρα καὶ σὺ δ', ὦ Θεωρία. – Beim Kirschbaum fällt die
künstlerische Freiheit des Komponierens der Früchte besonders auf, da ja nicht alle diese Früchte zur gleichen Zeit reifen.

1, 31, 4 τροφαλίς: vgl. Hesych: τρυφαλίδες. τὰ τμήματα
τοῦ ἀπαλοῦ τυροῦ. – Olearius vermutet, der junge Käse könne
mit Feigensaft angesetzt sein. Zu νεοπαγὴς καὶ σαλεύουσα
vgl. Alkiphron 4, 14, 4 Sch. Μυρρίνη ... τρέμουσαν οἷόν τι
νεόπηκτον γάλα τὴν ὀσφὺν ἀνεσάλευσεν.

Aufbau der Beschreibung: Einleitender, belebender Satz,
dann Beschreibung der verschiedenen Früchte.

Zum Bild: Die bekannte Vitruv-Stelle (6, 7, 4), Xenia habe
man Bilder der Eßwaren genannt, die den Gästen überreicht
wurden, ist unerklärt. Brachten Gäste und Hausherr solche
Bilder als Weihegeschenke dar?(Vgl. Schefold,Pomp. Malerei,
183, Anm. zu S. 38 f.). Unser Bild gehört zur sogenannten
Rhyparographie, der Darstellung kleiner, verschiedenartiger
Dinge; vgl. Plin., nat. 35, 112 Namque subtexi par est minoris
picturae celebres in penicillo, e quibus fuit Pyraeicus, arte
paucis postferendus: proposito nescio an destruxerit se, quo-
niam humilia quidem secutus, humilitatis tamen summam
adeptus est gloriam. Tonstrinas sutrinasque pinxit et asellos et
obsonia ac similia; ob hoc cognominatus rhyparographos, in
iis consummatae voluptatis, quippe eae pluris veniere, quam
maxima multorum („Denn es ist angebracht, die Künstler

anzuschließen, die durch ihre Kunst in einer geringeren Gattung berühmt waren; zu diesen gehörte Pyraeicus, der an Kunst wenigen nachstand. Vielleicht setzte er sich absichtlich herab (?), denn er wählte zwar geringere Gegenstände, doch auf diesem Feld erreichte er den höchsten Ruhm. Er malte nämlich Barbierbuden, Schusterwerkstätten, Esel, Fleisch und anderes dergleichen; daher nannte man ihn „Schmutzmaler", doch hatte man an diesen Bildern seine ganze Freude, und sie verkauften sich teurer als die größten Werke vieler anderer Maler"). – Stilleben kennen bereits die schwarzfigurigen Vasen (Pfuhl, Malerei 1, 240), ebenso der Hellenismus (Pfuhl 2, 808 f.). – Zu späterer Zeit: Beyen, Hendrix G., Über Stilleben aus Pompeji und Herculaneum, S'Gravenhage 1928 und Schefold, Pompeian. Malerei, 182 (Anm. zu S. 38 f.; dort weitere Literatur). – Feigen gibt es auf nahezu allen Fruchtstilleben (Beyen 53), z. B. bei Beyen, Taf. VIII (Feigen in einer Schale); Helbig, Wa. 1672–1680; ein Korb mit Feigen bei Helbig, Wa. 1675. – Birnen: Helbig, Wa. 1686. 1687; Beyen, Taf. VII. – Äpfel: Helbig, Wa. 1687. 1694. 1696. – Trauben: Helbig, Wa. 1628. 1630 f. – Käse: Vielleicht ist in Pompeji auf einem Stilleben ein Körbchen mit Käse dargestellt (Beyen 81). – Es scheint, daß alle Maler von Stilleben mit der Natur wetteifern wollten (vgl. die Traube des Zeuxis); der Rhetor jedenfalls ist bestrebt, diesen Eindruck noch zu verstärken. Es könnte aber sein, daß die Gruppierung der Früchte ursprünglich religiösen Sinn hatte (Weihegeschenke) oder die wunderbare Macht der Natur in ihrer schwellenden Fülle spiegeln sollte. Daß Maler und Betrachter hier an solchen Ursprung denken, ist freilich kaum anzunehmen.

2, 1 Hymnensängerinnen

Zu 2, 1: F I 201, 1; B I 198 f., 276; M I 60, 62, 89; 134, 2; St. 67.

Das Bild: In einem Myrtenhain steht ein Elfenbeinbild Aphrodites vor einem Altar mit brennendem Räucherwerk; schöne Mädchen besingen die Göttin, angeleitet von einer Lehrerin, die eben ein falsch singendes Mädchen wieder in Takt bringt. Die Sängerinnen stehen barfuß im Grase; die

Farben ihrer bunten Kleider passen gut zusammen, die Kleider selbst sind kurz und eng gegürtet. Die Arme der Mädchen sind frei. Daneben steht Eros und spielt auf seinem Bogen wie auf einer Leier.

Goethe 75: Venus; ihr elfenbeinernes Bild von Opfern umgeben; leicht gekleidete, eifrig singende Jungfrauen.

2, 1, 1 ἐφιζάνει γάρ: Vgl. Vit. Ap. 8, 29 ἔστι γάρ τις ὥρα καὶ περὶ ῥυτίσιν, ἢ μάλιστα περὶ ἐκεῖνον ἤνθησεν und Platon bei Athen. 13, 589 Ἀρχεάνασσαν ἔχω τὴν ἐκ Κολοφῶνος ἑταίραν, ἧς καὶ ἐπὶ ῥυτίδων δριμὺς ἔπεστιν Ἔρως. – Aphrodite in schamhafter Haltung beschreibt Lukian, Amor. 13 γεγύμνωται, πλὴν ὅσα τῇ ἑτέρᾳ χειρὶ τὴν αἰδῶ λεληθότως ἐπικρύπτειν. Solche Haltung ist bei den Statuen der Anadyomene üblich, wie auch 2, 14, 4 in diesen Zusammenhang weist. Zu μεμυκότος vgl. Hesych: μεμυκότων· πεπυκνωμένων, συνεφιγμένων; die Stücke sind also eng zusammengefügt.

2, 1, 2 Der Altar hat Weihrauch und Myrrhe, erinnert den Rhetor aber wohl auch an eine Stelle Sapphos über ein Opfer für Aphrodite; weniger passend meint Olearius, ἀναπνεῖν beziehe sich auf die Göttin selbst, die einen Eindruck wie bei Sappho mache. Zum Ausdruck vgl. 1, 20, 1 E ἀπαπνεῖ τοῦ ἀνέμου. – „Kostbare Edelsteine": vgl. Aelian, Hist. an. 1, 59 τοῖς τερπνοῖς ἐκείνοις καὶ μεγατίμοις λίθοις. – Zu κέντρα vgl. 1, 21, 2 A. – Daß das Bild mit gemalten Steinen eingefaßt war (Benndorf), bezweifle ich; die Einfassung galt wohl dem Altar oder dem Standbild.

2, 1, 3 Nachgeahmt von Aristainetos 1, 10 αἱ δὲ τῆς παιδὸς ἡλικιώτιδες ἐνεργὸν ὑμέναιον ᾖδον ... καὶ ἡ διδάσκαλος ἐπέβλεπε τὴν ἐπᾴδουσαν καὶ εἰς τὸ μέλος ἱκανῶς ἐνεβίβαζε χειρονομοῦσα τὸν τρόπον. – Στολή und χιτών sind wohl dasselbe Kleidungsstück. – Μὴ δι' ὄχλου αὐταῖς nach Thukydides 1, 73, 2 εἰ καὶ δι' ὄχλου μᾶλλον ἔσται. – λειμών τε ὁ περὶ τὰς ἐσθῆτας meint entweder Blumenmuster oder einfach die Buntheit der Kleider. – Was nicht zusammenstimmt: die Worte sind verschieden gedeutet; Heyne denkt an das Zusammenstimmen der Farben, Welcker an die Begleitumstände,

Bougot am glaublichsten an die Abstimmung aller Einzelheiten. Die Stelle nachgeahmt von Aristain. 1, 10 τὸν ὑμέναιον ᾖδον αἱ μουσικώτεραι τῶν παρθένων καὶ μελίφωνοι, τοῦτο δὴ Σαπφοῦς τὸ ἡδὺ πρόσφθεγμα.

2, 1, 4 Eros spielt auf einer „Saite", der Sehne seines Bogens, die keinen Schallboden hat und keinen Griff zuläßt, um mehr als einen Ton zu erzeugen. Er ist ein Gott und vollbringt ein Wunder. – Zu καί φησι πάντα ἔχειν ὅσα ἡ λύρα vgl. 2, 28, 1 A τὸν Πηνελόπης ἱστὸν ᾄδεις ... καὶ δοκεῖ σοι πάντα ἱστοῦ ἔχειν. – Zu διανοοῦντες: So von Philostratos zuerst gebraucht; Longin. rhet. 308, 22 Sp. bezeichnet das Aktiv statt des Mediums als elegant. – 2, 1, 4 M Aphrodite entstand aus dem Schaum, der sich bildete, als das Geschlecht des Uranos, das ihm sein Sohn Kronos abschnitt, ins Meer fiel. – 2, 1, 4 E χεῖρας ὑπτίας: die Hände sind nicht zur Erde gebogen, sondern werden langsam erhoben und sind dabei mit der Handfläche nach oben gekehrt; vgl. 1, 6, 3 E ὑπτίαις αὐτὸ ἀποδέχεται ταῖς χερσί. – Die angedeutete Meeresstille bezieht sich auf die Geburt der Aphrodite Anadyomene.

Aufbau der Beschreibung: Zuerst Angabe des Gesamtthemas, dann Beschreibung der Chorleiterin, der Statue, des Altars, des Chores und des ihn begleitenden Eros.

Zum Bild: Das Gemälde ist von der Macht der Liebesgöttin beherrscht. Sogar der nicht mehr jungen Chorleiterin schenkt sie Schönheit und Frische. Auch die Natur scheint davon berührt, besonders auch die blühenden Mädchen, die sich wohl der Göttin hingeben und an Sapphos Kreis erinnern. Eros, Aphrodites Sohn, hilft beim Lobe der Mutter. Über dem Bild liegt feierliche, fromme Stimmung. Steinmann (67) erinnert an die sonstige Landschaftsmalerei, die sehr oft Standbilder, Hermen usw. als Zierde aufweise. Welcker faßte die Mädchen als Hierodulen auf, was manche Freiheit der Kleidung erkläre; Lindau bezweifelt das mit Recht.

2, 2 Die Erziehung des Achilleus

Zu 2, 2: F I 58, 3; 102, 111; B I 185, 196, 199, 233, 237, 246; II 16; M I 54, 60, 74, 80, 91, 93; K 414; Nem. 17; Boug. 99; St. 128; Gst. 61, 74, 158.

Das Bild: Es liegt wohl ein Doppelgemälde vor (so nach der Ansicht von Baden, Toelken, Welcker, Bougot, Nemitz, Steinmann). 1. Der Knabe Achilleus lernt vom Kentauren Cheiron heroische Künste. Beim Eingang zur Grotte läßt der Kentaur sich auf die Knie nieder und reicht dem Knaben Obst und Honigwaben wie einen Siegespreis im Lauf. Achilleus hat lange Arme, sein Haar ist vom Winde zerzaust; er trägt ein meerpurpurnes Gewand und hat ein eben gefangenes Hirschkalb in der Hand. – 2. Auf dem Felde trägt Cheiron den Jungen auf dem Rücken, wendet mitten im Lauf sein Gesicht zu ihm, spricht zu ihm und lächelt dem vor Freude Jauchzenden zu.

Goethe 72: Achills Kindheit, von Chiron erzogen.

2, 2, 1 Den Namen Cheiron schrieb Philostratos gewiß mit ei, weil man ihn von χείρ herleitete. Die eigentliche (vorgriechische) Namensform ist Chiron. Cheiron unterscheidet sich von den übrigen Kentauren durch seine Abstammung von Kronos und sein Wesen; er ist der gerechteste aller Kentauren, weiß die Zukunft und ist unsterblich. Seine Zöglinge (Aktaion, Asklepios, Herakles, Jason, Achilleus) unterrichtet er in allem Heldenwesen, aber auch in der Heilkunst und im Leierspiel (Escher, RE 3, 2303). Von Achills Knabenübungen bei der Grotte Cheirons handelt Pind. Nem. 3, 43f. – Die Schilderung der künftigen Taten Achills ist mit homerischen Bestandteilen (der Ilias) gesättigt: Kampf mit Flüssen: Hom., Il. 21, 212f.; Frauen aus Lesbos; Dreifüße: 9, 263f., 270f.; Städte und Tochter Agamemnons verschmäht: 9, 286f.; 388f.; Achill am Graben: 18, 228f.; Reihenweises Töten: 10, 483; 21, 20f.; Unsterbliche Pferde: 16, 154; Schleifen Hektors: 24, 50f.; Stöhnen wegen des Patroklos: 18, 318; Achill singend: 9, 189; Wohnen mit Priamos: 24, 673f.; Achilleus betend: 16, 231. – Übrigens liegt bei 9, 270f. ein kleines Versehen des Rhetors vor: Achilleus bekommt die Frauen aus Lesbos nicht, sie werden ihm nur angeboten.

2, 2, 2 Zur Nahrung mit Mark vgl. Apollodor 3, 13, 7 λαβὼν αὐτὸν ἔτρεφε σπλάγχνοις λεόντων καὶ ... ἄρκτων μυελοῖς. Spätere Dichter bezweifeln diese Einzelheit. – Zum geraden Schenkel vgl. 1, 24, 3 M. – Der Mantel, ein Geschenk der Meeresgöttin, hat die Farbe des Meerespurpurs, ist glänzend und spielt ins Veilchenfarbene.

2, 2, 4 Zur Lesart διαδοῦναι vgl. Radermacher, L., Varia, in: Rhein. Mus. 50, 1895, 478. – Über den kunstvollen Übergang von Pferde- und Menschenleib vgl. Lukian, Zeuxis 6. – Zur Gerechtigkeit Cheirons vgl. Hom., Il. 11, 832; über seine Erziehungsweise vgl. Pind., Pyth. 6, 21 f. – Zum Ausdruck Cheirons vgl. Pind., Pyth. 9, 64 f. κένταυρος ϳςμενὴς ἀγανᾷ χλοαρὸν γελάσσαις ὀφρύι. – Der Ausdruck ἐκμεμούσωται vielleicht nach Eur. Bakch. 825 Διόνυσος ἡμᾶς ἐξεμούσωσεν τάδε.

2, 2, 5 Vor dem Eingang der Grotte: Auf dem Berg Pelion war eine Grotte, die den Namen Cheironion führte. – Zu ἀθύρων vgl. Pind. Nem. 3, 79 παῖς ἐὼν ἄθυρε μεγάλα ἔργα. – Die Form λαγαρῶς ist von Philostratos zuerst gebraucht. – Xanthos (Lichtbraun) und Balios (Scheck) sind die unsterblichen Rosse des Achilleus, welche die Harpye Podarge dem Zephyros gebar und die Poseidon dem Peleus zur Hochzeit schenkte; vgl. Hom., Il. 16, 149f. – Zu συνεκφεύγοντας vgl. Lindau: Man denke sich die Summe der Schnelligkeiten der Fliehenden in eine gerade Linie gebracht; diese Linie ist nicht länger als die, welche die Schnelligkeit des Achilleus ausmacht. – „Nicht wie Xanthos": Dieser sagte dem Helden Schlimmes voraus; Hom. Il. 19, 404f.

Aufbau der Beschreibung: 1. Anfangs hinführende Einzelheiten des Bildes, dann Ausblick auf das künftige Heldentum des Achilleus; dieser wird dann beschrieben (Erscheinung, Tätigkeit), ebenso Cheiron. 2. Die zweite Szene zeigt Achilleus beim Reitenlernen; am Ende Ausblick auf die Zukunft (vgl. Gstader 158).

Zum Bild: Schilderung der Kindheit und Jugend eines Helden, der mit Weisheit und Liebe erzogen wird. Der besondere Reiz des Bildes (und der Beschreibung) liegt im Kontrast zwischen der Kindlichkeit des Achilleus und seinen späteren Mannestaten, ebenso im Gegensatz zwischen der halbtierischen Natur des Cheiron und seiner geistigen Haltung. – Die erste Szene vor der Grotte spielt im Vordergrund des Bildes, die zweite rückt in einige Entfernung nach dem Mittelgrund (vgl. B I 237). – Cheiron unterscheidet sich in der Kunst von seinen Genossen oft durch edlere Bildung; der Typ des Kentauren mit menschlichen Vorderfüßen wurde mit Vorliebe für ihn verwendet (Escher, RE 3, 2307). – Unserer Beschreibung entspricht völlig das Relief der sog. Tensa Capitolina, Wiener Vorlegebl. B, Taf. VII 1 b (Steinm. 68); ähnliche Darstellungen: Overbeck, Galerie her. Bilder 285f.; Robert, C., Antike Sarkophagreliefs II, Taf. VI. – Mit Achilleus ist Cheiron auf einer Münze von Alexandria gruppiert (RE 3, 2307). – Achill und Cheiron in pompeianischer Malerei (z.B. Schefold, Pomp. Malerei, Taf. 26; Rumpf 63,5; Helbig, Wandg. 1291 bis 95). – Zur Nachwirkung des Bildes bei Goethe: Szanto, E., Archaeologisches zu Goethes Faust, Jahreshefte d. österr. arch. Inst. 1, 1898, 101f.

2, 3 Weibliche Kentauren

Zu 2, 3: F I 143, 190f.; II 177; B I 184, 186, 198, 205f., 265f.; II 9; M I 81, 83 mit Anm. 2; K 415; St. 68f.; Gst. 163.

Das Bild: An einem Berg mit Grotten und Quellen sind in freier Natur weibliche Kentauren mit weißen, halben oder gefleckten Pferdeleibern dargestellt; auch eine Verbindung von weiß mit schwarz findet sich. Jungtiere sind bei ihnen, in Windeln, weinend, saugend und zufrieden, hüpfend, die Mütter umklammernd: Ein größeres wirft mit einem Stein.

Goethe 72: Centaurische Familienszene. Höchster Kunstsinn.

2, 3, 1 „Aus Eichen und Felsen" entstanden sein; sprich-
wörtliche Formel, etwa „aus der Luft", nach Hom., Od. 19,
163 οὐ γὰρ ἀπὸ δρυὸς ἐσσὶ παλαιφάτου οὐδ' ἀπὸ πέτρης. –
Ixions Sohn war die Frucht der Umarmung einer Wolke durch
den getäuschten, in Hera verliebten Ixion. Vgl. Pind., Pyth. 2,
82 f. τὸν δ' ὀνύμαξε τράφοισα Κένταυρον, ὃς ἵπποισι Μαγνη–
τίδεσσιν ἐμείγνυτ' ἐν Παλίου σφυροῖς· ἐκ δ' ἐγένοντο στρατὸς
θαυμαστός, ἀμφοτέροις ὁμοῖοι τοκεῦσι, τὰ ματρόθεν μὲν
κάτω, τὰ δ' ὑπερθε πατρός („Den nannte die Ernährerin
Kentauren, der am Abhang des Pelion Thessalischen Stuten
beiwohnte; daraus entstand ein seltsames Volk, das beiden
Eltern glich und abwärts der Gestalt der Mutter, aufwärts
dem Leibe des Vaters gleich sah"). – Die Konjektur νεωθέντες
für das unerklärbare οἰνωθέντες der Handschriften ist nur
eine Notlösung. – „Denn ich glaube nicht ...": mit dieser
Formel leitet der Rhetor die Beschreibung ein. – Der Eschenwuchs nach Hom., Il. 11, 256 ἀνεμοτρεφὲς ἔγχος benannt. –
Ναΐδες ist die attische Form für Νηΐς bei Homer; Schmid,
Attic. 4, 197.

2, 3, 2 Die „Windeln" der Kentaurenkinder sind so wörtlich
nicht zu nehmen; vielleicht sind sie mit Tüchern bedeckt (B I
184) oder mit Fellen (St. 70), oder der Ausdruck soll nur besagen, daß es noch sehr pflegebedürftige Kinder sind (Steinm.
69; vgl. unser „in den Kinderschuhen stecken"). – ἀτάλλει
ὑπὸ ταῖς μητράσι wie Hesiod, Erga 131 ἐτρέφετ' ἀτάλλων
μέγα νήπιος ᾧ ἐνὶ οἴκῳ.

2, 3, 3 Schwarze Stute und weiße Kentaurenfrau: eine
durchaus mögliche Verbindung, freilich mit schwierigem Übergang (St. 68 f.).

Aufbau der Beschreibung: Anfangs eine hinführende Bemerkung zu den Kentauren; dann die Beschreibung der Um-
welt, der Kinder, der Kentaurinnen.

Zum Bild: Sicher hängt das Gemälde mit 2, 2 zusammen.
Es zeigt die mütterliche Seite der Kentauren, nachdem dort
ein mehr väterlicher Kentaur geschildert war. „Höchsten
Kunstsinn" schreibt Goethe dem Maler zu, wohl, weil er

menschliches Fühlen und Denken mit tierischem Wesen und seiner Instinktsicherheit zu verbinden wußte. Der Reiz der Metamorphose (besser: der Zwischenexistenz) trat hinzu. – Von einem Gemälde des Zeuxis ist uns bei Lukian (Zeuxis 4) eine Schilderung erhalten, ein Kentaurenidyll (ein Vater sieht von einer Erhöhung auf sein Weib, das auf einer Wiese die Jungen säugt). Der menschliche Teil der Kentauren ist durchaus schön bis auf die Ohren; die Vermischung der Leiber ist sanft. „Die Darstellung auf einer Vasenscherbe gerade dieser Zeit illustriert uns die Worte Lukians aufs trefflichste; es ist ein jugendliches Frauenantlitz von holdem Reiz" (Salis 159). Freilich ist nicht bewiesen, daß Zeuxis auf Eikones 2, 3 wirkte. Brunn (I 265) erinnerte noch an das Berliner Kentaurenmosaik; vgl. noch die Parallele Herrmann-Br., Taf. 94; Helbig, Wandgemälde 501 f.; weiteres Steinm. 70.

2, 4 Hippolytos

Zu 2, 4: F I 52, 65, 72 f., 98 f.; II 161 f., 178; B I 195, 198, 218 f., 287, 289 f.; II 22 f.; M I 61, 76 f.; 98, 1; 125 f.; II 588; K 406, 4; St. 73; Gst. 159.

Das Bild: Hippolytos liegt mit zerschmetterten Gliedern und besudeltem Haar auf der Erde. Der Wagen hat sich auf das eine Rad geneigt, so daß die Speichen aus den Fugen sind, das andere Rad ist von der Achse gelöst und rollt allein. Ein Ungeheuer in Gestalt eines weißen Stieres hat die Pferde erschreckt; die Tiere wiehern und bespritzen das Feld mit Schaum. Ein Pferd sieht fliehend nach dem Untier, ein anderes springt auf es zu; das dritte blickt ängstlich, das vierte rennt zum Meer hinab. Die Pferde der Begleiter sind zersprengt; sie werfen sie ab oder gehen mit ihnen durch. Die Höhen in Gestalt von Frauen zerkratzen sich die Wangen, die Wiesen in Gestalt schöner Jünglinge lassen ihre Blumen welken, die Nymphen raufen ihr Haar; aus ihren Brüsten fließt Wasser.

Goethe 68: Hippolyt; Jüngling, unschuldig, durch übereilten Vaterfluch ungerecht verderbt.

2, 4, 1 Die Lesung von Jacobs, ἀρά, ist gestützt durch Eur. Hipp. 1166f. οἰκεῖος αὐτὸν ὤλεσ᾽ ἁρμάτων ὄχος ἀραί τε τοῦ σοῦ στόματος und durch das Scholion zu ἀρά· ὅπερ κατηράσατο Θησεύς ἐμπεσεῖν. – Das Wort ἐμπεσεῖν ist bei Erscheinungen gebräuchlich, vgl. Hdt. 6, 105, 1 ὁ Πὰν περιπίπτει. – Der weiße Stier erscheint wie ein Delphin, d. h. so unvermutet und rasch. Übrigens wird seine Farbe sonst nicht erwähnt. Vgl. Eur. Hipp. 1214 κῦμ᾽ ἐξέθηκε ταῦρον, ἄγριον τέρας.

2, 4, 2 Am Beginn des Abschnitts klare Bezeichnung des Beginns der Beschreibung. Zu κροαίνοντες vgl. Hom., Il. 6, 506f. ἵππος ... θείη πεδίοιο κροαίνων ... ὕψου δὲ κάρη ἔχει. – Zur Angst der Pferde: Eur. Hipp. 1218 εὐθὺς δὲ πώλοις δεινὸς ἐμπίπτει φόβος. Zu den Rädern: Eur. Hipp. 1234f. σύμφυρτα δ᾽ ἦν ἅπαντα σύριγγες τ᾽ ἄνω Τροχῶν ἐπήδων ἀξόνων τ᾽ ἐνήλατα.

2, 4, 3 Die Personifikationen der Höhen und Wiesen, früher glattweg bestritten (z. B. F I 99), wurden später zu einem Beweis der möglichen Realität der Bilder (Woermann 253), als man auf den antiken Odysseelandschaften der vatikanischen Bibliothek personifizierte „Küsten" (Aktai) und „Weiden" (Nomai) fand. Toelken wies auf übereinstimmende Vasenbilder hin (12f.; Skopiai, Leimones), Helbig bewies die Existenz solcher Darstellungen in größerem Umfang in der campanischen Malerei (vgl. B II 22; Steinm. 73), darunter auch Leimones, drei bekränzte (!) Jünglinge (Helbig 114; Herrmann – Br. Taf. XI; vgl. aber Roscher 2, 2, 2129). Zur ganzen Frage vgl. Mayer, Maxim., Zum Tode des Hippolytos und zur Realität der Skopiai, Leimones und Nymphen, Arch. Anz. 34, 1919, 124. – „Anger, die du rein nanntest": nach Eur. Hipp. 73f. ἐξ ἀκηράτου λειμῶνος. Das Wort bedeutet hier wohl „Wiese, die man nicht betreten durfte", auf der keine Herden weideten, so daß Blumen wachsen konnten. Wie freilich das Welken der Blumen gemalt war, ist schwer zu sagen. – Die Nymphen betrauern Hippolytos, weil sein Leben als eines Anhängers der Artemis auch bei Quellen verlief. Zur Darstellung der Nymphen vgl. Mayer 125. – Wilamowitz, Kleine Schriften 4, 572 (= Coniectanea, Ind. schol. aest. Gott. 1884, 10) liest Νύμφαι τε αἱ σύντροφοι τουτωνί τῶν πηγῶν.

2, 4, 4 Zum unwilligen Scheiden der Seele von schönen Körpern vgl. 1, 4, 4 M.

Aufbau der Beschreibung: Zuerst die mythologischen Voraussetzungen, dann die Beschreibung der scheuenden Pferde; anschließend Begründung der Trauer um den Jüngling und Darstellung der klagenden Halbgötter. Endlich Beschreibung des geschleiften Hippolytos.

Zum Bild: Es folgt nun eine Gruppe von Bildern, die der Liebe zugeordnet sind (vgl. schon 2, 1). Hier wird die furchtbare Rache gezeigt, die dem Manne droht, der sich der Liebe widersetzt. – Der schreckliche Stier ist weiß dargestellt auf einem Vasenbild, Arch. Zeitung 1883, Taf. VI, Fig. 19. – Wie weit die veristische Schilderung des toten Hippolytos wörtlich zu verstehen ist, läßt sich schwer sagen; Steinmann (71) wendet darauf das Wort an: plus intellegitur quam pingitur, und Brunn (I 218) erinnert daran, daß nur das Haar als blutig erwähnt wird („herausgerissen" kann ja wirklich nur etwa „ausgekegelt", „aus dem Gelenk gerissen" bedeuten) und denkt an vergleichbare Darstellungen auf Hippolytos-Sarkophagen; später neigte Brunn (Künstl., 2, 249f.) dazu, das Original des Bildes auf Antiphilos zurückzuführen; jedenfalls nicht in die Zeit vor Alexander. Hier sei ein Künstler am Werk, der alle Mittel seiner Kunst besitze. Bougot (373) lehnt den Bezug auf Antiphilos ab; er habe nur gemalt (Plin., nat. 35, 114): Hippolytum tauro emisso expavescentem. Die Schleifung fehle da.

2, 5 Rhodogune

Zu 2, 5: F I 143; B I 196, 198f., 205f.; II 11f.; M I 60, 87; K 409; St. 100.

Das Bild: Ein Schlachtfeld am Fluß; blutbefleckte Waffen und Gewänder, Leichen, erschreckte Pferde, Kriegsgefangene bei einem Siegesmal. Rhodogune bei ihrem Pferde, einer schwarzen Stute mit weißen Beinen, weißen Nüstern und einer weißen Blässe auf der Stirne. Sie selbst in einem scharlachroten Gewand, das durch den Gürtel bis zum Knie heraufgezogen ist, mit Beinkleidern mit eingewebten Bildern. Das Kleid ist bei der linken Schulter mit Spangen festgehalten und läßt den Oberarm frei. Die Augenbrauen sind zusammengewachsen („Räzel") und anmutig gewölbt. Sie lächelt; der stolze Blick ihrer dunkelgrauen Augen verrät die Herrscherin. Der kleine Schild liegt am Körper nicht an, weil die Linke durch die Handhabe die Lanze faßt. Die Außenseite ist durch Goldbilder verziert. Rhodogune opfert beim Siegesmal.

Goethe 69: Rhodogyne; Siegerin in voller Pracht. – Goethe 83: Kriegerische Königin! Sie hat mit ihren Persern die bundbrüchigen Armenier überwunden, und erscheint als Gegenbild zu Semiramis. Kriegerisch bewaffnet und königlich geschmückt steht sie auf dem Schlachtfeld, die Feinde sind erlegt, Pferde verscheucht, Land und Fluß von Blute gerötet. Die Eile, womit sie die Schlacht begann, den Sieg erlangte, wird dadurch angedeutet, daß die eine Seite ihres Haares aufgeschmückt ist, die andere hingegen in Locken frei herunterfällt. Ihr Pferd aus Nisäa steht neben ihr, schwarz auf weißen Beinen, auch ist dessen erhaben gerundete Stirne weiß, und weiße Nasenlöcher schnauben. Edelsteine, kostbares Geschmeide und vielen andern Putz hat die Fürstin dem Pferd überlassen, damit es stolz darauf sei, sie mutig einhertrage. Und wie das Schlachtfeld durch Ströme Bluts ein majestätisches Ansehen gewinnt, so erhöht auch der Fürstin Purpurgewand alles, nur nicht sie selbst. Ihr Gürtel, der dem Kleide verwehrt über die Knie herabzufallen, ist schön, auch schön das Unterkleid, auf welchem du gestickte Figuren siehst. Das Oberkleid, das von der Schulter zum Ellenbogen herabhängt, ist unter der Halsgrube zusammengeheftet, daher die Schulter eingehüllt, der Arm aber zum Teil entblößt, und dieser Anzug nicht ganz nach Art der Amazonen. Der Umfang des Schildes würde die Brust bedecken, aber die linke Hand, durch den Schildriemen gesteckt, hält eine Lanze und von dem Busen den Schild ab. Dieser ist nun, durch die Kunst des Malers, mit der Schärfe gerade gegen uns gerichtet, so daß wir seine äußere, obere erhöhte Fläche und zugleich die innere vertiefte sehen. Scheint nicht jene von Gold gewölbt und sind nicht Tiere hineingegraben? Das Innere des Schildes, wo die Hand durchgeht, ist Purpur, dessen Reiz vom Arm überboten wird.

Wir sind durchdrungen von der Siegerin Schönheit und mögen gerne weiter davon sprechen. Höret also! Wegen des Sieges über die Armenier bringt sie ein Opfer und möchte ihrem Dank auch wohl noch eine Bitte hinzufügen, nämlich die Männer allezeit so besiegen zu können wie jetzt: denn das Glück der Liebe und Gegenliebe scheint sie nicht zu kennen. Uns aber soll sie nicht erschrecken noch abweisen, wir werden sie nur um desto genauer betrachten. Derjenige Teil ihrer Haare, der noch aufgesteckt ist, mildert durch weibliche Zierlichkeit ihr sprödes Ansehn, dagegen der herabhängende das Männlich-Wilde vermehrt. Dieser ist goldner als Gold, jener, nach richtiger Beobachtung geflochtener Haare, von etwas mehr dunkler Farbe. Die Augenbrauen entspringen höchst reizend gleich über der Nase wie aus Einer Wurzel und lagern sich mit unglaublichem Reiz um den Halbcirkel der Augen. Von diesen erhält die Wange erst ihre rechte Bedeutung und entzückt durch heiteres Ansehn: denn der Sitz der Heiterkeit ist die Wange. Die Augen fallen vom Grauen in's Schwarze, sie nehmen ihre Heiterkeit von dem erfochtenen Sieg, Schönheit von der Natur, Majestät von der Fürstin. Der Mund ist weich, zum Genuß der Liebe reizend, die Lippen roseblühend und beide einander gleich, die Öffnung mäßig und lieblich; sie spricht das Opfergebet zum Siege.

Vermagst du nun den Blick von ihr abzuwenden, so siehst du Gefangene hie und da, Siegeszeichen und alle Folgen einer gewonnenen Schlacht, und so überzeugst du dich, daß der Künstler nichts vergaß seinem Bild alle Vollständigkeit und Vollendung zu geben.

2, 5, 1 F. Justi, Iranisches Namenbuch (1895, 261) zählt sieben persische und parthische Prinzessinen dieses Namens auf, von denen nur eine, die Gattin des Demetrios 2. Nikator, um 250 v. Chr. eine gewisse Rolle spielte und später in P. Corneilles Tragödie „Rodogune" verherrlicht wurde; doch hatte sie nichts mit Armenien zu tun. Überhaupt gab es in den mehr als zwei Jahrhunderten persischer Herrschaft über Armenien von Kyros bis Alexander keine solche Königin (a. Mutter des Dareios und Xerxes, b. Tochter des Xerxes und der Amastris). Sagenhafte Überlieferung kennt aber eine persische Rhodogune (vielleicht die Frau eines Satrapen), die mitten im Bade, als sie gerade die Haare wusch, von der Nachricht vom Abfall Armeniens überrascht wurde, sofort das Streitroß bestieg und schwor, das Haar erst nach dem Siege ganz aufzubinden. Kalinka hält das Ganze für eine aitiologische Sage, gesponnen aus der Haartracht eines Standbildes. Auffällig bleibe immer, daß Philostratos die Ausländerin mit den persischen Hosen für das Griechentum in Anspruch nimmt (1 ἔνϑα Ἕλληνες; am Ende τάχα ἑλληνιεῖ). – Übrigens wird die gleiche Geschichte auch über Semiramis erzählt (Val. Max. 9, 3, 4 ext.). – Zu προσβάλλει τι ἄνϑος vgl. 2, 8, 1 A.

2, 5, 2 Nach Hdt. 7, 40, 3 gab es eine große Steppe in Medien, die nisaische Ebene, wo besonders große Pferde gezogen wurden. Philostratos selbst (Vit. Ap. 1, 31) sagt, es habe Schimmel dort gegeben. – Zu τὴν ἐσϑῆτα μετρούση vgl. 1, 28, 4 συμμετρεῖται δὲ ὁ χιτὼν ἐς τὸ ἥμισυ τοῦ μηροῦ. – Zu ὁ δὲ ὦμος σύγκειται vgl. 2, 3, 2 A τὰ μὲν σπαργάνοις ἔγκειται, so daß es also beide Mal nur bedeutet „bedeckt sein". – Die beiden Teile des Gewandes sind nicht zusammengenäht, sondern mit Spangen geheftet, so daß der Arm durch die Zwischenräume sichtbar wird. „Nicht ganz wie eine Amazone" gekleidet ist die Königin, da deren Kleidung noch viel knapper war. – Zu παρεχομένη γραφὰς ἀπὸ κερκίδος vgl. Aristain. 1, 25 ϑερίστριον ... ποικίλον τοῖς ἀπὸ κερκίδος γραφαῖς.

2, 5, 3 Da Rhodogune mit der Linken den Speer hält, ist der Schild, der hier genau seitlich zu sehen ist, vom Körper etwas entfernt. Das Wort „golden" für die Bilder ist vielleicht nicht wörtlich zu nehmen und könnte (wie gelegentlich bei Goethe) nur deren Erlesenheit ausdrücken. – Lehmann-Hartleben 31, Anm. 43 leitet aus der Beschreibung des Schildes folgendes ab: Es sei eine Pelte; Philostratos wundere sich, daß die Frau keine Amazone sei, und verwerfe den Gedanken nur, weil ihr Chiton eine Brust nicht frei lasse. Das beweise, daß er wirkliche Bilder sah, sie aber nicht immer verstand. Ältere Kunst zeige Amazonen oft mit beiden Brüsten bedeckt, und vielleicht stelle 2, 6 in Wirklichkeit Hippolyte, die Amazonenkönigin, dar. Sie, wie ihr Sohn Hippolytos (2, 4!), floh die Liebe und fand ein tragisches Ende. – Ich vermisse aber dann die Darstellung des bösen Endes, denn offensichtlich paßt der Triumph nicht dazu: Es genügt, wenn 2, 5 eine Frau zeigt, die ohne Liebesbindung (wie Hippolytos 2, 4) zu sein scheint.

2, 5, 4 Zu αἰδοῖ κεκοσμένην vgl. Xen. Mem. 2, 1, 22 κεκοσμένην τὰ δὲ ὄμματα αἰδοῖ. – Das Wort κολάζειν bedeutet auch „mildern" (vgl. lat. castigare = temperare) wie Vit. Soph. 56, 11 πλοῦτον φειδοῖ κεκολασμένον. – „Durch seine Ordnung": die geordneten Haare fangen das Licht anders auf und geben so einen anderen Effekt. Wie sich große Schönheit aus der verletzten Symmetrie der Haartracht ergeben kann, zeigt B II 11 f. an einer vatikanischen Oinochoe (Overbeck, Galerie her. Bildw. 26, 12) mit Helena.

2, 5, 5 Die Stelle ἡ παρειὰ δὲ κτλ. ist nachgeahmt von Aristainetos 2, 4 φιλῆσαι μὲν ἥδιστον. – Zu ἀπὸ τοῦ καιροῦ vgl. 1, 29, 3, zu ἀνάμεστον ὀπώρας ἐρωτικῆς das Vorbild Pind. Isthm. 2, 8 f. Ἀφροδίτας εὐθρόνου μνάστειραν ἁδίσταν ὀπώραν.

Aufbau der Beschreibung: Allgemeiner Eindruck des Bildes, Angabe von Thema und Ereignis. Beschreibung des Pferdes der Königin, ihres Gewandes, des Schildes, ihrer Haltung und Schönheit (Haar, Brauen, Augen, Mund).

Zum Bild: Wieder ein Mensch, der sich der Liebe versagt. Der Reiz des Bildes beruht auf dem Gegensatz der siegenden Frau und der besiegten Männer, auf dem Gegensatz zwischen weiblicher Zartheit und kriegerischem Wesen, zwischen geordnetem und lose fliegendem Haar.

2, 6 Arrichion

Zu 2, 6: F I 46, 1; B I 198, 220f., 225; M I 98; K 400f., 416; Kalkm., Ekphr. 400; St. 77; Lesky, Bildw. 47; Gst. 69.

Das Bild: Der Alpheios, um den Ölbäume blühen, fließt durch ein zum Stadion ausgestaltetes Tal. Die Zuschauer beim Ringkampf sind teils von den Sitzen gesprungen und schwenken Hände und Kleider, teils sind sie vom Erdboden aufgestanden; einige ringen im Scherz miteinander. „Der Gegner ist Arrichion (von rückwärts) angesprungen und sucht ihm in doppelter Weise den Atem zu nehmen: mit einem Arm drückt er ihm die Kehle zusammen, die Schenkel preßt er ihm in der engen Umklammerung in die Leisten, wobei er den Widerhalt dadurch gewinnt, daß er die Fußspitzen in die Kniekehlen des Gegners schiebt. Aber Arrichion hat den rechten Fuß seines Bedrängers aus der für ihn so gefährlichen Lage gestoßen, nun hat er sein ganzes Gewicht auf dem linken Beine ruhen und klemmt den Gegner dadurch mit seinem Leibe fest, daß er sich nach links in eine Art von Hockstellung begibt. Weil er aber dabei die linke Fußspitze des andern mit seiner linken Kniekehle festhält, renkt er ihm das Fußgelenk aus und nötigt ihn durch den furchtbaren Schmerz, mit der Hand das Zeichen der Niederlage zu geben" (Lesky, Bildw. 46; ich habe anfangs „von rückwärts" gestrichen). Auf Arrichion, der noch im Tode lächelt, geht ein Hellanodike mit dem Siegeskranz zu.

Goethe 73: Arrichio; der Athlete, im dritten Siege verscheidend.

2, 6, 1 Für den Sieg des Arrichion (oder Arrachion) gibt es mehrere Überlieferungen (bes. Paus. 8, 40, 1 f., Phil. Gymn. 21), die im wesentlichen übereinstimmen. Kalkmann (Ekphr. 400) neigte zur Annahme, Philostratos schreibe hier Pausanias aus, besonders in der Einzelheit der Bekränzung des Siegers, die so nicht gemalt sein konnte, da die Ringer eng umschlungen waren. Steinmann (77) verteidigt den Rhetor gegen den Vorwurf. – Weiterhin nahm Lesky (Bildw. 47) an, das Bild zwinge nicht zur Meinung, hier werde Arrichion dargestellt. Die Deutung auf diesen stamme von Philostratos und sei dem Bild aufgezwungen. Der Rhetor lasse auch hier „wie in neckischem Spiele" die Diskrepanz zwischen dem Dargestellten und seiner Deutung aus seinen eigenen Worten erkennen. Der Gegner sehe nämlich wie tot aus, Arrichion aber blutvoll. „Deutlicher kann es uns der Sophist nicht sagen, was er sich hier erlaubt hat: der Darstellung eines Pankrationsieges ... wurde die Deutung auf ... Arrichion aufgezwungen" (wenn ich Lehm.-Hartl. 33, 48 richtig verstehe, meint er Ähnliches). – Zu weiteren, schwierigen Problemen dieses Bildes (Verhältnis zum Gymnastikos) vgl. Steinm. 19.

Das Pankration war eine Verbindung von Ring- und Faustkampf, bei der fast alle Mittel erlaubt waren. Zu Beginn des
Kampfes standen beide Gegner, und ein Ende war erst erreicht, wenn ein Kämpfer tot war oder sich besiegt gab. – Die
Hellanodiken, Kampfordner und Preisrichter bei den Wett-
kämpfen in Olympia, Argos, Epidauros, trugen ein langes
Purpurgewand. „Echt" wird der Schiedsrichter nach Pindar
genannt, Ol. 3, 20f. ᾧ τινι ... ἀτρεκὴς Ἑλλανοδίκας ...
ἀμφὶ κόμαισι βάλῃ γλαυκόχροα κόσμον ἐλαίας. Zur
Kränzung des Arrichion vgl. Paus. 8, 40, 2. Die Eleer be-
kränzten den Leichnam des A. und riefen ihn als Sieger aus.
Auf unserem Bild ist das wohl nicht wörtlich zu nehmen; der
Schiedsrichter schreitet wohl, den Kranz in der Hand, auf den
Sieger zu. – ἐν ἁπλῇ αὐλῶνι ist schwer zu deuten; es heißt
entweder „eben" oder „einfach, ohne weitere Ausstattung". –
εἰσεχούσῃ τοσοῦτον heißt „so lang wie ein Stadion – Maß"
(192,27 m). – Daß der Alpheios als einziger Fluß auf dem
Salzwasser oben bleibt, ist wohl Philostrats Feststellung; jedenfalls ist Süßwasser spezifisch leichter. Die Sage: Alpheios,
ein arkadischer Jäger, liebte Arethusa; diese floh über das
Meer nach Syrakus, wo sie in eine Quelle verzaubert wurde.
Alpheios wurde in einen Fluß verwandelt und folgte ihr über
das Meer. – Das Wort περιθάλλειν gebraucht Philostratos
zuerst.

2, 6, 2 „Das werden wir nach dem Stadion betrachten":
dies geschieht nicht, und so wird man das Futur eher als Ausdruck einer Möglichkeit auffassen („das können wir immer
noch"). – „Sie schreien" usw. ist nachgeahmt von Aristainetos
1, 26 ὁ δὲ δῆμος ἀνέστηκέ τε ὀρθὸς ὑπὸ θαύματος καὶ φω-
νὰς ἀμοιβαίας ἀφίησιν ἐμμελῶς καὶ τὼ χεῖρε κινεῖ καὶ τὴν
ἐσθῆτα σοβεῖ. – Die drei Siege des Arrichion fallen in die Jahre
572, 568, 564.

2, 6, 3 Zu ὑπτιασμός vgl. Lukian, Lukios 9 συμπλέκου
τῷ ἀνταγωνιστῇ καὶ διὰ μηρῶν σπάσας κλίνου ὑπτίαν. –
Zum scheinbaren Sturz: Beim Ringkampf war Sieger, wer
den Gegner warf, beim Pankration konnte ein Fall Absicht sein.
Zu τὴν χεῖρα στρεβλοῦσιν vgl. 1, 6, 4 M ὁ δὲ ... τὴν χεῖρα
ὑφ' ἧς ἄρχεται στρεβλώσας ἕνα τῶν δακτύλων. – Zum

Beißen und Krallen vgl. 1, 6, 4; ὀρύττειν ist Vit. Ap. 8, 25 E mit Objekt gebraucht τοὺς ὀφθαλμοὺς ὀρύττειν. Vgl. Paus. 3, 14, 10 δάκνουσί τε καὶ τοὺς ὀφθαλμοὺς ἀντορύσσουσιν und den Scholiasten zu Philostratos ὀρύττειν: ἐξορύττειν ὀφθαλμοὺς ἢ ὀδόντας. Immerhin gebraucht auch Aristoph. Eir. 899 das Wort absolut.

2, 6, 4 Kalinka will nach ὅθεν ⟨ὄπισθεν⟩ ergänzen, was voraussetzt, daß der Gegner von hinten kommt; vgl. 1, 6, 4. – Um das Verständnis der Haltung der Ringer hat man schwer gerungen. Jüthner, Eranos Vindob. 1893, 327 f. erklärt: die beiden seien nicht im Wälzringen begriffen. „Der Gegner hat den Arm um den Hals des Arrichion geschlungen und würgt ihn; die Schenkel preßt er in seine Leisten, die Fußspitzen hat er ihm in beide Kniekehlen gebohrt. Arrichion seinerseits stößt den Fuß des Gegners, der sein rechtes Knie zu heben droht, durch Ausschlagen seines Beines weg, preßt jenen in der Leiste zusammen, und indem er sich, der Besinnung schon halb beraubt, auf die linke Seite niederläßt, verrenkt er ihm den in seine Kniebeuge eingeklemmten Fuß." So ist es auch nicht möglich anzunehmen, daß beide Kämpfer auf dem Boden liegen; sie sind noch aufrecht. „Arrichion hockt auf seinem linken Beine. Da sein Gegner den Boden nicht berührt, ebenso auch der rechte Fuß Arrichions schwebend zu denken ist, so ruht in diesem Augenblick die ganze Last beider Leiber auf seinem linken Bein, wodurch der Umstand, daß der entkräftete und sterbende Athlet seinem Gegner noch das Sprungbein auszurenken vermag, erklärt ist." – Nicht erklärt scheint mir nach wie vor, von welcher Seite der Gegner kommt, von vorne oder von rückwärts (trotz Jüthner 328 f.), oder ob Arrichion dem Gegner von rückwärts beikam (Jüthner 329). – Zu 2, 6, 4 A vgl. Paus. 8, 40, 2. – Der Gymnastikos (35) zeigt, daß das Zusammenpressen der Leisten, das A. erleidet, wie auch das Festklemmen des Gegners in der eigenen Leistengegend den Ringern vertraute Dinge waren. – Zu βουβῶσιν vgl. Aristot., Hist. anim. 1, 14, 493 b 7 κοινὸν δὲ μέρος ... μηροῦ δὲ καὶ ἤτρου βουβών. – Der Gegner umfaßt mit seinem rechten Arm den Hals des Arrichion, um ihn zu würgen; zugleich zwängt er seine Schenkel in dessen Leisten und hakt seine Fußspitzen in seine Kniekehlen, um ihn zu Fall zu bringen.

Der Fachausdruck ist ὑποσκελίζειν. – Das Wort περιδείρειν kommt hier zuerst vor. – In der Einzelheit des Ausknöchelns weicht Philostratos von Pausanias ab, der erzählt, daß A. den Zeh des Gegners brach. – Lesky 46 vergleicht die Stellung der ringenden Eroten 1, 6, 4 (wobei ich keinen Beleg für rückwärtiges Anspringen des Gegners hier daraus ableiten möchte).

2, 6, 5 Lesky, Bildw. 46 verteidigt Philostratos gegen Kalkmanns Einwände (400, 2) und stellt fest, daß Arrichions Gegner diesen mit dem rechten Arm noch würgte, während er die Linke zum Zeichen der Niederlage hob; vgl. Suda αἶρε δάκτυλον· τίθεται ἐπὶ τῶν ἀπαγορευόντων ἐν τῇ ἀγωνίᾳ. ἐπαίρεσθαι γὰρ τὴν χεῖρα σύμβολόν ἐστι τοῦ νενικῆσθαι („Hebe den Finger" sagt man von denen, die im Kampf aufgeben. Die Hand zu heben nämlich ist das Zeichen der Niederlage). – Zu ἰδρὼς ἀκραιφνής: er ist frisch und warm, nicht wie bei Sterbenden; vgl. 2, 17, 12 M.

Zum Bild: Kämpfer mit einem Schiedsrichter sind dargestellt bei Borda, Abb. auf S. 253.

2, 7 Antilochos

Zu 2, 7: F I 48f.; 134, 1; B I 183, 195f., 212f., 220f., 225, 243, 260f., 271; II 11, 16; M I 60, 78f., 83, 85f.; Boug. 383; St. 80; Gst. 70.

Das Bild: Die Achaierführer vor Troia (die Atriden, Odysseus, Diomedes, die zwei Aias) beklagen den gefallenen Antilochos. Auch das Heer steht klagend um ihn, die Speere aufgestützt und daran mit gekreuzten Beinen gelehnt. Achilleus, mit kurzem Haar, liegt an der Brust des Toten. In gewisser Entfernung, vielleicht seitwärts im Mittelgrund, steht Memnon mit Lanze und Löwenfell im Aithiopenheer und blickt höhnisch herüber. Es fragt sich, ob er schwarz gemalt war; vielleicht wurde er (wie auch von Polygnotos, Paus. 10, 31, 7) nur durch einen Mohrenknaben neben ihm als König der Aithiopen bezeichnet (B I 183). Antilochos ist ein schöner Jüngling im ersten Bartwuchs und mit langem Haar; Blut fließt aus der Wunde in seiner weißen Brust. Nicht Trauer spiegelt sein Gesicht, sondern Freude über die Rettung des Vaters; vielleicht war auch dieser auf dem Bilde (F I 55).

Goethe 68: Antilochus; vor Troja getöteter Held, von Achill beweint, mit großer Umgebung von trauernden Freunden und Kampfgesellen.

Goethe 77: Das Haupterfordernis einer großen Composition war schon von den Alten anerkannt, daß nämlich viele bedeutende Charaktere sich um Einen Mittelpunkt vereinigen müssen, der, wirksam genug, sie anrege, bei einem gemeinsamen Interesse, ihre Eigenheiten auszusprechen. Im gegenwärtigen Fall ist dieser Lebenspunct ein getöteter, allgemein bedauerter Jüngling.

Antilochus, indem er seinen Vater Nestor in der Schlacht zu schützen herandringt, wird von dem Afrikaner Memnon erschlagen. Hier liegt er nun in jugendlicher Schöne; das Gefühl, seinen Vater gerettet zu haben, umschwebt noch heiter die Gesichtszüge. Sein Bart ist mehr als der keimende Bart eines Jünglings, das Haar gelb wie die Sonne. Die leichten Füße liegen hingestreckt, der Körper, zur Geschwindigkeit gebaut, wie Elfenbein anzusehen, aus der Brustwunde nun von purpurnem Blut durchrieselt.

Achill, grimmig-schmerzhaft, warf sich über ihn, Rache schwörend gegen den Mörder, der ihm den Tröster seines Jammers, als Patroklus unterlag, seinen letzten besten Freund und Gesellen geraubt.

Die Feldherren stehen umher teilnehmend, jeder seinen Charakter behauptend. Menelaus wird erkannt am Sanften, Agamemnon am Göttlichen, Diomed am Freikühnen. Ajax steht finster und trotzig, der Lokrier als tüchtiger Mann. Ulyss fällt auf als nachdenklich und bemerkend. Nestor scheint zu fehlen. Das Kriegsvolk, auf seine Speere gelehnt, mit über einander geschlagenen Füßen, umringt die Versammlung, einen Trauergesang anzustimmen.

2, 7, 1 Antilochos zog als Freier der Helena mit Nestor und seinem Bruder Thrasymedes nach Troia; Philostratos (Her. 3, 2) aber läßt ihn erst im 5. Jahr der Belagerung nach Troia kommen. Der jugendlich schöne Held, Liebling der Götter und Menschen, zeichnet sich durch Schnelligkeit und Kunst des Wagenlenkens aus. Nach Patroklos steht er Achilleus am nächsten; seinen Tod durch Memnon kennt die Odyssee (3, 111), ausführlich dargestellt war er in der Aithiopis und bei Pindar (Pyth. 6, 28f.; vgl. RE 1, 2429f.). Zur Zuneigung des Achilleus vgl. Hom., Od. 24, 78f.; Ilias 18, 17f. – Zur Jugend des A.: Hom. Il. 15, 569 Ἀντίλοχ', οὔτις σεῖο νεώτερος ἄλλος Ἀχαιῶν. – Zum Gold, das Achill beim Wettkampf für Antilochos zufügt: Hom. Il. 23, 795f. – Zur Botschaft des Antilochos: Hom. Il. 18, 2 Ἀντίλοχος δ' Ἀχιλῆι πόδας ταχὺς ἄγγελος ἦλθεν. Es war eine alte Frage, warum Antilochos, nicht Automedon, die Nachricht vom Tod des Patroklos überbrachte. – Zum Festhalten der Hände: Hom. Il. 18, 32f. Ἀντίλοχος δ' ἑτέρωθεν ὀδύρετο δάκρυα λείβων Χεῖρας ἔχων Ἀχιλλέως ... Δεῖδιε γὰρ μὴ λαιμὸν ἀποτμήξειε σιδήρῳ.

2, 7, 2 Mit dem ersten Satz grenzt der Rhetor den Beginn seiner Beschreibung ab. – „Vor Memnon gehörten die Schwarzen ins Reich der Fabel": Man meinte, diese Worte bewiesen unbestreitbar, daß Memnon als Schwarzer gemalt war. Brunn (I 183) bezweifelt das mit Recht (s. oben Abschn. „Das Bild"). – Wenn es heißt „er tötet Antilochos", ist das Präsens ohne weitere Bedeutung (gegen Gst. 70) und dient nur der Auflockerung. – Die zwei „gleichnamigen Helden" sind Aiax, der Sohn des Telamon, und Aiax, der Sohn des Oileus. – Zum Blick des Odysseus: Brunn, Griechische Götterideale, München 1893, 18f. sagt: „Die Alten lehren uns, daß man Odysseus erkannte ἀπὸ τοῦ στρυφνοῦ ... das würde bedeuten „von Säure zusammengezogen", läßt sich aber übersetzen: „mit sauertöpfisch zusammengezogenen Augenbrauen; so verbindet sich mit den zusammengezogenen Augenbrauen der Ausdruck des Geweckten, eines Charakters, der immer wach und auf der Hut gegen jede Überraschung sich bereit hält." – Agamemnon ist zu erkennen am ἔνθεον: vgl. Hom. Il. 2, 477f. Ἀγαμέμνων ὄμματα καὶ κεφαλὴν ἴκελος Διὶ τερπικεραύνῳ. Ebenso Lukian, de hist. conscr. 10. – Freie, offene Art des Tydeus: nach Hom. Il. 9, 32f.; vgl. auch den Scholiasten zu 2, 7, 2. – Bereitwilligkeit des Lokrers: Wilamowitz, Kl. Schrift. 4, 572 (= Coniectanea, Ind. schol. aest. Gott. 1884, 10) will statt ἑτοίμου lesen: ἰταμοῦ. Das einhellig überlieferte ἑτοίμου ist aber gestützt durch Heroik. 8, 1 (ebenfalls über Aias: ὑπὸ τῆς γνώμης ἑτοίμου).

2, 7, 3 Zur Stellung der Krieger: Winckelmann, Geschichte der Kunst, Buch 5, Cap. 3, leitet daraus ab, daß „betrübten Personen dieser Stand eigen geachtet" wurde (Donaueschingen 1825; 4, 203 mit Anm. 2 von Meyer).

2, 7, 4 Man nahm Anstoß am kurzen Haar des Achilleus; vgl. aber B II 11: Geradezu notwendig war es allerdings nicht, daß ein Künstler ihn so bildete, aber wenn er sich erinnerte, daß der Tod des Patroklos, des Hektor, des Antilochos, Memnon und endlich des Achilleus selbst eine Kette schnell aufeinander folgender Ereignisse bildete, warum soll er in einer der Totenklage über Patroklos ganz analogen Scene nicht auch daran denken, daß damals dem Achilleus das Haar noch nicht wieder lang gewachsen sein konnte? Vgl. Hom. Il. 23, 151. – Zum Liegen an der Brust vgl. Hom. Il. 18, 316f.

2, 7, 5 Zu ὑπήνης πρόσω vgl. Hom. Il. 24, 347 (von Hermes) ἐοικὼς πρώτῳ ὑπηνήτῃ τοῦπερ χαριεστάτη ἥβη. Aristainetos 1, 11 οὗτος ἡμῖν εὐκταῖος ἐραστής, ἡβάσκων ἀμφὶ πρώτην ὑπήνην. – Zu ἡλιώσῃ κόμῃ vgl. Prooimion 2 E κόμην ... ἡλιῶσαν. – Blut auf Elfenbein: vgl. Hom. Il. 4, 141.

Aufbau der Beschreibung: Anfangs Umriß der mythologischen Grundlage; dann Beschreibung Memnons und seines Heeres, sodann der sieben Achaierführer und ihres Heeres. Schließlich Beschreibung Achills und des toten Antilochos.

Zum Bild: Darstellung eines toten Jünglings, der früh, aber heldisch starb. Sein Ruhm ist bei den Führern des Achaierheeres aufgehoben. Eine gewisse Ähnlichkeit des Schicksals liegt in 2, 4 vor. – Bougot vergleicht eine silberne Oionochoe (nach S. 384 abgebildet); Lehmann-Hartl. 32: das Bild habe die Form eines langen Rechtecks gehabt, wie seine Parallele in einem der Silbergefäße von Bernay zeige (AJA 43, 89f.).

Zu 2, 8: F I 81 f.; B I 195, 198, 231 f., 246, 286; M I 50, 4; 72 f., 80, 99, 135 f.; II 604; Nem. 24; Boug. 390; St. 39 f., 126; Gst. 74.

Das Bild: Am Flusse Meles sitzt traumverloren Kritheis; das Haar liegt an, bedeckt das Ohr und ist mit einem purpurnen Kopfband geschmückt. Der Hals ist schmucklos, die Wange gerötet, Finger und Ellbogen sind weiß, ebenso die straffen Brüste. Kritheis führt Flußwasser mit der Hand zum Munde und vergießt Tränen der Liebe. Der jugendliche Flußgott liegt, wohl erhöht, inmitten von Safran und Lotos und hält eine Hyazinthe; er ist in voller Gestalt sichtbar, berührt die Erde mit den Fingerspitzen und läßt das Quellwasser über die Hand rinnen; vielleicht ist auch der ganze, kurze Lauf des Flusses dargestellt. In seiner Nähe der Chor der Musen.

Goethe 71: Meles und Critheis; Homer entspringt. – Goethe 107: Die Quellnymphe Critheis liebt den Flußgott Meles, aus beiden, ionischen Ursprungs, wird Homer geboren. Meles, im frühen Jünglingsalter vorgestellt. Von seiner Quelle, deren Auslauf in's Meer man zugleich sieht, trinkt die Nymphe ohne Durst, sie schöpft das Wasser und scheint mit der rieselnden Welle zu schwätzen, indem ihr liebevolle Tränen herabrinnen. Der Fluß aber liebt sie wieder und freut sich dieses zärtlichen Opfers.

Die Hauptschöne des Bildes ist in der Figur des Meles. Er ruht auf Krokos, Lotos und Hyacinthen, blumenliebend, früheren Jahren gemäß; er selbst ist als Jüngling dargestellt, zartgebildet und gesittet, man möchte sagen seine Augen sännen auf etwas Poetisches.

Am anmutigsten erweist er sich, daß er nicht heftiges Wasser ausströmt, wie ein rohes ungezogenes Quellgeschlecht wohl tun mag; sondern, indem er mit seiner Hand über die Oberfläche der Erde hinfährt, läßt er das sanftquellende Wasser durch die Finger rauschen, als ein Wasser, geschickt Liebesträume zu wecken.

Aber kein Traum ist's, Critheis, denn deine stillen Wünsche sind nicht vergebens: bald werden sich die Wellen bäumen und unter ihrem grünpurpurnen Gewölbe dich und den Gott liebebegünstigend verbergen.

Wie schön das Mädchen ist, wie zart ihre Gestalt, ionisch in allem! Schamhaftigkeit ziert ihre Bildung und gerade diese Röte ist hinlänglich für die Wangen. Das Haar, hinter das Ohr gezogen, ist mit purpurner Binde geschmückt. Sie schaut aber so süß und einfach, daß auch die Tränen das Sanfte vermehren. Schöner ist der Hals ohne Schmuck, und wenn wir die Hände betrachten, finden wir weiche lange Finger, so weiß als der Vorderarm, der unter dem weißen Kleid noch weißer erscheint; so zeigt sich auch eine wohlgebildete Brust.

Was aber haben die Musen hier zu schaffen? An der Quelle des Meles sind sie nicht fremd: denn schon geleiteten sie, in Bienengestalt, die Flotte der Atheniensischen Colonien hieher. Wenn sie aber gegenwärtig am Ort leichte Tänze führen, so erscheinen sie als freudige Parzen, die einstehende Geburt Homers zu feiern.

2, 8, 1 Enipeus: ein großer Fluß in Thessalien, der in den Peneios mündet. Als den schönsten der Flußgötter liebte ihn Tyro, die Tochter des Salmoneus. Deshalb nahm Poseidon seine Gestalt an, als er mit Tyro den Pelias und Neleus zeugte; Hom., Od. 11, 238f. – Zum Vergleich der Kritheis (auch Kretheis) mit Tyro mag auch der Umstand angeregt haben, daß Tyros Mann Kretheus hieß. – Mit „Dies hier" leitet der Rhetor zur Beschreibung über; vgl. 3 „... werde ich dir auch den kunstvollen Bau des Gemaches beschreiben". – Der Meles ist ein kleiner Fluß bei Smyrna; zu Homer als seinem Sohn vgl. 4. Zur Mündung nahe beim Ursprung vgl. 4 E und Himerios, 12, 31 τῇ πλησίον θαλάττῃ κοινοῦται τὸ ῥεῦμα.

2, 8, 2 Meles „in Krokos- und Lotosblumen": vgl. Hom. Il. 14, 348; Philostratos nennt diese Blumen wohl deshalb, weil Homer, des Meles Sohn, sie besonders anführt. – Δι' ἡλικίαν τοῦ ἄνθους vielleicht zu übersetzen „weil es noch eine junge Blume ist" unter Verweis auf 1, 24, 1 A. – „Als ob er über etwas Dichterischem sänne": vielleicht, weil er Vater Homers wird. – „Bei wilden (= ungebildeten) Strömen": Meles, der Vater Homers, ist dagegen „nicht ungeistig". – Ἄκροις τοῖς δακτύλοις nach Eurip. Bakch. 709 ἄκροισι

δακτύλοισι διαμῶσαι χθόνα. Olearius: Meles kratzt die
Erde mit den Fingerspitzen der einen Hand auf, so daß kleine
Bäche entspringen; mit der anderen sammelt er diese, so daß
ein Fluß entsteht. Welcker: Meles läßt das Wasser sanft und
gleichmäßig durch die Finger rinnen, um das sanfte und
gleichmäßige Gleiten der homerischen Hexameter anzukün-
digen. – Zu ἀψοφητὶ βλύζοντι vgl. Him. Ekl. 12, 31 οὐ γὰρ
ἠχοῦντος ἀκούσῃ οὐδὲ δόξειεν ἄν σοι τὸ ὕδωρ φέρεσθαι,
ἀλλ' ὥσπερ τις ἐραστὴς παιδικῶν συνουσίαν κλέψαι βουλόμενος λάθρᾳ τῇ θαλάττῃ κιρνᾶται λεαίνων τὸ κῦμα
τῷ ῥεύματι („Du wirst nämlich nicht hören, daß es
rauscht, noch wirst du glauben, das Wasser fließe dahin, nein,
wie ein Liebhaber, der sich zu einem Zusammensein mit seinem Liebling stiehlt, mischt es sich verstohlen ins Meer und
glättet die Wogen durch sein Einströmen"). – Zum Schlußsatz vgl. Benndorfs Anm. – παρακαθῆσθαι ὀνείρατι und
(3) εἰς ὕδωρ γράφειν sind sprichwörtlich; vgl. auch Soph.
frg. 742 N ὅρκους ἐγὼ γυναικὸς εἰς ὕδωρ γράφω. – Daß
der Wogenthalamos nicht gemalt war, sondern nur als künftig
geschildert ist, hat schon Nemitz (24) gesagt (ebenso Bougot
391; Steinm. 39 f.). Der Rhetor läßt sich deshalb auch unter-
brechen (4 A).

2, 8, 4 M Zu αἰδὼς δὲ τῷ εἴδει ἐπιπρέπει vgl. 2, 9, 6 A
χορηγοὶ δὲ αὐτοῦ ἥ τε ὥρα καὶ ἡ αἰδώς. – Haar, das die
Ohren bedeckte, galt als Zeichen von Züchtigkeit bei Mädchen (Benndorf). – „Quellen unfern der Mündung": Wegen
der Kürze des Flußlaufes können die Meernymphen (Nereiden) und die Quellnymphen (Naiaden) sich zum Tanze vereinigen; vgl. auch Him., Ekl. 13, 31. – Νηρηΐς ist reiner
Jonismus. – Durch εἰκὸς γάρ ist die Beschreibung klar von
der Vermutung abgesetzt.

2, 8, 5 Vgl. Isidor. v. Pelus. 5 Epist. 25 (p. 560 C) οὐχ ὑφ-
άσματος ἀλουργὲς ἄνθος οὐδὲ λίθων ποικίλων αὐγὰς πρὸς
χρυσὸν κερασθείσας κόσμον γυναικὸς εἶναι νομιστέον und
Ep. 200 (p. 619) ὅτι ὅρμοι καὶ αὐγαὶ λίθων καὶ περιδέρραια
καὶ ταῖς δυσειδέσι καὶ ταῖς ἄγαν ὡραίαις ἀντιπράττουσι·
τὰς μὲν γὰρ ἐλέγχουσι, τῶν δὲ ἀπάγουσι.

2, 8, 6 Bienen sollen den Athenern den Weg gezeigt haben, als sie nach Ionien zogen. Bienen waren in der Antike häufig Orakeltiere; vgl. Buchheit, V., Vergil über die Sendung Roms, Heidelberg 1963, 94; über eine angebliche Quelle des Philostratos für diese Stelle vgl. Wentzel 144f., 147. Homer hieß als Sohn des Meles auch Melesigenes; dann war natürlich Smyrna sein Geburtsort. Vermutlich beruht die Sage auch auf der Ähnlichkeit der Worte Meles, Melissa, Melesigenes. – Der phokisch-boiotische Kephisos fließt am Musenberg Parnaß, der boiotische Olmeios am Musenberg Helikon vorbei; die Musen ziehen den Meles als Vater Homers den heimatlichen Flüssen vor, er „schmeckt ihnen süßer". – „Auch einmal" tanzen die Musen hier: nach Homers Geburt. – Die alten Dichter lassen häufig die Moiren der Geburt ausgezeichneter Menschen beiwohnen, vgl. Pind. Ol. 6, 70. Noch heute zeigt man, berichtet Welcker, eine Felsenhöhle am Ufer des Meles hinter dem Dorfe Burnabad. – Die Flüsse sind mit homerischen Beiwörtern ausgezeichnet: Peneios: Hom. Il. 2, 753; Titaresios: Il. 2, 751; vgl. 2, 14, 3 AM; Enipeus: Od. 11, 238; Axios (im Gebiet der Paionier): Il. 2, 849f.; Xanthos (= Skamandros): Il. 24, 693; Okeanos: Il. 21, 195f.

Aufbau der Beschreibung: Einleitung mit vergleichbarem Mythos; dann Thema und Umriß des Bildes. Beschreibung des Meles; überleitend Anrede an Kritheis, dann ihre Beschreibung. Erklärung der Anwesenheit der Musen mit ganz knapper Beschreibung. Ausblick auf Homer, den Sohn der Kritheis und des Meles.

Zum Bild: Darstellung jugendlicher Schönheit, zarter Liebe und Sehnsucht; Ausblick auf das herrliche Kind aus dieser Verbindung. – Vgl. Waser, RE 6, 2774f. über Personifikation von Flüssen; durch Namensbeischrift bezeichnet erscheint der Flußgott Meles auf Kupfermünzen von Smyrna in Ionien (gelagert, den linken Arm auf ein Gefäß gestützt, aus der der Fluß herausfließt) und von Amastris in Paphlagonien, auf letzteren mit Homerbüste auf dem Obvers, gelagert, mit Leier in der Rechten (RE 6, 2806 und 2786f.; vgl. RE 15, 493).

Zu 2, 9 Baden 17f.; F I 56; 65, 1; 72, 4; B I 199, 217f.,
220f., 231; II 12, 83; M I 69, 2; 76, 78, 98, 123f., 135; K 409;
Nem. 25; St. 100f.; Gst. 114. 163.

Das Bild: Der Leichnam des jungen Abradatas liegt da, bedeckt mit Schwerthieben; Blut ist auf ihm, seinen Waffen und
dem hyazinthenfarbigen Busch des Goldhelms. Orientalische
Grabgeschenke wurden herbeigebracht, darunter Goldsand
in einem Lastwagen. Pantheia, die schöne Gattin des Abradatas hat sich ein persisches Krummschwert in die Brust gebohrt
und hält den Griff noch in der Hand. Der Griff gleicht einer
Keule mit Smaragden an den Knoten. Pantheia liegt wohl zurückgelehnt. Das schwarze Haar fällt über Schultern, Nacken
und den weißen Hals, den sie zerkratzt hat. Man sieht ihr Gesicht: Schwarze Brauen sind unter der weißen Stirne mond-
förmig gewölbt. In Pantheias Nähe sind wohl der Liebesgott
und die Landschaft Lydien in Gestalt einer Frau, die das Blut
in ihrem goldenen Gewandbausch auffängt.

Goethe 68: Panthia; Gemahlin, neben dem erlegten Gatten
sterbend.

2, 9, 1 Über das Schicksal der Pantheia von ihrer Gefangen-
nahme bis zum Freitod berichtet Xenophon in seiner Kyru-
pädie vom Ende des 4. Buches bis zu 7, 3. Sie wird aus dem
assyrischen Lager dem Sieger Kyros zugeführt, der sie seinem
Jugendfreund Araspes zur Bewachung übergibt. Sie sträubt
sich dagegen, dem Kyros ausgeliefert zu werden, und als
Araspes, von ihrer Schönheit überwältigt, ihr Gewalt antun
will, beschwert sie sich bei Kyros und überredet ihren Mann
Abradatas, zu Kyros überzutreten. Dieser fällt später im Kampfe
für Kyros; sie will ihn nicht überleben und ersticht sich, nachdem sie ihre Amme gebeten hat, sie und ihren Mann mit einem
Gewand bedeckt zu bestatten. Kyros errichtet den beiden ein
mächtiges Grabmal. – Die Geschichte der Pantheia hatte
Soterichos in Versen und ein Sophist namens Celer in Prosa
gestaltet. – Die Stellen bei Xen. Kyrup.: 6, 1, 33; 5, 1, 6; 6, 4,
6 (κοινὴν γῆν ἐπιέσασθαι); 7, 3, 5f. – Über Abradates,

dessen Existenz zweifelhaft ist, vgl. Cauer, RE 1, 108 f. – περι-
λαλεῖν kommt nur hier in der Bedeutung „schildern" vor.

2, 9, 2 Syntaktisch harte Fügung (Nominativ mit Accusativ
vermischt: τὰ τείχη ... αἱ Λυδαί). – Die Mauer, die Häuser
und die Lyderinnen waren nicht dargestellt, erst recht nicht
ein für Kroisos bestimmter Scheiterhaufen (Hdt. 1, 86; anders
Kyrup. 7, 2, 9 f.). Pantheia hatte (Kyrup. 7, 3, 4) die Leiche
etwas abwärts von der Stadt zum Paktolos bringen lassen. –
„Und so weiß der Maler nichts davon": bei Xenophon steht
nichts vom drohenden Feuertod des Kroisos, und so weiß
der Maler davon nichts; falls er aber davon weiß, malt er es
nicht, weil er Kyros nicht durch eine grausame Tat belasten
will. – Waffen um Schmuck gefertigt: nach Xen. Kyrup. 6, 4,
3. – „Wagen mit vier Deichseln": nach Xen. Kyrup. 6, 1, 51;
4, 2; vgl. 1, 17, 1 E. – Zum Tod des Abradates: nach Xen.
Kyr. 7, 1, 32. – Zur Lücke ὀκτὼ ⟨   ⟩ νέος: Benndorf er-
gänzte glücklich ἐκπεσὼν δὲ κατεκόπη ἀξιώτατος οἴκτου.
Kalinka findet noch wahrscheinlicher κυριώτατος ἐν οἴκτῳ.
– Zu νέος ... ὑπήνη vgl. Aristainetos 2, 19 σὲ γάρ τις νέος
καταβόστρυχος ἔτι ἐν ἀπαλῇ τῇ ὑπήνῃ πάλαι ποθεῖ. – „Die
Dichter": Hom. Il. 17, 53 f.

2, 9, 3 κατακόπτειν: Dieses Wort gebraucht Xen. Kyr. 7,
1, 32; vgl. 7, 3, 8 E. – „Frisches Blut": nach Eur. Hek. 537
ἀκραιφνὲς αἷμα. – Zum hyazinthenfarbenen Helmbusch vgl.
Xen. Kyrup. 6, 4, 2.

2, 9, 4 Schöne Beigaben: Vgl. Ael. v. h. 3, 24 ἀποθνήσκον-
τα ἐν τῇ μάχῃ κεῖσθαι καλῶς ἐν καλῇ τῇ πανοπλίᾳ· τῷ
ἀνδρὶ τῷ γενναίῳ ταῦτα εἶναι τὰ ἐντάφια τὰ ὡς ἀληθῶς κο-
σμοῦντα αὐτόν. – Geschenke: Xen. Kyr. 7, 3, 11. – Vielleicht
steht der Goldsand weniger mit den Schätzen des Kroisos in
Beziehung als mit dem Paktolos, der dafür bekannt war und
bei dem der Tote wohl liegt. – Zu 4 E vgl. Hertlein, F. K., Zu
griechischen Prosaikern, Hermes 9, 1875, 362.

2, 9, 5 Ebenmaß des Mundes: vgl. 2, 5, 5 E. – Wiedasch,
Panthia, Ein Gemälde aus Philostrati sen. Imag. 2, 9, zusammengestellt mit der Panthia in Xen. Kyropädie, und die Pan-

thia in Lukianos Bildern (Allg. Schulzeitung, 5, 1828, Abt. 2, 369–382) 373, o verteidigt ἀνήρτηται: „Der Todesstoß ist noch nicht vollendet, man sieht sie gleichsam noch stoßen"; wörtlich: sie hat sich aber den Dolch noch nicht festgemacht (in der Brust), noch nicht fest hineingedrückt, er haftet noch nicht." Kalinka vergleicht 2, 10, 4 διηρμένου ... τοῦ πελέκεως und Schol.: ἀνήρτηται· οὔπω ἀπέλυσε μὲν ἐμβεβλημένον τῷ στήθει τὸ ξίφος, τὴν δὲ κώπην ἐκκείμενον. – Akinakes: εἶδος ξίφους μικροῦ, ὃ κοινῶς παραμαχαιρίδιον λέγεται Schol. – Sie scheint nicht Schmerz zu fühlen: vgl. 2, 7, 5. – Laodameia, Gattin des ersten vor Troia gefallenen Griechen, Protesilaos, stürzte sich aus Schmerz über den Vorwurf der Untreue in das Feuer, in dem ihr Schwiegervater das Abbild des Protesilaos verbrannte, das sie sich hatte machen lassen; vgl. die Tragödie des Euripides (Mayer, Hermes 20, 114f.) und die Darstellung eines Neapler Sarkophags (Baumeister, Denkm. Fig. 1574). Dabei schmückte sie sich dionysisch, um ihre Umgebung zu täuschen; vgl. Stat. Silv. 2, 7, 124. – Euadne, die Gattin des Kapaneus, stürzte sich in den Scheiterhaufen ihres Mannes; Kalinka liest οἷον θυσία σαρΘεῖσα, „wie ein sauber geputztes Opfertier" (doch tritt nach Hatzidakis, Zeitschr. f. vgl. Sprachf. 34, 1897, 119 im Spätgriechischen öfters καλλύνω an Stelle von σαίρω), im Gegensatz zum folgenden ἀσκεύαστον τὸ κάλλος. Vgl. 2, 30, 2, wo der Schmuck des Schlachtopfers deutlicher ausgedrückt wird, und Eur. Hik. 1054. 1057. – Ich schließe mich für die Übersetzung der Coniectur von Rohde an, halte die Coniectur von Jacobs (Exerc. 1, 91) οἷον θυιὰς ἀρθεῖσα (nach Eur. Bakch. 748 ἀρθεῖσαι) für ebenso gut, glaube aber nicht an eine Lösung des Problems dadurch. – ἀσκεύαστον von Philostrat zuerst gebraucht; vgl. auch den Schol. Das οὔτω μέλαιναν ist einfache Rückbeziehung darauf. – Die Kratzwunden sind schöner in Wirklichkeit als in der Malerei; „schön wie gemalt" ist ein griechischer Ausdruck für Schönes, vgl. Aisch. Ag. 242; Benndorf vergleicht die Narben auf der Bronzestatue eines Faustkämpfers im Museo Nazionale in Rom, Ant. Denkm. I, 4, 2.

2, 9, 6 Wiedasch 374: Die Nüstern sind mäßig aufgezogen, der Nase eine Grundlage bildend; 374, 17: Zusammengezo-

gene Nüstern bezeichnen Feigheit und Angst, weitgeöffnete...
geben ... den Ausdruck des Zornes und Unmutes. Vgl. die
Nase der Hera Farnese oder den Kopf auf einer Vase des
Euphronios (Pfuhl, Malerei und Zeichnung Taf. 415c). –
Kalinka bezweifelt, daß τό μέτριον als adverbieller Accusativ zu ἀνεσταλμένοι gehört, und zieht es zu βάσιν: die fein
geschwungenen Nasenlöcher lassen das Ebenmaß der Nase
erkennen und bilden für sie einen sichtbaren Abschluß wie die
Basis einer umgestürzten Pyramide. Pantheia liege mit zu-
rückgesunkenem Kopfe im Dreiviertelprofil und sitze nicht,
wie Kayser und Wiedasch (377), verführt durch Kyr. 7, 3, 5,
meinten. – Ich habe „Basis", freilich unbillig verkürzend, nur
durch „von" wiedergegeben. – Zu λογισμοῦ εἴσω vgl. 2, 21,
4 E; zu ἀποστάζειν vgl. Eur. Hipp. 525f. Ἔρως κατ᾽ ὀμμάτων στάζεις πόθον.

2, 9, 7 Wiedasch (374, 20; 379) bestritt mit Welcker, daß
Eros und Lydia hier gemalt waren; Bougot (396) lehnte dies
mit Recht ab. Zum Motiv der Zuschauer bei wichtigen Ge-
schehnissen in der griechischen Kunst vgl. Matz, Die Naturpersonifikationen in der griech. Kunst 77f. – M II 606 erinnert zu Lydia an die Engel der christlichen Kunst, die Christi
Blut in Kelchen auffangen (freilich mit falscher Folgerung).
Golden ist der Gewandbausch wegen des Goldreichtums von
Lydien.

Aufbau der Beschreibung: Xenophon und der Maler. Die
Überlieferung. Beschreibung des toten Abradates und der
Grabbeigaben. Pantheia. Eros und Lydia.

Zum Bild: Auch hier (wie in 2, 8) wirkt die Liebe, doch
diesmal ist ihr kein Glück beschieden: der Geliebte fällt im
Kampf, und nur im Tode ist die Erfüllung der Liebe möglich.
– Steinm. 100f. zeigt, daß Philostratos nicht von Xenophon
abhängt, B II 83, daß die von Xen. erwähnte Amme hier fehlt,
dagegen Eros und Lydia eintreten, wodurch das Bild ins
Symbolische gehoben werde. Die Ähnlichkeit mit 2, 30 spricht
ebenfalls für die Echtheit des Bildes (St. 101; dort auch Material zur Charakterisierung der Handlung durch Eroten).
Wiedasch (377f.) schließt aus Gegenstand und Ausführung

des Bildes, daß das Bild nicht alt war und durch seinen leidenden Charakter in die Zeit des Stoikers Marc Aurel gehöre.
Freilich weist B I 217 auf die Vivenziovase (Mus. Borb. 14,
41–43); sie allein rechtfertige nicht nur den mit Hiebwunden
bedeckten Leichnam des Abradates, sondern beweise auch,
daß die Griechen auch das Gräßliche darstellten. – Wenn
Pantheia noch Röte im Gesicht zeigt, war nach dem Stoß das
Blut noch nicht aus den Wangen zurückgetreten. – Wiedasch
379 f. gibt einen wichtigen Hinweis auf die Beziehung dieses
Bildes zu Lukians Pantheia-Bild (Eikones).

2, 10 Kassandra

Zu 2, 10: F I 56, 63 f.; II 158 f.; B I 186 f., 197, 199, 218 f.,
222 f., 226, 230, 241, 246, 261 f.; II 91 f.; M I 78, 81, 114; 133,
1; Nem. 16, 32 f.; Bertr. 187 f.; St. 25, 71 f.; Gst. 74, 153.

Das Bild: Ein Gelage, vom Mord unterbrochen: brennende
Leuchter, goldene Mischkrüge, Tische voll Speisen, alles in
Unordnung, vieles zerbrochen. Verröchelnde, auf Tischen und
in jedem Winkel: einer in Todeszuckungen neben einem
Mischkrug, den er mit einem Fußtritt umgeworfen hat, einem
ist die Kehle durchschnitten, dem dritten ist das Haupt abgeschlagen, als er sich über einen Mischkrug bückt, einem die
Hand mit dem Becher abgehauen; ein fünfter ist vom Lager
gestürzt und reißt den Tisch um, ein weiterer fiel auf Schultern und Haupt, einer starrt ungläubig, ein anderer kann, vom
Wein gefesselt, nicht fliehen. Alle sind vom Weine gerötet.
Agamemnon ist in ein Tuch verwickelt und wurde vom Beil
getroffen (ist auch Aigisthos mit Helfern sichtbar?). Kassandra wirft sich über ihn, reißt ihre Priesterbinden ab und blickt
auf das rauchende Beil, das Klytaimnestra, irrsinnig blickend,
und mit zerrauftem Haar, gegen sie erhebt.

Goethe 69: Kassandra; Familienmord.

2, 10, 1 Über Agamemnons Trunksucht vgl. E. Kalinka,
Agamemnon in der Ilias, SB Wien. 221, 1943, 18. Die umherliegenden Toten, der Mischkrug: vgl. Hom. Od. 11, 412 f.,

419 f. – Benndorf nimmt an, daß auch Aigisthos mit Helfern gemalt war; Klytaimnestra konnte den Mord wohl nicht allein vollbringen. Aigisthos wird von den Tragikern ohnedies als feige dargestellt. Zum riesigen unentrinnbaren Netz (es ist – trotz Liddel-Scott – nicht nötig, „unentrinnbar" in die Übersetzung aufzunehmen) vgl. Aisch. Ag. 1381 f. ἄπειρον ἀμφίβληστρον und Eur. Or. 25. – Bäume fällendes Beil: Soph. El. 98. Noch warmes Beil: Aisch. Ag. 1278 ϑερμῷ κοπείσης φοίνιον ὑφάσματι.

2, 10, 2 A Der Rhetor weist klar auf den Neueinsatz der Beschreibung hin. – Umgeworfene Tische usw.: Hom. Od. 22, 19 f.

2, 10, 3 Abgeschlagenes Haupt: Hom. Od. 22, 329. Es ist fraglich, ob der Kopf wirklich vom Rumpfe getrennt und herabgefallen war, sondern es erscheint wahrscheinlicher, daß, wie in der ersten Figur die Kehle durchgeschnitten, so hier das Genick, die Halswirbel durchgeschlagen waren, durch die der Zusammenhang des Kopfes mit dem Rumpfe zunächst bedingt war; ähnlich konnte es sich mit der Hand verhalten, die offenbar den Becher noch festhielt (nach B I 222). – Nachreißen des Tisches: vgl. B II 91, der eine etruskische Urne vergleicht. – „Vom Lager stürzen": der Rhetor sagt „Kline", indem spätere Sitte auf homerische Zeit übertragen wird. So verfährt die bildende Kunst etwa auch bei Achill, der auf den Vasen beim Essen liegt (F I 63). – „Häuptlings": Hom. Il. 5, 585 f. ἔκπεσε δίφρου κύμβαχος ἐν κονίῃσιν ἐπὶ βρεχμόν τε καὶ ὤμους. „Häuptlings" übersetze ich mit Voß, um das epische Kolorit nachzubilden .– „Einer kann nicht glauben, daß er sterben soll." Jacobs (besser und genauer): alius mortem adesse non credit; in repentina caede erat, qui verane esset an somnium dubitaret eamque dubitationem etiam post mortem vultu proderet. Kalinka findet das gezwungen und liest ἀπέστη für ἀπιστεῖ. „Platz machen, ausweichen" bedeute ἀφίσταμαι mit Dativ auch Eur. Hek. 1054. – Zum Betrunkenen vergleicht Benndorf den stehenden Freier vom Relief von Trysa, Taf. VIII A 3.

2, 10, 4 Mittelpunkt der Szene: Agamemnon, Kassandra und Klytaimnestra treten also in der Darstellung am bedeutendsten hervor; alles übrige erschien mehr als Szenerie zur Hebung der Hauptgruppe bestimmt (B I 226). – „Nicht auf Troias Gefilden": Aisch. Choeph. 363 f. μηδ' ὑπὸ Τρωΐας τείχεσι φθίμενος ... παρὰ Σκαμάνδρου πόρον τεθάφθαι. – Bei Philostratos steht τινός wie τι nach Lechaion 2, 16, 4 M; Förster, Zu den Gem. 461 will lesen Σκαμάνδρου δινήεντος (nach Hom. Il. 22, 148). – „Unter Jünglingen und Weibern": F II 160 versteht die Dienerschaft beim Gastmahl darunter. B I 187: das habe mit dem Bilde nichts zu tun, sondern bedeute nur, „nicht in der Schlacht, sondern mitten in seiner Häuslichkeit, wie ein Ochs im Stalle an der Krippe, ist er hingemordet". Βοῦς ἐπὶ φάτνῃ: nach Hom. Od. 11, 411; vgl. Ov. Met. 5, 121 f. at ille procubuit terrae mactati more iuvenci. – Zu ῥιπτοῦσ' ἀφ' αὐτῆς τὰ στέμματα vgl. Aisch. Agam. 1265 καὶ σκῆπτρα καὶ μαντεῖα περὶ δέρῃ στέφη und Eur. Troad. 451 f. – Schenkl versteht die Binden als Totengabe für Agamemnon; vgl. Heroik. 8, 1 πρὸς γὰρ τῇ ὥρᾳ καὶ κατέστεπτο παρὰ τῆς τέχνης (Κασάνδρα). – Jammervoller Schrei: Hom. Od. 11, 421 f. Οἰκτροτάτην δ'ἤκουσα ὄπα Πριάμοιο θυγατρὸς Κασσάνδρης, τὴν κτεῖνε Κλυταιμνήστρη δολόμητις 'Αμφ' ἐμοί· αὐτὰρ ἐγὼ ποτὶ γαίῃ χεῖρας ἀείρων Βάλλον ἀποθνήσκων περὶ φασγάνῳ.

Aufbau der Beschreibung: Zuerst allgemeine Umschreibung des Bildthemas und der mythologischen Voraussetzungen. Dann genaue Beschreibung des Saales, der herumliegenden Toten, der Hauptpersonen: Agamemnon, Klytaimnestra, Kassandra; vgl. Gst. 153.

Zum Bild: Das Bild zeigt enttäuschte und fehlgeleitete Liebe, die Haß hervorruft, bei Klytaimnestra und Unheil durch Liebe bei Kassandra; es offenbart so – im Saal der Aphrodite – auch die Nachtseiten des Eros. – Das Grausige der Darstellung war vielleicht durch dunklere Beleuchtung gemildert (St. 25); Brunn (2, 255 f.) vergleicht die veristische Manier des Theoros oder Theon von Samos in seinem „Muttermord des Orestes" (vielleicht gespiegelt bei Robert, C., Antike Sarkophagreliefs 2, Taf. LIV, 155; Text 168 f.; vgl. St. 73, der aber S. 71, Z. 5 völlig irrt). Der Maler von 2, 10 ist wohl derselbe wie von 2, 9; vgl. die Wunden und das Blut in beiden Bildern. – Antike Darstellungen des Mordes an Agamemnon führt

Wernicke RE 1, 728 an (bes. Brunn, Urne Etr. 74f., 85, 4). Benndorf verweist auf Parallelen in Darstellungen des Freiermordes durch Odysseus, bes. im Relief von Trysa. – Kassandra stirbt neben Agamemnon auch auf einem Homerischen Becher des Berliner Museums; vgl. Robert, C., Zwei Homerische Becher, Jahrb. des dt. arch. Inst. 34, 1919, 74f. und Taf. 6. Eine Kassandra von Theoros oder Theodoros hing zu Rom im Tempel der Concordia (Plin. nat. 35, 144). – Nem. 33 weist auf die Abweichungen von Homer in 2, 10 hin.

2, 11 Pan

Zu 2, 11: F I 175, 3; B I 198f., 267; M I 57, 2; 135; St. 61, 2.

Das Bild: Mittags haben die Nymphen Pan überfallen, banden ihm die Hände auf den Rücken und wollen seine Beine hochheben. Seinen Bart haben sie mit Messerchen abgeschnitten. Manche Nymphen sind Najaden und schütteln Tropfen aus dem Haar, Hirtennymphen sind bäurisch-struppig dargestellt, Blumennymphen haben hyazinthenfarbenes Haar.

Goethe 74: Pan; von den Nymphen im Mittagsschlaf überfallen, gebunden, verhöhnt und mißhandelt.

2, 11, 1 Zu ἐξαίροντα vgl. 1, 2, 5 A συνεξαίρεται δὲ καὶ πολὺς γέλως. – Zu ἐκπηδᾶν τοῦ προσήκοντος vgl. Vit. Ap. 8, 5 M οἱ μὲν γὰρ ᾤοντο αὐτὸν ἐκπηδήσαντα τοῦ πλάσματος. – Mit straff gespanntem Gewand: es ist veretro adstrictum; vgl. Eur. Kykl. 326f. δαινύμενος εὖ τέγγων τε γαστέρ' ὑπτίαν ... πέπλον κρούω und Catull 32, 11f. ... pertundo tunicamque palliumque. – Zur Mittagszeit schläft Pan wie die Hirten und Jäger: „Stunde des Pan"; vgl. Theokr. 1, 15f. τὸ μεσαμβρινὸν ... τὸν Πᾶνα δεδοίκαμες· ἦ γὰρ ἀπ' ἄγρας τανίκα κεκμακὼς ἀμπαύεται.

2, 11, 2 Pans Nase und ihr Ausdruck: vgl. Hom. Od. 24, 318f., Theokr. 1, 18 καὶ οἱ ἀεὶ δριμεῖα χολὰ ποτὶ ῥινὶ κά-

Θῆται. – Deutlicher Rückbezug auf 2, 11, 2 liegt in 2, 12, 3 E
vor. – Zu λεαίνων vgl. Hdt. 7, 9, 9 Μαρδόνιος ἐπιλεήνας τὴν
Ξέρξεω γνώμην. – Zu περιῆκται vgl. Longos 2, 14, 3 περιῆγε
τὰς χεῖρας. – Pan fürchtet für seine Beine: Er ist wegen seiner
Beine besorgt, die zum Sprung, weniger zum Stehen geeignet
sind (Benndorf).

2, 11, 3 Diese drei Arten von Nymphen für Quellen, Vieh
und Blumen sind nur hier genannt. – Hyazinthenfarbenes
Haar: Hom. Od. 6, 231 οὔλας ἧκε κόμας ὑακινθίνῳ ἄνθει
ὁμοίας. Welcker faßt Hyazinthenlocken als Zeichen der Jugend auf.

Aufbau der Beschreibung: Zuerst Angabe des inneren Vorgangs, dann knappe Umschreibung des Themas (1 E). Beschreibung Pans und der Nymphen.

Zum Bild: Auch Pan und die Nymphen, Verkörperungen
mehr vitaler Mächte des Liebesgeschehens, gehören zum Saal
Aphrodites. – Brunn (Künstl. 2, 83) erinnert an ein Gemälde
des Zeuxis „Pan", das dieser dem Archelaos von Makedonien
schenkte (Plin. nat. 35, 62), und bringt es in Verbindung mit
unserem Bild. – Pfuhl 292, Abb. 673 bildet ein Malteser Mosaik ab und gibt folgende Deutung (2, 835 f.): „Zwei Nymphen
haben einen Satyr im weinschweren Schlaf überrascht und
üben nun Rache ...; sie binden ihm die Hände und scheren
ihm den Bart. Dies mag uns drollig vorkommen, ist aber für
die Beteiligten eine sehr ernste Sache." Die künstlerische Gestaltung sei durch und durch hellenistisch.

2, 12 Pindaros

Zu 2, 12: F I 124f.; B I 198f., 272, 274f.; II 31, 102; M I
56, Anm.; 122f., 132; Nem. 13f.; St. 81.

Das Bild: Auf Lorbeer und Myrtenzweigen, wohl mehr im
Inneren eines Hauses, der neugeborene Pindaros; um ihn
schwärmen Bienen. Ein Standbild Rheas vor dem Haus; daneben taufrische Nymphen und Pan, fröhlich tanzend.

Goethe 75: Pindar; der Neugeborene liegt auf Lorbeer- und Myrtenzweigen unter dem Schutz der Rhea, die Nymphen sind gegenwärtig, Pan tanzt; ein Bienenschwarm umschwebt innen den Knaben.

2, 12, 1 Zu γλίσχρως vgl. 2, 28, 3 A τὸ γὰρ οὕτω γλίσχρως ἀράχνην ... διαπονῆσαι. Auf die Ausarbeitung der Bienen verwandte sogar Pheidias (Iulian Ep. 67. 377 AB) große Sorgfalt. – Daiphantos (auch: Diophantos) hieß Pindars Vater. – Auch um Homers und Platons Mund sollen bei ihrer Geburt Bienen geschwebt sein. Zu Pindar vgl. Aelian, v. h. 12, 45; Paus. 9, 23, 2.

2, 12, 2 Daß Pindar auf Lorbeer liegt, besagt vielleicht, daß Apollon ihn begnadet. – Pan: Plut. Mor. 1103 A Πίνδαρος ἀκούων ὑπὸ τοῦ Πανὸς ᾄδεσθαί τι μέλος ὧν αὐτὸς ἐποίησε μετρίως ἔχαιρεν.

2, 12, 3 Förster, Zu den Gemälden 461 will καί νοr περὶ θύρας mit Jacobs streichen; sehr erwägenswert. – B II 102 f.: Rhea, Pan und die Nymphen sind nicht zufälliges Beiwerk, sondern wesentliche Elemente, um das Sujet des Bildes deutlich zu machen. Vgl. Paus. 9, 25, 3 διαβᾶσιν οὖν τὴν Δίρκην οἰκίας τε ἐρείπια τῆς Πινδάρου καὶ μητρὸς Δινδυμήνης ἱερόν, Πινδάρου μὲν ἀνάθημα. Pindar Pyth. 3, 137 ff. ἀλλ' ἐπεύξασθαι μὲν ἐγὼ ἐθέλω Ματρί, τὰν κοῦραι παρ' ἐμὸν πρόθυρον σὺν Πανὶ μέλπονται θαμὰ σεμνὰν θεὸν ἐννύχιαι. – Frg. 85 Ὤ Πάν, ... ματρὸς μεγάλας ὀπαδέ. Kalinka: Angesichts dieser Zeugnisse teile ich nicht den Zweifel Steinmanns 81 an der Berechtigung Philostrats, die weibliche Statue des Bildes auf die Göttermutter Rhea zu deuten. – Als Subjekt zu ἄγει ist γραφή aus dem Vorangehenden zu ziehen; vgl. 2, 21, 2 ἄγει τὸν Ἡρακλέα ἡ γραφή. – Zu Pans Gesichtsausdruck vgl. zu 2, 11, 2.

2, 12, 4 „Die Bienen drinnen": innerhalb des offenbar weit geöffneten Hauses, in dem der Knabe liegt. – „Schimmernde, vielbesungene Stadt": Pind. frg. 64 ὦ ταὶ λιπαραὶ καὶ ἰοστέφανοι καὶ ἀοίδιμοι, Ἑλλάδος ἔρεισμα, κλειναὶ Ἀθᾶναι, δαιμόνιον πτολίεθρον.

Aufbau der Beschreibung: Anfangs Angabe der Bildthemas; knappe Beschreibung Pindars, der Rhea, der Nymphen und Pans. Schließlich die Bienen.

Zum Bild: St. 82 erinnert an das Relief mit minutiöser Nachbildung von Hummeln auf dem Rand einer Schale vom Hateriergrabe (Helbig, Führer, 3. A., Nr. 1199). Schwinds Nachbildung lasse die Bienen nicht mehr so auffallen wie in der rhetorischen Schilderung.

2, 13 Die gyraeischen Felsen

Zu 2, 13: F I 196f.; B I 199, 241, 246, 259f.; II 90f.; M I 113, 132: St. 82f.; Gst. 70, 153f.

Das Bild: Auf einem vom weiß schäumenden Meer umbrandeten Felsenriff (wohl in Nähe der Bildmitte) steht aufrecht, den grimmigen Blick auf die stürmische See gerichtet, der Lokrer Aias. Aus der Mitte seines Schiffes schlägt die Flamme empor, vom Winde angefacht. Poseidon, Unheil im Blick, das Haar gesträubt, schleudert den Dreizack auf ihn.

Goethe 69: Ajax, der Lokrier; unbezwungener Held, dem grausesten Untergange trotzend.
Goethe 81: Diese Rolle (die eines Gottlosen) war dem untergeordneten Ajax zugeteilt, der sich weder Gott noch Menschen fügt, zuletzt aber seiner Strafe nicht entgeht.
Hier sehen wir schäumende Meereswogen den unterwaschenen Felsen umgäschen; oben steht Ajax furchtbar anzusehen; er blickt umher wie ein vom Rausche sich Sammelnder. Ihm entgegnet Neptun fürchterlich mit wilden Haaren, in denen der anstrebende Sturm saust.
Das verlassene, im Innersten brennende Schiff treibt fort; in die Flammen, als wie in Segel, stößt der Wind. Keinen Gegenstand faßt Ajax ins Auge, nicht das Schiff, nicht die Felsen; dem Meer scheint er zu zürnen; keineswegs fürchtet er den eindringenden Poseidon, immer noch wie zum Angriff bereit steht er, die Arme streben kräftig, der Nacken schwillt wie gegen Hektor und die Trojer.

Aber Poseidon schwingt den Dreizack und sogleich wird die Klippe mit dem trotzigen Helden in den Schlund stürzen.

Ein hoch-tragisch prägnanter Moment: ein eben Geretteter vom feindseligen Gotte verfolgt und verderbt. Alles ist so augenblicklich bewegt und vorübergehend, daß dieser Gegenstand unter die höchsten zu rechnen ist, welche die bildende Kunst sich aneignen darf.

2, 13, 1 Die felsigen gyraeischen Klippen sollen in der Nähe von Mykonos (Mykone), einem südöstlich von dem Kykladeneiland Tenos gelegenen Inselchen, sich befunden haben, nach anderen bei dem euboiischen Vorgebirge Kaphareus (RE 1, 938; 7, 2100). – Zu δεινὸν βλέπων vgl. 2, 25, 2 E. – Ringen mit den Wogen: vgl. bes. Quint. Smyrn. 14, 548f. ἄλλοτε δ᾽ αὖ χείρεσσι διήνεν ἁλμυρὰ βένθη ... σχίζετο δ᾽ ἁλμυρὸν οἶδμα ποτὶ κρατερῇσι χέρεσσιν ἀνδρὸς ὑπερθύμοιο. – „An sich zog": vom Schwimmenden, der die Woge an sich zu ziehen scheint. – „Unter die Brust riß": der Schwimmer wirft die Wellen unter seine Brust („schöpft sie von unten") und wird so von ihnen getragen. – Die Schilderung des Todes des Aias erfolgt im engen Anschluß an Hom. Od. 4, 499–511; ähnliche Schilderungen Verg. Aen. 1, 42f.; Quint. Smyrn. 14, 548f. – Zur Hilfe Poseidons: Hom. Il. 13, 59f.; es gab zwei Erzählungen vom Tode des Aiax, die des Homer, und eine weitere, nach der die Athene den Schiffbruch und den Tod des Aiax hervorruft, weil er sich am Palladium verging.

2, 13, 2 Thema des Bildes – was man sieht: Klare Trennung des Sagenhintergrundes und des Beschriebenen. – Zu αὐχήν τε ἀνέστηκεν vgl. Gymn. 276, 31. – Der Dreizack: Hom. Od. 4, 506f. Αὐτίκ᾽ ἔπειτα τρίαιναν ἑλὼν χερσὶ στιβαρῇσιν Ἤλασε Τυραίην πέτρην ἀπὸ δ᾽ ἔσχισεν αὐτήν· Καὶ τὸ μὲν αὐτόθι μίμνε, τὸ δὲ τρύφος ἔμπεσε πόντῳ.

Aufbau der Beschreibung: Anfangs Übersicht über das Bild; dann der mythologische Hintergrund. Anschließend die Beschreibung, am Schluß Hinweis auf die Zukunft (vgl. Gst. 153f.).

Zum Bild: Wir betreten wohl einen neuen Saal, in dem die

Urwelt oder – mir wahrscheinlicher – das Element Wasser (insbesondere sein Gott Poseidon) dargestellt ist. Unser Bild zeigt die Macht des zornigen Meeresgottes bei der Bestrafung menschlicher Hybris und die gewaltsame Veränderung einer Felsengruppe im Meer (Rückbezug auf den erzürnten Poseidon 2, 16, 3 M). – Plin. nat. 35, 60 berichtet von einem Bild des Malers Apollodoros „Aiax fulmine incensus"; Welcker und Brunn (B I 259) nehmen an, daß 2, 13 im wesentlichen mit diesem Bild übereinstimme. Vgl. Woermann, Landschaft 164: Eine gewisse, von der ersten Darstellung sich forterbende Tradition der Gesamtanlage dürfen wir annehmen, und es ist nicht unwahrscheinlich, daß die Bedeutsamkeit des landschaftlichen Hintergrundes in 2, 13 schon bei Apollodoros vorgebildet war; vgl. auch Pfuhl 2, 677 und Fleischer bei Roscher 1, 134. – Eine Einzelheit bespricht Steinmann 82. – Eine zweite Darstellung vom Untergang des lokrischen Aias bot der Pinax eines von Philo von Byzanz beschriebenen mechanischen Theaters; vgl. Schoene, R., Jahrb. d. arch. Inst. 5, 73 f.; RE 1, 939.

2, 14 Thessalien

Zu 2, 14: F I 166f.; B I 196, 247, 283, 286, 294; II 31; M I 56 Anm.; 63; 127, 2; 136; II 587; K 406; Boug. 417f.; St. 84; Gst. 70f.

Das Bild: Thessalien. Berglandschaft mit Schwemmgebiet eines Flusses. „Die Landschaft ist ohne Zweifel mitdargestellt: die von Bergen eingeschlossenen Gefilde, das schon geöffnete Felsenbett des Peneios, die zurückgehaltenen Gewässer, die grünende Erde" (Woermann, Landschaft 233). Poseidon hat die Rechte erhoben, um mit dem Dreizack in Thessalien Berge zu spalten, weil er dem Fluß Peneios einen Abfluß schaffen will. Er steht auf der Erde und ist nicht blau gemalt wie Seegötter, sondern als Gott des Festlandes. Die Berge sind schon voneinander gewichen, und flache und weite Fluren beginnen zu erscheinen, so daß wohl Überschwemmungsgebiete neben schon freiem Land sichtbar sind. Der Flußgott Peneios liegt – wie üblich – auf den Ellbogen gestützt da; den kleinen Flußgott Titaresios hält er vielleicht auf

der Hand, oder Titaresios lehnt sich auf Peneios (Toelken 11).
Die Landesgöttin Thessalia steigt mit Ölzweigen und Ähren
im Haar aus der Erde empor; ihre Hand ruht auf einem Füllen, das mit ihr aufsteigt.

Goethe 76: Thessalien; Neptun nötigt den Peneus zu schnel-
lerem Lauf. Das Wasser fällt, die Erde grünt.

2, 14, 1 Αἰγυπτιάζειν: das Bild erinnert an Ägypten; durch
eine überschwemmte Gegend fließt ein Fluß wie dort der Nil.
– Die Sprengung des Tempetals und der Durchfluß des Peneios ist seit Herodot (7, 129) ein beliebtes Problem der Para-
doxographie (Kalkm., Ekphr. 406), das Philostratos auch 2,
16, 3. 17, 4 berührt. Die Sage ist auch erzählt in Schol. zu Pind.
Pyth. 4, 246 Poseidon διατεμὼν τὰ ὄρη τὰ Θετταλικά, φημὶ
δὲ τὰ Τέμπη, πεποίηκε δὲ αὐτῶν ὑποτρέχειν τὸν ποταμὸν πρότερον διὰ μέσης τῆς πεδιάδος (Wilamowitz statt
πόλεως) ῥέοντα καὶ πολλὰ τῶν χωρίων διαφθείροντα
(„Indem Poseidon die Thessalischen Berge durchspaltete – ich
meine das Tempetal – bewirkte er, daß durch dieses der Fluß
strömte, der zuvor mitten durch die Ebene floß und viele
Ländereien verdarb"). Wentzel, G., Aus der Anomia, Berlin
1890, 134f. will unser Bild aus der Scholienstelle zu Pindar ableiten; Benndorf und Steinm. 84 weisen dies aber mit Recht
zurück. – προβολή verwendet Philostratos mit Neuerung der
Bedeutung = προβαλλόμενον, πρόβλημα (Vorwurf). – Das
Land verdanken die Ägypter dem Nil: Nach Hdt. 2, 5, 1; vgl.
hier 1, 5, 2.

2, 14, 2 Seine Hand ist erhoben; die Berge weichen schon
zurück: Entweder ist die Wirkung des Schlages „nach dem
Geiste der alten Kunst, auf diesem Gemälde anticipiert" (K.
O. Müller, Handb. der Arch. der Kunst, 3. A., her. v. Welcker,
Breslau 1848; 528, 3; ebenso Gstader 70f.), oder ein Schlag ist
schon erfolgt, und noch mehrere sind nötig (Boug. 417), oder
der Maler hat die Stoßhaltung Poseidons beibehalten, auch
nachdem der Stoß seine Wirkung getan hatte, um anzuzeigen,
daß Poseidon die Berge gesprengt hat. – Die Haltung des Gottes: Kalinka: Poseidon in linker Seitenansicht hat die Rechte
erhoben, um mit dem Dreizack zuzustoßen; die heftige Bewe-

gung der Hand reißt die ganze rechte Seite des Körpers nach
vorn mit sich, die verkürzt erscheint. Ich würde wie Fairbanks
erklären: Der Körper, einschließlich der rechten Seite, ist zu-
rückgeneigt, um seine ganze Kraft in den Schlag zu legen; dabei ist er so gedreht, daß die rechte Seite (rechter Fuß) weiter
vorne ist. – Poseidon als Festlandsgott: Poti-das, Gemahl der
Da(mater), Demater, als solcher Schöpfer des Rosses; in Thessalien schlug Poseidon Petraios mit seinem Dreizack das erste
Roß aus dem Felsen. Sein beliebtestes Opfertier war der Stier,
bes. der schwarze Stier, vgl. Hom. Od. 3, 5f. – Es ist schwer
zu sagen, ob der letzte Satz von 2 zu übersetzen ist: „daher
liebt Poseidon die ebenen Flächen (allgemein), weil sie wie
Meere sind" oder „daher grüßt er die Fluren (Thessaliens),
weil sie usw."

2, 14, 3 Zu τὸ ἐς ἀγκῶνα vgl. Hom. Il. 10, 80 ὀρθωθεὶς
δ' ἄρ' ἐπ' ἀγκῶνος κεφαλὴν ἐπαείρας. – Fast immer sind
auf künstlerischen Darstellungen des Altertums die Flußgötter auf einer Urne ruhend gezeigt, vgl. z. B. den Flußgott
Kephissos am Parthenon. – Hom. Il. 2, 752 f. schildert, wie
der Titaresios, der größte Nebenfluß des Peneios im nördlichen Thessalien, sich mit dem Peneios nicht vermischt
(vgl. auch Strabon 9, 5, 20); übrigens wird der Vorgang auch
von neueren Reisenden bestätigt (Leake, Northern Greece 3,
395). Auf dem Bild hielt oder trug vielleicht Peneios ein
kleines Bild des Titaresios, vgl. die Wiener Gemme, Müller-
Wieseler II 6, 75. – Die Erschaffung des Pferdes durch Poseidons Befruchtung der Erde ist auch Schol. Pind. Pyth. 4, 246
geschildert, doch hat Philostratos daraus wohl kaum diese Beschreibung entlehnt (s. auch Steinm. 85). Weiteres bei Benndorf in der Wiener Ausgabe.

Aufbau der Beschreibung: Anfangs ein Blick auf das Gesamtbild und die Landschaft. Dann Beschreibung Poseidons,
der Flußgötter, der Thessalia mit dem Pferde.

Zum Bild: Große Darstellung urweltlichen Geschehens; der
Gott Poseidon schafft ordnend neues Land zur Besiedlung. –
Woermann, Landsch. 234: Auffallend ist der ägyptisierende
Vordergrund. Überschwemmungsszenen kommen gerade auf

ägyptisierenden Darstellungen wie dem Mosaik von Palaestrina vor (vgl. a. Boug. 418). – Zur Szene: Jahn, Vasenbilder (Hambg. 1839; 39, Anm. 27, vgl. Taf. 4, Abb. D) führt ein vergleichbares Bild an: Frau mit Ährenstrauß (wohl Demeter), daneben ein Mann, der mit Gewalt den Fuß gegen einen Felsen stemmt (wohl Poseidon). Daß die Felsen schon gespalten sind, erklärt Stephani, Compte rendu de la Commiss. archéol. de Saint-Petersburg 1874, 143 f. als Prolepsis wie im Westgiebel des Parthenon, wo beim Streit Athenes und Poseidons Olive und Pferd der Erde entsteigen, bevor diese von Lanze oder Dreizack getroffen sei. – Matz, Naturpers. 114 spricht über personifizierte Flußgötter, bes. über den Orontes der Tyche von Antiocheia, über die Flußgötter, denen auf kaiserzeitlichen Münzen kleinasiatischer Städte ihr Nebenfluß als kleiner Junge auf dem Schoß oder auf der Hand sitzt; vgl. Imhoof-Blumer, Nomisma 6, 1911, 2 f.

2, 15 Der Pontische Glaukos

Zu 2, 15: F I 53, 2; B I 185, 197; M I 87 f., 126, 132; Boug. 422; Gst. 70, 74, 154.

Das Bild: Das Schiff Argo fährt im Pontos, besetzt mit Iason, den Dioskuren, Herakles und zahlreichen anderen Halbgöttern (50 Insassen). Am Bug der luchsäugige Lynkeus. Aus der See taucht der Meergott Glaukos; sein weißer Bart und die langen Locken triefen vom Wasser, die buschigen Brauen sind zusammengewachsen. Der Arm ist stark, die Brust mit Algen und Tang bedeckt. Der Unterleib geht in Fischgestalt über, deren halbmondförmiger, purpurfarbener Schwanz zur Hüfte zurückgezogen ist. Eisvögel umschwärmen ihn.

Goethe 71: Glaukus weissagt den Argonauten.
Goethe 97: Schon liegt der Bosporus und die Symplegaden hinter dem Schiffe. Argo durchschneidet des Pontus mittelste Bahn.
Orpheus besänftigt durch seinen Gesang das lauschende Meer. Die Ladung aber des Fahrzeugs ist kostbar; denn es führt die Dioskuren, Hercules, die Aeaciden, Boreaden und was

von Halbgöttern blühte zu der Zeit. Der Kiel aber des Schiffes ist zuverlässig, sicher und solcher Last geeignet: denn sie zimmerten ihn aus Dodonäischer weissagender Eiche. Nicht ganz verloren ging ihm Sprache und Propheten-Geist. Nun im Schiffe sehet ihr einen Helden, als Anführer sich auszeichnend, zwar nicht den Bedeutendsten und Stärksten, aber jung, munter und kühn, blondlockig und gunsterwerbend. Es ist Iason, der das goldwollige Fell des Widders zu erobern schifft, des Wundergeschöpfes, das die Geschwister Phrixus und Helle durch die Lüfte übers Meer trug. Schwer ist die Aufgabe, die dem jungen Helden aufliegt: ihm geschieht Unrecht, man verdrängt ihn vom väterlichen Thron und nur unter Bedingung, daß er dem umsichtigsten Wächter-Drachen jenen Schatz entreiße, kehrt er in sein angeerbtes Reich zurück. Deshalb ist die ganze Heldenschaft aufgeregt, ihm ergeben und untergeben. Tiphys hält das Steuer; der Erfinder dieser Kunst, Lynceus, auf dem Vorderteil, dringt, mit kräftigeren Strahlen als die Sonne selbst, in die weiteste Ferne, entdeckt die hintersten Ufer und beobachtet unter dem Wasser jede gefahrdrohende Klippe. Und eben diese durchdringenden Augen des umsichtigen Mannes scheinen uns ein Entsetzen zu verraten: er blickt auf eine fürchterliche Erscheinung, die unmittelbar, unerwartet aus den Wellen bricht. Die Helden, sämtlich erstaunt, feiern von der Arbeit. Hercules allein fährt fort das Meer zu schlagen; was den übrigen als Wunder erscheint, sind ihm bekannte Dinge. Rastlos gewohnt zu arbeiten, strebt er kräftig vor wie nach, unbekümmert um alles nebenbei.

Alle nun schauen auf Glaucus, der sich dem Meer enthebt. Dieser, sonst ein Fischer, genoß vorwitzig Tang und Meerpflanze, die Wellen schlugen über ihn zusammen und führten ihn hinab als Fisch zu den Fischen. Aber der übriggebliebene menschliche Teil ward begünstigt, zukünftige Dinge kennt er, und nun steigt er herauf den Argonauten ihre Schicksale zu verkünden. Wir betrachten seine Gestalt: aus seinen Locken, aus seinem Bart trieft, gießt das Meerwasser über Brust und Schultern herab, anzudeuten die Schnelligkeit, womit er sich hervorhob.

Seine Augenbrauen sind stark, in eins zusammengewachsen; sein mächtiger Arm ist kräftig geübt, mit dem er immer die Wellen ergreift und unter sich zwingt. Dicht mit Haaren ist seine Brust bewachsen, Moos und Meergras schlangen sich ein. Am Unterleibe sieht man die Andeutungen der schuppigen Fischgestalt, und wie das Übrige geformt sei, läßt der Schwanz erraten, der hinten aus dem Meere herausschlägt, sich um seine Lenden schlingt und am gekrümmten, halbmondförmig auslaufenden Teil die Farbe des Meers abglänzt. Um ihn her schwärmen Alcyonen. Auch sie besingen die Schicksale der Menschen: denn auch sie wurden verwandelt, auf und über den Wellen zu nisten und zu schweben. Das Meer scheint Teil an ihrer Klage zu nehmen und Orpheus auf ihren Ton zu lauschen.

2, 15, 1 Die Symplegaden, auch Kyaneai, die dunkelblauen, genannt, sind zwei zusammenschlagende Felsen am Nordende des Bosporos und am Eingang ins Schwarze Meer. – Die Aiakiden: Peleus und Telamon. – Die Boreaden: Zetes und Kalais, Söhne des Boreas und der Oreithyia. – Zur Meeresstimmung: Ael. Hist. an. 15, 5 τῶν ἀνέμων εἰρηναῖον ἤδη καταπνεόντων ... καὶ τοῦ κύματος κειμένου καὶ λείας οὔσης τῆς θαλάττης. – Der Kiel des Schiffes Argo stammte von der heiligen Eiche in Dodona und war der Rede und Weissagung mächtig; vgl. Apoll. Rhod. 1, 526f.

2, 15, 2 Die Kolcher waren ein Volk an der Ostküste des Schwarzen Meeres. – Phrixos mußte vor seiner bösen Stiefmutter Ino entfliehen und wurde von seiner Mutter Nephele („Wolke") auf einem Widder mit Goldfell am Himmel entführt. Seine Schwester Helle, die ihn begleitete, soll auf der Flucht in den – später nach ihr benannten – Hellespont gestürzt sein. – Ὑπερφρονῶν τοῦ καθεύδειν ist Umschreibung für ἄγρυπνος, vgl. 2, 33, 3 ὀφρὺς οἷα καὶ ἐρώντων ὑπερορᾶν καὶ παλαιόντων.

2, 15, 3 Tiphys als Steuermann: Apoll. Rhod. 1, 105f. – Denselben Platz weist dem Lynkeus zu Hygin. 14, 32 Proreta navigavit Lynceus, Apharei filius, qui multum videbat.

2, 15, 4 Glaukos, Sohn (des Poseidon und einer Nymphe Nais oder) des Anthedon und der Alkyone soll als Fischer in Anthedon, einer boiotischen Stadt am Euripos, beobachtet haben, daß gestrandete Fische wieder lebendig wurden, wenn sie in Berührung mit einem nur dort vorkommenden Kraut kamen. Als er von diesem Wunderkraut kostete, wurde er von Wahnsinn ergriffen und sprang ins Meer; zugleich verwandelte sich sein Unterleib in den Schwanz eines Fisches (oder einer Schlange). Diese Mischgestalt stammte – nach Kalinka – sicherlich noch aus der vorgriechischen Zeit. Glaukos war berühmt durch seine untrügliche Weissagekunst. Aischylos dichtete eine Tragödie Glaukos Pontios; frg. 28 N ὁ τὴν ἀείζων ἄφθιτον πόαν φαγών. frg. 29 καὶ γεύομαί πως τῆς ἀειζώου πόας. frg. 27 δαῦλος δ' ὑπήνη καὶ γενειάδος πυθμήν. – Fünfzig Insassen: Apoll. Rhod. 1, 23 ff. zählt mit Herakles 51, dabei auch Tiphys, den Thespier. Philostratos wird sie auf dem Bild nicht gezählt haben; es waren eben viele Ruderer, und es brauchten ja nur etwa 25 Ruderer auf der einen Schiffseite zu sehen sein (Bougot 427). – Alle anderen schauen überrascht; nur Herakles bewahrt seinen festen Sinn.

2, 15, 5 Zum Weissagen des Glaukos vgl. Apoll. Rhod. 1, 1310 f.; Hor. carm. 1, 15. – Zu περίεστι γὰρ αὐτῷ τῆς τέχνης vgl. 2, 32, 3 M αὐτῇ περιεῖναι τῆς τέχνης. – Zur Beschreibung des Körpers vgl. Ovid, Met. 13, 960 f. Hanc ego tum primum viridem ferrugine barbam Caesariemque meam, quam longa per aequora verro Ingentesque umeros et caerula bracchia vidi Cruraque pinnigero curvata novissima pisce. – Kalinka erklärt die handschriftliche Überlieferung βρύων ... φυκίων aus βρύωι ... φυκίωι entstellt; κομᾶν werde auch bei Philostratos nie mit dem Genitiv verbunden. – ἀπιοῦσα erklärt Jacobs: reducta et recedens et quodammodo constricta.

2, 15, 6 Alkyone, die Mutter des Glaukos, war ein vorgriechisches Meerwesen, gebar in Menschengestalt den Glaukos und wurde Gattin des Königs Keyx. Dieser wurde in einen Eisvogel verwandelt, weil er sich vermessen dem Zeus gleichsetzte. Alkyone stürzte sich daraufhin ebenfalls als Eisvogel ins Meer. Diese beiden Eisvögel waren ein Sinnbild der Gattentreue, die sich in Klagen über ihr Schicksal ergießt. Hier aber erscheinen mit Glaukos verbunden – wegen der Namensgleichheit mit seiner Mutter Alkyone – die ἀλκυόνες, Töchter des Unholdes Alkyoneus, die sich nach dem Tode ihres Vaters, gleichfalls in Eisvögel verwandelt, ins Meer stürzten. Hier sind verschiedene, aus einer Wurzel entsprossene Sagengebilde vermengt worden, ohne daß wir die Entwicklung durchschauen (Kalinka). – Daß die Eisvögel den Argonauten erschienen, ist auch Schol. Apoll. Rhod. 1, 1086 überliefert (= Pind. frg. 51). – Zum Schwanz des Glaukos vgl. Vell. Pat. 2, 83, 2 cum caeruleatus et nudus caputque redimitus arundine et caudam trahens Glaucum saltasset in convivio (Plancus).

Aufbau der Beschreibung: Zuerst Blick auf das Gesamtbild, dann kurze Erinnerung an den Argonautenmythos. Beschreibung des Tiphys und Lynkeus (knapp) und des Glaukos (vgl. Gst. 154).

Zum Bild: Kühne Menschen befahren die gefahrvolle See; auch diesmal tritt ein Meergott auf, Glaukos, der ihrem Unternehmen wohl günstig gesinnt ist. – Vgl. die zu 6 zitierte Stelle Vell. Pat. 2, 83, 2 und Plat. Pol. 611 D; Lesky, Thalatta 258 nimmt die Existenz des Bildes als sicher an. – Vgl. die Argo des jüngeren Philostratos (11).

2, 16 Palaimon

Zu 2, 16: F I 168f.; B I 284, 286f.; M I 132; K 399; 406, 4; Nem. 34; Boug. 429; St. 74f.; 77; Gst. 74, 154.

Das Bild: Den schlafenden Knaben Palaimon bringt ein Delphin zum Isthmos, wo in einem Fichtenhain eine Höhle für seinen Kult bereitet ist. Poseidon steht im Temenos und lächelt dem Heranfahrenden zu. Auch der Isthmos ist als Person gemalt; er liegt zurückgelehnt zwischen den Meeren. Ein Jüngling, vielleicht zu seiner Rechten, stellt das Vorgebirge Lechaion dar; links Mädchen, die vielleicht die Stadt Kenchreai darstellen (s. aber zu 4 E). Schließlich sitzen beim Isthmos noch freundliche Nereiden, vielleicht die beiden Meere, zwischen denen die Landenge sich hinzieht. Eine zweite Gruppe: Sisyphos, einen schwarzen Stier schlachtend, von Korinthern umgeben.

Goethe 76: Palämon; am Ufer des Korinthischen Isthmus, im heiligen Haine, opfert das Volk. Der Knabe Palämon wird von einem Delphin schlafend in eine für ihn göttlich bereitete Uferhöhle geführt.

2, 16, 1 Ino, die Tochter des thebanischen Königs Kadmos und Gattin des Königs Athamas, wurde von Hera mit Wahnsinn geschlagen, weil sie den kleinen Dionysos, das Kind ihrer Schwester Semele, pflegte. Sie sprang mit ihrem jüngeren Sohn Melikertes ins Meer und wurde als Leukothea in den Kreis der Nereiden aufgenommen. Melikertes wurde, als Meeresgott Palaimon, der Schützer der Schiffe. Die Fluten oder, wie hier, ein Delphin trugen Melikertes schlafend (oder tot) an den korinthischen Isthmos, wo ihn König Sisyphos begrub, ihm göttliche Ehren erwies und die isthmischen Spiele zu seinem Andenken einrichtete, die später an Poseidon übergingen. – Das Heiligtum war von Fichten umgeben, Paus. 2, 1, 3; „es ist in der Beschreibung des Philostratos eine Pointe nach dem Geschmacke dieser Zeit, daß die Bäume hier dem Meere mit seinen Gipfeln zurauschen, als wollten sie mit dem Element zusammenklingen" (Lesky, Thal. 296).

2, 16, 2 Paus. 2, 2, 1 τοῦ περιβόλου δέ ἐστιν ἐντὸς Παλαίμονος ἐν ἀριστερᾷ ναός, ἀγάλματα δὲ ἐν αὐτῷ Ποσειδῶν καὶ Λευκοθέα καὶ αὐτὸς ὁ Παλαίμων. Ἔστι δὲ καὶ ἄλλο Ἄδυτον καλούμενον, ..., ἔνθα δὴ τὸν Παλαίμονα κεκρύφθαι φασίν („Innerhalb der Mauer ist zur Linken ein Tempel des Palaimon; darin sind die Standbilder des Poseidon, der Leukothea und des Palaimon selbst. Es ist aber noch ein sogenanntes Adyton; dort soll Palaimon bestattet sein"). Philostratos bietet hier mehr als Pausanias, so daß dieser hier als Quelle nicht in Frage kommt, vgl. Robert, C., Pausanias als Schriftsteller, Bln. 1909; 264, 0.

2, 16, 3 Schwarze Stiere wurden vorwiegend Poseidon geopfert; vgl. Hom. Od. 3, 5 f. Hier erhält sie Palaimon; Sisyphos hat ihm auf Anregung Poseidons einen Gottesdienst eingerichtet. – Καὶ τὸ σφάττειν: Dieses Wort bezeichnet wohl einen geheimen Opferritus. Auch „Orgia" bezieht sich auf eine Art von Opfern, die man Heroen und chthonischen, nicht den olympischen Göttern widmete. – Poseidon, die Gyren oder Thessalien spaltend: deutlicher Bezug auf 2, 13. 14.

2, 16, 4 Personifikationen von Natur- und Ortsgöttern finden sich bei Phil. öfter; so Nem. 34. Vgl. in der Kunst Ilissos im Parthenongiebel, Kladeos und Alpheios im olympischen Tempel. „Geschieht hier etwas anderes, als wenn Homer den Skamander reden läßt? Oder im Hymnus an Apollon (50f.) die Insel Delos mit Leto spricht?" (Toelken 13). – Λέχαιόν τι wie Σκαμάνδρου τινός 2, 10, 4 A und 2, 29, 1 A. Lechaion war der nördliche Hafen von Korinth, am korinthischen Golf, Kenchreai der östliche am saronischen Golf. – Kalinka: „Nach ἐν ἀριστερᾷ schiebt der späte und an willkürlichen Zusätzen und Änderungen reiche Laudianus 12 (682) κέγχρεαί που τάχα ein; sachlich aber ist er wie öfters im Recht; denn zweifellos bedeuten die Korai die Hafenstadt Kenchreai. Mit θάλατται δὲ αὗται beginnt ein neuer Satz mit neuem Verb παρακάθηνται, wo οὗτος, wie so oft in den Eikones auf etwas, was im Bilde gemalt war, hinweist; Thalattai (wie 1, 27, 3) geht hier auf die zwei vorher genannten Meere, das ägäische und das adriatische, wenn gleich der korinthische Meerbusen nicht unmittelbar ins adriatische Meer, sondern zunächst ins ionische einmündet; doch wurde der Name Adria schon frühzeitig auf das ionische Meer und weiter ausgedehnt (vgl. RE 1, 418)." Immerhin ist es auffällig, daß Kenchreai durch mehrere Mädchen wohl nur wegen des pluralischen Namens dargestellt wird. Die Thalattai möchte sich Nemitz als Nymphen vorstellen, die hier und dort aus dem Meer, besonders um den Delphin, ragen (35). Zur Diskussion über die Stelle vgl. bes. B I 288 und Benndorf in der Wiener Ausgabe.

Aufbau der Beschreibung: Zuerst ein Blick auf das Gesamtbild und sein Thema. Der Mythos. Beschreibung des opfernden Sisyphos, des Poseidon, Isthmos, der Nebengestalten.

Zum Bild: Wieder tritt der Meergott Poseidon auf; diesmal wird für Palaimon das Meer geglättet, ihm an Land ein Heiligtum bereitet, und seine Mysterien werden gestiftet. – Gemalte Personifikationen bot bereits Panainos mit den Bildern der

Salamis und Hellas an den Schranken des Zeusthrones in Olympia. An die Giebelgruppen des Parthenon ist oben erinnert; vgl. bes. Steinm. 75 f. – Solche Personifikationen begleiten dann die griechische Kunst während ihres ganzen Ganges bis zur frühchristlichen Zeit. Besonders zu nennen ist das Mittelbild des Mosaiks von Portus Magnus, der etwa zur gleichen Zeit wie die Eikones entstand; vgl. C. Robert, Arch. Jahrb. 5, 1890, Taf. 5 (Text S. 218 f.) und den Artikel Lokalpersonifikationen bei Roscher 2, 2, 2088 f.; 2093 f.; 2130 f. – Dieselben Lokalgötter, die in 2, 16, 4 erwähnt sind, bietet eine korinthische Münze der Zeit des Septimius Severus (Roscher Abb. 8). – Eine kolossale Büste, Personifikation eines Meeresteiles (Golf oder Hafen), beschreibt Helbig 1, 198.

2, 17 Inseln

Zu 2, 17: F I 175, 177 f.; B I 186, 196, 230, 276, 294 f.; II 10, 103 f.; M I 72, 74, 78 f., 82; 87, 1; 92, 94, 128, 135; K 404 f.; Boug. 438 f.; St. 86.

Das Bild: Riesengemälde mit 7 großen und 2 kleineren Inseln.
1. Schroff abfallende Insel mit Bergspitze; Bäche, Bergblumen.
2. Flache Insel, auf der Fischer und Bauern wohnen, die mit ihren Erzeugnissen Tauschhandel treiben; Statue Poseidons als Landmann, doch ist der Pflug mit einem Schiffsbug anstelle der Schar ausgestattet.
3. Doppelinsel, gespalten; über den Spalt von Flussesbreite führt eine Brücke. Leute gehen über sie, Schiffer fahren unter ihr durch.
4. Vulkanische Insel, aus der Feuerströme emporsteigen, die bis zum Meer herabwogen. Unter der Insel ist ein Riese zu denken; Zeus schleudert von der Bergspitze Blitze herab.
5. (Vielleicht zu 4 zu ziehen) Dracheninsel; kleiner, umschiffbarer Hügel, in ihm ein Drache aus Gold, dessen Kopf aus der Höhle hervorragt.
6. Insel des Dionysos, bedeckt mit Efeu, Eibe und Weinstöcken; umherliegende Zimbeln, Flöten, Pauken, umgewor-

fene Mischkrüge aus Gold. Hirschkalbfelle flattern im Winde,
Schlangen umwinden Thyrsosstäbe, mit anderen umgürten
sich Bakchantinnen. Weintrauben verschiedenen Reifegrades;
sie hängen sogar über die Felsen herab und reichen über das
Meer hinaus. Vögel picken an ihnen. Seilenos, betrunken, faßt
eine Bakchantin an, die aber von ihm weg in die Ferne blickt.
7. Gebirgige, dicht mit Wald bewachsene Insel mit hohen
Zypressen, Föhren, Tannen, Eichen, Zedern. Holzfäller zer-
sägen große Bäume; junge, gerade Stämme werden für Ruder
geschnitten. Jäger und Hunde jagen Sauen und Hirsche;
Jagdnetze sind gespannt, einige Tiere sind schon gefangen,
einige wehren sich, andere haben den Schützen überwältigt.
8. (Vielleicht zu 7 zu ziehen) Steiler Fels mit Sturmtauchern;
in ihrer Mitte ein Eisvogel, der für sie wacht.
9. Insel eines Prinzen. Sie ist gerade groß genug für ein Königsschloß, hat viele Quellen, auch warme, über die Proteus
wacht. Eine kleine Stadt ist als Spielzeug für den Prinzen gebaut, mit Theater, Pferderennbahn (dort laufen Malteserhündchen, wie Rennpferde von Affen gelenkt). Ein Hase am
Purpurriemen (wie ein Hofhund) möchte sich befreien; Papagei und Häher in geflochtenem Korb.

Goethe 76: Die Inseln; Wasser und Land mit ihren Cha-
rakteren, Erzeugnissen und Begebenheiten.

Welcker hatte den glänzenden Einfall, in dem Bild eine Erinnerung an die liparischen (aiolischen) Inseln nordöstlich von
Sizilien zu sehen; über diese s. Strabon 6, 2, 10f. In der Tat
sind die Ähnlichkeiten so groß, daß man kaum an Zufall denken kann. Kalinka sagt freilich: „In den Einzelheiten überwiegen die Unterschiede. Schon die Zahl ist geeignet, Bedenken
zu erregen. Aus'den'liparischen'Inseln heben sich sieben große
heraus, durchwegs bewohnt, in der Gestalt eines dreistrahligen
Sternes angeordnet, dessen Mittelpunkt die Insel Salina bildet,
im Altertum Didyme. An diese Kerninsel setzt jeder Strahl
zwei weitere Inseln an: ein Strahl verläuft fast genau in west-
licher Richtung, einer ungefähr in nordöstlicher, der dritte in
südlicher oder genauer südsüdöstlicher; die drei Inseln dieses
Strahles (Salina, Lipari, Vulcano) liegen so nahe beieinander,
wie es Philostratos für 1–4 angibt; Lipari ist von Vulcano nur

0,75 Kilometer entfernt. Von einer so regelmäßigen Verästelung zeigt das Gemälde keine Spur. Dazu kommt eine nicht unbeträchtliche Anzahl kleiner, unbewohnter Inseln und Riffe, so nordöstlich von Pamaria das Inselchen Basiluzzo (rund 0,5 km breit, 0,75 km lang). Die liparischen Inseln sind vulkanisch; sie haben hauptsächlich geologische Untersuchung erfahren, zuletzt von Alfred Bergeat, Die äolischen Inseln geologisch beschrieben (Abhandl. der 2. Klasse der kgl. Bayer. Akad., 1899). Fast jede der Inseln trägt noch heute Merkmale vulkanischer Tätigkeit, besonders Vulcano ganz im Süden mit drei Kratern, Stromboli im NO und Lipari mit seinen berühmten heißen Quellen. Auch von Philostratos ist die 4. Insel als vulkanisch geschildert; gemeint ist wahrscheinlich das heutige Vulcano, auf das auch das Altertum die Werkstätte des Hephaistos verlegte, vgl. Thuk. 3, 88, 3 u. a. – Mit der vulkanischen Natur der Inseln hängt ihre Fruchtbarkeit zusammen, die sich besonders im Weinbau offenbart. Berühmt ist der Malvasier der Insel Salina (vielleicht die Dionysos-Insel des Philostratos); im Altertum hieß sie Didyme nach ihrer Gestalt, offenbar deshalb, weil sie, von SW her gesehen, nur aus zwei mächtigen Vulkanen fast gleicher Höhe zu bestehen scheint. Dieser Name mag zur Gestaltung der 3. Insel des Philostratos den Anstoß gegeben haben. Dem gesegneten Fischfang und der hohen Fruchtbarkeit der Insel Lipari, wo sogar Korn gebaut wird, obwohl Getreidebau auf den Liparien fast ganz fehlt, könnte die Insel der Fischer und Bauern mit dem Schutzherrn Poseidon (Philostrats 2. Insel) ihren Ursprung verdanken; noch gegenwärtig wohnen an der Nordküste vorzugsweise Fischer und Gärtner, und der Kult des Poseidon wird bezeugt durch Münzen der Inseln mit Dreizack und Poseidonkopf. Philostrats 1. Insel mit der hohen Bergwarte ist man versucht mit der 1. Insel, auf die man von Italiens Westküste her stößt, mit Stromboli, gleichzusetzen, zumal Bergeat von dem hohen, bis fast zum Gipfel bepflanzten Berg der Insel seinen ersten Eindruck empfangen hat. Für Philostrats Felsenriff mit den Sturmtauchern erinnert Benndorf (nach Pereira, Im Reiche des Aeolus, 90) daran, daß auf der Insel Filicudi (Φοινικώδης des Altertums) westlich von Salina eine Höhle der Küste mit Vögelmassen angefüllt war. Die Dracheninsel Philostrats ist nur ein Fall von vielen, in denen der Volksglaube einen Drachen (oder eine Schlange) zum Herrn einer kleinen Insel machte und sie danach Drakonisi (fälschlich auch Tragonisi geschrieben) nannte (altgriechisch 'Οφιοῦσσα; so nach Benndorf). Schließlich widersteht man schwer der Versuchung, die humorvolle Beschreibung der 9. Insel, der Prinzeninsel, mit dem Namen Basiluzzo in Zusammenhang zu bringen, der einen Vorgänger in dem vom Geogr. Rav. V 23 p. 406 bezeugten Namen Basilidin (Geogr. Cypr. p. 599 Basiludin) aufweist und vielleicht bis in die Zeit Philostrats zurückreicht. Überdies finden sich auf der Insel Reste antiker Bauten, die auf Villen vornehmer Leute schließen lassen, Opus reticulatum, bemalte Mauerstücke, Mosaikfußboden, Marmorplatten. Zahlreiche Fäden spinnen sich demnach von den liparischen Inseln zu den Beschreibungen Philostrats hinüber, die es verbieten, an der schönen Entdeckung Welckers zu zweifeln". Vgl. auch das umfangreiche Werk des Erzherzogs Ludwig Salvator, Die liparischen Inseln (1893–96). Bedenken gegen die Gleichsetzung von 2, 17 mit den Liparischen Inseln bei Bougot 438; Steinm. (86) nimmt aber mit Recht an, Philostratos beschreibe die Inseln, ohne zu merken, daß es die Liparischen sind. – Übrigens haben fast alle Inseln auch eine mehr äußerliche Auszeichnung: die zweite zeigt ein Standbild des Pflügers Poseidon, die dritte Menschen, die über eine Brücke gehen und unter ihr fahren. Die vierte ist über einen Giganten getürmt, die fünfte zeigt Seilenos mit Mainaden und eine heilige Schlange. Die sechste ist durch die Kerylos-Geschichte geschmückt, die siebente durch Proteus und kindliches Spiel.

2, 17, 1 Θάλαττα ... ὑπτία: vgl. Vit. Ap. 4, 15A ἡ μὲν θάλαττα ὑπτία ... ἐφαίνετο. – Zu ἐμβεβλήκαμεν vergleicht Schenkl Arist. Frösche 206; Xen. Hell. 5, 1, 13 und übersetzt „remos impulimus". – Zu ξυγχωρεῖς γάρ που vgl. Vit. Ap. 2, 14 E ξυγχωρεῖς οὖν τὸν Εὐριπίδην ἐπαινεῖν. – Für die Stelle καὶ ὑπὲρ τοῦ παιδὸς ἐπαινεῖν bis ξυγχωρῶ καὶ πλέωμεν weiß ich keine Erklärung; in der Übersetzung folge ich mutlos der Wiener Ausgabe. Kalinka tilgt καὶ ὑπὲρ τοῦ παιδὸς ἀποκρίνεσθαι als „läppische Randbemerkung eines übereifrigen Lesers, die aus sehr alter Zeit stammen muß, weil sie in alle Handschriften eingedrungen ist. Sie dem Rhetor selbst zuzumuten – als Vortragshilfe – ist geschmacklos." Daß die Bemerkung aus dem „Rezitationsexemplar" des Philostratos stammt, der sich sozusagen eine Regiebemerkung notierte, ist unwahrscheinlich. Der Rhetor sagt vielleicht: Wir wollen uns eine Fahrt vorstellen; vergiß das Land, schon sind wir auf dem Schiff! (Ich nehme das so an), denn du erlaubst wohl, daß ich auch für (dich), den Knaben (gleich) antworte: „Ja, es ist mir recht, (daß wir fahren und du so verfährst), laß uns abfahren!" Es ist dann das Fragezeichen nach που zu tilgen. – Lesbos, Imbros, Lemnos sind große Inseln der Aegaeis; die kleinen Inselchen stehen im Gegensatz dazu.

2, 17, 2 Zu τειχήρης τὴν φύσιν vgl. Heroik. 10, 7 A τειχήρης τὴν φύσιν.

2, 17, 3 Poseidon als Festlandsgott: vgl. 2, 14, 2 E. – Poseidon mit dem Fuß auf einem Schiffsbug ist z. B. dargestellt in einer vatikanischen Statue; auch hier folgt er diesem Typ, doch ist er hier als Landmann dargestellt, und der Schiffsbug ist in einen Pflug verwandelt, auf den der Gott wie ein Pflüger tritt. Oder sah der Rhetor nicht genau?

2, 17, 4 Der Name der Insel Didymene führte zu der Darstellung zweier Inseln, die durch eine Brücke verbunden sind. – Zum Ausdruck ποταμοῦ εὖρος vgl. Schmid, Attic. 4, 50, 29; zu ἐναπεσημήναντο: die Form mit Eta findet sich auch im Ninosroman, vgl. Schmid, Attic. 4, 30. – Zu ἐξηρμοσμέναις ... πέτραις vgl. 2, 4, 2 M.

2, 17, 5 Die Insel könnte das moderne Vulcano sein. – Feuerströme: vgl. Pind. Pyth. 1, 40f. – Zur Entstehung des Feuers vgl. Strabon 6, 2, 10 οἱ ἄνεμοι γεννῶνται καὶ τρέφονται τὴν ἀρχὴν λαβόντες ἀπὸ τῶν ἐκ τῆς θαλάττης ἀναθυμιάσεων. – Zum Giganten, der nicht sterben kann, vgl. Vit. Ap. 5, 16 ἐκεῖνοι μὲν γὰρ Τυφῶ τινα ἢ Ἐγκέλαδον δεδέσθαι φασὶν ὑπὸ τῷ ὄρει καὶ δυσθανατοῦντα ἀσθμαίνειν τὸ πῦρ τοῦτο. – Typhon und Enkelados waren Söhne des Tartaros und der Gaia. Typhon wurde unter dem Aetna liegend gedacht, dessen Ausbrüche als sein feuriger Atem angesehen wurden, gelegentlich auch Enkelados, der noch unter anderen Vulkanen liegen sollte. – „Daß übrigens ein solcher erderschütternder Dämon in der Kunst wirklich darstellbar ist, lehrt die Personifikation des Erdbebens unter dem Gefängnisse des Petrus in den Raphaelischen Tapeten, die offenbar auch Goethe beim Seismos im zweiten Teile des Faust vor Augen hatte" (B I 295). – Bei „hier in Italien" denkt Philostratos an den Vesuv, der ihm, wenn er in der neapolitanischen Gemäldegalerie des Prooimions weilte, am nächsten lag. – Zeus mag hinter dem Gewölk wohl sichtbar sein; er könnte zumindest durchschimmern (gegen St. 86), es heißt ja auch, er erscheine. – Zum Lichteffekt dieses Bildteiles vgl. Helbig, Wandm. 352.

2, 17, 6 Vgl. Jacobs-Welcker 492 über die Auffassung, daß diese Insel von der dionysischen Insel nicht zu trennen sei. – Benndorf stellt fest, daß noch heute viele griechischen Inseln Schlangen aufweisen und nicht selten Drakonisi, Ophinissa, Ophiodes, Hydra usw. heißen. Er verweist auch auf Brunns Ansicht, daß diese Schlangeninsel die heutige Insel Phoenikusa (Filicudi) mit ihrer „Grotta del bove marino" sei. – Zum Vließ in Kolchis vgl. 2, 15, 2; zu den Äpfeln der Hesperiden vgl. 2, 21, 2. – Zur Schlange auf der Akropolis vgl. Hdt. 8, 41, 3; Münscher, Burs. 170, 136 bespricht den polnisch geschriebenen Aufsatz von St. Schneider, Philostratos Zeugnis über die heilige Schlange der Athena, Eos 17, 1911, 153–162, der folkloristische Bemerkungen beisteuert. – Zu den Zikaden der Athener, die sie vor Solons Zeit als Zeichen ihrer Autochthonie trugen (man hielt die Zikade für erdentsprossen), vgl. Thuk. 1, 6, 3. – Zum letzten Satz: Unerträgliche Kürze. Der Sinn ist etwa: (Man sieht, daß der Drache golden ist,) denn er streckt seinen Kopf aus der Höhle; (allerdings nur den Kopf,) denn er fürchtet für den Schatz in der Tiefe.

2, 17, 7 Die umherliegenden Zimbeln usw. sind wohl Reste eines Trinkgelages. – Noch warme Flöten: vgl. 1, 20, 2.

2, 17, 8 Trauben in verschiedenem Reifegrad an einer Stelle kennt schon Homer, Od. 7, 125 πάροιϑε δέ τ' ὄμφακές εἰσιν Ἄνϑος ἀφιεῖσαι, ἕτεραι δ' ὑποπερκάζουσιν. Unsere Stelle ist von Aristain. Ep. 1, 3 übernommen. – Die gleiche Geschichte wie hier läßt Philostratos Vit. Ap. 3, 40 über die Wirkung der Euleneier erzählen. Vgl. Steiner, G., Owl's eggs and Dionysos, Classical Weekly, 44, 1951, 117–118.

2, 17, 9 E Zu οὐ μὴν ἔξω ... φροντίδων vgl. 1, 29, 2 οὐκ ἔξω τοῦ μεμοχθηκέναι.

2, 17, 10 M Echo stürmt mit; zu ξυμβακχεύειν vgl. Plat. Phaidr. 234 D σοί εἰπόμην καὶ ἑπόμενος συνεβάκχευσα μετὰ σοῦ. – Das Wort ἀποστομίζω kommt hier zuerst vor. – Die Holzfäller pflegen eine Art von Forstwirtschaft.

2, 17, 11 Taucherfleisch nicht wohlschmeckend: Hor. Sat. 2, 2, 51 si quis nunc mergos suaves edixerit arsos, Parebit pravi docilis Romana iuventus. Galen. Περὶ τῆς τῶν ἁπλῶν φαρμάκων κράσεως καὶ δυνάμεως 11, 13: Περὶ κοιλίας αἰθυίας. Κοιλίαν αἰθυίας ἐπαινοῦσί τινες ὡς πεπτικὸν φάρμακον, εἴ τις ἢ παραχρῆμα λαμβάνων ἑφθὴν ἢ σκελετεύων προσφέροιτο. Πειραθέντες δ᾽ ἡμεῖς αὐτοῦ ματαίαν εὕρομεν τὴν ὑπόσχεσιν (Galenos, Über Mischung und Wirkung der einfachen Heilmittel 11, 13: Über den Magen des Tauchers. „Manche loben den Tauchermagen als ein die Verdauung förderndes Mittel, wenn man ihn entweder gleich nach dem Fang gekocht oder auch getrocknet einnimmt. Ich habe aber die Probe gemacht und gefunden, daß das ein leeres Versprechen ist"). – Zu παισὶν ἰατρῶν vgl. 1, 23, 2 A, der Ausdruck ist ein Atticismus (Schmid, Att. 4, 211). – Das Wort πυριάλωτος ist von Philostratos zuerst gebraucht. – Der Zug vom Vogel, der beim Flug getragen wird, sonst vom Vogel Kerylos erzählt, ist hier in einen neuen Zusammenhang eingearbeitet nach Art der beliebten Anekdoten von Tieren, die einander helfen. – Proteus: griechischer Meergott, jeder Wandlung fähig, der Gegenwart, Vergangenheit und Zukunft kundig; ihm war die Hut der Robben anvertraut; vgl. Hom. Od. 4, 384; 410f.

2, 17, 12 ME Zu ὑποκυματίζουσι vgl. 1, 12 (13) 7 E. – Proteus war wohl auf dem Bild unfern der Insel zu sehen; daß er kommt, um über die Herkunft der Quelle zu urteilen, gehört zu seiner Weisheit, vgl. Verg. Georg. 4, 392.

2, 17, 13 Auf dem modernen Basiluzzo finden sich heute noch Ruinen und andere Überreste; an seiner Ostküste sollen Gase emporperlen; vgl. Benndorf z. St. – Malteserhündchen sind zierliche Tiere der Spitzhundrasse mit langem, weißem Seidenhaar.

Aufbau der Beschreibung: Nach kurzer Einleitung Beschreibung der Inseln der Reihenfolge nach.

Zum Bild: Die Inselwelt zeigt den Reichtum urtümlicher Bildung, auch die mythologische Belebung der Natur und ihre Kultivierung durch den Menschen. Steinm. 87 führt ähnliche Denkmäler an, bes. Sogliano, Dipinti murali scelti, Taf. XX; E.Petersen, Arch. Anz. 1903; 1, 20; Schreiber, Hellenist. Reliefb., Taf. LXXIX. – Welcker erinnerte an das Mosaik von Palaestrina. – B I 296 zur Form des Gemäldes: „Das Bild ist nichts anderes als eine landschaftlich behandelte Landkarte. Daß das Altertum derartige Karten kannte, geht aus manchen Zeugnissen hervor, und ich begnüge mich auf die Zusammenstellungen bei R.Rochette,Peint. ant. ined. 22. 453, und Lettre à Mr.Schorn 271 zu verweisen. Einzelne Andeutungen der Peutingerschen Tafel, obwohl sie als Wegekarte und ihrer Form nach zu landschaftlicher Behandlung sich nicht eignete, sodann aber die Abbildungen in den Handschriften der römischen Agrimensoren beweisen außerdem wenigstens so viel, daß man sich auf Karten und Plänen keineswegs immer mit konventionellen Zeichen begnügte, sondern ein Bild der Dinge selbst, Bäume, Berge, Städte usw., zu geben suchte." – Für die Insellandschaft mit Staffagefiguren erinnert Dawson 200 an den sog. Ludius-Maler. – Lehm. – Hartl. 27 fühlt sich durch das Bild an eine „heilige Landschaft" erinnert (Zeus, Poseidon, Dionysos usw.) und meint, Philostratos wolle den Eindruck eines saturnischen Eilandes hervorrufen und an eine goldene Zeit erinnern. Er vergleicht mit 2, 17 die Beschreibungen der „Fortunatae insulae".

2, 18 Der Kyklop

Zu 2, 18: F I 27f.; II 145f., 174; B I 192f., 198, 206f., 241f., 258; II 95; M I 58; 60, 5; 74, 78, 99f.; II 624f.; Bertr. 193f.; Boug. 447f.; St. 87f.; Gst. 163.

Das Bild: Fluren und Weingärten (?). Der einäugige Polyphem mit platter, bis zur Lippe reichender Nase, mit struppigem, beiderseits herabhängendem Haar, bleckenden Zähnen
und mit Zotteln an Brust, Bauch und Beinen, die Hirtenpfeife
unter der Achsel, sitzt singend unter einer Steineiche und
blickt wild lauernd vom Berge auf die schöne Galatheia. Diese
spielt auf dem Meere mit einem Viergespann von Delphinen,
das Seemädchen führen und zügeln; vielleicht hat sie einen
muschelförmigen Wagen. Sie hebt ein Purpurgewand über
den Kopf in den Wind. Ihre Locken sind durchnäßt; die Finger der rechten Hand hat sie an die Schulter gelegt. Die straffe
Brust, das Knie und der Fuß sind sichtbar. Ihre Augen blicken
in die Ferne.

Goethe 71: Cyclop vermißt die Galatee. – Goethe 104: Du
erblickst hier, mein Sohn, das Felsenufer einer zwar steilen
und gebirgigen, aber doch glücklichen Insel, denn du siehst,
in Tälern und auf abhängigen Räumen, Weinlese halten und
Weizen abernten. Diese Männer aber haben nicht gepflanzt
noch gesäet, sondern ihnen wächst, nach dem Willen der Götter, sowie durch dichterische Gunst, alles von selbst entgegen.
Auch siehst du an höheren schroffen Stellen Ziegen und Schafe
behaglich weiden: denn auch Milch, sowohl frische als ge-
ronnene, lieben die Bewohner zu Trank und Speise.

Fragst du nun, welches Volk wir sehen? So antworte ich dir:
es sind die rauhen Cyclopen, die keine Häuser auferbauen,
sondern sich in Höhlen des Gebirges einzeln untertun; deswegen betreiben sie auch kein gemeinsames Geschäft, noch
versammeln sie sich zu irgend einer Beratung.

Lassen wir aber alles dieses bei Seite! Wenden wir unsern
Blick auf den Wildesten unter ihnen, auf den hier sitzenden
Polyphem, den Sohn Neptuns. Über seinem einzigen Auge
dehnt sich ein Brauenbogen von Ohr zu Ohr, über dem aufge-
worfenen Mund steht eine breite Nase, die Eckzähne ragen
aus dem Lippenwinkel herab, sein dichtes Haar starrt umher
wie Fichtenreis, an Brust, Bauch und Schenkeln ist er ganz
rauch. Innerlich hungert er, löwengleich, nach Menschenfleisch; jetzt aber enthält er sich dessen, er ist verliebt, möchte
gar zu gern gesittet erscheinen und bemüht sich wenigstens
freundlich auszusehen. Sein Blick aber bleibt immer schreck-

lich, das Drohende desselben läßt sich nicht mildern, so wie
reißende Tiere, wenn sie auch gehorchen, doch immer grimmig umherblicken.

Den deutlichsten Beweis aber, wie sehr er wünscht sich an-
genehm zu machen, gibt sein gegenwärtiges Benehmen. Im
Schatten einer Steineiche hält er die Flöte unter dem Arm und
läßt sie ruhen, besingt aber Galateen, die Schöne des Meers,
die dort unten auf der Welle spielt; dorthin blickt er sehn-
suchtsvoll, singt ihre weiße Haut, ihr munteres frisches Be-
tragen. An Süßigkeit überträfe sie ihm alle Trauben. Auch mit
Geschenken möchte er sie bestechen; er hat zwei Rehe und
zwei allerliebste Bären für sie aufgezogen. Solch ein Drang,
solch eine Sehnsucht verschlingt alle gewohnte Sorgfalt; diese
zerstreuten Schafe sind die seinigen, er achtet sie nicht, zählt
sie nicht, schaut nicht mehr landeinwärts, sein Blick ist aufs
Meer gerichtet.

Ruhig schwankt die breite Wasserfläche unter dem Wagen
der Schönen; vier Delphine neben einander gespannt scheinen, zusammen fortstrebend, von Einem Geiste beseelt; jung-
fräuliche Tritonen legen ihnen Zaum und Gebiß an, ihre mutwilligen Sprünge zu dämpfen. Sie aber steht auf dem Muschel-
wagen, das purpurne Gewand, ein Spiel der Winde, schwillt
segelartig über ihrem Haupte und beschattet sie zugleich; deshalb ein rötlicher Durchschein auf ihrer Stirne glänzt, aber
doch die Röte der Wangen nicht überbietet. Mit ihren Haaren
versucht Zephyr nicht zu spielen; sie scheinen feucht zu sein.
Der rechte Arm, gebogen, stützt sich, mit zierlichen Fingern,
leicht auf die weiche Hüfte, der Ellbogen blendet uns durch
sein rötlich Weiß, sanft schwellen die Muskeln des Arms wie
kleine Meereswellen, die Brust dringt hervor, wer möchte der
Schenkel Vollkommenheit verkennen! Bein und Fuß sind
schwebend über das Meer gewendet, die Sohle berührt ganz
leise das Wasser, eine steuernde Bewegung anzudeuten. Aufwärts aber, die Augen, ziehen uns immer wieder und wieder
an. Sie sind bewundernswürdig, sie verraten den schärfsten,
unbegränztesten Blick, der über das Ende des Meeres hinaus-
reicht.

2, 18, 1 Das Bild verdankt in der Einleitung einige Züge der
homerischen Schilderung des Kyklopen, Hom. Od. 9, 106 f.,

später der Darstellung Theokrits von der Liebe Polyphems zu Galateia (11). – Es ist schwer zu sagen, wo die Beschreibung beginnt. Eine Getreideernte und zugleich eine Weinlese, Sommer und Herbst auf einmal, könnten, wie auch 2, 34 die Früchte verschiedener Jahreszeiten, nebeneinander dargestellt sein. Andererseits ist der Eingang weitgehend Zitat aus Homer; immerhin weist das zweimalige Demonstrativ ταῦτα auf Anschauung, während das folgende εἰσὶ γὰρ δὴ Κύκλωπες ohne Demonstrativ wohl beweist, daß weitere Kyklopen nicht auf dem Bild sichtbar waren (B I 242).

2, 18, 1 Vgl. Hom. Od. 9, 108f. Οὔτε φυτεύουσιν χερσὶν φυτὸν οὔτ' ἀρόωσιν, 'Αλλὰ τά γ' ἄσπαρτα καὶ ἀνήροτα πάντα φύονται, Πυροὶ καὶ κριθαὶ ἠδ' ἀμπέλου .... 133f. μάλα κ' ἄφθιτοι ἄμπελοι εἶεν ... μάλα κεν βαθὺ λήιον αἰεὶ Εἰς ὥρας ἀμῷεν ... 123f. 'Αλλ' ἥ γ' ἄσπαρτος καὶ ἀνήροτος ἤματα πάντα ... βόσκει δέ τε μηκάδας αἶγας ... 187f. ὅς ῥά τε μῆλα Οἶος ποιμαίνεσκεν ἀπόπροθεν ... 246f. Αὐτίκα δ' ἥμισυ μὲν θρέψας λευκοῖο γάλακτος Πλεκτοῖς ἐν ταλάροισιν ἀμησάμενος κατέθηκεν ... 112ff. Τοῖσιν δ' οὔτ' ἀγοραὶ βουληφόροι οὔτε θέμιστες, 'Αλλ' οἵ γ' ὑψηλῶν ὀρέων ναίουσι κάρηνα 'Εν σπέεσσι γλαφυροῖσι. – Zum Kyklopenwesen vgl. Heroik. Prooim. εἰ μὲν εἰσί που τῆς γῆς Κύκλωπες, οὕς λέγεται ἡ γῆ ἀργοὺς βόσκειν φυτεύοντας οὐδὲν οὐδὲ σπείροντας. – Zu ἐξ ὅτου vgl. 1, 25, 1 ἐκ Διονύσου, 2, 16, 2 ἐκ Ποσειδῶνος.

2, 18, 2 Am Beginn klare Abgrenzung zur folgenden Beschreibung. – Polyphem Sohn Poseidons: Hom. Od. 9, 529. – Polyphems Braue: Theokrit 11, 30f. γινώσκω, χαρίεσσα κόρα, τίνος ὥνεκα φεύγεις· ὥνεκά μοι λασία μὲν ὀφρύς ... πλατεῖα δὲ ῥὶς ἐπὶ χείλει ... – Fressen wie ein wilder Löwe: Hom. Od. 9, 292 ἤσθιε δ' ὥς τε λέως ὀρεσίτροφος.

2, 18, 3 Eine Syrinx hat der Kyklop auch Ov. Met. 13, 784; sie ist das eigentliche Instrument der Hirten, und Gesang abwechselnd mit dem Spiel der Syrinx ist für sie weit charakteristischer als Gesang zur Leier. Daß übrigens Abhängigkeit von Theokrit nicht primär vorliegt, geht daraus hervor, daß dort der Kyklop auf der Syrinx spielt, nicht singt (Nem. 29). – „Süßer als ein Herbling": vgl. Theokr. 11, 21 μόσχῳ γαυ-

ροτέρα, φιαρωτέρα ὄμφακος ὠμᾶς und Ovid, Met. 13, 795
Lucidior glacie, matura dulcior uva. – Hirschkälber: Theokrit
11, 40f. τρέφω δέ τοι ἔνδεκα νεβρώς ... καὶ σκύμνως ...
– „Er weiß nicht mehr usw.“: Theokr. 11, 72 ὦ Κύκλωψ,
Κύκλωψ, πῶ τὰς φρένας ἐκπεπότασαι; – Wo die Erde ist:
Schwierige Übersetzung. Kalinka: „Da seine Blicke auf Galateia gebannt sind, schaut er nur noch aufs Meer und weiß
gar nicht mehr, wo Land ist; so schon Goethe.“ – Struppiges
Haar: Ov. Met. 13, 844 coma plurima torvos Prominet in
vultus humerosque, ut lucus, obumbrat. Theokrit 11, 50
λασιώτερος. – Zu εἰς ὄνυχα ἧκον vgl. 2, 25, 1 βάρβαροι
ταῖς χαίταις καὶ ἐς ὁπλὴν λάσιαι. – „Er hält seinen Blick für
sanft“: vgl. Theokr. 6, 34 οὐδ’ εἶδος ἔχω κακόν. – Statt
ἄγριον δὲ ὁρᾷ liest Jacobs, Exerc. 2, 104 ἀχρεῖον δὲ ὁρᾷ, sehr
in Erwägung zu ziehen. – Zu ὑποκαθήμενον vgl. Vit. Ap.
7, 14 (Spielarten der Tyrannis) τῆς μὲν ὁρμώσης καὶ ἀκρίτου
Νέρωνα, τῆς δὲ ὑποκαθημένης Τιβέριον.

2, 18, 4   Zu ἐπιστομίζουσαι vgl. Isid. v. Pelus. Ep. 148,
p. 665 A τοῖς δυσηνίοις μαθηταῖς τὸν χαλινὸν τοῦ φόβου
ὥσπερ πώλοις ἔμβαλλε καὶ ἐπιστόμιζε αὐτούς, ἐπειδὰν
ἀγέρωχόν τι καὶ παρὰ τὴν ἡνίαν πράττοιεν, ἵνα καὶ οἱ εὐ-
ήνιοι πλέον ἐπιδοῖεν πρὸς ἀρετήν. Ep. 55, p. 570 ἐπιστόμιζε,
ἵνα μὴ κατὰ κρημνῶν ἐνεχθεῖεν. – Galateia hält die Zügel wohl
in der Linken, mit der Rechten hält sie ihr Gewand schirm-
förmig über ihr Haupt. Zum Gewand vgl. Moschos, Europ.
129 κολπώθη δ’ ἀνέμοισι πέπλος βαθὺς Εὐρωπείης ἱστίον οἷά
τε νηός (dazu Bühler, W., Moschos’ Europa, Wiesbaden 1960).
Über das Motiv des bogenförmig über dem Kopf ausgebreiteten Gewandes bei Nereidendarstellungen auf Sarkophagen
vgl. F I 32, 0. – Jacobs liest für σκιάν das Wort σκιάδιον,
Sonnenschirm (Exerc. 2, 105f.). – Die weiße Haut Galateias
gelobt: Vergil, Ecl. 7, 38. – Galateias Bein berührt die See, so
wie früher an Schiffen seitlich ein Ruder befestigt war und in
die See tauchte. – Zur Seeperspektive vgl. Lesky, Thal. 267:
„Ist dieses starke Empfinden für die ziehende Weite der See...
bereits hellenistisch? Wir möchten ... die Frage bejahen.“

Aufbau der Beschreibung: Der Beginn (1. 2) dient mehr der
Einleitung; hier sind auch die poetischen Reminiszenzen

häufig. Dann treten sie fast ganz zurück, offenbar, weil den Rhetor das Bild selbst in Anspruch nimmt (St. 88). Beschreibung des Polyphem, der Galateia (s.a. Gst. 163).

Zum Bild: Der Raum 4 ist der Darstellung der Urwelt gewidmet. Auch das Wesen des Kyklopen und der maritime Charakter des Bildes 2, 18 passen in diese Umgebung. – Polyphem mit Syrinx ist dargestellt auf dem Bild Helbig 1052. – Zum Haar des Polyphem vgl. Helbig, Wa. 1048: „Sehr eigentümlich sind hier ... die Haare des Polyphem behandelt ... sie stimmen mit der Schilderung des älteren Philostratos 2, 18 zusammen." Vgl. auch das Zitat der Beschreibung eines Hirten von Eustathios bei B I 207. – Zum gebauschten Gewand Galateias vgl. Lesky, Thal. 266. – Der Widerschein des Gewandes: Seit der hellenistischen Kunst sucht man den Widerschein zu erhaschen, den eine Farbe auf eine andersfarbige Fläche wirft (Apelles: Alexander mit dem Blitz; Antiphilos: Feueranblasender Knabe). Auch die Fresken der Vesuvstädte bieten Beispiele (Salis 259). – Parallelen zu Galateias Haltung führt St. 87 an. Das Nachschleifen des Fußes zeigt Galateia auch auf dem Gemälde im Haus der Livia; weitere Belege bei St. 89. – Über Polyphem und Galateia vgl. auch Helbig, W., Polyphem und Galateia, in: Archaeologischer Anzeiger zur Archaeol. Zeitg. 21, 1863, 188–190; s.a. Dawson 145; RE 7, 518 und bes. das Mosaik in Antiochia, Levi 1, 26f.

2, 19 Phorbas

Zu 2, 19: F I 59; 65, 1; 165, 1; B I 193, 199, 210f., 217, 230, 242, 247, 282f.; II 26; M I 49, 68, 92, 99; II 612; K 402f.; Nem. 26; Boug. 85, 446f.; St. 89f.; Gst. 71f., 155.

Das Bild: An einem Fluß eine riesige Eiche, an der abgeschlagene Menschenköpfe hängen; ein Blitz fährt auf sie nieder. Unter ihr liegt der wilde Riese Phorbas mit blutender Schläfe. Der Sieger Apollon steht dabei, mit aufgebundenem Haar und Lichtstrahlen, die von der Stirne ausgehen, im Gesicht Lächeln mit Zorn gemischt. Die Hände sind mit Riemen umwickelt für den Faustkampf, die Faust ist noch geballt. –

Nemitz 26 hat den Irrtum beseitigt, in 2, 19 lägen zwei Bild-
phasen vor.

Goethe 73: Phorbas; grausam Beraubender unterliegt dem
Phöbus.

2, 19, 1 Phorbas war ein mythischer König der Phlegyer; er
soll in Panopeus in Phokis gewohnt und den Weg nach Delphi
unsicher gemacht haben, indem er – wie Antaios – die Vorüber-
gehenden zum Faustkampf zwang und sie tötete. Apollon kam
und tötete ihn und war von da an auch Gott des Faustkampfes
(die Sage ist nur überliefert Schol. Hom. Il. 23, 660; Nachklang bei Ovid Met. 11, 413 nam templa profanus Invia cum
Phlegyis faciebat Delphica Phorbas). – Lehmann-Hartl. 25
erwägt sehr anmutend, Philostratos könnte hier ein Bild nicht
ganz verstanden haben. Vielleicht gehörte das Original zum
Faustkampf zwischen Polydeukes (Pollux) und Amykos. Auch
Amykos war Herrscher eines wilden Stammes, der Bebryker.
Die Strahlen um „Apollons" Haupt könnten auch den Stern
des Polydeukes bedeuten. Für diese Deutung spricht auch, daß
Amykos, Polyphem, Glaukos und Proteus Söhne des Gottes
Poseidon waren, dem dieser Saal geweiht ist.
Am boiotischen Kephisos (zum Unterschied vom attischen)
wurden auch die Chariten verehrt; den Musen ist er „nicht
fremd", weil der Parnaß der Musenberg ist. Den Phlegyern
schrieb die Ufer des Kephisos als Wohnung zu der homerische
Hymnos auf den pythischen Apoll. 3, 278 f. – Denniston, J. D.,
Varia, in: The Classical Review 47, 1933, 216 suchte vergeblich
πόλεις οὔπω ὄντες zu erschüttern; Rose, H. J., Phil. sen.
imag. 2, 19, 1 in: The Class. Rev. 48, 1934, 126 will mit den
weniger guten Hss. πόλις lesen. – Mit πυκτεύει setzt der
Vorbericht des Rhetors ein; mit πεπύκτευται (4) bezieht er
sich auf die wirklich gemalte Szene. – Zu ἀπάγει vgl. Hercher,
R., Zu griechischen Prosaikern, Hermes 9, 1875, 110, der ἄγει
lesen will; ἀπάγειν kann aber gerade „etwas Geschuldetes
bezahlen, geben" bedeuten. – In Paianen wird Apollon um
Abwendung von Seuchen und ähnlichen Übeln angefleht oder
ihm für ihre Abwehr gedankt.

2, 19, 2 „Herrschersitz" und „olympische Siege" (3 A) sind

ironische Ausdrücke. – ἀνταποδύομαί τινι gebraucht Philostratos zuerst.

2, 19, 3 Φρονοῦντι : μέγα φρονοῦντι vgl. 1, 30, 1 M; zum Dativ vgl. Schmid, Att. 4, 58; zu „Olympiaden" vgl. Schmid, Att. 4, 417; Vit. Ap. 4, 44 A τοιούτων Ὀλυμπιάδων μεστός (ebenfalls ironisch). – Zu ἀκειροκόμης vgl. Hom. Il. 20, 39 Φοῖβος ἀκερσικόμης. Im Faustkampf war langes Haar nachteilig; Apollon hat es daher aufgebunden. – Für Apollons Kopf erinnert Benndorf an den vatikanischen Apollon; Lichtstrahlen, von der Stirn des Helios ausgehend, zeigen rhodische Münzen. – Zur Wange als Sitz der Stimmung vgl. 1, 18, 1 E; nachgeahmt ist die Stelle von Isid. von Pelus Ep. 156 p. 600 A μειδίαμα θυμῷ κεκραμένον διὰ τῆς παρειᾶς ἔπεμψεν. – Zu βολαὶ δ' ὀφθαλμῶν vgl. Hom. Od. 4, 150 ὀφθαλμῶν τε βολαί und Theokrit 22, 66f. ὄμματα δ' ὀρθά· πύξ διατεινάμενος. – Kalinka: ταῖς χερσίν geht auf die Hände Apollons. – Apollon als Faustkämpfer erweckt Bedenken; die Sage ist nur Schol. Hom. Il. 23, 660 überliefert, und Welcker hielt sie für Grammatikererfindung (Ep. Cycl. 1, 61); vgl. oben die Vermutung von Lehm.-Hartl. – Über Apollons Beziehung zum Faustkampf vgl. Jüthner, Gymnastisches 319, 1. Die Schlagriemen des Gottes werden die schweren, mit Metallbuckeln besetzten Sphairai (cestus) gewesen sein; die Mittelhand war dabei mehrfach umwickelt, was den Vergleich mit Kränzen verständlich macht (Jüthner 319). – Zum letzten Satz: Die Übersetzung soll einen halbwegs brauchbaren Sinn geben; der Text ist wohl verderbt.

2, 19, 4 „Die Wucht der Rechten, die ihn traf": Die Rechte des Gottes war so gemalt, daß sie auch nach dem Schlag noch die frühere Spannung beibehielt. – Zu ὁπόσον ἐπέχει τῆς γῆς vgl. Hom. Od. 11, 577f. von Tityos ὁ δ' ἐπ' ἐννέα κεῖτο πέλεθρα (= 9 mal 30 Meter). – Philostratos überträgt auf Phorbas und seine Eiche, was vom ganzen Volk der Phlegyer berichtet wird; vgl. Paus. 9, 36, 3 τὸ μὲν δὴ Φλεγύων γένος ἀνέτρεψεν ἐκ βάθρων ὁ θεὸς κεραυνοῖς συνεχέσι καὶ ἰσχυροῖς σεισμοῖς. – Zu Feuer, das vom Himmel stürzt, vgl. 1, 14, 1. – Dryos Kephalai: nach Hdt. 9, 39, 1 wird der Engpaß vom Kithairon nach Plataiai von den Athenern so genannt; allerdings scheint Philostratos dabei einem geographischen Irrtum zu unterliegen, da Kithairon und Kephisos recht weit voneinander entfernt sind. „Daß hier nicht ein Maler, sondern der Sophist sich Periegetenweisheit zu Nutze machte, liegt auf der Hand" (Kalkmann, Ekphraseis 403).

Aufbau der Beschreibung: Anfangs Blick auf das gesamte Bild; dann die Behausung des Phorbas. Beschreibung des Apollon, dann des Phorbas (vgl. Gst. 155).

Zum Bild: Wie Polyphem paßt auch der primitive Phorbas zu einer Darstellung urweltlichen Wesens. – Totenschädel wurden in antiker Kunst abgebildet, z. B. auf einem Mosaik in Pompeii (St. 89), auf der Traianssäule und sonst (Bougot 85). – Zur Darstellung des Faustkampfes vergleicht St. (90) die ficoronische Cista, für die als Vorbild „ein unteritalisches Gemälde griechischer Herkunft" angenommen wird. Jüthner, Gymnastisches 319 erwähnt Vasenbilder, die den letzten Moment eines Faustkampfes darstellen, so die Schalen des Duris, Wiener Vorl. VIII, 1, und Pamphaios ebendort D 5.

2, 20 Atlas

Zu 2, 20: Baden 29; F I 75, 1; B I 198, 247; M I 63; Bertr. 206f.; Boug. 456; Gst. 163.

Das Bild: Atlas, der den Himmel trägt, ist ins Knie gesunken und zusammengekauert; Schweiß trieft von ihm herab. Herakles hat seine Keule weggeworfen, seine Gesichtszüge sind ungeduldig gespannt, und er will den Himmel auf seine Schultern laden. Die Schatten beider Gestalten sind scharf gezeichnet. Am Himmel sind Sternbilder (Stier und Bären) sichtbar, ebenso die Winde.

Goethe 72: Atlas; der Held nimmt das Himmelsgewölbe auf seine Schultern.
Goethe 122: Diesmal treffen wir unsern Helden nicht kämpfend noch streitend, nein, der löblichste Wetteifer hat ihn ergriffen, im Dulden will er hülfreich sein. Denn auf sei-

nem Wege zu den libyschen Hesperiden, wo er die goldenen
Äpfel gewinnen sollte, findet er Atlas, den Vater jener Heroinen, unter der ungeheurn Last des Firmamentes, das ihm zu
tragen auferlegt war, fast erliegend. Wir sehen die riesenhafte
Gestalt auf ein Knie niedergedrückt, Schweiß rinnt herab. Den
eingezogenen Leib und dessen Darstellung bewundern wir,
er scheint wirklich eine Höhle, aber nicht finster, denn er ist,
durch Schatten und Widerscheine, die sich begegnen, genugsam erleuchtet, dem Maler als ein großes Kunststück anzu-
rechnen. Die Brust dagegen tritt mächtig hervor in vollem
Lichte; sie ist kräftig, doch scheint sie gewaltsam ausgedehnt.
Ein tiefes Atemholen glaubt man zu bemerken; so scheint
auch der Arm zu zittern, welcher die himmlischen Kreise
stützt. Was aber in diesen sich bewegt, ist nicht körperlich
gemalt, sondern als in Aether schwimmend; die beiden Bären
sieht man, so wie den Stier, auch Winde blasen teils gemeinsam, teils widerwärtig, wie es sich in der Atmosphäre begeben
mag.

Hercules aber tritt hinzu, im Stillen begierig auch dieses
Abenteuer zu bestehen; er bietet nicht geradezu dem Riesen
seine Dienste, aber bedauert den gewaltsamen Zustand, und
erweist sich nicht abgeneigt, einen Teil der Last zu übertragen;
der andere dagegen ist es wohl zufrieden und bittet daß er das
Ganze nur auf kurze Zeit übernehmen möge. Nun sehen wir
die Freudigkeit des Helden zu solcher Tat, aus seinem Ange-
sicht leuchtet Bereitwilligkeit, die Keule ist weggeworfen, nach
Bemühung streben die Hände. Diese lebhafte Bewegung ist
durch Licht und Schatten des Körpers und aller Glieder
kräftig hervorgehoben und wir zweifeln keinen Augenblick die
ungeheure Last von den Schultern des einen auf die Schultern
des andern herübergewälzt zu sehen.

2, 20, 1 Zu τὸν μὲν γὰρ συγκεκυφότα ... αὐτὸς δ' ἂν ...
στῆσαι vgl. die ähnliche Konstruktion 2, 11, 1 A τὸν Πᾶνα
αἱ Νύμφαι ... φασὶν ὀρχεῖσθαι ..., αὐταὶ δ' ἂν μεταδιδάξαιεν αὐτόν.

2, 20, 2 „Das Bild zeigt": Der Beginn der Beschreibung
wird klar aufgezeigt. – Zum Text: οὔπω ... ἄξιον ... τοῦ
ἄθλου (noch nicht der Mühe ... wert): scherzhaftes Wortspiel

mit dem kurz vorhergehenden τὸν ἆθλον (Kalinka). Die Schattenzeichnung des Herakles fordert noch nicht zur Bewunderung heraus, weil die Stellung Liegender und Stehender scharfe Schatten liefert; also war Herakles wohl stehend gemalt. Atlas aber ist zusammengekauert vorgebeugt, und innerhalb der zusammenfallenden Schatten seiner Gestalt ist es für den Maler schwer, die tiefen und die helleren so gegeneinander abzustufen, daß sich die eingezogenen Teile (wie der Bauch) gegen ihre etwas hellere Umgebung (Schenkel) abheben (Kalinka). Zur Bewertung der Schatten durch Philostratos vgl. Fairbanks zur Stelle. – Brunn, Kritik 445 stellt den Text ὁποῖος περὶ ἀστέρας ἕστηκεν her und erklärt: Die (gemalten) Sternbilder sind gemalt auf der den Äther darstellenden Grundfarbe. – Zum Streit am Himmel vgl. das Scholion: Ζέφυρος γὰρ καὶ Νότος καὶ ὅσα δυτικώτερα τῶν πνευμάτων φιλίαν ἔχουσι· ἐκ τοῦ αὐτοῦ γὰρ πνέουσι· τῶν πνευμάτων ἐναντία ὄντα ... μάχονται πρὸς ἄλληλα („Der Zephyros, der Notos und die westlichen Winde sind befreundet, weil sie aus der gleichen Richtung wehen. Die Winde, die sich entgegenwehen, ... kämpfen gegeneinander").

2, 20, 3 ἀναθήσεις ... ξυμβιώσεις ist noch immer auf τὰ ἐν τῷ οὐρανῷ zu beziehen. – Vgl. Hom. Od. 11, 602 f.: (Herakles) δὲ μετ᾽ ἀθανάτοισι θεοῖσιν τέρπεται ἐν θαλίης καὶ ἔχει ... Ἥβην. – Da die Götter durch Hebe jung sind, muß sie als Ursache ihrer Jugend älter sein als die Götter.

Aufbau der Beschreibung: Anfangs kurze Darstellung des Mythos; dann Beschreibung des Atlas, des Herakles, des Himmels. Wegführend Schlußbemerkung.

Zum Bild: Der Raum ist den Taten des Herakles gewidmet und beginnt mit dem Triumph seiner Riesenkraft, die vor der Mattigkeit des Atlas besonders hervortritt. Zur Gruppe Herakles – Atlas vgl. Paus. 5, 10, 9; 18, 4. – Bougot 456 vergleicht die Archemoros-Vase; zu statuarischen Darstellungen des Atlas vgl. RE 2, 2129 f. Im Hellenismus wird Atlas pathetisch als zusammenbrechend dargestellt; so ist im Museo Nazionale zu Neapel eine Statue, die zeigt, wie Atlas ins Knie gesunken ist und mit qualvollem Ausdruck zum Himmel blickt. Welcker

vergleicht zu unserem Bild (Atlas) ein farnesisches Standbild.
– Schwitzende Menschen stellte antike Malerei dar; so hatte
Parrhasios einen im Kampf rennenden Schwerbewaffneten
gemalt, der zu schwitzen schien (Plin. nat. 35, 71). – Über die
Anordnung der Bilder des Herakles – Zyklus vgl. Lehm-Hartl.
21; über den psychologischen Grund der Reihe vgl. L.-H. 24.

2, 21 Antaios

Zu 2, 21: Baden 28; F I 41, 56f.; 102, 1; 111; II 146, 4;
B I 183, 189, 197, 199, 210f., 214f.; 224, 4; 225, 242f., 247;
II 26; M I 49f., 56, 58, 91; Bertr. 145f; Boug. 457f., St. 36.
91; Gst. 72f.

Das Bild: Ein Berg in Libyen, dessen Gipfel von einer goldenen Wolke umgeben ist. In der Ebene ein sandiger Ringplatz, daneben Grabhügel mit Stelen und eingehauenen Lettern. Am Boden (etwa) liegen die Äpfel der Hesperiden und
das Löwenfell des Herakles.

Antaios gleicht einem vierschrötigen Untier ohne Hals;
Arme und Schultern sind massig, das Schienbein ist unge-
schlacht. Seine Hautfarbe ist schwarz. Vermutlich trägt er
Ohrenschützer. – Herakles ist als starker, gewandter Mann gemalt; sein Gesicht ist hochrot, die Adern geschwollen. Er hat
Antaios von hinten her in der Mitte, wo die unteren Rippen
sind, erfaßt, ihn aufrecht auf seinen Schenkel gestellt und umklammert. Zugleich drückt er ihm seinen Ellbogen in den Unterleib. Antaios schreit jämmerlich und sieht zur Erdgöttin
hinab, die ihm nicht helfen kann. Herakles lächelt siegesgewiß;
der Gott Hermes naht, um ihn zu kränzen.

Goethe 72: Antäus; Sieg durch Ringen. – Goethe 120: Der
libysche Wegelagerer verläßt sich auf seine Kräfte, die von der
Mutter Erde nach jedem Verlust durch die mindeste Berührung wieder erstattet werden. Er ist im Begriff die Erschlagenen zu begraben, und man muß ihn wohl für einen Sohn des
Bodens halten, denn er gleicht einer roh gebildeten Erdscholle.
Er ist fast eben so breit als lang, der Hals mit den Schultern
zusammengewachsen; Brust und Hals scheinen so hart als

wenn der Erzarbeiter sie mit Hämmern getrieben hätte. Fest
steht er auf seinen Füßen, die nicht gerade, aber tüchtig gebildet sind.

Diesem vierschrötigen Boxer steht ein gelenker Held entgegen, gestaltet als wenn er zu Faustkämpfen ganz allein geboren und geübt sei. Ebenmaß und Stärke der Glieder geben
das beste Zutrauen, sein erhabenes Ansehen läßt uns glauben,
daß er mehr sei als ein Mensch. Seine Farbe ist rotbraun, und
die aufgelaufenen Adern verraten innerlichen Zorn, ob er sich
gleich zusammennimmt, um, als ein von beschwerlicher Wanderung Angegriffener, nicht etwa hier den Kürzeren zu ziehen.
Solchen Verzug fühlt Antäus nicht; schwarz von der Sonne
gebrannt, tritt er frech dem Helden entgegen, nur daß er sich
die Ohren verwahrt, weil dorthin die ersten mächtigsten
Schläge fallen.

Dem Helden jedoch ist nicht unbewußt, daß er weder mit
Stoß noch Schlag das Ungeheuer erlegen werde. Denn Gäa,
die Mutter, stellt ihren Liebling, wie er sie nur im mindesten
berührt, in allen Kräften wieder her. Deshalb faßt Hercules
den Antäus in der Mitte, wo die Rippen sind, hält ihm die
Hände hinterwärts zusammen, stemmt den Ellbogen gegen
den keuchenden Bauch und stößt ihm die Seele aus. Du siehst
wie er winselnd auf die Erde herabblickt, Hercules hingegen
voller Kraft bei der Arbeit lächelt. Daß auch Götter diese Tat
beobachten, kannst du an der goldenen Wolke sehen, die, auf
den Berg gelagert, sie wahrscheinlich bedeckt. Von dorther
kommt ja Mercur, als Erfinder des Faustkampfes, den Sieger
zu bekränzen.

2, 21, 1 Antaios war ein riesiger libyscher König, der alle
sein Gebiet durchziehenden Fremden zum Ringkampf zwang,
die Besiegten tötete und aus ihren Schädeln seinem Vater Poseidon einen Tempel baute. Daß Herakles ihn tötete, galt bald
als Triumph der geistig überlegenen, geschulten Athletik über
rohe, barbarische Kraft. – Welcker meinte, das Bild weise
zwei Szenen auf; die Ankunft des Helden bei Antaios und den
Kampf selbst (ebenso Nemitz 27 und MI 49 f.). B I 242, Bougot 458 und Bertrand 145 wiesen aber darauf hin, daß die ein-
leitende lebhafte Beschreibung der Vorbereitungen zum Kampfe
doch wohl rhetorisch-poetische Hinführung zur eigentli-

chen Beschreibung ist (die Gegengründe von Nemitz 17. 27 sind aber sehr beachtlich); Gst. 72 f. ist der gleichen Ansicht. – Die Griechen bestrichen sich vor athletischen Kämpfen, besonders vor dem Ringkampf, mit Olivenöl. Philostratos erwähnt Vit. soph. 113, 26 einen „Ölquell" in einem Gymnasion, offenbar einen Ölbehälter, aus dem man Öl fließen lassen konnte. In solche Gymnasien wurde auch feinster Sand gebracht, oft von weither (vgl. Benndorfs Anm. in der Wiener Ausg.); in Libyen gibt es ihn im Überfluß. Der Rhetor will also sagen: Hier sieht man feinsten Sand, wie er in den bekannten luxuriösen Gymnasien liegt, wo nebenbei noch ein eigener „Ölquell" hängt. Gemalt war natürlich nur der Sand. – Antaios hat die sog. Amphotides umgelegt, metallene, an Riemen befestigte Kapseln zum Schutz der Ohren, die sonst nur beim Faustkampf getragen wurden.

„Der Hellene Herakles ist beim Ringkampf kunstgemäß ganz ohne Schutzwaffe, selbst die Löwenhaut legt er ab; der Barbar fühlt sich nur im Faustkampf und nur durch den Beistand seiner Mutter sicher und hält es darum für nötig, sich gegen die Gefahren einer anderen Kampfweise oder auch dagegen zu sichern, daß ihn sein Gegner ins Ohr beiße (1, 6, 4): die Ohrenklappen sind also ein Zeichen seiner niedrigen, feigen Gesinnung" (B I 210; vgl. auch die Wiener Ausg. z. St.). Der geringfügige Anachronismus stört Philostratos dabei nicht (St. 91). J. Jüthner, Gymnastisches 324 f. erblickt in der Vorsichtsmaßregel des Antaios einen lustigen Einfall des Rhetors unter dem Einfluß eines Satyrspiels des Aischylos (frg. 102 N). – „Grabhügel mit Säulen": es sind die Gräber der Opfer des Antaios; zu κολωνός = τάφος vgl. Vit. Ap. 4, 11 A ἐπὶ τοῦ κολωνοῦ τοῦ Ἀχιλλέως ἐννυχεύσειν ἔφη. Vgl. Lucan. 4, 589 tumulos. – Olearius hält die Säulen für die Säulen des Herakles, die Schriftzeichen für die Beschreibung seiner Taten.

2, 21, 2 „Begräbt": das erklärt die eben erwähnten Grabhügel. – „Die goldenen Äpfel hier": dies beweist, daß die Goldäpfel gemalt waren. – „Ohne ein Knie zur Rast gebeugt" zu haben: homerisches Zitat, z. B. Od. 5, 453 ἄμφω γούνατ' ἔκαμψεν. Ähnlich. Vit. Ap. 2, 6. – Zu τείνων τοὺς ὀφθαλμούς vgl. Aristain. 2, 5 A. – „Er zügelt seinen Zorn" usw.

ist nachgeahmt bei Isid. v. Pel. 5 Ep. 189 p. 615 E εἰ τοίνυν ταῦθ' οὕτως ἔχει, ἔμβαλε ἡνίαν τῷ θυμῷ, ἵνα μὴ προπηδῶν τοῦ λογισμοῦ σβέσῃ ... τὸ φρόνημα. – „Unglückskinder": eigentlich „o Kinder Unglücklicher", nach Hom. Il. 6, 127 δυστήνων δέ τε παῖδες und sonst.

2, 21, 3 Herakles wird mit allen Eigenschaften eines guten Ringers ausgestattet. – ἄνθος αἵματος vgl. 2, 6, 5; geschwollene Adern: vgl. 2, 23, 4 A.

2, 21 4 Antaios ist so breit wie lang; er ist „vierschrötig" (Goethe). – Zu αὐχὴν ἐπέζευκται τοῖς ὤμοις vgl. 2, 16, 4. – Zu περιῆκται vgl. Kayser: cum Heynio intellege de turgido et toroso quasi circumducto bracchio. – „Mit dem Hammer geschmiedet": vgl. Theokrit 22, 47 σφυρήλατος οἷα κολοσσός. – „Nicht gerade Form des Schienbeines": im Gegensatz zu Hyakinthos (1, 24, 3) und Achilleus (2, 2, 2). Überhaupt schildert Philostratos Antaios mit allen Eigenschaften, die ihn zum Ringkampf ungeeignet machen und die er im Gymnastikos (35) besprochen hatte. So soll der Ringer eher groß sein (Antaios: vierschrötig); er soll nicht sein μηθ' ὑψαύχην μήτε ὤμοις τὸν αὐχένα ἐπεζευγμένος (Antaios: αὐχὴν ἐπέζευκται τοῖς ὤμοις), und seine Schienbeine sollen gerade sein (Nachweise bei Jüthner, Verf. 230 und Gymnastisches 325 f.). – Antaios war nicht „schwarz", sondern von der Sonne tief gebräunt wie der alte Hirt bei Prokopios v. Gaza, Ekphrasis Eik. 30 τῷ τοῦ χρώματος μέλανι τὴν ἐν ἡλίῳ διατριβὴν ἐνδεικνύμενος.

2, 21, 5 Ge (Gaia) war nach jüngerer Sagenversion die Mutter des Antaios, der aus der Berührung mit der Erde immer neue Lebenskraft schöpfte, weshalb ihn Herakles auf seinen Schenkel nahm und von jeder Berührung der Erde löste, um ihn zu töten. – Herakles hebt Antaios, der aufrecht ist, so hoch, daß er einen Oberschenkel, der offenbar etwas vorgestellt ist, als Stütze für die Wucht des gehobenen Körpers gebrauchen kann. Er hat Antaios von hinten gepackt und bohrt ihm die Spitzen der unechten Rippen mit dem gewaltigen Druck seiner Arme in die Leber (Jüthner, Gymnastisches 326).

2, 21, 6 Zu περιωπὴν ἔχειν vgl. Vit. Soph. 56, 5. – Hermes
kommt nicht von der Götterwolke, sondern als Gott des
Ringkampfes und Erfinder des alten Turnwesens, Hor. c. 1,
10, 3 f.; von seinem Sohne Harpalykos soll Herakles das Ringen erlernt haben, Theokr. 24, 113 f.

Aufbau der Beschreibung: Es sind in den ersten Zeilen nur
die allgemeinen Kriterien hingestellt, um überhaupt das Sujet
vorzuführen, aber keineswegs ist eine besondere Scene beschrieben. Es ist gewissermaßen die Überschrift, die nun erst
ihre Erläuterung durch die Erzählung des Mythos erhält, in
welcher zunächst das geistige Wesen der Kämpfer näher
charakterisiert wird. Dann erst folgt die Beschreibung der
beiden Kämpfer nach ihrer Körperbeschaffenheit, wie sie im
Bilde gemalt sind; endlich, nachdem nochmals betont ist, wie
sich die bisherige Beschreibung nur auf den Habitus der
Kämpfer bezieht, folgt die Handlung selbst (B II 26; vgl. Gst.
155). Am Ende Beschreibung des Berges und des Hermes.

Zum Bild: In 2, 20 half Herakles dem ermüdeten Atlas.
Hier stellt er seine Kraft in den Dienst von Ordnung und
Menschlichkeit gegenüber dem gemeinen Barbaren. Philostratos will hier nicht nur beschreiben, sondern den Gegensatz
des Hellenen und Barbaren herausarbeiten. – (Libanios) 4,
1082 (Reiske) (= Progymn., Descr., 13, 14; 8, 492 f. Förster)
beschreibt zwei Werke in Bronze, die Herakles und Antaios im
Ringkampf zeigen. – Über das Thema im schwarzfigurigen
Stil vgl. Pfuhl, Malerei 1, 324. Pfuhl gibt 3, 124–25 das Bild
des Euphronios und bespricht es 1, 449: „Die Füße des Herakles, die erschlaffte Hand des Antaios, der Ausdruck seines
beklemmten Ächzens sind unübertrefflich gelungen." – Auch
Praxiteles (Paus. 9, 11, 6) hatte den Kampf dargestellt. Die
Version, daß Antaios in der Luft erdrückt werden muß, war
der Vasenmalerei unbekannt; in späteren Darstellungen
herrscht sie durchaus vor. – RE 1, 2341 wird angeführt: Wandgemälde aus dem Nasonengrab (Bellori, Pict. ant. sepulcr.
Nasonum Tab. 13. Montfaucon 1, 130) und Pompeii (Sogliano
495). – Jüthner, Gymn. 326 führt eine große Reihe von Parallelen zu unserem Bilde an. – Einen Kopf mit Amphotides
zeigt Schreiber, Bilderatlas XXIV, 8.

2, 22 Herakles bei den Pygmäen

Zu 2, 22: F I 102; II 174f.; B I 189, 215, 247f.; II 29; M I 52; 94, 5; Gst. 73f., 163.

Das Bild: Herakles schläft mit offenem Munde im Sande Libyens. Neben ihm steht der Gott des Schlafes, unfern von ihm liegt auch der tote Antaios. Das Heer der Zwerge (Pygmäen) hat Herakles umzingelt; eine Schlachtreihe beschießt seine linke Hand, zwei Heerhaufen ziehen gegen die Rechte ins Feld, Bogenschützen und Schleuderer belagern seine Füße. Zum Kopf, gegen den der Zwergenkönig selbst anstürmt, bringt man Kriegsmaschinen heran; Feuer soll gegen sein Haar wüten, ein Karst soll die Augen blenden, Torflügel sollen Nasenlöcher und Mund versperren.

Goethe 73: Hercules und die Pygmäen; köstlicher Gegensatz.

2, 22, 1 Heuler verglich das Epicharmfragment aus dem Stück Ἡρακλῆς ὁ ἐπὶ τὸν ӡωστῆρα im Schol. Venet. zu Aristoph., Fried. 73: Πυγμαρίων λοχαγὸς ἐκ τῶν ⟨καν-ϑάρων τῶν⟩ μεӡόνων, οὓς φάντι τὰν Αἴτναν ἔχειν. – „Nach dem Sieg über Antaios": Rückbezug auf 2, 7. – „Wenn sie aus der Erde aufsteigen": so waren Antaios und die Pygmäen Abkömmlinge der Erde. „Legen sich Vorräte an": vgl. Xen. Kyrop. 6, 1, 15 τὰ μὲν ἐπιτήδεια ... λαβόντες ἀποτίϑεσϑαι. – Ein Zwerggespann: vgl. Aristot. Hist. anim. 8, 12, 597 A 7f. οὐ γάρ ἐστι τοῦτο μῦϑος, ἀλλ' ἔστι κατὰ τὴν ἀλήϑειαν γένος μικρὸν μέν ... καὶ αὐτοὶ καὶ οἱ ἵπποι· τρωγλοδύτα εἰσὶ τὸν βίον („Denn das ist kein Märchen, sondern es gibt wirklich eine Art, die klein ist ... und auch ihre Pferde; sie wohnen in Höhlen").

2, 22, 2 Zu μέγα ποιούμενος vgl. Hdt. 9, 111, 4 μέγα ποιοῦμαι.

2, 22, 3 ΜΕ πῦρ ... ϑύρας; zur Mischung von Nominativ und Accusativ vgl. 2, 9, 2 τὰς οἰκίας ... αἱ Λυδαί. – Feuer und Karst: vgl. Eur. Phoin. 1153 ὁ δ' Ἀρκὰς ... βοᾷ πῦρ καὶ δικέλλας ὡς κατασκάψων πόλιν. – ἀναπνεύσοι: Der Optativ Fut. ist hier durchaus berechtigt (Kal.).

2, 22, 4 „Nun sieh": das beweise, wie immer, daß der Gegenstand, hier die launige Reaktion des Herakles, vom Maler dargestellt war (Kalinka). Welcker glaubte ebenfalls, die Szene sei gemalt; Heyne leugnete es. – B I 248: „Wir haben hier nicht eine Beschreibung einer Gruppe, sondern eine in mehreren Momenten fortschreitende Erzählung, wie sie der Beschauer aus der Betrachtung der Hauptscene und der Kenntnis des Mythos sich fast mit Notwendigkeit selbst entwickeln muß. Er erkennt die Gefahr, in der sich die Pygmäen befinden, und sieht voraus, was sich ereignen wird; der Rhetor aber kommt seiner Phantasie zu Hilfe und schildert, was erst bevorsteht, als bereits eingetreten. Ändern wir einen einzigen Ausdruck und fassen „Nun sieh aber" im Sinne von „aber warte nur, wenn ...", so wird niemand mehr an eine zweite im Bilde dargestellte Scene denken" (ebenso Jahn, Archaeol. Beitr., Berlin 1847, 427f.; Steinm. 91; Gst. 73f.).

Aufbau der Beschreibung: Zuerst Darstellung des Mythos und des Bildthemas; dann Beschreibung des Herakles, Hypnos, Antaios und des Pygmäenheeres. Am Ende Ausmalung des kommenden Geschehens (vgl. Gst. 163).

Zum Bild: Im Pygmäenbild tritt mehr der heitere Aspekt der Kraft des Helden hervor, ein rührender Kontrast gegen den in 2, 23 folgenden Wahnsinn, der die fehlgeleitete Kraft vorführt, die zerstörend und mörderisch wirkt. – Pygmäendarstellungen sind im Hellenismus verbreitet und erscheinen bald in allen möglichen mythologischen und alltäglichen Szenen, ähnlich den Eroten. Über Pygmäendarstellungen vgl. Pfuhl, Malerei 3, 699 und bes. Schefold, K., Vergessenes Pompeii, Bern 1962, 150; s. auch RE 23, 2064f. – Timanthes, ein Zeitgenosse des Parrhasios, malte ein kleines Tafelgemälde mit einem Kyklopen und Satyrn, die seinen Daumen ausmessen, Plin. nat. 35, 74. Erhalten ist ein hellenistisches Reliefbild (Schreiber, Hell. Reliefb., Taf. XXX, 1; Reliefbruchstück in Villa Albani, Rom; Abb. bei Roscher, s. v. Pygmaien III 3305, Abb. 18): ein trunkener Herakles, der wohl im Schlaf auf seiner Löwenhaut ausgestreckt liegt, in der Linken den Becher, aus dem ein pygmäenhaft kleiner Satyr, auf der obersten Sprosse einer Leiter stehend, vornübergebeugt aus Leibeskräften schlürft; vgl. Steinm. 91. – Förster, Goya 46 bildet eine im Jahre 94/95 geprägte Medaille von Alexandria (Sammlung Dattari) ab, die einen stehenden Herakles mit Zwergen zeigt; sie halten teils noch das Seil, das sie um seine Keule und sein rechtes Bein geschlungen haben, teils wenden sie sich zur Flucht. – Ob Swift das Bild kannte, ist nicht sicher zu sagen (Münscher, Burs. 149, 121).

2, 23 Der rasende Herakles

Zu 2, 23: F I 126f.; B I 195, 199, 224, 247, 255f.; II 31, 82; M I 83; 105, 1; K 411, 2; Boug. 471; St. 93, 115f.; Gst. 74, 159f.

Das Bild: In einem Hof steht ein Altar, um den Körbe, Wasserbecken, Gerste, Holzstücke und ein Mischkrug durcheinandergeworfen liegen; dabei ein Opferstier. Am Boden das Löwenfell des Herakles und zwei seiner Söhnchen; der eine Knabe hat den Pfeil in der Kehle, der andere in der Brust. Ihre Wangen sind von Tränen naß. Herakles stürmt auf ein Gemach zu, in dem (sichtbar?) Megara und der letzte Sohn sich bergen. Um den rasenden Herakles die Dienerschar: einer will ihn binden, einer festhalten, einer umklammert ihn, dort stellt ihm einer das Bein; andere springen ihn an. Herakles aber schleudert sie alle weg, Schaum speiend und krankhaft lachend; er brüllt, den Hals gebläht, die Halsadern geschwollen.

Goethe 72: Hercules, rasend; schlecht belohnte Großtaten.

2, 23, 1 Philostratos schließt sich hier in manchem Ausdruck an Euripides (Hercules Furens) an. Gerade die Abweichungen des Bildes von diesem Drama zeigen aber, daß keine Fiktion des Rhetors vorliegt. Bei Euripides trifft Herakles einen Sohn mit dem Pfeil in die Leber (979); der andere fällt vor ihm aufs Knie und erhält einen Schlag auf den Kopf, so daß der Schädel zerschmettert wird (992); bei Philostratos ist der eine vom

Pfeil in die Kehle, der andere in die Brust getroffen. Bei Euripides schreien die Mutter und die Diener nur, bei Philostratos beruht die ganze Komposition darauf, daß die Diener dem Herakles nicht bloß zurufen, sondern in die Arme fallen und ihn mit Gewalt zurückzuhalten suchen, wovon bei Euripides kein Wort steht. Die ganze Auffassung ist also durchaus selbständig. Noch mehr: bei Euripides (822 ff.) wird Lyssa eingeführt, auf dem Bild ist sie gerade nicht dargestellt (vgl. B I 255; II 82). So ist, was von Euripides entlehnt ist, äußerer Schmuck der Rede, nicht Substanz. – Herakles hatte einst durch seine Stärke Theben die Unabhängigkeit von Orchomenos verschafft und erhielt als Lohn Megara, die Tochter Kreons, zur Frau. Hera aber sandte ihm Wahnsinn, und in diesem tötete er seine drei kleinen Kinder und seine Frau. – Μαχομαί τινα: für diese Konstruktion ist hier der früheste Beleg; man darf die Stelle nicht für verdorben halten (Schmid, Att. 4, 411). – ἀπόσχοιτο: potentialer Optativ ohne ἄν ist bei Philostratos nicht selten. – Nun die Vorbild-Stellen bei Euripides, Herc. furens: Zahl der Kinder: 995 χωρεῖ τρίτον θῦμ' ὡς ἐπισφάξων δυοῖν. – Geistesabwesenheit des Herakles: 936 τί θύω πρὶν κτανεῖν Εὐρυσθέα; 939 ὅταν δ' ἐνέγκω δεῦρο κρᾶτ' Εὐρυσθέως. 943 πρὸς τὰς Μυκήνας εἶμι· λάζυσθαι χρεὼν Μόχλους δικέλλας θ' ... (vgl. 999). 962 f. δεινὰ δ' Εὐρυσθεῖ βρέμων "Ην ἐν Μυκήναις τῷ λόγῳ· 967 f. Εὐρυσθέως δοκῶν Πατέρα προταρβοῦνθ' ἱκέσιον ψαύειν χερὸς 'Ὡθεῖ ... Καὶ τόξ' ἑαυτοῦ παισὶ τοὺς Εὐρυσθέως Δοκῶν φονεύειν. 982 f. Εἶς μὲν νεοσσὸς ὅδε θανὼν Εὐρυσθέως ... πέπτωκέ μοι. 947 f. ἅρματ' οὐκ ἔχειν ἔφασκε ... κέντρον δῆθεν ὡς ἔχων χερί.

2, 23, 2 Du aber vertiefe dich in das Bild: klarer Beginn der Beschreibung; zum Ausdruck vgl. Plut. Timol. 3 ἐλπίδος τοιαύτης γενόμενον. – „Soviel zu diesen hier": gemeint sind die gemalten Sklaven, die das Geschehen noch nicht ganz erfaßt hatten; vgl. Eur. 950 f. διπλοῦς δ' ὀπαδοῖς ἦν γέλως φόβος θ' ὁμοῦ ... παίζει πρὸς ἡμᾶς δεσπότης ἢ μαίνεται; – Megara hat sich mit einem Kind geflüchtet und eingesperrt; vgl. Eur. 996 f. ἀλλὰ φθάνει νιν ἡ τάλαιν' ἔσω δόμων κτλ. – Zu den Geräten usw. Eur. 926 f. ἐν κύκλῳ δ' ἤδη κανοῦν εἴλικτο βωμοῦ ... φέρειν ἐς χέρνιβ' ... 941 ῥίπτετ' ἐκ χερῶν κανᾶ. – Zeus Herkeios ist der Gott der Umfriedung

des Hauses, dem Herakles eben ein Opfer darbringen wollte,
Eur. 922f. – Der Kindermord ist bei Euripides wesentlich
anders dargestellt: 977f. ὁ δ᾽ ἐξελίσσων παῖδα κίονος κύκλῳ
Τόρνευμα δεινὸν ποδός, ἐναντίον σταθεὶς Βάλλει πρὸς ἧπαρ
... 991f. ῾Ως ἐντὸς ἔστη παῖς λυγροῦ τοξεύματος, Μυδρό-
κτυπον μίμημ᾽ ὑπὲρ κάρα βαλὼν Ξύλον καθῆκε παιδὸς ἐς
ξανθὸν κάρα ῞Ερρηξε δ᾽ ὀστᾶ. – Kalinka: die letzten Worte
von 2 sehen nach einem Spruch aus, der aus einem Tra-
gödiendialog (oder Menander?) stammen könnte: εὕρουν τὸ
δάκρυ παισίν ἐστι, κἂν μέγα δείσωσι κἂν μικρόν.

2, 23, 3 Zu περίκειται vgl. 1, 28, 3 A und Eur. 976 οἰκετῶν τ᾽ ὄχλος ... 869 ταῦρος ὣς und Hom. Il. 13, 571f. ὡς
ὅτε βοῦς, τόν τ᾽ οὔρεσι βουκόλοι ἄνδρες ... βίῃ δήσαντες
ἄγουσιν. Zu ἤρτηται τῶν χειρῶν vgl. Eur. Alk. 189f. παῖδες
δὲ μητρὸς πέπλων ἐξηρτημένοι ἔκλαιον. – Zu πολὺ μὲν τοῦ
ἀφροῦ διαπτύων vgl. Eur. 934f. ἀφρὸν κατέσταζ᾽ εὐτρίχου
γενειάδος κτλ. – Das Wort διεκπτύω ist von Philostratos
zuerst gebraucht.

2, 23, 4 Seine Kehle brüllt: vgl. Eur. 869f. ταῦρος ὣς
ἐς ἐμβολήν, δεινὰ μυκᾶται. – Die Adern treten hervor:
vgl. Theokrit 1, 43 ὧδέ οἱ ᾠδήκαντι κατ᾽ αὐχένα πάντοθεν ἶνες und hier 2, 21, 3. – Zur Darstellung: „Was die
Malerei zu erreichen vermochte, zeigt uns gerade Herakles im
vorliegenden Bilde. Denn er reißt den Rhetor zu einer wirklich
glänzenden Schilderung hin, in der in auffallender Weise das
rhetorische Pathos zurücktritt, um uns die körperlichen Sym-
ptome des Wahnsinns in scharf ausgeprägten, wahrhaft plastischen Formen mit erschütternder Wahrheit vor Augen zu
stellen. Eine Lyssa oder ein Oistros neben diesem Herakles
könnte nur fade und störend erscheinen" (B I 256f.). – Unter
Erinys versteht Philostratos wohl Lyssa, nicht eine eigentliche
Erinys. – „Sie tobt in seiner Brust": Eur. 863 οἷ᾽ ἐγὼ στάδια
δραμοῦμαι στέρνον εἰς ῾Ηρακλέους ... 871 τάχα σ᾽ ἐγὼ μᾶλλον χορεύσω. – Zu τὸν λογισμὸν θολοῦσα vgl. Vit. Ap. 1, 8
Μ διαθολοῦντα τὸν ἐν τῇ ψυχῇ αἰθέρα. – Das Wort προσ-
παροινεῖν ist von Philostratos zuerst (und wohl allein) gebraucht.

Aufbau der Beschreibung: Anfangs Apostrophe, in der die mythologischen Voraussetzungen angedeutet werden. Dann Schilderung des Thalamos, des Hofes, der herumliegenden Gegenstände und der toten Kinder. Weiter Beschreibung des Herakles und der Diener. Am Ende Hinweis auf das Nichtdargestellte und rhetorischer Abschluß (vgl. St. 115; Gst. 159f.).

Zum Bild: Es ist ein sehr „fruchtbarer Moment" geschildert, was wieder für Existenz des Bildes spricht. Der Wahnsinnige tobt, doch ist seine Tat noch nicht vollbracht. – Bester Beleg für eine Darstellung des rasenden Herakles ist der Krater des Asteas (vgl. Rumpf 45, 2 nach Trendall, Paestan Pottery, Taf. 7). Dieses Bild schließt sich deutlich an ein Bühnenstück, freilich nicht des Euripides, an. Ein Gemälde des Nearchos (Plin. nat. 35, 141 Herculem tristem insaniae paenitentia) ist ebenfalls bekannt. Vgl. noch Hirzel, H., Vaso di Pesto da Ercole furente, Ann. d. Inst. 36, 1864, 323-342; bes. 338f. Hirzel zitiert zu 2, 23 noch Stephani, Compte rendu de la commiss. imp. arch. pour l' année 1862, 120f. und schließt, daß ein Bild so gemalt sein konnte, wie es Philostratos beschreibt (340f.). Er zitiert auch weitere Parallelen für Einzelzüge.

2, 24 Theiodamas

Zu 2, 24: B I 199, 247, 294; M I 130; K 401; 402, 3; Bertr. 140f.; Boug. 473; Gst. 74.

Das Bild: Ein Feld; Theiodamas, ein mürrischer alter Bauer mit struppigem Haar und schmutzigem Gesicht, trägt einen einfachen Kittel. Er flucht und wirft mit Steinen nach Herakles. Dieser hat ihm nämlich einen Ochsen weggenommen, hat ein Feuer aus Rindermist gemacht und versucht eben, ungeduldig, ob das Fleisch gar ist. Auf Theiodamas achtet er nicht.

Goethe 73: Hercules und Thiodamas; der speisegierige Held beschmaus't einen widerwilligen Ackersmann.
Goethe 131: Dem Helden, dessen höchstes Verdienst auf tüchtigen Gliedern beruht, geziemt es wohl einen seiner Arbeit gemäßen Hunger zu befriedigen, und so ist Hercules auch

von dieser Seite berühmt und dargestellt. Heißhungrig findet er einst gegen Abend auf dem schroffsten Theil der Insel Rhodus, von Lindiern bewohnt, einen Ackersmann, den kümmerlichsten Bodenraum mit Pflugschar aufreißend. Hercules handelt um die Stiere; gutwillig will sie ihm der Mann nicht abtreten. Ohne Umstände ergreift der Held den einen, tötet, zerlegt ihn, weiß Feuer zu verschaffen und fängt an sich eine gute Mahlzeit vorzubereiten.

Hier steht er, aufmerksam auf das Fleisch, das über den Kohlen bratend schmort. Er scheint mit großem Appetit zu erwarten, daß es bald gar werde, und beinahe mit dem Feuer zu hadern, daß es zu langsam wirke. Die Heiterkeit, welche sich über seine Gesichtszüge verbreitet, wird keineswegs gestört, als der in seinen nützlichsten Tieren höchst beschädigte Ackersmann ihn mit Verwünschungen, mit Steinen überfällt. Der Halbgott steht in seinen großen Formen, der Landmann als ein alter, schroffer, strauchwilder, roher, derber Mann, den Körper bekleidet, nur Kniee, Arme, was Kraft andeutet, entblößt.

Die Lindier verehren immerfort zum Andenken dieses Ereignisses den Hercules an hohen Festtagen mit Verwünschungen und Steinwerfen, und er, in seiner unverwüstlichen guten Laune, tut ihnen immer dagegen manches zu Gute.

Die Kunst, wenn sie lange mit Gegenständen umgeht, wird Herr über dieselben, so daß sie den würdigsten eine leichte lustige Seite wohl abgewinnt. Auf diesem Wege entsprang auch gegenwärtiges Bild.

Es ist zur Bearbeitung höchst anlockend. Im schönen Gegensatz steht eine große heitere Heldennatur gegen eine roh andringende kräftige Gewalt. Die erste ruhig, aber bedeutend in ihren Formen, die zweite durch heftige Bewegung auffallend. Man denke sich die Umgebung dazu. Ein zweiter Stier noch an Pfluge, geringes aufgerissenes Erdreich, Felsen daneben, eine glückliche Beleuchtung vom Feuer her. Wäre dieser nicht ein schönes Gegenstück zum Ulyss bei den Cyclopen, im heitersten Sinne ein glücklicher Gegensatz?

2, 24, 1 In der üblicheren Form der Sage ist Theiodamas ein König der Dryoper am Parnaß; im Dienste Apollons kommt Herakles mit Deianeira und Hyllos ins Dryoperland und bittet

Theiodamas um Nahrung; als dieser ihn zurückweist, verzehrt Herakles einen Ochsen vom Wagen des Königs vollständig (vgl. Apoll. Rhod. 1, 1213 f.). Philostratos folgt der rhodischen Form der Sage; hier ist Theiodamas ein pflügender Bauer, und Herakles verzehrt einen seiner Ochsen. Mit diesem Mythos erklärte man den Herakleskult in Rhodos, bei dem ein Ochse geopfert und Beschimpfungen ausgestoßen wurden (bei den heißen Quellen, Thermhydrai, am Hafen von Lindos); vgl. Anth. Pal. 16, 101 und bes. Apollod. 2, 5, 11. – „In rauhem Lande": vgl. Stat. Silv. 1, 1, 104 Rhodus aspera. – ὁ δὲ στρυφνός: vgl. Xen. Kyr. 2, 2, 11 τῶν στρυφνοτέρων ἀνθρώπων und hier 2, 7, 2. – Zu ἐν ὠμῷ τῷ γήρᾳ vgl. Hom. Od. 15, 357. – Zu ἀλλὰ τοῦ θράσους vgl. 2, 22, 1 E. – Zu σφόδρα ἐθὰς ὤν vgl. 1, 16, 1 A.

2, 24, 2 Herakles war bei Koronos, dem Sohne des Kaineus, Königs der Lapithen, zu Gast; dabei soll er – wie hier – einen ganzen Ochsen gegessen haben; vgl. Apollod. 2, 5, 11. 2, 7, 7. Die Form ὀστέα, -έων gehört zu den Ionismen der Koine. – „Feuer kann man aus Steinen schlagen": Jede Konjektur ist überflüssig; L. Sternbach veröffentlichte in einer vatikanischen Appendix zum Gnomol. Paris. (Ber. d. Krakauer Acad. 20; S. 50, Nr. 150) den Text ὁ Ἡρακλῆς τὴν διὰ τῶν λίθων πυρὸς ἐκβολὴν ἐφεῦρεν (vgl. Schenkl, Reiske 207). Vielleicht geht auch dies auf Pindar zurück. Der Artikel vor λίθοι bezeichnet vielleicht die abgebildeten, zum Feuerschlagen geeigneten Steine. – Zu ἀπανθρακίζει vgl. (Pindar bei) Athen. 10, 411 b δοιὰ βοῶν θερμὰν ἐς ἀνθρακιάν ...

2, 24, 3 Zu τὴν παρειὰν ἀνεῖσθαι vgl. 1, 18, 1 E; die Wange spiegelt die Gefühle wieder. – Nach ὁ γεωργὸς δὲ λίθοις ἐπὶ τὸν Ἡρακλέα nimmt Kayser eine Lücke an; Headlam, W., Various coniectures, in: The Journal of Philology, 23, 1895, 261 ergänzt χρῆται und vgl. Thuk. 7, 70, 5 λίθοις ἀφθόνως ἐπ᾿ αὐτὴν ἐχρῶντο. – Dorisches Gewand: Auf Rhodos wohnten Dorer.

2, 24, 4 Das Sprichwort Λίνδιοι τὴν θυσίαν wurde mit der Theiodamas-Geschichte in Verbindung gebracht, vgl. Zenob. 4, 95; Diogenian. 6, 15.

Aufbau der Beschreibung: Zuerst Angabe des Schauplatzes, dann des Inhaltes der Sage. Anschließend die eigentliche Beschreibung. Am Ende Hinweis auf den Brauch in Lindos (vgl. Gst. 156).

Zum Bild: Die Szene besitzt einen kultisch-aitiologischen Aspekt, zeigt aber daneben scherzhaft den ungeheuren Appetit des Helden, des Supplement zu seiner Riesenkraft. – Lehmann-Hartl. 23: Die Theiodamas-Geschichte war lokalisiert in Thessalien und Rhodos. Hätte der Maler an Rhodos gedacht, hätte er das Bild zwischen die afrikanischen Abenteuer und die Raserei des Herakles gestellt. Es ist aber Philostratos, der Rhodos als Schauplatz annimmt. In Wirklichkeit hat die thessalische Szene ihren korrekten Platz im Zyklus und bezeichnet topographisch wie chronologisch seinen Beginn. – Anth. Pal. 16, 101 bezieht sich auf eine Darstellung des Herakles bei Theiodamas.

2, 25 Bestattung des Abderos

Zu 2, 25: F I 65; 72 und Anm. 3; B I 218f., 247; M I 69, 3; 81; K 402; St. 71f., 119.

Das Bild: Der wild aussehende Diomedes liegt tot neben seinen Stuten, die mit verwilderten Mähnen und zottig bis zu den Hufen an Krippen sich gemästet haben, die noch mit menschlichen Gliedern und Knochen angefüllt sind; ein Pferd liegt erschlagen, eines zuckt noch, eines scheint aufzuspringen, ein anderes bricht eben zusammen. Herakles trägt den halb aufgefressenen Abderos, seinen Liebling, hinweg.

Goethe 72: Abderus; dessen Tod gerochen. Groß gedacht und reizend rührend ausgeführt.
Goethe 126: Hier hat der Kräftige das Viergespann des Diomedes mit der Keule bezwungen, eine der Stuten liegt tot, die andere zappelt, und wenn die dritte wieder aufzuspringen scheint, so sinkt die vierte nieder, rauchhaarig und wild sämtlich anzusehen. Die Krippen aber sind mit menschlichen Gliedern und Knochen gefüllt, wie sie Diomed seinen Tieren zur

Nahrung vorzuwerfen pflegte. Der barbarische Rossenährer selbst liegt erschlagen bei den Bestien, wilder anzuschauen als diese.

Aber ein schwereres Geschäft als die Tat vollbringt nun der Held; denn das Oberteil eines schönen Knaben schlottert in der Löwenhaut. Wohl! wohl! daß uns die untere Hälfte verdeckt scheint. Denn nur einen Teil seines geliebten Abderos trägt Hercules hinweg, da der andere schon in der Hitze des gräßlichen Kampfes von den Ungeheuern aufgezehrt ist.

Darum blickt der Unbezwingliche so bekümmert vor sich hin, Tränen scheint er zu vergießen, doch er nimmt sich zusammen und sinnt schon auf eine würdige Grabstätte. Nicht etwa ein Hügel, eine Säule nur soll den Geliebten verewigen; eine Stadt soll gebaut werden, jährliche Feste gewidmet, herrlich an allerlei Arten Wettspiel und Kampf, nur ohne Pferderennen, das Andenken dieser verhaßten Tiere sei verbannt.

2, 25, 1 Diomedes, ein sagenhafter König der thrakischen Bistonen, warf seinen Stuten die Fremden zum Fraße vor, bis Herakles ihn tötete. Die Rosse waren mit eisernen Ketten an eherne Krippen gebunden. Abderos, der Sohn des Hermes und Liebling des Herakles, wurde von diesen Stuten zerrissen, als er sie für Herakles bewachte. An seinem Grab gründete Herakles eine Stadt und benannte sie nach ihm Abdera; die Einsetzung von Festspielen zu Ehren des Abderos wird nur bei Philostratos erwähnt, ist aber wohl kaum seine Erfindung (vielleicht aus einem Heraklesepos). – Μὴ τὰς ἵππους; Der Grund für die negative Frage liegt darin, daß es leichter war, Pferde zu überwinden als Ungeheuer oder Unholde; wir sollen hier den zweiten Teil der „Tat" für schwerer als den ersten halten, weil die Liebe ihn so schwer für Herakles machte. – Eros legt Herakles die Mühe auf: der Rhetor will andeuten, daß Abderos der Liebling des Herakles war. – Iphitos, Sohn des Eurytos, soll ebenfalls von Herakles geliebt worden sein.

2, 25, 2 Headlam, W., Journ. of Philol. 23, 1895, 262 will lesen ἐπὶ πένθει δεδόσθω καὶ ἄλλως ἐραστῇ. – Die ganze Stelle ist schwer zu verstehen: 1. Herakles weint über Abderos; das tun aber auch andere Liebhaber. 2. Eine weitere Ehrung ist eine Denksäule auf einem schönen Grab(mal; vielleicht war auch dies vorgreifend gemalt); aber auch dies ist etwas, was jeder fertigbringt. 3. Herakles aber macht es nicht wie alle; er gründet auch noch eine Stadt (neben und hinaus über 1 und 2, wobei 1 sicher gemalt war). – „Ehrengabe" ist die Grabstelle besonders deshalb, weil die Inschrift die Aretai des Verschiedenen preist. – Verführerisch ist Lindaus Vorschlag, καλοῦ zu lesen („eines Schönen, Geliebten", wie auf attischen Vasen).

Aufbau der Beschreibung: Zuerst die mythischen Grundlagen, vermischt mit einer Darstellung der auf Diomedes und die Rosse bezüglichen Einzelheiten; dann der Kern und eigentliche Gegenstand des Bildes: die Liebe des Herakles zu seinem toten Freund. Am Ende Ausblick auf die Totenehrungen.

Zum Bild: Das Bild führt die Tragik im Leben des Helden vor: bei aller Kraft und allem Duldertum verliert er sein Liebstes, und es bleibt ihm nur der hilflose Trost großer Totenehrung. Kayser erwähnt ein „Vas Volcentinum" (her. von Roulez, Schriften der Königl. Akademie zu Brüssel, IX, 3 = Melanges de Philologie usw. IV, 4, Brüssel 1843), auf dem allein Abderos, von den Rossen des Diomedes zerrissen, gezeigt sei.

2, 26 Gastgeschenke (Stilleben)

Zu 2, 26: B I 247, 297; M I 98, St. 95.

Das Bild: In einem Käfig sitzt ein Hase, der mit gespitzten Ohren Männchen macht; ein anderer hängt mit aufgeschlitztem Bauch abgehäutet an einer Eiche, unter der ein Jagdhund sitzt. Neben dem Hasen hängen zehn Enten und zehn Gänse, deren Fettbrüste abgerupft sind. In einem tiefen Korb daneben liegen achtrippige Brote; in einem anderen Korb sind reife Oliven aufgehäuft. Auch Mispeln und Eßkastanien liegen da. Feigenmarmelade ist in einer Blätterhülle aufbewahrt.

2, 26, 1 Über Xenia in Leben und Kunst vgl. Vitruv 6, 7, 4. Bei Einladungen sandte man oft Hühner, Eier, Früchte und andere ländlichen Nahrungsmittel; daher nannte man Bilder, die solche Dinge zeigten, „Xenia". Zu παντὶ τῷ βλέμματι vgl. 1, 28, 8 ἀφίησι τῇ χειρὶ πάσῃ. – Zu διὰ τοῖν ποδοῖν: die Haut über die Pfoten heruntergezogen; abzulehnen Vitelli, G., Phil. mai. Imag 2, 26, 1 in: Stud. It. di Filol. Class. 2, 1894, 208 und Weil, Rev. des Etudes Grecques 1893, Nr. 23, 404; vgl. auch Schmid. Burs. 108, 263. – Tote Vögel wurden an der Brust gerupft, um auf dem Markte ihre Feistigkeit gleich in die Augen fallen zu lassen; vgl. Schol. Aristoph. Av. 530 βλιμάζειν κυρίως τὸ τοῦ ὑπογαστρίου καὶ τοῦ στήθους ἅπτεσθαι, ὅπερ ἐποίουν οἱ τοὺς ὄρνιθας ὠνούμενοι.

2, 26, 2 „Gesäuertes Brot": sehr seltenes Wort, wohl Atticismus; vgl. Xen. Anab. 7, 3, 21 ἄρτοι ζυμῖται. – „Mit acht Einschnitten": nach Hesiod, Erga 442 ἄρτον δειπνήσας τετράτρυφον ὀκτάβλωμον. Lindau: Als Gegensatz ist dies wohl ungesäuertes und deshalb mehr plattes weißes Brot mit acht Einschnitten oder Kerben. – „Zukost": Diese Brote sind so gut wie alles, was sonst zum Brote gegessen wird, bes. Fleisch oder Gemüse. – „Richtige Tafel": wenn der Knabe Warmes essen will, soll er mit „dem hier", den Hasen und Enten, auf die Köche warten.

2, 25, 3 Baumreife Früchte: nicht erst auf Stroh nachgereifte Früchte. – „Eicheln": volkstümlicher Ausdruck für süße Kastanien. – „Fort mit dem Honig!": Die Marmelade ist so süß, daß es keinen Honig braucht; καί offenbar, weil dem Knaben auch an Oliven und Naschwerk sichtlich nichts liegt (Kalinka). – Nach μέλι steht in vielen Handschriften τῆς τῶν ἰσχάδων συνθήκης, doch ist das nur eine vom Rand in den Text gedrungene Erklärung, wie sie ähnlich bei Hesych steht: παλάθη· ἡ τῶν σύκων ἐπάλληλος θέσις. Vgl. auch Suda παλάθαι· μᾶζαι σύκων καὶ παλασίων τῶν πεπατημένων ἰσχάδων. – „Die eigenen Blätter": vgl. 1, 31, 3.

2, 26, 4 Pramnos: Bergfelsen auf der Insel Ikaria an der kleinasiatischen Küste; Thasos: große Insel nächst der thrakischen Küste; die von dort stammenden Weine sind so berühmt, daß ihr Name auf ähnliche übertragen wurde, besonders „Pramneios" auf jeden starken, herben Wein. – „Auf dem

Tische": Philostratos dachte hier wohl an eine Szene wie sie
Theokrit 7, 132f. beschreibt. – Zum Schluß vgl. Aristoph.
Wolk. 1007 μίλακος ὄζων καὶ ἀπραγμοσύνης.

Aufbau der Beschreibung: Die Beschreibung beginnt mit
dem lebenden Tier und folgt dann der Reihe: Tiere, Brote,
Früchte. Am Schluß eine wegführende Bemerkung über den
Herrn des Landgutes.

Zum Bild: Ein Hase im Käfig ist auch abgebildet auf einer
bemalten Schale, Mon. d. Inst. X 37a; vgl. Steinm. 95. – Toter Hase, hängend: Helbig, Wandg. 1671; vgl. 1694. Beyen
59; Pfuhl, Malerei 3, 313; Abb. 702a. – Tote Enten, hängend:
Helbig, Wandg. 1609. Enten: Beyen 63. – Zum dürren Baum:
Auf vielen Gemälden mit landschaftlichem Hintergrund steht
in der Mitte oder seitlich im Mittelgrund ein alter, dürrer
Baum, der den Blick in den Hintergrund freiläßt (Beleg bei
Steinm. 95). – Darstellung von Broten: Helbig, Wandg. 1661
bis 67. Eingemachte Früchte in einer Schachtel: Helbig,
Wandg. 1681.

2, 27 Geburt der Athene

Zu 2, 27: F I 44, 1; B I 198; M I 98f., 115f.; II 626; B II
99; Boug. 481f.; St. 95f.

Das Bild: Eine Versammlung aller Götter, selbst der Nymphen und Flußgötter; sie bewundern Athene, die dem Haupte
des Zeus entsprang und wohl etwa die Bildmitte einnimmt.
Die Waffen der Göttin schimmern farbig. Hephaistos hält
noch das Beil, mit dem er den Kopf des Zeus spaltete. Zeus
und Hera sind freudig dargestellt. – Wohl im unteren Teil des
Bildes, vermutlich in kleineren Proportionen, die athenische
Burg, von der Fettdampf der Opfer für Athene aufsteigt (etwa
links), und die Burg der Rhodier auf der, geflügelt und in Gold,
Plutos, der Gott des Reichtums, steht (etwa rechts). Athene
eilt, vielleicht in Bildmitte, von oben rechts zu den Athenern
nach unten links.

Goethe 71: Minerva's Geburt, sie entwindet sich aus dem

Haupte Zeus' und wird von Göttern und Menschen herrlich empfangen.

Goethe 109: Sämtliche Götter und Göttinnen siehst du im Olymp versammelt, sogar die Nymphen der Flüsse fehlen nicht. Alle sind erstaunt die ganz bewaffnete Pallas zu sehen, welche so eben aus dem Haupte des Zeus gesprungen ist. Vulcan, der das Werk verrichtet, steht und scheint um die Gunst der Göttin sich zu bemühen, sein Werkzeug in der Hand, das wie der Regenbogen von Farben glänzt. Zeus atmet von Freude wie einer, der eine große Arbeit um großen Nutzens willen übernommen, und stolz auf eine solche Tochter, betrachtet er sie mit Aufmerksamkeit. Auch Juno, ohne Eifersucht, sieht sie mit Neigung an, als ob sie ihr eigen Kind wäre.

Ferner sind unten die Athener und Rhodier vorgestellt, auf zwei Hochburgen, im Land und auf der Insel, der Neugebornen schon Opfer bringend; die Rhodier nur unvollkommen, ohne Feuer; aber die Athener mit Feuer und hinreichender Anstalt, wovon der Rauch hier glänzend gemalt ist, als wenn er mit gutem Geruch aufstiege. Deswegen schreitet auch die Göttin auf sie zu, als zu den weisesten. Aber zugleich hat Zeus die Rhodier bedacht, weil sie seine Tochter zuerst mit anerkannt: denn man sagt, er habe eine große Wolke Goldes über ihre Häuser und Straßen ausgeschüttet. Deswegen schwebt auch hier Plutus von den Wolken herab über diesen Gebäuden, ganz vergoldet, um den Stoff anzuzeigen, den er ausspendet.

2, 27, 1 Der Eingang ist sprachlich an Homer angelehnt, Il. 20, 4f., 7 οὔτε τις οὖν ποταμῶν ἀπέην ... οὔτ' ἄρα Νυμφάων. Das Weitere ist sprachlich nach Pind. Ol. 7, 70f. gestaltet Οὐρανός δ' ἔφριξέ νιν καὶ Γαῖα μάτηρ. Vgl. Hymn. Hom. 28, 6f. σέβας δ' ἔχε πάντας ὁρῶντας 'Αθανάτους. – Pind. Ol. 7, 64f. ἀνίχ' 'Ηφαίστου τέχναισιν χαλκελάτῳ πελέκει πατέρος 'Αθαναία κορυφάν κατ' ἄκραν ἀνορούσαισ' ἀλάλαξεν. – „Wie das Beil zeigt": im Text ist nichts zu ändern; zur Ellipse von (zeigt) vgl. Schmid, Att. 4, 106. 110.

2, 27, 2 Zu den Farben der Waffen vgl. 1, 16, 4 ὑπὲρ πᾶσαν ἴριν. – Liebe des Hephaistos für Athene: Lukian, Deor. dial. 8.

2, 27, 3 Söhne der Erde (und des Meeres): die ersten Bewohner von Rhodos, die Telchinen, waren Söhne des Meeres,
Diod. 5, 55. – Opfer ohne Feuer: Trotz vorhergegangener
Vorbereitungen befiel die Rhodier Vergeßlichkeit, so daß sie
zum Opfer kein Feuer hatten; Pind. Ol. 7, 85 f. ... τεῦξαν δ'
ἀπύροις ἱεροῖς ἄλσος ἐν ἀκροπόλει. – Der Rauch gleichsam duftend: vgl. 1, 6, 1. – Das Wort ἀναρρεῖν gebraucht
Philostratos zuerst in der Bedeutung „aufwallen". – Zu den
Athenern als den Klügeren kommt die Göttin: vgl. Diod. 5,
56. – Zum Reichtum der Rhodier. Hom. Il. 2, 670 καί σφιν
θεσπέσιον πλοῦτον κατέχευε Κρονίων und Pind. Ol. 7, 62 f.
ἔνθα ποτὲ βρέχε θεῶν βασιλεὺς ὁ μέγας χρυσέαις νιφάδεσσι
πόλιν ... Ol. 7, 89 f. ξανθὰν ἀγαγὼν νεφέλαν πολὺν ὗσε
χρυσόν.

Aufbau der Beschreibung: Der Rhetor geht von der Göt-
terversammlung aus, gibt das Bildthema an und schildert
dann Athene, Zeus und Hera. Anschließend die Beschreibung
der Athener, der Rhodier und des Plutos.

Zum Bild: Robert von Schneider, Die Geburt der Athene,
Abh. des Wiener arch. Seminars 1, 1880, 21 f. – B II 99
schützt die Beschreibung vor dem Vorwurf, sie sei Fiktion
nach Pindar. – Die „Geburt der Athene" hatte wahrscheinlich
auch Kleanthes gemalt (Strabon 8, 3, 12; Baumeister, Denkm.
1, 217 f.); vgl. auch das sog. Madrider Puteal, Baumeister,
Abb. 172, 2 und die Nachbildung der Götterszene von Schwind. –
Bougot 481 f. spricht über die verschiedenen Darstellungen
der Geburt Athenes. „Es dürfte auch das philostratische Gemälde die der Sage von dem großen Bildhauer (Pheidias) gegebene Gestaltung insofern angenommen haben, als es an
Stelle des wunderlichen Geburtsaktes der archaischen Kunst
die Epiphanie der Göttin gesetzt hat" (Schneider 22). – Zur
Darstellung der Geburt Athenes vgl. noch Kekulé, Reinh.,
Über die Darstellung der Erschaffung der Eva, in: Jahrb. d.
arch. Inst. 5, 1890, 186–209.

2, 28 Spinnengewebe

Zu 2, 28: F I 199; B I 297f.; II 31; M I 56, Anm.; 132;
K 408f.; Boug. 487; St. 97f.; Gst. 74, 163.

Das Bild: Verfallendes Haus, dessen Säulen zusammen-
stürzen; Durchblick zum Hofraum. In der Vorhalle haben sich
Spinnen eingenistet; sie sind sehr sorgsam und naturgetreu
mit Tupfen und Pelzchen gemalt. Ebenso sind die in den Ecken
gespannten Spinnennetze mit ihren Befestigungen, Spann-
fäden und konzentrischen Kreisen genau ausgeführt. Spinnen,
die das Gewebe flicken, sind gemalt, ebenso die Beute: Fliegen. Eine hängt am Fuß, die andere an der Flügelspitze, eine
dritte wird vom Kopf her gefressen. Beim Versuch zu entkommen, zappeln sie, doch können sie das Netz nicht zerreißen.

Goethe 77: Gewebe; Beispiel der zartesten, sichersten Pin-
selführung.

2, 28, 1 Jacobs und Kayser nahmen an, es sei neben („vor")
2, 28 ein Bild der webenden Penelope zu denken, dessen
Beschreibung ausgefallen oder absichtlich übergangen sei.
Schenkl hält dem entgegen, der Rhetor fingiere, daß der Knabe
ein ähnliches Bild in der Nachbarschaft (picturam vicinam:
ἐκ γειτόνων) sich angesehen habe, um einen rhetorisch
wirksamen Eingang zu gewinnen. Ich nehme an, daß Philostratos voraussetzt, der Junge habe sonst einmal ein solches
Bild gesehen, und die Spinne in 2, 28 male ähnlich (ἐκ γειτόνων). – ἄνθεα κεῖται κτλ.: vielleicht nach Hom. Il. 22, 441
ἐν δὲ θρόνα (= ἄνθη) ποικίλ' ἔπασσεν. – Homer läßt den
Schnee schmelzen: Od. 19, 204 τῆς δ' ἄρ' ἀκουούσης ῥέε δάκρυα, τήκετο δὲ χρώς. ῾Ως δὲ χιὼν κατατήκετ' ἐν ἀκροπό-
λοισιν ὄρεσσιν ... ὣς τῆς τήκετο ... παρήϊα. – Zum Auflösen in der Nacht vgl. Hom. Od. 19, 150. – „Im Weben
übertreffen": παρυφαίνειν steht in dieser Bedeutung zuerst
hier. Vgl. von der Spinne Aelian. Hist. an. 1, 21 πάνυ φιλερ-
γοῦσα, ὡς καὶ τῶν γυναικῶν τὰς μάλα εὐχείρας ... μὴ ἀντι-
παραβάλλεσθαι. – Das Wort ὑπέρλεπτος ist von Philostratos
zuerst gebraucht; zu den Serern vgl. Verg. Georg. 2, 121 und
Sen., De benef. 7, 9, 5 (video Sericas vestes etc.).

2, 28, 2 Benndorf weist auf den heute noch üblichen Typ des „Hauses" hin, das mit schmucklosen Holzpfeilern gebaut ist und ein mit Lehm bedecktes Flachdach hat. Jedenfalls sieht man durch den Eingang in einen Hof, der von Säulen umgeben ist; schwer zu sagen, ob sie schon ganz eingestürzt sind. – Ὑπὸ τοῦ συνιζάνειν vielleicht nach Thuk. 2, 76, 2 τοῦ χώματος ἰζάνοντος ἀεὶ ἐπὶ τὸ κενούμενον. – Zur Junktur αὐλὴ ἔρημος ἔσω παραφαίνεται vgl. Ägypt. Urk. aus den K. Museen in Berlin I Nr. 3, 19 εἰς τὸ κτίσμα τῆς ἐκεῖσε ἐπαύλεως (605 n. Chr.). In dem starken Vorwiegen dieser Konstruktion hat man ohne Zweifel eine Wirkung des Vulgärgriechischen zu sehen, welches die Präposition ἐν zeitig verlor und nach dem Untergang des Dativs alle Praepositionen mit dem Akkusativ verband. – „Garn aus dem Mund": Richtig bei Aelian. Hist. an. 1, 21 ἐκ τῆς οἰκείας νηδύος τοὺς μίτους ἐξάγουσα („Indem sie die Fäden aus dem eigenen Unterleib hervorbringt"). – „Hochschwebend" nach Hesiod, Erga 777 νήματ' ἀερσιπότητος ἀράχνης.

2, 28, 3 Zu γλίσχρως vgl. 2, 12, 1 μελίττας οὕτω γλίσχρως γεγραμμένας. – Das Epitheton ἄγριος für Wolle scheint poetisch zu sein, Schmid, Att. 4, 267. – Zu ἀποτετορνευμένος vgl. 1, 28, 4 ἀποτετόρνευται. – Zur Gestalt des Netzes vgl. Fairbanks z. St.

Aufbau der Beschreibung: Rhetorischer Eingang mit homerischer Reminiszenz. Dann Beschreibung des Hauses mit Überblick über Spinnen und Netze. Beschreibung der Spinnen und ihrer Gewebe. Am Ende Beschreibung der Fliegen (vgl. auch Gst. 163).

Zum Bild: St. 97 f. verteidigt mit Recht Philostratos gegen den von Kalkmann erhobenen Vorwurf, er habe aus Aelian und Plutarch (De soll. anim. 10, 7) seine Beschreibung zusammengesetzt. – Hier wurde durchaus „auch die Poesie verfallener Architekturen künstlerisch verwertet. Eine sehr zart gestimmte, idyllische Landschaft in Villa Albani (Winckelmann, Mon. ined. II parte 4 p. 281) zeigt neben einer Brücke ein Tor, zwischen dessen Steinen Gras und Gesträuch herauswachsen. Auf einem kleinen campanischen Rundbilde (Pitt.

d'Erc. I p. 18), welches einen heiligen Baum und das dazugehörige Sacellum darstellt, ist das Epistyl des Sacellums deutlich verschoben und erscheint die Umfriedigung des Baumes verfallen. Immerhin hat man diese Bilder bei ... Philostratos 2, 28 ... zu berücksichtigen" (Helbig, Wandm. 99). Zu Ruinen auf Bildern vgl. auch Woermann, Landsch. 371 f. – Zur Kleinmalerei vgl. B I 298: Es ist von den „Xenien" zu diesem Bilde nur ein kleiner Schritt, und wir erinnern uns dabei der Rhyparographen und Kleinmaler, sowie der Mikrotechnia eines Kallikrates und Myrmekides und allenfalls der berühmten Linie des Apelles, um nicht zu bezweifeln, daß die Alten die Mittel ihrer Kunst auch an solche Kleinigkeiten verschwendeten, welche durch die Sauberkeit der Ausführung und die minutiöseste Naturbeobachtung auch den zu fesseln vermögen, der sonst den Zweck der Kunst in höheren Aufgaben erkennt. – Benndorf verweist auf Mon. d. Inst. 9, 42 und Froehner, Collection Branteghem, Abb. 45.

2, 29 Antigone

Zu 2, 29: F I 41, 45, 87f.; 183, 1; B I 199, 214f., 225f., 230f., 262f., 270; M I 68, 98, 124; Bertr. 198; St. 25.

Das Bild: Schwaches Mondlicht liegt auf dem Schlachtfeld vor der Stadt Theben. Tote sind gehäuft, gefallene Pferde liegen da; blutgetränkte Erde. Am Fuß der Stadtmauer liegt unter anderen gefallenen Heerführern der riesige Kapaneus. Den ebenfalls sehr großen Leichnam des Polyneikes hebt Antigone auf, das Knie zur Erde gebeugt, den Blick auf den Bruder gerichtet. Am Grabe ein Granatapfelbaum; schwer zu sagen, ob auch das gespaltene Feuer des Totenopfers dargestellt war.

Goethe 68: Antigone; Schwester, zu Bestattung des Bruders ihr Leben wagend.
Goethe 80: Heldenschwester! Mit einem Knie an der Erde umfaßt sie den toten Bruder, der, weil er seine Vaterstadt bedrohend umgekommen, unbegraben sollte verwesen. Die Nacht verbirgt ihre Großtat, der Mond erleuchtet das Vorha-

ben. Mit stummem Schmerz ergreift sie den Bruder, ihre Gestalt gibt Zutrauen, daß sie fähig sei einen riesenhaften Helden zu bestatten. In der Ferne sieht man die erschlagenen Belagerer, Roß und Mann hingestreckt. Ahndungsvoll wächst auf Eteokles' Grabhügel ein Granatbaum; ferner siehst du zwei als Totenopfer gegen einander über brennende Flammen, sie stoßen sich wechselseitig ab; jene Frucht, durch blutigen Saft, das Mordbeginnen, diese Feuer, durch seltsames Erscheinen den unauslöschlichen Haß der Brüder auch im Tode bezeichnend.

2, 29, 1 Zur Handlung vgl. 1, 4. 27. – Kreon, der nach dem Tode des Oidipus König von Theben war, forderte Thesus von Athen auf, er solle den Adrastos, einen der „Sieben gegen Theben", nicht in seinem Lande dulden, und wollte auch die toten Kämpfer gegen Theben nicht bestatten lassen. Theseus aber zog gegen Kreon zu Felde und erzwang die Auslieferung der Leichen. – Zu κεκηρυγμένον vgl. Soph. Ant. 8. 27 und Eur. Phoin. 1631 κηρύξεται.

2, 29, 2 Enyo ist eine Gefährtin des Ares und alte Göttin des Krieges. – Blutige Erde: vgl. Hom. Od. 23, 48 αἵματι καὶ λύθρῳ. – Zur Körpergröße des Kapaneus vgl. 2, 30, 1.

2, 29, 3 E Antigone will alles ringsum ansehen, um sich und ihr Vorhaben zu sichern.

2, 29, 4 Der Granatapfel ist wohl durch göttliche Einwirkung aus der Erde hervorgesproßt; vgl. auch Vit. Ap. 3, 15 E ἔριον αὐτοφυὲς ἡ γῆ φύει. – „Blut fließt hervor": die Granatapfelkerne haben die Farbe des Blutes; vgl. Verg. Aen. 3, 27 quae prima solo ruptis radicibus arbor Vellitur, huic atro liquuntur sanguine guttae Et terram tabo maculant. – Die Spaltung der Flamme überliefert Paus. 9, 18, 3; vgl. Anth. Pal. 7, 396 Οἰδίποδος παίδων Θήβῃ τάφος, ἀλλ' ὁ πανώλης Τύμβος ἔτι ζώντων αἰσθάνεται πολέμων. Κείνους οὐδ' Ἀΐδης ἐδαμάσσατο κἠν Ἀχέροντι Μάρνανται· κείνων χὼ τάφος ἀντίπαλος Καὶ πυρὶ πῦρ ἤλεγξαν ἐναντίον („Ödipus' Söhne wurden in Theben bestattet, doch weiter lebt ihre Feindschaft, und noch spürt sie der Hügel als Fluch. Selbst nicht

Hades hat sie gezähmt, und an Acherons Ufern kämpfen sie
weiter; ihr Grab streitet noch fort, und den Haß zeigten die
Flammen den Flammen" usw.; übers. von H. Beckby, Anth.
Graec., München 1957; Bd. 2, S. 233). – Heyne meinte, es
sei auf dem Bild der Baum zu sehen gewesen und der Scheiterhaufen, auf dem die beiden Brüder verbrannt wurden, mit
geteilter Flamme (ebenso F I 38, 2). Welcker: Der Baum
wuchs vom Grab des Eteokles, ein Scheiterhaufen war nicht
zu sehen, höchstens ein Altar mit Totenopfern und sich spal-
tender Flamme. Für Heyne spricht die Ansicht von Bethe,
RE 1, 2402: Es habe gelegentlich Kallimachos von Antigone
erzählt; mit Berufung auf ihn erwähnt nämlich Ovid, Trist.
5, 5, 33-38, daß bei dem Polyneikes und Eteokles gemeinsam
dargebrachten Opfer sich Flamme und Asche spalten. Da dies
ein gemeinsames Grab der feindlichen Brüder voraussetzt und
erklärt worden sein muß, wie sie bei der Bestattung vereint
worden sind, so gehört zu jenem bei Kallimachos bezeugten
Wunder auch die von Statius, Theb. 12, 315-450 und hier
mit ihm verbundene Geschichte, Antigone habe den Leichnam des Polyneikes, um ihm die Totenehren zu verschaffen,
heimlich auf den Scheiterhaufen gelegt; vgl. den Sarkophag
bei Robert, Die antiken Sarkophagreliefs 2, 60 = Wiener Vorlegebl. 1889, 11, 13, 16. – Sicher war wohl der Granatapfelbaum dargestellt; für das Feuer möchte ich – wenn es gemalt
war, was Kalinka scharf leugnet, Fairbanks durch ἐντεῦθεν
worauf der Sprecher hindeute, beweisen will – mich für Welckers Deutung entscheiden; Eteokles ist nämlich bereits bestattet, vgl. 2 E πρὸς τῷ τοῦ Ἐτεοκλέους σήματι.

Aufbau der Beschreibung: Zuerst ein knapper Überblick
über Bild und Mythos. Dann Beschreibung der Nebenfiguren,
der Nacht, des Hauptgeschehens und der Stimmung Anti-
gones. Am Ende ein Ausblick (?); vgl. Gst. 156.

Zum Bild: 2, 29 und 30 zeigen die heilende, reinigende und
versöhnende Kraft in der Bruder- und Gattenliebe großer
Mädchen und Frauen. Vgl. Robert, Sarkophagreliefs 2, 60
(Relief in Villa Pamphili), wo Antigone den Körper des Poly-
neikes trägt. – Zum Mondlicht vgl. Helbig, Wandgem. 364:
Wenn es heißt, der Mond werfe sein ungewisses Licht, so

braucht dies nicht auf den durch dunkle Wolken oder Nebel brechenden Schein gedeutet zu werden, welcher in vielen modernen Nachtstücken wie ein Schleier über der Gegend lagert. Vielmehr war diese Bezeichnung ganz angemessen, wenn das Mondlicht, ohne durch atmosphärische Media gebrochen zu sein, die Gegenstände in einem matten Tone erscheinen ließ. Wir dürfen behaupten, daß, wenn das Antigonebild die Andeutung von Dünsten, Nebeln oder ähnlichen Ausscheidungen enthalten hätte, Philostratos gewiß nicht ermangelt haben würde, diese zur rhetorischen Ausschmückung so geeigneten Motive nachdrücklich hervorzuheben.

2, 30 Euadne

Zum Bild: F I 41, 45; 127, 1; B I 196, 214 f.; II 82 f.; M I 60, 108; Boug. 491; St. 56, 101.

Das Bild: Ein Scheiterhaufen mit geschlachteten Opfertieren. Auf dem Holzstoß der riesige Leichnam des Kapaneus; seine Frau Euadne stürzt sich, mit Kränzen und Gold geschmückt, ins Feuer, das Liebesgötter mit ihren kleinen Fakkeln entzünden.

Goethe 68: Evadne; Heldenweib, dem erschlagenen Gemahl im Flammentode folgend.
Goethe 81: Ein wohlgeschmückter, mit geopferten Tieren umlegter Holzstoß soll den riesenhaften Körper des Kapaneus verzehren. Aber allein soll er nicht abscheiden! Evadne, seine Gattin, Heldenweib, des Helden wert, schmückte sich als höchstes Opfer mit Kränzen. Ihr Blick ist hochherrlich: denn indem sie sich ins Feuer stürzt, scheint sie ihrem Gemahl zuzurufen. Sie schwebt mit geöffneten Lippen.
Wer aber auch hat dieses Feuer angeschürt? Liebesgötter mit kleinen Fackeln sind um den dürren Schragen versammelt, schon entzündet er sich, schon dampft und flammt er, sie aber sehen betrübt auf ihr Geschäft. Und so wird ein erhabenes Bild gemildert zur Anmut.

2, 30, 1 Zum Tod der Euadne vgl. Eur. Suppl. 990 f. – „Von

den Dichtern": Aisch., Sieben 423f.; Soph. Ant. 127f.; Eur. Phoin. 1172f. – Zu κομπάσας τι ἐς τὸν Δία vgl. 1, 27, 1 E κόμπῳ βαλὼν τὸν Δία. – „Daß er tot war, bevor er am Boden aufschlug": Eur. Phoin. 1186 εἰς γῆν δ'ἔμπυρος πίπτει νεκρός.

2, 30, 2 Philostratos folgt hier einer von Euripides abweichenden Version, denn hier wird Kapaneus von seinen Verwandten in Argos (1) bestattet. – Zum Ausdruck οὔπω τὸν ἄνδρα ἔχειν ἡγουμένη vgl. 2, 9, 4 οὔπω τὰ πρόσφορα ἔχειν ἡγεῖται τὸν τάφον, εἰ μὴ ἐντάφιον ... αὐτῇ γένοιτο. – Opfer mit Kränzen und Gold bedeckt: Gelegentlich vergoldete man die Hörner von Opfertieren. – „Ebenso geschmückt": vgl. Eurip. Hik. 1054 σκευῇ δὲ τῇδε τοῦ χάριν κοσμεῖς δέμας; – Zum Sprung ins Feuer vgl. Eur. Hik. 1015f. πηδήσασα πυρὸς ἔσω.

2, 30, 3 Zur Tätigkeit der Eroten vgl. Bougot 491. – Zu ἑαυτῶν ποιούμενοι τὸ ἔργον vgl. Hdt. 1, 129, 2 ἀντείρετο, εἰ ἑαυτοῦ ποιέεται τὸ Κύρου ἔργον. – B II 82f.: Von den Eroten findet sich bei Euripides kein Wort. Sind aber diese für das Bild nur ein nichtssagendes Parergon? In ihnen liegt vielmehr ein ganz spezifischer Unterschied zwischen dem Dichter und der künstlerischen Composition; die Handlung wird durch die Art ihrer Teilnahme aus dem Gebiete dramatisch-realistischer Darstellung emporgehoben in das Gebiet des Mythisch-Symbolischen, wie z. B. auf der bekannten Kroisosvase, wo die Darstellung auf den König beschränkt ist, welchem ein Euthymos den Scheiterhaufen anzündet. Durch die Eroten werden wir weniger an die dramatische als an die lyrische und zwar die lyrische Poesie der Alexandriner erinnert, ganz in derselben Weise, wie in den späteren Vasendarstellungen des Liebeskampfes zwischen Peleus und Thetis oder der Hochzeit des Pelops und der Hippodameia, in denen die ganze Szene durch die Gegenwart der Aphrodite und des Eros, welche in älteren dem Epos sich anschließenden Darstellungen gänzlich fehlen, fast ausnahmslos ihre psychologische Motivierung erhält.

Aufbau der Beschreibung: Überblick und Mythenerzählung; dann genaue Beschreibung Euadnes und der Eroten, die den Holzstoß entzünden.

Zu 2, 31: F I 59, 2; B I 182f., 196, 199; M I 89; K 409, 3; St. 100.

Das Bild: Themistokles steht im schlichten Rock unter den Persern am goldglänzenden Königshof: man sieht auch das Königszeichen, einen goldenen Adler auf einem Schild. Der König trägt die Tiara, ist mit einem bunten Kleid angetan und hat darüber einen weiten Kaftan mit golden eingewirkten Bildern von Wundertieren. Er sitzt auf einem goldenen Stuhl und spricht mit Themistokles. Um den König Eunuchen; auch mit Speeren bewaffnete Leibwachen sind dargestellt.

Goethe 69: Themistokles; historisch edle Darstellung.

2, 31, 1 Als Themistokles 472 v. Chr. durch Ostrakismos aus Athen vertrieben wurde, ging er zuerst nach Argos, dann nach Kerkyra, Epirus und Jonien. Als Artaxerxes in Persien zur Herrschaft kam, begab er sich nach Susa und gewann die Gunst des Königs; später erhielt er das Gebiet von Magnesia und starb dort auch. Die Aufwartung des Themistokles beim Perserkönig behandelt Philostratos auch Vit. Ap. 1, 29. – Zum „schlichten Mantel" (Tribon) vgl. 1, 16, 1, wo dieser ebenfalls besonders „attisch" aussieht. – Das Königszeichen: vgl. Xen. Anab. 1, 10, 12 καὶ τὸ βασίλειον σημεῖον ... ἀετόν τινα χρυσοῦν ἐπὶ πέλτης ἀνατεταμένον. – „Bunt wie ein Pfau": vgl. Aelian. Hist. an. 5, 21 vom Pfau δεικνὺς φιλοπόνως τὸ τῆς πτερώσεως πολύμορφον ὑπὲρ τὴν τῶν Μήδων ἐσθῆτα καὶ τὰ Περσῶν ποικίλματα τὴν ἑαυτοῦ στολὴν ἐνδεικνύμενος. – Zur Tracht des Großkönigs vgl. Xen. Kyrop. 8, 3, 13 προὐφαίνετο ὁ Κῦρος ἐφ' ἅρματος ὀρθὴν ἔχων τὴν τιάραν καὶ χιτῶνα πορφυροῦν μεσόλευκον ... καὶ περὶ τοῖς σκέλεσιν ἀναξυρίδας ὑσγινοβαφεῖς καὶ κάνδυν ὁλοπόρφυρον· εἶχε δὲ καὶ διάδημα περὶ τῇ τιάρᾳ („Es erschien Kyros auf einem Wagen, mit aufrechtstehender Tiara, purpurnem Leibrock mit weißen Streifen ... an den Schenkeln mit scharlachfarbenen Beinkleidern und mit einem ganz purpurnem Oberkleid; er hatte auch ein Band um die Tiara"). Der Kandys legte sich mantelartig um die Gestalt und ließ – halbgeöffnet – den Kalasiris sehen, ein linnenes Untergewand mit Fransenborden. – Die wunderlichen Tierbilder: vgl. Pollux 7, 55 ὁ δὲ κατάστικτος χιτών ἐστι, ὁ ἔχων ζῷα ἢ ἄνθη ἐνυφασμένα. Καὶ ζῳωτὸς δὲ χιτὼν ἐκαλεῖτο καὶ ζῳδιωτός. – „Schön eingewirkt": die Figuren sind schön gewirkt. Das Wort εὐήτριος bezeichnet immer ein dünnes, leichtes, also weitmaschiges Gewebe; vgl. Blümner, H., Technologie und Terminologie der Gewerbe und Künste bei Griechen und Römern, Leipz. 1875; I, 144 f. und bes. Anm. 1; hier scheint aber mehr die Kunst des Einwebens und der eleganten Verbindung der Goldfäden mit dem Stoff gemeint; vgl. auch 1, 28, 3 σῴζειν ἃ ἐγράφη. – „Der Saal scheint nicht gemalt": die Malerei ist der Wirklichkeit täuschend ähnlich. Ebenso ist διαλέγεσθω zu verstehen (Kalinka).

2, 31, 2 Hdt. 7, 142, 3 ὦ θείη Σαλαμίς (Anfang eines Spruches der Pythia). – Plut. Themist. 28 Ἥκω σοι, βασιλεῦ, Θεμιστοκλῆς ὁ Ἀθηναῖος ἐγὼ φυγὰς ὑφ᾽ Ἑλλήνων διωχθείς, ᾧ πολλὰ μὲν ὀφείλουσι Πέρσαι κακά, πλείω δ᾽ ἀγαθὰ κωλύσαντι τὴν δίωξιν („Ich, Themistokles der Athener, komme zu dir als Flüchtiger, verfolgt von den Griechen; ich habe den Persern vieles Üble, aber noch mehr Gutes angetan, denn ich habe ihre Verfolgung verhindert"). – Thuk. 1, 137, 4 Θεμιστοκλῆς ἥκω παρά σε, ὃς κακὰ μὲν πλεῖστα Ἑλλήνων εἴργασμαι τὸν ὑμέτερον οἶκον ..., πολὺ δ᾽ ἔτι πλείω ἀγαθά. – „Nichts verwirrt ihn": Thuk. 1, 138, 3 ἦν γὰρ ὁ Θεμιστοκλῆς βεβαιότατα δὴ φύσεως ἰσχὺν δηλώσας. – „Auf dem Rednerstein": Er steht so mutig da wie auf der Rednerbühne; früher sprachen in Athen die Volksredner von einem einfachen Stein herab, vgl. Arist. Acharn. 683 τονθορίζοντες δὲ γήρᾳ τῷ λίθῳ προσέσταμεν. – Zu πεπλανημένον δὲ τὴν τῶν ὀφθαλμῶν ἔννοιαν vgl. Heroik. 11 (von Odysseus) οὐ μέγαν καὶ πεπλανημένον τοὺς ὀφθαλμοὺς διὰ τὰς ἐννοίας τε καὶ ὑπονοίας. – Themistokles lernte sehr rasch persisch, vgl. Thuk. 1, 138, 1. Der Ausdruck τὴν τοῦ προσώπου στάσιν bezieht sich auf die Einstellung des Gesichts für die Artikulation.

Aufbau der Beschreibung: Zuerst ein Blick auf das Gesamtbild und Deutung des Bildes. Dann Beschreibung des

Königshofes, des Königs, seiner Umgebung. Schließlich Beschreibung der Hauptperson, des Themistokles.

Zum Bild: Steinm. 100 weist auf das zweimalige „meine ich" in der Beschreibung hin und glaubt, der Rhetor sei seiner Deutung nicht ganz sicher. Gerade diese Unsicherheit gebe Gewähr, daß wirklich ein Bild vorhanden war.

2, 32 Palaistra

Zu 2, 32: F I 150f.; B I 182, 196f., 275f., St. 103.

Das Bild: Die Göttin des Ringkampfes ist in Olympia sitzend dargestellt. Ihr Aussehen ist beinahe männlich. Ihre Haare sind kurz, die Brust hat wenig Schwellung; vor ihrem Busen hält sie einen Ölzweig. Sie ist braungebrannt. Kinder, Verkörperungen der Ringerkünste, springen übermütig um sie herum.

Goethe 73: Palästra; überschwänglich großes Bild; wer den Begriff desselben fassen kann, ist in der Kunst sein ganzes Leben geborgen.

2, 32, 1 Pelops, in der Nähe von dessen Grab die olympischen Spiele gefeiert wurden, war ursprünglich wohl eine Gottheit der vordorischen Bevölkerung von Arkadien und Pisa; in einer frühen Form der Sage war er der Sohn des Hermes. Philostratos nennt Palaistra die Tochter des Hermes und steht damit im Gegensatz zu anderen Nachrichten. Etym. Magn. s. v. Πάλη wird Palaistra als Tochter des Pandokos bezeichnet. Ein andermal, Serv. zu Aen. 8, 138 ist sie die Tochter des arkadischen Königs Chorikos. Als dessen Söhne die Luctamina erfanden, werden diese durch Palaistra dem Hermes, ihrem Geliebten, verraten, der nun die Erfindung verbessert und die Menschen lehrt (Jüthner, Gymnast. 320). Palaestra ist nicht als Personifikation der Ringschule und der in ihr vorgenommenen Übungen aufgefaßt, sondern als Erfinderin des Ringkampfes (B I 275). Für diesen gab es nämlich zu Olympia noch keinen Wettkampf (Jüthner, Gymn. 320). – Olympia wird hier, wie auch sonst bei Philostratos, zu Arkadien gerechnet, ja selbst Messene wird eingeschlossen. Man hat es hier wahrscheinlich mit verschiedenen Versuchen von Grammatikern zu tun, die altüberlieferte Fünfteilung des Peloponnes mit den historisch gewordenen sechs Provinzen zusammen zu reimen (Schmid, Attic. 4, 395). – „Weil die Menschen das Schwert beiseite legen": wenn der Rhetor hier „gerade an die Erfindung des Ringkampfes die Einführung des Gottesfriedens knüpft, so ist dies wohl nichts als eine sophistische Spitzfindigkeit, die offenbar von der Erwägung ausgeht, daß eben die Pale, das Ringen Mann gegen Mann, die beste Analogie ist zum blutigen Kampf mit der Waffe und daher den kriegslustigen Völkern einen Ersatz für den Krieg bieten könnte" (Jüthner, Gymnast. 320).

2, 32, 2 Die Kinder entstammen nicht der Palaistra, sondern der Erde. – Pollux 3, 155 führt die Ringerschemata an: ἄγχειν, στρέφειν, ἀπάγειν, λυγίζειν, ἀγκυρίζειν, ῥάσσειν, ἀνατρέπειν, ὑποσκελίζειν· καὶ πλαγιάζειν δὲ καὶ κλιμακίζειν. – Das Wort κράτιστον ist Wortspiel mit dem unter πάλη mitzuverstehenden Pankration.

2, 32, 3 Palaistra ist „gegen beide Arten stark genug", gegen Liebende und Ringende. Palaistren und Gymnasien waren Plätze, die zu Liebesverhältnissen anlockten wegen der Bewunderung körperlicher Schönheit. – Denniston, J. D., Varia, in: The Classical Review, 47, 1933, 216 will statt ὁρμῆς lesen: ὀργῆς „Fülle, Reife"; sehr erwägenswert. – Zur Ähnlichkeit des Mädchens mit einem Jüngling vgl. Ovid Met. 8, 322 f. (von Atalante) talis erat cultus: facies, quam dicere vere Virgineam in puero, puerilem in virgine posses. – „Im Schatten": vgl. Plat. Phaidros 239 C οὐδ' ἐν ἡλίῳ καθαρῷ τεθραμμένον, ἀλλὰ ὑπὸ συμμιγεῖ σκιᾷ.

2, 32, 4 Schatten bei Sitzenden: vgl. 2, 20, 2. – „Diese Pflanze liebt Palaistra": weil die Ringenden mit dem Ölzweig bekränzt werden, besonders aber auch, weil in der Palaistra Öl gebraucht wird.

Aufbau der Beschreibung: Zuerst Angabe des Mythos und des großen Bildthemas; dann Beschreibung der kleinen Ringerknaben und der Palaistra. Am Ende Behandlung der Schatten und der Rolle des Ölzweigs.

Zum Bild: Eine vergleichbare Darstellung war wohl das Bild des personifizierten Agon mit Balancierkugeln in der Hand in Olympia, Paus. 5, 26, 3. – Jüthner, Gymnast. 323: Man hat sich in den Monumenten lange vergebens nach einer Darstellung umgesehen, die der Beschreibung Philostrats irgendwie entsprechen würde, bis es Froehner, Gazette arch. 14, 1889, 54 ff. gelungen ist, auf einem Medaillon eines römischen Urceus aus der Orange eine schlagende Analogie nachzuweisen. In der Mitte Hippomedon und Atalante, links Schoenus, rechts Palaestra, alle inschriftlich bezeugt. Letztere sitzt nach links, die Füße mit Gewand verhüllt, das auch ihren Sitz bedeckt, sonst nackt; die Linke ist auf den Sitz gestützt, in der Rechten hält sie einen Palmzweig; das Haar ist nicht kurz geschoren, sondern rückwärts aufgebunden. Können wir uns somit ... die Zeichnung dieser ... Figur, wie sie dem Rhetor vorlag, vergegenwärtigen, so erfahren wir aus seiner genauen Beschreibung auch etwas über das Colorit. Die Männlichkeit der Palaistra geht soweit, daß sie auch das den Frauen eigene zarte Weiß verschmäht und ihre Haut in der Sonne bräunen läßt. Offenbar war sie also mit jener dunkleren Farbe gemalt, die wir aus den pompeianischen Wandgemälden als Charakteristikon der Männer kennen. – B I 275 beschreibt die vatikanische Statue einer jugendlichen Wettläuferin, die mit der hier beschriebenen Palaistra etwa zu vergleichen ist. – Für die „Ringergriffe" bieten die personifizierten Factiones Circenses eine Parallele, Helbig, Führer, 3. A., Nr. 1438 (nach St. 103 zitiert). Vgl. auch Welckers Bemerkungen über Darstellungen von Kindern, die Kampfarten bezeichnen, auf Sarkophagen.

2, 33 Dodona

Zu 2, 33: F I 60, 1; 156 f.; B I 276f.; M I 81; K 393, 407 Anm.; St. 103 f.

Das Bild: Rauchdunkle Gegend. Wohl in der Mitte des Bildes steht die mit Binden geschmückte Eiche; in ihr sitzt

eine goldene Taube, Ratsuchende umstehen sie. Am Boden
das Beil des Hellos. Zeuspriester stehen da, betend und opfernd;
auch ein ernster, feierlicher Aufzug von Priesterinnen ist
sichtbar. Wohl im Mittelgrund eine eherne Statue der Echo,
die eine Hand an den Mund legt.

Goethe 76: Dodona; Götterhain mit allen heiligen Gerät-
schaften, Bewohnern und Angestellten.

2, 33, 1 Dodona in Epirus, Sitz eines (vorgriechischen)
Baumorakels des Zeus. – ἐν λογίοις ... καὶ χρησμοί: der
Text ist umstritten, vgl. Hercher, Hermes 9, 1875, 110 und
Schmid, Att. 4, 264; s. auch 2, 19, 1 E. Kalinka (mit Recht):
„Änderung unnötig". – Hellos: vorgriechischer Gott der Dop-
pelaxt, vgl. Lesky, A., Wiener Studien 46, 1927/28, 54. 58. –
Theben ist das ägyptische Theben, von wo nach Herodot 2, 55,
2 die wahrsagenden Tauben nach Dodona kamen, weshalb die
Ägypter auf dem Bild das Verdienst an der Weisheit des Bau-
mes für sich in Anspruch nehmen. Schwer zu sagen, ob Aelian,
Hist. anim. 6, 33 dazu paßt: Αἰγυπτίους ἐγὼ πυνϑάνομαι
μαγείᾳ τινὶ ἐπιχωρίῳ τοὺς ὄρνιϑας ἐκ τοῦ οὐρανοῦ κατα-
φέρειν.

2, 33, 2 Homer über diese Priester, Il. 16, 235 ὑποφῆται
ἀνιπτόποδες χαμαιεῦναι. Ob sie Helloi oder Selloi heißen,
ist eine schwer lösbare Frage. ἔγνω = οἶδεν „eine Verwendung, deren Umfang in attischer Prosa noch nicht genau fest-
steht" (Schmid, Att. 4, 144). – Zu αὐτοσχέδιοι vgl. Vit.
Ap. 3, 15 M τοὺς μηδὲν μὲν ἐκ παρασκευῆς, αὐτοσχεδίως
δὲ ἃ βούλονται πορι3ομένους. – „Was der Ort von selbst
biete": vgl. 1, 9, 3 A αὐτόϑεν. – Zu τοῦ ἐρέψαι κύριος vgl.
Hom. Il. 1, 39 ἐπὶ νηὸν ἔρεψα. Der Priester schmückt den
Tempel mit Kränzen. – Ein Priester läßt die anderen das
Opfertier nicht häuten, weil dies sein Amt und vielleicht nicht
ohne Vorteil ist. – Herodot 2, 55, 3 gibt die Zahl der Priesterinnen zu Dodona mit drei an und zwar, wie es scheint, mit stehenden Namen: Promeneia, Timarete, Nikandra.

2, 33, 3 Kalinka: Die Bronzestatue der Echo deute mit ihrer
Handbewegung auf die zuerst in Ovids Met. 3, 356 f. nach-

weisbare Sage hin, daß sie verurteilt ist zu schweigen, solange sie niemand anredet. Philostrats Erklärung gehe in die Irre. – Für das 4. Jhdt. v. Chr. ist bezeugt, daß in Dodona aus dem Klang eines Erzbeckens geweissagt wurde; ein späteres Zeugnis für das Erzbecken bieten die Menanderverse (frg. 60) ... τὸ Δωδώναιον ἄν τις χαλκίον, Ὁ λέγουσιν ἠχεῖν εἰ παρήψαθ' ὁ παριών, Τὴν ἡμέραν ὅλην ... Philostrat kannte es nur vom Hörensagen, wie ἀνέκειτο beweist. Vgl. auch Schol. zu Hom. Il. 21, 233 und das Scholion aus dem Parisinus 1761: In Dodona stand ein Kessel aus Erz auf einem hohen Pfeiler. Auf einem anderen Pfeiler war eine kleine männliche Figur mit einer Geißel aus Erz. Wenn nun ein heftiger Windstoß auf die Geißel fiel, gab sie Schläge auf den Kessel und verursachte einen lauten Ton.

Aufbau der Beschreibung: Zuerst Beschreibung von Eiche, Taube und Besuchern. Dann die Priester und Priesterinnen, am Ende die Umgebung und das Bild der Echo.

Zum Bild: B I 277: Echo wird nach der Sage durch den Verlust ihrer Sprache gestraft. Sie ist also stumm, solange nicht ein anderer sie anredet: sie darf niemand ansprechen, sondern nur antworten, und darum lauscht sie so lange schweigend, bis jemand sie ruft. Das ist sinnvolle Charakteristik. Wenn aber der Rhetor den zum Ausdruck des Schweigens einzig dienlichen Gestus richtig beschreibt, ohne ihn zu verstehen, so liegt darin ein neuer Beweis, daß er ein wirkliches Gemälde vor Augen hatte. – Steinm. 104: Die Gestalt der Echo, in ähnlicher Weise auch auf anderen Denkmälern gebildet, bürgt ... für ein Original. Sie erscheint noch auf einer Miniatur eines Psalters (z. B. bei Springer-Neuwirth, Kunstgesch. 2 (8. Aufl.), 73); da legt sie die Arme kreuzweise auf der Brust übereinander, die eine Hand ist nahe am Gesicht. Am besten lassen sich die Gemälde mit Szenen aus dem Isiskult mit diesem Bilde vergleichen (vgl. Helbig, Wandm. 1111).

2, 34 Die Horen

Zu 2, 34: F I 28, 2; 137 f.; II 177; B I 186, 213 f.; II 16 f.; M I 65; St. 116 f.

Das Bild: Tanz der auf den Beschauer mit flatterndem Haar und erhobenem Arm zuschreitenden Horen, die einander an den Händen halten, schwebend über Blumen, Saaten, Feldern, Weinreben. – Zur Anordnung der Figuren vgl. B II 17: Ist es nicht auffällig, daß in der Aufzählung sich Frühling, Winter, Sommer und Herbst folgen? Setzen wir nun unter a den Frühling, Hyazinthen und noch mehr in die Ecke des Bildes als Abschluß einen Rosenstrauch, unter d den Winter, im vordersten Grunde ein nacktes Stück Terrain, unter b den Sommer, etwas rückwärts die Ähren, und lassen wir unter und neben c den Herbst das Bild mit Reben abschließen, so folgen sich die Figuren in regelmäßiger Ordnung des Jahres.

2, 34, 1 Homer steigt zum Äther empor: Anspielung auf die auch in antiker Kunst dargestellte Apotheose des Homer (vgl. Anthol. 3, 2); freilich hat Homer über die Horen schon auf Erden gesprochen, Il. 5, 749f.; vgl. auch 1, 11, 2. – Die ganze Stelle nachgeahmt von Isidor von Pelus. 4, Ep. 1, p. 1413 D τῶν τεσσάρων Ὡρῶν... τρόπον τινὰ τὰς χεῖρας συναπτουσῶν καὶ τὸν ἐνιαυτὸν ἑλιττουσῶν ἀρίστην χορείαν χορεύουσιν. Vgl. 3, Ep. 170, p. 324 προηγοῦνται μὲν οἱ λειμῶνες, ἕπεται δὲ τὰ λήϊα, διαδέχεται δὲ ἄμπελος, παραπέμπει δὲ ἐπὶ τὴν ἐλαίαν τὸν γηπόνον ὁ βότρυς ὥσπερ χορείαν τινὰ ἀρίστην τῶν Ὡρῶν χορευουσῶν.

2, 34, 2 Kalinka: Mehrere (Lindau: 3) Horen für jede Jahreszeit in der Reihenfolge: Frühling, Winter, Sommer, Herbst. – Gehen oder Tanzen über Blumen usw.: Hom. Il. 20, 227f. ἄκρον ἐπ᾽ ἀνθερίκων καρπὸν θέον οὐδὲ κατέκλων und Verg. Aen. 7, 808f. Illa (Camilla) vel intactae segetis per summa volaret Gramina nec cursu teneras laesisset aristas. – „Nicht mit den Halmen sinken: episch, vgl. Hom. Il. 2, 148 ἐπί τ᾽ ἠμύει ἀσταχύεσσιν (λήϊον). – B I 214: Sie schweben über den Blumen, berühren sie mit den Füßen, aber nicht, um sich darauf zu stützen, sondern die Blumen scheinen unter den Füßen aufzusprießen, sie gewinnen aus der Berührung erst recht wieder Leben und Frische. Dieser poetische Gedanke würde durch die unter den Füßen der Horen sich neigenden Blumen und Ähren völlig vernichtet werden: die Figuren erschienen mit physischer Schwere ausgestattet, und alle Illusion wäre dahin. – Zum Aufsprießen von Blumen unter göttlichen Füßen vgl. Hesiod, Theog. 194 f. – „Voll süßen Weines" vgl. Vit. Ap. 7, 25 ἀμπέλοις ἡδυοίνοις.

2, 34, 3 „Die Ernten auf dem Gemälde": Das Bild gibt dem Rhetor Blumen zu pflücken wie ein Feld dem Landmann Früchte zu ernten (Benndorf); vgl. 1, 6, 2 A γεωργεῖν (μῆλα). – Zu οἷον ἔρχεσθαι vgl. 1, 5, 1 A οἷον ἔρχεται. – Das Wort σεισθῆναι bedeutet hier „mitreißen, begeistern, erschüttern" und mit göttlicher Begeisterung und göttlichem Wissen und Können erfüllen; vgl. Benndorf z. St. – „Mit Anmut und Begnadung": unübersetzbares Wortspiel mit dem Doppelsinn von Hore = Göttin der Anmut und Anmut selbst; vgl. Musis faventibus.

Aufbau der Beschreibung: Kurze mythologische Einführung, dann Angabe des insgesamt Dargestellten. Anschließend Beschreibung der Natur auf dem Bilde, endlich der Horen selbst. Am Ende Schlußbemerkung für dieses Gemälde und das ganze Buch (s. auch Gst. 163).

Zum Bild: Das Ende des Bilderreigens bildet die Beschreibung der anmutigen Horen; der Leser soll spüren, daß im ganzen Zyklus die Macht der Anmut wirksam war und daß die ganze Kunst unter ihrer Lenkung steht. – Vgl. bes. die schöne Campana-Tonplatte bei Roscher 1, 2735–36. – Selten ist die Darstellung von vier Horen; vgl. aber das Dionysosfest in Alexandreia, Athen. 5, 198 B. – Vgl. R. M. Rosado Fernandes, O Thema das Graças na Poesia Clássica, Paris 1962; dort ist eingehend über die antiken künstlerischen Darstellungen gehandelt. – „Die Augen der Mädchen machen den Reigen mit": Steinm. 117 vergleicht zu diesem Eindruck den Puttenkranz von Rubens. – Alle Horen von vorne gezeigt: vgl. die Parallele im Mosaik von Antiochia bei Levi 1, 232.

LITERATUR

Alber, Isidor, De vocabulorum artis criticae vi atque usu apud auctorem de sublimitate, Demetrium, Philostratum, Diss., Tübingen 1924

Aly, Wolf, Geschichte der griechischen Literatur, Bielefeld 1925

Arnim, Hans von, Leben und Werke des Dio von Prusa, Berlin 1898

Baden, Torkill, De arte et iudicio Flavii Philostrati in describendis imaginibus commentatio, Hafniae 1792

Bertrand, Ernst, Un critique d'art dans l'antiquité. Philostrate et son école, Paris 1882

Beutler, Christian, Nachwort zum 13. Band der Johann-Wolfgang-Goethe-Gedenkausgabe, Zürich 1954

Beyen, Hendrik Gerard, Über Stilleben aus Pompeji und Herculaneum, 'S-Gravenhage 1928

Bielefeld, Erwin, Von griechischer Malerei, Halle 1949

Birmelin, Ella, Die kunsttheoretischen Gedanken in Philostrats Apollonios, Philologus 88 (N. F. 42), 1933, 149–180; 392–414 (= Diss. Freiburg 1934)

Borda, Maurizio, La Pittura Romana, Milano 1958

Bougot, Auguste, Philostrate l'ancien. Une galerie antique de soixante-quatre tableaux, Paris 1881

Brommer, Frank, Vasenlisten zur griechischen Heldensage, 2. A., Marburg 1960

Browning, Robert, The so-called Tzetzes Scholia on Philostratos and Andreas Darmarios, in: The Classical Quarterly 49 (N. S. 5), 1955, 195–200

Brunn, Heinrich, Die Philostratischen Gemälde gegen K. Friederichs verteidigt, Jahrbücher für classische Philologie, 4. Supplementband, Leipz. 1861–1867, 177 f. (zitiert: B I mit Seitenzahl)

Brunn, Heinrich, Zweite Verteidigung der Philostratischen Gemälde, Jahrbücher für classische Philologie 17 (103), 1871, 1–33; 81–105 (zitiert: B II mit Seitenzahl)

Brunn, Heinrich, Zur Texteskritik der Philostratischen Gemälde, in: Symbola philologorum Bonnensium in honorem Friderici Ritschelii, Lipsiae 1864, 441–446 (zitiert: Brunn, Kritik mit Seitenzahl)

Brunn, Heinrich, Geschichte der griechischen Künstler, 2. A., Stuttgart 1889 (zitiert: Brunn, Künstl. mit Marginal-Seitenzahl)

Brunn, Heinrich, Griechische Kunstgeschichte, 2 Bde., München 1893. 1897 (zitiert: Brunn, Kunstgesch. mit Band- und Seitenzahl)

Burckhardt, Jacob, Die Zeit Konstantins des Großen, Leipzig o. J.

Camaggio, Maria, Le immagini Filostratee e la pittura Pompeiana: Il quadro di Dedalo e Pasifae, Historia 4, 1930, 481–506

Dawson, Christopher, Romano-Campanian Mythological Landscape Painting, Yale Classical Studies 9, 1944, 68 f.

Denniston, J. O., The Greek Particles, Oxford 1934

Elia, O., Pitture Murali e Musaici nel Museo Nazionale di Napoli, Roma 1932

Fairbanks, Arthur, Philostratus Imagines. Callistratus Descriptions, with an English translation, London 1931

Fertig, Johannes, De Philostratis sophistis, Diss. Würzburg (Druckort: Bamberg) 1894

Förster, Richard, Zu den Gemälden des ältern Philostratos, Jahrb. für classische Philologie 20 (109), 1874, 461–462 (zitiert: Förster mit Seitenzahl)

Förster, Richard, Der Praxiteles des Choricius, Jahrb. des Arch. Inst. 9, 1894, 167–190 (zitiert: Förster, Choricius mit Seitenzahl)

Förster, Richard, Moritz von Schwinds Philostratische Gemälde, im Namen des Vereins für Geschichte der Bildenden Künste zu Breslau her. von Rich. Förster, Leipzig 1903 (zitiert: Förster, Schwind mit Seitenzahl)

Förster, Richard, Goethes Abhandlung über die philostratischen Gemälde, Goethe-Jahrbuch 24, 1903, 167–184 (zitiert: Förster, Goethe mit Seitenzahl)

Förster, Richard, Philostrats Gemälde in der Renaissance, Jahrbuch der Königlich Preußischen Kunstsammlungen 25, 1904, 15–48 (zitiert: Förster, Ren. mit Seitenzahl)

Förster, Richard, Goya und Philostrat, Zeitschrift für bildende Kunst, N.F. 20, 1909, 45–48 (zitiert: Förster, Goya mit Seitenzahl)

Friederichs, Karl, Die Philostratischen Bilder. Ein Beitrag zur Charakteristik der alten Kunst, Erlangen 1860 (zitiert: Friederichs oder F I mit Seitenzahl)

Friederichs, Karl, Nachträgliches zu den Philostratischen Bildern, Jahrbücher für classische Philologie, 5. Supplem., Leipzig 1864, 133–181 (zitiert: F II mit Seitenzahl)

Friedländer, Paul, Johannes von Gaza und Paulus Silentiarius, Leipzig 1912 (zitiert: Friedländer mit Seitenzahl)

Friedländer, Paul, Spätantiker Gemäldezyklus in Gaza. Des Prokopios von Gaza Ekphrasis Eikonos, Rom 1939 (zitiert: Friedländer, Gaza mit Seitenzahl)

Fuchs, Harald, Der geistige Widerstand gegen Rom in der antiken Welt, Berlin 1938

Gerth, Karl, Die zweite oder Neue Sophistik, RE Suppl. VIII, 719–782

Goethe, Johann Wolfgang von, Werke, her. im Auftrage der Großherzogin Sophie von Sachsen, 49. Band, 1. Abteilung (Weimar 1898) und 2. Abteilung (Weimar 1900)

Goethe, Johann Wolfgang von, Werke, 30. Teil, Aufsätze über bildende Kunst und Theater, her. von Meyer, A.G., und Witkowski, Gg., Stuttgart o.J. (1895)

Graindor, Paul, Un milliardaire antique. Hérode Atticus et sa famille, Kairo 1930

Gstader, Hermann, Stil und Technik in den Gemäldebeschreibungen der beiden Philostrate, Diss. (handschriftlich), Innsbruck o.J. (1940) (zitiert: Gst. mit Seitenzahl)

Hahn, Ludwig, Über das Verhältnis von Staat und Schule in der römischen Kaiserzeit, Philologus 76, 1920, 176–191

Hamdy Bey, O. – Reinach, Theodore, Une nécropole royale a Sidon, Paris 1892

Harris, H.A., Philostratus, Imagines 1, 24, 2, The Classical Review 75 (N.S. 11), 1961, 3–5

Headlam, William, Various conjectures, Journal of Philology, 23, 1895, 260–263

Heinemann, Margret, Landschaftliche Elemente in der griechischen Kunst bis Polygnot, Diss. Bonn 1910

Helbig, Wolfgang, Wandgemälde der vom Vesuv verschütteten Städte Campaniens, Leipzig 1868 (zitiert: Helbig, Wa. mit Nummer der Beschreibung)

Helbig, Wolfgang, Untersuchungen über die Campanische Wandmalerei, Leipzig 1873 (zitiert: Helbig, Wandm. mit Seitenzahl)

Helbig, Wolfgang, Führer durch die öffentlichen Sammlungen klassischer Altertümer in Rom, 2. A., 2 Bde., Leipzig 1899

Helbig, W. – Amelung, W., Führer durch die öffentlichen Sammlungen klassischer Altertümer in Rom, 3 A., Leipzig 1912–1913

Heinze, Richard, Virgils epische Technik, 4. A., Darmstadt 1957

Helm, Rudolf, Apuleius' Apologie – ein Meisterwerk der zweiten Sophistik, Das Altertum 1, 1955, 86–108

Hercher, Rudolf, Zu griechischen Prosaikern, Hermes 5, 1871, 290 f.; Hermes 9, 1875, 109–110; Hermes 11, 1876, 225

Hertlein, F., Zu griechischen Prosaikern, Hermes 9, 1875, 362 bis 63

Heyne, Christian Gottlob, Philostrati imagines illustratae; Opuscula Academica, Band 5, Göttingen 1802, 1–139

Huhn, Fritz – Bethe, Erich, Philostrats Heroikos und Diktys, Hermes 52, 1917, 613–624

Ignarra, Nicolaus, De palaestra Neapolitana, Neapoli 1770

Jacobs, Fridericus – Welcker, Theophilus, Philostratorum imagines et Callistrati statuae. Recensuit et commentarium adiecit Fr. Iacobs. Observationes, archaeologici praesertim argumenti, addidit Fridericus Theophilus Welcker, Lipsiae 1825 (zitiert: Jacobs mit Seitenzahl oder, nach Anteil, Welcker mit Seitenzahl)

Jacobs, Friedrich, Exercitationes criticae in scriptores veteres, 2 Bde., Leipzig 1796. 1797

Jüthner, Julius, Gymnastisches in Philostrats Eikones, Eranos Vindobonensis, Wien 1893, 309f. (zitiert: Jüthner, Gymnastisches mit Seitenzahl)

Jüthner, Julius, Der Verfasser des Gymnastikos, Festschrift für Theodor Gomperz, Wien 1902, 225–232 (zitiert: Jüthner, Verf. mit Seitenzahl)

Jüthner, Julius, Der Gymnastikos des Philostratos. Eine text-geschichtliche und textkritische Untersuchung, SB Wien 145, 1903, 1–79

Jüthner, Julius, Anzeige von: Philostrati minoris imagines et Callistrati descriptiones, rec. C. Schenkl et Aem. Reisch, Leipz. 1902, Zeitschrift für die Österreichischen Gymnasien 54, 1903, 109–113 (zitiert: Jüthner, Anzeige mit Seitenzahl)

Jüthner, Julius, Philostratos über Gymnastik, Leipzig 1909

Kalkmann, August, Über die Ekphrasis des älteren Philostrat, Rheinisches Museum 37, 1882, 397–416 (zitiert: Kalkmann, Ekphrasis mit Seitenzahl, auch K mit Seitenzahl)

Kalkmann, August, Besprechung von Bertrand, Un critique d'art etc., Deutsche Literaturzeitung 4, 1883, 161–164 (zitiert: Kalkmann, Rez. mit Seitenzahl)

Kayser, Karl Ludwig, De pinacotheca quadam Neapolitana, Heidelberg 1844 (zitiert: Kayser, Pin. mit Seitenzahl)

Kayser, Karl Ludwig, Flavii Philostrati quae supersunt, Philostrati iunioris imagines, Callistrati descriptiones, ed. K. L. Kayser, Turici 1844 (zitiert: Kayser, Ed. mit Seitenzahl); weitere Auflagen: 1853; 1870–71

Kömstedt, Rudolf, Vormittelalterliche Malerei, Augsburg 1929

Kraiker, Wilhelm, Die Malerei der Griechen, Stuttgart 1958

Külpe, Oswald, Anfänge psychologischer Aesthetik bei den Griechen, Philosophische Abhandlungen, Max Heinze zum 70. Geburtstage gewidmet von Freunden und Schülern, Berlin 1906, 101–127

Lehmann – Hartleben, Karl, The imagines of the elder Philostratus, The Art Bulletin, New York, 23, 1941, 16–44

Leo, Friedrich, De Stati silvis, Göttingen 1892 (zitiert: Leo, Stat. mit Seitenzahl)

Lesky, Albin, Bildwerk und Deutung bei Philostrat und Homer, Hermes 75, 1940, 38–53 (zitiert: Lesky, Bildwerk oder Bi. mit Seitenzahl)

Lesky, Albin, Thalatta, Wien 1947

Lesky, Albin, Geschichte der griechischen Literatur, 2. A., Bern 1963

Levi, Doro, Antioch Mosaic Pavements, 2 Bde., Princeton 1947

Lindau, A.F., Philostratus des Älteren und des Jüngern Gemälde. Kallistratus Standbilder, übersetzt von A.F. Lindau, Stuttgart 1832

Lindstam, S., Die Philostratoskommentare und die Moschopulos – Sylloge, Göteborgs Högskolas Arsskrift 31, 2; 1925, 173–184

Lippold, Georg, Antike Gemäldekopien, in: Abh. d. Bayer. Akad. d. Wissch., phil.-hist. Kl., München 1951

Marconi, Pirro, La pittura dei Romani, Roma 1929

Matz, Fridericus, De Philostratorum in describendis imaginibus fide, Bonn 1867 (zitiert: M I mit Seitenzahl)

Matz, Friedrich, H. Brunns zweite Verteidigung der Philostratischen Gemälde, Philologus 31, 1872, 585–630 (zitiert: M II mit Seitenzahl)

Matz, Friedrich, Die Naturpersonifikationen in der griechischen Kunst, Göttingen 1913 (zitiert: Matz, Naturpers. mit Seitenzahl)

Mau, August, Geschichte der decorativen Wandmalerei in Pompeji, Berlin 1882

Meurig-Davies, E.L.B., Notes on the Philostrati and Callistratus, Oxford 1946; besprochen von Dain, A., REG 49/50, 1946/47, 514 (das Werk selbst war nicht zugänglich)

Müller, C.O., – Wieseler, F., Denkmäler der alten Kunst, Göttingen 1854f.

Müller, Eduard, Geschichte der Theorie der Kunst bei den Alten, 2 Bde., Breslau 1834. 1837 (zitiert: Müller, Theorie mit Seitenzahl)

Müller, Franz, Die antiken Odyssee-Illustrationen in ihrer kunsthistorischen Entwicklung, Berlin 1913

Münscher, Karl, Die Philostrate, Philologus, Supplementband 10, 4. Heft, 1907, 469–558 (zitiert: Münscher, Phil. mit Seitenzahl)

Münscher, Karl, Bericht über die Literatur zur zweiten Sophistik (rednerische Epideiktik und Belletristik) aus den Jahren 1905–1909, Bursians Jahresberichte 149, 1910, 105–122 (über die Philostrate)

Münscher, Karl, Bericht über die Literatur zur zweiten Sophistik … aus den Jahren 1910–1915, Bursians Jahresberichte 170, 1915, 121–138 (über die Philostrate)

Muntz, Eugen, Notes sur les mosaiques chrétiennes de l'Italie.

Des éléments antiques dans les mosaiques Romaines du moyen age, Revue archeologique, N.S. 36, 1878, 273-278

Nemitz, Carolus, De Philostratorum imaginibus, Diss. Breslau 1875

Norden, Eduard, Die antike Kunstprosa vom 6. Jahrhundert v. Chr. bis in die Zeit der Renaissance, Leipzig 1909

L'Orange, U.P. - Nordhagen, P.J., Mosaik. Von der Antike bis zum Mittelalter, München 1960

Passow, Franz, Über die Gemälde des älteren Philostratos, in: Vermischte Schriften, Leipzig 1843, 223-236

Pfuhl, Ernst, Malerei und Zeichnung der Griechen, 3 Bde., München 1923

Philostratos, Opera, rec. G. Olearius, Graece et Latine, Lipsiae 1709

Philostratos, Opera, recognovit Antonius Westermann, Paris 1849

Philostratos, Opera, 2. A., ed. Carol. Ludov. Kayser, Turici 1853

Philostrati Maioris, imagines, Ottonis Benndorfii et Caroli Schenkelii consilio et opera adiuti recens. seminariorum Vindobonensium sodales, Leipzig 1893

Philostrati, Minoris Imagines et Callistrati Descriptiones, ed. C. Schenkl et Aem. Reisch, Leipzig 1902

Refues, P.J., Über den Jüngeren Philostratus und seine Gemäldebeschreibung, Tübingen 1800

Richtsteig, E., Bericht über die Literatur zu Philostratus aus den Jahren 1926-1930, Bursians Jahresberichte 238, 76-81

Rizzo, G.E., La pittura Ellenistico-Romana, Milano 1929

Robert, Carl, Die antiken Sarkophag-Reliefs, Berlin 1890f.

Robert, Carl, Pausanias als Schriftsteller, Berlin 1909

Rodenwaldt, Gerhart, Die Komposition der pompejanischen Wandgemälde, Berlin 1909

Rohde, Erwin, Der griechische Roman und seine Vorläufer, 3. A., Berlin 1914

Rohde, Erwin, Kleine Schriften, Tübingen 1901, I. Band, 309 bis 344; Besprechung von Bergk, Theod., Fünf Abhandlungen usw.

Rommel, Hans, Die naturwissenschaftlich-paradoxographischen Excurse bei Philostratos, Heliodoros und Achilleus Tatios, Diss. Tübingen 1922 (Stuttgart 1923)

Roscher, Wilhelm, H., Ausführliches Lexikon der griechischen
   und römischen Mythologie, Leipzig 1884f.
Ruhl, S.L., Beiträge zur Frage über die künstlerische Darstell-
   barkeit der Philostratischen Gemälde, Archaeologische
   Zeitung 18, 1860, 92–96
Rumpf, Andreas, Malerei und Zeichnung, Handbuch der
   Archaeologie, 4. Band, 1. Lieferung, München 1953
Salis, Arnold von, Die Kunst der Griechen, 4. A., Zürich
   1953
Schanz, Martin, Zu Philostratos, Rheinisches Museum 38,
   1883, 305–330
Schauenburg, Konrad, Perseus in der Kunst des Altertums,
   Antiquitas, Reihe 3, herausgegeben von Alföldi und
   Tackenberg, Band 1, Bonn 1960
Schefold, Karl, Pompeianische Malerei, Basel 1952
Schenkl, Karl, Ioannis Iacobi Reiskii animadversiones in Phi-
   lostratos, Wiener Studien 15, 1893, 116–127. 200–208
   (zitiert: Schenkl, Reiske mit Seitenzahl)
Schenkl, Carolus, Valckenarii animadversiones in Philostratos,
   Wiener Studien 14, 1892, 267–277
Schlosser, Julius, Die Kunstliteratur, Wien 1924
Schmid, Wilhelm, Der Atticismus in seinen Hauptvertretern
   von Dionysius von Halikarnaß bis auf den zweiten Philostratos, 4. Band, Stuttgart 1896
Schmid, Wilhelm, Bericht über die Literatur aus den Jahren
   1894–1900 zur zweiten Sophistik, Bursians Jahresberichte
   408, 1901, 260–264
Schmid, Wilhelm, Bericht über die Literatur aus den Jahren
   1901–1904 zur zweiten Sophistik, Bursians Jahresberichte
   129, 1906, 256–259
Christ-Schmid-Stählin, Geschichte der griechischen Literatur,
   2. Teil, 2. Hälfte, München 1924 (zitiert: Schmid-Stäh-
   lin mit Seitenzahl)
Schreiber, Theodor, Hellenistische Reliefbilder, Leipzig 1889
   bis 1894
Schreiber, Theodor, Bilderatlas, Bd. 1 Altertum, Leipzig 1885
Sogliano, A., Le pitture murali campane, Neapel 1879
Solmsen, Friedrich, Philostratos, RE 20, 124–177
Stahlschmidt, Klara, Der Schluß der Eikones des jüngeren
   Philostratos, Archiv für Papyrusforschung 14, 1941, 1–23

Steinmann, Fritz, Neue Studien zu den Gemäldebeschreibungen des älteren Philostrat, Diss. Zürich (Basel) 1914 (zitiert: Steinmann mit Seitenzahl; auch St. mit Seitenzahl)

Swindler, Mary Hamilton, Ancient Painting, New Haven 1929

Szanto, Emil, Archaeologisches zu Goethes Faust, Jahreshefte des Österreichischen Archaeologischen Instituts 1, 1898, 93–105

Toelken, E.H., Über das verschiedene Verhältnis der antiken und modernen Malerei zur Poesie. Ein Nachtrag zu Lessings Laokoon, Berlin 1822

Thompson, Mary Lee, Programmatic painting in antiquity, in: Marsyas 9, 1960, 36–77

Van Buren, A.W., Pinacothecae. With special reference to Pompeii, Memoirs of the American Academy in Roma 15, 1938, 70–81

Weinberger, Wilhelm, Addenda ad Imaginum Philostratearum editionem Vindobonensem, Wiener Studien 15, 1893, 308–309

Welcker, Friedrich Gottlieb, Kleine Schriften, Elberfeld 1867, Band 5, 216f. (zu 2, 4)

Wentzel, G., Ein Pindarscholion und ein philostratisches Gemälde, in: Aus der Anomia, Festschrift für G. Robert, Berlin 1890, 134–148

Wickhoff, Franz, Die Wiener Genesis, her. von Fr. Wickhoff und Wilhelm von Hartel, Jahrbuch des allerh. Kaiserhauses, 15. und 16. Beilage, Wien 1895

Wilamowitz-Möllendorff, Ulrich von, Die griechische Literatur des Altertums, in: Die griechische und lateinische Literatur und Sprache, Berlin 1907

Wilpert, Joseph, Die römischen Mosaiken und Malereien der kirchlichen Bauten vom 4.–13. Jahrhundert, Freiburg 1916

Winckelmann, Johann, Sämtliche Werke, her. v. J. Eiselein, Donaueschingen 1825, Geschichte der Kunst, Band 3–5

Woermann, Karl, Die Landschaft in der Kunst der alten Völker. Eine Geschichte der Vorstufen und Anfänge der Landschaftsmalerei, München 1876 (zitiert: Woermann, Landschaft mit Seitenzahl)

Woermann, Karl, Geschichte der Malerei, Leipzig 1879 (zitiert: Woermann, Geschichte mit Seitenzahl)

Wulfften-Palthe, C.B. van, Dissertatio litteraria continens observationes grammaticas et criticas in Philostratum, habita imprimis vitae Apollonii ratione, Diss. Utrecht (Druckort: Leiden) 1887

Zahn, W., Die schönsten Ornamente und merkwürdigsten Gemälde aus Pompeii, Herculanum und Stabiae, Band 1-3, Berlin 1828-1852

NACHWORT

Manches Buch hat sein Schicksal schon vor dem Erscheinen; so dieses. Gegen Ende des zweiten Weltkrieges hat Professor Ernst Kalinka unter schwierigsten Umständen – ausgebombt; seine Frau zeitweise im Gestapogefängnis, zeitweise im „Einsatz" als Ärztin in verschiedenen Spitälern, er selbst häufig in Ärztezimmern untergebracht – den Grundstock zu diesem Buch gelegt. Er hatte eine Übersetzung fertiggestellt, den Text kritisch durchgearbeitet und einige Anmerkungen kritischer und erklärender Art verfaßt, starb aber, bevor er die letzte Hand an sein Werk legen konnte.

Das unfertige Manuskript sollte dann von Frau Dr. Lezius, Berlin, bearbeitet werden, doch starb auch diese Bearbeiterin, bevor sie das Buch ernsthaft fördern konnte.

Ich habe dann auf der Grundlage dieser Vorgänger (seit 1958) das Werk anfangs überarbeitet, erkannte aber bald, daß eine völlige Neufassung notwendig war. Diese Notwendigkeit geht schon aus der Tatsache hervor, daß Professor Kalinka zeitweise ganz ohne Bibliothek arbeiten mußte. Um so höher anzuerkennen ist, was E. Kalinka unter so schweren Umständen geleistet hat, und ich betone ausdrücklich, daß dieses Buch auf den festen Grundlagen steht, die er gelegt hat. Ich habe, um seinen Anteil deutlich zu machen, nach jedem Satz, der in Form oder Inhalt von ihm stammt – wenn es nicht Selbstverständlichkeiten waren – seinen Namen (oder K.) in Klammern gesetzt, und ich glaube, mit diesen Angaben seine Leistung gebührend zu unterstreichen.

Mit gleicher Deutlichkeit darf ich aber auch sagen, daß etwa drei Viertel dieses Buches von mir stammen, so ein Großteil der Übersetzung, der Einleitung, der Anmerkungen, dazu alles Archaeologische, das Kalinka ursprünglich ausgeklammert hatte. Falls je die genaue Urheberschaft für eine Einzelheit gesucht werden sollte, kann diese leicht durch Einsicht in die Urfassung Kalinkas festgestellt werden, die wieder bei der Deutschen Akademie in Berlin ruht.

In der Einleitung mache ich nicht allzugroßen Anspruch auf Selbständigkeit, möchte aber bemerken, daß ich meine Vorgänger mit der gebotenen Kritik gelesen habe. – Der kritische Apparat zum Text gibt eine Auswahl des Wichtigsten der Wiener Ausgabe; im Text selber folge ich den Wiener Herausgebern keineswegs sklavisch, habe auch nicht selten mich der von Kalinka vorgeschlagenen Interpunktion angeschlossen. Konjekturen Kalinkas, die ich nicht annehmen konnte, habe ich in den meisten Fällen im kritischen Apparat erwähnt.

Bei der Übersetzung habe ich mir viel Mühe gegeben. Dabei ist lieber gelegentlich Schwerfälligkeit in Kauf genommen, wenn die Klarheit es erforderte; ebenso versuchte ich, den konzentrierten Stil des Rhetors nachzuahmen, soweit nicht die Rücksicht auf den deutschen Sprachgebrauch es verbietet. Auch war ich bestrebt, die attische Patina des Textes und seine Wagnisse nachzubilden, soweit dies möglich war. – Wenn ich gelegentlich (z.B.) „Pindar" neben „Pindaros" schreibe, ist dies nicht Gedankenlosigkeit, sondern euphonischer Schleichhandel in einem umstrittenen Grenzgebiet der beiden Sprachen.

Zu den Erläuterungen: Ich habe, wo es möglich war, Philostratos nach Büchern, Capiteln und Paragraphen zitiert, um die lästige Zitierweise nach Kayser-Seiten zu meiden, bei der oft nicht einmal zwischen den Seiten der großen und kleinen Ausgabe geschieden wird. Nun sind aber in den Eikones (und sonst) die Paragraphen viel zu groß, und ich habe mir damit geholfen, in den Anmerkungen durch die beigesetzten Buchstaben A, M oder E anzugeben, in welchem Teil eines Paragraphen etwas steht. 2, 17, 6 A bedeutet also, daß man am Anfang des Paragraphen das Gewünschte finden kann. – Ausdrücklich sei noch bemerkt, daß der Heroikos nach den Kapitel- und Paragraphenzahlen der kleinen Ausgabe von Kayser zitiert ist. Zitate ohne weitere Angabe beziehen sich auf die Eikones selbst. Die Sophistenviten sind nach den Seiten- und Zeilenangaben der kleinen Ausgabe von Kayser zitiert; Pindar nach den kleinen Zahlen bei Bowra.

Die Anmerkungen sollen das Nötigste beibringen, was man zum Verständnis der Bilder wissen muß. Lehmann-Hartleben schrieb einmal (18), eine Neuausgabe unseres Buches mit einem archäologischen Kommentar sei sehr erwünscht, und dabei müsse man besonders die späten Mosaiken beiziehen. Eine solche Aufgabe konnte ich nicht meistern. Ich bin zufrieden, wenn ich das Wichtigste – freilich auch das wichtigste Archäologische – zu einem Bild anführen kann. Es liegt mir völlig ferne, ein Nachschlagewerk für Archäologen zu geben. Das besagt freilich nicht, daß ich nicht mehr Denkmäler kenne, als ich anführe. Ich habe kritisch ausgewählt und zumeist nur die Denkmäler genannt, die mir wirklich vergleichbar schienen.

Zur Form der Anmerkungen: Ich weiß wohl, daß man RE-Artikel mit Verfassernamen zitiert. Wenn aber ein RE-Artikel nur zitiert wird, um hinzuweisen, daß dort noch mehr Stellen gesammelt sind oder irgendwelches Material angeführt ist, nenne ich den Bearbeiter nicht. – Unter „links" und „rechts" verstehe ich grundsätzlich links und rechts vom Betrachter aus gesehen.

Die sprachliche Seite des Kommentars ist ausgedehnt. Das hat zwei Gründe: Einmal ist Philostratos ein schwerer Autor und muß durch Parallelen erhellt werden, und zum andern sind viele Parallelen aus den anderen Werken des Rhetors angeführt, um die weitgehende innere Einheit unseres Philostratischen Corpus zu zeigen.

Zuletzt soll der Kommentar das ebenso häufige wie falsche Argument widerlegen, man erkenne unter den rhetorischen Zutaten bei Philostratos die Bilder selbst nicht. Ich hoffe, daß meine Anmerkungen hier Klarheit schaffen.

Ein Archäologe hat einmal gesagt, Philostratos gehöre nicht mehr in die Quellen der Kunstgeschichte. Ich hoffe, daß durch diese Ausgabe deutlich wird: Philostratos ist eine Hauptquelle der Kunstgeschichte.

Daß dieses Buch Schwächen hat, weiß niemand besser als ich. Wer es aber ansieht, möge bedenken, eine wie harte Arbeit darin steckt; ich habe dafür mehr Zeit zusammengestohlen, als ich wohl verantworten kann. Wer weiß, was es heißt, neben einem redlich erfüllten Tagewerk unter manch anderer Erschwerung und ohne Anerkennung wissenschaftlich zu arbeiten, wird verstehen, wieviel Liebe auf dieses Buch verwandt ist.

Besonderen Dank schulde ich Prof. Irmscher für manche Förderung, Dr. G.Perl (Berlin) für guten Rat und Ermunterung, Prof. Friedländer (Los Angeles) für Durchsicht einiger Teile des Manuskripts, Prof. Schefold und Prof. Kraiker für Einsicht in die Arbeit und gelegentliche Ergänzungen. Die Universitätsbibliothek Würzburg half mit gewohnter Genauigkeit und Gefälligkeit bei der Beschaffung der Literatur, wofür ihr ebenfalls gedankt sei. Herzlich gedankt sei auch Herrn Dr. Sichtermann für seine wertvolle Hilfe bei der Beschaffung der Bildvorlagen. – Abschluß des Manuskripts: 1.12.1965. – Für ihre Hilfe beim Lesen der Korrekturen danke ich G.Perl und G.Palitza, für eine Durchsicht der Übersetzung G.Zattler.

Otto Schönberger

ZU DEN ABBILDUNGEN

Zu 1, 3   Der Fuchs erzählt Aisopos vom Leben der Tiere. Vasenbild des strengen Stils, 470 v. Chr. Vatikan. Museo Etrusco Gregoriano (Foto Alinari 35839).
Zu 1, 4   Der Flug des Ikaros, hier abgebildet wegen der Darstellung der Stadt. Pompeji (Aufn. Dt. Arch. Inst. Nr. 66. 1791).
Zu 1, 5   a) Der Nilgott mit den Ellen-Kindern. Marmorstatue des vatikanischen Museums (Foto Alinari 6626).
b) Wunder des Nil. Allegorische Darstellung. Innenseite einer alexandrinischen Sardonyxschale, sogenannte Tazza Farnese; späthellenistisch. Neapel, Nationalmuseum (Foto Alinari 19089).
Zu 1, 6   a) Eroten beim Ringen und beim Faustkampf. Sarkophag in Florenz (Aufn. Dt. Arch. Inst. Nr. 65. 2186).
b) Eroten auf der Jagd. Neapel, Nationalmuseum (Aufn. Dt. Arch. Inst. Nr. 61. 1037).
Zu 1, 9   a) Weiterwirkende spätantike Darstellung auf dem Apsismosaik der Laterankirche (Abb. nach Wickhoff, S. 86, Fig. 15).
b) Ebenfalls ein Teil des Apsismosaiks der Laterankirche (Wickhoff 87).
c) Eroten beim Wagenrennen. Fresko aus Pompeji, Vettierhaus (Foto Alinari 12141).
Zu 1, 12   a) See-Landschaft aus Pompeji (Aufn. Dt. Arch. Inst. Nr. 59.2002). „...auf der Wandfläche der herrliche, am Ufer des Meeres gelegene Komplex einer Villa... das Ufer und die Wasserfläche von heiterem Leben erfüllt. Kleine Schiffe kreuzen... Eines hat an der kleinen Hafenmole angelegt, und man meint beinahe, die fröhlichen Stimmen seiner Insassen zu hören" (Maiuri 106).

b) Land und Meer mit Schiffen (Abb. nach Pfuhl, S. 337, Abb. 728).

Zu 1, 16   a) Pasiphae und Daidalos. Fresko aus Pompeji, Vettierhaus (Foto Alinari 12133).

b) Sägende Eroten. Pompejanisches Gemälde. Neapel, Nationalmuseum (Foto Alinari 47173).

c) Pasiphae lehnt sich an den Stier. Fresko von Tor Marancio, etwa aus dem 2. Viertel des 3. Jahrhunderts n. Chr. Rom, Vatikan (Foto Alinari 29824).

Zu 1, 18   Pentheus und die Mainaden. Pompeji, Vettierhaus (Foto Alinari 12134).

Zu 1, 23   Narkissos blickt nach seinem Spiegelbild. Pompejanisches Wandbild (Foto Alinari 11988).

Zu 1, 28   Großes Jagdbild aus Pompeji, Casa della Caccia Antica (Aufn. Dt. Arch. Inst. Nr. W 23).

Zu 1, 29   a) Perseus und Andromeda. Rotfiguriges Vasenbild (Aufn. nach Roscher 3, 2053).

b) Perseus und Andromeda. Pompejanisches Wandbild (Aufn. Dt. Arch. Inst. Nr. 68. 272).

Zu 1, 30   Sarkophag mit Darstellungen aus der Pelopssage. Tod des Oinomaos; Vermählung des Pelops und der Hippodameia. 3. Jahrhundert n. Chr. Paris, Louvre (Aufnahme Foto Marburg Nr. 180339).

Zu 1, 31   Stilleben mit Fruchtschale aus Pompeji. (Aufn. Dt. Arch. Inst. Nr. 60. 2401). „Eine große Glasschale... ist hoch aufgefüllt mit reifen, saftigen Früchten... tönerne Amphora mit dem danebenliegenden Deckel... vermutlich enthält sie Olivenöl oder Honig" (Maiuri 130).

Zu 2, 2   Erziehung des Achilleus durch Cheiron. Pompejanisches Wandbild. Neapel, Nationalmuseum (Foto Alinari 12009).

Zu 2, 3   Kopf eines weiblichen Kentauren. Rotfiguriges Vasenbild. Museum of Fine Arts, Boston, Inv.-Nr. BC 15393 (Foto Nr. 13206).

Zu 2, 4   Tod des Hippolytos. Rotfiguriges Vasenbild, Archaeol. Zeitung 1883, Tafel 6.

Zu 2, 7   Achilleus beweint Antilochos. Entwurf zum Deckengemälde in der Kunsthalle zu Karlsruhe nach Philostratos von Moritz von Schwind (Abbildung nach Foerster, Schwind, Tafel 8, Abb. 2).

Zu 2, 8   Meles und Kritheis. Entwurf zum Deckengemälde in der Kunsthalle zu Karlsruhe nach Philostratos von Moritz von Schwind (Abbildung nach Foerster, Schwind, Tafel 1).

Zu 2, 11   Satyr von Bakchantinnen bestraft. Malta. Ruinen einer römischen Villa (Aufn. Dt. Arch. Inst. Nr. 68. 912).

Zu 2, 15   Skylla und Glaukos. Gemälde aus der Hadriansvilla; nach dem Museum Worsleyanum (Abbildung nach Bougot 425).

Zu 2, 16   a) Darstellung von Ortsgottheiten: Korinthos und Leukas (Abbildung nach Pfuhl S. 252, Abb. 624).

b) Personifikationen: Alexandria zwischen Afrika und Asien. Pompeji, Casa di Meleagro. Neapel, Nationalmuseum (Foto Alinari 39149).

Zu 2, 18   Polyphem und Galateia. Wandgemälde aus Pompeji, Reg. 1, 7, 7; 3. pompejanischer Stil (Aufn. Dt. Arch. Inst. Nr. 66. 1794).

Zu 2, 19   Helios mit Strahlenkranz. Rhodisches Silbertetradrachmon. (Aus Jacob Hirsch, Auktionskatalog antiker Münzen, Taf. XX, München 1913).

Zu 2, 21   a) Herakles im Kampfe mit Antaios. Schale des Euphronios (Abbildung nach Pfuhl, S. 125-126, Abb. 392).

b) Herakles und Antaios. Entwurf zum Deckengemälde in der Kunsthalle zu Karlsruhe nach Philostratos von Moritz von Schwind (Abbildung nach Foerster, Schwind, Tafel 4).

Zu 2, 23   Der rasende Herakles. Rotfiguriges Vasenbild (Abbildung nach Baumeister, Denkm. 1, 665).

Zu 2, 26   a) Stilleben aus Herculaneum. Ein Rebhuhn und zwei pralle Granatäpfel (Aufn. Dt. Arch. Inst. Nr. 60. 2409).

b) Stilleben aus Herculaneum. Hase und Huhn. (Aufn. Dt. Arch. Inst. Nr. 60. 2408). „Wie in der Auslage eines Gemüseladens hat man ihm (dem Huhn) die langen Federn an den zu beiden Seiten ausgebreiteten Flügeln und die feinen Federchen am Kopf gelassen" (Maiuri 134).

Zu 2, 27   Geburt der Athene. Vasenbild (Abbildung nach Pfuhl, S. 196, Abb. 518).

Zu 2, 34   Der Frühling. Fresko aus Stabiae. Neapel, Nationalmuseum (Foto Alinari 12192a).

1, 3

I, 4

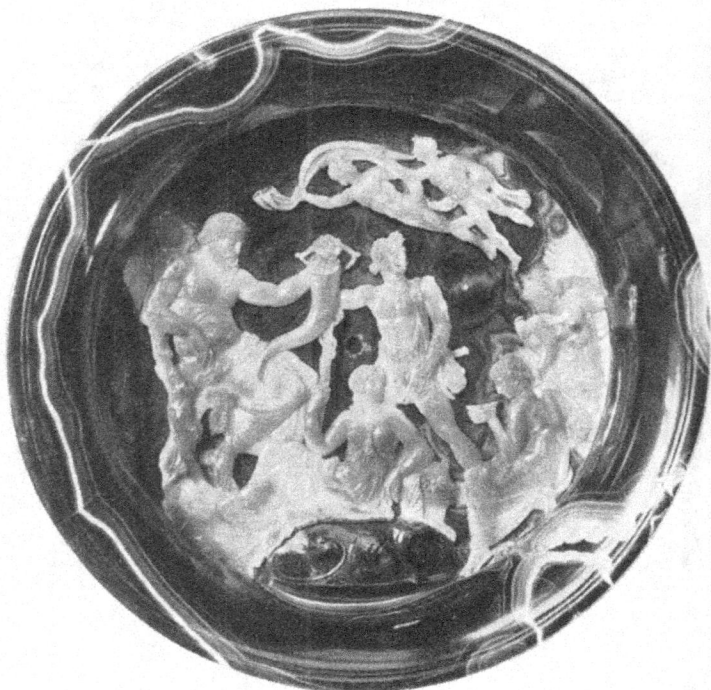

1, 5; a und b

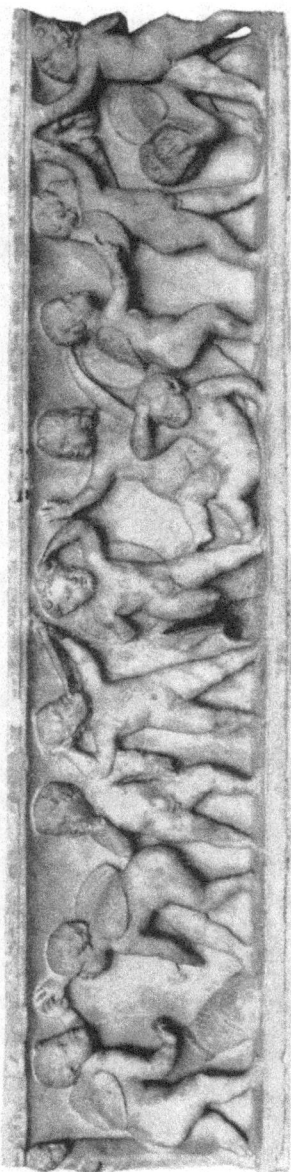

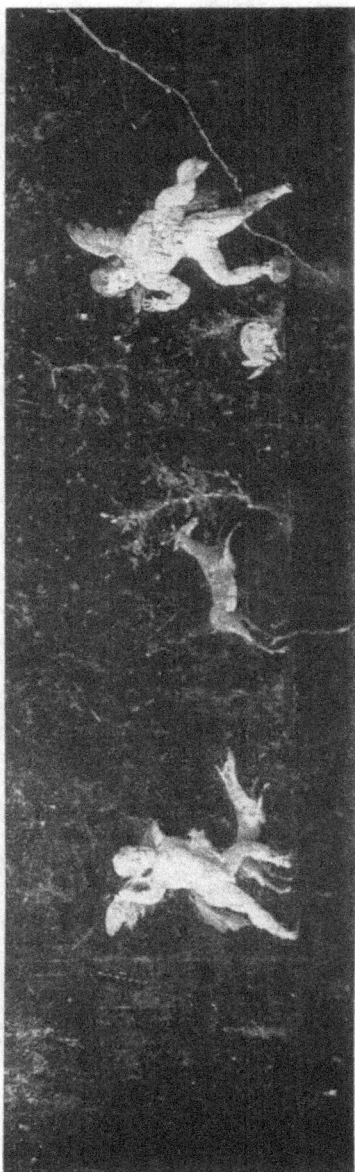

I, 6; a und b

499

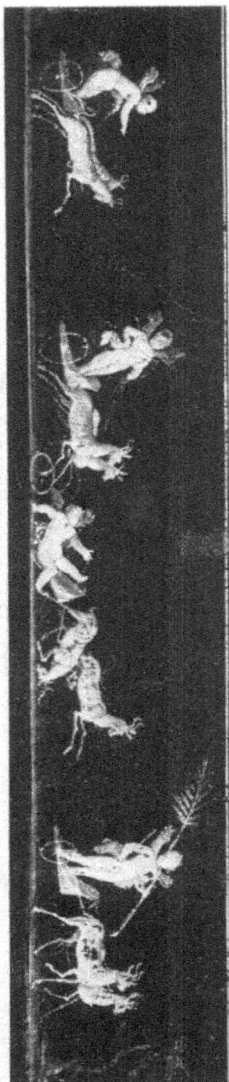

I, 9; a und b

500

1, 12; a und b

1, 16; a, b, c

I, 18

I, 23

I, 28

I, 29; a

1, 29; b

I, 30

I, 31

2, 2

2, 3

2, 4

2, 7

2, 8

2, 11

2, 15

2, 16 ; a

2, 16; b

2, 18

2, 19

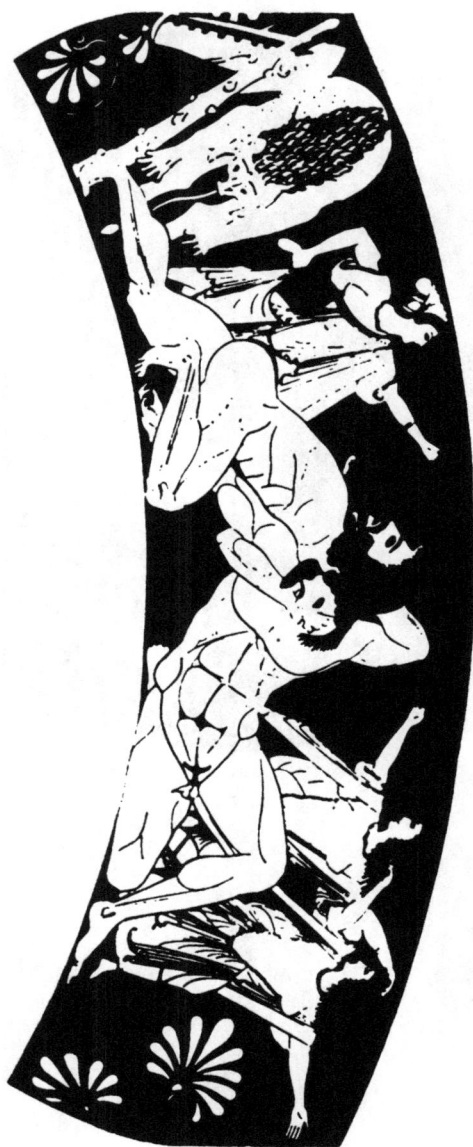

2, 21; b

2, 23

2, 26; a

2, 26; b

2, 27

2, 34